개념PICK 유형PICK

2 부채꼴의 호의 길이와 넓이 본문 93쪽

반지름의 길이가 r, 중심각의 크기가 θ(라디안)인 부채꼴의 호의 길이를 l, 넓이를 S라 하면

$$l=r\theta,\ S=\frac{1}{2}r^2\theta=\frac{1}{2}rl$$

3 삼각함수의 뜻 본문 95, 96쪽

(1) 삼각함수의 정의

원점 O를 중심으로 하고 반지름의 길이가 r인 원 위의 점 $P(x, y)$에 대하여 동경 OP가 나타내는 각의 크기를 θ라 하면

$$\sin\theta=\frac{y}{r},\ \cos\theta=\frac{x}{r},\ \tan\theta=\frac{y}{x}\ (x\neq 0)$$

(2) 삼각함수의 값의 부호

각 사분면에서 삼각함수이 값의 부호가 양수인 것만을 좌표평면 위에 나타내면 오른쪽 그림과 같다.

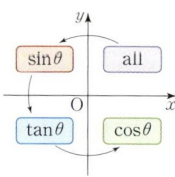

4 삼각함수의 사이의 관계 본문 97쪽

삼각함수 사이에는 다음과 같은 관계가 성립한다.

(1) $\tan\theta=\dfrac{\sin\theta}{\cos\theta}$ (2) $\sin^2\theta+\cos^2\theta=1$

5 삼각함수의 그래프 본문 106, 107쪽

(1) 함수 $y=\sin x$의 그래프와 성질

① 정의역은 실수 전체의 집합이고, 치역은 $\{y\,|-1\leq y\leq 1\}$이다.

② 그래프는 원점에 대하여 대칭이다. 즉,
$$\sin(-x)=-\sin x$$

③ 주기가 2π인 주기함수이다. 즉,
$$\sin(x+2n\pi)=\sin x\ (\text{단, }n\text{은 정수})$$

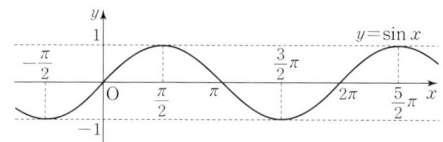

(2) 함수 $y=\cos x$의 그래프와 성질

① 정의역은 실수 전체의 집합이고, 치역은 $\{y\,|-1\leq y\leq 1\}$이다.

② 그래프는 y축에 대하여 대칭이다. 즉,
$$\cos(-x)=\cos x$$

③ 주기가 2π인 주기함수이다. 즉,
$$\cos(x+2n\pi)=\cos x\ (\text{단, }n\text{은 정수})$$

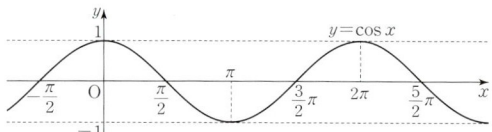

(3) 함수 $y=\tan x$의 그래프와 성질

① 정의역은 $n\pi+\dfrac{\pi}{2}$ (n은 정수)를 제외한 실수 전체의 집합이고, 치역은 실수 전체의 집합이다.

② 그래프는 원점에 대하여 대칭이다. 즉,
$$\tan(-x)=-\tan x$$

③ 주기가 π인 주기함수이다. 즉,
$$\tan(x+n\pi)=\tan x\ (\text{단, }n\text{은 정수})$$

④ 그래프의 점근선은 직선 $x=n\pi+\dfrac{\pi}{2}$ (n은 정수)이다.

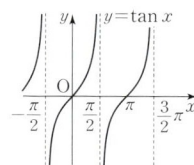

6 삼각함수의 성질 본문 114, 115쪽

(1) $2n\pi+x$ (n은 정수)의 삼각함수

$\sin(2n\pi+x)=\sin x,\ \cos(2n\pi+x)=\cos x,$
$\tan(2n\pi+x)=\tan x$

(2) $-x$의 삼각함수

$\sin(-x)=-\sin x,\ \cos(-x)=\cos x,$
$\tan(-x)=-\tan x$

(3) $\pi\pm x$의 삼각함수

$\sin(\pi\pm x)=\mp\sin x,\ \cos(\pi\pm x)=-\cos x,$
$\tan(\pi\pm x)=\pm\tan x$ (복부호동순)

(4) $\dfrac{\pi}{2}\pm x$의 삼각함수

$\sin\left(\dfrac{\pi}{2}\pm x\right)=\cos x,\ \cos\left(\dfrac{\pi}{2}\pm x\right)=\mp\sin x,$

$\tan\left(\dfrac{\pi}{2}\pm x\right)=\mp\dfrac{1}{\tan x}$ (복부호동순)

7 사인법칙 본문 136쪽

삼각형 ABC의 외접원의 반지름의 길이를 R라 하면 삼각형 ABC의 세 변의 길이와 세 내각의 크기 사이에는 다음 사인법칙이 성립한다.

$$\frac{a}{\sin A}=\frac{b}{\sin B}=\frac{c}{\sin C}=2R$$

8 코사인법칙 본문 140, 141쪽

(1) 삼각형 ABC의 세 변의 길이와 한 내각의 크기 사이에는 다음 코사인법칙이 성립한다.

$$a^2=b^2+c^2-2bc\cos A$$
$$b^2=c^2+a^2-2ca\cos B$$
$$c^2=a^2+b^2-2ab\cos C$$

(2) 코사인법칙의 변형
$$\cos A = \frac{b^2+c^2-a^2}{2bc}$$
$$\cos B = \frac{c^2+a^2-b^2}{2ca}$$
$$\cos C = \frac{a^2+b^2-c^2}{2ab}$$

9 삼각형의 넓이 본문 144쪽

삼각형 ABC의 넓이를 S라 하면
$$S = \frac{1}{2}bc\sin A = \frac{1}{2}ca\sin B = \frac{1}{2}ab\sin C$$

Ⅲ 수열

1 등차수열 본문 155, 156쪽

(1) 등차수열의 일반항
  첫째항이 a, 공차가 d인 등차수열의 일반항 a_n은
  $$a_n = a+(n-1)d \ \ (단, \ n=1, 2, 3, \cdots)$$
(2) 등차중항
  세 수 a, b, c가 이 순서대로 등차수열을 이룰 때, b를 a와 c의 등차중항이라 하며, 세 수 a, b, c에 대하여 다음이 성립한다.
  $$b = \frac{a+c}{2}$$

2 등차수열의 합 본문 160쪽

등차수열의 첫째항부터 제n항까지의 합을 S_n이라 하면
  ① 첫째항이 a, 제n항이 l일 때, $S_n = \frac{n(a+l)}{2}$
  ② 첫째항이 a, 공차가 d일 때,
  $$S_n = \frac{n\{2a+(n-1)d\}}{2}$$

3 수열의 합과 일반항 사이의 관계 본문 160쪽

수열 $\{a_n\}$의 첫째항부터 제n항까지의 합을 S_n이라 하면
$$a_1 = S_1, \ a_n = S_n - S_{n-1} \ \ (단, \ n \geq 2)$$

4 등비수열 본문 170, 171쪽

(1) 등비수열의 일반항
  첫째항이 a, 공비가 r $(r \neq 0)$인 등비수열의 일반항 a_n은
  $$a_n = ar^{n-1} \ \ (단, \ n=1, 2, 3, \cdots)$$

(2) 등비중항
  0이 아닌 세 수 a, b, c가 이 순서대로 등비수열을 이룰 때, b를 a와 c의 등비중항이라 하며, 세 수 a, b, c에 대하여 다음이 성립한다.
  $$b^2 = ac$$

5 등비수열의 합 본문 175쪽

첫째항이 a, 공비가 r $(r \neq 0)$인 등비수열의 첫째항부터 제n항까지의 합을 S_n이라 하면
  (i) $r \neq 1$일 때, $S_n = \dfrac{a(1-r^n)}{1-r} = \dfrac{a(r^n-1)}{r-1}$
  (ii) $r = 1$일 때, $S_n = na$

6 합의 기호 $\sum$의 성질 본문 187쪽

두 수열 $\{a_n\}$, $\{b_n\}$과 상수 c에 대하여 다음이 성립한다.
  (1) $\displaystyle\sum_{k=1}^{n}(a_k+b_k) = \sum_{k=1}^{n}a_k + \sum_{k=1}^{n}b_k$
  (2) $\displaystyle\sum_{k=1}^{n}(a_k-b_k) = \sum_{k=1}^{n}a_k - \sum_{k=1}^{n}b_k$
  (3) $\displaystyle\sum_{k=1}^{n}ca_k = c\sum_{k=1}^{n}a_k$
  (4) $\displaystyle\sum_{k=1}^{n}c = cn$

7 자연수의 거듭제곱의 합 본문 190쪽

  (1) $\displaystyle\sum_{k=1}^{n}k = 1+2+3+\cdots+n = \frac{n(n+1)}{2}$
  (2) $\displaystyle\sum_{k=1}^{n}k^2 = 1^2+2^2+3^2+\cdots+n^2$
  $$= \frac{n(n+1)(2n+1)}{6}$$
  (3) $\displaystyle\sum_{k=1}^{n}k^3 = 1^3+2^3+3^3+\cdots+n^3 = \left\{\frac{n(n+1)}{2}\right\}^2$

8 등차수열과 등비수열의 귀납적 정의 본문 202쪽

(1) 등차수열을 나타내는 관계식
  ① $a_{n+1}-a_n = d$ (일정)
  ② $a_{n+1}-a_n = a_{n+2}-a_{n+1}$, 즉 $2a_{n+1} = a_n + a_{n+2}$
(2) 등비수열을 나타내는 관계식
  ① $a_{n+1} \div a_n = r$ (일정)
  ② $a_{n+1} \div a_n = a_{n+2} \div a_{n+1}$, 즉 $a_{n+1}^{\ 2} = a_n a_{n+2}$

9 수학적 귀납법 본문 208쪽

자연수 n에 대한 명제 $p(n)$이 모든 자연수 n에 대하여 성립함을 증명하려면 다음을 보이면 된다.
(i) $n=1$일 때, 명제 $p(n)$이 성립한다.
(ii) $n=k$일 때, 명제 $p(n)$이 성립한다고 가정하면 $n=k+1$일 때에도 명제 $p(n)$이 성립한다.
이와 같은 방법으로 자연수에 대한 어떤 명제가 참임을 증명하는 방법을 수학적 귀납법이라 한다.

개념픽 공식요약

Ⅰ 지수함수와 로그함수

1 거듭제곱근
본문 9쪽

(1) n이 2 이상의 정수일 때, 실수 a의 n제곱근 중 실수인 것은 다음과 같다.

	$a>0$	$a=0$	$a<0$
n이 홀수	$\sqrt[n]{a}$	0	$\sqrt[n]{a}$
n이 짝수	$\sqrt[n]{a},\ -\sqrt[n]{a}$	0	없다.

(2) 거듭제곱근의 성질

$a>0$, $b>0$이고, m, n이 2 이상의 정수일 때

① $\sqrt[n]{a}\sqrt[n]{b}=\sqrt[n]{ab}$ ② $\dfrac{\sqrt[n]{a}}{\sqrt[n]{b}}=\sqrt[n]{\dfrac{a}{b}}$

③ $(\sqrt[n]{a})^m=\sqrt[n]{a^m}$ ④ $\sqrt[m]{\sqrt[n]{a}}=\sqrt[mn]{a}$

⑤ $\sqrt[np]{a^{mp}}=\sqrt[n]{a^m}$ (단, p는 양의 정수)

2 지수의 확장
본문 13, 14쪽

(1) $a\neq 0$이고, n이 양의 정수일 때

$$a^0=1,\ a^{-n}=\dfrac{1}{a^n}$$

(2) 지수가 유리수인 경우

$a>0$이고, m, $n\ (n\geq 2)$이 정수일 때

$$a^{\frac{m}{n}}=\sqrt[n]{a^m},\ a^{\frac{1}{n}}=\sqrt[n]{a}$$

(3) 지수가 실수일 때의 지수법칙

$a>0$, $b>0$이고, x, y가 실수일 때

① $a^x a^y=a^{x+y}$ ② $a^x\div a^y=a^{x-y}$

③ $(a^x)^y=a^{xy}$ ④ $(ab)^x=a^x b^x$

3 로그의 정의
본문 23쪽

(1) 로그의 정의

$a>0$, $a\neq 1$, $N>0$일 때

$$a^x=N \Longleftrightarrow x=\log_a N$$

(2) 로그가 정의되기 위한 조건

$\log_a N$이 정의되려면 밑 a와 진수 N은 다음 조건을 만족시켜야 한다.

① 밑의 조건 : $a>0$, $a\neq 1$

② 진수의 조건 : $N>0$

4 로그의 성질
본문 24, 25쪽

(1) 로그의 성질 (단, $a>0$, $a\neq 1$, $M>0$, $N>0$)

① $\log_a 1=0$, $\log_a a=1$

② $\log_a MN=\log_a M+\log_a N$

③ $\log_a \dfrac{M}{N}=\log_a M-\log_a N$

④ $\log_a M^k=k\log_a M$ (단, k는 실수)

(2) 로그의 밑의 변환 (단, $a>0$, $a\neq 1$, $b>0$)

① $\log_a b=\dfrac{\log_c b}{\log_c a}$ (단, $c>0$, $c\neq 1$)

② $\log_a b=\dfrac{1}{\log_b a}$ (단, $b\neq 1$)

(3) 로그의 여러 가지 성질 (단, $a>0$, $a\neq 1$, $b>0$)

① $\log_a b\times \log_b a=1$ (단, $b\neq 1$)

② $\log_{a^m} b^n=\dfrac{n}{m}\log_a b$ (단, $m\neq 0$)

③ $a^{\log_a b}=b$

④ $a^{\log_c b}=b^{\log_c a}$ (단, $c>0$, $c\neq 1$)

5 지수함수의 뜻과 그래프
본문 42쪽

(1) 지수함수 $y=a^x\ (a>0,\ a\neq 1)$의 성질

① 정의역은 실수 전체의 집합이고, 치역은 양의 실수 전체의 집합이다.

② $a>1$일 때, x의 값이 증가하면 y의 값도 증가한다. $0<a<1$일 때, x의 값이 증가하면 y의 값은 감소한다.

③ 그래프는 두 점 $(0, 1)$, $(1, a)$를 지난다.

④ 그래프의 점근선은 x축이다.

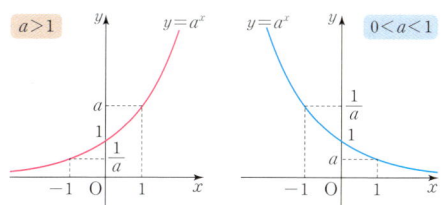

6 로그함수의 뜻과 그래프
본문 55쪽

(1) 로그함수 $y=\log_a x\ (a>0,\ a\neq 1)$의 성질

① 정의역은 양의 실수 전체의 집합이고, 치역은 실수 전체의 집합이다.

② $a>1$일 때, x의 값이 증가하면 y의 값도 증가한다. $0<a<1$일 때, x의 값이 증가하면 y의 값은 감소한다.

③ 그래프는 두 점 $(1, 0)$, $(a, 1)$을 지난다.

④ 그래프의 점근선은 y축이다.

⑤ 그래프는 지수함수 $y=a^x$의 그래프와 직선 $y=x$에 대하여 대칭이다.

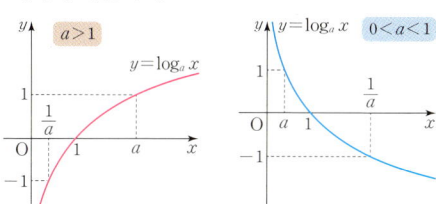

Ⅱ 삼각함수

1 호도법과 육십분법 사이의 관계
본문 92쪽

$$1\text{라디안}=\dfrac{180°}{\pi},\ 1°=\dfrac{\pi}{180}\text{라디안}$$

콕! 집어내는 개념 유형 기본서

개념 PICK 유형 PICK

개념픽

수학 I

기획 및 집필

기획   왕재훈, 유성규, 최예나

집필   곽민수, 송상호, 안준호, 유민정, 이기섭

201805 초판 1쇄

펴낸이 김형중

펴낸곳 이투스교육(주) 서울시 서초구 남부순환로 2547

고객센터 1599-3225

등록번호 제2007-000035호

ISBN 979-11-6123-584-4(53410)

잠재된 가능성이 성장으로 연결되기 바라는
마음을 [개념픽]에 담았습니다.

'코이'는 환경의 영향을 매우 많이 받는 물고기입니다. 이 물고기는 어항 속에서는 최대 5~8cm까지 자라지만 '코이'를 연못에
방류하면 최대 15~25cm까지 성장합니다. '코이'가 강물에서 서식하게 되면 1m는 족히 넘는 대어가 된다고 합니다. 우리 학생들
모두 '성장할 수 있는 가능성'은 잠재되어 있습니다. 잠재된 가능성이 성장으로 연결되기 바라는 마음을 [개념픽]에 담았습니다.

[개념픽]에서는 교과서 내용을 중심으로 학생들이 이해하기 쉽도록 [개념]을 정리했습니다. 그동안 교육 현장에서 직접 얻은 경험과 스킬은 **tip** 을 통하여 학생들에게 유용하게 전달될 것입니다. 상세한 내용은 **설명** 에서 한 번 더 확인할 수 있으며, **CHECK** 를 통하여 한번 더 내용을 확인하는 과정이 될 것입니다. [개념픽]을 통하여 학생들이 자신의 '가능성'을 발견하고, 나아가 그것을 '능력'으로 발현할 수 있기를 바랍니다. 한 단계, 한 단계 성취할 때마다 더 성장하는 자신의 모습을 학생 스스로 느낄 수 있기를 소망합니다. **곽민수선생님**

핵심 개념에 대한 유형 문제 중 시험에 자주 출제되는 대표 유형 문제들을 다양하게 엄선하여 실었습니다. 개념 학습 후, 대표 유형 문제들을 차근차근 풀어간다면 개념을 정확하게 이해하고 있는지 스스로 확인할 수 있고, 이해가 부족하여 추가 학습이 필요한 부분이 무엇인지도 스스로 판단할 수 있을 것입니다. [개념픽]에는 수학적 실력을 완성케 하는 마법이 담겨있지는 않습니다. 하지만 수학에 대한 두려움을 없애 주고 끝까지 포기하지 않게 하여 수학적 기본을 탄탄히 다지는데에 도움을 줄 수 있는 좋은 친구이자 현명한 선생이 되어줄 것입니다. **송상호선생님**

난이도의 높고 낮음을 떠나 모든 문항은 그 자체로 제시하고자 하는 유형과 접근법이 있으므로 아는 문제라도 꼼꼼히 학습해야 합니다. 개념 학습과 유형 학습 뿐 아니라 필수 유형의 유사 문항과 발전 문항으로 구성된 **체크** 를 통하여 여러분 스스로 이해한 개념과 유형을 확인할 수 있을 것입니다. 아는 개념 혹은 쉬운 문항이라고 해서 눈으로만 보고 넘어가는 경솔함보다는 개념과 문항을 꼼꼼히 확인하는 습관으로 여러분의 수학 학습 능력을 향상시키기 바랍니다. **안준호선생님**

앞에서는 개념을 익히고 **체크** 를 통하여 문제해결 능력을 길렀을 것입니다. 어떠한 문제를 출제할 때에는 그와 관련된 개념을 잘 이해하고 숙지하여 문제에 적용할 수 있는지를 파악하기 위해 복합적인 유형의 문제를 출제합니다. **선생님의 출제 point** 를 통하여 통합적 사고력을 키우고, 빈출 유형을 연습하면 실전 감각을 익히고 파악할 수 있을 것입니다. **유민정선생님**

수학을 공부할 때에는 여러 가지 중요한 요소가 있지만 그중 하나가 이해한 부분이 정말 맞는지 확인하는 일입니다. 무작정 풀이를 따라하는 것이 아니라 본인이 스스로 생각하고, 자신의 생각이 맞는지를 항상 확인하며 비판력을 키울 수 있어야 합니다. [개념픽]에서는 이러한 능력을 키우는데에 필요한 문제들을 **연습** 문제에 담았습니다.

앞서 연습한 **유형**, **체크** 와 유사한 문항을 통하여 내가 이해한 개념이 맞는지, 만약 틀렸다면 어느 부분이 잘못되었는지를 확인할 수 있으며, 최종적으로 실전문제에 도전하여 자신의 생각에 대한 비판력을 키워나갈 수 있을 것입니다. **이기섭선생님**

Structure

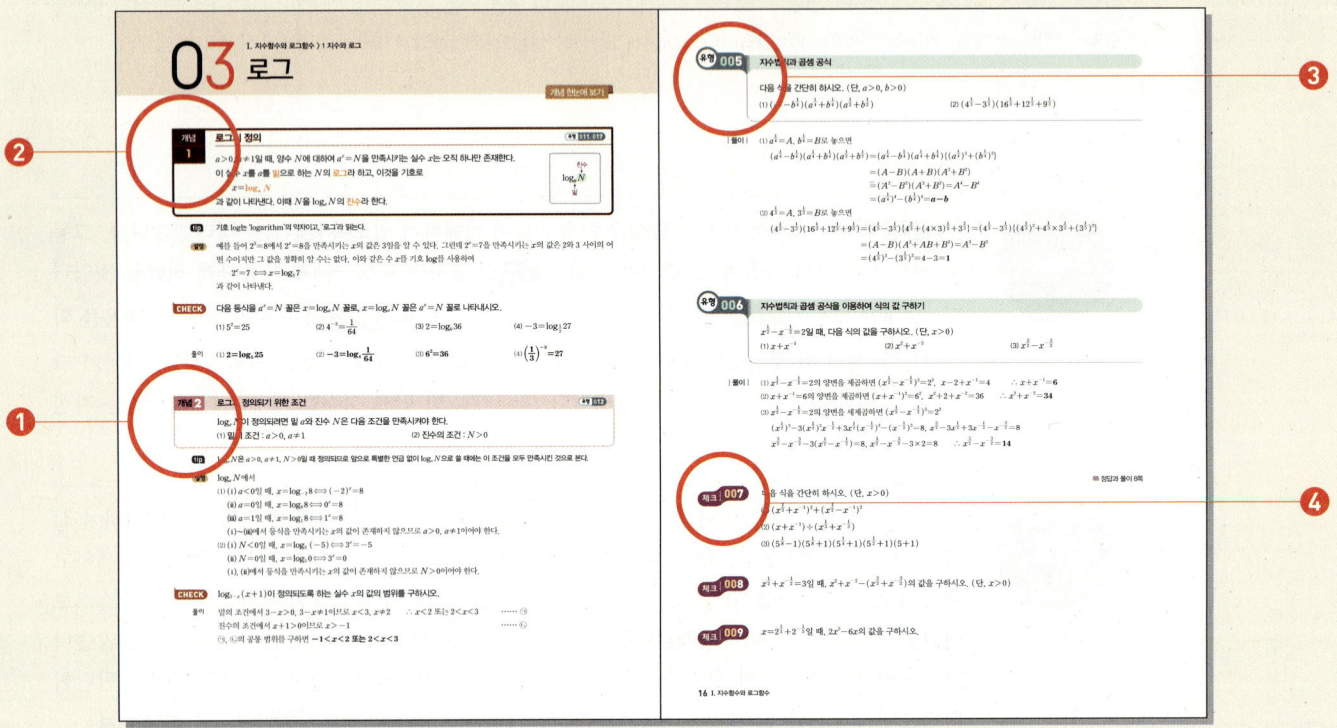

개념 한눈에 보기

❶ 각 단원마다 중요한 개념, 기본 공식, 정의 등을 한눈에 볼 수 있도록 간단, 명료하게 정리하였습니다. 또한, **tip**, **설명**, **CHECK** 등의 부가 설명을 통하여 개념을 더 명확하게 눈으로 확인할 수 있도록 구성하였습니다.

❷ 교과서의 핵심 개념을 한눈에 볼 수 있도록 다른 개념 BOX 와 구분하여 찾아보기 기능을 강화하였습니다.

유형과 체크

❸ 개념의 기초와 핵심 포인트를 가장 잘 보여줄 수 있는 문제로 구성하여 개념을 정확히 이해했는지 확인할 수 있도록 하였습니다.

❹ 같은 개념의 유사 문제 및 변형, 발전 문제를 제공하여 해당 유형에 관련된 개념을 충분히 익힐 수 있도록 하였습니다. **유형**과, **체크** 문제를 통하여 내신 대표 유형을 모두 학습할 수 있도록 하였습니다.

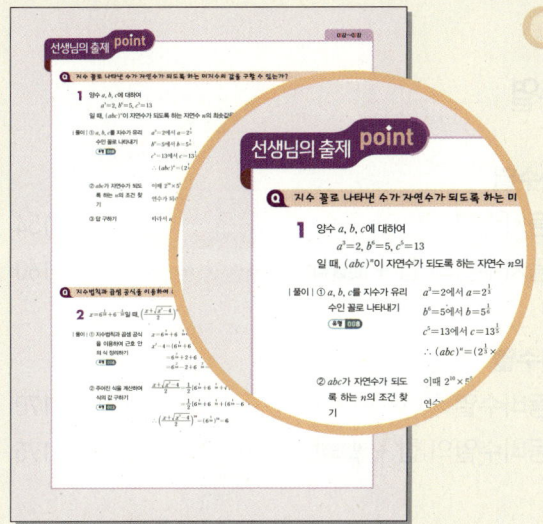

선생님의 출제 point

- 앞에서 학습한 유형 문제들의 통합 문제를 통하여
  선생님들은 어떻게 개념들을 조합하여 출제하는지 보여주고,
  수학적인 사고력을 확장할 수 있도록 하였습니다.

연습 문제

- 앞에서 배운 내용, 유형의 발전 문제, 기출 문제들로 구성하여
  배운 내용을 마무리할 수 있도록 구성하였습니다.

- 기출 문제를 제공하여 최근의 출제 경향을 파악할 수 있습니다.

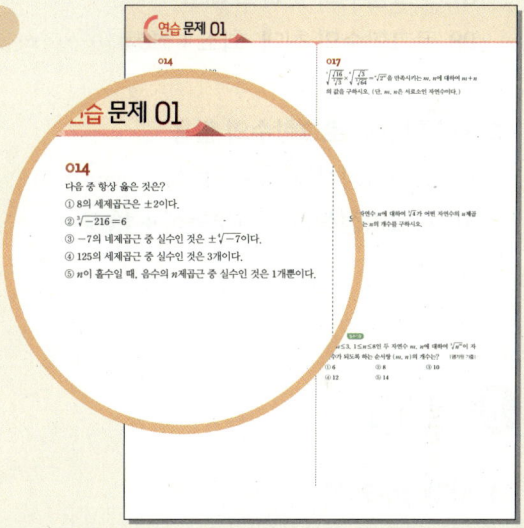

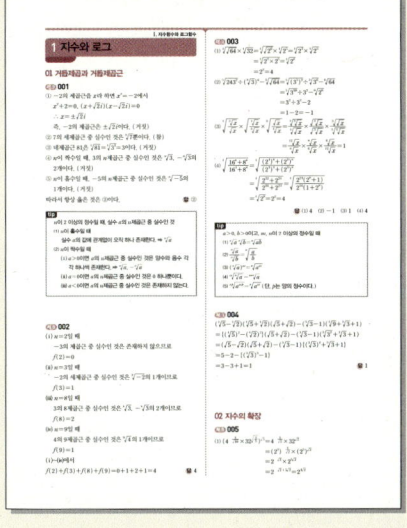

정답과 풀이

- 교육과정에서 요하는 내용을 담는 풀이로 이해하기 쉽도록 구성하였습니다.

- Tip을 통하여 앞에서 배운 내용 또는 문제해결의 실마리가 되는 것을 언급하였습니다.

Contents

이 단원에서는
- 거듭제곱과 거듭제곱근의 뜻을 알고, 그 성질을 이해한다.
- 지수가 유리수, 실수까지 확장될 수 있음을 이해한다.
- 지수법칙을 이해하고, 이를 이용하여 식을 간단히 나타낼 수 있다.
- 로그의 뜻을 알고, 그 성질을 이해한다.
- 상용로그를 이해하고, 이를 활용할 수 있다.
- 지수함수와 로그함수의 뜻을 안다.
- 지수함수와 로그함수의 그래프를 그릴 수 있고, 그 성질을 이해한다.
- 지수함수와 로그함수를 활용하여 문제를 해결할 수 있다.

I

지수함수와 로그함수

01 거듭제곱과 거듭제곱근

개념 한눈에 보기

개념 1 **거듭제곱** 중학

실수 a와 양의 정수 n에 대하여 a를 n번 곱한 것을 a의 n제곱이라 하고, a^n으로 나타낸다.

이때 $a, a^2, a^3, \cdots, a^n, \cdots$을 통틀어 a의 거듭제곱이라 하고, a^n에서 a를 거듭제곱의 밑, n을 거듭제곱의 지수라 한다.

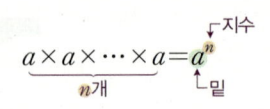

$$\underbrace{a \times a \times \cdots \times a}_{n개} = a^n$$

(지수 / 밑)

설명 3을 4번 곱하는 $3 \times 3 \times 3 \times 3 = 3^4$은 '3의 네제곱'이고, 이때 곱하는 수인 3은 밑, 곱해지는 개수인 4는 지수이다.

개념 2 **지수법칙** 중학

a, b가 실수이고, m, n이 양의 정수일 때

(1) $a^m a^n = a^{m+n}$ (2) $(a^m)^n = a^{mn}$ (3) $(ab)^n = a^n b^n$

(4) $\left(\dfrac{a}{b}\right)^n = \dfrac{a^n}{b^n}$ (단, $b \neq 0$) (5) $a^m \div a^n = \begin{cases} a^{m-n} & (m>n) \\ 1 & (m=n) \\ \dfrac{1}{a^{n-m}} & (m<n) \end{cases}$ (단, $a \neq 0$)

CHECK 다음 식을 간단히 하시오. (단, $a \neq 0, b \neq 0$)

(1) $(a^3 b^2)^3 \times (a^2 b)^2$ (2) $\left(\dfrac{a^2}{b^4}\right)^3 \div \left(\dfrac{a}{b^2}\right)^4$

풀이 (1) $(a^3 b^2)^3 \times (a^2 b)^2 = (a^9 b^6) \times (a^4 b^2) = a^{9+4} b^{6+2} = \boldsymbol{a^{13} b^8}$

(2) $\left(\dfrac{a^2}{b^4}\right)^3 \div \left(\dfrac{a}{b^2}\right)^4 = \dfrac{a^6}{b^{12}} \div \dfrac{a^4}{b^8} = \dfrac{a^6}{b^{12}} \times \dfrac{b^8}{a^4} = a^{6-4} \times \dfrac{1}{b^{12-8}} = \dfrac{\boldsymbol{a^2}}{\boldsymbol{b^4}}$

개념 3 **거듭제곱근** 유형 001

n이 2 이상의 정수일 때, n제곱하여 실수 a가 되는 수, 즉 방정식

$$x^n = a$$

를 만족시키는 수 x를 a의 n제곱근이라 한다.

이때 a의 제곱근, 세제곱근, 네제곱근, $\cdots$을 통틀어 a의 **거듭제곱근**이라 한다.

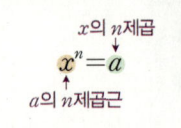

(x의 n제곱)
$$x^n = a$$
(a의 n제곱근)

tip 0이 아닌 실수 a의 n제곱근은 복소수의 범위에서 n개가 있음이 알려져 있다.

한편, 0의 n제곱근은 방정식 $x^n = 0$을 만족시키는 x의 값이므로 0뿐이고, 이때 0은 n중근으로 본다.

설명 방정식 $x^2 = a$ $(a \geq 0)$를 만족시키는 수 x를 a의 제곱근이라 하는 것과 마찬가지로 네제곱하여 실수 a가 되는 수, 즉 방정식 $x^4 = a$를 만족시키는 수 x를 a의 네제곱근이라 한다.

CHECK -27의 세제곱근 중 실수인 것을 구하시오.

풀이 -27의 세제곱근을 x라 하면 $x^3 = -27$이므로

$$x^3 + 27 = 0, \quad (x+3)(x^2 - 3x + 9) = 0 \qquad \therefore x = -3 \text{ 또는 } x = \frac{3 \pm 3\sqrt{3}i}{2}$$

따라서 -27의 세제곱근 중 실수인 것은 $\boldsymbol{-3}$이다.

실수 a의 n제곱근 중 실수인 것

n이 2 이상의 정수일 때, 실수 a의 n제곱근 중 실수인 것은 다음과 같다.

	$a>0$	$a=0$	$a<0$
n이 홀수	$\sqrt[n]{a}$	0	$\sqrt[n]{a}$
n이 짝수	$\sqrt[n]{a},\ -\sqrt[n]{a}$	0	없다.

tip $\sqrt[n]{a}$는 'n제곱근 a'라 읽으며, $\sqrt[2]{a}$는 2를 생략하고 간단히 $\sqrt{a}$로 나타낸다.

설명 실수 a의 n제곱근 중 실수인 것은 방정식 $x^n=a$의 실근이므로 함수 $y=x^n$의 그래프와 직선 $y=a$의 교점의 x좌표와 같다.
함수 $y=x^n$의 그래프를 이용하여 a의 n제곱근 중 실수인 것을 구해 보자.

(1) n이 홀수일 때
　함수 $y=x^n$의 그래프는 오른쪽 그림과 같이 원점에 대하여 대칭이다.
　이때 이 그래프와 직선 $y=a$의 교점은 실수 a의 값에 관계없이 오직 한 개 존재한다.
　따라서 a의 n제곱근 중 실수인 것은 오직 하나뿐이고, 이것을 기호로 $\sqrt[n]{a}$와 같이 나타낸다.

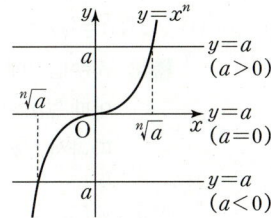

(2) n이 짝수일 때
　함수 $y=x^n$의 그래프는 오른쪽 그림과 같이 y축에 대하여 대칭이다.
　이때 이 그래프와 직선 $y=a$의 교점은 실수 a의 값에 따라 다음과 같다.
　(i) $a>0$이면 교점은 2개이고 그 두 교점의 x좌표는 각각 양수와 음수이다.
　　따라서 a의 n제곱근 중 실수인 것은 양수와 음수 각각 하나씩 존재한다.
　　이때 양수인 것을 기호로 $\sqrt[n]{a}$, 음수인 것을 기호로 $-\sqrt[n]{a}$와 같이 나타낸다.
　(ii) $a=0$이면 교점은 1개이고 그 교점의 x좌표는 0이다.
　　따라서 a의 n제곱근 중 실수인 것은 0 하나뿐이다. 즉, $\sqrt[n]{0}=0$이다.
　(iii) $a<0$이면 교점이 없으므로 a의 n제곱근 중 실수인 것은 존재하지 않는다.

CHECK 다음 값을 구하시오.

(1) $\sqrt[4]{16}$ 　　　　　　　　　　　　　　　　　　(2) $\sqrt[3]{-125}$

풀이 (1) 16의 네제곱근 중 실수인 것은 2, -2이고 $\sqrt[4]{16}$은 양수이므로
　　$\sqrt[4]{16}=2$
(2) -125의 세제곱근 중 실수인 것은 -5이므로
　　$\sqrt[3]{-125}=-5$

거듭제곱근의 성질

$a>0$, $b>0$이고, m, n이 2 이상의 정수일 때

(1) $\sqrt[n]{a}\sqrt[n]{b}=\sqrt[n]{ab}$ 　　　　(2) $\dfrac{\sqrt[n]{a}}{\sqrt[n]{b}}=\sqrt[n]{\dfrac{a}{b}}$ 　　　　(3) $(\sqrt[n]{a})^m=\sqrt[n]{a^m}$

(4) $\sqrt[m]{\sqrt[n]{a}}=\sqrt[mn]{a}$ 　　　　(5) $\sqrt[np]{a^{mp}}=\sqrt[n]{a^m}$ (단, p는 양의 정수이다.)

설명 양수 a와 2 이상의 정수 n에 대하여 $\sqrt[n]{a}$는 n제곱하면 a가 되는 양수이므로 $(\sqrt[n]{a})^n=a$가 성립한다.
이를 이용하여 거듭제곱근의 여러 가지 성질을 알 수 있다. 거듭제곱근의 성질의 증명은 10쪽의 **Plus 자료**를 참조한다.

◖ 'a의 n제곱근'과 'n제곱근 a'

a가 실수이고 n이 2 이상의 정수일 때, 'a의 n제곱근'은 n제곱하여 a가 되는 수, 즉 방정식 $x^n=a$를 만족시키는 모든 x의 값을 뜻한다. 이때 방정식 $x^n=a$는 복소수의 범위에서 n개의 근을 가진다고 알려져 있으므로 'a의 n제곱근'은 복소수의 범위에서 항상 n개 존재한다.

한편, 'n제곱근 a'는 a의 n제곱근 중 $\sqrt[n]{a}$를 뜻하므로 'a의 n제곱근' 중 하나이다.

◖ 거듭제곱근의 성질의 증명

$a>0$, $b>0$이고, m, n이 2 이상의 정수일 때

(1) $\sqrt[n]{a}\,\sqrt[n]{b}=\sqrt[n]{ab}$

> **증명** 지수법칙에 의하여 $(\sqrt[n]{a}\,\sqrt[n]{b})^n=(\sqrt[n]{a})^n(\sqrt[n]{b})^n=ab$
> 이때 $\sqrt[n]{a}>0$, $\sqrt[n]{b}>0$이므로 $\sqrt[n]{a}\,\sqrt[n]{b}>0$이다.
> 따라서 $\sqrt[n]{a}\,\sqrt[n]{b}$는 ab의 양의 n제곱근이므로 $\sqrt[n]{a}\,\sqrt[n]{b}=\sqrt[n]{ab}$

(2) $\dfrac{\sqrt[n]{a}}{\sqrt[n]{b}}=\sqrt[n]{\dfrac{a}{b}}$

> **증명** 지수법칙에 의하여 $\left(\dfrac{\sqrt[n]{a}}{\sqrt[n]{b}}\right)^n=\dfrac{(\sqrt[n]{a})^n}{(\sqrt[n]{b})^n}=\dfrac{a}{b}$
> 이때 $\sqrt[n]{a}>0$, $\sqrt[n]{b}>0$이므로 $\dfrac{\sqrt[n]{a}}{\sqrt[n]{b}}>0$이다.
> 따라서 $\dfrac{\sqrt[n]{a}}{\sqrt[n]{b}}$는 $\dfrac{a}{b}$의 양의 n제곱근이므로 $\dfrac{\sqrt[n]{a}}{\sqrt[n]{b}}=\sqrt[n]{\dfrac{a}{b}}$

(3) $(\sqrt[n]{a})^m=\sqrt[n]{a^m}$

> **증명** 지수법칙에 의하여 $\{(\sqrt[n]{a})^m\}^n=(\sqrt[n]{a})^{mn}=\{(\sqrt[n]{a})^n\}^m=a^m$
> 이때 $\sqrt[n]{a}>0$이므로 $(\sqrt[n]{a})^m>0$이다.
> 따라서 $(\sqrt[n]{a})^m$은 a^m의 양의 n제곱근이므로 $(\sqrt[n]{a})^m=\sqrt[n]{a^m}$

(4) $\sqrt[m]{\sqrt[n]{a}}=\sqrt[mn]{a}$

> **증명** 지수법칙에 의하여 $(\sqrt[m]{\sqrt[n]{a}})^{mn}=\{(\sqrt[m]{\sqrt[n]{a}})^m\}^n=(\sqrt[n]{a})^n=a$
> 이때 $\sqrt[m]{\sqrt[n]{a}}>0$이므로 $\sqrt[m]{\sqrt[n]{a}}$는 a의 양의 mn제곱근이다.
> $\therefore \sqrt[m]{\sqrt[n]{a}}=\sqrt[mn]{a}$

(5) $\sqrt[np]{a^{mp}}=\sqrt[n]{a^m}$ (단, p는 양의 정수이다.)

> **증명** 거듭제곱근의 성질과 지수법칙에 의하여 $(\sqrt[np]{a^{mp}})^n=(\sqrt[n]{\sqrt[p]{a^{mp}}})^n=\sqrt[p]{a^{mp}}=(\sqrt[p]{a^m})^p=a^m$
> 이때 $\sqrt[np]{a^{mp}}>0$이므로 $\sqrt[np]{a^{mp}}$은 a^m의 양의 n제곱근이다.
> $\therefore \sqrt[np]{a^{mp}}=\sqrt[n]{a^m}$

CHECK 다음 식을 간단히 하시오.

(1) $\sqrt[3]{2}\,\sqrt[3]{4}$ (2) $\dfrac{\sqrt[3]{81}}{\sqrt[3]{3}}$ (3) $(\sqrt[4]{2})^8$

(4) $\sqrt{\sqrt[3]{64}}$ (5) $\sqrt[12]{125^4}$

풀이 (1) $\sqrt[3]{2}\,\sqrt[3]{4}=\sqrt[3]{2\times4}=\sqrt[3]{8}=\sqrt[3]{2^3}=\mathbf{2}$ (2) $\dfrac{\sqrt[3]{81}}{\sqrt[3]{3}}=\sqrt[3]{\dfrac{81}{3}}=\sqrt[3]{27}=\sqrt[3]{3^3}=\mathbf{3}$ (3) $(\sqrt[4]{2})^8=\sqrt[4]{2^8}=\sqrt[4]{(2^2)^4}=\sqrt[4]{4^4}=\mathbf{4}$

(4) $\sqrt{\sqrt[3]{64}}=\sqrt[2\times3]{64}=\sqrt[6]{2^6}=\mathbf{2}$ (5) $\sqrt[12]{125^4}=\sqrt[3\times4]{125^4}=\sqrt[3]{125}=\sqrt[3]{5^3}=\mathbf{5}$

|보기|에서 옳은 것만을 있는 대로 고르시오.

| 보기 |

ㄱ. 세제곱근 27은 3이다.

ㄴ. 16의 네제곱근은 ±2이다.

ㄷ. −64의 세제곱근 중 실수인 것은 없다.

ㄹ. n이 짝수일 때, 8의 n제곱근 중 실수인 것은 2개이다.

| 풀이 | 　ㄱ. 세제곱근 27은 $\sqrt[3]{27}=3$이다. (참)

ㄴ. 16의 네제곱근을 x라 하면 $x^4=16$에서

$x^4-16=0$, $(x^2+4)(x^2-4)=0$

$(x+2i)(x-2i)(x+2)(x-2)=0$

$\therefore x=\pm 2i$ 또는 $x=\pm 2$

즉, 16의 네제곱근은 $\pm 2i$, ± 2이다. (거짓)

ㄷ. −64의 세제곱근을 x라 하면 $x^3=-64$에서

$x^3+64=0$, $(x+4)(x^2-4x+16)=0$

$\therefore x=-4$ 또는 $x=2\pm 2\sqrt{3}i$

즉, −64의 세제곱근 중 실수인 것은 −4의 1개이다. (거짓)

ㄹ. n이 짝수일 때, 8의 n제곱근 중 실수인 것은 $\sqrt[n]{8}$, $-\sqrt[n]{8}$의 2개이다. (참)

따라서 옳은 것은 **ㄱ, ㄹ**이다.

■ 정답과 풀이 7쪽

체크 | 001 다음 중 항상 옳은 것은?

① −2의 제곱근은 없다.

② 7의 세제곱근 중 실수인 것은 $\sqrt[3]{7}$뿐이다.

③ 네제곱근 81은 ±3이다.

④ n이 짝수일 때, 3의 n제곱근 중 실수인 것은 n개이다.

⑤ n이 홀수일 때, −5의 n제곱근 중 실수인 것은 없다.

체크 | 002 n이 2 이상의 자연수일 때, $n-5$의 n제곱근 중 실수인 것의 개수를 $f(n)$이라 하자. $f(2)+f(3)+f(8)+f(9)$의 값을 구하시오.

다음 식을 간단히 하시오. (단, $a>0$)

(1) $\sqrt[4]{32} \times \sqrt[4]{8} + \sqrt[4]{81}$

(2) $\sqrt{\sqrt[3]{9}} \times (\sqrt[3]{3})^4 \div \sqrt[3]{72}$

(3) $\sqrt{a\sqrt[3]{a\sqrt[4]{a}}}$

(4) $\sqrt{\dfrac{\sqrt{a}}{\sqrt[5]{a}}} \times \sqrt[4]{\dfrac{\sqrt[5]{a}}{\sqrt{a}}} \times \sqrt[5]{\dfrac{\sqrt{a}}{\sqrt[4]{a}}}$

| 풀이 |

(1) $\sqrt[4]{32} \times \sqrt[4]{8} + \sqrt[4]{81} = \sqrt[4]{32 \times 8} + \sqrt[4]{81} = \sqrt[4]{2^8} + \sqrt[4]{3^4}$
$\qquad\qquad\qquad\qquad\qquad = 2^2 + 3 = \mathbf{7}$

(2) $\sqrt{\sqrt[3]{9}} \times (\sqrt[3]{3})^4 \div \sqrt[3]{72} = \sqrt[6]{9} \times \sqrt[3]{3^4} \div \sqrt[3]{2^3 \times 3^2} = \sqrt[6]{3^2} \times \sqrt[3]{3^4} \div \sqrt[3]{2^3 \times 3^2}$
$\qquad\qquad\qquad\qquad\qquad\qquad = \sqrt[3]{3} \times \sqrt[3]{3^4} \div \sqrt[3]{2^3 \times 3^2} = \sqrt[3]{\dfrac{3 \times 3^4}{2^3 \times 3^2}}$
$\qquad\qquad\qquad\qquad\qquad\qquad = \sqrt[3]{\dfrac{3^3}{2^3}} = \dfrac{\mathbf{3}}{\mathbf{2}}$

(3) $\sqrt{a\sqrt[3]{a\sqrt[4]{a}}} = \sqrt{a} \times \sqrt{\sqrt[3]{a\sqrt[4]{a}}} = \sqrt{a} \times \sqrt[6]{a\sqrt[4]{a}}$
$\qquad\qquad\quad = \sqrt{a} \times \sqrt[6]{a} \times \sqrt[6]{\sqrt[4]{a}} = \sqrt{a} \times \sqrt[6]{a} \times \sqrt[24]{a}$
$\qquad\qquad\quad = \sqrt[24]{a^{12}} \times \sqrt[24]{a^4} \times \sqrt[24]{a} = \sqrt[24]{a^{12} \times a^4 \times a}$
$\qquad\qquad\quad = \sqrt[24]{\mathbf{a^{17}}}$

(4) $\sqrt{\dfrac{\sqrt{a}}{\sqrt[5]{a}}} \times \sqrt[4]{\dfrac{\sqrt[5]{a}}{\sqrt{a}}} \times \sqrt[5]{\dfrac{\sqrt{a}}{\sqrt[4]{a}}} = \dfrac{\sqrt{\sqrt{a}}}{\sqrt{\sqrt[5]{a}}} \times \dfrac{\sqrt[4]{\sqrt[5]{a}}}{\sqrt[4]{\sqrt{a}}} \times \dfrac{\sqrt[5]{\sqrt{a}}}{\sqrt[5]{\sqrt[4]{a}}} = \dfrac{\sqrt[4]{a}}{\sqrt[10]{a}} \times \dfrac{\sqrt[20]{a}}{\sqrt[8]{a}} \times \dfrac{\sqrt[10]{a}}{\sqrt[20]{a}}$
$\qquad\qquad\qquad\qquad\qquad\qquad\qquad = \dfrac{\sqrt[4]{a}}{\sqrt[8]{a}} = \dfrac{\sqrt[8]{a^2}}{\sqrt[8]{a}}$
$\qquad\qquad\qquad\qquad\qquad\qquad\qquad = \sqrt[8]{\dfrac{a^2}{a}} = \sqrt[8]{\boldsymbol{a}}$

■ 정답과 풀이 7쪽

체크 003 다음 식을 간단히 하시오. (단, $x>0$)

(1) $\sqrt[4]{\sqrt{64}} \times \sqrt[4]{32}$

(2) $\sqrt[5]{243^2} \div (\sqrt[3]{3})^6 - \sqrt[3]{\sqrt{64}}$

(3) $\sqrt[4]{\dfrac{\sqrt[3]{x}}{\sqrt{x}}} \times \sqrt{\dfrac{\sqrt[4]{x}}{\sqrt[3]{x}}} \times \sqrt[3]{\dfrac{\sqrt{x}}{\sqrt[4]{x}}}$

(4) $\sqrt[4]{\dfrac{16^8 + 8^8}{16^4 + 8^8}}$

체크 004 다음 식을 간단히 하시오.
$(\sqrt[4]{5} - \sqrt[4]{2})(\sqrt[4]{5} + \sqrt[4]{2})(\sqrt{5} + \sqrt{2}) - (\sqrt[3]{3} - 1)(\sqrt[3]{9} + \sqrt[3]{3} + 1)$

02 지수의 확장

개념 한눈에 보기

개념 1 ## 지수법칙-지수가 정수인 경우

유형 003

(1) 0 또는 음의 정수인 지수 : $a \neq 0$이고 n이 양의 정수일 때, $a^0=1$, $a^{-n}=\dfrac{1}{a^n}$

(2) 지수가 정수일 때의 지수법칙 : $a \neq 0$, $b \neq 0$이고, m, n이 정수일 때

① $a^m a^n = a^{m+n}$　　　② $a^m \div a^n = a^{m-n}$　　　③ $(a^m)^n = a^{mn}$　　　④ $(ab)^n = a^n b^n$

tip n이 양의 정수일 때, $0^n=0$이지만 0^0과 0^{-n}은 정의하지 않는다.

설명 (1) $a \neq 0$이고 m, n이 양의 정수일 때, 다음 지수법칙이 성립한다.

$\qquad a^m a^n = a^{m+n}$ 　　…… ㉠

㉠이 $m=0$일 때에도 성립하려면 $a^0 a^n = a^{0+n} = a^n$이어야 하므로 $a^0=1$로 정의한다.

또한 ㉠이 $m=-n$ (n은 양의 정수)일 때에도 성립하려면 $a^{-n} a^n = a^{-n+n} = a^0 = 1$이어야 하므로 $a^{-n} = \dfrac{1}{a^n}$로 정의한다.

(2) $a \neq 0$, $b \neq 0$이고 m, n이 음의 정수일 때, $m=-p$, $n=-q$ (p, q는 양의 정수)로 놓으면

① $a^m a^n = a^{-p} a^{-q} = \dfrac{1}{a^p} \times \dfrac{1}{a^q} = \dfrac{1}{a^{p+q}} = a^{-(p+q)} = a^{(-p)+(-q)} = a^{m+n}$

③ $(a^m)^n = (a^{-p})^{-q} = \left(\dfrac{1}{a^p}\right)^{-q} = \dfrac{1}{\left(\dfrac{1}{a^p}\right)^q} = \dfrac{1}{\dfrac{1}{a^{pq}}} = a^{pq} = a^{(-p)(-q)} = a^{mn}$

개념 2 ## 지수법칙-지수가 유리수인 경우

유형 003, 004, 005, 006

(1) 유리수인 지수 : $a>0$이고 m, n ($n \geq 2$)이 정수일 때, $a^{\frac{m}{n}} = \sqrt[n]{a^m}$, $a^{\frac{1}{n}} = \sqrt[n]{a}$

(2) 지수가 유리수일 때 지수법칙 : $a>0$, $b>0$이고, r, s가 유리수일 때

① $a^r a^s = a^{r+s}$　　　② $a^r \div a^s = a^{r-s}$　　　③ $(a^r)^s = a^{rs}$　　　④ $(ab)^r = a^r b^r$

tip 지수의 범위를 유리수까지 확장할 때에는 **밑이 양수**라는 조건이 필요하다.

설명 (1) $a>0$이고 m, n이 정수일 때, 다음 지수법칙이 성립한다.

$\qquad (a^m)^n = a^{mn}$ 　　…… ㉠

㉠이 지수가 유리수일 때에도 성립하려면 정수 m, n ($n \geq 2$)에 대하여 $(a^{\frac{m}{n}})^n = a^{\frac{m}{n} \times n} = a^m$이어야 한다.

이때 $a^{\frac{m}{n}}>0$이므로 $a^{\frac{m}{n}}$은 a^m의 양의 n제곱근이다. 따라서 $a^{\frac{m}{n}} = \sqrt[n]{a^m}$으로 정의한다.

(2) $a>0$이고 r, s가 유리수일 때, $r=\dfrac{m}{n}$, $s=\dfrac{p}{q}$ (m, n, p, q는 정수, $n \geq 2$, $q \geq 2$)로 놓으면

① $a^r a^s = a^{\frac{m}{n}} a^{\frac{p}{q}} = a^{\frac{mq}{nq}} a^{\frac{np}{nq}} = \sqrt[nq]{a^{mq}}\sqrt[nq]{a^{np}} = \sqrt[nq]{a^{mq+np}} = a^{\frac{mq+np}{nq}} = a^{\frac{m}{n}+\frac{p}{q}} = a^{r+s}$

③ $(a^r)^s = (a^{\frac{m}{n}})^{\frac{p}{q}} = (\sqrt[n]{a^m})^{\frac{p}{q}} = \sqrt[q]{(\sqrt[n]{a^m})^p} = \sqrt[q]{\sqrt[n]{(a^m)^p}} = \sqrt[nq]{a^{mp}} = a^{\frac{mp}{nq}} = a^{\frac{m}{n} \times \frac{p}{q}} = a^{rs}$

CHECK 다음 식을 간단히 하시오.

(1) $5^{-\frac{5}{2}} \times 5^{\frac{3}{4}} \div \sqrt[4]{5}$ 　　　　　　　　　(2) $(\sqrt[3]{2^2} \times \sqrt{2})^6$

풀이 (1) $5^{-\frac{5}{2}} \times 5^{\frac{3}{4}} \div \sqrt[4]{5} = 5^{-\frac{5}{2}} \times 5^{\frac{3}{4}} \div 5^{\frac{1}{4}} = 5^{-\frac{5}{2}+\frac{3}{4}-\frac{1}{4}} = 5^{-2} = \dfrac{1}{25}$

(2) $(\sqrt[3]{2^2} \times \sqrt{2})^6 = (2^{\frac{2}{3}} \times 2^{\frac{1}{2}})^6 = (2^{\frac{2}{3}})^6 \times (2^{\frac{1}{2}})^6 = 2^4 \times 2^3 = 2^7 = \mathbf{128}$

| 개념 3 | 지수법칙–지수가 실수인 경우 | 유형 003~008 |

$a>0$, $b>0$이고, x, y가 실수일 때

(1) $a^x a^y = a^{x+y}$ (2) $a^x \div a^y = a^{x-y}$ (3) $(a^x)^y = a^{xy}$ (4) $(ab)^x = a^x b^x$

설명 무리수 $\sqrt{2}=1.414213\cdots$에 한없이 가까워지도록 유리수를 나열하면

$$1,\ 1.4,\ 1.41,\ 1.414,\ 1.4142,\ \cdots$$

이때 이 유리수를 각각 지수로 갖는 수 2^1, $2^{1.4}$, $2^{1.41}$, $2^{1.414}$, $2^{1.4142}$, $\cdots$은 오른쪽과 같이 어떤 일정한 수에 한없이 가까워진다는 사실이 알려져 있다.

이때 이 일정한 수를 $2^{\sqrt{2}}$으로 정의한다.

이와 같은 방법으로 임의의 무리수 x에 대하여 2^x을 정의할 수 있다.

같은 방법으로 $a>0$일 때, 임의의 실수 x에 대하여 a^x을 정의할 수 있고 지수가 실수일 때에도 지수법칙이 성립함이 알려져 있다.

$$2^{1.4}=2.63901582\cdots$$
$$2^{1.41}=2.65737162\cdots$$
$$2^{1.414}=2.66474965\cdots$$
$$2^{1.4142}=2.66511908\cdots$$
$$\vdots$$

CHECK 다음 식을 간단히 하시오. (단, $a>0$)

(1) $6^{\sqrt{8}} \times 6^{\sqrt{2}}$ (2) $\left(a^{1+\sqrt{5}}\right)^{1-\sqrt{5}}$ (3) $a^{\sqrt{12}} \times a^{\sqrt{2}} \div \left(a^{\sqrt{2}}\right)^{\sqrt{6}-1}$

풀이 (1) $6^{\sqrt{8}} \times 6^{\sqrt{2}} = 6^{2\sqrt{2}} \times 6^{\sqrt{2}} = 6^{2\sqrt{2}+\sqrt{2}} = \boldsymbol{6^{3\sqrt{2}}}$

(2) $\left(a^{1+\sqrt{5}}\right)^{1-\sqrt{5}} = a^{(1+\sqrt{5})(1-\sqrt{5})} = \boldsymbol{a^{-4}}$

(3) $a^{\sqrt{12}} \times a^{\sqrt{2}} \div \left(a^{\sqrt{2}}\right)^{\sqrt{6}-1} = a^{2\sqrt{3}} \times a^{\sqrt{2}} \div a^{\sqrt{2}(\sqrt{6}-1)} = a^{2\sqrt{3}} \times a^{\sqrt{2}} \div a^{2\sqrt{3}-\sqrt{2}} = a^{2\sqrt{3}+\sqrt{2}-2\sqrt{3}+\sqrt{2}} = \boldsymbol{a^{2\sqrt{2}}}$

| 개념 4 | 거듭제곱근의 대소 비교 | 유형 009 |

거듭제곱근의 대소 비교는 먼저 거듭제곱근을 유리수 지수로 나타낸 후, 다음을 이용한다.

(ⅰ) 밑을 같게 할 수 있을 때 : 밑을 같게 한 후, 지수를 비교한다.

(ⅱ) 밑을 같게 할 수 없을 때 : 유리수 지수의 분모를 통분하고 지수를 같게 한 후, 밑을 비교한다.

예 두 수 $\sqrt[3]{2}$, $\sqrt[4]{3}$의 대소를 비교하여 보자. 유리수 지수로 나타낸 후, 지수를 $\frac{1}{12}$로 같게 하면

$$\sqrt[3]{2}=2^{\frac{1}{3}}=2^{\frac{4}{12}}=\left(2^4\right)^{\frac{1}{12}}=16^{\frac{1}{12}},\quad \sqrt[4]{3}=3^{\frac{1}{4}}=3^{\frac{3}{12}}=\left(3^3\right)^{\frac{1}{12}}=27^{\frac{1}{12}}$$

$16<27$이므로 $\sqrt[3]{2}<\sqrt[4]{3}$이다.

또한 $\sqrt[3]{2}=\sqrt[12]{2^4}=\sqrt[12]{16}$, $\sqrt[4]{3}=\sqrt[12]{3^3}=\sqrt[12]{27}$ 꼴로 변형하여 대소를 비교할 수도 있다.

Plus⁺ 자료

◎ 지수법칙이 성립하기 위한 지수의 범위에 따른 밑의 조건

지수 x	자연수	정수	유리수	실수
밑 a	실수	$a \neq 0$	$a>0$	$a>0$

tip 지수가 정수가 아닌 유리수일 때의 지수법칙은 밑이 음수인 경우에는 성립하지 않으므로 주의해야 한다.

$$\left\{(-2)^6\right\}^{\frac{1}{2}} = (-2)^{6 \times \frac{1}{2}} = (-2)^3 = -8\ (\times) \quad \cdots\cdots\ \textㄱ$$

$$\left\{(-2)^6\right\}^{\frac{1}{2}} = 64^{\frac{1}{2}} = \left(2^6\right)^{\frac{1}{2}} = 8\ (\bigcirc) \quad \cdots\cdots\ \textㄴ$$

위의 식은 지수가 정수가 아닌 유리수이고, 밑이 음수이므로 지수법칙이 성립하지 않는다.

따라서 ㉠과 같이 지수법칙을 이용하면 틀린 답을 얻게 되므로 반드시 ㉡과 같이 밑을 양수로 만든 후, 지수법칙을 이용하여야 한다.

또한 지수의 범위가 실수일 때에도 밑이 양수란 조건이 필요하다. 예를 들어 $(-2)^{\sqrt{3}}$ 등은 정의하지 않으며 의미없는 수로 생각한다.

다음 식을 간단히 하시오.

(1) $\left\{\left(\dfrac{27}{8}\right)^{-\frac{3}{2}}\right\}^{\frac{4}{9}}$

(2) $\{(-3)^2\}^{-\frac{1}{2}}\times 27^{\frac{2}{3}}-64^{\frac{1}{3}}$

(3) $\sqrt[3]{(-2)^{-2}}\times\sqrt[3]{108}\div(243^{-\frac{1}{5}})^2$

| 풀이 |

(1) $\left\{\left(\dfrac{27}{8}\right)^{-\frac{3}{2}}\right\}^{\frac{4}{9}}=\left(\dfrac{27}{8}\right)^{-\frac{3}{2}\times\frac{4}{9}}=\left\{\left(\dfrac{3}{2}\right)^3\right\}^{-\frac{2}{3}}=\left(\dfrac{3}{2}\right)^{3\times\left(-\frac{2}{3}\right)}=\left(\dfrac{3}{2}\right)^{-2}=\dfrac{\mathbf{4}}{\mathbf{9}}$

(2) $\{(-3)^2\}^{-\frac{1}{2}}\times 27^{\frac{2}{3}}-64^{\frac{1}{3}}=(3^2)^{-\frac{1}{2}}\times(3^3)^{\frac{2}{3}}-(2^6)^{\frac{1}{3}}=3^{2\times\left(-\frac{1}{2}\right)}\times 3^{3\times\frac{2}{3}}-2^{6\times\frac{1}{3}}$

$=3^{-1}\times 3^2-2^2=\dfrac{1}{3}\times 9-4=3-4=\mathbf{-1}$

(3) $\sqrt[3]{(-2)^{-2}}\times\sqrt[3]{108}\div(243^{-\frac{1}{5}})^2=(2^{-2})^{\frac{1}{3}}\times(2^2\times 3^3)^{\frac{1}{3}}\div\{(3^5)^{-\frac{1}{5}}\}^2=2^{-2\times\frac{1}{3}}\times(2^2)^{\frac{1}{3}}\times(3^3)^{\frac{1}{3}}\div\{3^{5\times\left(-\frac{1}{5}\right)}\}^2$

$=2^{-\frac{2}{3}}\times 2^{2\times\frac{1}{3}}\times 3^{3\times\frac{1}{3}}\div(3^{-1})^2=2^{-\frac{2}{3}}\times 2^{\frac{2}{3}}\times 3\div 3^{-2}$

$=2^{-\frac{2}{3}+\frac{2}{3}}\times 3^{1-(-2)}=2^0\times 3^3=\mathbf{27}$

$\sqrt{a\sqrt{a\sqrt[3]{a\sqrt{a^3}}}}=a^k$을 만족시키는 유리수 k의 값을 구하시오. (단, $a>0$, $a\neq 1$)

| 풀이 |

$\sqrt{a\sqrt{a\sqrt[3]{a\sqrt{a^3}}}}=\sqrt{a}\times\sqrt{\sqrt{a}}\times\sqrt{\sqrt{\sqrt[3]{a}}}\times\sqrt{\sqrt{\sqrt[3]{\sqrt{a^3}}}}$

$=\sqrt{a}\times\sqrt[4]{a}\times\sqrt[12]{a}\times\sqrt[24]{a^3}$

$=a^{\frac{1}{2}}\times a^{\frac{1}{4}}\times a^{\frac{1}{12}}\times(a^3)^{\frac{1}{24}}$

$=a^{\frac{1}{2}}\times a^{\frac{1}{4}}\times a^{\frac{1}{12}}\times a^{\frac{1}{8}}$

$=a^{\frac{1}{2}+\frac{1}{4}+\frac{1}{12}+\frac{1}{8}}=a^{\frac{23}{24}}$

$\therefore k=\dfrac{\mathbf{23}}{\mathbf{24}}$

■ 정답과 풀이 7쪽

체크 | **005** 다음 식을 간단히 하시오.

(1) $\left(4^{-\frac{1}{\sqrt{10}}}\times 32^{\sqrt{\frac{2}{5}}}\right)^{\sqrt{5}}$

(2) $\left\{\left(\dfrac{2}{3}\right)^{\frac{3}{2}}\right\}^{\frac{4}{3}}\times\left\{\left(\dfrac{64}{27}\right)^{-\frac{4}{9}}\right\}^{\frac{3}{2}}$

(3) $(\sqrt[3]{15})^2\div\sqrt[3]{(-3)^2}\times 5^{-\frac{1}{6}}$

체크 | **006** $\sqrt[3]{\dfrac{\sqrt[4]{27}}{\sqrt{3}}}\times\sqrt[4]{\dfrac{\sqrt[3]{9}}{\sqrt{3}}}=3^k$을 만족시키는 유리수 k의 값을 구하시오.

지수법칙과 곱셈 공식

다음 식을 간단히 하시오. (단, $a>0$, $b>0$)

(1) $(a^{\frac{1}{4}}-b^{\frac{1}{4}})(a^{\frac{1}{4}}+b^{\frac{1}{4}})(a^{\frac{1}{2}}+b^{\frac{1}{2}})$

(2) $(4^{\frac{1}{3}}-3^{\frac{1}{3}})(16^{\frac{1}{3}}+12^{\frac{1}{3}}+9^{\frac{1}{3}})$

| 풀이 | (1) $a^{\frac{1}{4}}=A$, $b^{\frac{1}{4}}=B$로 놓으면

$$(a^{\frac{1}{4}}-b^{\frac{1}{4}})(a^{\frac{1}{4}}+b^{\frac{1}{4}})(a^{\frac{1}{2}}+b^{\frac{1}{2}})=(a^{\frac{1}{4}}-b^{\frac{1}{4}})(a^{\frac{1}{4}}+b^{\frac{1}{4}})\{(a^{\frac{1}{4}})^2+(b^{\frac{1}{4}})^2\}$$
$$=(A-B)(A+B)(A^2+B^2)$$
$$=(A^2-B^2)(A^2+B^2)=A^4-B^4$$
$$=(a^{\frac{1}{4}})^4-(b^{\frac{1}{4}})^4=\boldsymbol{a-b}$$

(2) $4^{\frac{1}{3}}=A$, $3^{\frac{1}{3}}=B$로 놓으면

$$(4^{\frac{1}{3}}-3^{\frac{1}{3}})(16^{\frac{1}{3}}+12^{\frac{1}{3}}+9^{\frac{1}{3}})=(4^{\frac{1}{3}}-3^{\frac{1}{3}})\{4^{\frac{2}{3}}+(4\times3)^{\frac{1}{3}}+3^{\frac{2}{3}}\}=(4^{\frac{1}{3}}-3^{\frac{1}{3}})\{(4^{\frac{1}{3}})^2+4^{\frac{1}{3}}\times3^{\frac{1}{3}}+(3^{\frac{1}{3}})^2\}$$
$$=(A-B)(A^2+AB+B^2)=A^3-B^3$$
$$=(4^{\frac{1}{3}})^3-(3^{\frac{1}{3}})^3=4-3=\boldsymbol{1}$$

지수법칙과 곱셈 공식을 이용하여 식의 값 구하기

$x^{\frac{1}{2}}-x^{-\frac{1}{2}}=2$일 때, 다음 식의 값을 구하시오. (단, $x>0$)

(1) $x+x^{-1}$

(2) x^2+x^{-2}

(3) $x^{\frac{3}{2}}-x^{-\frac{3}{2}}$

| 풀이 | (1) $x^{\frac{1}{2}}-x^{-\frac{1}{2}}=2$의 양변을 제곱하면 $(x^{\frac{1}{2}}-x^{-\frac{1}{2}})^2=2^2$, $x-2+x^{-1}=4$ $\therefore x+x^{-1}=\boldsymbol{6}$

(2) $x+x^{-1}=6$의 양변을 제곱하면 $(x+x^{-1})^2=6^2$, $x^2+2+x^{-2}=36$ $\therefore x^2+x^{-2}=\boldsymbol{34}$

(3) $x^{\frac{1}{2}}-x^{-\frac{1}{2}}=2$의 양변을 세제곱하면 $(x^{\frac{1}{2}}-x^{-\frac{1}{2}})^3=2^3$

$$(x^{\frac{1}{2}})^3-3(x^{\frac{1}{2}})^2x^{-\frac{1}{2}}+3x^{\frac{1}{2}}(x^{-\frac{1}{2}})^2-(x^{-\frac{1}{2}})^3=8, \ x^{\frac{3}{2}}-3x^{\frac{1}{2}}+3x^{-\frac{1}{2}}-x^{-\frac{3}{2}}=8$$
$$x^{\frac{3}{2}}-x^{-\frac{3}{2}}-3(x^{\frac{1}{2}}-x^{-\frac{1}{2}})=8, \ x^{\frac{3}{2}}-x^{-\frac{3}{2}}-3\times2=8 \quad \therefore x^{\frac{3}{2}}-x^{-\frac{3}{2}}=\boldsymbol{14}$$

■ 정답과 풀이 8쪽

체크 007 다음 식을 간단히 하시오. (단, $x>0$)

(1) $(x^{\frac{1}{2}}+x^{-1})^2+(x^{\frac{1}{2}}-x^{-1})^2$

(2) $(x+x^{-1})\div(x^{\frac{1}{3}}+x^{-\frac{1}{3}})$

(3) $(5^{\frac{1}{8}}-1)(5^{\frac{1}{8}}+1)(5^{\frac{1}{4}}+1)(5^{\frac{1}{2}}+1)(5+1)$

체크 008 $x^{\frac{1}{2}}+x^{-\frac{1}{2}}=3$일 때, $x^2+x^{-2}-(x^{\frac{3}{2}}+x^{-\frac{3}{2}})$의 값을 구하시오. (단, $x>0$)

체크 009 $x=2^{\frac{1}{3}}+2^{-\frac{1}{3}}$일 때, $2x^3-6x$의 값을 구하시오.

$a^{2x}=4$일 때, 다음 식의 값을 구하시오. (단, $a>0$)

(1) $\dfrac{a^x-a^{-x}}{a^x+a^{-x}}$ 　　　　　　　　　　　 (2) $\dfrac{a^{3x}+a^{-3x}}{a^x-a^{-x}}$

| 풀이 |　(1) 주어진 식의 분모, 분자에 각각 a^x을 곱하면

$$\frac{a^x-a^{-x}}{a^x+a^{-x}}=\frac{a^x(a^x-a^{-x})}{a^x(a^x+a^{-x})}=\frac{a^{2x}-1}{a^{2x}+1}=\frac{4-1}{4+1}=\frac{3}{5}$$

(2) 주어진 식의 분모, 분자에 각각 a^x을 곱하면

$$\frac{a^{3x}+a^{-3x}}{a^x-a^{-x}}=\frac{a^x(a^{3x}+a^{-3x})}{a^x(a^x-a^{-x})}=\frac{a^{4x}+a^{-2x}}{a^{2x}-1}=\frac{(a^{2x})^2+(a^{2x})^{-1}}{a^{2x}-1}=\frac{4^2+4^{-1}}{4-1}=\frac{16+\dfrac{1}{4}}{3}=\frac{65}{12}$$

유형 **008**　밑을 같게 하여 식의 값 구하기

다음을 구하시오.

(1) $378^x=9$, $42^y=27$일 때, $\dfrac{2}{x}-\dfrac{3}{y}$의 값

(2) $2^x=8^y=16^z$일 때, $\dfrac{1}{x}+\dfrac{1}{y}-\dfrac{1}{z}$의 값 (단, $xyz\neq0$)

| 풀이 |　(1) $378^x=9$에서 $378=9^{\frac{1}{x}}=(3^2)^{\frac{1}{x}}$ 　　∴ $378=3^{\frac{2}{x}}$ 　……　㉠

$42^y=27$에서 $42=27^{\frac{1}{y}}=(3^3)^{\frac{1}{y}}$ 　　∴ $42=3^{\frac{3}{y}}$ 　……　㉡

㉠÷㉡을 하면 $378\div42=3^{\frac{2}{x}}\div3^{\frac{3}{y}}$ 　　∴ $3^{\frac{2}{x}-\frac{3}{y}}=9=3^2$ 　　∴ $\dfrac{2}{x}-\dfrac{3}{y}=2$

(2) $2^x=8^y=16^z=k$ $(k>0)$로 놓으면 $xyz\neq0$이므로 $k\neq1$

$2^x=k$에서 $2=k^{\frac{1}{x}}$ 　　　　　　　　……　㉠

$8^y=k$에서 $8=k^{\frac{1}{y}}$ 　　　　　　　　……　㉡

$16^z=k$에서 $16=k^{\frac{1}{z}}$ 　　　　　　　　……　㉢

㉠×㉡÷㉢을 하면 $2\times8\div16=k^{\frac{1}{x}}\times k^{\frac{1}{y}}\div k^{\frac{1}{z}}$ 　　∴ $k^{\frac{1}{x}+\frac{1}{y}-\frac{1}{z}}=1$

그런데 $k\neq1$이므로 $\dfrac{1}{x}+\dfrac{1}{y}-\dfrac{1}{z}=0$

■ 정답과 풀이 9쪽

체크 **010**　다음을 구하시오.

(1) $4^x=3$일 때, $\dfrac{8^x-8^{-x}}{2^x+2^{-x}}$의 값 　　　　　　 (2) $\dfrac{a^x+a^{-x}}{a^x-a^{-x}}=5$일 때, a^{2x}의 값 (단, $a>0$, $a\neq1$)

체크 **011**　1이 아닌 양수 a, b에 대하여 $a^x=b^y=3^z$, $\dfrac{1}{x}-\dfrac{1}{y}=\dfrac{2}{z}$일 때, $\dfrac{a}{b}$의 값을 구하시오. (단, $xyz\neq0$)

유형 **009** 거듭제곱근의 대소 비교

세 수 $\sqrt[6]{11}$, $\sqrt[4]{5}$, $\sqrt[3]{3}$의 대소를 비교하시오.

| 풀이 | 세 수 $\sqrt[6]{11}$, $\sqrt[4]{5}$, $\sqrt[3]{3}$을 각각 지수가 유리수인 꼴로 나타내면

$$\sqrt[6]{11}=11^{\frac{1}{6}}, \quad \sqrt[4]{5}=5^{\frac{1}{4}}, \quad \sqrt[3]{3}=3^{\frac{1}{3}}$$

6, 4, 3의 최소공배수가 12이므로 세 수의 지수를 같게 하면

$$\sqrt[6]{11}=11^{\frac{1}{6}}=(11^2)^{\frac{1}{12}}=121^{\frac{1}{12}}, \quad \sqrt[4]{5}=5^{\frac{1}{4}}=(5^3)^{\frac{1}{12}}=125^{\frac{1}{12}}, \quad \sqrt[3]{3}=3^{\frac{1}{3}}=(3^4)^{\frac{1}{12}}=81^{\frac{1}{12}}$$

이때 $81<121<125$이므로 $\sqrt[3]{3}<\sqrt[6]{11}<\sqrt[4]{5}$ ← 지수가 같을 때에는 밑이 큰 수가 크다.

유형 **010** 지수법칙의 실생활에의 활용

조개류는 현탁물을 여과한다. 수온이 $t\,℃$이고 조개의 중량이 $w\,$g일 때, A조개와 B조개가 1시간 동안 여과하는 현탁물의 양을 각각 $Q_A\,$L, $Q_B\,$L라 하면 다음과 같은 관계가 있다고 한다.

$$Q_A=0.01t^{1.3}w^{0.2}, \quad Q_B=0.03t^{0.8}w^{0.25}$$

수온이 $45\,℃$이고 A조개와 B조개의 중량이 모두 $27\,$g일 때, $\dfrac{Q_A}{Q_B}$의 값은 $3^a\times5^b$이다. $a+b$의 값을 구하시오. (단, a, b는 유리수이다.)

| 풀이 | $\dfrac{Q_A}{Q_B}=\dfrac{0.01t^{1.3}w^{0.2}}{0.03t^{0.8}w^{0.25}}=\dfrac{1}{3}\times t^{1.3-0.8}\times w^{0.2-0.25}=\dfrac{t^{0.5}}{3w^{0.05}}$

이 식에 $t=45$, $w=27$을 대입하면

$$\dfrac{Q_A}{Q_B}=\dfrac{45^{0.5}}{3\times27^{0.05}}=\dfrac{(3^2\times5)^{0.5}}{3\times(3^3)^{0.05}}=\dfrac{(3^2)^{0.5}\times5^{0.5}}{3\times3^{0.15}}=\dfrac{3\times5^{0.5}}{3\times3^{0.15}}=3^{-0.15}\times5^{0.5}$$

따라서 $a=-0.15$, $b=0.5$이므로

$a+b=-0.15+0.5=\mathbf{0.35}$

■ 정답과 풀이 9쪽

체크 **012** 세 수 $A=\sqrt[3]{2\sqrt{5}}$, $B=\sqrt[3]{3\sqrt{2}}$, $C=\sqrt{2\sqrt[6]{6}}$의 대소를 비교하시오.

체크 **013** 양수기로 물을 끌어올릴 때, 펌프의 1분당 회전수 N, 양수량 Q, 양수할 높이 H와 양수기의 비교회전도 S 사이에는 다음과 같은 관계가 있다고 한다.

$$S=NQ^{\frac{1}{2}}H^{-\frac{3}{4}} \quad (단, N, Q, H의 단위는 각각 rpm, m^3/분, m이다.)$$

펌프의 1분당 회전수가 일정한 양수기에 대하여 양수량이 24, 양수할 높이가 5일 때의 비교회전도를 S_1, 양수량이 12, 양수할 높이가 10일 때의 비교회전도를 S_2라 하자. $\dfrac{S_1}{S_2}$의 값은? | 평가원 기출 |

① $2^{\frac{3}{4}}$ ② $2^{\frac{7}{8}}$ ③ 2 ④ $2^{\frac{9}{8}}$ ⑤ $2^{\frac{5}{4}}$

선생님의 출제 point

Q 지수 꼴로 나타낸 수가 자연수가 되도록 하는 미지수의 값을 구할 수 있는가?

1 양수 a, b, c에 대하여

$$a^3=2,\ b^6=5,\ c^5=13$$

일 때, $(abc)^n$이 자연수가 되도록 하는 자연수 n의 최솟값을 구하시오.

| 풀이 |

① a, b, c를 지수가 유리수인 꼴로 나타내기

유형 008

$a^3=2$에서 $a=2^{\frac{1}{3}}$

$b^6=5$에서 $b=5^{\frac{1}{6}}$

$c^5=13$에서 $c=13^{\frac{1}{5}}$

$\therefore (abc)^n = (2^{\frac{1}{3}} \times 5^{\frac{1}{6}} \times 13^{\frac{1}{5}})^n = (2^{10} \times 5^5 \times 13^6)^{\frac{n}{30}}$

② abc가 자연수가 되도록 하는 n의 조건 찾기

이때 $2^{10} \times 5^5 \times 13^6$은 어떤 자연수의 30제곱수가 될 수 없으므로 $(2^{\frac{1}{3}} \times 5^{\frac{1}{6}} \times 13^{\frac{1}{5}})^n$이 자연수가 되려면 $\frac{n}{30}$이 0 또는 양의 정수이어야 한다.

③ 답 구하기

따라서 n은 0 또는 30의 배수이어야 하므로 자연수 n의 최솟값은 **30**이다.

Q 지수법칙과 곱셈 공식을 이용하여 복잡한 식의 값을 구할 수 있는가?

2 $x=6^{\frac{1}{10}}+6^{-\frac{1}{10}}$일 때, $\left(\dfrac{x+\sqrt{x^2-4}}{2}\right)^{10}$의 값을 구하시오.

| 풀이 |

① 지수법칙과 곱셈 공식을 이용하여 근호 안의 식 정리하기

유형 006

$x=6^{\frac{1}{10}}+6^{-\frac{1}{10}}$이므로

$x^2-4=(6^{\frac{1}{10}}+6^{-\frac{1}{10}})^2-4$

$=6^{\frac{2}{10}}+2+6^{-\frac{2}{10}}-4$

$=6^{\frac{2}{10}}-2+6^{-\frac{2}{10}}=(6^{\frac{1}{10}}-6^{-\frac{1}{10}})^2$

② 주어진 식을 계산하여 식의 값 구하기

유형 003

$\dfrac{x+\sqrt{x^2-4}}{2}=\dfrac{1}{2}\{6^{\frac{1}{10}}+6^{-\frac{1}{10}}+\sqrt{(6^{\frac{1}{10}}-6^{-\frac{1}{10}})^2}\}$

$=\dfrac{1}{2}\{6^{\frac{1}{10}}+6^{-\frac{1}{10}}+(6^{\frac{1}{10}}-6^{-\frac{1}{10}})\}=6^{\frac{1}{10}}$

$\therefore \left(\dfrac{x+\sqrt{x^2-4}}{2}\right)^{10}=(6^{\frac{1}{10}})^{10}=\mathbf{6}$

014

다음 중 항상 옳은 것은?

① 8의 세제곱근은 ±2이다.

② $\sqrt[3]{-216}=6$

③ -7의 네제곱근 중 실수인 것은 $\pm\sqrt[4]{-7}$이다.

④ 125의 세제곱근 중 실수인 것은 3개이다.

⑤ n이 홀수일 때, 음수의 n제곱근 중 실수인 것은 1개뿐이다.

015

-64의 세제곱근 중 실수인 것을 n이라 하고, $-n$의 네제곱근 중 양의 실수인 것을 m이라 할 때, $\left(\dfrac{n}{m}\right)^2$의 값을 구하시오.

016

실수 x와 2 이상의 자연수 n에 대하여 x의 n제곱근 중 실수인 것의 개수를 $R(x, n)$이라 할 때,

$$R(2, 3)+R(6, 4)+R(-\sqrt[4]{81}, 5)+R(\sqrt[3]{-8}, 4)$$

의 값을 구하시오.

017

$\sqrt[4]{\dfrac{\sqrt{16}}{\sqrt[3]{3}}} \times \sqrt[6]{\dfrac{\sqrt{3}}{\sqrt[3]{64}}} = \sqrt[n]{2^m}$을 만족시키는 m, n에 대하여 $m+n$의 값을 구하시오. (단, m, n은 서로소인 자연수이다.)

018

$2 \leq n \leq 10$인 자연수 n에 대하여 $\sqrt[3]{4}$가 어떤 자연수의 n제곱근이 되도록 하는 n의 개수를 구하시오.

019 필수기출

$1 \leq m \leq 3$, $1 \leq n \leq 8$인 두 자연수 m, n에 대하여 $\sqrt[3]{n^m}$이 자연수가 되도록 하는 순서쌍 (m, n)의 개수는? |평가원 기출|

① 6   ② 8   ③ 10

④ 12   ⑤ 14

020

다음 식을 간단히 하시오.

(1) $125^{\frac{2}{3}} \times 81^{-\frac{1}{4}}$

(2) $(\sqrt[3]{16})^{\frac{5}{2}} \times (\sqrt[3]{4})^{0.75} \div 32^{\frac{1}{6}}$

(3) $\sqrt{2\sqrt[3]{2\sqrt{2}}} \times \sqrt[4]{\dfrac{\sqrt[6]{2}}{\sqrt[3]{2}}}$

021

$a = \sqrt[3]{9}$일 때, 27을 a를 사용하여 나타내시오.

022

다음 식의 값을 구하시오.

$$\frac{1}{3^{-10}+1} + \frac{1}{3^{-9}+1} + \cdots + \frac{1}{3^{-1}+1} + \frac{1}{3^{0}+1}$$
$$+ \frac{1}{3^{1}+1} + \cdots + \frac{1}{3^{9}+1} + \frac{1}{3^{10}+1}$$

023

$a + a^{-1} = 7$일 때, $\dfrac{a^{\frac{1}{2}} + a^{-\frac{1}{2}}}{a^{3} + a^{-3}}$의 값을 구하시오.

024

$x = 2^{\frac{2}{3}} + 2^{-\frac{2}{3}}$일 때, $x^3 - 3x$의 값을 구하시오.

025

실수 m에 대하여 $\dfrac{a^{m} - a^{-m}}{a^{m} + a^{-m}} = \dfrac{1}{2}$일 때, $\dfrac{a^{3m} + a^{-m}}{a^{3m} - a^{-m}}$의 값을 구하시오. (단, $a > 0$)

026

다음 물음에 답하시오.

(1) 두 실수 a, b에 대하여 $12^a=2$, $12^b=3$일 때, $4^{\frac{2-4a}{b}}$의 값을 구하시오.

(2) 세 실수 x, y, z에 대하여 $2^x=3^{-y}=18^{\frac{1}{z}}$일 때, $\dfrac{1}{x}-\dfrac{2}{y}$를 z에 대한 식으로 나타내시오. (단, $xyz\neq0$)

027

$(\sqrt{2\sqrt[3]{16}})^3$보다 작은 자연수 중 가장 큰 자연수를 구하시오.

028

세 수 $A=2\sqrt[3]{3}-\sqrt{2}$, $B=2\sqrt{2}-\sqrt[3]{3}$, $C=3\sqrt{2}-2\sqrt[3]{3}$ 중 가장 큰 수를 M, 가장 작은 수를 m이라 할 때, $M+m$의 값을 구하시오.

029

자연수 n에 대하여 $x=\dfrac{5^n-5^{-n}}{2}$일 때, $\sqrt[n]{x+\sqrt{1+x^2}}$의 값을 구하시오.

030

자연수 n에 대하여 $f(n)=a^{\frac{1}{n}}$ $(a>0,\ a\neq1)$일 때,

$$f(1\times2)\times f(2\times3)\times f(3\times4)\times\cdots\times f(19\times20)=f(p)$$

를 만족시키는 상수 p에 대하여 $19p$의 값을 구하시오.

031 필수기출

지면으로부터 H_1인 높이에서 풍속이 V_1이고 지면으로부터 H_2인 높이에서 풍속이 V_2일 때, 대기 안정도 계수 k는 다음 식을 만족시킨다.

$$V_2=V_1\left(\frac{H_2}{H_1}\right)^{\frac{2}{2-k}}$$ (단, $H_1<H_2$이고, 높이의 단위는 m, 풍속의 단위는 m/초이다.)

A지역에서 지면으로부터 12 m와 36 m인 높이에서 풍속이 각각 2(m/초)와 8(m/초)이고, B지역에서 지면으로부터 10 m와 90 m인 높이에서 풍속이 각각 a(m/초)와 b(m/초)일 때, 두 지역의 대기 안정도 계수 k가 서로 같았다. $\dfrac{b}{a}$의 값은? (단, a, b는 양수이다.)

|평가원 기출|

① 10   ② 13   ③ 16
④ 19   ⑤ 22

03 로그

개념 1 **로그의 정의** 〔유형 011, 017〕

$a>0$, $a\neq1$일 때, 양수 N에 대하여 $a^x=N$을 만족시키는 실수 x는 오직 하나만 존재한다.
이 실수 x를 a를 **밑**으로 하는 N의 **로그**라 하고, 이것을 기호로

$$x=\log_a N$$

과 같이 나타낸다. 이때 N을 $\log_a N$의 **진수**라 한다.

tip 기호 log는 'logarithm'의 약자이고, '로그'라 읽는다.

설명 예를 들어 $2^3=8$에서 $2^x=8$을 만족시키는 x의 값은 3임을 알 수 있다. 그런데 $2^x=7$을 만족시키는 x의 값은 2와 3 사이의 어떤 수이지만 그 값을 정확히 알 수는 없다. 이와 같은 수 x를 기호 log를 사용하여

$$2^x=7 \iff x=\log_2 7$$

과 같이 나타낸다.

CHECK 다음 등식을 $a^x=N$ 꼴은 $x=\log_a N$ 꼴로, $x=\log_a N$ 꼴은 $a^x=N$ 꼴로 나타내시오.

(1) $5^2=25$ (2) $4^{-3}=\dfrac{1}{64}$ (3) $2=\log_6 36$ (4) $-3=\log_{\frac{1}{3}} 27$

풀이 (1) $\mathbf{2=\log_5 25}$ (2) $\mathbf{-3=\log_4 \dfrac{1}{64}}$ (3) $\mathbf{6^2=36}$ (4) $\mathbf{\left(\dfrac{1}{3}\right)^{-3}=27}$

개념 2 **로그가 정의되기 위한 조건** 〔유형 012〕

$\log_a N$이 정의되려면 밑 a와 진수 N은 다음 조건을 만족시켜야 한다.

(1) 밑의 조건 : $a>0$, $a\neq1$ (2) 진수의 조건 : $N>0$

tip $\log_a N$은 $a>0$, $a\neq1$, $N>0$일 때 정의되므로 앞으로 특별한 언급 없이 $\log_a N$으로 쓸 때에는 이 조건을 모두 만족시킨 것으로 본다.

설명 $\log_a N$에서

(1) (i) $a<0$일 때, $x=\log_{-2} 8 \iff (-2)^x=8$

     (ii) $a=0$일 때, $x=\log_0 8 \iff 0^x=8$

     (iii) $a=1$일 때, $x=\log_1 8 \iff 1^x=8$

     (i)~(iii)에서 등식을 만족시키는 x의 값이 존재하지 않으므로 $a>0$, $a\neq1$이어야 한다.

(2) (i) $N<0$일 때, $x=\log_3 (-5) \iff 3^x=-5$

     (ii) $N=0$일 때, $x=\log_3 0 \iff 3^x=0$

     (i), (ii)에서 등식을 만족시키는 x의 값이 존재하지 않으므로 $N>0$이어야 한다.

CHECK $\log_{3-x}(x+1)$이 정의되도록 하는 실수 x의 값의 범위를 구하시오.

풀이 밑의 조건에서 $3-x>0$, $3-x\neq1$이므로 $x<3$, $x\neq2$ $\therefore$ $x<2$ 또는 $2<x<3$ ······ ㉠
진수의 조건에서 $x+1>0$이므로 $x>-1$ ······ ㉡
㉠, ㉡의 공통 범위를 구하면 $\mathbf{-1<x<2}$ **또는** $\mathbf{2<x<3}$

개념 3	로그의 성질	유형 013~018

$a>0$, $a\neq1$, $M>0$, $N>0$일 때, 다음이 성립한다.

(1) $\log_a 1=0$, $\log_a a=1$ (2) $\log_a MN=\log_a M+\log_a N$

(3) $\log_a \dfrac{M}{N}=\log_a M-\log_a N$ (4) $\log_a M^k=k\log_a M$ (단, k는 실수이다.)

설명 $a>0$, $a\neq1$, $M>0$, $N>0$일 때 $\log_a M=p$, $\log_a N=q$로 놓으면 로그의 정의에 의하여 $M=a^p$, $N=a^q$

(1) $a^0=1$, $a^1=a$이므로 로그의 정의에 의하여 $\log_a 1=0$, $\log_a a=1$

(2) 지수법칙에 의하여 $MN=a^p a^q=a^{p+q}$

$a>0$, $a\neq1$, $MN>0$이므로 로그의 정의에 의하여 $\log_a MN=p+q=\log_a M+\log_a N$

(3) 지수법칙에 의하여 $\dfrac{M}{N}=\dfrac{a^p}{a^q}=a^{p-q}$

$a>0$, $a\neq1$, $\dfrac{M}{N}>0$이므로 로그의 정의에 의하여 $\log_a \dfrac{M}{N}=p-q=\log_a M-\log_a N$

(4) 지수법칙에 의하여 $M^k=(a^p)^k=a^{kp}$

$a>0$, $a\neq1$, $M^k>0$이므로 로그의 정의에 의하여 $\log_a M^k=kp=k\log_a M$

CHECK 다음 값을 구하시오.

(1) $\log_3 3+\log_7 1$ (2) $\log_2 6+\log_2 \dfrac{1}{24}$ (3) $\log_5 75-\log_5 3\sqrt5$

풀이 (1) $\log_3 3+\log_7 1=1+0=\mathbf{1}$

(2) $\log_2 6+\log_2 \dfrac{1}{24}=\log_2\left(6\times\dfrac{1}{24}\right)=\log_2\dfrac{1}{4}=\log_2 2^{-2}=-2\log_2 2=\mathbf{-2}$

(3) $\log_5 75-\log_5 3\sqrt5=\log_5\dfrac{75}{3\sqrt5}=\log_5\dfrac{25}{\sqrt5}=\log_5 5\sqrt5=\log_5 5^{\frac32}=\dfrac32\log_5 5=\mathbf{\dfrac32}$

개념 4	로그의 밑의 변환	유형 014~018

$a>0$, $a\neq1$, $b>0$일 때, 다음이 성립한다.

(1) $\log_a b=\dfrac{\log_c b}{\log_c a}$ (단, $c>0$, $c\neq1$)   (2) $\log_a b=\dfrac{1}{\log_b a}$ (단, $b\neq1$)

tip $A=B$ 꼴을 $\log_a A=\log_a B$ 꼴로 변형하는 것을 '양변에 a를 밑으로 하는 로그를 취한다.'고 한다. (단, $a>0$, $a\neq1$)

설명 (1) $a>0$, $a\neq1$, $b>0$, $c>0$, $c\neq1$일 때, $\log_a b=x$, $\log_c a=y$로 놓으면 로그의 정의에 의하여 $b=a^x$, $a=c^y$

$b=a^x=(c^y)^x=c^{xy}$에서 $xy=\log_c b$ $\therefore \log_a b\times\log_c a=\log_c b$

$a\neq1$, 즉 $\log_c a\neq0$이므로 위의 식의 양변을 $\log_c a$로 나누면 $\log_a b=\dfrac{\log_c b}{\log_c a}$

(2) (1)에서 $c=b$라 하면 $\log_a b=\dfrac{\log_b b}{\log_b a}=\dfrac{1}{\log_b a}$ $\leftarrow \log_b b=1$

CHECK 다음 값을 구하시오.

(1) $\dfrac{\log_2 49}{\log_2 7}$ (2) $\log_3 6\sqrt3-\dfrac{1}{\log_2 3}$

풀이 (1) $\dfrac{\log_2 49}{\log_2 7}=\log_7 49=\log_7 7^2=2\log_7 7=\mathbf{2}$

(2) $\log_3 6\sqrt3-\dfrac{1}{\log_2 3}=\log_3 6\sqrt3-\log_3 2=\log_3\dfrac{6\sqrt3}{2}=\log_3 3\sqrt3=\log_3 3^{\frac32}=\dfrac32\log_3 3=\mathbf{\dfrac32}$

$a>0$, $a\neq1$, $b>0$일 때, 다음이 성립한다.

(1) $\log_a b \times \log_b a = 1$ (단, $b\neq1$)

(2) $\log_{a^m} b^n = \dfrac{n}{m}\log_a b$ (단, $m\neq0$)

(3) $a^{\log_a b} = b$

(4) $a^{\log_c b} = b^{\log_c a}$ (단, $c>0$, $c\neq1$)

설명 $a>0$, $a\neq1$, $b>0$일 때

(1) 로그의 밑의 변환에 의하여

$$\log_a b \times \log_b a = \log_a b \times \frac{1}{\log_a b} = 1 \ (단, \ b\neq1)$$

(2) 로그의 밑의 변환과 로그의 성질에 의하여

$$\log_{a^m} b^n = \frac{\log_a b^n}{\log_a a^m} = \frac{n\log_a b}{m\log_a a} = \frac{n}{m}\log_a b \ (단, \ m\neq0)$$

(3) $x=a^{\log_a b}$로 놓고 양변에 a를 밑으로 하는 로그를 취하면

$$\log_a x = \log_a a^{\log_a b} = \log_a b \times \log_a a = \log_a b$$

즉, $x=b$이므로 $a^{\log_a b}=b$

(4) $x=a^{\log_c b}$로 놓고 양변에 c를 밑으로 하는 로그를 취하면

$$\log_c x = \log_c a^{\log_c b} = \log_c b \times \log_c a = \log_c a \times \log_c b = \log_c b^{\log_c a}$$

즉, $x=b^{\log_c a}$이므로 $a^{\log_c b}=b^{\log_c a}$ (단, $c>0$, $c\neq1$)

CHECK 다음 값을 구하시오.

(1) $\log_2 3 \times \log_3 2$

(2) $\log_4 9 \times \log_3 \sqrt{2}$

(3) $9^{\log_3 \sqrt{2}}$

(4) $8^{\log_4 5}$

풀이

(1) $\log_2 3 \times \log_3 2 = \log_2 3 \times \dfrac{1}{\log_2 3} = \mathbf{1}$

(2) $\log_4 9 \times \log_3 \sqrt{2} = \log_{2^2} 3^2 \times \log_3 2^{\frac{1}{2}} = \dfrac{2}{2}\log_2 3 \times \dfrac{1}{2}\log_3 2$

$\qquad\qquad\qquad = \dfrac{1}{2} \times \log_2 3 \times \log_3 2 = \mathbf{\dfrac{1}{2}}$

(3) $9^{\log_3 \sqrt{2}} = (\sqrt{2})^{\log_3 9} = (\sqrt{2})^{\log_3 3^2} = (\sqrt{2})^{2\log_3 3} = (\sqrt{2})^2 = \mathbf{2}$

(4) $8^{\log_4 5} = 5^{\log_4 8} = 5^{\log_{2^2} 2^3} = 5^{\frac{3}{2}\log_2 2} = 5^{\frac{3}{2}} = \mathbf{5\sqrt{5}}$

Plus⁺ 자료

Q 실수하기 쉬운 로그의 계산

$a>0$, $a\neq1$, $M>0$, $N>0$일 때, 다음 로그의 계산에 주의한다.

(1) $\log_1 1 \neq 1$, $\log_1 1 \neq 0$ ← 밑이 1인 로그는 정의되지 않는다.

(2) $\log_a (M+N) \neq \log_a M + \log_a N$ ← $\log_a MN = \log_a M + \log_a N$

$\quad \log_a M \times \log_a N \neq \log_a M + \log_a N$

(3) $\log_a (M-N) \neq \log_a M - \log_a N$ ← $\log_a \dfrac{M}{N} = \log_a M - \log_a N$

$\quad \dfrac{\log_a M}{\log_a N} \neq \log_a \dfrac{M}{N}$

(4) $(\log_a M)^k \neq k\log_a M$ ← $\log_a M^k = k\log_a M$

로그의 정의

다음 등식을 만족시키는 실수 x의 값을 구하시오.

(1) $\log_5 x = -3$

(2) $\log_x 3\sqrt{3} = \dfrac{3}{4}$

(3) $\log_{\sqrt{3}} x^3 = 6$

(4) $\log_2 (\log_{16} x) = -2$

| 풀이 | (1) $\log_5 x = -3$에서 $5^{-3} = x$ ∴ $x = \dfrac{1}{125}$

(2) $\log_x 3\sqrt{3} = \dfrac{3}{4}$에서 $x^{\frac{3}{4}} = 3\sqrt{3}$ ∴ $x = (3\sqrt{3})^{\frac{4}{3}} = (3^{\frac{3}{2}})^{\frac{4}{3}} = 3^2 = \mathbf{9}$

(3) $\log_{\sqrt{3}} x^3 = 6$에서 $(\sqrt{3})^6 = x^3$ ∴ $x = \{(\sqrt{3})^6\}^{\frac{1}{3}} = (\sqrt{3})^2 = \mathbf{3}$

(4) $\log_2 (\log_{16} x) = -2$에서 $2^{-2} = \log_{16} x$이므로 $\log_{16} x = \dfrac{1}{4}$ ∴ $x = 16^{\frac{1}{4}} = (2^4)^{\frac{1}{4}} = \mathbf{2}$

로그의 밑과 진수의 조건

$\log_{x-2}(-x^2 + 6x + 7)$이 정의되도록 하는 실수 x의 값의 범위를 구하시오.

| 풀이 | 밑의 조건에서 $x - 2 > 0$, $x - 2 \neq 1$

∴ $2 < x < 3$ 또는 $x > 3$ ······ ㉠

진수의 조건에서 $-x^2 + 6x + 7 > 0$

$x^2 - 6x - 7 < 0$, $(x+1)(x-7) < 0$

∴ $-1 < x < 7$ ······ ㉡

㉠, ㉡의 공통 범위를 구하면

$2 < x < 3$ 또는 $3 < x < 7$

■ 정답과 풀이 13쪽

체크 032 다음 등식을 만족시키는 실수 x의 값을 구하시오.

(1) $\log_{10} x = -2$

(2) $\log_x 27 = -\dfrac{3}{2}$

(3) $\log_{\sqrt{5}} x = -4$

(4) $\log_5 \{\log_2 (\log_3 x)\} = 0$

체크 033 모든 실수 x에 대하여 $\log_{a-1}(ax^2 + 4ax + 5)$가 정의되도록 하는 실수 a의 값의 범위를 구하시오.

로그의 성질과 계산

다음 값을 구하시오.

(1) $\log_6 5\sqrt{6} - \log_6 30$

(2) $\log_{10} 5 + \dfrac{1}{2}\log_{10}\dfrac{20}{9} - \log_{10}\dfrac{\sqrt{5}}{3}$

| 풀이 |

(1) $\log_6 5\sqrt{6} - \log_6 30 = \log_6 \dfrac{5\sqrt{6}}{30} = \log_6 \dfrac{\sqrt{6}}{6} = \log_6 6^{-\frac{1}{2}} = -\dfrac{1}{2}\log_6 6 = -\dfrac{1}{2}$

(2) $\log_{10} 5 + \dfrac{1}{2}\log_{10}\dfrac{20}{9} - \log_{10}\dfrac{\sqrt{5}}{3} = \log_{10} 5 + \log_{10}\left(\dfrac{20}{9}\right)^{\frac{1}{2}} + \log_{10}\left(\dfrac{\sqrt{5}}{3}\right)^{-1} = \log_{10} 5 + \log_{10}\dfrac{2\sqrt{5}}{3} + \log_{10}\dfrac{3}{\sqrt{5}}$

$= \log_{10}\left(5 \times \dfrac{2\sqrt{5}}{3} \times \dfrac{3}{\sqrt{5}}\right) = \log_{10} 10 = 1$

로그의 밑의 변환과 여러 가지 성질

다음 값을 구하시오.

(1) $\log_7 9 \times \log_3 \sqrt{7}$

(2) $2^{\log_2 15 + \frac{1}{3}\log_2 27 - 2\log_2 3}$

(3) $(\log_4 3 + \log_8 27)(\log_3 4 - \log_9 8)$

| 풀이 |

(1) $\log_7 9 \times \log_3 \sqrt{7} = \log_7 3^2 \times \log_3 7^{\frac{1}{2}} = 2\log_7 3 \times \dfrac{1}{2}\log_3 7 = 1$

(2) $\log_2 15 + \dfrac{1}{3}\log_2 27 - 2\log_2 3 = \log_2 15 + \log_2 (3^3)^{\frac{1}{3}} - \log_2 3^2 = \log_2 15 + \log_2 3 - \log_2 9$

$= \log_2 \dfrac{15 \times 3}{9} = \log_2 5$

$\therefore 2^{\log_2 15 + \frac{1}{3}\log_2 27 - 2\log_2 3} = 2^{\log_2 5} = 5^{\log_2 2} = 5$

(3) $(\log_4 3 + \log_8 27)(\log_3 4 - \log_9 8) = (\log_{2^2} 3 + \log_{2^3} 3^3)(\log_3 2^2 - \log_{3^2} 2^3)$

$= \left(\dfrac{1}{2}\log_2 3 + \log_2 3\right)\left(2\log_3 2 - \dfrac{3}{2}\log_3 2\right)$

$= \dfrac{3}{2}\log_2 3 \times \dfrac{1}{2}\log_3 2 = \dfrac{3}{4}$

■ 정답과 풀이 13쪽

체크 | **034**

다음 값을 구하시오.

(1) $\log_2 10 + \log_2 20 - \log_2 25$

(2) $5\log_3 \sqrt{3} + \log_3 6 - 2\log_3 \sqrt{2}$

(3) $\log_3 \sqrt{12} - \dfrac{1}{\log_{36} 9}$

(4) $(\log_4 81 - \log_2 \sqrt{3}) \times \log_3 2$

(5) $\log_3 \sqrt{54} - 2\log_3 \dfrac{1}{3} - \dfrac{1}{2}\log_3 18$

(6) $7^{4\log_7 \sqrt{3} + \frac{1}{2}\log_7 25}$

체크 | **035**

$\log_5 2 + \log_5\left(1 + \dfrac{1}{2}\right) + \log_5\left(1 + \dfrac{1}{3}\right) + \cdots + \log_5\left(1 + \dfrac{1}{124}\right)$의 값을 구하시오.

다음 물음에 답하시오.

(1) $\log_3 2 = a$, $\log_2 5 = b$일 때, $\log_{15} 75$를 a, b로 나타내시오.

(2) $\log_3 5 = a$, $\log_7 3 = b$일 때, $\log_{105} 35$를 a, b로 나타내시오.

| 풀이 |

(1) $\log_{15} 75 = \dfrac{\log_2 75}{\log_2 15} = \dfrac{\log_2 (3 \times 5^2)}{\log_2 (3 \times 5)} = \dfrac{\log_2 3 + 2\log_2 5}{\log_2 3 + \log_2 5} = \dfrac{\dfrac{1}{\log_3 2} + 2\log_2 5}{\dfrac{1}{\log_3 2} + \log_2 5} = \dfrac{\dfrac{1}{a} + 2b}{\dfrac{1}{a} + b} = \dfrac{2ab+1}{ab+1}$

(2) $\log_{105} 35 = \dfrac{\log_3 35}{\log_3 105} = \dfrac{\log_3 (5 \times 7)}{\log_3 (3 \times 5 \times 7)} = \dfrac{\log_3 5 + \log_3 7}{\log_3 3 + \log_3 5 + \log_3 7} = \dfrac{a + \dfrac{1}{b}}{1 + a + \dfrac{1}{b}} = \dfrac{ab+1}{b+ab+1}$

다음 물음에 답하시오.

(1) $10^a = 2$, $10^b = 3$일 때, $\log_{72} 120$을 a, b로 나타내시오.

(2) $5^a = x$, $5^b = y$, $5^c = z$일 때, $\log_{xy} yz^2$을 a, b, c로 나타내시오. (단, $abc \neq 0$, $xy \neq 1$)

| 풀이 |

(1) $10^a = 2$, $10^b = 3$에서 $a = \log_{10} 2$, $b = \log_{10} 3$이므로 $\log_{72} 120$을 밑이 10인 로그로 변형하면

$\log_{72} 120 = \dfrac{\log_{10} 120}{\log_{10} 72} = \dfrac{\log_{10} (2^2 \times 3 \times 10)}{\log_{10} (2^3 \times 3^2)} = \dfrac{2\log_{10} 2 + \log_{10} 3 + \log_{10} 10}{3\log_{10} 2 + 2\log_{10} 3} = \dfrac{2a+b+1}{3a+2b}$

(2) $5^a = x$, $5^b = y$, $5^c = z$에서 $a = \log_5 x$, $b = \log_5 y$, $c = \log_5 z$이므로 $\log_{xy} yz^2$을 밑이 5인 로그로 변형하면

$\log_{xy} yz^2 = \dfrac{\log_5 yz^2}{\log_5 xy} = \dfrac{\log_5 y + 2\log_5 z}{\log_5 x + \log_5 y} = \dfrac{b+2c}{a+b}$

■ 정답과 풀이 14쪽

 **036** $\log_2 3 = a$, $\log_3 5 = b$, $\log_5 11 = c$일 때, $\log_{33} 110$을 a, b, c로 나타내시오.

체크 **037** $6^x = a$, $6^y = b$, $6^z = c$일 때, $\log_{b\sqrt{c}} a$를 x, y, z로 나타내시오. (단, $xyz \neq 0$, $bc \neq 1$)

로그를 이용하여 식의 값 구하기

$7^x=8$, $14^y=32$일 때, $\dfrac{3}{x}-\dfrac{5}{y}$의 값을 구하시오.

| 풀이 | $7^x=8$에서 $x=\log_7 8=\log_7 2^3=3\log_7 2$ $\therefore \dfrac{3}{x}=\dfrac{1}{\log_7 2}=\log_2 7$

$14^y=32$에서 $y=\log_{14} 32=\log_{14} 2^5=5\log_{14} 2$ $\therefore \dfrac{5}{y}=\dfrac{1}{\log_{14} 2}=\log_2 14$

$\therefore \dfrac{3}{x}-\dfrac{5}{y}=\log_2 7-\log_2 14=\log_2 \dfrac{7}{14}=\log_2 \dfrac{1}{2}=\log_2 2^{-1}=\mathbf{-1}$

| 다른 풀이 | $7^x=8$, $14^y=32$에서 $7=8^{\frac{1}{x}}$, $14=32^{\frac{1}{y}}$ $\therefore 7=2^{\frac{3}{x}}$, $14=2^{\frac{5}{y}}$

$7\div14=2^{\frac{3}{x}-\frac{5}{y}}$, $2^{-1}=2^{\frac{3}{x}-\frac{5}{y}}$ $\therefore \dfrac{3}{x}-\dfrac{5}{y}=\mathbf{-1}$

이차방정식과 로그

다음 물음에 답하시오.

(1) 이차방정식 $x^2-4x+2=0$의 두 근을 $\log_2 a$, $\log_2 b$라 할 때, $\log_a b+\log_b a$의 값을 구하시오.

(2) 이차방정식 $x^2-8x+4=0$의 두 근을 α, β라 할 때, $\log_{\alpha\beta}(\alpha+\beta)+\log_{\alpha\beta}\left(\dfrac{1}{\alpha}+\dfrac{1}{\beta}\right)$의 값을 구하시오.

| 풀이 | (1) 이차방정식 $x^2-4x+2=0$의 두 근이 $\log_2 a$, $\log_2 b$이므로 근과 계수의 관계에 의하여

$\log_2 a+\log_2 b=4$, $\log_2 a\times\log_2 b=2$

$\therefore \log_a b+\log_b a=\dfrac{\log_2 b}{\log_2 a}+\dfrac{\log_2 a}{\log_2 b}=\dfrac{(\log_2 a)^2+(\log_2 b)^2}{\log_2 a\times\log_2 b}$

$=\dfrac{(\log_2 a+\log_2 b)^2-2\log_2 a\times\log_2 b}{\log_2 a\times\log_2 b}=\dfrac{4^2-2\times2}{2}=\mathbf{6}$

(2) 이차방정식 $x^2-8x+4=0$의 두 근이 α, β이므로 근과 계수의 관계에 의하여

$\alpha+\beta=8$, $\alpha\beta=4$

$\therefore \log_{\alpha\beta}(\alpha+\beta)+\log_{\alpha\beta}\left(\dfrac{1}{\alpha}+\dfrac{1}{\beta}\right)=\log_{\alpha\beta}\left\{(\alpha+\beta)\left(\dfrac{1}{\alpha}+\dfrac{1}{\beta}\right)\right\}=\log_{\alpha\beta}\dfrac{(\alpha+\beta)^2}{\alpha\beta}$

$=\log_4 \dfrac{8^2}{4}=\log_4 16=\log_4 4^2=\mathbf{2}$

■ 정답과 풀이 14쪽

체크 038 다음 물음에 답하시오.

(1) $16^x=9^y=12$일 때, $\dfrac{1}{x}+\dfrac{1}{y}$의 값을 구하시오.

(2) a, b, c가 양의 실수이고, $a^x=b^y=c^z=9$, $\log_3 \dfrac{ab}{c}=6$일 때, $\dfrac{1}{x}+\dfrac{1}{y}-\dfrac{1}{z}$의 값을 구하시오.

체크 039 다음 물음에 답하시오.

(1) 이차방정식 $x^2-5x+5=0$의 두 근을 $\log_3 a$, $\log_3 b$라 할 때, $a^{\log_b 3}\times 3^{\log_a b}$의 값을 구하시오.

(2) 이차방정식 $x^2-6x+2=0$의 두 근을 α, β라 할 때, $\log_{\alpha^2+\beta^2}\alpha+\log_{\alpha^2+\beta^2}4\beta$의 값을 구하시오.

04 상용로그

개념 1 **상용로그**

10을 밑으로 하는 로그를 **상용로그**라 하며, 상용로그 $\log_{10} N$은 보통 밑 10을 생략하여 **$\log N$**과 같이 나타낸다.

설명 일반적으로 n이 실수일 때, $\log 10^n = \log_{10} 10^n = n$이므로 10^n 꼴의 수에 대한 상용로그의 값은 로그의 성질을 이용하면 쉽게 구할 수 있다.

CHECK 다음 상용로그의 값을 구하시오.

(1) $\log 1000$ (2) $\log 0.0001$ (3) $\log 10\sqrt{10}$ (4) $\log \dfrac{1}{\sqrt[3]{100}}$

풀이
(1) $\log 1000 = \log 10^3 = 3\log 10 = \mathbf{3}$ (2) $\log 0.0001 = \log 10^{-4} = -4\log 10 = \mathbf{-4}$

(3) $\log 10\sqrt{10} = \log 10^{\frac{3}{2}} = \dfrac{3}{2}\log 10 = \mathbf{\dfrac{3}{2}}$ (4) $\log \dfrac{1}{\sqrt[3]{100}} = \log 10^{-\frac{2}{3}} = -\dfrac{2}{3}\log 10 = \mathbf{-\dfrac{2}{3}}$

개념 2 **상용로그표** 유형 019

(1) 상용로그표는 0.01의 간격으로 1.00부터 9.99까지의 수의 상용로그의 값을 반올림하여 소수점 아래 넷째 자리까지 나타낸 것이다. ← 216~217쪽 상용로그표 참고
(2) 상용로그표를 이용하면 정수 부분이 한 자리인 양수의 상용로그의 값을 구할 수 있다.

tip 상용로그표에 나오는 상용로그의 값은 어림한 값이지만 편의상 등호를 사용하여 나타낸다.

설명 (1) $\log 2.79$의 값은 상용로그표에서 2.7의 가로줄과 9의 세로줄이 만나는 곳의 수인 0.4456이다. ← 상용로그표에서 .4456은 0.4456을 의미한다.
즉, $\log 2.79 = 0.4456$이다.
(2) 상용로그표와 로그의 성질을 이용하면 $0 < N < 1$ 또는 $N \geq 10$인 수 N에 대한 $\log N$의 값을 구할 수 있다.
예를 들어 $\log 2.79 = 0.4456$이므로
$$\log 0.279 = \log(2.79 \times 10^{-1}) = \log 2.79 + \log 10^{-1}$$
$$= 0.4456 + (-1) = -0.5544$$
$$\log 279 = \log(2.79 \times 10^2) = \log 2.79 + \log 10^2 = 0.4456 + 2 = 2.4456$$

수	0	1	$\cdots$	8	9
1.0	.0000	.0043	$\cdots$	.0334	.0374
1.1	.0414	.0453	$\cdots$	.0719	.0755
$\vdots$	$\vdots$	$\vdots$	$\vdots$	$\vdots$	$\vdots$
2.6	.4150	.4166	$\cdots$	.4281	.4298
2.7	.4314	.4330	$\cdots$	.4440	.4456
2.8	.4472	.4487	$\cdots$	.4594	.4609
$\vdots$	$\vdots$	$\vdots$	$\vdots$	$\vdots$	$\vdots$

CHECK 상용로그표(216~217쪽)를 이용하여 다음 상용로그의 값을 구하시오.

(1) $\log 3.8$ (2) $\log 52.9$ (3) $\log 0.0867$

풀이
(1) 상용로그표에서 3.8의 가로줄과 0의 세로줄이 만나는 곳의 수가 0.5798이므로 $\log 3.8 = \mathbf{0.5798}$
(2) 상용로그표에서 5.2의 가로줄과 9의 세로줄이 만나는 곳의 수가 0.7235이므로 $\log 5.29 = 0.7235$이고,
$\log 52.9 = \log(5.29 \times 10) = \log 5.29 + \log 10 = 0.7235 + 1 = \mathbf{1.7235}$
(3) 상용로그표에서 8.6의 가로줄과 7의 세로줄이 만나는 곳의 수가 0.9380이므로 $\log 8.67 = 0.9380$이고,
$\log 0.0867 = \log(8.67 \times 10^{-2}) = \log 8.67 + \log 10^{-2} = 0.9380 + (-2) = \mathbf{-1.062}$

상용로그의 정수 부분과 소수 부분 유형 020, 021, 022, 023

양수 N의 상용로그는

$$\log N = n + \log a \ (n\text{은 정수}, 1 \leq a < 10)$$

로 나타낼 수 있다. 이때 $\log N$의 정수 부분은 n, $\log N$의 소수 부분은 $\log a$이다. ← $\log a \geq 0$임에 주의

설명 일반적으로 임의의 양수 N은 $N = a \times 10^n \ (1 \leq a < 10, n\text{은 정수})$ 꼴로 나타낼 수 있다.

이때 N의 상용로그의 값은 $\log N = \log(a \times 10^n) = \log a + \log 10^n = n + \log a$이고, n은 정수이며 $1 \leq a < 10$이므로 $0 \leq \log a < 1$이다. 즉, 상용로그의 값은 (정수) + (0 이상 1 미만의 수)로 표현할 수 있다.

예를 들어 $\log 4.26 = 0.6294$이므로 $\log 4260$, $\log 0.000426$의 정수 부분과 소수 부분은 다음과 같다.

$\log 4260 = \log(4.26 \times 10^3) = \log 4.26 + \log 10^3 = 3 + 0.6294$이므로 $\log 4260$의 정수 부분은 3이고, 소수 부분은 0.6294이다.

$\log 0.000426 = \log(4.26 \times 10^{-4}) = \log 4.26 + \log 10^{-4} = -4 + 0.6294$이므로 $\log 0.000426$의 정수 부분은 -4이고, 소수 부분은 0.6294이다.

tip $\log 0.000426 = -4 + 0.6294 = -3.3706$에서 정수 부분을 -3, 소수 부분을 -0.3706이라 하지 않도록 주의한다.

개념 **4** **상용로그의 정수 부분과 소수 부분의 성질** 유형 020, 021, 022, 023

양수 N에 대하여 $\log N = n + \log a \ (n\text{은 정수}, 1 \leq a < 10)$일 때

(1) $n \geq 0$이면 $N \geq 1$이고 N은 정수 부분이 $(n+1)$자리인 수이다.

(2) $n < 0$이면 $N < 1$이고 N은 소수점 아래 $(-n)$번째 자리에서 처음으로 0이 아닌 숫자가 나타나는 수이다.

(3) N과 숫자의 배열이 같고 소수점의 위치만 다른 양수의 상용로그의 소수 부분은 모두 $\log a$로 같다.

설명 (1) $\log 356$, $\log 35.6$, $\log 3.56$의 정수 부분은 각각 2, 1, 0이고, 진수는 정수 부분이 각각 세 자리, 두 자리, 한 자리인 수이다.

이와 같이 상용로그의 정수 부분이 $n \geq 0$인 정수 n이면 진수는 정수 부분이 $(n+1)$자리인 수이다.

$\Rightarrow \log \underbrace{\triangle\triangle\cdots\triangle.\triangle\triangle}_{(n+1) \text{ 자리}} = n + a$

(단, n은 $n \geq 0$인 정수이고, $0 \leq a < 1$이다.)

> $\log 3.56 = 0.5514$이므로
> $\log 356 = \log(3.56 \times 10^2) = \log 3.56 + \log 10^2 = 2 + 0.5514$
> $\log 35.6 = \log(3.56 \times 10^1) = \log 3.56 + \log 10^1 = 1 + 0.5514$
> $\log 3.56 = \log(3.56 \times 10^0) = \log 3.56 + \log 10^0 = 0 + 0.5514$
> $\log 0.356 = \log(3.56 \times 10^{-1}) = \log 3.56 + \log 10^{-1} = -1 + 0.5514$
> $\log 0.0356 = \log(3.56 \times 10^{-2}) = \log 3.56 + \log 10^{-2} = -2 + 0.5514$

(2) $\log 0.356$, $\log 0.0356$의 정수 부분은 각각 -1, -2이고, 진수는 각각 소수점 아래 첫 번째, 두 번째 자리에서 처음으로 0이 아닌 숫자가 나타나는 수이다.

이와 같이 상용로그의 정수 부분이 $n < 0$인 정수 n이면 진수는 소수점 아래 $(-n)$번째 자리에서 처음으로 0이 아닌 숫자가 나타나는 수이다.

$\Rightarrow \log \underbrace{0.00\cdots0}_{\text{소수점 아래 } (-n)\text{번째 자리}}\triangle\triangle\cdots = n + a$ (단, n은 $n < 0$인 정수이고, $0 \leq a < 1$이다.)

(3) 위의 상용로그의 진수의 숫자의 배열은 모두 356이고, 각각의 상용로그의 소수 부분은 모두 $\log 3.56$으로 같다.

이와 같이 숫자의 배열이 같고 소수점의 위치만 다른 양수의 상용로그의 소수 부분은 모두 같다.

CHECK 다음 상용로그의 정수 부분을 구하시오.

(1) $\log 7.39$ (2) $\log 6190$ (3) $\log 0.00324$ (4) $\log 0.598$

풀이 (1) 7.39는 정수 부분이 한 자리인 수이므로 $\log 7.39$의 정수 부분은 **0**이다.

(2) 6190은 정수 부분이 네 자리인 수이므로 $\log 6190$의 정수 부분은 **3**이다.

(3) 0.00324는 소수점 아래 세 번째 자리에서 처음으로 0이 아닌 숫자가 나타나는 수이므로 $\log 0.00324$의 정수 부분은 **-3**이다.

(4) 0.598은 소수점 아래 첫 번째 자리에서 처음으로 0이 아닌 숫자가 나타나는 수이므로 $\log 0.598$의 정수 부분은 **-1**이다.

$\log 4.63 = 0.6656$임을 이용하여 다음 상용로그의 값을 구하시오.

(1) $\log 4630$ (2) $\log 0.000463$ (3) $\log \sqrt[4]{463}$

| 풀이 | (1) $\log 4630 = \log(4.63 \times 10^3) = \log 4.63 + \log 10^3 = 0.6656 + 3 = \mathbf{3.6656}$

(2) $\log 0.000463 = \log(4.63 \times 10^{-4}) = \log 4.63 + \log 10^{-4} = 0.6656 + (-4) = \mathbf{-3.3344}$

(3) $\log \sqrt[4]{463} = \log 463^{\frac{1}{4}} = \frac{1}{4} \log 463 = \frac{1}{4} \log(4.63 \times 10^2) = \frac{1}{4}(\log 4.63 + \log 10^2)$

$$= \frac{1}{4}(0.6656 + 2) = \mathbf{0.6664}$$

| 다른 풀이 | 4630, 0.000463, 463은 4.63과 숫자의 배열이 같으므로 그 상용로그의 소수 부분은 모두 같다.

즉, $\log 4630$, $\log 0.000463$, $\log 463$의 소수 부분은 모두 0.6656이다.

(1) 4630은 네 자리의 정수이므로 $\log 4630$의 정수 부분은 3이다.

∴ $\log 4630 = 3 + 0.6656 = \mathbf{3.6656}$

(2) 0.000463은 소수점 아래 네 번째 자리에서 처음으로 0이 아닌 숫자가 나타나므로 정수 부분은 -4이다.

∴ $\log 0.000463 = (-4) + 0.6656 = \mathbf{-3.3344}$

(3) 463은 세 자리의 정수이므로 $\log 463$의 정수 부분은 2이다.

∴ $\log \sqrt[4]{463} = \log 463^{\frac{1}{4}} = \frac{1}{4} \log 463 = \frac{1}{4}(2 + 0.6656) = \mathbf{0.6664}$

■ 정답과 풀이 15쪽

 체크 | 040   다음 상용로그표를 이용하여 $\log \sqrt[3]{0.0282}$의 값을 구하시오.

수	0	1	2	3	4	5	⋯
⋮	⋮	⋮	⋮	⋮	⋮	⋮	⋮
2.5	.3979	.3997	.4014	.4031	.4048	.4065	⋯
2.6	.4150	.4166	.4183	.4200	.4216	.4232	⋯
2.7	.4314	.4330	.4346	.4362	.4378	.4393	⋯
2.8	.4472	.4487	.4502	.4518	.4533	.4548	⋯
2.9	.4624	.4639	.4654	.4669	.4683	.4698	⋯
⋮	⋮	⋮	⋮	⋮	⋮	⋮	⋯

체크 | 041 $\log 53.6 = 1.7292$임을 이용하여 다음 식을 만족시키는 x의 값을 구하시오.

(1) $x = \log 536$

(2) $x = \log 0.0536$

(3) $\log x = 5.7292$

(4) $\log x = -4.2708$

$\log 2 = 0.3010$, $\log 3 = 0.4771$일 때, 다음 물음에 답하시오.

(1) 6^{10}은 몇 자리의 정수인지 구하시오.

(2) 2^{-30}은 소수점 아래 몇 번째 자리에서 처음으로 0이 아닌 숫자가 나타나는지 구하시오.

| 풀이 |　(1) $\log 6^{10} = 10 \log 6 = 10 \log (2 \times 3) = 10(\log 2 + \log 3)$

$\qquad\qquad\quad = 10(0.3010 + 0.4771) = 10 \times 0.7781 = 7.781$

　　　　따라서 $\log 6^{10}$의 정수 부분이 7이므로 6^{10}은 **8자리**의 정수이다.

　　(2) $\log 2^{-30} = -30 \log 2 = -30 \times 0.3010$

$\qquad\qquad\quad = -9.03 = -10 + 0.97$

　　　　따라서 $\log 2^{-30}$의 정수 부분이 -10이므로 2^{-30}은 소수점 아래 **10번째 자리**에서 처음으로 0이 아닌 숫자가 나타난다.

| 다른 풀이 |　(1) $\log 6^{10} = 7.781$에서 $7 < 7.781 < 8$이므로

　　　　$\log 10^7 < \log 6^{10} < \log 10^8$　←$n < \log A < n+1$이면 $\log 10^n < \log A < 10^{n+1}$

　　　　$\therefore 10^7 < 6^{10} < 10^8$

　　　　따라서 6^{10}은 **8자리**의 정수이다.

　　(2) $\log 2^{-30} = -9.03$에서 $-10 < -9.03 < -9$이므로

　　　　$\log 10^{-10} < \log 2^{-30} < \log 10^{-9}$

　　　　$\therefore 10^{-10} < 2^{-30} < 10^{-9}$

　　　　따라서 2^{-30}은 소수점 아래 **10번째 자리**에서 처음으로 0이 아닌 숫자가 나타난다.

■ 정답과 풀이 15쪽

체크 042　$\log 2 = 0.3010$, $\log 3 = 0.4771$일 때, 다음 수가 몇 자리의 정수인지 또는 소수점 아래 몇 번째 자리에서 처음으로 0이 아닌 숫자가 나타나는지 구하시오.

(1) 5^{20}　　　　　　　　　　　　　　　　　(2) $2^{-40} \times 3^{10}$

체크 043　a^{100}이 78자리의 수일 때, $\dfrac{1}{a^{20}}$은 소수점 아래 몇 번째 자리에서 처음으로 0이 아닌 숫자가 나타나는지 구하시오.

$(단, a > 0)$

유형 021 최고 자리의 숫자

$\log 2 = 0.3010$, $\log 3 = 0.4771$일 때, 6^{24}의 최고 자리의 숫자를 구하시오.

| 풀이 | $\log 6^{24} = 24 \log(2 \times 3) = 24(\log 2 + \log 3)$
$= 24(0.3010 + 0.4771) = 18.6744$

이때 $\log 4 = 2 \log 2 = 2 \times 0.3010 = 0.6020$, $\log 5 = \log \dfrac{10}{2} = 1 - \log 2 = 1 - 0.3010 = 0.6990$이므로

$\log 4 < 0.6744 < \log 5$

이 부등식의 각 변에 18을 더하면

$18 + \log 4 < 18.6744 < 18 + \log 5$

$\log 10^{18} + \log 4 < \log 6^{24} < \log 10^{18} + \log 5$

$\log(4 \times 10^{18}) < \log 6^{24} < \log(5 \times 10^{18})$

$\therefore 4 \times 10^{18} < 6^{24} < 5 \times 10^{18}$

따라서 6^{24}의 최고 자리의 숫자는 **4**이다.

유형 022 상용로그의 정수 부분과 소수 부분을 근으로 갖는 방정식

$\log A$의 정수 부분과 소수 부분이 이차방정식 $4x^2 + 10x + k = 0$의 두 근일 때, 상수 k의 값을 구하시오.

| 풀이 | $\log A = n + \alpha$ (n은 정수, $0 \le \alpha < 1$)라 하면
이차방정식 $4x^2 + 10x + k = 0$의 두 근이 n, α이므로 근과 계수의 관계에 의하여

$n + \alpha = -\dfrac{10}{4} = -3 + \dfrac{1}{2}$ $\qquad$ …… ㉠

$n\alpha = \dfrac{k}{4}$ $\qquad\qquad$ …… ㉡

이때 n은 정수이고 $0 \le \alpha < 1$이므로 ㉠에서 $n = -3$, $\alpha = \dfrac{1}{2}$

이를 ㉡에 대입하면 $-3 \times \dfrac{1}{2} = \dfrac{k}{4}$ $\quad \therefore k = -6$

■ 정답과 풀이 16쪽

체크 044 5^{12}의 최고 자리의 숫자를 구하시오. (단, $\log 2 = 0.3010$, $\log 3 = 0.4771$로 계산한다.)

체크 045 $\log 400$의 정수 부분과 소수 부분이 이차방정식 $x^2 + ax + b = 0$의 두 근일 때, 상수 a, b에 대하여 $a + b$의 값을 구하시오.

다음 물음에 답하시오.

(1) $\log x$의 정수 부분이 2이고 $\log x$의 소수 부분과 $\log x^3$의 소수 부분이 같을 때, 모든 실수 x의 값을 구하시오.

(2) $\log \sqrt{x}$의 소수 부분과 $\log x$의 소수 부분의 합이 1일 때, 실수 x의 값을 구하시오. (단, $10 < x < 100$)

| 풀이 |

(1) $\log x$의 소수 부분과 $\log x^3$의 소수 부분이 같으므로

$$\log x^3 - \log x = 3\log x - \log x = 2\log x$$

에서 $2\log x$는 정수이다.

$\log x$의 정수 부분이 2이므로 $2 \le \log x < 3$ $\therefore 4 \le 2\log x < 6$

이때 $2\log x$가 정수이므로 $2\log x = 4$ 또는 $2\log x = 5$

$\therefore \log x = 2$ 또는 $\log x = \dfrac{5}{2}$

$\therefore \boldsymbol{x = 100}$ 또는 $\boldsymbol{x = 100\sqrt{10}}$

(2) $\log \sqrt{x}$의 소수 부분과 $\log x$의 소수 부분의 합이 1이므로

$$\log \sqrt{x} + \log x = \frac{1}{2}\log x + \log x = \frac{3}{2}\log x$$

에서 $\dfrac{3}{2}\log x$는 정수이다.

$10 < x < 100$에서 $\log 10 < \log x < \log 100$, $1 < \log x < 2$ $\therefore \dfrac{3}{2} < \dfrac{3}{2}\log x < 3$

이때 $\dfrac{3}{2}\log x$가 정수이므로 $\dfrac{3}{2}\log x = 2$ $\therefore \log x = \dfrac{4}{3}$

$\therefore \boldsymbol{x = 10\sqrt[3]{10}}$

■ 정답과 풀이 16쪽

 **046** $\log x$의 정수 부분이 4이고, $\log x$의 소수 부분과 $\log \sqrt[4]{x}$의 소수 부분의 합이 1일 때, $\log x$의 소수 부분을 구하시오.

 **047** $1000 < x < 10000$일 때,

$$\log x - [\log x] = \log \frac{1}{x} - \left[\log \frac{1}{x}\right]$$

을 만족시키는 실수 x의 값을 구하시오. (단, $[x]$는 x보다 크지 않은 최대의 정수이다.)

단면의 반지름의 길이가 R $(R<1)$인 원기둥 모양의 어느 급수관에 물이 가득 차 흐르고 있다. 이 급수관의 단면의 중심에서의 물의 속력을 v_C, 급수관의 벽면으로부터 중심 방향으로 x $(0<x \leq R)$만큼 떨어진 지점에서의 물의 속력을 v라 하면 다음과 같은 관계식이 성립한다고 한다.

$$\frac{v_C}{v} = 1 - k \log \frac{x}{R}$$ (단, k는 양의 상수이고, 길이의 단위는 m, 속력의 단위는 m/초이다.)

$R<1$인 이 급수관의 벽면으로부터 중심 방향으로 $R^{\frac{5}{4}}$만큼 떨어진 지점에서의 물의 속력이 중심에서의 물의 속력의 $\frac{1}{4}$일 때, 급수관의 벽면으로부터 중심 방향으로 R^a만큼 떨어진 지점에서의 물의 속력이 중심에서의 물의 속력의 $\frac{1}{5}$이다. a의 값을 구하시오.

| 풀이 | 급수관의 벽면으로부터 중심 방향으로 $R^{\frac{5}{4}}$만큼 떨어진 지점에서의 물의 속력이 $\frac{1}{4}v_C$이므로

$$\frac{v_C}{\frac{1}{4}v_C} = 1 - k \log \frac{R^{\frac{5}{4}}}{R}, \ 4 = 1 - k \log R^{\frac{1}{4}}, \ k \log R^{\frac{1}{4}} = -3$$

$$\frac{1}{4}k \log R = -3 \qquad \therefore k \log R = -12 \qquad \cdots\cdots \ \bigcirc$$

한편, 급수관의 벽면으로부터 중심 방향으로 R^a만큼 떨어진 지점에서의 물의 속력이 $\frac{1}{5}v_C$이므로

$$\frac{v_C}{\frac{1}{5}v_C} = 1 - k \log \frac{R^a}{R}, \ 5 = 1 - k \log R^{a-1}, \ k \log R^{a-1} = -4$$

$$(a-1)k \log R = -4, \ -12(a-1) = -4(\because \ \bigcirc), \ a-1 = \frac{1}{3}$$

$$\therefore a = \frac{4}{3}$$

■ 정답과 풀이 17쪽

체크 **048** 디지털 사진을 압축할 때 원본 사진과 압축한 사진의 다른 정도를 나타내는 지표인 최대 신호 대 잡음비를 P, 원본 사진과 압축한 사진의 평균제곱오차를 E라 하면 다음과 같은 관계식이 성립한다.

$$P = 20 \log 255 - 10 \log E$$ (단, $E>0$)

두 원본 사진 A, B를 압축했을 때 최대 신호 대 잡음비를 각각 P_A, P_B라 하고, 평균제곱오차를 각각 E_A $(E_A>0)$, E_B $(E_B>0)$라 하자. $E_B = 100E_A$일 때, $P_A - P_B$의 값을 구하시오.

선생님의 출제 point

Q 로그의 성질을 도형에 활용하여 문제를 풀 수 있는가?

1 삼각형 ABC의 세 변의 길이 a, b, c 사이에

$$\log_{a+c} b + \log_{a-c} b = 2\log_{a+c} b \times \log_{a-c} b$$

인 관계가 성립할 때, 이 삼각형은 어떤 삼각형인지 말하시오. (단, $b \neq 1$, $a > c$)

| 풀이 | ① 로그의 밑의 변환을 이용하여 밑이 b인 로그로 통일하기

유형 014

$b \neq 1$이므로 주어진 등식에서 각 항을 밑이 b인 로그로 변형하면

$$\frac{1}{\log_b (a+c)} + \frac{1}{\log_b (a-c)} = 2 \times \frac{1}{\log_b (a+c)} \times \frac{1}{\log_b (a-c)}$$

양변에 $\log_b (a+c) \times \log_b (a-c)$를 곱하면

$$\log_b (a-c) + \log_b (a+c) = 2$$

② 로그의 정의 및 성질을 이용하여 a, b, c 사이의 관계식을 구하고 어떤 삼각형인지 구하기

유형 011, 013

$\log_b (a-c)(a+c) = 2$, $\log_b (a^2 - c^2) = 2$

로그의 정의에 의하여

$a^2 - c^2 = b^2$ $\therefore a^2 = b^2 + c^2$

따라서 삼각형 ABC는 **빗변의 길이가 a인 직각삼각형**이다.

Q 상용로그의 정수 부분과 소수 부분의 성질을 이해하고, 조건을 만족시키는 미지수를 구할 수 있는가?

2 자연수 x에 대하여 $\log x$의 정수 부분과 소수 부분을 각각 $f(x)$, $g(x)$라 하자. 두 부등식

$$f(n) \leq f(35),\ g(n) \leq g(35)$$

를 만족시키는 자연수 n의 개수를 구하시오.

| 풀이 | ① 상용로그의 정수 부분을 이용하여 n이 몇 자리의 자연수인지 파악하기

유형 020

$\log 35 = 1 + \log 3.5$이므로 $f(35) = 1$, $g(35) = \log 3.5$

$\therefore f(n) \leq f(35) = 1$

그런데 n은 자연수이므로 $f(n) = 0$ 또는 $f(n) = 1$

따라서 n은 한 자리 또는 두 자리의 자연수이다.

② 상용로그의 소수 부분을 이용하여 조건을 만족시키는 답 구하기

$\log n = f(n) + g(n)$에서 $g(n) \leq g(35) = \log 3.5$

(ⅰ) $f(n) = 0$일 때, n은 한 자리의 자연수이므로 $1 \leq n < 10$

$\log n = 0 + g(n) = g(n) \leq \log 3.5$ $\therefore 1 \leq n \leq 3.5$

즉, 조건을 만족시키는 자연수 n은 1, 2, 3의 3개이다.

(ⅱ) $f(n) = 1$일 때, n은 두 자리의 자연수이므로 $10 \leq n < 100$

$\log n = 1 + g(n) \leq 1 + \log 3.5 = \log 35$ $\therefore 10 \leq n \leq 35$

즉, 조건을 만족시키는 자연수 n은 10, 11, 12, $\cdots$, 35의 26개이다.

(ⅰ), (ⅱ)에서 구하는 자연수 n은 **29개**이다.

049

다음을 구하시오. (단, x, y, z는 양수이다.)

(1) $\log_5\{\log_3(\log_2 x)\}=0$일 때, x의 값

(2) $\log_{\sqrt{2}}x=4$, $\log_2 y=6$일 때, $\log_x y$의 값

(3) $\log_2 x+\log_2 3y+\log_2 4z=2$를 만족시키는 x, y, z에 대하여 $\{(8^x)^y\}^z$의 값

050

2 이상인 자연수 a, b에 대하여 $L(a, b)$를

$$L(a, b)=\log_a b$$

로 정의할 때, **보기**에서 항상 옳은 것만을 있는 대로 고르시오.

| 보기 |

ㄱ. $L(2, 8)=L(4, 64)$

ㄴ. $L(3, a)-L(3, b)=L(3, a-b)$

ㄷ. $L(a, b)=k$이면 $a^k=b$이다. (단, k는 실수이다.)

051

모든 실수 x에 대하여 $\log_{10}(ax^2-2ax+5)$의 값이 존재하기 위한 실수 a의 값의 범위를 구하시오.

052

다음은 $\log_3 4$가 유리수가 아님을 증명하는 과정이다.

| 증명 |

$\log_3 4$가 [(가)]라 가정하면

$$\log_3 4=\frac{n}{m} \quad (m,\ n\text{은 서로소인 양의 정수})$$

인 m, n이 존재한다. 로그의 정의에 의하여

$$4=3^{\frac{n}{m}} \qquad \therefore\ 4^m=3^n$$

그런데 4^m은 [(나)], 3^n은 [(다)]이므로 모순이다.

따라서 $\log_3 4$는 유리수가 아니다.

위의 증명에서 (가), (나), (다)에 알맞은 것을 차례대로 적은 것은?

① 무리수, 짝수, 3의 배수   ② 무리수, 짝수, 홀수

③ 유리수, 합성수, 홀수   ④ 유리수, 짝수, 홀수

⑤ 유리수, 4의 배수, 소수

053

2 이상의 자연수 k에 대하여 집합

$$A_k=\{x\,|\,\log_k x\text{가 유리수},\ 2\leq x\leq 100\text{인 자연수}\}$$

라 할 때, $n(A_2)+n(A_8)+n(A_{81})+n(A_{100})$의 값을 구하시오. (단, $n(A)$는 집합 A의 원소의 개수이다.)

054

다음 값을 구하시오.

(1) $\dfrac{1}{2}\log_2\dfrac{5}{4}-\log_2\dfrac{\sqrt{10}}{4}$

(2) $\left(\log_2 3+\dfrac{1}{2}\log_{\sqrt{2}}9\right)\times\log_3 4$

(3) $2^{\log_2\left(1-\frac{1}{2}\right)+\log_2\left(1-\frac{1}{3}\right)+\log_2\left(1-\frac{1}{4}\right)+\cdots+\log_2\left(1-\frac{1}{100}\right)}$

055

1보다 큰 실수 a, b에 대하여

$$\log_{\sqrt{3}} a = \log_9 ab$$

가 성립할 때, $\log_a b$의 값은?

① 1   ② 2   ③ 3
④ 4   ⑤ 5

056

$a^2 b^4 = 1$일 때, $\log_a a^6 b^2$의 값을 구하시오.

(단, $a > 0$, $a \neq 1$, $b > 0$)

057

1보다 큰 자연수 n에 대하여

$$f(n) = \begin{cases} \log_3 (\log_9 n) & (\log_9 n\text{이 유리수일 때}) \\ 0 & (\log_9 n\text{이 유리수가 아닐 때}) \end{cases}$$

으로 정의할 때, $f(2) + f(3) + f(4) + \cdots + f(100)$의 값을 구하시오.

058

$\log_3 \dfrac{4}{5} = a$, $\log_3 \dfrac{8}{5} = b$일 때, $\log_3 \dfrac{24}{25}$를 a, b로 나타내시오.

059

1보다 큰 실수 a, b, c에 대하여

$$\log_c a : \log_c b = 3 : 5$$

일 때, $3 \log_a b + 10 \log_b a$의 값을 구하시오.

060

다음 상용로그표를 이용하여 50.4^3의 값을 구하시오.

수	$\cdots$	3	4	5	6	7	8	$\cdots$
1.0	$\cdots$	.0128	.0170	.0212	.0253	.0294	.0334	$\cdots$
1.1	$\cdots$	.0531	.0569	.0607	.0645	.0682	.0719	$\cdots$
$\vdots$	$\cdots$	$\vdots$	$\vdots$	$\vdots$	$\vdots$	$\vdots$	$\vdots$	
5.0	$\cdots$	.7016	.7024	.7033	.7042	.7050	.7059	$\cdots$
5.1	$\cdots$	.7101	.7110	.7118	.7126	.7135	.7143	$\cdots$
$\vdots$	$\cdots$	$\vdots$	$\vdots$	$\vdots$	$\vdots$	$\vdots$	$\vdots$	

061

다음 물음에 답하시오. (단, n은 정수이고, $0 \le \alpha < 1$이다.)

(1) $\log 750 = n + \alpha$라 할 때, $n + 10^{\alpha}$의 값을 구하시오.

(2) $\log N = n + \alpha$라 할 때, n과 α는 이차방정식

$2x^2 - 5x + m = 0$의 두 근이다. 상수 N, m에 대하여 $\dfrac{N}{m}$의

값을 구하시오.

062

$\log x = -\dfrac{6}{5}$일 때, x^3은 소수점 아래 a번째 자리에서 처음으로 0이 아닌 숫자 b가 나타난다. $a + b$의 값을 구하시오.

(단, $\log 2 = 0.30$, $\log 3 = 0.48$로 계산한다.)

063

양수 x에 대하여 $2 < \log x < 3$이고, $\log x$의 소수 부분과

$\log \dfrac{1}{\sqrt[4]{x}}$의 소수 부분이 같을 때, $\log x$의 값을 구하시오.

064

양수 x에 대하여 $\log x$의 정수 부분을 $f(x)$라 할 때,

$$f(m) = f(2m)$$

을 만족시키는 100보다 작은 자연수 m의 개수를 구하시오.

065

어느 도시의 인구는 정부의 출산 장려 정책으로 인하여 올해부터 매년 5 %씩 증가할 것이 예상된다고 한다. 이 도시의 인구가 이러한 추세로 증가한다면 20년 후의 이 도시의 인구는 현재의 k배가 된다고 할 때, $100k$의 값을 구하시오.

(단, $\log 1.05 = 0.021$, $\log 2.63 = 0.420$으로 계산한다.)

066 _{필수기출}

누에나방 암컷은 페로몬을 분비하여 수컷을 유인한다. 누에나방 암컷이 페로몬을 분비한 후 t초가 지났을 때 분비한 곳으로부터 거리가 x인 곳에서 측정한 페로몬의 농도 y는 다음 식을 만족시킨다고 한다.

$$\log y = A - \frac{1}{2}\log t - \frac{Kx^2}{t}$$

(단, A와 K는 양의 상수이다.)

누에나방 암컷이 페로몬을 분비한 후 1초가 지났을 때 분비한 곳으로부터 거리가 2인 곳에서 측정한 페로몬의 농도는 a이고, 분비한 후 4초가 지났을 때 분비한 곳으로부터 거리가 d인 곳에서 측정한 페르몬의 농도는 $\dfrac{a}{2}$이다. d의 값은? |수능 기출|

① 7   ② 6   ③ 5

④ 4   ⑤ 3

이 단원에서는
- 거듭제곱과 거듭제곱근의 뜻을 알고, 그 성질을 이해한다.
- 지수가 유리수, 실수까지 확장될 수 있음을 이해한다.
- 지수법칙을 이해하고, 이를 이용하여 식을 간단히 나타낼 수 있다.
- 로그의 뜻을 알고, 그 성질을 이해한다.
- 상용로그를 이해하고, 이를 활용할 수 있다.
- 지수함수와 로그함수의 뜻을 안다.
- 지수함수와 로그함수의 그래프를 그릴 수 있고, 그 성질을 이해한다.
- 지수함수와 로그함수를 활용하여 문제를 해결할 수 있다.

지수함수와 로그함수

지수함수와 로그함수에서는

05 지수함수의 뜻과 그래프

개념 1 **지수함수의 뜻**

a가 1이 아닌 양수일 때, 실수 x에 대하여

$$y=a^x \ (a>0, \ a\neq1)$$

을 a를 밑으로 하는 **지수함수**라 한다.

tip 함수 $y=a^x$에서 $a=1$이면 모든 실수 x에 대하여 $y=1^x=1$이므로 상수함수가 된다.
따라서 지수함수에서는 밑이 1이 아닌 양수인 경우만 생각하기로 한다.

설명 실수 x에 대하여 2^x의 값은 하나로 정해지므로 $y=2^x$은 x에 대한 함수이다. 이와 같이 $a>0$이고 $a\neq1$일 때, 임의의 실수 x에
대하여 a^x의 값은 하나로 정해지므로 x에 a^x의 값을 대응시킨 $y=a^x$은 x에 대한 함수이다.

개념 2 **지수함수 $y=a^x \ (a>0, \ a\neq1)$의 성질** **유형 027**

(1) 정의역은 실수 전체의 집합이고, 치역은 양의 실수 전체의
집합이다.

(2) $a>1$일 때, x의 값이 증가하면 y의 값도 증가한다.
$0<a<1$일 때, x의 값이 증가하면 y의 값은 감소한다.

(3) 그래프는 두 점 $(0, 1)$, $(1, a)$를 지난다.

(4) 그래프의 점근선은 x축이다.

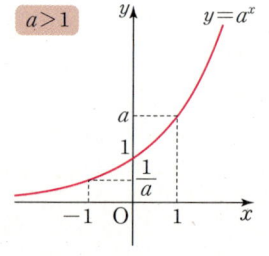
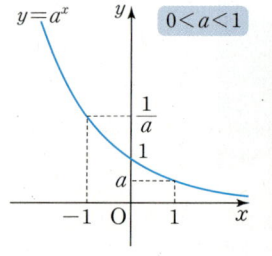

tip (1) 지수함수 $y=a^x \ (a>0, \ a\neq1)$은 일대일함수이다. ← 공역을 양의 실수 전체의 집합으로 제한하면 일대일대응이다.

(2) $a>0$, $a\neq1$일 때, 모든 실수 x에 대하여 $a^x>0$이므로 지수함수 $y=a^x$의 치역은 양의 실수 전체의 집합이다.

설명 (1) 지수함수 $y=2^x$에서 실수 x의 값에 대응하는 y의 값을 구하여 표로 나타내면 다음과 같다.

x	$\cdots$	-2	-1	0	1	2	$\cdots$
y	$\cdots$	$\dfrac{1}{4}$	$\dfrac{1}{2}$	1	2	4	$\cdots$

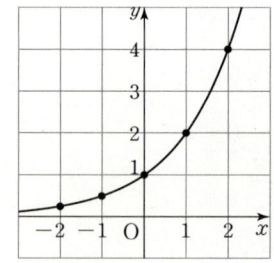

위의 표로부터 얻은 순서쌍 (x, y)를 좌표로 하는 점을 좌표평면 위에 나타낸 후 이 점들을
매끄러운 곡선으로 연결하면 오른쪽 그림과 같은 지수함수 $y=2^x$의 그래프를 얻는다.
이때 함수 $y=2^x$의 정의역은 실수 전체의 집합이고, 치역은 양의 실수 전체의 집합이다.
또한 x의 값이 증가하면 y의 값도 증가하고, x의 값이 감소하면 y의 값은 양수이면서 0에 한
없이 가까워지며 감소한다. 즉, 지수함수 $y=2^x$의 그래프의 점근선은 x축이다.

(2) 오른쪽 그림에서 두 지수함수 $y=2^x$, $y=3^x$의 그래프를 비교해 보면
지수함수 $y=a^x \ (a>1)$의 그래프는 $x>0$일 때 a의 값이 커질수록 y축에 더 가까워지
고, $x<0$일 때 a의 값이 커질수록 x축에 더 가까워진다.

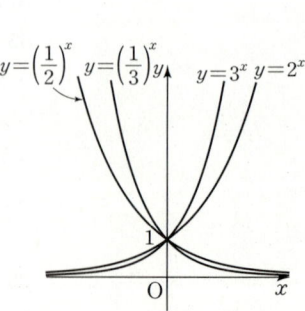

한편, 오른쪽 그림에서 두 지수함수 $y=\left(\dfrac{1}{2}\right)^x$, $y=\left(\dfrac{1}{3}\right)^x$의 그래프를 비교해 보면

지수함수 $y=a^x \ (0<a<1)$의 그래프는 $x>0$일 때 a의 값이 작아질수록 x축에 더 가
까워지고, $x<0$일 때 a의 값이 작아질수록 y축에 더 가까워진다.
또한 오른쪽 그림에서는 $a>0$, $a\neq1$일 때, 두 지수함수 $y=a^x$, $y=\left(\dfrac{1}{a}\right)^x$의 그래프는
x축에 대하여 대칭인 것을 확인할 수 있다.

유형 025. 026. 028

개념 3 · 지수함수의 그래프의 평행이동과 대칭이동

지수함수 $y=a^x\ (a>0,\ a\neq1)$의 그래프를

(1) x축의 방향으로 m만큼, y축의 방향으로 n만큼 평행이동한 그래프의 식 ➡ $y=a^{x-m}+n$

(2) x축에 대하여 대칭이동한 그래프의 식 ➡ $y=-a^x$

(3) y축에 대하여 대칭이동한 그래프의 식 ➡ $y=\left(\dfrac{1}{a}\right)^x$

(4) 원점에 대하여 대칭이동한 그래프의 식 ➡ $y=-\left(\dfrac{1}{a}\right)^x$

tip 지수함수 $y=a^{x-m}+n$의 정의역은 $\{x\,|\,x$는 실수$\}$, 치역은 $\{y\,|\,y>n\}$이고, 그래프의 점근선의 방정식은 $y=n$이다.

설명 지수함수 $y=a^x\ (a>0,\ a\neq1)$의 그래프를 평행이동하거나 대칭이동한 그래프의 식을 얻는 과정은 다음과 같다.

x축의 방향으로 m만큼, y축의 방향으로 n만큼 평행이동	x 대신 $x-m$ 대입 y 대신 $y-n$ 대입	$y-n=a^{x-m}$, 즉 $y=a^{x-m}+n$
x축에 대하여 대칭이동	y 대신 $-y$ 대입	$-y=a^x$, 즉 $y=-a^x$
y축에 대하여 대칭이동	x 대신 $-x$ 대입	$y=a^{-x}$, 즉 $y=\left(\dfrac{1}{a}\right)^x$
원점에 대하여 대칭이동	x 대신 $-x$ 대입 y 대신 $-y$ 대입	$-y=a^{-x}$, 즉 $y=-\left(\dfrac{1}{a}\right)^x$

CHECK 함수 $y=2^{x-1}-1$의 그래프를 그리고, 치역과 점근선의 방정식을 구하시오.

풀이 함수 $y=2^{x-1}-1$의 그래프는 지수함수 $y=2^x$의 그래프를 x축의 방향으로 1만큼, y축의 방향으로 -1만큼 평행이동한 것이므로 오른쪽 그림과 같다.

이때 **치역은 $\{y\,|\,y>-1\}$, 점근선의 방정식은 $y=-1$**이다.

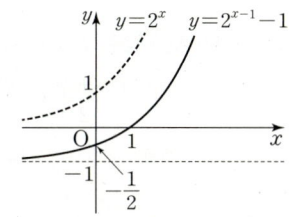

CHECK 함수 $y=2^x$의 그래프를 이용하여 다음 함수의 그래프를 그리시오.

(1) $y=-2^x$ $\qquad$ (2) $y=\left(\dfrac{1}{2}\right)^x$ $\qquad$ (3) $y=-\left(\dfrac{1}{2}\right)^x$

풀이 세 함수 $y=-2^x,\ y=\left(\dfrac{1}{2}\right)^x,\ y=-\left(\dfrac{1}{2}\right)^x$의 그래프는 각각 함수 $y=2^x$의 그래프를 x축, y축, 원점에 대하여 대칭이동한 것이므로 오른쪽 그림과 같다.

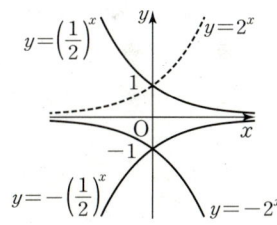

개념 4 · 지수함수를 이용한 대소 관계

유형 029

지수함수 $y=a^x\ (a>0,\ a\neq1)$에서

(i) $a>1$일 때, $x_1<x_2$이면 $a^{x_1}<a^{x_2}$이다. ← x의 값이 증가하면 y의 값도 증가한다.

(ii) $0<a<1$일 때, $x_1<x_2$이면 $a^{x_1}>a^{x_2}$이다. ← x의 값이 증가하면 y의 값은 감소한다.

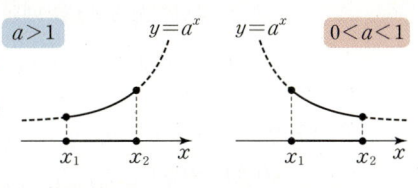

CHECK 지수함수의 성질을 이용하여 다음 두 수의 대소를 비교하시오.

(1) $\sqrt{2},\ \sqrt[3]{4}$ $\qquad\qquad\qquad\qquad$ (2) $\dfrac{1}{3},\ (\sqrt[4]{3})^{-3}$

풀이 (1) $\sqrt{2}=2^{\frac{1}{2}},\ \sqrt[3]{4}=2^{\frac{2}{3}}$이고, 지수함수 $y=2^x$은 x의 값이 증가하면 y의 값도 증가하는 함수이므로 $\sqrt{2}<\sqrt[3]{4}$

(2) $\dfrac{1}{3}=\left(\dfrac{1}{3}\right)^1,\ (\sqrt[4]{3})^{-3}=\left(\dfrac{1}{3}\right)^{\frac{3}{4}}$이고, 지수함수 $y=\left(\dfrac{1}{3}\right)^x$은 x의 값이 증가하면 y의 값은 감소하는 함수이므로 $\dfrac{1}{3}<(\sqrt[4]{3})^{-3}$

ⓐ 지수함수의 그래프의 평행이동과 대칭이동

지수함수 $y=a^x$ $(a>0, a\neq1)$에 대하여 실수 k를 곱한 함수 $y=ka^x$의 그래프는 원래의 함수의 그래프와 평행이동이나 대칭이동에 의하여 겹쳐질 수 있다.

> **설명** 두 함수 $y=x^2$, $y=4x^2$의 그래프는 평행이동이나 대칭이동에 의하여 겹쳐질 수 없다.
> 그러나 두 지수함수 $y=2^x$, $y=4\times2^x$에서 $y=4\times2^x=2^{x+2}$이므로 함수 $y=2^x$의 그래프를 x축의 방향으로 -2만큼 평행이동하면 함수 $y=4\times2^x$의 그래프와 겹쳐진다.

ⓐ 지수함수의 성질

(1) 지수함수 $f(x)=a^x$ $(a>0, a\neq1)$은 다음을 만족시킨다. (단, p, q는 실수이다.)

  ① $f(0)=1$, $f(1)=a$ ② $f(p+q)=f(p)f(q)$

  ③ $f(p-q)=\dfrac{f(p)}{f(q)}$ ④ $f(np)=\{f(p)\}^n$ (단, n은 실수이다.)

> **설명** ① $f(0)=a^0=1$, $f(1)=a^1=a$
> ② $f(p+q)=a^{p+q}=a^p\times a^q=f(p)f(q)$
> ③ $f(p-q)=a^{p-q}=a^p\div a^q=\dfrac{a^p}{a^q}=\dfrac{f(p)}{f(q)}$
> ④ $f(np)=a^{np}=(a^p)^n=\{f(p)\}^n$

(2) 지수함수 $f(x)=a^x$ $(a>0, a\neq1)$과 임의의 두 실수 p, q에 대하여 다음이 성립한다.

$$f\left(\frac{p+q}{2}\right)\leq\frac{f(p)+f(q)}{2} \text{ (단, 등호는 } p=q \text{일 때 성립한다.)}$$

> **설명** 함수 $y=f(x)$의 그래프 위의 임의의 두 점 $(p, f(p))$, $(q, f(q))$에 대하여 두 점을 이은 선분의 중점 $\left(\dfrac{p+q}{2}, \dfrac{f(p)+f(q)}{2}\right)$의 y좌표인 $\dfrac{f(p)+f(q)}{2}$의 값과 중점의 x좌표 $\dfrac{p+q}{2}$에서의 함숫값인 $f\left(\dfrac{p+q}{2}\right)$의 값을 다음 그림에서 비교해 보자.

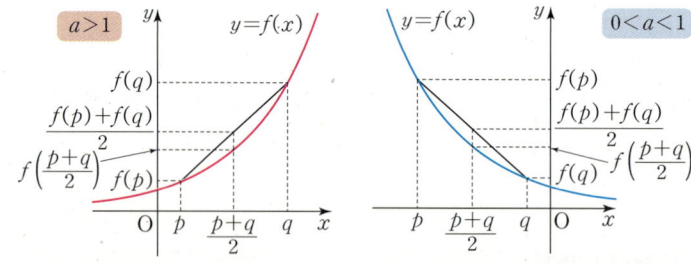

> 위의 그림에서 $a>1$일 때와 $0<a<1$일 때 모두 그래프가 아래로 볼록하므로 $f\left(\dfrac{p+q}{2}\right)\leq\dfrac{f(p)+f(q)}{2}$임을 확인할 수 있다. 이때 등호는 $p=q$일 때 성립한다.

(3) 지수함수 $f(x)=a^x$ $(a>0, a\neq1)$과 임의의 두 실수 p, q에 대하여 다음이 성립한다.

$$\frac{f(p)+f(q)}{2}\geq\sqrt{f(p+q)} \text{ (단, 등호는 } p=q \text{일 때 성립한다.)}$$

> **설명** 임의의 두 실수 p, q에 대하여 $a^p>0$, $a^q>0$이므로 산술평균과 기하평균의 관계에 의하여
> $$\frac{a^p+a^q}{2}\geq\sqrt{a^pa^q}=\sqrt{a^{p+q}}$$
> 즉, $\dfrac{f(p)+f(q)}{2}\geq\sqrt{f(p)f(q)}=\sqrt{f(p+q)}$ (단, 등호는 $f(p)=f(q)$, 즉 $p=q$일 때 성립한다.)

유형 025 지수함수의 그래프

다음 함수의 그래프를 그리고, 치역과 점근선의 방정식을 구하시오.

(1) $y=5^x+1$
(2) $y=5^{-x+1}$

| 풀이 | (1) 함수 $y=5^x+1$의 그래프는 지수함수 $y=5^x$의 그래프를 y축의 방향으로 1만큼 평행이동한 것이다.
따라서 함수 $y=5^x+1$의 그래프는 오른쪽 그림과 같다.
이때 **치역은 $\{y \mid y>1\}$, 점근선의 방정식은 $y=1$**이다.

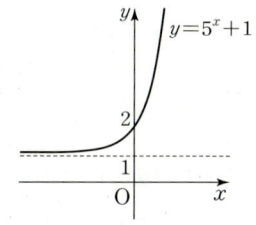

(2) 함수 $y=5^{-x+1}=5^{-(x-1)}$의 그래프는 지수함수 $y=5^x$의 그래프를 y축에 대하여 대칭이동한 후, x축의 방향으로 1만큼 평행이동한 것이다.
따라서 함수 $y=5^{-x+1}$의 그래프는 오른쪽 그림과 같다.
이때 **치역은 $\{y \mid y>0\}$, 점근선의 방정식은 $y=0$**이다.

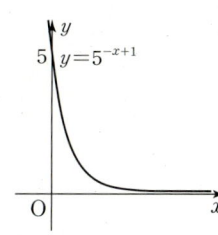

유형 026 지수함수의 그래프의 평행이동과 대칭이동

지수함수 $y=2^x$의 그래프를 x축의 방향으로 m만큼, y축의 방향으로 n만큼 평행이동한 그래프가 두 점 $(1, 13)$, $(-2, -1)$을 지날 때, m, n의 값을 구하시오.

| 풀이 | 지수함수 $y=2^x$의 그래프를 x축의 방향으로 m만큼, y축의 방향으로 n만큼 평행이동한 그래프의 식은
$y=2^{x-m}+n$
위의 그래프가 두 점 $(1, 13)$, $(-2, -1)$을 지나므로
$13=2^{1-m}+n$ ...... ㉠
$-1=2^{-2-m}+n$ ...... ㉡
㉠-㉡에서 $14=2^{1-m}-2^{-2-m}$
$14=8\times2^{-2-m}-2^{-2-m}=7\times2^{-2-m}$, $2=2^{-2-m}$ ∴ $m=-3$
$m=-3$을 ㉠에 대입하면 $13=2^4+n$ ∴ $n=-3$

■ 정답과 풀이 21쪽

체크 067 다음 함수의 그래프를 그리고, 치역과 점근선의 방정식을 구하시오.

(1) $y=2^{x-1}+2$
(2) $y=\left(\dfrac{1}{2}\right)^{x-3}+1$

(3) $y=\left(\dfrac{1}{3}\right)^{-x-1}-2$
(4) $y=-\left(\dfrac{1}{3}\right)^{x-1}+2$

체크 068 지수함수 $y=a^x$의 그래프를 y축에 대하여 대칭이동한 후, x축의 방향으로 2만큼, y축의 방향으로 b만큼 평행이동한 그래프가 점 $(4, 2)$를 지나고 치역이 $\left\{y \mid y>\dfrac{3}{2}\right\}$일 때, a^2b의 값을 구하시오. (단, $a>0$, $a\neq1$)

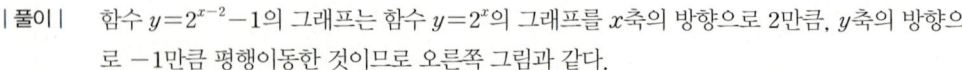

유형 027 지수함수의 성질

함수 $y=2^{x-2}-1$에 대한 설명으로 옳지 <u>않은</u> 것은?

① x의 값이 증가하면 y의 값도 증가한다.

② 그래프는 제4사분면을 지나지 않는다.

③ 그래프는 점 $(2, 0)$을 지난다.

④ 일대일함수이다.

⑤ 그래프의 점근선의 방정식은 $y=-1$이다.

| 풀이 | 함수 $y=2^{x-2}-1$의 그래프는 함수 $y=2^x$의 그래프를 x축의 방향으로 2만큼, y축의 방향으로 -1만큼 평행이동한 것이므로 오른쪽 그림과 같다.

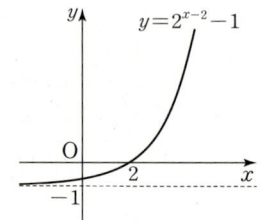

① (밑)>1이므로 x의 값이 증가하면 y의 값도 증가한다. (참)

② $y=2^{x-2}-1$의 그래프는 제4사분면을 지난다. (거짓)

③ $x=2$일 때, $y=2^{2-2}-1=2^0-1=0$이므로 그래프는 점 $(2, 0)$을 지난다. (참)

④ 지수함수는 일대일함수이다. (참)

⑤ 그래프의 점근선의 방정식은 $y=-1$이다. (참)

따라서 옳지 않은 것은 ②이다.

■ 정답과 풀이 21쪽

체크 069 함수 $y=3^{1-x}-4$에 대하여 |보기|에서 옳은 것만을 있는 대로 고르시오.

┃보기┃

ㄱ. x의 값이 증가하면 y의 값도 증가한다.

ㄴ. 정의역은 실수 전체의 집합이고, 치역은 $\{y|y<-4\}$이다.

ㄷ. 그래프의 점근선의 방정식은 $y=-4$이다.

ㄹ. 역함수가 존재한다.

체크 070 |보기|의 함수 중 임의의 두 실수 a, b에 대하여 $a<b$일 때 $f(a)>f(b)$를 만족시키는 것만을 있는 대로 고르시오.

┃보기┃

ㄱ. $f(x)=\left(\dfrac{2}{3}\right)^{-x}$ 　　　　ㄴ. $f(x)=0.5^{x-1}$ 　　　　ㄷ. $f(x)=\left(\dfrac{1}{4}\right)^{x+1}-3$

ㄹ. $f(x)=3^x+1$ 　　　　ㅁ. $f(x)=\left(\dfrac{5}{2}\right)^{x+1}-4$

체크 071 오른쪽 그림은 네 지수함수 $y=a^x$, $y=2^x$, $y=b^x$, $y=\left(\dfrac{1}{2}\right)^x$의 그래프이다. 상수 a, b 가 $a>2$, $0<b<\dfrac{1}{2}$을 만족시킬 때, $y=a^x$, $y=b^x$의 그래프인 것을 차례대로 나열하시오.

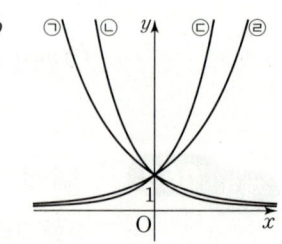

유형 **028** 지수함수의 그래프의 활용

함수 $f(x)=2^{x+a}+b$에 대하여 $y=f(x)$의 그래프가 오른쪽 그림과 같을 때, 상수 a, b에 대하여 ab의 값을 구하시오.

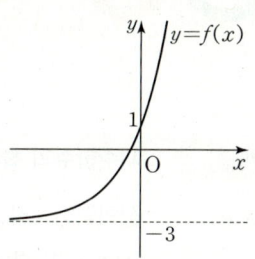

| 풀이 | 주어진 그래프의 점근선의 방정식이 $y=-3$이므로

$b=-3$ $\therefore f(x)=2^{x+a}-3$

이때 그래프가 점 $(0, 1)$을 지나므로 $1=2^a-3$, $2^a=2^2$ $\therefore a=2$

$\therefore ab=2\times(-3)=\mathbf{-6}$

유형 **029** 지수함수를 이용한 대소 관계

다음 세 수의 대소를 비교하시오.

(1) $\sqrt{3}$, $\sqrt[3]{9}$, $\sqrt[4]{27}$

(2) $\left(\dfrac{1}{3}\right)^{-1}$, $\left(\dfrac{1}{3}\right)^2$, $\left(\dfrac{1}{3}\right)^{0.1}$

| 풀이 | (1) $\sqrt{3}=3^{\frac{1}{2}}$, $\sqrt[3]{9}=\sqrt[3]{3^2}=3^{\frac{2}{3}}$, $\sqrt[4]{27}=\sqrt[4]{3^3}=3^{\frac{3}{4}}$

이때 지수함수 $y=3^x$은 밑이 3이고 $3>1$이므로 x의 값이 증가하면 y의 값도 증가한다.

따라서 $\dfrac{1}{2}<\dfrac{2}{3}<\dfrac{3}{4}$에서 $3^{\frac{1}{2}}<3^{\frac{2}{3}}<3^{\frac{3}{4}}$ $\therefore \boldsymbol{\sqrt{3}<\sqrt[3]{9}<\sqrt[4]{27}}$

(2) 지수함수 $y=\left(\dfrac{1}{3}\right)^x$은 밑이 $\dfrac{1}{3}$이고 $0<\dfrac{1}{3}<1$이므로 x의 값이 증가하면 y의 값은 감소한다.

따라서 $-1<0.1<2$에서 $\left(\dfrac{1}{3}\right)^2<\left(\dfrac{1}{3}\right)^{0.1}<\left(\dfrac{1}{3}\right)^{-1}$

■ 정답과 풀이 22쪽

체크 **072** 함수 $f(x)=a\times 2^{x-2}+b$에 대하여 $y=f(x)$의 그래프가 오른쪽 그림과 같을 때, 상수 a, b에 대하여 $a+b$의 값을 구하시오.

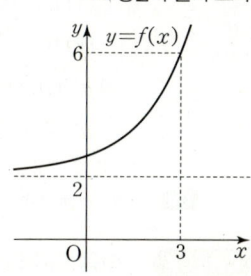

체크 **073** 다음 세 수의 대소를 비교하시오.

(1) $\left(\dfrac{1}{5}\right)^{-0.2}$, $\dfrac{1}{5}$, $\left(\sqrt{\dfrac{1}{5}}\right)^3$

(2) $(\sqrt{2})^3$, $0.5^{\frac{1}{3}}$, $\sqrt[3]{4}$

06 지수함수의 최대, 최소

개념 한눈에 보기

개념 1 지수함수의 최대, 최소   유형 **030**

정의역이 $\{x \mid \alpha \leq x \leq \beta\}$일 때, 지수함수 $y=a^x$ $(a>0, a \neq 1)$은

(i) $a>1$이면 $x=\alpha$에서 최솟값 a^α, $x=\beta$에서 최댓값 a^β을 갖는다.

(ii) $0<a<1$이면 $x=\alpha$에서 최댓값 a^α, $x=\beta$에서 최솟값 a^β을 갖는다.

설명 정의역이 $\{x \mid \alpha \leq x \leq \beta\}$일 때, 지수함수 $y=a^x$ $(a>0, a \neq 1)$의 최댓값과 최솟값은 a의 값의 범위에 따라 다음과 같다.

(i) $a>1$인 경우

오른쪽 그림과 같이 지수함수 $y=a^x$은 x의 값이 증가하면 y의 값도 증가한다.

따라서 지수함수 $y=a^x$은 $x=\alpha$에서 최솟값 a^α, $x=\beta$에서 최댓값 a^β을 갖는다.

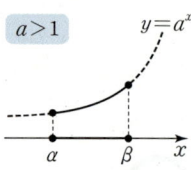

(ii) $0<a<1$인 경우

오른쪽 그림과 같이 지수함수 $y=a^x$은 x의 값이 증가하면 y의 값은 감소한다.

따라서 지수함수 $y=a^x$은 $x=\alpha$에서 최댓값 a^α, $x=\beta$에서 최솟값 a^β을 갖는다.

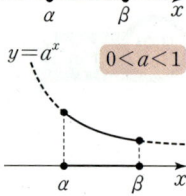

CHECK $-1 \leq x \leq 2$에서 다음 함수의 최댓값과 최솟값을 구하시오.

(1) $y=4^x$ 　　　　　　　　　　　　　　　(2) $y=\left(\dfrac{1}{2}\right)^x$

풀이 (1) 지수함수 $y=4^x$은 x의 값이 증가하면 y의 값도 증가하는 함수이므로 $x=-1$에서 **최솟값 $\dfrac{1}{4}$**, $x=2$에서 **최댓값 16**을 갖는다.

(2) 지수함수 $y=\left(\dfrac{1}{2}\right)^x$은 x의 값이 증가하면 y의 값은 감소하는 함수이므로 $x=-1$에서 **최댓값 2**, $x=2$에서 **최솟값 $\dfrac{1}{4}$**을 갖는다.

개념 2 여러 가지 지수함수의 최대, 최소   유형 **031, 032**

(1) $y=a^{f(x)}$ $(a>0, a \neq 1)$ 꼴의 최대, 최소

　(i) $a>1$이면 $f(x)$가 최대일 때 y도 최대이고, $f(x)$가 최소일 때 y도 최소이다.

　(ii) $0<a<1$이면 $f(x)$가 최대일 때 y는 최소이고, $f(x)$가 최소일 때 y는 최대이다.

(2) a^x $(a>0, a \neq 1)$ 꼴이 반복되는 함수의 최대, 최소

　$a^x=t$ $(t>0)$로 치환하여 t의 값의 범위 내에서 함수의 최대, 최소를 구한다.

tip $a^x=t$로 치환할 때에는 $t>0$임을 주의한다.

CHECK 다음 함수의 최솟값을 구하시오.

(1) $y=3^{x^2+1}$ 　　　　　　　　　　　　(2) $y=(2^x)^2-4 \times 2^x+3$

풀이 (1) 지수함수 $y=3^{x^2+1}$에서 밑이 3이고 $3>1$이므로 x^2+1이 최소일 때 y도 최소이다.

$f(x)=x^2+1$이라 하면 $f(x)$는 $x=0$에서 최솟값 1을 가지므로 지수함수 $y=3^{x^2+1}$은 $x=0$에서 최솟값 **3**을 갖는다.

(2) $2^x=t$ $(t>0)$로 놓으면 $y=t^2-4t+3=(t-2)^2-1$

따라서 함수 $y=(2^x)^2-4 \times 2^x+3$은 $t=2$, 즉 $x=1$에서 최솟값 **-1**을 갖는다.

$y=a^{x-m}+n\ (a>0,\ a\neq1)$ 꼴의 최대, 최소

정의역이 $\{x\,|\,-2\leq x\leq1\}$인 두 함수 $f(x)=2^x+1$, $g(x)=\left(\dfrac{1}{3}\right)^{2x}$의 최댓값을 각각 M, M'이라 할 때, $M'-M$의 값을 구하시오.

| 풀이 | 함수 $y=f(x)$는 x의 값이 증가하면 y의 값도 증가하는 함수이므로 $x=1$에서 최댓값을 갖는다.

$\therefore M=f(1)=3$

$g(x)=\left(\dfrac{1}{3}\right)^{2x}=\left(\dfrac{1}{9}\right)^x$에서 함수 $y=g(x)$는 x의 값이 증가하면 y의 값은 감소하는 함수이므로 $x=-2$에서 최댓값을 갖는다.

$\therefore M'=g(-2)=81$

$\therefore M'-M=81-3=\mathbf{78}$

$y=a^{f(x)}\ (a>0,\ a\neq1)$ 꼴의 최대, 최소

$0\leq x\leq2$에서 정의된 함수 $f(x)=\left(\dfrac{1}{2}\right)^{-x^2}\times2^{4-2x}$의 최댓값과 최솟값의 합을 구하시오.

| 풀이 | $f(x)=\left(\dfrac{1}{2}\right)^{-x^2}\times2^{4-2x}=2^{x^2}\times2^{4-2x}=2^{x^2-2x+4}$에서 $g(x)=x^2-2x+4$라 하면

$g(x)=x^2-2x+4=(x-1)^2+3\ (단,\ 0\leq x\leq2)$

이때 $g(x)$는 $x=1$에서 최솟값 3, $x=0$ 또는 $x=2$에서 최댓값 4를 갖는다.

한편, $f(x)=2^{x^2-2x+4}$에서 (밑)>1이므로 $g(x)$가 최대일 때 $f(x)$도 최대이고 $g(x)$가 최소일 때 $f(x)$도 최소이다.

즉, 함수 $f(x)$는 $g(x)=4$일 때 최댓값 $2^4=16$, $g(x)=3$일 때 최솟값 $2^3=8$을 갖는다.

따라서 함수 $f(x)$의 최댓값과 최솟값의 합은

$16+8=\mathbf{24}$

■ 정답과 풀이 22쪽

체크 **074** 함수 $y=2^x\times5^{1-x}\ (-a\leq x\leq a)$의 최댓값을 M, 최솟값을 m이라 할 때, Mm의 값을 구하시오. (단, $a>0$)

체크 **075** 정의역이 $\{x\,|\,2\leq x\leq5\}$인 함수 $f(x)=a^{x^2-6x+7}$의 최댓값이 9일 때, 상수 a의 값을 모두 구하시오.

(단, $a>0,\ a\neq1$)

$a^x \, (a>0, a \neq 1)$ 꼴이 반복되는 함수의 최대, 최소

다음 물음에 답하시오.

(1) 정의역이 $\{x \mid -1 \leq x \leq 2\}$인 함수 $y=4^x-2^{x+1}+1$의 최댓값을 M, 최솟값을 m이라 할 때, Mm의 값을 구하시오.

(2) 함수 $y=\left(\dfrac{1}{2}\right)^{x-3}-\left(\dfrac{1}{4}\right)^x+4 \;(-2 \leq x \leq 0)$의 최댓값을 p, 최솟값을 q라 할 때, $p-q$의 값을 구하시오.

| 풀이 | (1) $y=4^x-2^{x+1}+1=(2^x)^2-2 \times 2^x+1$

$2^x=t$로 놓으면 $-1 \leq x \leq 2$에서 $\dfrac{1}{2} \leq t \leq 4$이므로

$y=t^2-2t+1=(t-1)^2 \;\left(단, \dfrac{1}{2} \leq t \leq 4\right)$

따라서 y는 $t=4$에서 최댓값 9, $t=1$에서 최솟값 0을 가지므로 $M=9$, $m=0$

$\therefore Mm=9 \times 0 = \mathbf{0}$

(2) $y=\left(\dfrac{1}{2}\right)^{x-3}-\left(\dfrac{1}{4}\right)^x+4=-\left\{\left(\dfrac{1}{2}\right)^x\right\}^2+8 \times \left(\dfrac{1}{2}\right)^x+4$

$\left(\dfrac{1}{2}\right)^x=t$로 놓으면 $-2 \leq x \leq 0$에서 $1 \leq t \leq 4$이므로

$y=-t^2+8t+4=-(t-4)^2+20 \;(단, \, 1 \leq t \leq 4)$

따라서 y는 $t=4$에서 최댓값 20, $t=1$에서 최솟값 11을 가지므로 $p=20$, $q=11$

$\therefore p-q=20-11=\mathbf{9}$

유형 **033** 산술평균과 기하평균의 관계를 이용한 지수함수의 최대, 최소

함수 $y=4^x+4^{-x}-4(2^x+2^{-x})+8$이 $x=a$에서 최솟값 b를 가질 때, a^2-b^2의 값을 구하시오.

| 풀이 | $2^x+2^{-x}=t$로 놓으면 $2^x>0$, $2^{-x}>0$이므로 산술평균과 기하평균의 관계에 의하여

$t=2^x+2^{-x} \geq 2\sqrt{2^x \times 2^{-x}}=2$

이때 등호는 $2^x=2^{-x}$일 때 성립하므로 $2^{2x}=1$ $\therefore x=0$

즉, 등호는 $x=0$일 때 성립한다.

또한 $(2^x+2^{-x})^2=t^2$에서 $4^x+4^{-x}+2=t^2$ $\therefore 4^x+4^{-x}=t^2-2$

주어진 함수는 $y=t^2-4t+6=(t-2)^2+2 \;(단, \, t \geq 2)$

따라서 y는 $t=2$, 즉 $x=0$에서 최솟값 2를 가지므로 $a=0$, $b=2$

$\therefore a^2-b^2=0^2-2^2=\mathbf{-4}$

■ 정답과 풀이 22쪽

체크 **076** $1 \leq x \leq 3$에서 정의된 함수 $y=2^{4x}-3 \times 2^{2x+1}+a$가 $x=b$에서 최솟값 6을 갖는다. 상수 a, b에 대하여 $a+b$의 값을 구하시오.

체크 **077** 다음 물음에 답하시오.

(1) x, y가 실수이고 $x+2y=6$일 때, 2^x+4^y의 최솟값을 구하시오.

(2) 함수 $f(x)=5^x+5^{-x+4}$이 $x=a$에서 최솟값 b를 가질 때, $\dfrac{b}{a}$의 값을 구하시오.

(3) 함수 $y=9^x+9^{-x}+6(3^x+3^{-x})+k$의 최솟값이 21일 때, 상수 k의 값을 구하시오.

선생님의 출제 point

Q **지수함수의 그래프를 이용하여 도형의 넓이를 구할 수 있는가?**

1 좌표평면에서 두 곡선 $y=4^x$, $y=2^x$이 직선 $y=4$와 만나는 점을 각각 A, B라 하고, 점 B를 지나고 y축과 평행한 직선이 곡선 $y=4^x$과 만나는 점을 C, 점 C를 지나고 x축과 평행한 직선이 곡선 $y=2^x$과 만나는 점을 D라 하자. 사각형 ABDC의 넓이를 구하시오.

| 풀이 | ① 지수함수의 그래프에서 함숫값을 이용하여 $\overline{AB}$, $\overline{BC}$, $\overline{CD}$의 길이 구하기

오른쪽 그림에서 A$(1, 4)$, B$(2, 4)$이므로 $\overline{AB}=1$
점 C의 x좌표가 2이므로 C$(2, 16)$ ∴ $\overline{BC}=16-4=12$
점 D의 y좌표가 16이므로 D$(4, 16)$
∴ $\overline{CD}=4-2=2$

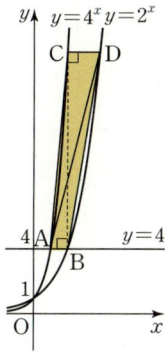

② 사각형 ABDC의 넓이 구하기

따라서 $\overline{AB}=1$, $\overline{BC}=12$, $\overline{CD}=2$이므로
사각형 ABDC의 넓이는
$$\frac{1}{2}\times(\overline{AB}+\overline{CD})\times\overline{BC}=\frac{1}{2}\times(1+2)\times12=\mathbf{18}$$

Q **지수함수의 성질을 응용하여 문제를 해결할 수 있는가?**

2 함수 $f(x)=3^x-1$에 대하여 |보기|에서 옳은 것만을 있는 대로 고르시오.

| 보기 |

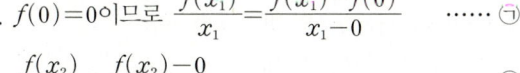
ㄱ. 서로 다른 두 실수 x_1, x_2에 대하여 $x_1<x_2$이면 $f(x_1)>f(x_2)$이다.

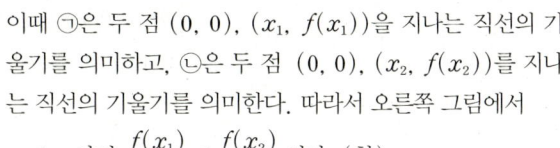
ㄴ. 서로 다른 두 실수 x_1, x_2에 대하여 $x_1<x_2$이면 $\dfrac{f(x_1)}{x_1}<\dfrac{f(x_2)}{x_2}$이다.

ㄷ. $f(x)+f(-x)$의 최솟값은 0이다.

| 풀이 | ① 지수함수의 성질을 이용하여 참, 거짓 확인하기

`유형 027`

ㄱ. 함수 $f(x)=3^x-1$은 x의 값이 증가하면 y의 값도 증가하므로 $x_1<x_2$이면 $f(x_1)<f(x_2)$이다. (거짓)

ㄴ. $f(0)=0$이므로 $\dfrac{f(x_1)}{x_1}=\dfrac{f(x_1)-f(0)}{x_1-0}$ ...... ㉠

$\dfrac{f(x_2)}{x_2}=\dfrac{f(x_2)-0}{x_2-0}$ ...... ㉡

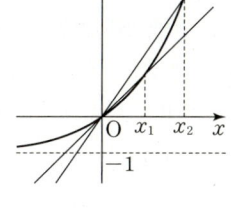

이때 ㉠은 두 점 $(0, 0)$, $(x_1, f(x_1))$을 지나는 직선의 기울기를 의미하고, ㉡은 두 점 $(0, 0)$, $(x_2, f(x_2))$를 지나는 직선의 기울기를 의미한다. 따라서 오른쪽 그림에서 $x_1<x_2$이면 $\dfrac{f(x_1)}{x_1}<\dfrac{f(x_2)}{x_2}$이다. (참)

② 산술평균과 기하평균의 관계를 이용하여 참, 거짓 확인하기

`유형 033`

ㄷ. $f(-x)=3^{-x}-1$이므로 $f(x)+f(-x)=3^x+3^{-x}-2$
$3^x>0$, $3^{-x}>0$이므로 산술평균과 기하평균의 관계에 의하여
$3^x+3^{-x}\geq2\sqrt{3^x\times3^{-x}}=2$ (단, 등호는 $3^x=3^{-x}$, 즉 $x=0$일 때 성립)
∴ $f(x)+f(-x)=3^x+3^{-x}-2\geq2-2=0$
즉, $f(x)+f(-x)$의 최솟값은 0이다. (참)
따라서 옳은 것은 ㄴ, ㄷ이다.

078

|보기|의 함수 중 그 그래프를 평행이동 또는 대칭이동하여 함수 $y=2^x$의 그래프와 일치시킬 수 있는 것만을 있는 대로 고르시오.

|보기|

ㄱ. $y=2^{x+2}-1$ ㄴ. $y=\left(\dfrac{1}{4}\right)^x$

ㄷ. $y=-2^x+1$ ㄹ. $y=2^{-\frac{1}{2}x+1}+3$

ㅁ. $y=\dfrac{1}{2^{-x}}+2$ ㅂ. $y=3\times 2^x-2$

079

점 (x, y)를 점 $(x+3, y+a)$로 옮기는 평행이동에 의하여 함수 $y=2^x$의 그래프가 이동한 그래프의 식을 $y=g(x)$라 하자. 함수 $y=g(x)$의 그래프가 점 $(3, b)$를 지나고, 점근선의 방정식이 $y=2$일 때, a^2+b^2의 값을 구하시오.

080 필수기출

함수 $f(x)=2^x$의 그래프를 x축의 방향으로 m만큼, y축의 방향으로 n만큼 평행이동시키면 함수 $y=g(x)$의 그래프가 되고, 이 평행이동에 의하여 점 A$(1, f(1))$이 점 A$'(3, g(3))$으로 이동된다. 함수 $y=g(x)$의 그래프가 점 $(0, 1)$을 지날 때, $m+n$의 값은? |수능 기출|

① $\dfrac{11}{4}$ ② 3 ③ $\dfrac{13}{4}$

④ $\dfrac{7}{2}$ ⑤ $\dfrac{15}{4}$

081

함수 $y=f(x)$에 대하여 $f(x)=3^{x-1}+1$일 때, |보기|에서 옳은 것만을 있는 대로 고른 것은?

|보기|

ㄱ. 치역은 $\{y|y>1\}$이다.

ㄴ. 서로 다른 두 실수 x_1, x_2에 대하여 $x_1<x_2$이면 $f(x_1)<f(x_2)$이다.

ㄷ. 그래프의 점근선의 방정식은 $y=1$이다.

① ㄱ   ② ㄴ   ③ ㄱ, ㄷ
④ ㄴ, ㄷ   ⑤ ㄱ, ㄴ, ㄷ

082

함수 $f(x)=a^x$ $(a>0, a\neq 1)$에 대하여 |보기|에서 항상 성립하는 등식만을 있는 대로 고르시오. (단, n은 실수이다.)

|보기|

ㄱ. $f(nx)=\{f(x)\}^n$

ㄴ. $f(x^n)=nf(x)$

ㄷ. $f(xy)=f(x)+f(y)$

ㄹ. $f(x+y)=f(x)f(y)$

083

함수 $f(x)=a^x$에 대하여 $y=f(x)$의 그래프가 오른쪽 그림과 같다.
$f(b)=2$, $f(c)=4$일 때, $f(b+c)$의 값을 구하시오. (단, $a>0$, $a\neq 1$)

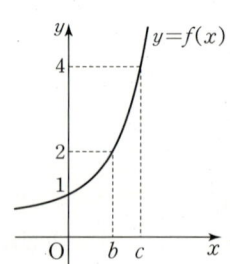

084

오른쪽 그림은 함수 $f(x)=3^{x+a}+b$ 의 그래프를 y축에 대하여 대칭이동 한 후, y축의 방향으로 c만큼 평행이 동한 것이다. 함수 $y=f(x)$의 그래 프의 점근선의 방정식이 $y=1$일 때, 상수 a, b, c에 대하여 3^{a+b+c}의 값을 구하시오.

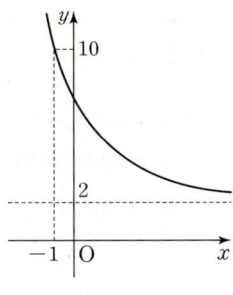

085

실수 x, y가 $0<y<1<x$를 만족시킬 때, 다음 네 수 중 가장 큰 것과 가장 작은 것을 순서대로 나열하시오.

$$x^{\frac{1}{x}}, \quad x^x, \quad y^{\frac{1}{y}}, \quad y^y$$

086

정의역이 $\{x \,|\, 3 \leq x \leq 6\}$인 함수 $y=a^{x^2-8x+15}$의 최댓값과 최솟 값의 곱이 4일 때, 상수 a의 값을 구하시오. (단, $a>0$, $a \neq 1$)

087

정의역이 $\{x \,|\, -1 \leq x \leq 1\}$인 함수 $y=9^{-x}+2 \times 3^{-x+1}+k$의 최댓값이 30일 때, 최솟값을 구하시오. (단, k는 상수이다.)

088

함수 $y=4^{x-1}+4^{-x+1}+3 \times (2^{x-1}+2^{-x+1})+3$이 $x=p$에서 최솟값 q를 갖는다. $p+q$의 값을 구하시오.

089

오른쪽 그림에서 함수 $y=2^x$의 그 래프 위의 점 P의 x좌표를 a라 하고 함수 $y=-2^{-x}$의 그래프 위의 점 Q의 x좌표를 b라 할 때, $b-a=2$ 가 성립한다. 두 점 P, Q를 이은 선분 PQ의 길이의 최솟값을 k라 할 때, k^2의 값을 구하시오.

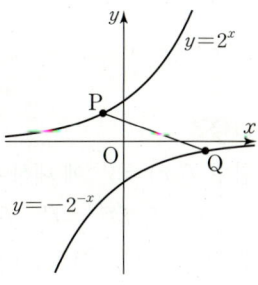

090

함수 $f(x)=\left(\dfrac{1}{2}\right)^{x-2}-32$에 대하여 함수 $y=|f(x)|$의 그래프와 직선 $y=k$가 만나는 점의 개수를 $g(k)$라 할 때, $g(-1)+g(0)+g(13)+g(32)$의 값을 구하시오.

091

함수 $f(x)=a^x+\dfrac{1}{2}$이 다음 조건을 만족시킨다.

> (가) $f(2)+f(-2)=\dfrac{7}{2}$
>
> (나) 임의의 실수 x_1, x_2에 대하여 $x_1<x_2$이면 $f(x_1)>f(x_2)$이다.

상수 a의 값을 구하시오. (단, $a>0$, $a\neq1$)

092

함수 $f(x)=5^{-x}$에 대하여

$$f^1=f,\ f^{n+1}=f^n\circ f\ (n=1,\ 2,\ 3,\ \cdots)$$

일 때, $f^2(5)$, $f^3(5)$, $f^4(5)$의 대소 관계로 옳은 것은?

① $f^2(5)<f^3(5)<f^4(5)$ ② $f^3(5)<f^2(5)<f^4(5)$
③ $f^3(5)<f^4(5)<f^2(5)$ ④ $f^4(5)<f^2(5)<f^3(5)$
⑤ $f^4(5)<f^3(5)<f^2(5)$

093 필수기출

두 지수함수 $f(x)=a^{bx-1}$, $g(x)=a^{1-bx}$이 다음 조건을 만족시킨다.

> (가) 함수 $y=f(x)$의 그래프와 함수 $y=g(x)$의 그래프는 직선 $x=2$에 대하여 대칭이다.
>
> (나) $f(4)+g(4)=\dfrac{5}{2}$

상수 a, b에 대하여 $a+b$의 값은? (단, $0<a<1$) |수능 기출|

① 1 ② $\dfrac{9}{8}$ ③ $\dfrac{5}{4}$

④ $\dfrac{11}{4}$ ⑤ $\dfrac{3}{2}$

094 필수기출

그림과 같이 함수 $y=8^x$의 그래프가 두 직선 $y=a$, $y=b$와 만나는 점을 각각 A, B라 하고, 함수 $y=4^x$의 그래프가 두 직선 $y=a$, $y=b$와 만나는 점을 각각 C, D라 하자. 점 B에서 직선 $y=a$에 내린 수선의 발을 E, 점 C에서 직선 $y=b$에 내린 수선의 발을 F라 하자. 삼각형 AEB의 넓이가 20일 때, 삼각형 CDF의 넓이는? (단, $a>b>1$) |평가원 기출|

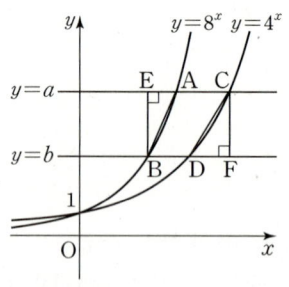

① 26   ② 28   ③ 30
④ 32   ⑤ 34

07 로그함수의 뜻과 그래프

개념 한눈에 보기

개념 1 로그함수의 뜻

지수함수 $y=a^x$ $(a>0, a\neq1)$의 역함수

$$y=\log_a x \ (a>0, a\neq1)$$

를 a를 밑으로 하는 로그함수라 한다.

tip 지수함수 $y=a^x$ $(a>0, a\neq1)$은 실수 전체의 집합에서 양의 실수 전체의 집합으로의 일대일대응이므로 역함수를 갖는다.

설명 로그의 정의에 의하여 1이 아닌 양수 a에 대하여

$$y=a^x \iff x=\log_a y$$

이므로 $x=\log_a y$에서 x와 y를 서로 바꾸면 지수함수 $y=a^x$의 역함수

$$y=\log_a x \ (a>0, a\neq1)$$

를 얻을 수 있다. 로그함수 $y=\log_a x$ $(a>0, a\neq1)$의 정의역은 양의 실수 전체의 집합이다.

개념 2 로그함수 $y=\log_a x$ $(a>0, a\neq1)$의 성질

유형 036, 039

(1) 정의역은 양의 실수 전체의 집합이고, 치역은 실수 전체의 집합이다.

(2) $a>1$일 때, x의 값이 증가하면 y의 값도 증가한다.
$0<a<1$일 때, x의 값이 증가하면 y의 값은 감소한다.

(3) 그래프는 두 점 $(1, 0)$, $(a, 1)$을 지난다.

(4) 그래프의 점근선은 y축이다.

(5) 그래프는 지수함수 $y=a^x$의 그래프와 직선 $y=x$에 대하여 대칭이다.

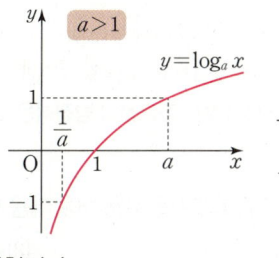 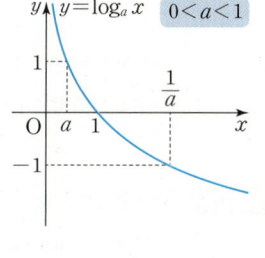

설명 (1) 로그함수 $y=\log_2 x$는 지수함수 $y=2^x$의 역함수이므로 로그함수 $y=\log_2 x$의 그래프는 오른쪽 그림과 같이 지수함수 $y=2^x$의 그래프를 직선 $y=x$에 대하여 대칭이동하여 그릴 수 있다. 이때 함수 $y=\log_2 x$의 정의역은 양의 실수 전체의 집합이고, 치역은 실수 전체의 집합이다. 또한 x의 값이 증가하면 y의 값은 증가하고, x의 값이 양수이면서 0에 한없이 가까워지면 y의 값은 감소한다. 즉, 로그함수 $y=\log_2 x$의 그래프의 점근선은 y축이다.

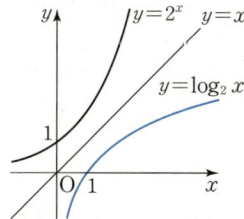

(2) 오른쪽 그림에서 두 로그함수 $y=\log_2 x$, $y=\log_3 x$의 그래프를 비교해 보면 로그함수 $y=\log_a x$ $(a>1)$의 그래프는 $x>1$일 때 a의 값이 커질수록 x축에 더 가까워지고, $0<x<1$일 때 a의 값이 커질수록 y축에 더 가까워진다.

한편, 오른쪽 그림에서 두 로그함수 $y=\log_{\frac{1}{2}} x$, $y=\log_{\frac{1}{3}} x$의 그래프를 비교해 보면 로그함수 $y=\log_a x$ $(0<a<1)$의 그래프는 $x>1$일 때 a의 값이 작아질수록 x축에 더 가까워지고, $0<x<1$일 때 a의 값이 작아질수록 y축에 더 가까워진다.

또한 오른쪽 그림에서 $a>1$, $a\neq1$일 때, 두 로그함수 $y=\log_a x$, $y=\log_{\frac{1}{a}} x$의 그래프는 x축에 대하여 대칭임을 확인할 수 있다.

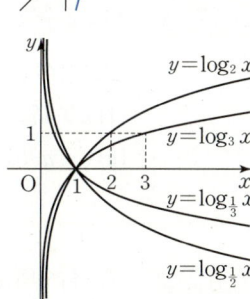

로그함수의 그래프의 평행이동과 대칭이동

로그함수 $y=\log_a x \ (a>0, a\neq 1)$의 그래프를

(1) x축의 방향으로 m만큼, y축의 방향으로 n만큼 평행이동한 그래프의 식 ➡ $y=\log_a(x-m)+n$

(2) x축에 대하여 대칭이동한 그래프의 식 ➡ $y=-\log_a x$

(3) y축에 대하여 대칭이동한 그래프의 식 ➡ $y=\log_a(-x)$

(4) 원점에 대하여 대칭이동한 그래프의 식 ➡ $y=-\log_a(-x)$

(5) 직선 $y=x$에 대하여 대칭이동한 그래프의 식 ➡ $y=a^x$

tip (1) 로그함수 $y=\log_a(x-m)+n$의 정의역은 $\{x\,|\,x>m\}$, 치역은 $\{y\,|\,y$는 실수$\}$이고, 그래프의 점근선의 방정식은 $x=m$이다.

(2) $y=-\log_a x=\log_{\frac{1}{a}} x$이므로 두 로그함수 $y=\log_a x$, $y=\log_{\frac{1}{a}} x$의 그래프는 x축에 대하여 대칭이다.

설명 로그함수 $y=\log_a x$의 그래프를 평행이동하거나 대칭이동한 그래프의 식을 얻는 과정은 다음과 같다.

x축의 방향으로 m만큼, y축의 방향으로 n만큼 평행이동	x 대신 $x-m$ 대입, y 대신 $y-n$ 대입	$y-n=\log_a(x-m)$, 즉 $y=\log_a(x-m)+n$
x축에 대하여 대칭이동	y 대신 $-y$ 대입	$-y=\log_a x$, 즉 $y=-\log_a x$
y축에 대하여 대칭이동	x 대신 $-x$ 대입	$y=\log_a(-x)$
원점에 대하여 대칭이동	x 대신 $-x$ 대입, y 대신 $-y$ 대입	$-y=\log_a(-x)$, 즉 $y=-\log_a(-x)$
직선 $y=x$에 대하여 대칭이동	x 대신 y 대입, y 대신 x 대입	$x=\log_a y$, 즉 $y=a^x$

CHECK 함수 $y=\log_2(x-2)+3$의 그래프를 그리고, 정의역과 점근선의 방정식을 구하시오.

풀이 함수 $y=\log_2(x-2)+3$의 그래프는 함수 $y=\log_2 x$의 그래프를 x축의 방향으로 2만큼, y축의 방향으로 3만큼 평행이동한 것이므로 오른쪽 그림과 같다.

이때 **정의역은 $\{x\,|\,x>2\}$, 점근선의 방정식은 $x=2$**이다.

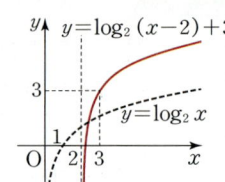

CHECK 함수 $y=\log_2 x$의 그래프를 이용하여 다음 함수의 그래프를 그리시오.

(1) $y=-\log_2 x$ (2) $y=\log_2(-x)$ (3) $y=-\log_2(-x)$

풀이 세 함수 $y=-\log_2 x$, $y=\log_2(-x)$, $y=-\log_2(-x)$의 그래프는 각각 함수 $y=\log_2 x$의 그래프를 x축, y축, 원점에 대하여 대칭이동한 것이므로 오른쪽 그림과 같다.

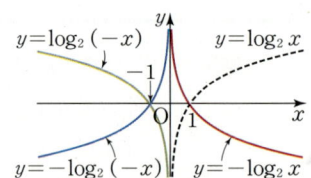

로그함수를 이용한 대소 관계

로그함수 $y=\log_a x \ (a>0, a\neq 1)$에서

(ⅰ) $a>1$일 때, $0<x_1<x_2$이면 $\log_a x_1<\log_a x_2$이다. ← x의 값이 증가하면 y의 값도 증가한다.

(ⅱ) $0<a<1$일 때, $0<x_1<x_2$이면 $\log_a x_1>\log_a x_2$이다. ← x의 값이 증가하면 y의 값은 감소한다.

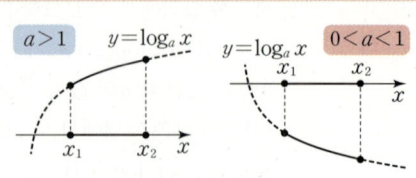

CHECK 로그함수의 성질을 이용하여 두 수 $\log_{\frac{1}{3}} 8$, $2\log_{\frac{1}{3}}\sqrt{10}$의 대소를 비교하시오.

풀이 $2\log_{\frac{1}{3}}\sqrt{10}=\log_{\frac{1}{3}} 10$이고, 로그함수 $y=\log_{\frac{1}{3}} x$는 x의 값이 증가하면 y의 값은 감소하는 함수이므로 $\mathbf{2\log_{\frac{1}{3}}\sqrt{10}<\log_{\frac{1}{3}} 8}$

○ n이 정수일 때, 두 로그함수 $y=\log_a x^n$, $y=n\log_a x$ $(a>0,\ a\neq 1)$의 비교

(i) n이 홀수일 때, 두 로그함수 $y=\log_a x^n$, $y=n\log_a x$의 정의역이 같으므로 두 함수는 서로 같은 함수이다.

(ii) n이 짝수일 때, 두 로그함수 $y=\log_a x^n$, $y=n\log_a x$의 정의역은 각각 $\{x\,|\,x\neq 0$인 실수$\}$, $\{x\,|\,x>0\}$으로 다르므로 두 함수는 서로 다른 함수이다.

예 로그의 성질에 의하여 $x>0$일 때 $\log_2 x^2$의 값과 $2\log_2 x$의 값은 같다. 그러나 $x\neq 0$일 때, 로그함수 $y=\log_2 x^2$, $y=2\log_2 x$는 진수의 조건에 의하여 정의역이 다르게 결정되므로 서로 다른 함수이다.

함수 $y=\log_2 x^2$의 정의역은 진수의 조건 $x^2>0$에서 $\{x\,|\,x\neq 0$인 실수$\}$이므로

$$y=\log_2 x^2=2\log_2|x|=\begin{cases}2\log_2 x & (x>0)\\ 2\log_2(-x) & (x<0)\end{cases}$$

이다. 따라서 함수 $y=\log_2 x^2$의 그래프는 [그림 1]과 같다.

또한 함수 $y=2\log_2 x$의 정의역은 진수의 조건 $x>0$에서 $\{x\,|\,x>0\}$이므로 함수 $y=2\log_2 x$의 그래프는 [그림 2]와 같다.

즉, 두 함수 $y=\log_2 x^2$, $y=2\log_2 x$는 정의역이 서로 다르기 때문에 두 함수는 서로 다른 함수이고, 그 그래프도 서로 다름을 알 수 있다.

한편, 두 로그함수 $y=\log_2 x^3$, $y=3\log_2 x$의 정의역은 $\{x\,|\,x>0\}$으로 같으므로 두 함수는 서로 같은 함수이고, 그 그래프도 서로 같다.

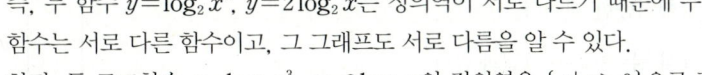
[그림 1]   [그림 2]

○ 로그함수의 성질

(1) 로그함수 $f(x)=\log_a x$ $(a>0,\ a\neq 1)$는 다음을 만족시킨다. (단, p, q는 양의 실수이다.)

① $f(1)=0,\ f(a)=1$ ② $f(pq)=f(p)+f(q)$

③ $f\!\left(\dfrac{p}{q}\right)=f(p)-f(q)$ ④ $f(p^n)=nf(p)$ (단, n은 실수이다.)

설명 ① $f(1)=\log_a 1=0,\ f(a)=\log_a a=1$

② $f(pq)=\log_a pq=\log_a p+\log_a q=f(p)+f(q)$

③ $f\!\left(\dfrac{p}{q}\right)=\log_a \dfrac{p}{q}=\log_a p-\log_a q=f(p)-f(q)$

④ $f(p^n)=\log_a p^n=n\log_a p=nf(p)$

(2) 로그함수 $f(x)=\log_a x$ $(a>0,\ a\neq 1)$와 임의의 두 양수 p, q에 대하여 다음이 성립한다.

(단, 등호는 $p=q$일 때 성립한다.)

(i) $a>1$일 때, $f\!\left(\dfrac{p+q}{2}\right)\geq\dfrac{f(p)+f(q)}{2}$ (ii) $0<a<1$일 때, $f\!\left(\dfrac{p+q}{2}\right)\leq\dfrac{f(p)+f(q)}{2}$

설명 함수 $y=f(x)$의 그래프 위의 임의의 두 점 $(p,\ f(p))$, $(q,\ f(q))$에 대하여 두 점을 이은 선분의 중점 $\left(\dfrac{p+q}{2},\ \dfrac{f(p)+f(q)}{2}\right)$의 y좌표인 $\dfrac{f(p)+f(q)}{2}$의 값과 중점의 x좌표 $\dfrac{p+q}{2}$에서의 함숫값인 $f\!\left(\dfrac{p+q}{2}\right)$의 값을 다음 그림에서 비교해 보자.

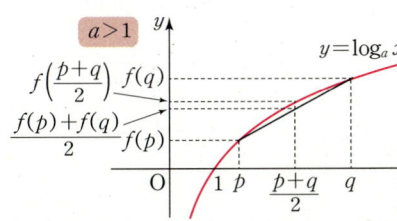 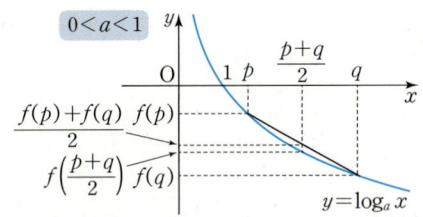

위의 그림에서 $a>1$일 때, 그래프가 위로 볼록하므로 $f\!\left(\dfrac{p+q}{2}\right)\geq\dfrac{f(p)+f(q)}{2}$임을 확인할 수 있고, $0<a<1$일 때, 그래프가 아래로 볼록하므로 $f\!\left(\dfrac{p+q}{2}\right)\leq\dfrac{f(p)+f(q)}{2}$임을 확인할 수 있다. 이때 등호는 $p=q$일 때 성립한다.

로그함수의 그래프

다음 함수의 그래프를 그리고, 정의역과 점근선의 방정식을 구하시오.

(1) $y=\log_2(x-1)$ (2) $y=\log_3\dfrac{1}{x-2}$

| 풀이 | (1) 함수 $y=\log_2(x-1)$의 그래프는 함수 $y=\log_2 x$의 그래프를 x축의 방향으로 1만큼 평행이동한 것이다.

따라서 함수 $y=\log_2(x-1)$의 그래프는 오른쪽 그림과 같다.

이때 **정의역은 $\{x|x>1\}$, 점근선의 방정식은 $x=1$**이다.

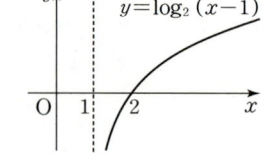

(2) $y=\log_3\dfrac{1}{x-2}=\log_3(x-2)^{-1}=-\log_3(x-2)$

즉, 함수 $y=\log_3\dfrac{1}{x-2}$의 그래프는 함수 $y=\log_3 x$의 그래프를 x축에 대하여 대칭이동한 후, x축의 방향으로 2만큼 평행이동한 것이다.

따라서 함수 $y=\log_3\dfrac{1}{x-2}$의 그래프는 오른쪽 그림과 같다.

이때 **정의역은 $\{x|x>2\}$, 점근선의 방정식은 $x=2$**이다.

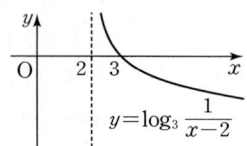

로그함수의 그래프의 평행이동과 대칭이동

함수 $y=\log_2(8x-24)+3$의 그래프는 함수 $y=\log_2 x$의 그래프를 x축의 방향으로 a만큼, y축의 방향으로 b만큼 평행이동한 것이다. $a+b$의 값을 구하시오.

| 풀이 | $y=\log_2(8x-24)+3=\log_2 8(x-3)+3=\log_2 8+\log_2(x-3)+3=\log_2(x-3)+6$

따라서 함수 $y=\log_2(x-3)+6$의 그래프는 함수 $y=\log_2 x$의 그래프를 x축의 방향으로 3만큼, y축의 방향으로 6만큼 평행이동한 것이므로

$a=3$, $b=6$ $\therefore a+b=9$

■ 정답과 풀이 26쪽

 다음 함수의 그래프를 그리고, 정의역과 점근선의 방정식을 구하시오.

(1) $y=\log_2(x-2)+1$ (2) $y=\log_{\frac{1}{2}}(x+1)$

(3) $y=\log_2(-2x)$ (4) $y=\log_2\dfrac{1}{3-x}$

체크 096 함수 $y=\log x$의 그래프를 x축의 방향으로 a만큼, y축의 방향으로 $\log 5$만큼 평행이동한 그래프가 점 $(10,\,b)$를 지날 때, $5a+10^b$의 값을 구하시오.

함수 $y=\log_{\frac{1}{2}}(2x-1)+3$에 대한 설명으로 옳지 <u>않은</u> 것은?

① 정의역은 $\left\{x \mid x>\dfrac{1}{2}\right\}$이다.

② 역함수는 $y=\left(\dfrac{1}{2}\right)^{x-2}+\dfrac{1}{2}$이다.

③ 그래프의 점근선의 방정식은 $x=\dfrac{1}{2}$이다.

④ 그래프는 점 $(1,\ 3)$을 지난다.

⑤ x의 값이 증가하면 y의 값도 증가한다.

| 풀이 | $y=\log_{\frac{1}{2}}(2x-1)+3=-\log_2 2\left(x-\dfrac{1}{2}\right)+3$

$\qquad\qquad =-\left\{\log_2 2+\log_2\left(x-\dfrac{1}{2}\right)\right\}+3=-\log_2\left(x-\dfrac{1}{2}\right)+2$

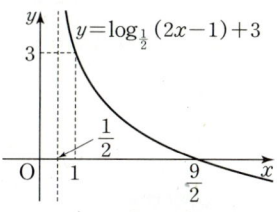

즉, 함수 $y=\log_{\frac{1}{2}}(2x-1)+3$의 그래프는 함수 $y=\log_2 x$의 그래프를 x축에 대하여 대칭이동한 후, x축의 방향으로 $\dfrac{1}{2}$만큼, y축의 방향으로 2만큼 평행이동한 것이므로 오른쪽 그림과 같다.

① 진수 조건에서 $2x-1>0$이므로 정의역은 $\left\{x \mid x>\dfrac{1}{2}\right\}$이다. (참)

② $y=-\log_2\left(x-\dfrac{1}{2}\right)+2$에서 $\log_2\left(x-\dfrac{1}{2}\right)=-y+2$, $x-\dfrac{1}{2}=2^{-(y-2)}$ $\therefore x=\left(\dfrac{1}{2}\right)^{y-2}+\dfrac{1}{2}$

$\quad$ x와 y를 서로 바꾸면 구하는 역함수는 $y=\left(\dfrac{1}{2}\right)^{x-2}+\dfrac{1}{2}$이다. (참)

③ 그래프의 점근선의 방정식은 $x=\dfrac{1}{2}$이다. (참)

④ $x=1$일 때, $y=-\log_2\left(1-\dfrac{1}{2}\right)+2=3$이므로 그래프는 점 $(1,\ 3)$을 지난다. (참)

⑤ x의 값이 증가하면 y의 값은 감소한다. (거짓)

따라서 옳지 않은 것은 ⑤이다.

■ 정답과 풀이 26쪽

체크 097 함수 $y=f(x)$에 대하여 $f(x)=\log_3 9x$일 때, |보기|에서 옳은 것만을 있는 대로 고르시오.

| 보기 |

ㄱ. 역함수를 $g(x)$라 하면 $g(x)=3^{x+2}$이다.　　ㄴ. 치역은 $\{y \mid y>0\}$이다.

ㄷ. 그래프의 점근선의 방정식은 $x=0$이다.　　ㄹ. $x_1\neq x_2$이면 $f(x_1)\neq f(x_2)$이다.

체크 098 네 로그함수 $y=\log_a x$, $y=\log_b x$, $y=\log_c x$, $y=\log_d x$의 그래프가 오른쪽 그림과 같을 때, 네 상수 $a,\ b,\ c,\ d$의 대소를 비교하시오.

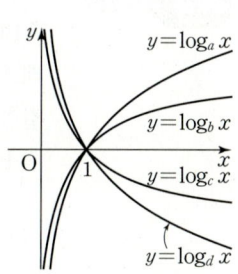

오른쪽 그림과 같이 두 함수 $y=\log_3 x$, $y=\log_9 x$의 그래프와 직선 $x=k$ 의 교점을 각각 P, Q라 하자. $\overline{PQ}=1$일 때, 상수 k의 값을 구하시오.

(단, $k>1$)

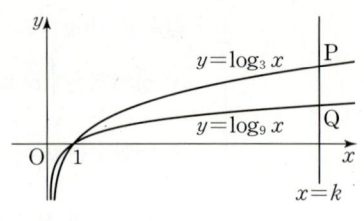

| 풀이 | P$(k, \log_3 k)$, Q$(k, \log_9 k)$이므로

$$\overline{PQ}=\log_3 k-\log_9 k=\log_3 k-\frac{1}{2}\log_3 k=\frac{1}{2}\log_3 k$$

$\overline{PQ}=1$이므로 $\frac{1}{2}\log_3 k=1$

$\log_3 k=2$ $\therefore k=9$

■ 정답과 풀이 26쪽

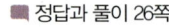

체크 099 함수 $y=\log_2(ax-b)$의 그래프가 오른쪽 그림과 같을 때, 상수 a, b에 대하여 ab의 값을 구하시오.

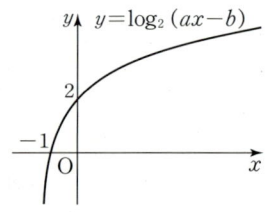

체크 100 오른쪽 그림과 같이 두 함수 $y=\log_2 x$, $y=\log_2 8x$의 그래프와 두 직선 $x=2$, $x=4$로 둘러싸인 도형의 넓이를 구하시오.

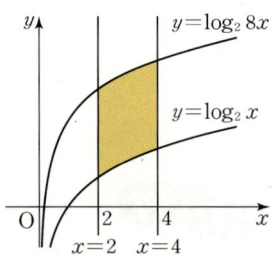

체크 101 오른쪽 그림과 같이 함수 $y=\log_2 x$의 그래프 위의 점 A에 대하여 사각형 ABCD는 한 변의 길이가 3인 정사각형이고, 변 BC와 함수 $y=\log_2 x$의 그래프가 만나는 점 E에 대하여 사각형 EFGC도 정사각형일 때, 선분 GC의 길이를 구하시오. (단, 세 점 C, D, G는 x축 위의 점이고, 제1사분면 위에서 점 B는 점 A의 왼쪽에, 점 F는 점 E의 왼쪽에 위치한다.)

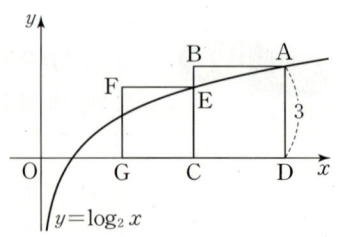

유형 038 로그함수를 이용한 대소 관계

다음 세 수의 대소를 비교하시오.

(1) $\log_2 3$, $\log_2 \dfrac{1}{2}$, $\log_2 \sqrt{11}$
(2) $\log_{\frac{1}{3}} \sqrt{3}$, $\log_{\frac{1}{3}} 2$, $\log_{\frac{1}{3}} 3$

| 풀이 | (1) 로그함수 $y=\log_2 x$는 밑이 2이고 $2>1$이므로 x의 값이 증가하면 y의 값도 증가한다.

따라서 $\dfrac{1}{2}<3<\sqrt{11}$에서 $\boldsymbol{\log_2 \dfrac{1}{2} < \log_2 3 < \log_2 \sqrt{11}}$

(2) 로그함수 $y=\log_{\frac{1}{3}} x$는 밑이 $\dfrac{1}{3}$이고 $0<\dfrac{1}{3}<1$이므로 x의 값이 증가하면 y의 값은 감소한다.

따라서 $\sqrt{3}<2<3$에서 $\boldsymbol{\log_{\frac{1}{3}} 3 < \log_{\frac{1}{3}} 2 < \log_{\frac{1}{3}} \sqrt{3}}$

유형 039 지수함수와 로그함수의 역함수

함수 $f(x)=3^{x-1}+1$의 역함수를 $g(x)$라 할 때, $g\left(\dfrac{4}{3}\right)+g(10)$의 값을 구하시오.

| 풀이 | $y=3^{x-1}+1$로 놓으면 $y-1=3^{x-1}$

$\log_3 (y-1)=x-1$ $\quad \therefore x=\log_3 (y-1)+1$

x와 y를 서로 바꾸면 $y=\log_3 (x-1)+1$이므로 $g(x)=\log_3 (x-1)+1$

$\therefore g\left(\dfrac{4}{3}\right)+g(10)=\left(\log_3 \dfrac{1}{3}+1\right)+(\log_3 9+1)=\boldsymbol{3}$

■ 정답과 풀이 27쪽

체크 102 다음 세 수 A, B, C의 대소를 비교하시오.

(1) $A=\dfrac{1}{2}\log_{0.1} 2$, $B=\log_{0.1} \sqrt{3}$, $C=-\log_{10} 2$
(2) $A=\log_3 a$, $B=\log_3 \dfrac{1}{a}$, $C=\log_a 3$ (단, $1<a<3$)

체크 103 함수 $f(x)=\log_2 x+1$의 역함수를 $g(x)$라 하고 $h(x)=4g(x)$라 할 때, $(f \circ h)(3)$의 값을 구하시오.

08 로그함수의 최대, 최소

개념 한눈에 보기

개념 1 로그함수의 최대, 최소

유형 040

정의역이 $\{x|\alpha \leq x \leq \beta\}$일 때, 로그함수 $y=\log_a x \, (a>0, \, a \neq 1)$는

(i) $a>1$이면 $x=\alpha$에서 최솟값 $\log_a \alpha$, $x=\beta$에서 최댓값 $\log_a \beta$를 갖는다.

(ii) $0<a<1$이면 $x=\alpha$에서 최댓값 $\log_a \alpha$, $x=\beta$에서 최솟값 $\log_a \beta$를 갖는다.

설명 정의역이 $\{x|\alpha \leq x \leq \beta\}$일 때, 로그함수 $y=\log_a x \, (a>0, \, a \neq 1)$의 최댓값과 최솟값은 a의 값의 범위에 따라 다음과 같다.

(i) $a>1$인 경우

오른쪽 그림과 같이 로그함수 $y=\log_a x$는 x의 값이 증가하면 y의 값도 증가한다.

따라서 로그함수 $y=\log_a x$는 $x=\alpha$에서 최솟값 $\log_a \alpha$, $x=\beta$에서 최댓값 $\log_a \beta$를 갖는다.

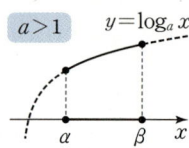

(ii) $0<a<1$인 경우

오른쪽 그림과 같이 로그함수 $y=\log_a x$는 x의 값이 증가하면 y의 값은 감소한다.

따라서 로그함수 $y=\log_a x$는 $x=\alpha$에서 최댓값 $\log_a \alpha$, $x=\beta$에서 최솟값 $\log_a \beta$를 갖는다.

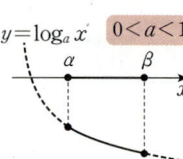

CHECK $4 \leq x \leq 16$에서 다음 함수의 최댓값과 최솟값을 각각 구하시오.

(1) $y=\log_4 x$ (2) $y=\log_{\frac{1}{2}} x$

풀이 (1) 로그함수 $y=\log_4 x$는 x의 값이 증가하면 y의 값도 증가하는 함수이므로 $x=4$에서 **최솟값 1**, $x=16$에서 **최댓값 2**를 갖는다.

(2) 로그함수 $y=\log_{\frac{1}{2}} x$는 x의 값이 증가하면 y의 값은 감소하는 함수이므로 $x=4$에서 **최댓값 -2**, $x=16$에서 **최솟값 -4**를 갖는다.

개념 2 여러 가지 로그함수의 최대, 최소

유형 041, 042

(1) $y=\log_a f(x) \, (a>0, \, a \neq 1)$ 꼴의 최대, 최소

(i) $a>1$이면 $f(x)$가 최대일 때 y도 최대이고, $f(x)$가 최소일 때 y도 최소이다.

(ii) $0<a<1$이면 $f(x)$가 최대일 때 y는 최소이고, $f(x)$가 최소일 때 y는 최대이다.

(2) $\log_a x \, (a>0, \, a \neq 1)$ 꼴이 반복되는 함수의 최대, 최소

$\log_a x=t$로 치환한 함수의 최댓값과 최솟값을 구한다. ← x의 값의 범위가 주어지면 그에 따른 t의 값의 범위에 주의한다.

CHECK 다음 함수의 최솟값을 구하시오.

(1) $y=\log_{\frac{1}{3}}(-x^2+9)$ (2) $y=(\log_5 x)^2 - 4\log_5 x + 1$

풀이 (1) 로그함수 $y=\log_{\frac{1}{3}}(-x^2+9)$에서 밑이 $\frac{1}{3}$이고 $0<\frac{1}{3}<1$이므로 $-x^2+9$가 최대일 때 y는 최소이다.

$f(x)=-x^2+9$라 하면 $f(x)$는 $x=0$에서 최댓값 9를 가지므로 로그함수 $y=\log_{\frac{1}{3}}(-x^2+9)$는 $x=0$에서 최솟값 -2를 갖는다.

(2) $\log_5 x=t$로 놓으면 $y=t^2-4t+1=(t-2)^2-3$

따라서 함수 $y=(\log_5 x)^2-4\log_5 x+1$은 $t=2$, 즉 $x=25$에서 최솟값 -3을 갖는다.

$y=\log_a (x-m)+n\ (a>0,\ a\neq1)$ 꼴의 최대, 최소

정의역이 $\{x\,|\,5\leq x\leq7\}$인 두 함수 $f(x)=\log_2 (x-3)+4$, $g(x)=\log_{\frac{1}{2}} (x+1)-2$에 대하여 $f(x)$의 최댓값을 M, $g(x)$의 최솟값을 m이라 할 때, $M+m$의 값을 구하시오.

| 풀이 | 함수 $y=f(x)$는 x의 값이 증가하면 y의 값도 증가하는 함수이므로 $x=7$에서 최댓값을 갖는다.

$\therefore M=f(7)=\log_2 (7-3)+4=\log_2 4+4=2+4=6$

또한 함수 $y=g(x)$는 x의 값이 증가하면 y의 값은 감소하는 함수이므로 $x=7$에서 최솟값을 갖는다.

$\therefore m=g(7)=\log_{\frac{1}{2}} (7+1)-2=-\log_2 8-2=-3-2=-5$

$\therefore M+m=6+(-5)=\mathbf{1}$

유형 **041** $y=\log_a f(x)\ (a>0,\ a\neq1)$ 꼴의 최대, 최소

함수 $y=\log_2 (-x+4)+\log_2 (x-2)$가 $x=p$에서 최댓값 q를 가질 때, $p+2^q$의 값을 구하시오.

| 풀이 | 진수의 조건에 의하여 $-x+4>0$, $x-2>0$ $\therefore 2<x<4$

$y=\log_2 (-x+4)+\log_2 (x-2)=\log_2 (-x+4)(x-2)=\log_2 (-x^2+6x-8)$ ······ ㉠

이때 밑이 2이고 $2>1$이므로 $-x^2+6x-8$이 최대일 때 y도 최대이다.

㉠에서 $f(x)=-x^2+6x-8$이라 하면 $f(x)=-x^2+6x-8=-(x-3)^2+1$ (단, $2<x<4$)

$f(x)$는 $x=3$에서 최댓값 1을 갖는다.

$\therefore q=\log_2 1=0$

따라서 $p=3$, $q=0$이므로 $p+2^q=3+2^0=\mathbf{4}$

■ 정답과 풀이 27쪽

체크 | **104** 정의역이 $\{x\,|\,3\leq x\leq5\}$인 함수 $y=-\log_a (x-1)$의 최솟값이 -2일 때, 상수 a의 값을 구하시오.

(단, $a>0$, $a\neq1$)

체크 | **105** 정의역이 $\{x\,|\,1\leq x\leq b\}$인 함수 $y=\log_{\frac{1}{2}} (x^2-x+a)$의 최댓값이 -2, 최솟값이 -4일 때, $a+b$의 값을 구하시오. (단, a는 상수이고, $b>1$이다.)

$\log_a x\ (a>0,\ a\neq1)$ 꼴이 반복되는 함수의 최대, 최소

주어진 범위에서 다음 함수의 최댓값과 최솟값을 구하시오.

(1) $y=(\log_2 x)^2+\log_2 x^4-3\ \left(\dfrac{1}{8}\leq x\leq 8\right)$ (2) $y=\log_2 4x\times\log_2\dfrac{x}{16}\ \left(\dfrac{1}{16}\leq x\leq 4\right)$

| 풀이 | (1) $y=(\log_2 x)^2+\log_2 x^4-3=(\log_2 x)^2+4\log_2 x-3$

$\log_2 x=t$로 놓으면 $\dfrac{1}{8}\leq x\leq 8$에서 $\log_2\dfrac{1}{8}\leq\log_2 x\leq\log_2 8$ $\therefore\ -3\leq t\leq 3$

이때 주어진 함수는 $y=t^2+4t-3=(t+2)^2-7\ (-3\leq t\leq 3)$

따라서 y는 $t=3$에서 **최댓값 18**, $t=-2$에서 **최솟값 -7**을 갖는다.

(2) $y=\log_2 4x\times\log_2\dfrac{x}{16}=(\log_2 4+\log_2 x)(\log_2 x-\log_2 16)$

    $=(\log_2 x+2)(\log_2 x-4)=(\log_2 x)^2-2\log_2 x-8$

$\log_2 x=t$로 놓으면 $\dfrac{1}{16}\leq x\leq 4$에서 $\log_2\dfrac{1}{16}\leq\log_2 x\leq\log_2 4$ $\therefore\ -4\leq t\leq 2$

이때 주어진 함수는 $y=t^2-2t-8=(t-1)^2-9\ (-4\leq t\leq 2)$

따라서 y는 $t=-4$에서 **최댓값 16**, $t=1$에서 **최솟값 -9**를 갖는다.

유형 043   **산술평균과 기하평균의 관계를 이용한 로그함수의 최대, 최소**

$x>1$일 때, 함수 $y=\log_3 9x+\log_x 81$의 최솟값을 구하시오.

| 풀이 | $y=\log_3 9x+\log_x 81=(\log_3 9+\log_3 x)+\log_x 3^4=2+\log_3 x+4\log_x 3=\log_3 x+\dfrac{4}{\log_3 x}+2$

이때 $x>1$에서 $\log_3 x>0$이므로 산술평균과 기하평균의 관계에 의하여

$\log_3 x+\dfrac{4}{\log_3 x}+2\geq 2\sqrt{\log_3 x\times\dfrac{4}{\log_3 x}}+2$

                $=2\times 2+2=6\ \left(\text{단, 등호는 }\log_3 x=\dfrac{4}{\log_3 x}\text{일 때 성립}\right)$

따라서 구하는 최솟값은 **6**이다.

■ 정답과 풀이 28쪽

체크 106   함수 $y=\log_3 3x\times\log_3\dfrac{9}{x}+a$가 $x=b$에서 최댓값 3을 가질 때, $\dfrac{b^2}{a}$의 값을 구하시오. (단, a는 상수이다.)

체크 107 $x+4y=12$를 만족시키는 양수 $x,\ y$에 대하여 $\log_3 x+\log_3 y$의 최댓값을 구하시오.

선생님의 출제 point

Q 로그와 절댓값 기호를 포함한 함수의 그래프를 이해할 수 있는가?

1 오른쪽 그림은 함수 $y=|\log_2 x|$의 그래프이다. 직선 $y=a$가 y축과 만나는 점을 A, 함수 $y=|\log_2 x|$의 그래프와 만나는 점을 각각 B, C라 할 때, $4\overline{AB}=\overline{AC}$를 만족시키는 상수 a의 값을 구하시오. (단, (점 B의 x좌표) < (점 C의 x좌표))

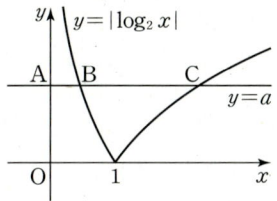

| 풀이 | ① $\log_2 x$의 값이 0이 되는 x의 값을 기준으로 범위를 나누어 식 구하기

$\log_2 x \geq 0$, 즉 $x \geq 1$일 때 $y=\log_2 x$
$\log_2 x < 0$, 즉 $0 < x < 1$일 때 $y=-\log_2 x$

$\therefore y=|\log_2 x|=\begin{cases} \log_2 x & (x \geq 1) \\ -\log_2 x & (0 < x < 1) \end{cases}$

② 주어진 조건을 이용하여 식 세우기

유형 037

점 B의 x좌표를 t라 하면 B$(t, -\log_2 t)$이므로
$a=-\log_2 t$ ······ ㉠
주어진 조건에서 $4\overline{AB}=\overline{AC}$이고 $\overline{AB}=t$이므로 $\overline{AC}=4t$
즉, 점 C의 x좌표는 $4t$이므로 C$(4t, \log_2 4t)$
$\therefore a=\log_2 4t$ ······ ㉡
㉠, ㉡에서 $-\log_2 t=\log_2 4t$

③ 상수 a의 값 구하기

$\log_2 \dfrac{1}{t}=\log_2 4t$, $\log_2 \dfrac{1}{t}-\log_2 4t=0$

$\log_2 \dfrac{1}{4t^2}=0$, $4t^2=1$ $\therefore t=\dfrac{1}{2}$ $(\because 0 < t < 1)$

따라서 $t=\dfrac{1}{2}$을 ㉠에 대입하면 $a=\mathbf{1}$

Q 로그의 성질을 이용하여 지수에 로그가 있는 함수의 최대, 최소를 구할 수 있는가?

2 정의역이 $\{x \mid 2 \leq x \leq 4\}$인 함수 $y=8x^{\log_2 x+3}$의 최댓값을 M, 최솟값을 m이라 할 때, $\dfrac{M}{m}$의 값을 구하시오.

| 풀이 | ① 주어진 함수의 양변에 밑이 2인 로그 취하기

$y=8x^{\log_2 x+3}$의 양변에 밑이 2인 로그를 취하면
$\log_2 y=\log_2 (8x^{\log_2 x+3})=\log_2 8+\log_2 x^{\log_2 x+3}$
$\qquad =3+(\log_2 x+3)\log_2 x=(\log_2 x)^2+3\log_2 x+3$ ······ ㉠

② $\log_2 y$의 최댓값과 최솟값 구하기

유형 042

$\log_2 x=t$로 놓으면 $2 \leq x \leq 4$에서 $\log_2 2 \leq \log_2 x \leq \log_2 4$ $\therefore 1 \leq t \leq 2$

이때 ㉠은 $\log_2 y=t^2+3t+3=\left(t+\dfrac{3}{2}\right)^2+\dfrac{3}{4}$ $(1 \leq t \leq 2)$

즉, $\log_2 y$는 $t=2$에서 최댓값 13, $t=1$에서 최솟값 7을 갖는다.

③ 주어진 함수의 최댓값과 최솟값을 구하여 $\dfrac{M}{m}$의 값 구하기

유형 041

한편, 밑이 2이고 $2>1$이므로 y가 최대일 때 $\log_2 y$도 최대이고, y가 최소일 때 $\log_2 y$도 최소이다.

$\log_2 M=13$, $\log_2 m=7$ $\therefore M=2^{13}$, $m=2^7$

$\therefore \dfrac{M}{m}=\dfrac{2^{13}}{2^7}=2^6=\mathbf{64}$

108

|보기|의 함수 중 그 그래프를 평행이동 또는 대칭이동하여 함수 $y=\log_2 x$의 그래프와 일치시킬 수 있는 것만을 있는 대로 고르시오.

| 보기 |

ㄱ. $y=2\log_{\frac{1}{2}} x$　　　　ㄴ. $y=\dfrac{2^x}{4}$

ㄷ. $y=\log_{\frac{1}{2}} x+2$　　　ㄹ. $y=\log_2 4(x-2)$

ㅁ. $y=\log_2 \dfrac{x}{3}$　　　　ㅂ. $y=\log_2 x^4+1$

109

|보기|에서 함수 $f(x)=\log x$에 대한 설명으로 옳은 것만을 있는 대로 고르시오.

| 보기 |

ㄱ. $f(x_1)=f(x_2)$이면 $x_1=x_2$이다.
ㄴ. $x_1>x_2$이면 $f(x_1)>f(x_2)$이다.
ㄷ. 그래프가 $g(x)=\dfrac{1}{2}\log x^2$의 그래프와 일치한다.

110

함수 $f(x)=\log_2 x$에 대하여 |보기|에서 옳은 것만을 있는 대로 고르시오. (단, $p>0$, $q>0$)

| 보기 |

ㄱ. $f(p+q)=f(p)f(q)$

ㄴ. $f\left(\dfrac{1}{p}\right)=-f(p)$

ㄷ. $f\left(\dfrac{p+q}{2}\right)\geq\dfrac{f(p)+f(q)}{2}$

111

오른쪽 그림과 같이 좌표평면 위에 네 점 $A(1, 2)$, $B(1, 0)$, $C(3, 0)$, $D(3, 2)$를 꼭짓점으로 하는 사각형 ABCD가 있다. 함수 $y=\log_2 (x+1)+k$의 그래프와 사각형 ABCD가 만나도록 하는 실수 k의 값의 범위를 $\alpha\leq k\leq\beta$라 할 때, $\beta-\alpha$의 값을 구하시오.

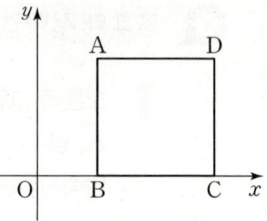

112 　필수기출

다음 그림과 같이 두 함수 $y=\log_2 x$, $y=\log_2 (x-2)$의 그래프가 x축과 만나는 점을 각각 A, B라 하자. 직선 $x=k$ $(k>3)$가 두 함수 $y=\log_2 x$, $y=\log_2 (x-2)$의 그래프와 만나는 점을 각각 P, Q라 하고, x축과 만나는 점을 R라 하자. 점 Q가 선분 PR의 중점일 때, 사각형 ABQP의 넓이는?

|평가원 기출|

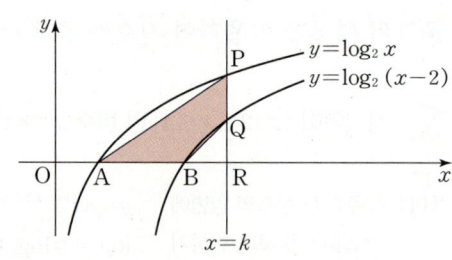

① $\dfrac{3}{2}$　　　　② 2　　　　③ $\dfrac{5}{2}$

④ 3　　　　⑤ $\dfrac{7}{2}$

113

오른쪽 그림은 두 함수 $y=2^x$, $y=\log_2 x$의 그래프이다. 점 B는 함수 $y=2^x$의 그래프 위의 점이고 두 점 A, C는 함수 $y=\log_2 x$의 그래프 위의 점일 때, 선분 AC의 길이를 구하시오. (단, 점 A의 y좌표는 1이고, 점선은 x축 또는 y축과 평행하다.)

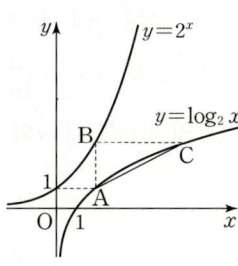

114

두 함수 $y=f(x)$, $y=\log_2 (x+a)$의 그래프는 직선 $y=x$에 대하여 대칭이다. 점 A(2, 1)이 함수 $y=f(x)$의 그래프 위의 점일 때, 상수 a의 값을 구하시오.

115

오른쪽 그림은 함수 $f(x)=\log_a (x+4)$의 그래프이다. 함수 $f(x)$의 역함수가 $g(x)=a^x+b$일 때, a^3-b의 값을 구하시오.

(단, a, b는 상수이다.)

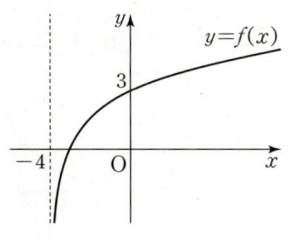

116

$1<b<a$일 때, 세 수
$$A=(\log_a b)^2,\ B=2\log_a b,\ C=\log_a (\log_a b)$$
의 대소를 비교하시오.

117

함수 $y=\left(\log_2 \dfrac{4}{x}\right)\left(\log_2 \dfrac{x}{4}\right)+2$가 $x=a$에서 최댓값 b를 가질 때, $a+b$의 값을 구하시오.

118

양수 x, y에 대하여 $\log_a\left(\dfrac{1}{x}+\dfrac{1}{y}\right)+\log_a (x+y)$의 최솟값이 2일 때, a의 값을 구하시오. (단, $a>1$)

119

함수 $y=4x^{2-\log x}$이 $x=a$에서 최댓값 b를 가질 때, $\dfrac{b}{a}$의 값을 구하시오.

120

함수 $f(x)=\log_a(x-b)$ $(a>1)$가 다음 조건을 만족시킨다.

> (가) 함수 $y=f(x)$의 그래프와 x축이 만나는 점의 좌표는 -3
> 이다.
> (나) 함수 $y=f(x)$의 그래프 위의 점 P의 x좌표는 4이고
> $\overline{\text{OP}}=5$이다.

상수 a, b에 대하여 $a-b$의 값을 구하시오.

(단, O는 좌표평면의 원점이다.)

121

두 함수 $f(x)=x^2-2x+3$, $g(x)=\log_a x$에 대하여 정의역이 $\{x|1\leq x\leq 4\}$인 함수 $f(g(x))$의 최댓값이 27일 때, a^3의 값을 구하시오. (단, $a>1$)

122

함수 $y=x^{\log_3 x+a}$의 최솟값이 $3^{-\frac{1}{4}}$일 때, a^2의 값을 구하시오.

(단, a는 상수이다.)

123 필수기출

$a>1$인 실수 a에 대하여 곡선 $y=\log_a x$와 원
$C:\left(x-\dfrac{5}{4}\right)^2+y^2=\dfrac{13}{16}$의 두 교점을 P, Q라 하자. 선분 PQ가

원 C의 지름일 때, a의 값은? |평가원 기출|

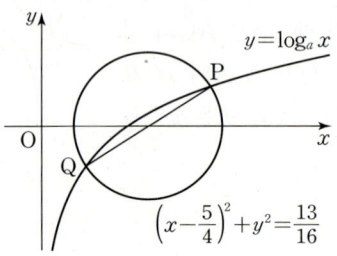

① 3 ② $\dfrac{7}{2}$ ③ 4

④ $\dfrac{9}{2}$ ⑤ 5

124 필수기출

좌표평면에서 꼭짓점의 좌표가 O$(0, 0)$, A$(2^n, 0)$, B$(2^n, 2^n)$, C$(0, 2^n)$인 정사각형 OABC와 두 곡선 $y=2^x$, $y=\log_2 x$에 대하여 선분 AB가 곡선 $y=\log_2 x$와 만나는 점을 D라 하자. 선분 AD를 2 : 3으로 내분하는 점을 지나고 y축에 수직인 직선이 곡선 $y=\log_2 x$와 만나는 점을 E, 점 E를 지나고 x축에 수직인 직선이 곡선 $y=2^x$과 만나는 점을 F라 하자. 점 F의 y좌표가 16일 때, 직선 DF의 기울기는?

(단, n은 자연수이다.) |평가원 기출|

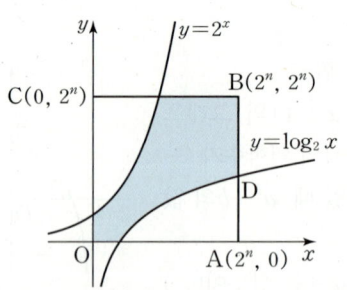

① $-\dfrac{13}{28}$ ② $-\dfrac{25}{56}$ ③ $-\dfrac{3}{7}$

④ $-\dfrac{23}{56}$ ⑤ $-\dfrac{11}{28}$

이 단원에서는
- 거듭제곱과 거듭제곱근의 뜻을 알고, 그 성질을 이해한다.
- 지수가 유리수, 실수까지 확장될 수 있음을 이해한다.
- 지수법칙을 이해하고, 이를 이용하여 식을 간단히 나타낼 수 있다.
- 로그의 뜻을 알고, 그 성질을 이해한다.
- 상용로그를 이해하고, 이를 활용할 수 있다.
- 지수함수와 로그함수의 뜻을 안다.
- 지수함수와 로그함수의 그래프를 그릴 수 있고, 그 성질을 이해한다.
- 지수함수와 로그함수를 활용하여 문제를 해결할 수 있다.

Ⅰ

지수함수와 로그함수

09 지수방정식과 지수부등식

개념 한눈에 보기

개념 1 **지수방정식**

지수에 미지수가 있는 방정식을 지수방정식이라 한다.
일반적으로 지수방정식은 다음 지수의 성질을 이용하여 풀 수 있다.

$$a>0,\ a\neq 1일\ 때,\ a^{x_1}=a^{x_2} \Longleftrightarrow x_1=x_2$$

tip $1^3=1^5$과 같이 지수가 서로 달라도 밑이 1이면 등식이 성립하므로 $a\neq 1$의 조건이 필요하다.

설명 지수함수 $y=a^x\ (a>0,\ a\neq 1)$은 실수 전체의 집합에서 양의 실수 전체의 집합으로의 일대일대
응이므로 임의의 양수 p에 대하여 지수방정식 $a^x=p$는 단 한 개의 해를 갖는다. 이때 이 방정식
의 해는 지수함수 $y=a^x$의 그래프와 직선 $y=p$의 교점의 x좌표와 같다.
따라서 지수방정식은 다음을 이용하여 풀 수 있다.

$$a^{x_1}=a^{x_2} \Longleftrightarrow x_1=x_2$$

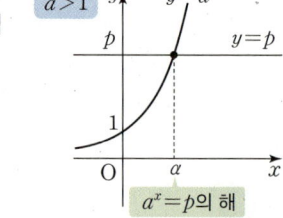

예 방정식 $2^x=2^2$은 지수방정식이고 해는 $x=2$뿐이다.

개념 2 **지수방정식의 풀이**

유형 044, 045, 046

(1) 밑을 같게 할 수 있는 경우
주어진 방정식을 $a^{f(x)}=a^{g(x)}\ (a>0,\ a\neq 1)$ 꼴로 변형한 후 지수가 같음을 이용한다. 즉

$$a^{f(x)}=a^{g(x)} \Longleftrightarrow f(x)=g(x)$$

(2) 지수를 같게 할 수 있는 경우
주어진 방정식을 $a^{f(x)}=b^{f(x)}$ 꼴로 변형한 후 밑이 같거나 지수가 0임을 이용한다. 즉

$$a^{f(x)}=b^{f(x)}\ (a>0,\ b>0) \Longleftrightarrow a=b\ 또는\ f(x)=0$$

(3) a^x 꼴이 반복되는 경우
$a^x=t\ (t>0)$로 치환하여 t에 대한 방정식을 푼 후 x의 값을 구한다. 이때 $a^x>0$이므로 $t>0$임에 주의한다.

tip (1) $a\neq 1$인 조건이 없고, $a>0$이면 $a^{f(x)}=a^{g(x)}$ 꼴의 방정식을 풀 때에는 $f(x)=g(x)$ 또는 $a=1$임을 이용한다.
(2) 방정식 $3^{x-1}=2^{-x+4}$과 같이 밑을 같게 하기 어려운 지수방정식은 로그방정식에서 다룬다.

CHECK 다음 방정식을 푸시오.

(1) $2^{4x-2}=8^x$ (2) $(x+1)^{x-2}=5^{x-2}$ (단, $x>-1$)   (3) $2^{2x}-3\times 2^x-4=0$

풀이 (1) $2^{4x-2}=8^x$에서 $2^{4x-2}=2^{3x}$ ← 밑을 같게 할 수 있으므로 $a^{f(x)}=a^{g(x)} \Longleftrightarrow f(x)=g(x)$임을 이용한다.
   이때 양변의 밑이 같으므로 $4x-2=3x$ ∴ $\boldsymbol{x=2}$
   (2) $(x+1)^{x-2}=5^{x-2}$에서 지수가 같으므로   ← 지수가 같으므로 $a^{f(x)}=b^{f(x)} \Longleftrightarrow a=b$ 또는 $f(x)=0$임을 이용한다.
   $x+1=5$ 또는 $x-2=0$ ∴ $\boldsymbol{x=2\ 또는\ x=4}$
   (3) $2^x=t\ (t>0)$로 놓으면   ← a^x 꼴이 반복되는 경우이므로 $a^x=t\ (t>0)$로 치환한다.
   $t^2-3t-4=0,\ (t+1)(t-4)=0$ ∴ $t=4\ (∵\ t>0)$
   따라서 $t=4$에서 $2^x=4$이므로 $2^x=2^2$ ∴ $\boldsymbol{x=2}$

| 개념 3 | **지수부등식** |

지수에 미지수가 있는 부등식을 지수부등식이라 한다.

일반적으로 지수부등식은 다음 지수의 성질을 이용하여 풀 수 있다.

(i) $a>1$일 때, $a^{x_1}<a^{x_2} \iff x_1<x_2$ (ii) $0<a<1$일 때, $a^{x_1}<a^{x_2} \iff x_1>x_2$

설명 지수함수 $y=a^x$ $(a>0,\ a\ne1)$에서 $a>1$이면 x의 값이 증가할 때 y의 값도 증가하고, $0<a<1$이면 x의 값이 증가할 때 y의 값은 감소하므로 지수부등식은 다음을 이용하여 풀 수 있다.

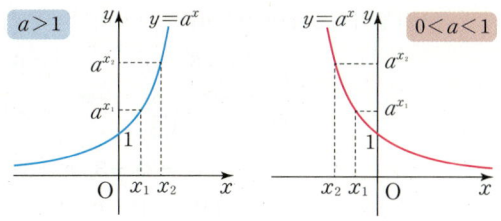

$a>1$일 때, $a^{x_1} < a^{x_2} \iff x_1 < x_2$
부등호 방향 그대로

$0<a<1$일 때, $a^{x_1} < a^{x_2} \iff x_1 > x_2$
부등호 방향 반대로

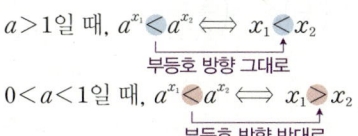

예 부등식 $2^x>2^2$은 지수부등식이다. 이때 밑이 2이고 $2>1$이므로 해는 $x>2$이다.

| 개념 4 | **지수부등식의 풀이** | 유형 048, 049, 050 |

(1) 밑을 같게 할 수 있는 경우

주어진 부등식을 $a^{f(x)}<a^{g(x)}$ $(a>0,\ a\ne1)$ 꼴로 변형한 후 다음을 이용한다.

(i) $a>1$일 때, $a^{f(x)}<a^{g(x)} \iff f(x)<g(x)$ ← 부등호 방향 그대로

(ii) $0<a<1$일 때, $a^{f(x)}<a^{g(x)} \iff f(x)>g(x)$ ← 부등호 방향 반대로

(2) a^x 꼴이 반복되는 경우

$a^x=t$ $(t>0)$로 치환하여 t에 대한 부등식을 푼 후 x의 값의 범위를 구한다. 이때 $a^x>0$이므로 $t>0$임에 주의한다.

tip (1) $a\ne1$인 조건이 없고, $a>0$이면 $a^{f(x)}<a^{g(x)}$ 꼴의 부등식을 풀 때에는 밑의 범위를 $0<a<1,\ a=1,\ a>1$로 나누어 푼다.

(2) 부등식 $5^{x-3}<2^{-2x+5}$과 같이 밑을 같게 하기 어려운 지수부등식은 로그부등식에서 다룬다.

CHECK 다음 부등식을 푸시오.

(1) $3^{3x-1}\le9^x$ (2) $\left(\dfrac{1}{5}\right)^{x^2-x}\ge\left(\dfrac{1}{5}\right)^x$

풀이 (1) $3^{3x-1}\le9^x$에서 $3^{3x-1}\le3^{2x}$, 밑이 3이고 $3>1$이므로 $3x-1\le2x$ $\therefore \boldsymbol{x\le1}$

(2) $\left(\dfrac{1}{5}\right)^{x^2-x}\ge\left(\dfrac{1}{5}\right)^x$에서 밑이 $\dfrac{1}{5}$이고 $0<\dfrac{1}{5}<1$이므로 $x^2-x\le x$, $x^2-2x\le0$, $x(x-2)\le0$ $\therefore \boldsymbol{0\le x\le2}$

Plus⁺ 자료

밑에 미지수가 있는 지수방정식과 지수부등식의 풀이   유형 045, 049

(1) 밑에 미지수가 있는 지수방정식은 (밑)$=1$일 때와 (밑)$\ne1$일 때로 나누어 푼다.

예 $x^{x+1}=x^{2x-1}$ $(x>0)$에서

(i) $x=1$일 때, $1^2=1^1=1$이므로 등식이 성립한다.   (ii) $x\ne1$일 때, $x+1=2x-1$이므로 $x=2$이다.

(i), (ii)에서 $x=1$ 또는 $x=2$

(2) 밑에 미지수가 있는 지수부등식은 $0<$(밑)<1, (밑)$=1$, (밑)>1일 때로 나누어 푼다.

예 $x^{x+1}\le x^{2x-1}$ $(x>0)$에서

(i) $0<x<1$일 때, $x+1\ge2x-1$이므로 $x\le2$, 그런데 $0<x<1$이므로 $0<x<1$이다.

(ii) $x=1$일 때, $1^2\le1^1$이므로 부등식이 성립한다.   (iii) $x>1$일 때, $x+1\le2x-1$이므로 $x\ge2$

(i)~(iii)에서 $0<x\le1$ 또는 $x\ge2$

밑을 같게 할 수 있는 지수방정식

다음 방정식을 푸시오.

(1) $3^{-3x}=81^{\frac{3}{2}-x}$

(2) $\left(\dfrac{2}{3}\right)^{x+7}=\left(\dfrac{3}{2}\right)^{-x^2+2x-3}$

| 풀이 | (1) $3^{-3x}=81^{\frac{3}{2}-x}$에서 $3^{-3x}=(3^4)^{\frac{3}{2}-x}$이므로 $3^{-3x}=3^{6-4x}$

$-3x=6-4x$ ∴ $x=6$

(2) $\left(\dfrac{2}{3}\right)^{x+7}=\left(\dfrac{3}{2}\right)^{-x^2+2x-3}$에서 $\left(\dfrac{2}{3}\right)^{x+7}=\left\{\left(\dfrac{2}{3}\right)^{-1}\right\}^{-x^2+2x-3}$이므로 $\left(\dfrac{2}{3}\right)^{x+7}=\left(\dfrac{2}{3}\right)^{x^2-2x+3}$

$x+7=x^2-2x+3$, $x^2-3x-4=0$

$(x+1)(x-4)=0$ ∴ $x=-1$ 또는 $x=4$

밑에 미지수가 있는 지수방정식

다음 방정식을 푸시오.

(1) $x^{3x+1}=x^{2x+3}$ (단, $x>0$)

(2) $(x+4)^{x^2-2x-3}=4^{x^2-2x-3}$ (단, $x>-4$)

| 풀이 | (1) 밑이 같으므로 밑이 1이거나 지수가 같아야 한다.

 (i) $x=1$일 때, $1^4=1^5$이므로 등식이 성립한다.

 (ii) $x\neq 1$일 때, $3x+1=2x+3$에서 $x=2$

 (i), (ii)에서 $x=1$ 또는 $x=2$

(2) 지수가 같으므로 밑이 같거나 지수가 0이어야 한다.

 (i) $(x+4)^{x^2-2x-3}=4^{x^2-2x-3}$에서 $x+4=4$ ∴ $x=0$

 (ii) $x^2-2x-3=0$에서 $(x+1)(x-3)=0$ ∴ $x=-1$ 또는 $x=3$

 (i), (ii)에서 $x=-1$ 또는 $x=0$ 또는 $x=3$

■ 정답과 풀이 32쪽

체크 **125** 다음 물음에 답하시오.

(1) 방정식 $4^{x^2}=16^{x+4}$의 한 근을 k라 할 때, 자연수 k의 값을 구하시오.

(2) 방정식 $5^{x^2}-125^{x-a}=0$의 한 근이 3일 때, 상수 a의 값을 구하시오.

체크 **126** 다음 물음에 답하시오.

(1) 방정식 $x^{x^2-5}=x^{4x+7}$의 모든 실근의 합을 구하시오. (단, $x>0$)

(2) 방정식 $(x+2)^{x+6}=(x+2)^{x^2+2x}$의 모든 실근의 곱을 구하시오. (단, $x>-2$)

유형 046 a^x 꼴이 반복되는 지수방정식

다음 방정식을 푸시오.

(1) $4^x=2^{x+3}+48$

(2) $2^{x-1}=2^{1-x}+\dfrac{3}{2}$

| 풀이 | (1) $4^x=2^{x+3}+48$에서 $4^x-8\times2^x-48=0$, $(2^x)^2-8\times2^x-48=0$

이때 $2^x=t\ (t>0)$로 놓으면

$t^2-8t-48=0$, $(t+4)(t-12)=0$ $\therefore t=12\ (\because t>0)$

따라서 $2^x=12$이므로 $\boldsymbol{x=\log_2 12}$

(2) $2^{x-1}=2^{1-x}+\dfrac{3}{2}$의 양변에 2^x을 곱하여 정리하면 $\dfrac{1}{2}\times(2^x)^2-\dfrac{3}{2}\times2^x-2=0$

이때 $2^x=t\ (t>0)$로 놓으면

$\dfrac{1}{2}t^2-\dfrac{3}{2}t-2=0$, $t^2-3t-4=0$, $(t+1)(t-4)=0$ $\therefore t=4\ (\because t>0)$

따라서 $2^x=4$이므로 $2^x=2^2$ $\therefore \boldsymbol{x=2}$

유형 047 지수방정식의 응용

방정식 $4^x-2\times2^x+1=k$가 서로 다른 두 실근을 갖도록 하는 실수 k의 값의 범위를 구하시오.

| 풀이 | $4^x-2\times2^x+1=k$에서 $(2^x)^2-2\times2^x+1-k=0$

이때 $2^x=t\ (t>0)$로 놓으면

$t^2-2t+1-k=0$ ...... ㉠

주어진 방정식이 서로 다른 두 실근을 가지려면 t에 대한 이차방정식 ㉠이 서로 다른 두 양의 실근을 가져야 하므로

(i) 이차방정식 ㉠의 판별식을 D라 하면

$\dfrac{D}{4}=(-1)^2-1\times(1-k)>0$

$1-1+k>0$ $\therefore k>0$

(ii) 이차방정식 ㉠의 (두 근의 합)$=2>0$

(iii) 이차방정식 ㉠의 (두 근의 곱)$=1-k>0$ $\therefore k<1$

(i)~(iii)에서 주어진 방정식이 서로 다른 두 실근을 갖도록 하는 실수 k의 값의 범위는

$\boldsymbol{0<k<1}$

■ 정답과 풀이 32쪽

체크 | 127 방정식 $8^x-4^x-4\times2^x+4=0$을 푸시오.

체크 | 128 방정식 $a^{2x}-3\times a^x+2=0$의 한 근이 $\dfrac{1}{2}$일 때, 상수 a의 값을 구하시오. (단, $a>1$)

체크 | 129 방정식 $9^x+2\times3^x+a=0$이 실근을 갖지 않도록 하는 실수 a의 최솟값을 구하시오.

다음 물음에 답하시오.

(1) 부등식 $\left(\dfrac{1}{3}\right)^{x^2-2x} \le \left(\dfrac{1}{27}\right)^{x}$ 을 푸시오.

(2) 부등식 $2^{x^2} < 4 \times 2^x$ 의 해가 $\alpha < x < \beta$ 일 때, $\beta^2 - \alpha^2$ 의 값을 구하시오.

| 풀이 | (1) $\left(\dfrac{1}{3}\right)^{x^2-2x} \le \left(\dfrac{1}{27}\right)^{x}$ 에서 $\left(\dfrac{1}{3}\right)^{x^2-2x} \le \left\{\left(\dfrac{1}{3}\right)^3\right\}^{x}$ 이므로 $\left(\dfrac{1}{3}\right)^{x^2-2x} \le \left(\dfrac{1}{3}\right)^{3x}$

이때 밑이 $\dfrac{1}{3}$ 이고 $0 < \dfrac{1}{3} < 1$ 이므로 $x^2 - 2x \ge 3x$

$x^2 - 5x \ge 0$, $x(x-5) \ge 0$

$\therefore \boldsymbol{x \le 0}$ 또는 $\boldsymbol{x \ge 5}$

(2) $2^{x^2} < 4 \times 2^x$ 에서 $2^{x^2} < 2^{x+2}$

이때 밑이 2이고 $2 > 1$ 이므로 $x^2 < x + 2$

$x^2 - x - 2 < 0$, $(x+1)(x-2) < 0$ $\therefore -1 < x < 2$

따라서 $\alpha = -1$, $\beta = 2$ 이므로 $\beta^2 - \alpha^2 = 2^2 - (-1)^2 = 4 - 1 = \boldsymbol{3}$

부등식 $(x-1)^{x^2-4x} > (x-1)^{3x-12}$ 을 푸시오. (단, $x > 1$)

| 풀이 | (i) $0 < x - 1 < 1$, 즉 $1 < x < 2$ 일 때

$x^2 - 4x < 3x - 12$ 이므로 $x^2 - 7x + 12 < 0$

$(x-3)(x-4) < 0$ $\therefore 3 < x < 4$

그런데 $1 < x < 2$ 이므로 부등식을 만족시키는 x의 값은 존재하지 않는다.

(ii) $x - 1 = 1$, 즉 $x = 2$ 일 때

$1^{-4} = 1^{-6}$ 이므로 주어진 부등식이 성립하지 않는다.

(iii) $x - 1 > 1$, 즉 $x > 2$ 일 때

$x^2 - 4x > 3x - 12$ 이므로 $x^2 - 7x + 12 > 0$

$(x-3)(x-4) > 0$ $\therefore x < 3$ 또는 $x > 4$

그런데 $x > 2$ 이므로 $2 < x < 3$ 또는 $x > 4$

(i)~(iii)에서 $\boldsymbol{2 < x < 3}$ 또는 $\boldsymbol{x > 4}$

■ 정답과 풀이 32쪽

체크 130 다음 물음에 답하시오.

(1) $0 < a < 1$ 일 때, 부등식 $a^{x^2+x-2} < (a^2)^{x+2}$ 을 푸시오.

(2) 부등식 $\left(\dfrac{1}{9}\right)^{x^2} \le \left(\dfrac{1}{81}\right)^{x^2+x-4}$ 을 만족시키는 실수 x의 최댓값을 M, 최솟값을 m 이라 할 때, $M^2 + m^2$ 의 값을 구하시오.

체크 131 부등식 $(x+1)^{x^2+2} \ge (x+1)^{-2x+1}$ 을 만족시키는 실수 x의 최솟값을 구하시오. (단, $x > -1$)

유형 050 a^x 꼴이 반복되는 지수부등식

부등식 $4^x - 13 \times 2^x + 22 < 0$을 만족시키는 자연수 x의 값을 모두 구하시오.

| 풀이 | $4^x - 13 \times 2^x + 22 < 0$에서 $(2^x)^2 - 13 \times 2^x + 22 < 0$

이때 $2^x = t \ (t > 0)$로 놓으면

$t^2 - 13t + 22 < 0$, $(t - 2)(t - 11) < 0$ $\therefore 2 < t < 11$

따라서 $2 < 2^x < 11$이므로 $2^1 < 2^x \leq 2^3 < 11 < 2^4$

밑이 2이고 $2 > 1$이므로 주어진 부등식을 만족시키는 자연수 x의 값은 **2, 3**이다.

유형 051 지수부등식의 응용

모든 실수 x에 대하여 부등식 $4^x - 2^{x+1} + a \geq 0$이 성립하도록 하는 실수 a의 최솟값을 구하시오.

| 풀이 | $4^x - 2^{x+1} + a \geq 0$에서 $(2^x)^2 - 2 \times 2^x + a \geq 0$

이때 $2^x = t \ (t > 0)$로 놓으면

$t^2 - 2t + a \geq 0$ $\therefore (t - 1)^2 + a - 1 \geq 0$ $\cdots\cdots$ ㉠

이차부등식 ㉠이 $t > 0$인 모든 실수 t에 대하여 성립해야 하고,

$t > 0$일 때 $(t - 1)^2 \geq 0$이므로 이차부등식 ㉠이 항상 성립하려면

$a - 1 \geq 0$ $\therefore a \geq 1$

따라서 실수 a의 최솟값은 **1**이다.

■ 정답과 풀이 33쪽

체크 132 부등식 $9^x - 12 \times 3^x + a \leq 0$의 해가 $1 \leq x \leq \beta$일 때, 상수 α, β에 대하여 $\alpha - \beta$의 값을 구하시오.

체크 133 집합 $A = \{x \mid 9^x - 4 \times 3^x + a < 0\}$에 대하여 $n(A) = 0$을 만족시키는 실수 a의 값의 범위를 구하시오.
                (단, $n(A)$는 집합 A의 원소의 개수이다.)

10 로그방정식과 로그부등식

I. 지수함수와 로그함수 〉 3 지수함수와 로그함수의 활용

개념 한눈에 보기

개념 1 로그방정식

로그의 밑 또는 진수에 미지수가 있는 방정식을 로그방정식이라 한다.
일반적으로 로그방정식은 다음 로그의 성질을 이용하여 풀 수 있다.

$$a>0,\ a\neq1\text{이고 } x_1>0,\ x_2>0\text{일 때, } \log_a x_1=\log_a x_2 \iff x_1=x_2$$

설명 로그함수 $y=\log_a x\ (a>0,\ a\neq1)$는 양의 실수 전체의 집합에서 실수 전체의 집합으로의 일대일 대응이므로 임의의 실수 p에 대하여 방정식 $\log_a x=p$는 단 한 개의 해를 갖는다. 이때 이 방정식의 해는 로그함수 $y=\log_a x$의 그래프와 직선 $y=p$의 교점의 x좌표와 같다. 따라서 로그방정식은 다음을 이용하여 풀 수 있다.

$$x_1>0,\ x_2>0\text{일 때, } \log_a x_1=\log_a x_2 \iff x_1=x_2$$

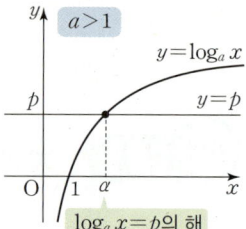

$\log_a x=p$의 해

예 방정식 $\log_2 x=\log_2 3$은 로그방정식이고 해는 $x=3$뿐이다.

개념 2 로그방정식의 풀이   유형 052. 053. 054

(1) 밑을 같게 할 수 있는 경우

주어진 방정식을 $\log_a f(x)=\log_a g(x)\ (a>0,\ a\neq1)$ 꼴로 변형한 후 진수가 같음을 이용한다.
$$\log_a f(x)=\log_a g(x) \iff f(x)=g(x)\ (\text{단, } f(x)>0,\ g(x)>0)$$

(2) 진수를 같게 할 수 있는 경우

주어진 방정식을 $\log_a f(x)=\log_b f(x)\ (a>0,\ a\neq1,\ b>0,\ b\neq1)$ 꼴로 변형한 후 밑이 같거나 진수가 1임을 이용한다.
$$\log_a f(x)=\log_b f(x) \iff a=b \text{ 또는 } f(x)=1\ (\text{단}, f(x)>0)$$

(3) $\log_a x$ 꼴이 반복되는 경우

$\log_a x=t$로 치환하여 t에 대한 방정식을 푼 후 x의 값을 구한다.

(4) 지수에 로그가 있는 경우

양변에 로그를 취한 후 로그의 성질을 이용하여 방정식을 푼다.

tip (1) 로그방정식을 풀어서 구한 해가 (밑)>0, (밑)$\neq1$과 (진수)>0을 만족시키는지 반드시 확인해야 한다.
(2) $\log_a f(x)=b\ (a>0,\ a\neq1)$ 꼴의 방정식은 로그의 정의를 이용한다. 즉, $\log_a f(x)=b \iff f(x)=a^b$이고, $a^b>0$이므로 $f(x)>0$이다.
즉, 진수의 조건을 항상 만족시키므로 이런 경우 구한 해가 진수의 조건을 만족시키는지 확인하지 않아도 된다.

CHECK 다음 방정식을 푸시오.

(1) $\log_2 x=\log_2 \sqrt{2x}$　　　　　(2) $\log_x (x-3)=\log_{(2x-5)} (x-3)$　　(3) $(\log_2 x)^2-6\log_2 x+8=0$

풀이 (1) 진수의 조건에서 $x>0$　　　←밑이 같으므로 $\log_a f(x)=\log_a g(x) \iff f(x)=g(x)$임을 이용한다. (단, $f(x)>0$, $g(x)>0$)
$\log_2 x=\log_2 \sqrt{2x}$에서 $x=\sqrt{2x}$, $x^2=2x$, $x(x-2)=0$　　∴ $x=2$ ($\because x>0$)

(2) 진수와 밑의 조건에서 $x>3$　　←진수가 같으므로 $\log_a f(x)=\log_b f(x) \iff a=b$ 또는 $f(x)=1$임을 이용한다. (단, $f(x)>0$)
$\log_x (x-3)=\log_{(2x-5)} (x-3)$에서 $x=2x-5$ 또는 $x-3=1$
∴ $x=4$ 또는 $x=5$

(3) $\log_2 x=t$로 놓으면 $t^2-6t+8=0$　　←$\log_a x$ 꼴이 반복되는 경우이므로 $\log_a x=t$로 치환한다.
$(t-2)(t-4)=0$　　∴ $t=2$ 또는 $t=4$
따라서 $\log_2 x=2$ 또는 $\log_2 x=4$이므로 로그의 정의에 의하여 $x=4$ 또는 $x=16$이다.

76 I. 지수함수와 로그함수

<table>
<tr><td>개념
3</td><td>**로그부등식**</td></tr>
</table>

로그의 밑 또는 진수에 미지수가 있는 부등식을 로그부등식이라 한다.

일반적으로 로그부등식은 다음 로그의 성질을 이용하여 풀 수 있다. $x_1 > 0$, $x_2 > 0$에 대하여

(ⅰ) $a > 1$일 때, $\log_a x_1 < \log_a x_2 \iff x_1 < x_2$

(ⅱ) $0 < a < 1$일 때, $\log_a x_1 < \log_a x_2 \iff x_1 > x_2$

설명 로그함수 $y = \log_a x$ $(a > 0,\ a \neq 1)$에서 $a > 1$이면 x의 값이 증가

할 때 y의 값도 증가하고, $0 < a < 1$이면 x의 값이 증가할 때 y의

값은 감소하므로 로그부등식은 다음을 이용하여 풀 수 있다.

$x_1 > 0$, $x_2 > 0$에 대하여

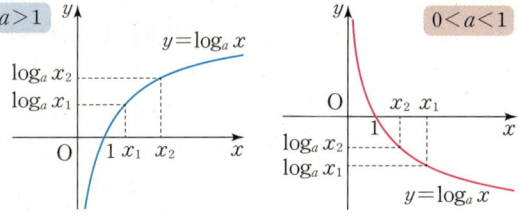

$a > 1$일 때, $\log_a x_1 < \log_a x_2 \Rightarrow x_1 < x_2$

부등호 방향 그대로

$0 < a < 1$일 때, $\log_a x_1 < \log_a x_2 \Rightarrow x_1 > x_2$

부등호 방향 반대로

예 부등식 $\log_2 x > \log_2 3$은 로그부등식이다. 이때 밑이 2이고 $2 > 1$이므로 해는 $x > 3$이다.

<table>
<tr><td>개념 **4**</td><td>**로그부등식의 풀이**</td><td>유형 **056, 057, 058**</td></tr>
</table>

(1) 밑을 같게 할 수 있는 경우

주어진 부등식을 $\log_a f(x) < \log_a g(x)$ $(a > 0,\ a \neq 1)$ 꼴로 변형한 후 다음을 이용한다.

(ⅰ) $a > 1$일 때, $\log_a f(x) < \log_a g(x) \iff f(x) < g(x)$ (단, $f(x) > 0$, $g(x) > 0$)

(ⅱ) $0 < a < 1$일 때, $\log_a f(x) < \log_a g(x) \iff f(x) > g(x)$ (단, $f(x) > 0$, $g(x) > 0$)

(2) $\log_a x$ 꼴이 반복되는 경우

$\log_a x = t$로 치환하여 t에 대한 부등식을 푼 후 x의 값의 범위를 구한다.

(3) 지수에 로그가 있는 경우

양변에 로그를 취한 후 로그의 성질을 이용하여 부등식을 푼다.

tip 로그부등식을 풀어서 구한 해가 (밑) > 0, (밑) ≠ 1과 (진수) > 0을 만족시키는지 반드시 확인해야 한다.

CHECK 다음 부등식을 푸시오.

(1) $\log_5 x > 2 \log_5 (x - 2)$　　　　(2) $(\log_2 x)^2 < 2 \log_2 x + 3$　　　　(3) $x^{\log x} > 100x$

풀이 (1) 진수의 조건에서 $x > 2$

$\log_5 x > 2 \log_5 (x - 5)$, 즉 $\log_5 x > \log_5 (x - 2)^2$에서 밑이 5이고 $5 > 1$이므로

$x > (x - 2)^2$, $x^2 - 5x + 4 < 0$, $(x - 1)(x - 4) < 0$　　∴ $\boldsymbol{2 < x < 4}$ (∵ $x > 2$)

(2) 진수의 조건에서 $x > 0$

$\log_2 x = t$로 놓으면 $t^2 < 2t + 3$

$t^2 - 2t - 3 < 0$, $(t + 1)(t - 3) < 0$　　∴ $-1 < t < 3$

따라서 $-1 < \log_2 x < 3$이므로 $\log_2 2^{-1} < \log_2 x < \log_2 2^3$

이때 밑이 2이고 $2 > 1$이므로 $\dfrac{1}{2} < \boldsymbol{x} < \boldsymbol{8}$이다.

(3) 진수의 조건에서 $x > 0$

양변에 상용로그를 취하면 $\log x^{\log x} > \log 100x$

$(\log x)^2 > 2 + \log x$　　∴ $(\log x)^2 - \log x - 2 > 0$

이때 $\log x = t$로 놓으면 $t^2 - t - 2 > 0$, $(t + 1)(t - 2) > 0$　　∴ $t < -1$ 또는 $t > 2$

따라서 $\log x < -1$ 또는 $\log x > 2$이고, $x > 0$이므로 $\boldsymbol{0 < x < \dfrac{1}{10}}$ 또는 $\boldsymbol{x > 100}$이다.

다음 방정식을 푸시오.

(1) $\log_2(3-x)+\log_2(1+x)=2$

(2) $2\log_5(x-5)=\log_5(15-x)+1$

| 풀이 | (1) 진수의 조건에서

$3-x>0,\ 1+x>0$ $\therefore -1<x<3$ …… ㉠

$\log_2(3-x)+\log_2(1+x)=2$에서 $\log_2(3-x)(1+x)=\log_2 2^2$, $\log_2(-x^2+2x+3)=\log_2 4$

$-x^2+2x+3=4$, $x^2-2x+1=0$, $(x-1)^2=0$ $\therefore \boldsymbol{x=1}$

$x=1$은 ㉠을 만족시키므로 구하는 해이다.

(2) 진수의 조건에서

$x-5>0,\ 15-x>0$ $\therefore 5<x<15$ …… ㉠

$2\log_5(x-5)=\log_5(15-x)+1$에서 $\log_5(x-5)^2=\log_5 5(15-x)$

$(x-5)^2=5(15-x)$, $x^2-10x+25=75-5x$

$x^2-5x-50=0$, $(x+5)(x-10)=0$ $\therefore x=-5$ 또는 $x=10$

㉠에 의하여 구하는 해는 $\boldsymbol{x=10}$

방정식 $(\log_3 x)^2+3\log_{\frac{1}{3}}x+2=0$을 푸시오.

| 풀이 | $(\log_3 x)^2+3\log_{\frac{1}{3}}x+2=0$에서 $(\log_3 x)^2-3\log_3 x+2=0$

$\log_3 x=t$로 놓으면

$t^2-3t+2=0$, $(t-1)(t-2)=0$ $\therefore t=1$ 또는 $t=2$

따라서 $\log_3 x=1$ 또는 $\log_3 x=2$이므로

$\boldsymbol{x=3}$ 또는 $\boldsymbol{x=9}$

■ 정답과 풀이 33쪽

체크 | 134 다음 방정식을 푸시오.

(1) $\log_3(x-1)=\log_9(3-x)$

(2) $\log_x(x-3)+1=\log_x 4$

체크 | 135 방정식 $\log_2 x+2\log_x 2-3=0$을 푸시오.

유형 054 양변에 로그를 취하는 방정식

다음 물음에 답하시오.
(1) 방정식 $x^{\log_3 x}=27x^2$의 서로 다른 두 실근을 α, β라 할 때, $\alpha\beta$의 값을 구하시오.
(2) 방정식 $3^{x-1}=2^{-x+4}$의 해가 $x=\log_6 a$일 때, 자연수 a의 값을 구하시오.

| 풀이 | (1) $x^{\log_3 x}=27x^2$의 양변에 밑이 3인 로그를 취하면

$\log_3 x^{\log_3 x}=\log_3 27x^2$, $(\log_3 x)^2=3+2\log_3 x$, $(\log_3 x)^2-2\log_3 x-3=0$

이때 $\log_3 x=t$로 놓으면

$t^2-2t-3=0$, $(t+1)(t-3)=0$ ∴ $t=-1$ 또는 $t=3$

따라서 $\log_3 x=-1$ 또는 $\log_3 x=3$이므로 $x=\dfrac{1}{3}$ 또는 $x=27$

∴ $\alpha\beta=\dfrac{1}{3}\times 27=\mathbf{9}$

(2) $3^{x-1}=2^{-x+4}$의 양변에 상용로그를 취하면

$\log 3^{x-1}=\log 2^{-x+4}$, $(x-1)\log 3=(-x+4)\log 2$, $x\log 3-\log 3=-x\log 2+4\log 2$

$x(\log 3+\log 2)=\log 3+\log 2^4$, $x\log 6=\log 48$ ∴ $x=\dfrac{\log 48}{\log 6}=\log_6 48$

∴ $a=\mathbf{48}$

유형 055 로그방정식의 응용

방정식 $\log x(\log x-3)=2019$의 서로 다른 두 실근을 α, β라 할 때, $\alpha\beta$의 값을 구하시오.

| 풀이 | $\log x(\log x-3)=2019$에서 $(\log x)^2-3\log x-2019=0$ ...... ㉠

이때 $\log x=t$로 놓으면

$t^2-3t-2019=0$ ...... ㉡

방정식 ㉠의 서로 다른 두 실근이 α, β이므로 방정식 ㉡의 서로 다른 두 실근은 $\log \alpha$, $\log \beta$이다.

따라서 방정식 ㉡에서 이차방정식의 근과 계수의 관계에 의하여

$\log \alpha+\log \beta=3$이므로 $\log \alpha\beta=3$

∴ $\alpha\beta=\mathbf{1000}$

■ 정답과 풀이 34쪽

체크 136 다음 방정식을 푸시오.
(1) $x^{\log_{100} x}=\sqrt{10}\,x^{\log x+1}$
(2) $2^{x-1}=5^{x+2}$ (단, $\log 2=0.3$으로 계산한다.)

체크 137 다음 물음에 답하시오.
(1) 방정식 $(\log_5 x)^3-6(\log_5 x)^2+6\log_5 x-1=0$의 세 실근을 α, β, γ라 할 때, $\alpha\beta\gamma=25^k$이다. 실수 k의 값을 구하시오.
(2) 방정식 $(\log_2 x)^2-3\log_2 x+k=0$의 두 근의 비가 $1:2$일 때, 상수 k의 값을 구하시오.

밑을 같게 할 수 있는 로그부등식

부등식 $\log_3(x-2)+\log_3 x<\log_3 8$을 푸시오.

| 풀이 | 진수의 조건에서 $x-2>0$, $x>0$ $\therefore x>2$ ...... ㉠

$\log_3(x-2)+\log_3 x<\log_3 8$에서 $\log_3 x(x-2)<\log_3 8$

이때 밑이 3이고 $3>1$이므로

$x(x-2)<8$, $x^2-2x-8<0$, $(x+2)(x-4)<0$ $\therefore -2<x<4$ ...... ㉡

㉠, ㉡의 공통 범위를 구하면

$2<x<4$

$\log_a x$ 꼴이 반복되는 로그부등식

부등식 $(\log_3 x)(\log_3 3x)\le 30$을 만족시키는 x의 최솟값과 최댓값의 곱을 구하시오.

| 풀이 | 진수의 조건 $x>0$, $3x>0$에서 $x>0$ ...... ㉠

$(\log_3 x)(\log_3 3x)\le 30$에서 $(\log_3 x)(1+\log_3 x)\le 30$ $\therefore (\log_3 x)^2+\log_3 x-30\le 0$

이때 $\log_3 x=t$로 놓으면

$t^2+t-30\le 0$, $(t+6)(t-5)\le 0$ $\therefore -6\le t\le 5$

즉, $-6\le \log_3 x\le 5$이므로 $\log_3 3^{-6}\le \log_3 x\le \log_3 3^5$

밑이 3이고 $3>1$이므로 $3^{-6}\le x\le 3^5$ ...... ㉡

㉠, ㉡의 공통 범위를 구하면 $3^{-6}\le x\le 3^5$

따라서 구하는 최솟값과 최댓값의 곱은

$3^{-6}\times 3^5=3^{-1}=\dfrac{1}{3}$

■ 정답과 풀이 34쪽

체크 138 부등식 $\log_{0.3}(x+1)+\log_{0.3}(x-3)>\log_{0.3}5$의 해를 구하시오.

체크 139 부등식 $\log_3(\log_2 x)\le 2$를 만족시키는 정수 x의 개수를 구하시오.

체크 140 다음 물음에 답하시오.

(1) 부등식 $(\log_2 x)^2-\log_2 x^6+8<0$의 해가 $\alpha<x<\beta$일 때, $\beta-\alpha$의 값을 구하시오.

(2) 부등식 $(\log_2 8x)(\log_{\sqrt{2}} x)>8$을 푸시오.

양변에 로그를 취하는 부등식

부등식 $x^{\log_2 x} \leq 8x^2$의 해가 $\alpha \leq x \leq \beta$일 때, $\dfrac{\beta}{\alpha}$의 값을 구하시오.

| 풀이 | 진수의 조건에서 $x > 0$ ...... ㉠

$x^{\log_2 x} \leq 8x^2$의 양변에 밑이 2인 로그를 취하면

$\log_2 x^{\log_2 x} \leq \log_2 8x^2$, $\log_2 x \times \log_2 x \leq \log_2 8 + \log_2 x^2$, $(\log_2 x)^2 \leq 3 + 2\log_2 x$ ∴ $(\log_2 x)^2 - 2\log_2 x - 3 \leq 0$

이때 $\log_2 x = t$로 놓으면

$t^2 - 2t - 3 \leq 0$, $(t+1)(t-3) \leq 0$ ∴ $-1 \leq t \leq 3$

따라서 $-1 \leq \log_2 x \leq 3$에서 $\log_2 2^{-1} \leq \log_2 x \leq \log_2 2^3$

밑이 2이고 $2 > 1$이므로 $\dfrac{1}{2} \leq x \leq 8$ ...... ㉡

㉠, ㉡의 공통 범위를 구하면 $\dfrac{1}{2} \leq x \leq 8$이므로 $\alpha = \dfrac{1}{2}$, $\beta = 8$

∴ $\dfrac{\beta}{\alpha} = \dfrac{8}{\dfrac{1}{2}} = \mathbf{16}$

로그부등식의 응용

$x > 0$에서 부등식 $(\log_3 x)^2 + \log_9 x + a \geq 0$이 항상 성립하도록 하는 실수 a의 최솟값이 $\left(\dfrac{1}{2}\right)^k$일 때, 정수 k의 값을 구하시오.

| 풀이 | $(\log_3 x)^2 + \log_9 x + a \geq 0$에서 $(\log_3 x)^2 + \dfrac{1}{2}\log_3 x + a \geq 0$

이때 $\log_3 x = t$로 놓으면 $t^2 + \dfrac{1}{2}t + a \geq 0$

위의 부등식이 항상 성립하려면 이차방정식 $t^2 + \dfrac{1}{2}t + a = 0$의 판별식을 D라 할 때

$D = \dfrac{1}{4} - 4a \leq 0$ ∴ $a \geq \dfrac{1}{16}$

따라서 실수 a의 최솟값은 $\dfrac{1}{16}$이므로

$\left(\dfrac{1}{2}\right)^k = \dfrac{1}{16} = \left(\dfrac{1}{2}\right)^4$

∴ $k = \mathbf{4}$

■ 정답과 풀이 35쪽

체크 **141** 다음 물음에 답하시오.

(1) 부등식 $x^{\log 10x} \geq x^2$을 푸시오.

(2) 부등식 $5^{x-3} < 2^{-2x+5}$을 만족시키는 x의 값 중 가장 큰 정수를 구하시오. (단, $\log 2 = 0.3$으로 계산한다.)

체크 **142** $x > 0$에서 부등식 $x^{-\log_3 x} \leq ax^2$이 항상 성립하도록 하는 양수 a의 값의 범위를 구하시오.

빛이 한 번 통과하면 $\frac{1}{8}$의 자외선이 차단되는 유리가 있다. 자외선의 양이 처음 자외선의 양의 5% 이하가 되려면 빛이 유리를 최소 몇 번 통과해야 하는지 구하시오. (단, $\log 2 = 0.3010$, $\log 7 = 0.8451$로 계산한다.)

| 풀이 | 빛에서 처음 자외선의 양을 a라 하면 유리를 한 번 통과할 때마다 자외선이 $\frac{1}{8}$씩 차단되므로 유리를 n번 통과한 후 남은 자외선의 양은

$$a\left(1-\frac{1}{8}\right)^n = \left(\frac{7}{8}\right)^n a$$

유리를 n번 통과한 후 남은 자외선의 양이 처음 자외선의 양의 5% 이하가 되려면

$$\left(\frac{7}{8}\right)^n a \leq 0.05a$$

이때 $a > 0$이므로 양변을 a로 나누면 $\left(\frac{7}{8}\right)^n \leq 0.05$

위의 부등식의 양변에 상용로그를 취하면

$$\log\left(\frac{7}{8}\right)^n \leq \log 0.05, \; n\log\frac{7}{8} \leq \log 5 - 2$$

$$n(\log 7 - 3\log 2) \leq 1 - \log 2 - 2$$

$$n(0.8451 - 3 \times 0.3010) \leq 1 - 0.3010 - 2$$

$$n(-0.0579) \leq -1.3010$$

$$\therefore n \geq 22.4\cdots$$

따라서 자외선의 양이 처음 자외선의 양의 5% 이하가 되려면 빛이 유리를 최소 **23번** 통과해야 한다.

■ 정답과 풀이 35쪽

체크 **143** 어느 제과 회사에서는 매년 과자 한 봉지 가격은 그대로 유지하고, 무게를 그 당시 무게에서 10% 줄이는 방법으로 가격을 인상한다. 현재로부터 n년 후에 과자의 단위 무게당 가격이 처음의 1.2배 이상이 될 때, n의 최솟값을 구하시오. (단, $\log 2 = 0.3010$, $\log 3 = 0.4771$로 계산한다.)

체크 **144** A 자동차의 가격은 매년 전년보다 10% 감소한다고 한다. 올해 2430만 원인 A 자동차의 가격이 n년 후에 처음으로 200만 원 이하가 된다고 할 때, 자연수 n의 값을 구하시오. (단, $\log 2 = 0.30$, $\log 3 = 0.48$로 계산한다.)

선생님의 출제 point

함수의 그래프를 이용하여 지수부등식을 만들고 문제를 해결할 수 있는가?

1 최고차항의 계수가 1인 이차함수 $f(x)$에 대하여 함수 $y=f(x)$의 그래프가 오른쪽 그림과 같을 때, 부등식 $2^{f(x)} \leq \dfrac{1}{2}$을 만족시키는 실수 x의 값을 구하시오.

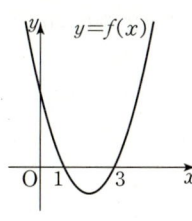

| 풀이 | ① 이차함수 $f(x)$를 구하여 지수부등식 만들기

최고차항의 계수가 1인 이차함수 $y=f(x)$의 그래프가 x축과 두 점 $(1, 0)$, $(3, 0)$에서 만나므로
$$f(x)=(x-1)(x-3)=x^2-4x+3$$
이때 $2^{f(x)} \leq \dfrac{1}{2}$에서 $2^{x^2-4x+3} \leq \dfrac{1}{2}$

② 밑의 범위를 생각하여 지수부등식 풀기
유형 044

$2^{x^2-4x+3} \leq \dfrac{1}{2}$에서 $2^{x^2-4x+3} \leq 2^{-1}$
이때 밑이 2이고 $2>1$이므로
$x^2-4x+3 \leq -1$, $x^2-4x+4 \leq 0$
$(x-2)^2 \leq 0$ $\quad \therefore x=2$
따라서 주어진 부등식을 만족시키는 실수 x의 값은 **2**이다.

양변에 로그를 취하는 부등식을 활용하여 실생활 문제를 해결할 수 있는가?

2 아열대 해역에 서식하는 수명이 짧은 어류의 성장 정도를 알아보는 방법 중 하나는 길이(cm)를 측정하는 것이다. 이 해역에 서식하는 어떤 물고기의 연령이 t살일 때의 길이 $f(t)$ cm를 근사적으로 추정하는 식은 다음과 같다고 한다.
$$f(t)=20\{1-10^{-0.5(t-0.4)}\}$$
이 물고기의 길이가 $19\,\mathrm{cm}$ 이상 되기 위한 최소 연령을 구하시오. (단, $\log 2 = 0.3$으로 계산한다.)

| 풀이 | ① 주어진 조건을 이용하여 부등식 세우기

물고기의 길이가 $19\,\mathrm{cm}$ 이상이 되어야 하므로 $f(t) \geq 19$에서
$$20\{1-10^{-0.5(t-0.4)}\} \geq 19, \quad 1-10^{-0.5(t-0.4)} \geq \dfrac{19}{20}$$
$$10^{-0.5(t-0.4)} \leq \dfrac{1}{20}$$

② 부등식의 양변에 로그를 취하여 t의 값의 범위 구하기
유형 058

양변에 상용로그를 취하면 $\log 10^{-0.5(t-0.4)} \leq \log \dfrac{1}{20}$
$-0.5(t-0.4) \leq -(\log 2 + \log 10)$, $0.5(t-0.4) \geq \log 2 + 1$
$0.5(t-0.4) \geq 1.3$, $t-0.4 \geq 2.6$
$\therefore t \geq 3$

③ 답 구하기

따라서 물고기의 길이가 $19\,\mathrm{cm}$ 이상 되기 위한 최소 연령은 **3**살이다.

145

다음 방정식을 푸시오.
(1) $2^{x+1} = 8 \times 2^x$
(2) $2^{3x} - 7 \times 2^x + 6 = 0$

146

방정식 $(x+1)^{-x^2+7x-6} + 2 = 3$의 모든 실근의 합을 구하시오.

147

방정식 $9^x - 5 \times 3^{x+1} + 27 = 0$의 두 근을 α, β라 할 때, $9^\alpha + 9^\beta$의 값을 구하시오.

148

방정식 $4^{2x} + a \times 4^{x+1} + 8 = 0$의 두 근의 비가 $1 : 2$일 때, 실수 a의 값을 구하시오.

149

방정식 $2^{2x} - 2^{x+3} = k$가 서로 다른 두 실근을 갖도록 하는 실수 k의 값의 범위를 구하시오.

150

부등식 $4^{\frac{1}{2}x^2 - 2} < \left(\dfrac{1}{2}\right)^{1-2x} < 2^{x+1}$을 만족시키는 정수 x의 개수를 구하시오.

151

모든 실수 x에 대하여 부등식 $3^x + 4 \times \left(\dfrac{1}{3}\right)^x + k > 0$이 성립하도록 하는 정수 k의 최솟값을 구하시오.

152

연립방정식 $\begin{cases} xy = 32 \\ \log_2 x \times \log_2 y = 4 \end{cases}$ 의 해를 $x = \alpha$, $y = \beta$라 할 때, $\alpha + \beta$의 값을 구하시오.

153

방정식 $2^{2x} - a \times 2^x + 32 = 0$의 두 근과 방정식 $(\log_2 x)^2 - \log_2 6 \times \log_2 x + b = 0$의 두 근이 서로 같을 때, 상수 a, b에 대하여 ab의 값을 구하시오.

154

두 함수 $y = f(x)$, $y = g(x)$의 그래프가 다음 그림과 같을 때, 부등식 $\log_a f(x) < \log_a g(x)$의 해는? (단, $0 < a < 1$)

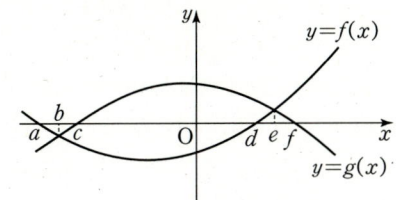

① $b < x < e$ ② $d < x < f$
③ $e < x < f$ ④ $x < a$ 또는 $x > d$
⑤ $x < b$ 또는 $x > e$

155

연립부등식 $\begin{cases} \left(\dfrac{3}{2}\right)^{2x-3} < \left(\dfrac{2}{3}\right)^{x-3} \\ \log_2 (x-1) + \log_2 (x+1) \leq 3 \end{cases}$ 을 푸시오.

156

부등식 $\log_x (2x^2 - 7x + 3) \leq \log_x 3 + \log_x (x+5)$를 만족시키는 자연수 x의 개수를 구하시오.

157

부등식 $3^{\log x} \times x^{\log 3} - 5(3^{\log x} + x^{\log 3}) + 9 < 0$의 해를 $\alpha < x < \beta$ 라 할 때, $\alpha + \beta$의 값을 구하시오.

158 〔필수기출〕

일차함수 $y = f(x)$의 그래프가 그림과 같고 $f(-5) = 0$이다. 부등식 $2^{f(x)} \le 8$ 의 해가 $x \le -4$일 때, $f(0)$의 값을 구 하시오. |평가원 기출|

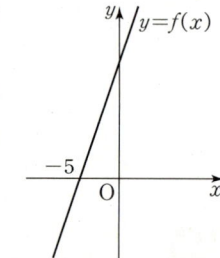

159

부등식 $(10^x - 1)(10^x - k) \le 0$을 만족시키는 정수 x의 개수 가 3이 되도록 하는 자연수 k의 개수를 구하시오.

160 〔필수기출〕

특정 환경의 어느 웹사이트에서 한 메뉴 안에 선택할 수 있는 항목이 n개 있는 경우, 항목을 1개 선택하는 데 걸리는 시간 T(초)가 다음 식을 만족시킨다.

$$T = 2 + \frac{1}{3}\log_2(n+1)$$

메뉴가 여러 개인 경우, 모든 메뉴에서 항목을 1개씩 선택하 는 데 걸리는 전체 시간은 각 메뉴에서 항목을 1개씩 선택하는 데 걸리는 시간을 모두 더하여 구한다. 예를 들어, 메뉴가 3개 이고 각 메뉴 안에 항목이 4개씩 있는 경우, 모든 메뉴에서 항 목을 1개씩 선택하는 데 걸리는 전체 시간은 $3\left(2 + \frac{1}{3}\log_2 5\right)$ 초이다. 메뉴가 10개이고 각 메뉴 안에 항목이 n개씩 있을 때, 모든 메뉴에서 항목을 1개씩 선택하는 데 걸리는 전체 시간이 30초 이하가 되도록 하는 n의 최댓값은? |평가원 기출|

① 7 　　　　　② 8 　　　　　③ 9
④ 10 　　　　　⑤ 11

161 〔필수기출〕

방정식 $4^x + 4^{-x} + a(2^x - 2^{-x}) + 7 = 0$이 실근을 갖기 위한 양 수 a의 최솟값을 m이라 할 때, m^2의 값을 구하시오.
|평가원 기출|

162

방정식 $4^x + 4^{-x} - 8(2^x + 2^{-x}) + 2(a+1) = 0$이 서로 다른 네 실근을 갖도록 하는 정수 a의 값을 구하시오.

이 단원에서는
• **일반각과 호도법의 뜻을 안다.**
• **삼각함수의 뜻을 안다.**
• 사인함수, 코사인함수, 탄젠트함수의 그래프를 그릴 수 있다.
• 사인법칙을 이해하고, 이를 활용할 수 있다.
• 코사인법칙을 이해하고, 이를 활용할 수 있다.

삼각함수

삼각함수의 뜻에서는

11 일반각
• 시초선과 동경
• 일반각
• 사분면의 각

12 호도법
• 호도법
• 호도법과 육십분법 사이의 관계
• 부채꼴의 호의 길이와 넓이

13 삼각함수의 뜻
• 삼각함수의 정의
• 삼각함수의 값의 부호
• 삼각함수 사이의 관계

11 일반각

개념 1 시초선과 동경

(1) 시초선과 동경

오른쪽 그림과 같이 평면 위의 두 반직선 OX, OP에 의하여 ∠XOP가 정해질 때, ∠XOP의 크기는 반직선 OP가 고정된 반직선 OX의 위치에서 시작하여 점 O를 중심으로 회전한 양으로 정한다.

이때 반직선 OX를 **시초선**, 반직선 OP를 **동경**이라 한다.

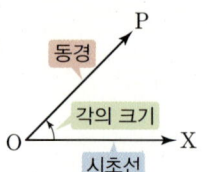

(2) 각의 방향

동경 OP가 점 O를 중심으로 회전할 때, 시곗바늘이 도는 방향과 반대인 방향을 양의 방향, 시곗바늘이 도는 방향을 음의 방향이라 한다.

각의 크기는 회전 방향이 양의 방향이면 양의 부호 +를, 음의 방향이면 음의 부호 −를 붙여서 나타낸다.

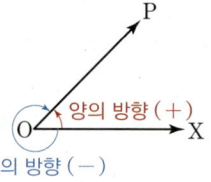

tip (1) 시초선은 처음 시작하는 선, 동경은 움직이는 선이라는 뜻이다.
(2) 일반적으로 양의 부호 +는 생략한다.

개념 2 일반각 〔유형 061〕

일반적으로 시초선 OX와 동경 OP가 나타내는 한 각의 크기를 $a°$라 하면 ∠XOP의 크기는

$360° \times n + a°$ (n은 정수)

꼴로 나타낼 수 있다. 이것을 동경 OP가 나타내는 **일반각**이라 한다.

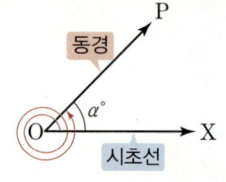

tip (1) n은 동경이 360°씩 회전한 방향과 횟수를 나타낸다.
(2) 일반각으로 나타낼 때, $a°$는 보통 $0° \le a° < 360°$ 또는 $-180° < a° \le 180°$인 것을 택한다.

설명 시초선 OX는 고정되어 있으므로 ∠XOP의 크기가 정해지면 동경 OP의 위치는 하나로 정해진다. 그런데 동경 OP의 위치가 정해져도 동경 OP는 양의 방향 또는 음의 방향으로 한 바퀴 이상 회전할 수 있으므로 ∠XOP의 크기는 하나로 정해지지 않는다. 즉, 동경의 위치가 똑같더라도 동경이 나타내는 각의 크기는 회전한 방향과 회전한 횟수에 따라 여러 가지로 나타낼 수 있다.

예 시초선 OX에서 45°의 위치에 있는 동경 OP가 나타내는 각의 크기는 다음과 같이 여러 가지로 나타낼 수 있다.

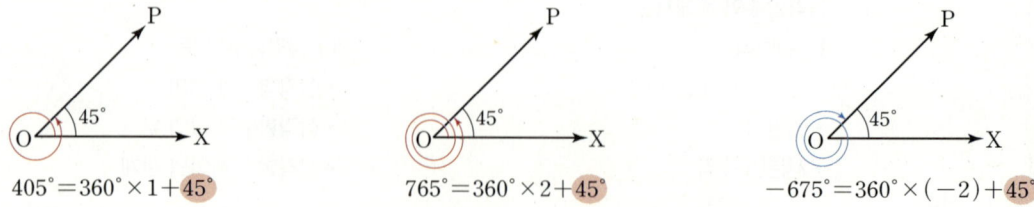

이때 위의 그림과 같이 405°, 765°, −675°는 모두 시초선 OX에서 동경 OP가 나타내는 한 각의 크기가 45°의 위치에 있으므로 동경 OP가 나타내는 각의 크기는 $360° \times n + 45°$ (n은 정수) 꼴로 나타낼 수 있다.

이와 같이 각의 크기를 일반화하여 표시하는 것을 일반각이라 한다.

좌표평면의 원점 O에서 x축의 양의 방향을 시초선으로 잡을 때, 제1사분면, 제2사분면, 제3사분면, 제4사분면에 있는 동경 OP가 나타내는 각을 각각 제1사분면의 각, 제2사분면의 각, 제3사분면의 각, 제4사분면의 각이라 한다.

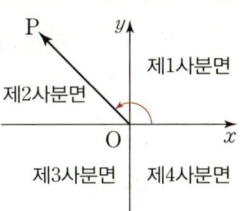

tip (1) 좌표평면에서 시초선은 보통 원점에서 x축의 양의 방향으로 정한다.
(2) 동경 OP가 좌표축 위에 있을 때에는 동경이 나타내는 각은 어느 사분면에도 속하지 않는다.

설명 각 θ를 나타내는 동경이 존재하는 사분면에 따라 θ의 값의 범위를 일반각으로 나타내면 다음과 같다. (단, n은 정수이다.)

θ	제1사분면의 각	제2사분면의 각	제3사분면의 각	제4사분면의 각
동경 OP의 위치				
일반각	$360° \times n + 0° < \theta$ $< 360° \times n + 90°$	$360° \times n + 90° < \theta$ $< 360° \times n + 180°$	$360° \times n + 180° < \theta$ $< 360° \times n + 270°$	$360° \times n + 270° < \theta$ $< 360° \times n + 360°$

CHECK 다음 각은 제몇 사분면의 각인지 말하시오.

(1) $780°$ (2) $-1290°$ (3) $1360°$

풀이 (1) $780° = 360° \times 2 + 60°$이므로 **제1사분면**의 각이다.
(2) $-1290° = 360° \times (-4) + 150°$이므로 **제2사분면**의 각이다.
(3) $1360° = 360° \times 3 + 280°$이므로 **제4사분면**의 각이다.

Plus⁺ 자료

○ 두 동경의 위치 관계   유형 063

좌표평면에서 두 동경 OP, OQ가 나타내는 각의 크기를 각각 α, β라 할 때, 두 동경의 위치 관계에 대하여 다음이 성립한다.
(단, n은 정수이다.)

두 동경의 위치 관계	일치한다.	일직선 위에 있고 방향이 반대이다.	x축에 대하여 대칭이다.	y축에 대하여 대칭이다.	직선 $y = x$에 대하여 대칭이다.
좌표평면에서 두 동경의 위치					
두 동경이 나타내는 각의 관계식	$\alpha - \beta = 360° \times n$	$\alpha - \beta$ $= 360° \times n + 180°$	$\alpha + \beta = 360° \times n$	$\alpha + \beta$ $= 360° \times n + 180°$	$\alpha + \beta$ $= 360° \times n + 90°$

tip 정수 n_1, n_2에 대하여 두 동경 OP, OQ가 나타내는 각의 크기를 각각
$\alpha = 360° \times n_1 + \alpha_1$, $\beta = 360° \times n_2 + \beta_1$ $(0° \leq \alpha_1 < 360°, 0° \leq \beta_1 < 360°)$
로 놓고 위와 같은 관계를 확인할 수 있다.

동경 OP가 나타내는 한 각의 크기가 다음과 같을 때, 동경 OP가 나타내는 일반각을 구하시오.

(1) $370°$　　　　　(2) $960°$　　　　　(3) $-250°$　　　　　(4) $-1060°$

| 풀이 | (1) $370° = 360° \times 1 + 10°$이므로 $360° \times n + 10°$ (단, n은 정수)

(2) $960° = 360° \times 2 + 240°$이므로 $360° \times n + 240°$ (단, n은 정수)

(3) $-250° = 360° \times (-1) + 110°$이므로 $360° \times n + 110°$ (단, n은 정수)

(4) $-1060° = 360° \times (-3) + 20°$이므로 $360° \times n + 20°$ (단, n은 정수)

θ가 제2사분면의 각일 때, $\dfrac{\theta}{3}$는 제몇 사분면의 각인지 말하시오.

| 풀이 | θ가 제2사분면의 각이므로

$360° \times n + 90° < \theta < 360° \times n + 180°$ (단, n은 정수)

$\therefore 120° \times n + 30° < \dfrac{\theta}{3} < 120° \times n + 60°$

(i) $n = 3k$ (k는 정수)일 때, $360° \times k + 30° < \dfrac{\theta}{3} < 360° \times k + 60°$이므로 $\dfrac{\theta}{3}$는 제1사분면의 각이다.

(ii) $n = 3k+1$ (k는 정수)일 때, $360° \times k + 150° < \dfrac{\theta}{3} < 360° \times k + 180°$이므로 $\dfrac{\theta}{3}$는 제2사분면의 각이다.

(iii) $n = 3k+2$ (k는 정수)일 때, $360° \times k + 270° < \dfrac{\theta}{3} < 360° \times k + 300°$이므로 $\dfrac{\theta}{3}$는 제4사분면의 각이다.

따라서 $\dfrac{\theta}{3}$는 **제1사분면 또는 제2사분면 또는 제4사분면**의 각이다.

■ 정답과 풀이 40쪽

체크 **163** | **보기** |의 각을 나타내는 동경 중 $120°$를 나타내는 동경과 일치하는 것만을 있는 대로 고르시오.

| 보기 |

ㄱ. $-960°$　　　　　　ㄴ. $-610°$　　　　　　ㄷ. $-210°$

ㄹ. $480°$　　　　　　ㅁ. $850°$　　　　　　ㅂ. $1200°$

체크 **164** θ가 제3사분면의 각일 때, $\dfrac{\theta}{2}$는 제몇 사분면의 각인지 말하시오.

다음 물음에 답하시오.

(1) 각 θ를 나타내는 동경과 각 6θ를 나타내는 동경이 일치할 때, 각 θ의 크기를 모두 구하시오.

(단, $0° < \theta < 180°$)

(2) 각 2θ를 나타내는 동경과 각 7θ를 나타내는 동경이 x축에 대하여 대칭일 때, 모든 각 θ의 개수를 구하시오.

(단, $0° < \theta < 270°$)

| 풀이 | (1) 각 θ를 나타내는 동경과 각 6θ를 나타내는 동경이 일치하므로

$6\theta - \theta = 360° \times n$ (단, n은 정수)

$5\theta = 360° \times n$ $\therefore \theta = 72° \times n$

이때 $0° < \theta < 180°$이므로 $0° < 72° \times n < 180°$

$\therefore 0 < n < \dfrac{5}{2}$

n은 정수이므로 $n = 1$ 또는 $n = 2$

$\therefore \theta = 72° \times 1 = \mathbf{72°}$ 또는 $\theta = 72° \times 2 = \mathbf{144°}$

(2) 각 2θ를 나타내는 동경과 각 7θ를 나타내는 동경이 x축에 대하여 대칭이므로

$2\theta + 7\theta = 360° \times n$ (단, n은 정수)

$9\theta = 360° \times n$ $\therefore \theta = 40° \times n$

이때 $0° < \theta < 270°$이므로 $0° < 40° \times n < 270°$

$\therefore 0 < n < \dfrac{27}{4}$

n은 정수이므로 $n = 1$ 또는 $n = 2$ 또는 $n = 3$ 또는 $n = 4$ 또는 $n = 5$ 또는 $n = 6$

따라서 조건을 만족시키는 각 θ는 $40°$, $80°$, $120°$, $160°$, $200°$, $240°$의 **6**개이다.

■ 정답과 풀이 40쪽

체크 **165** 각 2θ를 나타내는 동경과 각 5θ를 나타내는 동경이 일직선 위에 있고 방향이 반대일 때, 각 θ의 크기를 구하시오.

(단, $0° < \theta < 90°$)

체크 **166** 각 θ를 나타내는 동경과 각 4θ를 나타내는 동경이 y축에 대하여 대칭일 때, 모든 각 θ의 크기의 합을 구하시오.

(단, $0° < \theta < 180°$)

12 호도법

Ⅱ. 삼각함수 〉 1 삼각함수의 뜻

개념 한눈에 보기

개념 1 호도법

(1) 육십분법 : 원의 둘레를 360등분 하여 각 호에 대한 중심각의 크기를 1도(°), 1도의 $\frac{1}{60}$ 을 1분(′), 1분의 $\frac{1}{60}$ 을 1초(″)로 정의하여 각의 크기를 나타내는 방법을 육십분법이라 한다.

(2) 호도법 : 호의 길이와 반지름의 길이가 r로 같은 부채꼴의 중심각의 크기는 반지름의 길이 r에 관계없이 항상 $\frac{180°}{\pi}$ 로 일정하다. 이 일정한 각의 크기 $\frac{180°}{\pi}$ 를 1라디안(radian)이라 하고, 이것을 단위로 하여 각의 크기를 나타내는 방법을 호도법이라 한다.

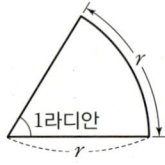

tip (1) 라디안(radian)은 반지름을 뜻하는 radius와 각을 뜻하는 angle의 합성어이고, 호도법의 호도는 호의 중심각의 크기라는 뜻이다.
(2) 1라디안은 호의 길이가 반지름의 길이와 같은 부채꼴의 중심각의 크기로, 육십분법으로 나타내면 약 57°17′45″이다.

설명 (2) 오른쪽 그림과 같이 반지름의 길이가 r인 원에서 길이가 r인 호 AB의 중심각의 크기를 $a°$라 하면 호의 길이는 중심각의 크기에 정비례하므로

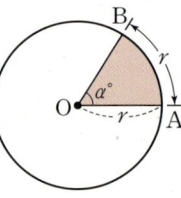

$$r : 2\pi r = a° : 360° \qquad \therefore a° = \frac{180°}{\pi}$$

따라서 호의 길이와 반지름의 길이가 같은 부채꼴의 중심각의 크기 $a°$는 원의 반지름의 길이 r에 관계없이 $\frac{180°}{\pi}$ 로 일정하다. 이 일정한 각의 크기 $\frac{180°}{\pi}$ 를 1라디안이라 한다.

개념 2 호도법과 육십분법 사이의 관계

유형 064

호도법과 육십분법 사이에는 다음과 같은 관계가 성립한다.

$$1\text{라디안} = \frac{180°}{\pi}, \quad 1° = \frac{\pi}{180}\text{라디안}$$

tip (1) 일반적으로 각의 크기를 호도법으로 나타낼 때에는 단위인 '라디안'을 생략하여 1, $\frac{\pi}{2}$, π, …와 같이 실수로 나타낸다.

(2) 호도법에서 동경이 나타내는 한 각의 크기를 θ라 하면 일반각은 $2n\pi + \theta$ (n은 정수)와 같이 나타내며, 이때 θ는 보통 $0 \leq \theta < 2\pi$ 또는 $-\pi < \theta \leq \pi$인 것을 택한다.

CHECK 육십분법으로 나타낸 각은 호도법으로, 호도법으로 나타낸 각은 육십분법으로 나타내시오.

(1) $45°$ (2) $-120°$ (3) $\frac{\pi}{3}$ (4) $-\frac{5}{6}\pi$

풀이 (1) $1° = \frac{\pi}{180}$ 라디안이므로 $45° = 45 \times 1° = 45 \times \frac{\pi}{180}$(라디안)$= \frac{\pi}{4}$

(2) $1° = \frac{\pi}{180}$ 라디안이므로 $-120° = (-120) \times 1° = (-120) \times \frac{\pi}{180}$(라디안)$= -\frac{2}{3}\pi$

(3) 1라디안$= \frac{180°}{\pi}$ 이므로 $\frac{\pi}{3} = \frac{\pi}{3} \times 1$(라디안)$= \frac{\pi}{3} \times \frac{180°}{\pi} = 60°$

(4) 1라디안$= \frac{180°}{\pi}$ 이므로 $-\frac{5}{6}\pi = \left(-\frac{5}{6}\pi\right) \times 1$(라디안)$= \left(-\frac{5}{6}\pi\right) \times \frac{180°}{\pi} = -150°$

부채꼴의 호의 길이와 넓이

반지름의 길이가 r, 중심각의 크기가 θ(라디안)인 부채꼴의 호의 길이를 l, 넓이를 S라 하면

$$l = r\theta$$

$$S = \frac{1}{2}r^2\theta = \frac{1}{2}rl$$

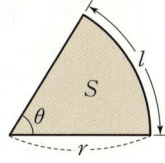

tip (1) 부채꼴의 호의 길이와 넓이는 각각 중심각의 크기에 정비례한다.

(2) 부채꼴의 중심각의 크기 θ의 단위는 라디안, 즉 호도법으로 나타낸 각임에 유의한다. 따라서 중심각의 크기가 육십분법으로 주어지면 호도법으로 고쳐서 계산한다.

설명 오른쪽 그림과 같이 반지름의 길이가 r, 중심각의 크기가 θ(라디안)인 부채꼴 OAB에서 호 AB의 길이를 l이라 하면 호의 길이는 중심각의 크기에 정비례하므로

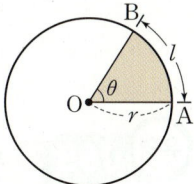

$$l : 2\pi r = \theta : 2\pi \qquad \therefore l = r\theta$$

또한 부채꼴 OAB의 넓이를 S라 하면 부채꼴의 넓이도 중심각의 크기에 정비례하므로

$$S : \pi r^2 = \theta : 2\pi \qquad \therefore S = \frac{1}{2}r^2\theta$$

이때 $l = r\theta$이므로

$$S = \frac{1}{2}r^2\theta = \frac{1}{2}r \times r\theta = \frac{1}{2}rl$$

CHECK 반지름의 길이가 2이고, 중심각의 크기가 $\frac{\pi}{3}$인 부채꼴의 호의 길이 l과 넓이 S를 구하시오.

풀이 $l = 2 \times \frac{\pi}{3} = \frac{2}{3}\pi$, $S = \frac{1}{2} \times 2^2 \times \frac{\pi}{3} = \frac{2}{3}\pi$

Plus⁺ 자료

Q 육십분법으로 나타낸 각을 호도법으로, 호도법으로 나타낸 각을 육십분법으로 나타내는 방법

(1) 육십분법으로 나타낸 각을 호도법으로 나타낼 때에는 $1° = \frac{\pi}{180}$라디안이므로

(육십분법으로 나타낸 각) $\times \frac{\pi}{180}$ = (호도법으로 나타낸 각)

(2) 호도법으로 나타낸 각을 육십분법으로 나타낼 때에는 1라디안 $= \frac{180°}{\pi}$이므로

(호도법으로 나타낸 각) $\times \frac{180°}{\pi}$ = (육십분법으로 나타낸 각)

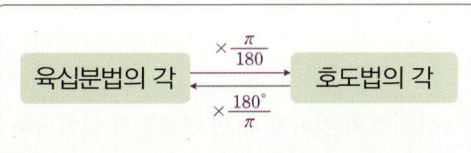

따라서 호도법과 육십분법 사이의 관계를 이용하면 다음 표와 같은 결과를 얻을 수 있다.

육십분법	0°	30°	45°	60°	90°	120°	135°	150°	180°	270°	360°
호도법 (라디안)	0	$\frac{\pi}{6}$	$\frac{\pi}{4}$	$\frac{\pi}{3}$	$\frac{\pi}{2}$	$\frac{2}{3}\pi$	$\frac{3}{4}\pi$	$\frac{5}{6}\pi$	π	$\frac{3}{2}\pi$	2π

육십분법과 호도법

다음 중 옳지 <u>않은</u> 것은?

① $80° = \dfrac{4}{9}\pi$ 　　② $144° = \dfrac{4}{5}\pi$ 　　③ $\dfrac{5}{4}\pi = 200°$ 　　④ $\dfrac{7}{12}\pi = 105°$ 　　⑤ $-\dfrac{3}{5}\pi = -108°$

| 풀이 |　① $80° = 80 \times 1° = 80 \times \dfrac{\pi}{180} = \dfrac{4}{9}\pi$ 　　　　　② $144° = 144 \times 1° = 144 \times \dfrac{\pi}{180} = \dfrac{4}{5}\pi$

③ $\dfrac{5}{4}\pi = \dfrac{5}{4}\pi \times \dfrac{180°}{\pi} = 225°$ 　　　　　④ $\dfrac{7}{12}\pi = \dfrac{7}{12}\pi \times \dfrac{180°}{\pi} = 105°$

⑤ $-\dfrac{3}{5}\pi = -\dfrac{3}{5}\pi \times \dfrac{180°}{\pi} = -108°$

따라서 옳지 않은 것은 ③이다.

부채꼴의 호의 길이와 넓이

다음 물음에 답하시오.

(1) 반지름의 길이가 6인 부채꼴의 호의 길이가 2π일 때, 부채꼴의 중심각의 크기 θ와 넓이 S를 구하시오.

(2) 호의 길이가 π, 넓이가 3π인 부채꼴의 반지름의 길이 r와 중심각의 크기 θ를 구하시오.

| 풀이 |　(1) 부채꼴의 반지름의 길이를 r, 호의 길이를 l이라 하면 $r = 6$, $l = 2\pi$이므로

$l = r\theta$에서 $2\pi = 6\theta$ 　　∴ $\theta = \dfrac{\pi}{3}$

$S = \dfrac{1}{2}rl$에서 $S = \dfrac{1}{2} \times 6 \times 2\pi = \boldsymbol{6\pi}$

(2) 부채꼴의 호의 길이를 l, 넓이를 S라 하면 $l = \pi$, $S = 3\pi$이므로

$S = \dfrac{1}{2}rl$에서 $3\pi = \dfrac{1}{2}r\pi$ 　　∴ $\boldsymbol{r = 6}$

$l = r\theta$에서 $\pi = 6\theta$ 　　∴ $\theta = \dfrac{\pi}{6}$

■ 정답과 풀이 40쪽

체크 167 다음 중 옳지 <u>않은</u> 것은?

① $10° = \dfrac{\pi}{18}$ 　　② $-108° = -\dfrac{3}{5}\pi$ 　　③ $165° = \dfrac{11}{12}\pi$ 　　④ $\dfrac{8}{15}\pi = 104°$ 　　⑤ $-\dfrac{7}{4}\pi = -315°$

체크 168 동경 OP가 나타내는 한 각의 크기가 다음과 같을 때, 동경 OP가 나타내는 일반각을 호도법으로 나타내시오.

(1) $420°$ 　　　　　(2) $820°$ 　　　　　(3) $-210°$ 　　　　　(4) $-1035°$

체크 169 다음 물음에 답하시오.

(1) 중심각의 크기가 $\dfrac{2}{3}\pi$이고 호의 길이가 4π인 부채꼴의 넓이 S를 구하시오.

(2) 반지름의 길이가 6인 부채꼴의 둘레의 길이와 넓이가 같을 때, 중심각의 크기 θ를 구하시오.

체크 170 둘레의 길이가 12인 부채꼴 중 그 넓이가 최대일 때의 넓이와 중심각의 크기를 차례대로 구하시오.

13 삼각함수의 뜻

개념 1 **삼각함수의 정의** (유형 066)

원점 O를 중심으로 하고 반지름의 길이가 r인 원 위의 점 $P(x, y)$에 대하여 동경 OP가 나타내는 각의 크기를 θ라 하면

$$\sin\theta=\frac{y}{r},\ \cos\theta=\frac{x}{r},\ \tan\theta=\frac{y}{x}\ (x\neq0)$$

이 함수들을 차례대로 θ에 대한 **사인함수**, **코사인함수**, **탄젠트함수**라 하고, 이 함수들을 통틀어 θ에 대한 **삼각함수**라 한다.

tip

(1) sin, cos, tan 는 각각 sine, cosine, tangent의 약자이다.

(2) $\sin\theta$, $\cos\theta$는 모든 실수 θ에 대하여 정의되지만 $\tan\theta$는 $x=0$인 경우, 즉 $\theta=n\pi+\dfrac{\pi}{2}$ (n은 정수)에서는 정의되지 않는다.

(3) 삼각함수를 정의할 때, 직각삼각형에서 정의되는 삼각비와 달리 삼각형의 변의 길이가 아닌 좌표평면에서의 점의 좌표를 이용하여 함수를 정의했으므로 θ가 예각이 아닌 경우에도 함숫값을 구할 수 있고, 그 값이 음수가 될 수도 있다.

설명

오른쪽 그림과 같이 원점 O를 중심으로 하고 반지름의 길이가 r인 원 위의 점 $P(x, y)$에 대하여 동경 OP가 나타내는 일반각의 크기를 θ라 하면 $\dfrac{y}{r}$, $\dfrac{x}{r}$, $\dfrac{y}{x}$ $(x\neq0)$의 값은 r의 값에 관계없이 θ의 값에 따라 각각 하나씩 결정되므로

$$\theta\longrightarrow\frac{y}{r},\ \theta\longrightarrow\frac{x}{r},\ \theta\longrightarrow\frac{y}{x}\ (x\neq0)$$

와 같은 대응은 모두 θ에 대한 함수이다.

이들을 각각 θ에 대한 사인함수, 코사인함수, 탄젠트함수라 하고, 기호로 각각

$$\sin\theta=\frac{y}{r},\ \cos\theta=\frac{x}{r},\ \tan\theta=\frac{y}{x}\ (x\neq0)$$

와 같이 나타낸다.

CHECK 원점 O와 점 $P(\sqrt{3}, -1)$에 대하여 동경 OP가 나타내는 각의 크기를 θ라 할 때, $\sin\theta$, $\cos\theta$, $\tan\theta$의 값을 구하시오.

풀이 오른쪽 그림에서 $\overline{OP}=\sqrt{(\sqrt{3})^2+(-1)^2}=2$이므로 삼각함수의 정의에 의하여

$$\sin\theta=\frac{-1}{2}=-\frac{1}{2},\ \cos\theta=\frac{\sqrt{3}}{2},\ \tan\theta=\frac{-1}{\sqrt{3}}=-\frac{\sqrt{3}}{3}$$

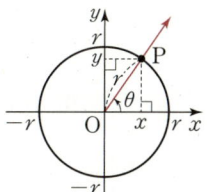

CHECK $\theta=\dfrac{\pi}{3}$일 때, $\sin\theta$, $\cos\theta$, $\tan\theta$의 값을 구하시오.

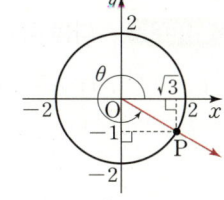

풀이 오른쪽 그림과 같이 각 $\theta=\dfrac{\pi}{3}$를 나타내는 동경과 원점 O를 중심으로 하고 반지름의 길이가 1인 원의 교점을 P라 하고, 점 P에서 x축에 내린 수선의 발을 H라 하자.

$\overline{OP}=1$이고, $\angle POH=\dfrac{\pi}{3}$이므로 $P\left(\dfrac{1}{2}, \dfrac{\sqrt{3}}{2}\right)$

$\therefore \sin\theta=\dfrac{\sqrt{3}}{2},\ \cos\theta=\dfrac{1}{2},\ \tan\theta=\sqrt{3}$

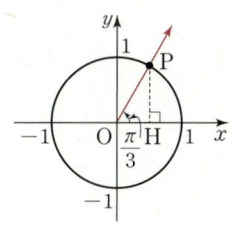

삼각함수의 값의 부호는 각 θ를 나타내는 동경이 위치한 사분면에 따라 다음과 같이 정해진다.

	제1사분면	제2사분면	제3사분면	제4사분면
동경 OP의 위치	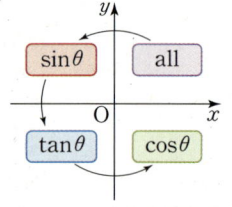			
삼각함수의 값이 양수인 것	$\sin\theta, \cos\theta, \tan\theta$	$\sin\theta$	$\tan\theta$	$\cos\theta$

설명 동경 OP가 나타내는 일반각의 크기를 θ라 하면 점 P의 좌표 (x, y)와 $\overline{\text{OP}}=r\ (r>0)$에 대하여

(ⅰ) 동경 OP가 제1사분면에 위치하는 경우에는 $x>0, y>0$이므로

$$\sin\theta=\frac{y}{r}>0,\ \cos\theta=\frac{x}{r}>0,\ \tan\theta=\frac{y}{x}>0$$

(ⅱ) 동경 OP가 제2사분면에 위치하는 경우에는 $x<0, y>0$이므로

$$\sin\theta=\frac{y}{r}>0,\ \cos\theta=\frac{x}{r}<0,\ \tan\theta=\frac{y}{x}<0$$

(ⅲ) 동경 OP가 제3사분면에 위치하는 경우에는 $x<0, y<0$이므로

$$\sin\theta=\frac{y}{r}<0,\ \cos\theta=\frac{x}{r}<0,\ \tan\theta=\frac{y}{x}>0$$

(ⅳ) 동경 OP가 제4사분면에 위치하는 경우에는 $x>0, y<0$이므로

$$\sin\theta=\frac{y}{r}<0,\ \cos\theta=\frac{x}{r}>0,\ \tan\theta=\frac{y}{x}<0$$

(ⅰ)~(ⅳ)에서 각 θ에 대한 삼각함수의 값의 부호는 x, y의 부호에 따라 다음과 같다.

삼각함수 \ θ	제1사분면 $(x>0, y>0)$	제2사분면 $(x<0, y>0)$	제3사분면 $(x<0, y<0)$	제4사분면 $(x>0, y<0)$
$\sin\theta$	+	+	−	−
$\cos\theta$	+	−	−	+
$\tan\theta$	+	−	+	−

tip 삼각함수의 값이 양수인 것만을 제1사분면에서부터 차례대로 "얼(all) → 싸(sin) → 안(tan) → 코(cos)"로 기억한다.

CHECK 다음 각 θ에 대하여 $\sin\theta, \cos\theta, \tan\theta$의 값의 부호를 말하시오.

(1) $\theta=320°$ (2) $\theta=\dfrac{13}{12}\pi$

(3) $\theta=-220°$ (4) $\theta=-\dfrac{5}{3}\pi$

풀이 (1) $320°$는 제4사분면의 각이므로 $\sin\theta<0, \cos\theta>0, \tan\theta<0$

(2) $\dfrac{13}{12}\pi$는 제3사분면의 각이므로 $\sin\theta<0, \cos\theta<0, \tan\theta>0$

(3) $-220°$는 제2사분면의 각이므로 $\sin\theta>0, \cos\theta<0, \tan\theta<0$

(4) $-\dfrac{5}{3}\pi$는 제1사분면의 각이므로 $\sin\theta>0, \cos\theta>0, \tan\theta>0$

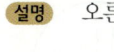 개념 **3** | **삼각함수 사이의 관계**

삼각함수 사이에는 다음과 같은 관계가 성립한다.

(1) $\tan\theta = \dfrac{\sin\theta}{\cos\theta}$ (2) $\sin^2\theta + \cos^2\theta = 1$

tip $\sin^2\theta$, $\cos^2\theta$, $\tan^2\theta$는 각각 $(\sin\theta)^2$, $(\cos\theta)^2$, $(\tan\theta)^2$을 간단하게 나타낸 것이다.

설명 오른쪽 그림과 같이 각 θ를 나타내는 동경과 단위원의 교점을 $\mathrm{P}(x, y)$라 하면
└→ 원점을 중심으로 하고 반지름의 길이가 1인 원

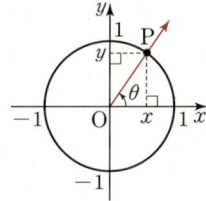

(1) $x = \cos\theta$, $y = \sin\theta$이고, $\tan\theta = \dfrac{y}{x}$ $(x \ne 0)$이므로

$$\tan\theta = \frac{\sin\theta}{\cos\theta}$$

(2) 점 P는 단위원 위의 점이므로 $x^2 + y^2 = 1$이고, $x = \cos\theta$, $y = \sin\theta$이므로

$$\sin^2\theta + \cos^2\theta = 1$$

CHECK θ가 제3사분면의 각이고 $\sin\theta = -\dfrac{3}{5}$일 때, $\cos\theta$와 $\tan\theta$의 값을 구하시오.

풀이 $\sin^2\theta + \cos^2\theta = 1$이므로 $\left(-\dfrac{3}{5}\right)^2 + \cos^2\theta = 1$에서

$$\cos^2\theta = 1 - \left(-\frac{3}{5}\right)^2 = \frac{16}{25}$$

그런데 θ는 제3사분면의 각이므로 $\cos\theta < 0$이다.

$$\therefore \cos\theta = -\sqrt{\frac{16}{25}} = -\frac{4}{5}$$

또한 $\tan\theta = \dfrac{\sin\theta}{\cos\theta}$이므로 $\tan\theta = \dfrac{-\dfrac{3}{5}}{-\dfrac{4}{5}} = \dfrac{3}{4}$

Plus⁺ 자료

◎ 일정한 삼각함수의 값

오른쪽 그림과 같이 좌표평면 위에 원점을 중심으로 하고 반지름의 길이가 각각 r, r'인 원과

각 $\theta \left(0 < \theta < \dfrac{\pi}{2}\right)$를 나타내는 동경이 만나는 점을 각각 $\mathrm{P}(x, y)$, $\mathrm{P}'(x', y')$이라 하자.

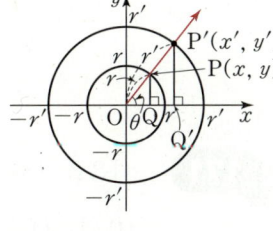

이때 두 점 P, P'에서 x축에 내린 수선의 발을 각각 Q, Q'이라 하면 두 삼각형 POQ, $\mathrm{P'OQ'}$은 닮은 도형이므로 다음이 성립한다.

(1) $\sin\theta = \dfrac{\overline{\mathrm{PQ}}}{\overline{\mathrm{OP}}} = \dfrac{\overline{\mathrm{P'Q'}}}{\overline{\mathrm{OP'}}}$에서 $\dfrac{y}{r} = \dfrac{y'}{r'}$ (2) $\cos\theta = \dfrac{\overline{\mathrm{OQ}}}{\overline{\mathrm{OP}}} = \dfrac{\overline{\mathrm{OQ'}}}{\overline{\mathrm{OP'}}}$에서 $\dfrac{x}{r} = \dfrac{x'}{r'}$

(3) $\tan\theta = \dfrac{\overline{\mathrm{PQ}}}{\overline{\mathrm{OQ}}} = \dfrac{\overline{\mathrm{P'Q'}}}{\overline{\mathrm{OQ'}}}$에서 $\dfrac{y}{x} = \dfrac{y'}{x'}$

따라서 각 θ를 나타내는 동경에 의하여 정의되는 삼각함수의 값은 원의 반지름의 길이에 관계없이 항상 일정하다.

◎ 삼각함수를 이용하여 좌표 나타내기

오른쪽 그림과 같이 단위원을 이용하면 각 $\theta \left(0 < \theta < \dfrac{\pi}{2}\right)$를 나타내는 동경과 단위원의

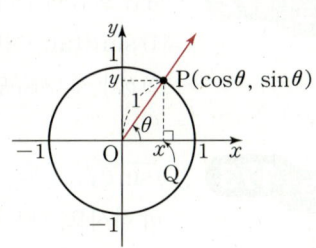

교점을 $\mathrm{P}(x, y)$, 점 P에서 x축에 내린 수선의 발을 Q라 할 때, 다음이 성립한다.

(1) $\sin\theta = \dfrac{\overline{\mathrm{PQ}}}{\overline{\mathrm{OP}}} = \dfrac{y}{1} = y$ (2) $\cos\theta = \dfrac{\overline{\mathrm{OQ}}}{\overline{\mathrm{OP}}} = \dfrac{x}{1} = x$

따라서 $x = \cos\theta$, $y = \sin\theta$이므로 점 P의 좌표는 $\mathrm{P}(\cos\theta, \sin\theta)$와 같이 나타낼 수 있다.

1 삼각함수의 뜻 **97**

원점 O와 점 $P(3, -4)$에 대하여 동경 OP가 나타내는 각의 크기를 θ라 할 때, $5\sin\theta + 10\cos\theta - 3\tan\theta$의 값을 구하시오.

| 풀이 | 오른쪽 그림에서 $\overline{OP}=\sqrt{3^2+(-4)^2}=5$이므로

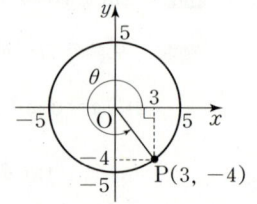

$$\sin\theta = \frac{-4}{5} = -\frac{4}{5}, \ \cos\theta = \frac{3}{5}, \ \tan\theta = \frac{-4}{3} = -\frac{4}{3}$$

$$\therefore 5\sin\theta + 10\cos\theta - 3\tan\theta = 5 \times \left(-\frac{4}{5}\right) + 10 \times \frac{3}{5} - 3 \times \left(-\frac{4}{3}\right)$$

$$= (-4) + 6 + 4 = \mathbf{6}$$

다음 물음에 답하시오.

(1) $\sin\theta\cos\theta > 0$, $\cos\theta\tan\theta < 0$을 동시에 만족시키는 각 θ는 제몇 사분면의 각인지 말하시오.

(2) $\dfrac{\pi}{2} < \theta < \pi$일 때, $|\cos\theta - \sin\theta| - \sqrt{\cos^2\theta} - \sqrt{(\sin\theta - \tan\theta)^2}$ 을 간단히 하시오.

| 풀이 | (1) (i) $\sin\theta\cos\theta > 0$에서

$\sin\theta > 0$, $\cos\theta > 0$ 또는 $\sin\theta < 0$, $\cos\theta < 0$이므로 θ는 제1사분면 또는 제3사분면의 각이다.

(ii) $\cos\theta\tan\theta < 0$에서

$\cos\theta > 0$, $\tan\theta < 0$ 또는 $\cos\theta < 0$, $\tan\theta > 0$이므로 θ는 제3사분면 또는 제4사분면의 각이다.

(i), (ii)에서 θ는 **제3사분면**의 각이다.

(2) θ가 제2사분면의 각이므로 $\sin\theta > 0$, $\cos\theta < 0$, $\tan\theta < 0$이고, $\cos\theta - \sin\theta < 0$, $\sin\theta - \tan\theta > 0$

$$\therefore (주어진 식) = |\cos\theta - \sin\theta| - |\cos\theta| - |\sin\theta - \tan\theta|$$

$$= -(\cos\theta - \sin\theta) + (\cos\theta) - (\sin\theta - \tan\theta)$$

$$= -\cos\theta + \sin\theta + \cos\theta - \sin\theta + \tan\theta = \mathbf{\tan\theta}$$

■ 정답과 풀이 41쪽

체크 **171** 다음을 구하시오.

(1) 원점 O와 점 $P(-1, k)$에 대하여 동경 OP가 나타내는 각의 크기를 θ라 하면 $\cos\theta = -\dfrac{3}{5}$일 때, 양수 k의 값

(2) 직선 $y = -\dfrac{4}{3}x$가 x축의 양의 방향과 이루는 각의 크기를 θ라 할 때, $10(\sin\theta - \cos\theta) + 3\tan\theta$의 값

(단, $0 < \theta < \pi$)

체크 **172** 다음 물음에 답하시오.

(1) $\sin\theta\tan\theta > 0$, $\sin\theta\cos\theta < 0$을 동시에 만족시키는 각 θ는 제몇 사분면의 각인지 말하시오.

(2) θ가 제4사분면의 각일 때, $\sqrt{\sin^2\theta} + |\cos\theta| - \sqrt{(\sin\theta + \tan\theta)^2}$을 간단히 하시오.

체크 **173** $\sqrt{\sin\theta}\sqrt{\cos\theta} = -\sqrt{\sin\theta\cos\theta}$를 만족시키는 θ에 대하여 $|\sin\theta| + \sqrt{(\tan\theta - \cos\theta)^2} - |\sin\theta - \tan\theta|$를 간단히 하시오. (단, $\sin\theta\cos\theta \neq 0$)

삼각함수 사이의 관계를 이용하여 식 간단히 하기

$\dfrac{\sin^2\theta-\cos^2\theta}{1+2\sin\theta\cos\theta}+\dfrac{1-\tan\theta}{1+\tan\theta}$ 를 간단히 하시오.

| 풀이 | $\sin^2\theta+\cos^2\theta=1$이므로

$$\dfrac{\sin^2\theta-\cos^2\theta}{1+2\sin\theta\cos\theta}=\dfrac{(\sin\theta+\cos\theta)(\sin\theta-\cos\theta)}{\sin^2\theta+\cos^2\theta+2\sin\theta\cos\theta}=\dfrac{(\sin\theta+\cos\theta)(\sin\theta-\cos\theta)}{(\sin\theta+\cos\theta)^2}=\dfrac{\sin\theta-\cos\theta}{\sin\theta+\cos\theta}$$

$\tan\theta=\dfrac{\sin\theta}{\cos\theta}$이므로

$$\dfrac{1-\tan\theta}{1+\tan\theta}=\dfrac{1-\dfrac{\sin\theta}{\cos\theta}}{1+\dfrac{\sin\theta}{\cos\theta}}=\dfrac{\dfrac{\cos\theta-\sin\theta}{\cos\theta}}{\dfrac{\cos\theta+\sin\theta}{\cos\theta}}=\dfrac{\cos\theta-\sin\theta}{\cos\theta+\sin\theta}$$

$$\therefore \dfrac{\sin^2\theta-\cos^2\theta}{1+2\sin\theta\cos\theta}+\dfrac{1-\tan\theta}{1+\tan\theta}=\dfrac{\sin\theta-\cos\theta}{\sin\theta+\cos\theta}+\dfrac{\cos\theta-\sin\theta}{\cos\theta+\sin\theta}=\mathbf{0}$$

삼각함수 사이의 관계를 이용하여 식의 값 구하기

$\pi<\theta<\dfrac{3}{2}\pi$이고 $\dfrac{1+\cos\theta}{1-\cos\theta}=2+\sqrt{3}$일 때, $\sin\theta$의 값을 구하시오.

| 풀이 | $\dfrac{1+\cos\theta}{1-\cos\theta}=2+\sqrt{3}$에서 $1+\cos\theta=(2+\sqrt{3})(1-\cos\theta)$이므로

$(3+\sqrt{3})\cos\theta=1+\sqrt{3}$ $\therefore \cos\theta=\dfrac{1+\sqrt{3}}{3+\sqrt{3}}=\dfrac{(1+\sqrt{3})(3-\sqrt{3})}{(3+\sqrt{3})(3-\sqrt{3})}=\dfrac{2\sqrt{3}}{6}=\dfrac{\sqrt{3}}{3}$

$\sin^2\theta+\cos^2\theta=1$이므로

$$\sin^2\theta=1-\cos^2\theta=1-\left(\dfrac{\sqrt{3}}{3}\right)^2=\dfrac{2}{3}$$

그런데 θ가 제3사분면의 각이므로 $\sin\theta<0$

$$\therefore \sin\theta=-\dfrac{\sqrt{6}}{3}$$

■ 정답과 풀이 42쪽

체크 **174** 다음 식을 간단히 하시오.

(1) $(1-\sin^2\theta)(1+\tan^2\theta)$

(2) $\dfrac{\cos\theta}{1+\sin\theta}+\tan\theta$

(3) $\dfrac{1-\cos\theta}{1+\sin\theta}+\dfrac{1+\cos\theta}{1-\sin\theta}-\dfrac{2}{\cos^2\theta}$

(4) $\dfrac{\cos\theta}{\sin\theta+\cos^2\theta-1}+\dfrac{\cos\theta}{\sin\theta-\cos^2\theta+1}$

체크 **175** θ는 제4사분면의 각이고 $\dfrac{1+\sin\theta}{1-\sin\theta}=\dfrac{1}{3}$일 때, $\cos\theta$의 값을 구하시오.

$\sin\theta+\cos\theta$, $\sin\theta\cos\theta$의 관계를 이용한 식의 값

$\sin\theta+\cos\theta=\dfrac{1}{2}$일 때, 다음 식의 값을 구하시오.

(1) $\sin\theta\cos\theta$

(2) $\sin\theta-\cos\theta$ (단, $\sin\theta>\cos\theta$)

(3) $\sin^3\theta+\cos^3\theta$

(4) $\tan\theta+\dfrac{1}{\tan\theta}$

| 풀이 | (1) $\sin\theta+\cos\theta=\dfrac{1}{2}$의 양변을 제곱하면

$$\sin^2\theta+2\sin\theta\cos\theta+\cos^2\theta=\dfrac{1}{4},\ 1+2\sin\theta\cos\theta=\dfrac{1}{4},\ 2\sin\theta\cos\theta=-\dfrac{3}{4} \qquad \therefore\ \sin\theta\cos\theta=-\dfrac{3}{8}$$

(2) $(\sin\theta-\cos\theta)^2=1-2\sin\theta\cos\theta=1-2\times\left(-\dfrac{3}{8}\right)=\dfrac{7}{4}$

이때 $\sin\theta>\cos\theta$이므로 $\sin\theta-\cos\theta>0$ $\qquad\therefore\ \sin\theta-\cos\theta=\dfrac{\sqrt{7}}{2}$

(3) $\sin^3\theta+\cos^3\theta=(\sin\theta+\cos\theta)^3-3\sin\theta\cos\theta(\sin\theta+\cos\theta)=\left(\dfrac{1}{2}\right)^3-3\times\left(-\dfrac{3}{8}\right)\times\dfrac{1}{2}=\dfrac{1}{8}+\dfrac{9}{16}=\dfrac{\mathbf{11}}{\mathbf{16}}$

(4) $\tan\theta=\dfrac{\sin\theta}{\cos\theta}$이므로 $\tan\theta+\dfrac{1}{\tan\theta}=\dfrac{\sin\theta}{\cos\theta}+\dfrac{\cos\theta}{\sin\theta}=\dfrac{\sin^2\theta+\cos^2\theta}{\sin\theta\cos\theta}=\dfrac{1}{-\dfrac{3}{8}}=-\dfrac{8}{3}$

삼각함수와 이차방정식

이차방정식 $3x^2-x+k=0$의 두 근이 $\sin\theta$, $\cos\theta$일 때, $\sin^4\theta+\cos^4\theta$의 값을 구하시오. (단, k는 상수이다.)

| 풀이 | 이차방정식 $3x^2-x+k=0$의 두 근이 $\sin\theta$, $\cos\theta$이므로 근과 계수의 관계에 의하여

$\sin\theta+\cos\theta=\dfrac{1}{3}$, $\sin\theta\cos\theta=\dfrac{k}{3}$

이때 $(\sin\theta+\cos\theta)^2=\sin^2\theta+2\sin\theta\cos\theta+\cos^2\theta=1+2\sin\theta\cos\theta$이므로

$\left(\dfrac{1}{3}\right)^2=1+2\times\dfrac{k}{3}$, $\dfrac{1}{9}=1+\dfrac{2}{3}k$, $\dfrac{2}{3}k=-\dfrac{8}{9}$ $\qquad\therefore\ k=-\dfrac{4}{3}$

즉, $\sin\theta\cos\theta=\dfrac{k}{3}=-\dfrac{4}{9}$이므로

$\sin^4\theta+\cos^4\theta=(\sin^2\theta+\cos^2\theta)^2-2\sin^2\theta\cos^2\theta$

$$=1-2\times\left(-\dfrac{4}{9}\right)^2=1-\dfrac{32}{81}=\dfrac{\mathbf{49}}{\mathbf{81}}$$

■ 정답과 풀이 42쪽

체크 | 176 θ는 제3사분면의 각이고 $\sin\theta-\cos\theta=\dfrac{1}{4}$일 때, $\sin^2\theta-\cos^2\theta$의 값을 구하시오.

체크 | 177 $0<\theta<\dfrac{\pi}{2}$이고 $\tan\theta+\dfrac{1}{\tan\theta}=3$일 때, $\sin\theta+\cos\theta$의 값을 구하시오.

체크 | 178 이차방정식 $2x^2-kx+5=0$의 두 근이 $\dfrac{1}{\sin\theta}$, $\dfrac{1}{\cos\theta}$일 때, 실수 k에 대하여 k^2의 값을 구하시오.

선생님의 출제 point

Q 부채꼴의 호의 길이와 넓이를 이용하여 둘레의 길이가 일정한 도형의 넓이의 최댓값을 구할 수 있는가?

1 오른쪽 그림과 같이 반지름의 길이가 각각 r_1, r_2이고 중심이 O인 두 개의 동심원 O_1, O_2 가 있다. 중심 O와 원 O_2 위의 두 점 A, B를 각각 이은 두 선분 OA, OB에 대하여 색칠한 부분의 둘레의 길이가 12일 때, 색칠한 부분의 넓이의 최댓값을 구하시오. (단, $r_1 < r_2$)

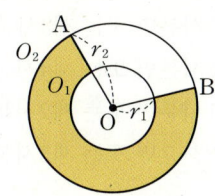

| 풀이 | ① 색칠한 부분의 둘레의 길이에 대한 식 세우기
유형 065

오른쪽 그림과 같이 색칠한 부분을 포함하는 부채꼴 AOB 의 중심각 ∠AOB의 크기를 θ라 하면 색칠한 부분의 둘레 의 길이가 12이므로

$$2(r_2-r_1)+r_1\theta+r_2\theta=12$$
$$\therefore (r_1+r_2)\theta=12-2(r_2-r_1) \quad \cdots\cdots ㉠$$

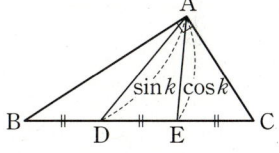

② 색칠한 부분의 최댓값 구하기
유형 065

색칠한 부분의 넓이를 S라 하면

$$S=\frac{1}{2}r_2^2\theta-\frac{1}{2}r_1^2\theta=\frac{1}{2}(r_2^2-r_1^2)\theta$$

$$=\frac{1}{2}(r_2-r_1)(r_2+r_1)\theta=\frac{1}{2}(r_2-r_1)\{12-2(r_2-r_1)\} \ (\because ㉠)$$

$$=-(r_2-r_1)^2+6(r_2-r_1)=-\{(r_2-r_1)-3\}^2+9$$

따라서 $r_2-r_1=3$일 때, 색칠한 부분의 넓이의 최댓값은 **9**이다.

Q 삼각함수 사이의 관계를 이용하여 삼각형의 변의 길이를 구할 수 있는가?

2 오른쪽 그림과 같은 직각삼각형 ABC의 변 BC를 삼등분하는 두 점 D, E와 꼭짓 점 A 사이의 거리가 각각 $\sin k$, $\cos k$일 때, 선분 BC의 길이를 구하시오.
(단, k는 실수이다.)

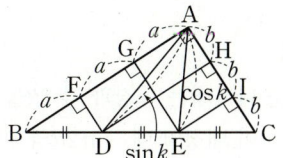

| 풀이 | ① 피타고라스 정리에 의하여 선분의 길이를 $\sin k$, $\cos k$로 나타 내기

두 점 D, E에서 선분 AB에 내린 수선의 발을 각각 F, G 라 하고, 선분 AC에 내린 수선의 발을 각각 H, I 라 하면 $\overline{BF}=\overline{FG}=\overline{GA}=a$, $\overline{AH}=\overline{HI}=\overline{IC}=b$라 할 수 있다. 직각삼각형 AFD에서 피타고라스 정리에 의하여
$$\overline{AD}^2=(2a)^2+b^2$$이므로 $\sin^2 k=4a^2+b^2 \quad \cdots\cdots ㉠$
직각삼각형 AEI에서 피타고라스 정리에 의하여
$$\overline{AE}^2=a^2+(2b)^2$$이므로 $\cos^2 k=a^2+4b^2 \quad \cdots\cdots ㉡$

② 삼각함수 사이의 관계 를 이용하여 답 구하기
유형 069

㉠+㉡에서 $\sin^2 k+\cos^2 k=5(a^2+b^2)$

이때 $\sin^2 k+\cos^2 k=1$이므로 $1=5(a^2+b^2)$ $\therefore a^2+b^2=\frac{1}{5}$

직각삼각형 ABC에서

$$\overline{BC}^2=(3a)^2+(3b)^2=9(a^2+b^2)=9\times\frac{1}{5}=\frac{9}{5}$$

$$\therefore \overline{BC}=\frac{3\sqrt{5}}{5}$$

179

3θ가 제4사분면의 각일 때, θ는 제몇 사분면의 각인가?

① 제1사분면 또는 제2사분면

② 제2사분면 또는 제3사분면

③ 제2사분면 또는 제4사분면

④ 제1사분면 또는 제2사분면 또는 제4사분면

⑤ 제2사분면 또는 제3사분면 또는 제4사분면

180

각 θ를 나타내는 동경과 각 4θ를 나타내는 동경이 원점에 대하여 대칭일 때, $\tan\theta$의 값은? (단, $0° < \theta < 90°$)

① $\sqrt{3}$ ② 1 ③ $\dfrac{\sqrt{3}}{3}$

④ -1 ⑤ $-\sqrt{3}$

181

각 θ를 나타내는 동경과 각 3θ를 나타내는 동경이 직선 $y=x$에 대하여 대칭일 때, $\sin 2\theta$의 값은? (단, $0° < \theta < 90°$)

① $-\dfrac{\sqrt{3}}{2}$ ② $-\dfrac{1}{2}$ ③ $\dfrac{1}{2}$

④ $\dfrac{\sqrt{2}}{2}$ ⑤ $\dfrac{\sqrt{3}}{2}$

182

| **보기** |에서 옳은 것만을 있는 대로 고른 것은?

> | 보기 |
>
> ㄱ. $15° = \dfrac{\pi}{12}$ ㄴ. $160° = \dfrac{8}{9}\pi$
>
> ㄷ. $-\dfrac{4}{3}\pi = -240°$ ㄹ. $\dfrac{7}{4}\pi = 310°$

① ㄱ, ㄴ   ② ㄱ, ㄷ   ③ ㄴ, ㄷ

④ ㄱ, ㄴ, ㄷ   ⑤ ㄱ, ㄴ, ㄹ

183

오른쪽 그림과 같이 밑면인 원의 반지름의 길이가 2이고, 모선의 길이가 6인 원뿔의 겉넓이는?

① 12π ② 14π

③ 16π ④ 18π

⑤ 20π

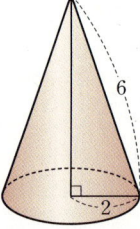

184

다음 그림과 같이 좌표평면 위의 점 P에서 원점 O를 중심으로 하고 반지름의 길이가 1인 원에 그은 접선의 접점을 Q, 선분 OP와 원의 교점을 R라 하자. 삼각형 QOP의 넓이가 부채꼴 QOR의 넓이의 3배일 때, $\overline{PQ} = k\theta$이다. 상수 k의 값을 구하시오. (단, $\angle QOP = \theta$)

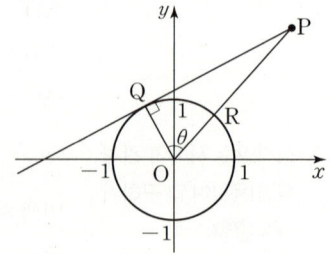

185

다음 그림과 같이 선분 PA와 선분 PB는 점 O를 중심으로 하는 원의 접선이고 $\angle AOB = 2\theta$일 때, 색칠한 두 부분의 넓이가 서로 같도록 하는 2θ에 대하여 $\dfrac{4\theta}{\tan\theta}$의 값을 구하시오.

(단, $0 < 2\theta < \pi$이고, $\overline{AC}$, $\overline{BD}$는 지름이다.)

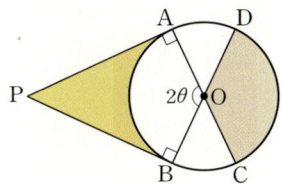

186

오른쪽 그림과 같이 가로의 길이가 6, 세로의 길이가 2인 직사각형 ABCD가 원 $x^2+y^2=10$에 내접하고 있다. 원점 O에 대하여 두 선분 OA, OB가 x축의 양의 방향과 이루는 각의 크기를 각각 α, β라 할 때, $\dfrac{1}{\sin\alpha} + \dfrac{1}{\cos\beta}$의 값은?

(단, 선분 AD는 x축과 평행하다.)

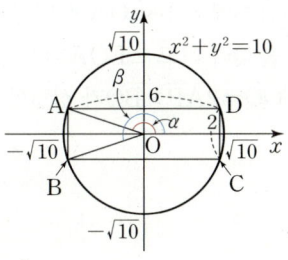

① $-\dfrac{4\sqrt{10}}{3}$ ② $-\dfrac{2\sqrt{10}}{3}$ ③ $\dfrac{2\sqrt{10}}{3}$

④ $\dfrac{4\sqrt{10}}{3}$ ⑤ $\dfrac{5\sqrt{10}}{3}$

187

$\sin\theta\cos\theta > 0$, $\sin\theta + \cos\theta < 0$을 동시에 만족시키는 θ에 대하여 $\dfrac{|\sin\theta - \tan\theta|}{\sqrt{\tan^2\theta}}$를 간단히 하시오.

188

$\dfrac{\sqrt{\sin\theta}}{\sqrt{\tan\theta}} = -\sqrt{\dfrac{\sin\theta}{\tan\theta}}$를 만족시키는 θ에 대하여

$\sqrt{(\sin\theta - \cos\theta)^2} - |\sin\theta| + \sqrt[3]{\cos^3\theta}$를 간단히 하시오.

(단, $\sin\theta\tan\theta \neq 0$)

189

θ가 제2사분면의 각이고 $\cos\theta = -\dfrac{4}{5}$일 때, $5\sin\theta + 4\tan\theta$의 값을 구하시오.

190 필수기출

$\log_2 \sin\theta + \log_2 \cos\theta = -4$일 때,

$\log_2(\sin\theta + \cos\theta) = \dfrac{1}{2}(\log_2 x - 4)$를 만족시키는 x의 값을 구하시오.

|교육청 기출|

191

$\dfrac{\sin\theta-\cos\theta}{\sin\theta+\cos\theta}=2-\sqrt{3}$일 때, $(\sin\theta-\cos\theta)(\sin\theta+\cos\theta)$ 의 값을 구하시오.

192 필수기출

$\sin\theta+\cos\theta=\dfrac{1}{3}$일 때, $\dfrac{1}{\cos\theta}\left(\tan\theta+\dfrac{1}{\tan^2\theta}\right)$의 값은?

|수능 기출|

① $\dfrac{45}{16}$ ② $\dfrac{43}{16}$ ③ $\dfrac{41}{16}$

④ $\dfrac{39}{16}$ ⑤ $\dfrac{37}{16}$

193

이차방정식 $4x^2+kx-2=0$의 두 근이 $\cos\theta$, $\tan\theta$일 때, 모든 실수 k의 값의 곱을 구하시오.

194

이차방정식 $5x^2-7x+k=0$의 두 근이 $\sin\theta$, $\cos\theta$일 때, $12\left(\tan\theta+\dfrac{1}{\tan\theta}+\dfrac{1}{k}\right)$의 값을 구하시오. (단, k는 상수이다.)

195 필수기출

오른쪽 그림과 같이 점 O를 중심으로 하고 반지름의 길이가 1인 원 위에 두 점 A, B가 있다. 점 A에서의 접선이 선분 OB의 연장선과 만나는 점을 P, 점 B에서 선분 OA에 내린 수선의 발을 Q라 하고 $\angle\mathrm{BOA}=\theta$라 한다. $\overline{\mathrm{OQ}}=2\overline{\mathrm{AP}}\times\overline{\mathrm{BQ}}$가 성립할 때, $\tan^2\theta$의 값을 구하시오.

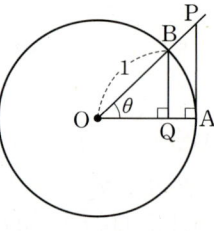

$\left(\text{단},\ 0<\theta<\dfrac{\pi}{2}\right)$ |교육청 기출|

196 필수기출

오른쪽 그림과 같이 반지름의 길이가 3인 원에 내접하는 크기가 같은 6개의 원이 서로 외접하고 있다. 색칠한 부분의 넓이가 $S=p\sqrt{3}+q\pi$일 때, p^2+q^2의 값을 구하시오.

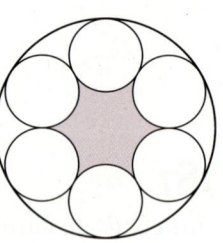

(단, p, q는 정수이다.) |교육청 기출|

이 단원에서는
• 일반각과 호도법의 뜻을 안다.
• 삼각함수의 뜻을 안다.
• **사인함수, 코사인함수, 탄젠트함수의 그래프를 그릴 수 있다.**
• 사인법칙을 이해하고, 이를 활용할 수 있다.
• 코사인법칙을 이해하고, 이를 활용할 수 있다.

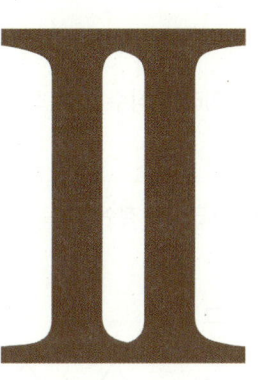

삼각함수

삼각함수의 그래프에서는

14 삼각함수의 그래프
• 주기함수
• 함수 $y=\sin x$의 그래프와 성질
• 함수 $y=\cos x$의 그래프와 성질
• 함수 $y=\tan x$의 그래프와 성질
• 삼각함수의 최댓값, 최솟값, 주기

15 일반각에 대한 삼각함수의 성질
• $2n\pi+x$ (n은 정수), $-x$의 삼각함수
• $\pi\pm x$의 삼각함수
• $\dfrac{\pi}{2}\pm x$의 삼각함수

16 삼각함수를 포함한 식의 최대, 최소
• 삼각함수를 포함한 식의 최대, 최소

17 삼각함수를 포함한 방정식과 부등식
• 삼각함수를 포함한 방정식
• 삼각함수를 포함한 부등식

14 삼각함수의 그래프

개념 1 주기함수

함수 $f(x)$의 정의역에 속하는 모든 실수 x에 대하여

$$f(x+p)=f(x)$$

를 만족시키는 0이 아닌 상수 p가 존재할 때 함수 $f(x)$를 **주기함수**라 하고, 이러한 상수 p 중 최소의 양수를 그 함수의 **주기**라 한다.

tip (1) 함수 $f(x)$가 주기가 p인 주기함수이면 $f(x)=f(x+p)=f(x+2p)=\cdots=f(x+np)$ (단, n은 정수이다.)
(2) 상수 a에 대하여 $f(x-a)=f(x+a)\Longleftrightarrow f(x)=f(x+2a)$

CHECK 실수 전체의 집합에서 정의된 함수 $f(x)$의 주기가 2이고, 함수 $y=f(x)$의 그
래프가 오른쪽 그림과 같을 때, 다음 값을 구하시오.

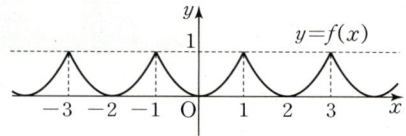

(1) $f(12)$ (2) $f(-7)$

풀이 함수 $f(x)$는 주기가 2인 주기함수이므로 모든 실수 x에 대하여 $f(x+2)=f(x)$를 만족시킨다.
(1) $f(12)=f(10)=f(8)=\cdots=f(2)=\mathbf{0}$
(2) $f(-7)=f(-5)=f(-3)=\mathbf{1}$

개념 2 함수 $y=\sin x$의 그래프와 성질

유형 072

(1) 정의역은 실수 전체의 집합이고, 치역은 $\{y\,|-1\leq y\leq1\}$이다.
(2) 그래프는 원점에 대하여 대칭이다. 즉,
$$\sin(-x)=-\sin x \quad \leftarrow \text{기함수}$$
(3) 주기가 2π인 주기함수이다. 즉,
$$\sin(x+2n\pi)=\sin x \text{ (단, } n\text{은 정수이다.)}$$

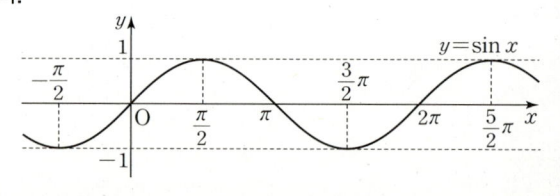

tip 함수 $y=f(x)$의 그래프가 원점에 대하여 대칭이면 모든 실수 x에 대하여 $f(-x)=-f(x)$가 성립하고, 이 함수를 기함수라 한다.

설명 오른쪽 그림과 같이 단위원과 각 θ를 나타내는 동경의 교점을 점 $\mathrm{P}(a,b)$라 하면 $\sin\theta=\dfrac{b}{1}=b$이므

로 $\sin\theta$의 값은 점 P의 y좌표와 같다. 따라서 θ의 값을 가로축에 나타내고, 이에 대응하는 $\sin\theta$의
값을 세로축에 나타내면 다음과 같은 사인함수 $y=\sin\theta$의 그래프를 얻을 수 있다.

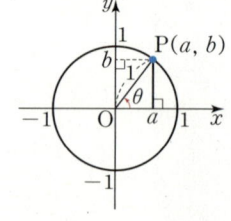

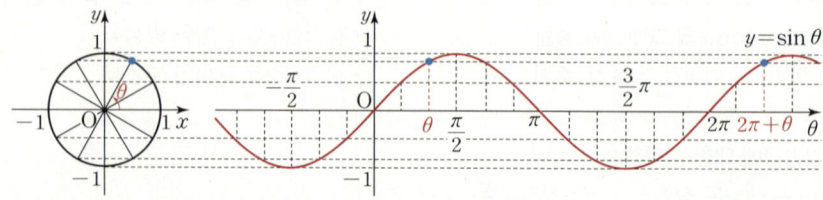

일반적으로 함수의 정의역의 원소는 x로 나타내므로 사인함수 $y=\sin\theta$에서 θ를 x로 바꾸어 $y=\sin x$로 쓴다.

<table>
<tr><td>개념
3</td><td colspan="2">**함수 $y=\cos x$의 그래프와 성질**</td><td>유형 072</td></tr>
</table>

(1) 정의역은 실수 전체의 집합이고, 치역은 $\{y\,|-1\leq y\leq 1\}$이다.

(2) 그래프는 y축에 대하여 대칭이다. 즉,

$$\cos(-x)=\cos x \quad \leftarrow \text{우함수}$$

(3) 주기가 2π인 주기함수이다. 즉,

$$\cos(x+2n\pi)=\cos x \;(\text{단, }n\text{은 정수이다.})$$

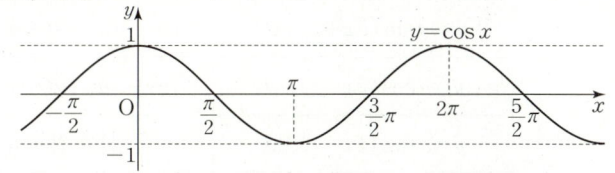

tip (1) 함수 $y=f(x)$의 그래프가 y축에 대하여 대칭이면 모든 실수 x에 대하여 $f(-x)=f(x)$가 성립하고, 이 함수를 우함수라 한다.

(2) 함수 $y=\cos x$의 그래프는 함수 $y=\sin x$의 그래프를 x축의 방향으로 $-\dfrac{\pi}{2}$만큼 $\left(\text{또는 } \dfrac{3}{2}\pi\text{만큼}\right)$ 평행이동한 그래프이다.

설명 오른쪽 그림과 같이 단위원과 각 θ를 나타내는 동경의 교점을 점 $\mathrm{P}(a,b)$라 하면 $\cos\theta=\dfrac{a}{1}=a$이므

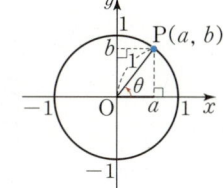

로 $\cos\theta$의 값은 점 P의 x좌표와 같다. 따라서 θ의 값을 가로축에 나타내고, 이에 대응하는 $\cos\theta$의 값을 세로축에 나타내면 다음과 같은 코사인함수 $y=\cos\theta$의 그래프를 얻을 수 있다.

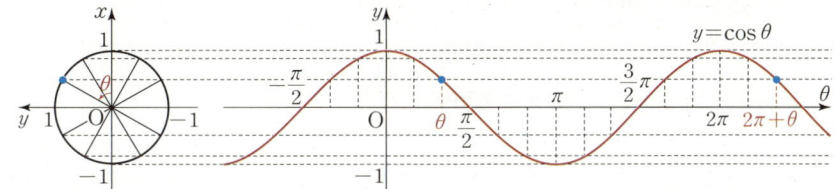

사인함수와 마찬가지로 코사인함수 $y=\cos\theta$에서 θ를 x로 바꾸어 $y=\cos x$로 쓴다.

<table>
<tr><td>개념
4</td><td colspan="2">**함수 $y=\tan x$의 그래프와 성질**</td><td>유형 072</td></tr>
</table>

(1) 정의역은 $n\pi+\dfrac{\pi}{2}$ (n은 정수)를 제외한 실수 전체의 집합이고, 치역은 실수 전체의 집합이다.

(2) 그래프는 원점에 대하여 대칭이다. 즉,

$$\tan(-x)=-\tan x \quad \leftarrow \text{기함수}$$

(3) 주기가 π인 주기함수이다. 즉,

$$\tan(x+n\pi)=\tan x \;(\text{단, }n\text{은 정수이다.})$$

(4) 그래프의 점근선은 직선 $x=n\pi+\dfrac{\pi}{2}$ (n은 정수)이다.

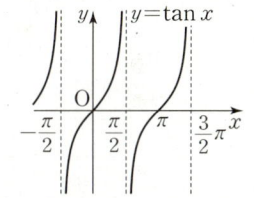

설명 오른쪽 그림과 같이 단위원과 각 θ를 나타내는 동경의 교점을 점 $\mathrm{P}(a,b)$라 하고, 점 $(1,0)$에서의 단위원의 접선과 동경 OP의 교점을 $\mathrm{T}(1,t)$라 하면 $\tan\theta=\dfrac{b}{a}=\dfrac{t}{1}=t \;(a\neq 0)$이므로 $\tan\theta$

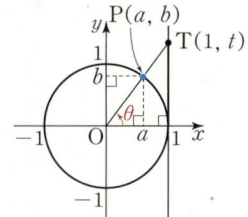

의 값은 점 $\mathrm{T}(1,t)$의 y좌표와 같다. 따라서 θ의 값을 가로축에 나타내고, 이에 대응하는 $\tan\theta$의 값을 세로축에 나타내면 다음과 같은 탄젠트함수 $y=\tan\theta$의 그래프를 얻을 수 있다.

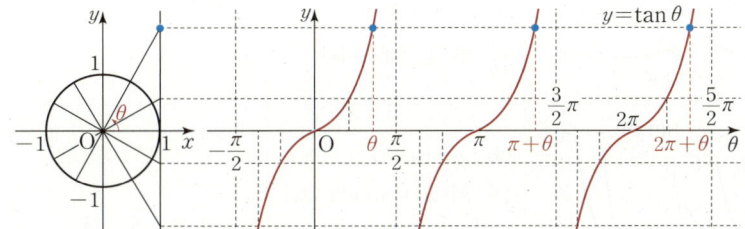

직선 $\theta=n\pi+\dfrac{\pi}{2}$ (n은 정수)일 때, 점 P의 x좌표는 0이므로 $\tan\theta$의 값은 정의되지 않는다. $\leftarrow$ 직선 $\theta=n\pi+\dfrac{\pi}{2}$ (n은 정수)는 $y=\tan\theta$의 그래프의 점근선이다.

사인함수, 코사인함수와 마찬가지로 탄젠트함수 $y=\tan\theta$에서 θ를 x로 바꾸어 $y=\tan x$로 쓴다.

삼각함수	치역	최댓값	최솟값	주기
$y = a\sin(bx+c)+d$	$\{y \mid -|a|+d \le y \le |a|+d\}$	$|a|+d$	$-|a|+d$	$\dfrac{2\pi}{|b|}$
$y = a\cos(bx+c)+d$	$\{y \mid -|a|+d \le y \le |a|+d\}$	$|a|+d$	$-|a|+d$	$\dfrac{2\pi}{|b|}$
$y = a\tan(bx+c)+d$	실수 전체의 집합	없다.	없다.	$\dfrac{\pi}{|b|}$

설명 (1) 세 함수 $y=a\sin x$, $y=a\cos x$, $y=a\tan x$ (a는 상수)의 그래프

함수의 그래프		치역	최댓값, 최솟값	주기
	함수 $y=a\sin x$의 그래프는 함수 $y=\sin x$의 그래프를 y축의 방향으로 $|a|$배 한 그래프이다.	$\{y \mid -|a| \le y \le |a|\}$	최댓값 : $|a|$ 최솟값 : $-|a|$	2π
	함수 $y=a\cos x$의 그래프는 함수 $y=\cos x$의 그래프를 y축의 방향으로 $|a|$배 한 그래프이다.	$\{y \mid -|a| \le y \le |a|\}$	최댓값 : $|a|$ 최솟값 : $-|a|$	2π
	함수 $y=a\tan x$의 그래프는 함수 $y=\tan x$의 그래프를 y축의 방향으로 $|a|$배 한 그래프이다.	실수 전체의 집합	최댓값 : 없다. 최솟값 : 없다.	π

(2) 세 함수 $y=\sin bx$, $y=\cos bx$, $y=\tan bx$ (b는 상수)의 그래프

함수의 그래프		치역	최댓값, 최솟값	주기
	함수 $y=\sin bx$의 그래프는 함수 $y=\sin x$의 그래프를 x축의 방향으로 $\dfrac{1}{|b|}$배 한 그래프이다.	$\{y \mid -1 \le y \le 1\}$	최댓값 : 1 최솟값 : -1	$\dfrac{2\pi}{|b|}$
	함수 $y=\cos bx$의 그래프는 함수 $y=\cos x$의 그래프를 x축의 방향으로 $\dfrac{1}{|b|}$배 한 그래프이다.	$\{y \mid -1 \le y \le 1\}$	최댓값 : 1 최솟값 : -1	$\dfrac{2\pi}{|b|}$
	함수 $y=\tan bx$의 그래프는 함수 $y=\tan x$의 그래프를 x축의 방향으로 $\dfrac{1}{|b|}$배 한 그래프이다.	실수 전체의 집합	최댓값 : 없다. 최솟값 : 없다.	$\dfrac{\pi}{|b|}$

tip (1) 삼각함수의 그래프를 y축의 방향으로 확대하거나 축소하면 치역은 변하지만 주기는 변하지 않고, 그래프를 x축의 방향으로 확대하거나 축소하면 주기는 변하지만 치역은 변하지 않는다.
(2) 삼각함수의 그래프를 x축의 방향으로 평행이동하면 치역과 주기가 모두 변하지 않고, y축의 방향으로 평행이동하면 치역은 변하지만 주기는 변하지 않는다.

설명 $y=a\sin(bx+c)+d=a\sin b\left(x+\dfrac{c}{b}\right)+d$이므로 함수 $y=a\sin(bx+c)+d$의 그래프는 함수 $y=a\sin bx$의 그래프를

x축의 방향으로 $-\dfrac{c}{b}$만큼, y축의 방향으로 d만큼 평행이동한 것이다.

따라서 함수 $y=a\sin(bx+c)+d$의 치역은 $\{y\,|\,-|a|+d\le y\le|a|+d\}$로 최댓값, 최솟값은 각각 $|a|+d$, $-|a|+d$,

즉 함수 $y=a\sin bx$의 최댓값, 최솟값에 각각 d를 더한 값과 같고, 주기는 $\dfrac{2\pi}{|b|}$로 함수 $y=a\sin bx$의 주기와 같다.

x축의 방향으로 평행이동 결정 ─┐ ┌─ y축의 방향으로 평행이동 결정
$$y=a\sin(bx+c)+d$$
주기 결정
최댓값, 최솟값 결정

예 함수 $y=2\sin\left(x-\dfrac{\pi}{2}\right)-1$의 그래프는 함수 $y=2\sin x$의 그래프를 x축의 방향으로 $\dfrac{\pi}{2}$만큼, y축의 방향으로 -1만큼 평행이동한 것이다.
따라서 그 그래프는 오른쪽 그림과 같고, 치역은 $\{y\,|\,-3\le y\le1\}$, 주기는 2π이다.

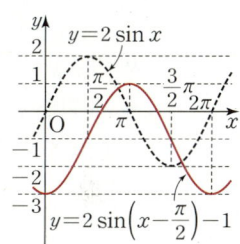

CHECK 함수 $y=3\sin 2x$의 그래프를 그리고, 치역과 주기를 구하시오.

풀이 함수 $y=3\sin 2x$의 그래프는 함수 $y=\sin x$의 그래프를 y축의 방향으로 3배, x축의 방향으로 $\dfrac{1}{2}$배 한 것이므로 그 그래프는 오른쪽 그림과 같다.

따라서 **치역은** $\{y\,|\,-3\le y\le3\}$, **주기는** $\dfrac{2\pi}{2}=\pi$이다.

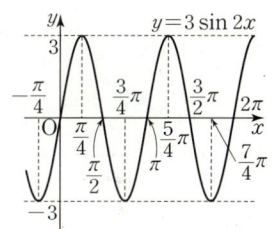

CHECK 함수 $y=3\sin\left(2x+\dfrac{\pi}{6}\right)-1$의 그래프를 그리고, 최댓값, 최솟값과 주기를 구하시오.

풀이 $y=3\sin\left(2x+\dfrac{\pi}{6}\right)-1=3\sin 2\left(x+\dfrac{\pi}{12}\right)-1$

즉, 함수 $y=3\sin\left(2x+\dfrac{\pi}{6}\right)-1$의 그래프는 $y=3\sin 2x$의 그래프를 x축의 방향으로 $-\dfrac{\pi}{12}$만큼,
y축의 방향으로 -1만큼 평행이동한 것이므로 그 그래프는 오른쪽 그림과 같다.
따라서 **최댓값은 2, 최솟값은 -4, 주기는 π**이다.

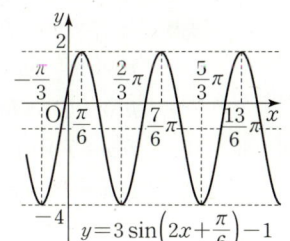

CHECK 함수 $y=2\tan\left(3x-\dfrac{\pi}{2}\right)+1$의 그래프를 그리고, 주기와 점근선의 방정식을 구하시오.

풀이 $y=2\tan\left(3x-\dfrac{\pi}{2}\right)+1=2\tan 3\left(x-\dfrac{\pi}{6}\right)+1$

즉, 함수 $y=2\tan\left(3x-\dfrac{\pi}{2}\right)+1$의 그래프는 함수 $y=2\tan 3x$의 그래프를 x축의 방향으로 $\dfrac{\pi}{6}$만큼, y축의 방향으로 1만큼 평행이동한 것이므로 그 그래프는 오른쪽 그림과 같다.

따라서 **주기는 $\dfrac{\pi}{3}$, 점근선의 방정식은 $x=\dfrac{n}{3}\pi$ (n은 정수)**이다.

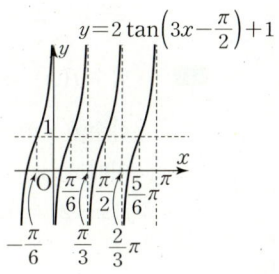

절댓값 기호를 포함한 삼각함수의 최댓값, 최솟값, 주기

유형 076

(1) 세 함수 $y=\sin|x|$, $y=\cos|x|$, $y=\tan|x|$의 그래프

　➡ 세 함수 $y=\sin x$, $y=\cos x$, $y=\tan x$의 그래프의 $x\geq0$인 부분만 남기고, $x\geq0$인 부분을 y축에 대하여 대칭이동한 것이다.

	$y=\sin|x|$	$y=\cos|x|$	$y=\tan|x|$
그래프			
최대, 최소	최댓값 : 1, 최솟값 : -1	최댓값 : 1, 최솟값 : -1	없다.
주기	없다.	2π	없다.

(2) 세 함수 $y=|\sin x|$, $y=|\cos x|$, $y=|\tan x|$의 그래프

　➡ 세 함수 $y=\sin x$, $y=\cos x$, $y=\tan x$의 그래프의 $y\geq0$인 부분은 그대로 두고, $y<0$인 부분은 x축에 대하여 대칭이동한 것이다.

	$y=|\sin x|$	$y=|\cos x|$	$y=|\tan x|$
그래프			
최대, 최소	최댓값 : 1, 최솟값 : 0	최댓값 : 1, 최솟값 : 0	최댓값 : 없다, 최솟값 : 0
주기	π	π	π

두 주기함수 $f(x)$, $g(x)$의 합으로 정의된 함수 $f(x)+g(x)$의 주기

두 주기함수 $f(x)$, $g(x)$의 합으로 정의된 함수 $f(x)+g(x)$의 주기는 두 함수 $f(x)$, $g(x)$의 주기의 최소공배수이다.

설명 두 주기함수 $f(x)$, $g(x)$의 주기를 각각 p_1, p_2 (p_1, p_2는 정수), 함수 $h(x)=f(x)+g(x)$의 주기를 T (T는 정수)라 하면 모든 실수 x에 대하여

$h(x+T)=h(x)$에서 $f(x+T)+g(x+T)=f(x)+g(x)$

$f(x+T)=f(x)$이므로 T는 p_1의 배수이다. ······ ㉠

$g(x+T)=g(x)$이므로 T는 p_2의 배수이다. ······ ㉡

㉠, ㉡에서 T는 p_1, p_2의 공배수이다.

따라서 함수 $h(x)=f(x)+g(x)$의 주기는 두 함수 $f(x)$, $g(x)$의 주기의 최소공배수와 같다.

tip 주기가 p인 함수 $f(x)$가 주어질 때, 모든 실수 x에 대하여 $f(x+T)=f(x)$ (T는 정수)가 성립하기 위한 필요충분조건은 $p\times n=T$인 정수 n이 존재하는 것이다.

예 함수 $f(x)=\sin\pi x+\cos2\pi x$에 대하여 함수 $y=\sin\pi x$의 주기는 $\dfrac{2\pi}{\pi}=2$, 함수 $y=\cos2\pi x$의 주기는 $\dfrac{2\pi}{2\pi}=1$이므로 함수 $f(x)$의 주기는 1, 2의 최소공배수인 2이다.

이때 $2\times n=-2$, $2\times n=4$, $2\times n=6$, $\cdots$인 정수 n이 -1, 2, 3, $\cdots$으로 존재하므로 함수 $f(x)$에 대하여 $f(x-2)=f(x)$, $f(x+4)=f(x)$, $f(x+6)=f(x)$, $\cdots$가 성립함을 알 수 있다.

다음 함수의 그래프를 그리고, 최댓값, 최솟값과 주기를 구하시오.

(1) $y = 2\sin x$ (2) $y = 3\cos 2x$ (3) $y = \tan\left(x - \dfrac{\pi}{4}\right)$

| 풀이 | (1) 함수 $y = 2\sin x$의 그래프는 함수 $y = \sin x$의 그래프를 y축의 방향으로 2배 한 것이므로 그 그래프는 오른쪽 그림과 같고, **최댓값은 2, 최솟값은 −2, 주기는 2π**이다.

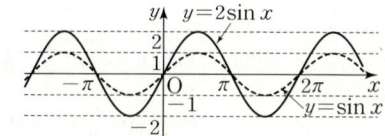

(2) 함수 $y = 3\cos 2x$의 그래프는 함수 $y = \cos x$의 그래프를 x축의 방향으로 $\dfrac{1}{2}$배, y축의 방향으로 3배 한 것이므로 그 그래프는 오른쪽 그림과 같고, **최댓값은 3, 최솟값은 −3, 주기는 π**이다.

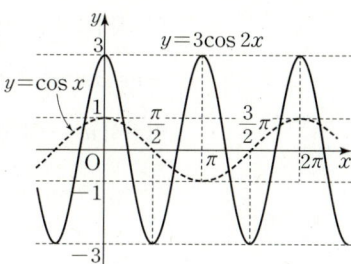

(3) 함수 $y = \tan\left(x - \dfrac{\pi}{4}\right)$의 그래프는 함수 $y = \tan x$의 그래프를 x축의 방향으로 $\dfrac{\pi}{4}$만큼 평행이동한 것이므로 그 그래프는 오른쪽 그림과 같고, **최댓값과 최솟값은 없고, 주기는 π**이다.

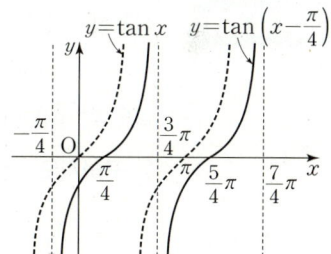

■ 정답과 풀이 47쪽

체크 197 다음 함수의 그래프를 그리고, 최댓값, 최솟값과 주기를 구하시오.

(1) $y = \sin\left(x + \dfrac{\pi}{4}\right)$ (2) $y = \cos\left(2x - \dfrac{\pi}{3}\right) - 1$ (3) $y = \dfrac{1}{2}\tan\left(3x - \dfrac{\pi}{2}\right)$

체크 198 함수 $f(x) = 3\sin\left(2x - \dfrac{\pi}{3}\right) + 1$에 대하여 |보기|에서 옳은 것만을 있는 대로 고르시오.

| 보기 |

ㄱ. 함수 $y = f(x)$의 그래프는 함수 $y = 3\sin 2x$의 그래프를 x축의 방향으로 $\dfrac{\pi}{6}$만큼, y축의 방향으로 1만큼 평행이동한 것이다.

ㄴ. 함수 $f(x)$의 최댓값은 4, 최솟값은 −2이다.

ㄷ. 모든 실수 x에 대하여 $f(x + \pi) = f(x)$이다.

유형 073 삼각함수의 그래프의 평행이동과 대칭이동

함수 $y=3\sin\dfrac{x}{2}-1$의 그래프를 y축의 방향으로 3만큼 평행이동한 후, x축에 대하여 대칭이동한 그래프의 식이

$y=a\sin\dfrac{x}{2}+b$일 때, 상수 a, b에 대하여 $b-a$의 값을 구하시오.

| 풀이 | 함수 $y=3\sin\dfrac{x}{2}-1$의 그래프를 y축의 방향으로 3만큼 평행이동한 그래프의 식은

$y=3\sin\dfrac{x}{2}-1+3=3\sin\dfrac{x}{2}+2$

이 그래프를 x축에 대하여 대칭이동한 그래프의 식은

$-y=3\sin\dfrac{x}{2}+2$ $\therefore y=-3\sin\dfrac{x}{2}-2$

따라서 $a=-3$, $b=-2$이므로 $b-a=-2-(-3)=\mathbf{1}$

유형 074 삼각함수의 최대, 최소와 미정계수 구하기

함수 $y=a\cos\left(bx+\dfrac{\pi}{2}\right)+c$의 최댓값이 4, 최솟값이 -2이고 주기가 π일 때, 상수 a, b, c에 대하여 abc의 값을 구하시오. (단, $a>0$, $b>0$)

| 풀이 | 함수 $y=a\cos\left(bx+\dfrac{\pi}{2}\right)+c$의 최댓값이 4, 최솟값이 -2이고 $a>0$이므로

$a+c=4$, $-a+c=-2$

위의 두 식을 연립하여 풀면 $a=3$, $c=1$

또한 주기가 π이고 $b>0$이므로

$\dfrac{2\pi}{b}=\pi$ $\therefore b=2$

$\therefore abc=3\times2\times1=\mathbf{6}$

■ 정답과 풀이 48쪽

체크 199 함수 $y=2\cos\dfrac{3}{2}x$의 그래프는 함수 $y=2\cos\left(\dfrac{3}{2}x+a\right)-6$의 그래프를 x축의 방향으로 -2만큼, y축의 방향으로 b만큼 평행이동한 그래프일 때, $a+b$의 값을 구하시오. (단, $-4<a<0$)

체크 200 함수 $f(x)=a\sin\dfrac{x}{3}+b$의 최댓값은 4이고 $f\left(\dfrac{\pi}{2}\right)=\dfrac{5}{2}$일 때, 상수 a, b에 대하여 a^2+b^2의 값을 구하시오.

(단, $a>0$)

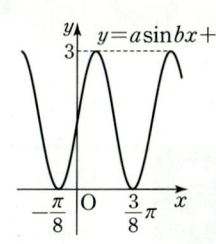

유형 075 삼각함수의 그래프와 미정계수 구하기

함수 $y=a\sin bx+c$의 그래프가 오른쪽 그림과 같을 때, 상수 a, b, c에 대하여 $2a+b+4c$의 값을 구하시오. (단, $a>0$, $b>0$)

| 풀이 | 함수 $y=a\sin bx+c$의 최댓값이 3, 최솟값이 0이고 $a>0$이므로

$a+c=3$, $-a+c=0$

위의 두 식을 연립하여 풀면 $a=\dfrac{3}{2}$, $c=\dfrac{3}{2}$

또한 주기가 $\dfrac{3}{8}\pi-\left(-\dfrac{\pi}{8}\right)=\dfrac{\pi}{2}$이고 $b>0$이므로 $\dfrac{2\pi}{b}=\dfrac{\pi}{2}$ $\therefore b=4$

$\therefore 2a+b+4c=2\times\dfrac{3}{2}+4+4\times\dfrac{3}{2}=\mathbf{13}$

유형 076 절댓값 기호를 포함한 삼각함수의 그래프

다음 함수의 그래프를 그리고, 최댓값과 최솟값을 구하시오.
(1) $y=\sin|x|+1$　　　　　　　　　　　　(2) $y=2|\tan x|$

| 풀이 | (1) 함수 $y=\sin|x|+1$의 그래프는 함수 $y=\sin x$의 그래프의 $x\geq0$인 부분만 남기고, $x\geq0$인 부분을 y축에 대하여 대칭이동한 후, y축의 방향으로 1만큼 평행이동한 것이므로 그 그래프는 오른쪽 그림과 같다.
따라서 **최댓값은 2, 최솟값은 0**이다.

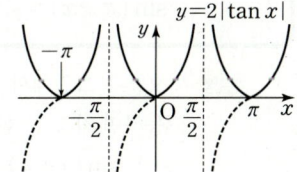

(2) 함수 $y=2|\tan x|$의 그래프는 함수 $y=2\tan x$의 그래프의 $y\geq0$인 부분은 그대로 두고, $y<0$인 부분은 x축에 대하여 대칭이동한 것이므로 오른쪽 그림과 같다.
따라서 **최댓값은 없고, 최솟값은 0**이나.

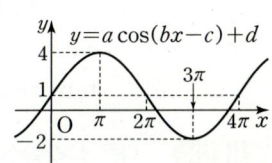

■ 정답과 풀이 48쪽

체크 201 함수 $y=a\cos(bx-c)+d$의 그래프가 오른쪽 그림과 같을 때, 상수 a, b, c, d에 대하여 $\dfrac{acd}{b}$의 값을 구하시오. (단, $a>0$, $b>0$, $0\leq c<2\pi$)

체크 202 다음 함수의 그래프를 그리고, 최댓값, 최솟값과 주기를 구하시오.
(1) $y=|3\sin x|$　　　　　　　(2) $y=2\cos|x|$　　　　　　　(3) $y=2|\cos 2x|-1$

15

II. 삼각함수 > 2 삼각함수의 그래프

일반각에 대한 삼각함수의 성질

개념 한눈에 보기

개념 1 — **$2n\pi+x$ (n은 정수), $-x$의 삼각함수**   유형 **077, 078**

(1) $2n\pi+x$ (n은 정수)의 삼각함수
$$\sin(2n\pi+x)=\sin x,\ \cos(2n\pi+x)=\cos x,\ \tan(2n\pi+x)=\tan x$$

(2) $-x$의 삼각함수
$$\sin(-x)=-\sin x,\ \cos(-x)=\cos x,\ \tan(-x)=-\tan x$$

설명 (1) 두 함수 $y=\sin x$, $y=\cos x$의 주기는 각각 2π이므로 $\sin x=\sin(x+2\pi)=\sin(x+4\pi)=\cdots$,
$\cos x=\cos(x+2\pi)=\cos(x+4\pi)=\cdots$,
함수 $y=\tan x$의 주기는 π이므로 $\tan x=\tan(x+\pi)=\tan(x+2\pi)=\cdots$
∴ $\sin(2n\pi+x)=\sin x,\ \cos(2n\pi+x)=\cos x,\ \tan(2n\pi+x)=\tan x$

(2) 두 함수 $y=\sin x$, $y=\tan x$의 그래프는 각각 원점에 대하여 대칭이므로 $\sin(-x)=-\sin x,\ \tan(-x)=-\tan x$
함수 $y=\cos x$의 그래프는 y축에 대하여 대칭이므로 $\cos(-x)=\cos x$

CHECK 다음 삼각함수의 값을 구하시오.

(1) $\sin\dfrac{9}{4}\pi$ (2) $\cos 780°$ (3) $\tan\left(-\dfrac{\pi}{3}\right)$

풀이 (1) $\sin\dfrac{9}{4}\pi=\sin\left(2\pi+\dfrac{\pi}{4}\right)=\sin\dfrac{\pi}{4}=\dfrac{\sqrt{2}}{2}$ (2) $\cos 780°=\cos(360°\times 2+60°)=\cos 60°=\dfrac{1}{2}$

(3) $\tan\left(-\dfrac{\pi}{3}\right)=-\tan\dfrac{\pi}{3}=-\sqrt{3}$

개념 2 — **$\pi\pm x$의 삼각함수**   유형 **077, 078**

$$\sin(\pi+x)=-\sin x,\ \cos(\pi+x)=-\cos x,\ \tan(\pi+x)=\tan x$$
$$\sin(\pi-x)=\sin x,\ \cos(\pi-x)=-\cos x,\ \tan(\pi-x)=-\tan x$$

설명 오른쪽 그림에서 두 함수 $y=\sin x$, $y=\cos x$의 그래프를 각각 x축의 방향으로 $-\pi$만큼 평행이
동하면 각각 두 함수 $y=-\sin x$, $y=-\cos x$의 그래프와 일치하므로

$\sin(x+\pi)=-\sin x$ ······ ㉠

$\cos(x+\pi)=-\cos x$ ······ ㉡

또한 함수 $y=\tan x$의 주기는 π이므로 $\tan(\pi+x)=\tan x$ ······ ㉢

㉠, ㉡, ㉢에 각각 x 대신 $-x$를 대입하여 정리하면

$\sin(\pi-x)=-\sin(-x)=\sin x,\ \cos(\pi-x)=-\cos(-x)=-\cos x,$

$\tan(\pi-x)=\tan(-x)=-\tan x$

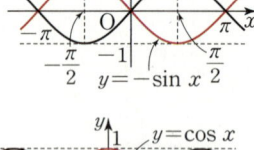

CHECK 다음 삼각함수의 값을 구하시오.

(1) $\sin\dfrac{7}{6}\pi$ (2) $\cos\dfrac{2}{3}\pi$ (3) $\tan 135°$

풀이 (1) $\sin\dfrac{7}{6}\pi=\sin\left(\pi+\dfrac{\pi}{6}\right)=-\sin\dfrac{\pi}{6}=-\dfrac{1}{2}$ (2) $\cos\dfrac{2}{3}\pi=\cos\left(\pi-\dfrac{\pi}{3}\right)=-\cos\dfrac{\pi}{3}=-\dfrac{1}{2}$

(3) $\tan 135°=\tan(180°-45°)=-\tan 45°=\mathbf{-1}$

<table>
<tr>
<td>개념
3</td>
<td>$\dfrac{\pi}{2}\pm x$의 삼각함수</td>
<td>유형 077, 078</td>
</tr>
</table>

$$\sin\left(\frac{\pi}{2}+x\right)=\cos x, \quad \cos\left(\frac{\pi}{2}+x\right)=-\sin x, \quad \tan\left(\frac{\pi}{2}+x\right)=-\frac{1}{\tan x}$$

$$\sin\left(\frac{\pi}{2}-x\right)=\cos x, \quad \cos\left(\frac{\pi}{2}-x\right)=\sin x, \quad \tan\left(\frac{\pi}{2}-x\right)=\frac{1}{\tan x}$$

설명 오른쪽 그림에서 두 함수 $y=\sin x$, $y=\cos x$의 그래프를 각각 x축의 방향으로 $-\dfrac{\pi}{2}$만큼 평행

이동하면 각각 두 함수 $y=\cos x$, $y=-\sin x$의 그래프와 일치하므로

$$\sin\left(x+\frac{\pi}{2}\right)=\cos x \qquad\qquad \cdots\cdots ㉠$$

$$\cos\left(x+\frac{\pi}{2}\right)=-\sin x \qquad\qquad \cdots\cdots ㉡$$

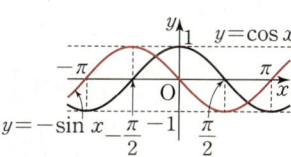

또한 ㉠, ㉡에 의하여

$$y=\tan\left(\frac{\pi}{2}+x\right)=\frac{\sin\left(\frac{\pi}{2}+x\right)}{\cos\left(\frac{\pi}{2}+x\right)}=\frac{\cos x}{-\sin x}=-\frac{1}{\tan x} \qquad\qquad \cdots\cdots ㉢$$

㉠, ㉡, ㉢에 각각 x 대신 $-x$를 대입하여 정리하면

$$\sin\left(\frac{\pi}{2}-x\right)=\cos(-x)=\cos x, \quad \cos\left(\frac{\pi}{2}-x\right)=-\sin(-x)=\sin x, \quad \tan\left(\frac{\pi}{2}-x\right)=-\frac{1}{\tan(-x)}=\frac{1}{\tan x}$$

CHECK 다음 삼각함수의 값을 구하시오.

(1) $\sin 150°$ (2) $\cos\dfrac{5}{6}\pi$ (3) $\tan\dfrac{2}{3}\pi$

풀이 (1) $\sin 150°=\sin(90°+60°)=\cos 60°=\dfrac{1}{2}$ (2) $\cos\dfrac{5}{6}\pi=\cos\left(\dfrac{\pi}{2}+\dfrac{\pi}{3}\right)=-\sin\dfrac{\pi}{3}=-\dfrac{\sqrt{3}}{2}$

(3) $\tan\dfrac{2}{3}\pi=\tan\left(\dfrac{\pi}{2}+\dfrac{\pi}{6}\right)=-\dfrac{1}{\tan\dfrac{\pi}{6}}=-\sqrt{3}$

Plus⁺ 자료

● 삼각함수의 각의 변형 방법

여러 가지 각의 삼각함수는 다음과 같은 순서로 그 값을 구한다.

① 주어진 각을 $90°\times n\pm\theta$ 또는 $\dfrac{\pi}{2}\times n\pm\theta$ (n은 정수) 꼴로 변형한다.

② 삼각함수를 결정한다.

  (i) n이 짝수일 때, $\sin\to\sin$, $\cos\to\cos$, $\tan\to\tan$ ← 짝수일 때에는 함수를 그대로 한다.

  (ii) n이 홀수일 때, $\sin\to\cos$, $\cos\to\sin$, $\tan\to\dfrac{1}{\tan}$ ← 홀수일 때에는 함수를 바꾼다.

③ 부호를 정한다.

  θ를 예각으로 생각하여 $90°\times n\pm\theta$ 또는 $\dfrac{\pi}{2}\times n\pm\theta$가 나타내는 동경이 제몇 사분면에 있는지 구한 후 처음 주어진 삼각

  함수의 부호가 양이면 $+$, 음이면 $-$를 붙인다.

  예 (1) $\sin 210°=\sin(90°\times 2+30°)=-\sin 30°=-\dfrac{1}{2}$

    (2) $\cos\dfrac{5}{3}\pi=\cos\left(\dfrac{\pi}{2}\times 3+\dfrac{\pi}{6}\right)=\sin\dfrac{\pi}{6}=\dfrac{1}{2}$

다음 식의 값을 구하시오.

(1) $\sin\dfrac{4}{3}\pi \tan\dfrac{5}{6}\pi + \cos\left(-\dfrac{7}{3}\pi\right)$

(2) $\dfrac{\cos\left(\dfrac{\pi}{2}-\theta\right)}{\cos^2\theta\sin\left(\dfrac{3}{2}\pi-\theta\right)} - \dfrac{\cos\left(\dfrac{3}{2}\pi+\theta\right)}{\cos^3(\pi+\theta)}$

| 풀이 |

(1) $\sin\dfrac{4}{3}\pi = \sin\left(\pi+\dfrac{\pi}{3}\right) = -\sin\dfrac{\pi}{3} = -\dfrac{\sqrt{3}}{2}$, $\tan\dfrac{5}{6}\pi = \tan\left(\pi-\dfrac{\pi}{6}\right) = -\tan\dfrac{\pi}{6} = -\dfrac{\sqrt{3}}{3}$,

$\cos\left(-\dfrac{7}{3}\pi\right) = \cos\dfrac{7}{3}\pi = \cos\left(2\pi+\dfrac{\pi}{3}\right) = \cos\dfrac{\pi}{3} = \dfrac{1}{2}$

$\therefore$ (주어진 식) $= \left(-\dfrac{\sqrt{3}}{2}\right) \times \left(-\dfrac{\sqrt{3}}{3}\right) + \dfrac{1}{2} = \mathbf{1}$

(2) $\cos\left(\dfrac{\pi}{2}-\theta\right) = \sin\theta$, $\sin\left(\dfrac{3}{2}\pi-\theta\right) = -\cos\theta$, $\cos\left(\dfrac{3}{2}\pi+\theta\right) = \sin\theta$, $\cos(\pi+\theta) = -\cos\theta$

$\therefore$ (주어진 식) $= \dfrac{\sin\theta}{\cos^2\theta \times (-\cos\theta)} - \dfrac{\sin\theta}{-\cos^3\theta}$

$= -\dfrac{\sin\theta}{\cos^3\theta} + \dfrac{\sin\theta}{\cos^3\theta} = \mathbf{0}$

■ 정답과 풀이 | 49쪽

체크 | 203 다음 식의 값을 구하시오.

(1) $\sin(-60°)\cos135°$

(2) $\cos150°\tan210°$

(3) $\tan(\pi-\theta)\tan\left(\dfrac{\pi}{2}-\theta\right)$

(4) $\sin\left(\dfrac{\pi}{2}+\theta\right) + \sin(\pi+\theta) + \sin\left(\dfrac{3}{2}\pi+\theta\right) + \sin(2\pi+\theta)$

체크 | 204 다음 식을 간단히 하시오.

$\left\{\dfrac{\sin\left(\dfrac{\pi}{2}+\theta\right)\cos(3\pi+\theta)}{\cos(\pi-\theta)}\right\}^2 + \left\{\dfrac{\sin(\pi+\theta)\cos\left(\dfrac{3}{2}\pi-\theta\right)}{\sin(\pi-\theta)}\right\}^2$

체크 | 205 $\sin^2\left(\dfrac{\pi}{4}+\theta\right) + \sin^2\left(\dfrac{\pi}{4}-\theta\right)$ 를 간단히 하시오.

다음 식의 값을 구하시오.

(1) $\sin^2 10° + \sin^2 20° + \sin^2 30° + \cdots + \sin^2 90°$

(2) $\tan 1° \times \tan 2° \times \tan 3° \times \cdots \times \tan 89°$

| 풀이 | (1) $\sin(90° - \theta) = \cos\theta$이므로

$\sin 80° = \sin(90° - 10°) = \cos 10°$, $\sin 70° = \sin(90° - 20°) = \cos 20°$,

$\sin 60° = \sin(90° - 30°) = \cos 30°$, $\sin 50° = \sin(90° - 40°) = \cos 40°$

$\therefore \sin^2 10° + \sin^2 20° + \sin^2 30° + \cdots + \sin^2 90°$

$= (\sin^2 10° + \sin^2 80°) + (\sin^2 20° + \sin^2 70°) + (\sin^2 30° + \sin^2 60°) + (\sin^2 40° + \sin^2 50°) + \sin^2 90°$

$= (\sin^2 10° + \cos^2 10°) + (\sin^2 20° + \cos^2 20°) + (\sin^2 30° + \cos^2 30°) + (\sin^2 40° + \cos^2 40°) + 1$

$= 1 + 1 + 1 + 1 + 1 = \mathbf{5}$

(2) $\tan(90° - \theta) = \dfrac{1}{\tan\theta}$이므로

$\tan 89° = \tan(90° - 1°) = \dfrac{1}{\tan 1°}$, $\tan 88° = \tan(90° - 2°) = \dfrac{1}{\tan 2°}$, $\tan 87° = \tan(90° - 3°) = \dfrac{1}{\tan 3°}$, $\cdots$

$\tan 48° = \tan(90° - 42°) = \dfrac{1}{\tan 42°}$, $\tan 47° = \tan(90° - 43°) = \dfrac{1}{\tan 43°}$, $\tan 46° = \tan(90° - 44°) = \dfrac{1}{\tan 44°}$

$\therefore \tan 1° \times \tan 2° \times \tan 3° \times \cdots \times \tan 89°$

$= \tan 1° \times \tan 2° \times \tan 3° \times \cdots \times \tan 44° \times \tan 45° \times \dfrac{1}{\tan 44°} \times \dfrac{1}{\tan 43°} \times \dfrac{1}{\tan 42°} \times \cdots \times \dfrac{1}{\tan 2°} \times \dfrac{1}{\tan 1°}$

$= \tan 45° = \mathbf{1}$

■ 정답과 풀이 49쪽

 206

다음 식의 값을 구하시오.

(1) $\cos^2 1° + \cos^2 2° + \cos^2 3° + \cdots + \cos^2 90°$

(2) $\cos 10° + \cos 20° + \cos 30° + \cdots + \cos 170°$

체크 207

$\sin^2 \dfrac{\pi}{10} + \sin^2 \dfrac{2}{10}\pi + \sin^2 \dfrac{3}{10}\pi + \cdots + \sin^2 \dfrac{9}{10}\pi$의 값을 구하시오.

16 삼각함수를 포함한 식의 최대, 최소

개념 한눈에 보기

개념 1 삼각함수를 포함한 식의 최대, 최소

유형 079. 080

삼각함수를 포함한 식의 최대, 최소는 다음과 같은 순서로 구한다.

① 삼각함수의 각이 $\dfrac{n}{2}\pi \pm x$ 꼴로 나타내어진 경우 각을 x로 통일한다.

② $\sin x$, $\cos x$, $\tan x$가 섞여 있는 경우 삼각함수 사이의 관계를 이용하여 한 종류의 삼각함수로 통일한다.

③ ②의 삼각함수를 t로 치환하여 주어진 함수를 t에 대한 함수로 변형한다.
   이때 t의 값의 범위에 주의한다.

④ ③의 t에 대한 함수의 그래프를 그린 후, t의 값의 범위를 고려하여 최댓값과 최솟값을 구한다.

tip x의 값의 범위에 대한 언급이 없을 때, $\sin x = t$ 또는 $\cos x = t$로 치환하면 t의 값의 범위는 $-1 \le t \le 1$이고, $\tan x = t$로 치환하면 t의 값의 범위는 실수 전체이다.

예 함수 $y = \sin^2 x + 2\cos x$의 최댓값과 최솟값을 구해 보면
$\sin^2 x + \cos^2 x = 1$에서 $\sin^2 x = 1 - \cos^2 x$이므로
$y = (1 - \cos^2 x) + 2\cos x = -\cos^2 x + 2\cos x + 1$
이때 $\cos x = t$로 놓으면 $-1 \le t \le 1$이고 주어진 함수는
$\qquad y = -t^2 + 2t + 1 = -(t-1)^2 + 2$
함수 $y = -(t-1)^2 + 2$ $(-1 \le t \le 1)$의 그래프는 오른쪽 그림과 같으므로
$t = 1$일 때 최댓값은 2, $t = -1$일 때 최솟값은 -2이다.

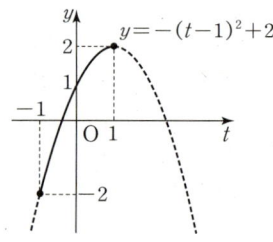

CHECK 다음 함수의 최댓값과 최솟값을 구하시오.

(1) $y = 3\sin x - \cos\left(\dfrac{\pi}{2} - x\right) + 1$ (2) $y = \dfrac{\cos x}{\cos x + 2}$ (3) $y = |\sin x - 1| + 2$

풀이 (1) $y = 3\sin x - \cos\left(\dfrac{\pi}{2} - x\right) + 1 = 3\sin x - \sin x + 1 = 2\sin x + 1$

이때 $-1 \le \sin x \le 1$이므로 $-2 \le 2\sin x \le 2$ $\therefore$ $-1 \le 2\sin x + 1 \le 3$
따라서 **최댓값은 3, 최솟값은 -1**이다.

(2) $\cos x = t$로 놓으면 $-1 \le t \le 1$이고 주어진 함수는

$$y = \dfrac{t}{t+2} = \dfrac{(t+2)-2}{t+2} = -\dfrac{2}{t+2} + 1$$

따라서 이 함수의 그래프는 오른쪽과 그림과 같으므로

$t = 1$일 때 **최댓값은 $\dfrac{1}{3}$**, $t = -1$일 때 **최솟값은 -1**이다.

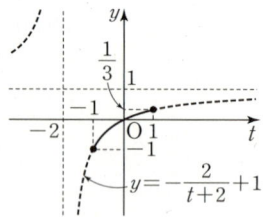

(3) $\sin x = t$로 놓으면 $-1 \le t \le 1$이고 주어진 함수는
$y = |t - 1| + 2$
따라서 이 함수의 그래프는 오른쪽과 그림과 같으므로
$t = -1$일 때 **최댓값은 4**, $t = 1$일 때 **최솟값은 2**이다.

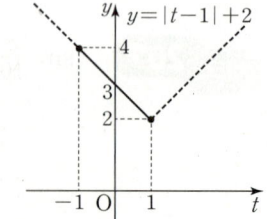

다른 풀이 (3) $-1 \le \sin x \le 1$이므로 $-2 \le \sin x - 1 \le 0$에서
$0 \le |\sin x - 1| \le 2$ $\therefore$ $2 \le |\sin x - 1| + 2 \le 4$
따라서 **최댓값은 4, 최솟값은 2**이다.

다음 함수의 최댓값과 최솟값을 구하시오.

(1) $y=\sin^2 x+3\cos x+1$

(2) $y=\dfrac{\sin x}{-\sin x+2}$

| 풀이 |

(1) $\sin^2 x=1-\cos^2 x$이므로

$y=\sin^2 x+3\cos x+1=(1-\cos^2 x)+3\cos x+1=-\cos^2 x+3\cos x+2$

이때 $\cos x=t$로 놓으면 $-1\leq t\leq 1$이고 주어진 함수는

$y=-t^2+3t+2=-\left(t-\dfrac{3}{2}\right)^2+\dfrac{17}{4}$

따라서 이 함수의 그래프는 오른쪽 그림과 같으므로

$t=1$일 때 **최댓값은 4**, $t=-1$일 때 **최솟값은 -2**이다.

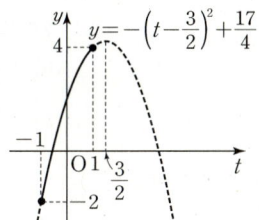

(2) $\sin x=t$로 놓으면 $-1\leq t\leq 1$이고 주어진 함수는

$y=\dfrac{t}{-t+2}=-\dfrac{(t-2)+2}{t-2}=-\dfrac{2}{t-2}-1$

따라서 이 함수의 그래프는 오른쪽과 그림과 같으므로

$t=1$일 때 **최댓값은 1**, $t=-1$일 때 **최솟값은 $-\dfrac{1}{3}$**이다.

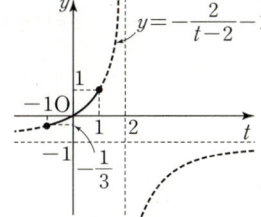

■ 정답과 풀이 50쪽

체크 | 208 다음 함수의 최댓값과 최솟값을 구하시오.

(1) $y=\sin^2\left(\dfrac{3}{2}\pi-x\right)+\cos(\pi-x)+3$

(2) $y=\dfrac{-\tan x+1}{\tan x+1}\left(단,\ 0\leq x\leq\dfrac{\pi}{4}\right)$

체크 | 209 다음 함수의 최댓값을 M, 최솟값을 m이라 할 때, $M+m$의 값을 구하시오.

(1) $y=\sin^2\left(x+\dfrac{\pi}{2}\right)-3\sin^2 x-4\cos(x-\pi)+2$

(2) $y=\dfrac{\cos x+\sin x}{2\cos x-\sin x}\left(단,\ 0\leq x\leq\dfrac{\pi}{4}\right)$

체크 | 210 함수 $y=\dfrac{-2\sin x+5}{\sin x+2}$의 치역이 $\{y\,|\,a\leq y\leq b\}$일 때, 상수 a, b에 대하여 $a+b$의 값을 구하시오.

다음 함수의 최댓값과 최솟값을 구하시오.

(1) $y=|2\sin x+1|-4$ (2) $y=-|3\cos x-1|+2$

| 풀이 | (1) $\sin x=t$로 놓으면 $-1\leq t\leq 1$이고 주어진 함수는

$y=|2t+1|-4$

따라서 이 함수의 그래프는 오른쪽 그림과 같으므로

$t=1$일 때 **최댓값은 -1**, $t=-\dfrac{1}{2}$일 때 **최솟값은 -4**이다.

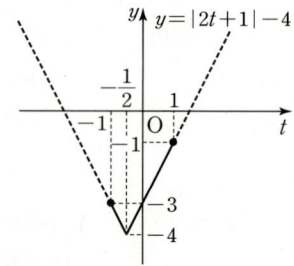

(2) $\cos x=t$로 놓으면 $-1\leq t\leq 1$이고 주어진 함수는

$y=-|3t-1|+2$

따라서 이 함수의 그래프는 오른쪽 그림과 같으므로

$t=\dfrac{1}{3}$일 때 **최댓값은 2**, $t=-1$일 때 **최솟값은 -2**이다.

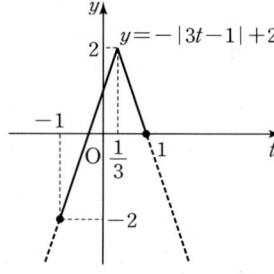

| 다른 풀이 | (1) $-1\leq\sin x\leq 1$이므로

$-2\leq 2\sin x\leq 2$, $-1\leq 2\sin x+1\leq 3$

$0\leq|2\sin x+1|\leq 3$ $\therefore -4\leq|2\sin x+1|-4\leq -1$

따라서 **최댓값은 -1, 최솟값은 -4**이다.

(2) $-1\leq\cos x\leq 1$이므로

$-3\leq 3\cos x\leq 3$, $-4\leq 3\cos x-1\leq 2$

$-4\leq-|3\cos x-1|\leq 0$ $\therefore -2\leq-|3\cos x-1|+2\leq 2$

따라서 **최댓값은 2, 최솟값은 -2**이다.

■ 정답과 풀이 51쪽

체크 **211** 함수 $y=a|\cos x-1|+b$의 최댓값이 6, 최솟값이 -2일 때, 상수 a, b에 대하여 $a+b$의 값을 구하시오.

(단, $a>0$)

체크 **212** 함수 $y=-2|3\cos x-a|+5$의 최댓값이 b, 최솟값이 -3일 때, 상수 a, b에 대하여 $a+b$의 값을 구하시오.

(단, $0<a<3$)

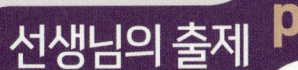
선생님의 출제 point

---

1 함수 $f(x)=\sin 2x+\cos\left(3x+\dfrac{\pi}{4}\right)-1$의 주기를 p라 할 때, $f(p)$의 값을 구하시오.

| 풀이 | ① 함수의 주기를 이용하여 $f(p)$의 값과 같은 값 찾기

함수 $f(x)$의 주기가 p이므로
$$f(x+p)=f(x)$$
위의 식에 $x=0$을 대입하면
$$f(p)=f(0)$$

② 값 구하기

$$\therefore f(p)=f(0)$$
$$=\sin 0+\cos\dfrac{\pi}{4}-1$$
$$=0+\dfrac{\sqrt{2}}{2}-1$$
$$=\dfrac{\sqrt{2}}{2}-1$$

2 오른쪽 그림과 같이 좌표평면 위에 있는 단위원을 14등분하는 각 점을 차례대로 P_1, P_2, $\cdots$, P_{14}라 하자. $P_1(1, 0)$, $\angle P_1OP_2=\theta$라 할 때,
$$\cos\theta+\cos 2\theta+\cos 3\theta+\cdots+\cos 14\theta$$
의 값을 구하시오.

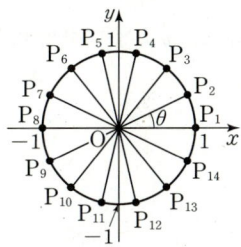

| 풀이 | ① 일반각에 대한 삼각함수의 성질을 이용하여 주어진 식 변환하기
유형 077

$7\theta=\pi$이므로
$$\cos 8\theta=\cos(\pi+\theta)=-\cos\theta$$
$$\cos 9\theta=\cos(\pi+2\theta)=-\cos 2\theta$$
$$\cos 10\theta=\cos(\pi+3\theta)=-\cos 3\theta$$
$$\cos 11\theta=\cos(\pi+4\theta)=-\cos 4\theta$$
$$\cos 12\theta=\cos(\pi+5\theta)=-\cos 5\theta$$
$$\cos 13\theta=\cos(\pi+6\theta)=-\cos 6\theta$$

② 삼각함수 사이의 관계를 이용하여 값 구하기
유형 078

$$\therefore \cos\theta+\cos 2\theta+\cos 3\theta+\cdots+\cos 13\theta+\cos 14\theta$$
$$=(\cos\theta+\cos 8\theta)+(\cos 2\theta+\cos 9\theta)+\cdots+(\cos 7\theta+\cos 14\theta)$$
$$=(\cos\theta-\cos\theta)+(\cos 2\theta-\cos 2\theta)+\cdots+(\cos\pi+\cos 2\pi)$$
$$=-1+1=0$$

213

다음 중 정의역에 속하는 모든 실수 x에 대하여 $f(x+6)=f(x)$를 만족시키지 <u>않는</u> 함수는?

① $f(x)=\sin\dfrac{\pi}{3}x$ ② $f(x)=\sin\dfrac{8}{3}\pi x$

③ $f(x)=\cos\pi x$ ④ $f(x)=\cos\dfrac{5}{3}\pi x$

⑤ $f(x)=\tan\dfrac{\pi}{4}x$

214

다음 중 함수 $y=2\cos(\pi x-4\pi)+1$에 대한 설명으로 옳지 <u>않은</u> 것은?

① 정의역은 실수 전체의 집합이다.
② 치역은 $\{y\,|\,-1\leq y\leq 3\}$이다.
③ 그래프는 함수 $y=2\cos\pi x$의 그래프를 x축의 방향으로 4π만큼, y축의 방향으로 1만큼 평행이동한 것이다.
④ 주기는 2이다.
⑤ 그래프는 y축에 대하여 대칭이다.

215

다음 그림과 같이 함수 $y=\sin\dfrac{\pi}{6}x$의 그래프와 x축으로 둘러싸인 부분에 직사각형 ABCD가 내접하고 있다. $\overline{BC}=4$일 때, 직사각형 ABCD의 넓이를 구하시오.

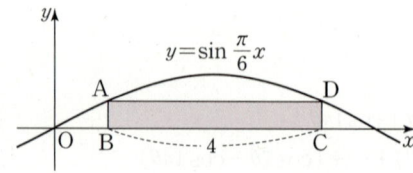

216

오른쪽 그림과 같이 함수 $y=\tan x$의 그래프와 x축 및 직선 $y=k\ (k>0)$로 둘러싸인 도형의 넓이가 4π일 때, 상수 k의 값을 구하시오. $\left(\text{단, }0\leq x<\dfrac{3}{2}\pi\right)$

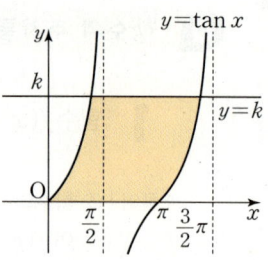

217   필수기출

$0\leq x\leq 2\pi$에서 두 함수 $f(x)=\sin x$, $g(x)=-\cos x+t$의 그래프가 만나는 점의 개수를 $h(t)$라 할 때, $h(0)+h(1)$의 값은? |교육청 기출|

① 3   ② 4   ③ 5
④ 6   ⑤ 7

218

|보기|의 함수의 그래프에서 서로 일치하는 것을 고르시오.

┌ 보기 ┐
ㄱ. $y=|\sin x|$ ㄴ. $y=\cos x$
ㄷ. $y=|\cos x|$ ㄹ. $y=\cos|x|$

219

함수 $f(x)=a\sin bx+c$가 다음 조건을 만족시킨다.

> (가) $f(x)$의 최댓값은 4, 최솟값은 -2이다.
> (나) 모든 실수 x에 대하여 $f(x+p)=f(x)$를 만족시키는
> p의 최솟값은 $\dfrac{\pi}{2}$이다.

$a^2+b^2+c^2$의 값을 구하시오. (단, $a>0$, $b>0$)

220

$\dfrac{\sin\left(\dfrac{\pi}{2}+\theta\right)}{\cos(\pi+\theta)}-\tan\left(\dfrac{3}{2}\pi+\theta\right)\tan\theta+\dfrac{\sin(2\pi+\theta)}{\cos\left(\dfrac{\pi}{2}-\theta\right)}$를 간단히

하시오.

221

| 보기 |에서 옳은 것만을 있는 대로 고른 것은?

> | 보기 |
>
> ㄱ. $\cos\left(\dfrac{\pi}{2}+\theta\right)\tan\left(\dfrac{5}{2}\pi+\theta\right)=\cos\theta$
>
> ㄴ. $\dfrac{1}{1+\cos\theta}+\dfrac{1}{1-\cos\theta}=\dfrac{2}{\sin^2\theta}$
>
> ㄷ. $\left\{\dfrac{\sin\left(\dfrac{\pi}{2}+\theta\right)\cos(3\pi-\theta)}{\cos(\pi-\theta)}\right\}^2$
> $+\left\{\dfrac{\sin(\pi+\theta)\cos\left(\dfrac{3}{2}\pi-\theta\right)}{\sin(-\pi+\theta)}\right\}^2=1$

① ㄱ   ② ㄱ, ㄴ   ③ ㄱ, ㄷ

④ ㄴ, ㄷ   ⑤ ㄱ, ㄴ, ㄷ

222

오른쪽 그림과 같이 선분 AB를 지름으로 하는 원 위의 한 점 C에 대하여 $\overline{AC}=5$, $\overline{BC}=2\sqrt{6}$이고, $\angle CAB=\alpha$, $\angle CBA=\beta$라 할 때, $\cos(\alpha+2\beta)$의 값을 구하시오.

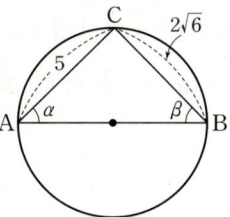

223 필수기출

직선 $x+2y+1=0$이 x축의 양의 방향과 이루는 각의 크기를 θ라 할 때, $\cos\left(\dfrac{\pi}{2}+\theta\right)+\cos(\pi+\theta)$의 값은?

$$\left(\text{단, }\dfrac{\pi}{2}<\theta<\pi\right) \quad \text{|교육청 기출|}$$

① $-\dfrac{3\sqrt5}{5}$ ② $-\dfrac{\sqrt5}{5}$ ③ 0

④ $\dfrac{\sqrt5}{5}$ ⑤ $\dfrac{3\sqrt5}{5}$

224

함수 $y=\cos^2\left(\dfrac{3}{2}\pi-\theta\right)+3\cos^2\theta+4\sin(\pi+\theta)$의 최댓값을 M, 최솟값을 m이라 할 때, $M+m$의 값을 구하시오.

225

$0 \leq x \leq \dfrac{\pi}{4}$에서 함수 $y = \dfrac{4\cos x + 2\sin x}{3\cos x - \sin x}$ 의 치역이
$\{y \mid a \leq y \leq b\}$일 때, $3a - b$의 값을 구하시오.

226

함수 $y = |2\sin x - a| + 3$의 최댓값이 9이고 최솟값이 b일 때, 상수 a, b에 대하여 $a + b$의 값을 구하시오. (단, $a > 2$)

227

태양과 달의 만유인력에 의하여 조류 현상이 발생한다. 서해의 한 지점에서 자정부터 24시간 동안 조수 간만의 차를 조사하여 시각 t(시)와 바닷물의 깊이 y(m) 사이의 관계를 그래프로 나타내었더니 다음 그림과 같았다. 이 그래프를 식으로 나타내었더니 $y = a\cos(bt + c) + d$이었을 때, 이날 오전 8시의 이 지점에서의 해수면의 높이는? (단, $a > 0$, $b > 0$, $-\pi < c < 0$)

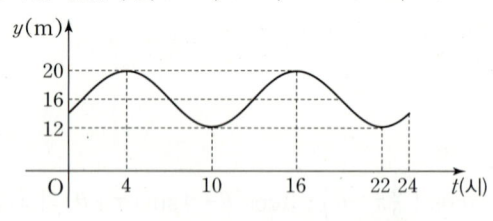

① 12.5 m   ② 13 m   ③ 13.5 m
④ 14 m   ⑤ 14.5 m

228

오른쪽 그림과 같이 두 점 O$(0, 0)$, A$\left(\dfrac{\pi}{2}, 0\right)$에 대하여 선분 OA를 10등분하는 9개의 점을 차례대로 P$_k$ $(k = 1, 2, 3, \cdots, 9)$라 하자. 점 P$_k$를 지나고 x축에 수직인 직선과 곡선 $y = 4\cos x$의 교점을 Q$_k$라 할 때, $\overline{P_1Q_1}^2 + \overline{P_2Q_2}^2 + \overline{P_3Q_3}^2 + \cdots + \overline{P_9Q_9}^2$의 값을 구하시오.

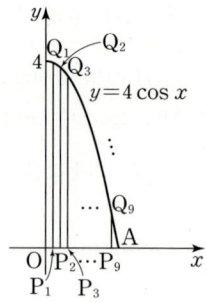

229

삼각형 ABC의 세 내각 $\angle A$, $\angle B$, $\angle C$의 크기를 각각 A, B, C라 할 때, |보기|에서 항상 성립하는 것만을 고르시오.

| 보기 |

ㄱ. $\sin(B + C) = \sin A$

ㄴ. $\cos\dfrac{B + C}{2} = \sin\dfrac{A}{2}$

ㄷ. $\tan\dfrac{A + B}{2} \tan\dfrac{C}{2} = 1$

ㄹ. $\cos(A + 2B - 2C) + \sin(2A + 3B - C) = 1$

230

두 함수 $f(x) = 2\sin^2 x - 4\cos x + 1$, $g(x) = x^2 - 2x - 10$에 대하여 함수 $y = (g \circ f)(x)$의 최댓값과 최솟값의 합을 구하시오.

17 삼각함수를 포함한 방정식과 부등식

개념 한눈에 보기

개념 1 **삼각함수를 포함한 방정식** 유형 081. 082. 083

삼각함수를 포함한 방정식의 해는 다음과 같은 순서로 구한다.
① 주어진 방정식을 $\sin x = k$ (또는 $\cos x = k$ 또는 $\tan x = k$) 꼴로 나타낸다.
② 함수 $y = \sin x$ (또는 $y = \cos x$ 또는 $y = \tan x$)의 그래프와 직선 $y = k$를 그린다.
③ 주어진 범위에서 함수의 그래프와 직선의 교점의 x좌표를 찾아 방정식의 해를 구한다.

tip $\sin x = 1$, $\sqrt{2}\cos x - 1 = 0$과 같이 각의 크기가 미지수인 삼각함수를 포함하는 방정식을 삼각방정식이라 한다.

설명 다음과 같이 삼각함수의 주기와 그래프의 대칭성을 이용하면 삼각함수가 포함된 방정식의 해를 보다 쉽게 구할 수 있다.
(1) 방정식 $\sin x = k$ $(0 \le x < 2\pi)$의 해

    (ⅰ) $0 \le k < 1$일 때, 오른쪽 그림과 같이 함수 $y = \sin x$ $(0 \le x < 2\pi)$의 그래프와 직선 $y = k$의 교점의 x좌표를 α, β라 하면 α, β는 직선 $x = \dfrac{\pi}{2}$에 대하여 대칭이므로 $\dfrac{\alpha + \beta}{2} = \dfrac{\pi}{2}$, 즉 $\alpha + \beta = \pi$가 성립한다.

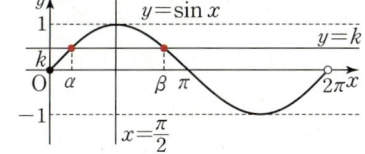

    따라서 방정식 $\sin x = k$ $(0 \le x < 2\pi, 0 \le k < 1)$에서 한 근이 α이면 다른 한 근 $\pi - \alpha$이다.

    (ⅱ) $-1 < k < 0$일 때, 오른쪽 그림과 같이 함수 $y = \sin x$ $(0 \le x < 2\pi)$의 그래프와 직선 $y = k$의 교점의 x좌표를 α, β라 하면 α, β는 직선 $x = \dfrac{3}{2}\pi$에 대하여 대칭이므로 $\dfrac{\alpha + \beta}{2} = \dfrac{3}{2}\pi$, 즉 $\alpha + \beta = 3\pi$가 성립한다.

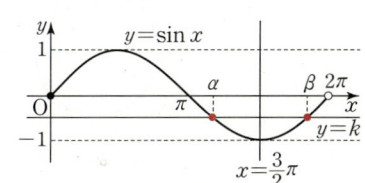

    따라서 방정식 $\sin x = k$ $(0 \le x < 2\pi, -1 < k < 0)$에서 한 근이 α이면 다른 한 근은 $3\pi - \alpha$이다.

(2) 방정식 $\cos x = k$ $(0 \le x < 2\pi)$의 해
    $-1 < k < 1$일 때, 오른쪽 그림과 같이 함수 $y = \cos x$ $(0 \le x < 2\pi)$의 그래프와 직선 $y = k$의 교점의 x좌표를 α, β라 하면 α, β는 직선 $x = \pi$에 대하여 대칭이므로 $\dfrac{\alpha + \beta}{2} = \pi$, 즉 $\alpha + \beta = 2\pi$가 성립한다.

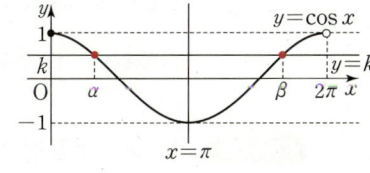

    따라서 방정식 $\cos x = k$ $(0 \le x < 2\pi, -1 < k < 1)$에서 한 근이 α이면 다른 한 근은 $2\pi - \alpha$이다.

(3) 방정식 $\tan x = k$ $(0 \le x < 2\pi)$의 해
    오른쪽 그림과 같이 함수 $y = \tan x$ $(0 \le x < 2\pi)$의 그래프와 직선 $y = k$의 교점의 x좌표를 α, β라 하면 α, β라 하면 함수 $y = \tan x$의 주기는 π이므로 $\beta = \pi + \alpha$가 성립한다.

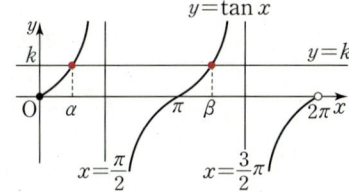

    따라서 방정식 $\tan x = k$ $(0 \le x < 2\pi)$에서 한 근이 α이면 다른 한 근은 $\pi + \alpha$이다.

예 $0 \le x < 2\pi$일 때, 방정식 $\sin x = \dfrac{1}{2}$의 해를 구해 보면 오른쪽 그림과 같이 함수 $y = \sin x$

의 그래프와 직선 $y = \dfrac{1}{2}$의 교점의 x좌표를 작은 값부터 차례로 θ_1, θ_2라 했을 때,

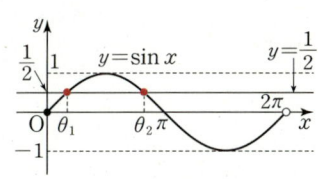

$\sin \dfrac{\pi}{6} = \dfrac{1}{2}$이므로 $\theta_1 = \dfrac{\pi}{6}$이고, $\dfrac{\theta_1 + \theta_2}{2} = \dfrac{\pi}{2}$에서 $\theta_2 = \pi - \dfrac{\pi}{6} = \dfrac{5}{6}\pi$

따라서 $0 \le x < 2\pi$일 때, 방정식 $\sin x = \dfrac{1}{2}$의 해는 $x = \dfrac{\pi}{6}$ 또는 $x = \dfrac{5}{6}\pi$이다.

(1) $\sin x > k$ (또는 $\cos x > k$ 또는 $\tan x > k$) 꼴의 부등식의 해
➡ 함수 $y = \sin x$ (또는 $y = \cos x$ 또는 $y = \tan x$)의 그래프가 직선 $y = k$보다 위쪽에 있는 x의 값의 범위

(2) $\sin x < k$ (또는 $\cos x < k$ 또는 $\tan x < k$) 꼴의 부등식의 해
➡ 함수 $y = \sin x$ (또는 $y = \cos x$ 또는 $y = \tan x$)의 그래프가 직선 $y = k$보다 아래쪽에 있는 x의 값의 범위

tip $\cos x < \dfrac{1}{2}$, $\tan x \leq 1$과 같이 각의 크기가 미지수인 삼각함수를 포함하는 부등식을 삼각부등식이라 한다.

예 $0 \leq x < 2\pi$일 때, 부등식 $\cos x < \dfrac{1}{2}$의 해는 함수 $y = \cos x$의 그래프가 직선 $y = \dfrac{1}{2}$보다 아래쪽에 있는 x의 값의 범위이므로 $\dfrac{\pi}{3} < x < \dfrac{5}{3}\pi$

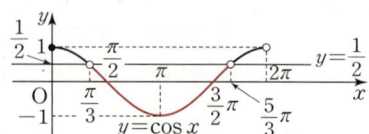

Plus⁺ 자료

🅠 **단위원을 이용하여 삼각함수를 포함한 방정식의 해를 구하는 방법**

(1) $\sin x = k$ 꼴의 삼각방정식	(2) $\cos x = k$ 꼴의 삼각방정식	(3) $\tan x = k$ 꼴의 삼각방정식
➡ 직선 $y = k$와 단위원의 교점 P, Q에 대하여 두 동경 OP, OQ가 각각 나타내는 두 각 α, β가 방정식의 해이다.	➡ 직선 $x = k$와 단위원의 교점 P, Q에 대하여 두 동경 OP, OQ가 각각 나타내는 두 각 α, β가 방정식의 해이다.	➡ 원점과 점 $(1, k)$를 지나는 직선과 단위원의 교점 P, Q에 대하여 두 동경 OP, OQ가 각각 나타내는 두 각 α, β가 방정식의 해이다.
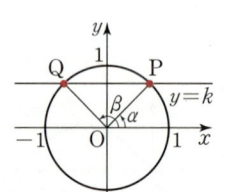	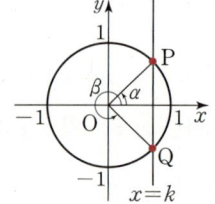	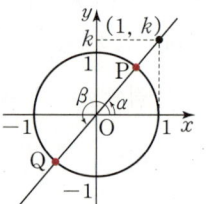

tip   단위원을 이용하여 삼각함수를 포함한 부등식의 해를 구할 수도 있다. 예를 들어 $\sin x \geq k$ $(0 \leq x < 2\pi)$의 해는 (1)의 그림에서 점 P의 y좌표가 k보다 크거나 같을 때의 동경 OP와 OQ가 나타내는 각의 범위가 되므로 $\alpha \leq x \leq \beta$가 된다.
마찬가지로 $\cos x \geq k$ $(0 \leq x < 2\pi)$의 해는 (2)의 그림에서 $0 \leq x \leq \alpha$ 또는 $\beta \leq x < 2\pi$이고, $\tan x \geq k$ $\left(0 \leq x < \dfrac{\pi}{2}\right)$의 해는 (3)의 그림에서 $\alpha \leq x < \dfrac{\pi}{2}$이다.

CHECK $0 \leq x < 2\pi$일 때, 방정식 $\sin x = \dfrac{\sqrt{3}}{2}$의 해를 구하시오.

풀이   (i) 삼각함수의 그래프를 이용한 풀이

$0 \leq x < 2\pi$에서 함수 $y = \sin x$의 그래프와 직선 $y = \dfrac{\sqrt{3}}{2}$의 교점의 x좌표는 $\dfrac{\pi}{3}$, $\dfrac{2}{3}\pi$이므로 주어진 방정식의 해는 $x = \dfrac{\pi}{3}$ 또는 $x = \dfrac{2}{3}\pi$

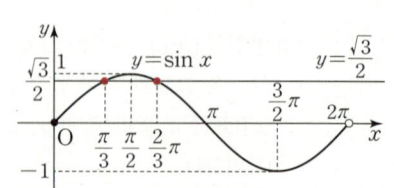

(ii) 단위원을 이용한 풀이

직선 $y = \dfrac{\sqrt{3}}{2}$과 단위원의 교점 P, Q에 대하여 두 동경 OP, OQ가 각각 나타내는 두 각은 $\dfrac{\pi}{3}$, $\dfrac{2}{3}\pi$이므로 주어진 방정식의 해는 $x = \dfrac{\pi}{3}$ 또는 $x = \dfrac{2}{3}\pi$

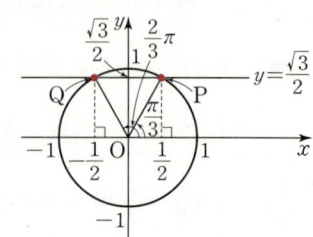

$0 \le x < \dfrac{\pi}{2}$일 때, 다음 방정식을 푸시오.

(1) $\sin\left(x - \dfrac{\pi}{4}\right) = \dfrac{1}{2}$ 　　　　 (2) $\sqrt{2}\cos 4x = 1$ 　　　　 (3) $\sin x = \sqrt{3}\cos x$

| 풀이 | (1) $x - \dfrac{\pi}{4} = t$로 놓으면 $0 \le x < \dfrac{\pi}{2}$에서 $-\dfrac{\pi}{4} \le t < \dfrac{\pi}{4}$이고, 주어진 방정식은 $\sin t = \dfrac{1}{2}$

오른쪽 그림에서 함수 $y = \sin t \left(-\dfrac{\pi}{4} \le t \le \dfrac{\pi}{4}\right)$의 그래프와 직선 $y = \dfrac{1}{2}$의 교점의 t좌

표는 $\dfrac{\pi}{6}$이므로 $t = \dfrac{\pi}{6}$

따라서 $x - \dfrac{\pi}{4} = \dfrac{\pi}{6}$이므로 $\boldsymbol{x = \dfrac{5}{12}\pi}$

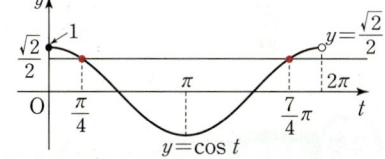

(2) $4x = t$로 놓으면 $0 \le x < \dfrac{\pi}{2}$에서 $0 \le t < 2\pi$이고, 주어진 방정식은

$\sqrt{2}\cos t = 1$ 　　 $\therefore \cos t = \dfrac{\sqrt{2}}{2}$

오른쪽 그림에서 함수 $y = \cos t \ (0 \le t < 2\pi)$의 그래프와 직선 $y = \dfrac{\sqrt{2}}{2}$의

교점의 t좌표는 $\dfrac{\pi}{4}$, $\dfrac{7}{4}\pi$이므로 $t = \dfrac{\pi}{4}$ 또는 $t = \dfrac{7}{4}\pi$

따라서 $4x = \dfrac{\pi}{4}$ 또는 $4x = \dfrac{7}{4}\pi$이므로 $\boldsymbol{x = \dfrac{\pi}{16}}$ **또는** $\boldsymbol{x = \dfrac{7}{16}\pi}$

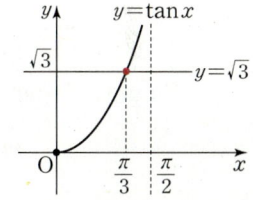

(3) $0 \le x < \dfrac{\pi}{2}$에서 $\cos x \ne 0$이므로 $\sin x = \sqrt{3}\cos x$의 양변을 $\cos x$로 나누면

$\dfrac{\sin x}{\cos x} = \sqrt{3}$ 　　 $\therefore \tan x = \sqrt{3}$

오른쪽 그림에서 함수 $y = \tan x \left(0 \le x < \dfrac{\pi}{2}\right)$의 그래프와 직선 $y = \sqrt{3}$의 교점의 x좌표

는 $\dfrac{\pi}{3}$이므로 $\boldsymbol{x = \dfrac{\pi}{3}}$

■ 정답과 풀이 55쪽

체크 | **231** 다음 방정식을 푸시오.

(1) $\cos\left(2x + \dfrac{\pi}{6}\right) = \dfrac{1}{2}$ (단, $0 \le x < \pi$)

(2) $\tan\left(2x + \dfrac{\pi}{4}\right) = \sqrt{3}$ $\left($단, $-\dfrac{\pi}{2} \le x < \dfrac{\pi}{2}\right)$

(3) $2\cos\left(2x + \dfrac{\pi}{3}\right) = \sqrt{3}$ (단, $0 \le x < \pi$)

체크 | **232** $0 \le x < 2\pi$일 때, 방정식 $\left|\cos\left(\dfrac{\pi}{2} - x\right)\right| = \dfrac{1}{2}$을 만족시키는 모든 x의 값의 합을 구하시오.

삼각함수를 포함한 방정식 (2)

$0 \leq x < \pi$일 때, 다음 방정식을 푸시오.

(1) $6\cos^2 x + \sin x - 1 = 0$　　　　　　　　　　(2) $2\sin^2(\pi - x) - \sin x = 0$

| 풀이 | (1) $6\cos^2 x + \sin x - 1 = 0$에서 $6(1 - \sin^2 x) + \sin x - 1 = 0$, $6\sin^2 x - \sin x - 5 = 0$

이때 $\sin x = t$로 놓으면 $0 \leq x < \pi$에서 $0 \leq t \leq 1$이고, 주어진 방정식은

$6t^2 - t - 5 = 0$, $(6t + 5)(t - 1) = 0$

$\therefore t = 1 \ (\because 0 \leq t \leq 1)$

따라서 $\sin x = 1 \ (0 \leq x < \pi)$이므로 $\boldsymbol{x = \dfrac{\pi}{2}}$

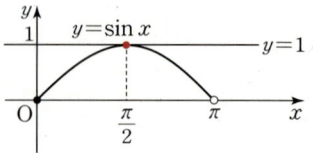

(2) $2\sin^2(\pi - x) - \sin x = 0$에서 $2\sin^2 x - \sin x = 0$

이때 $\sin x = t$로 놓으면 $0 \leq x < \pi$에서 $0 \leq t \leq 1$이고, 주어진 방정식은

$2t^2 - t = 0$, $t(2t - 1) = 0$　　$\therefore t = 0$ 또는 $t = \dfrac{1}{2}$

(ⅰ) $t = 0$일 때, 즉 $\sin x = 0 \ (0 \leq x < \pi)$이므로 $x = 0$

(ⅱ) $t = \dfrac{1}{2}$일 때, 즉 $\sin x = \dfrac{1}{2} \ (0 \leq x < \pi)$이므로 $x = \dfrac{\pi}{6}$ 또는 $x = \dfrac{5}{6}\pi$

(ⅰ), (ⅱ)에서 $\boldsymbol{x = 0}$ 또는 $\boldsymbol{x = \dfrac{\pi}{6}}$ 또는 $\boldsymbol{x = \dfrac{5}{6}\pi}$

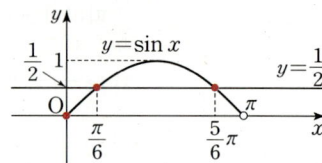

방정식의 실근의 개수

다음 방정식의 실근의 개수를 구하시오.

(1) $\sin 2x = \dfrac{1}{\pi}x$　　　　　　　　　　(2) $\cos x = \cos 2x$ (단, $0 < x \leq 2\pi$)

| 풀이 | (1) 방정식 $\sin 2x = \dfrac{1}{\pi}x$의 실근은 함수 $y = \sin 2x$의 그래프와 직선 $y = \dfrac{1}{\pi}x$의 교

점의 x좌표와 같다.

오른쪽 그림과 같이 함수 $y = \sin 2x$의 그래프와 직선 $y = \dfrac{1}{\pi}x$의 교점의 개수는

3이므로 주어진 방정식의 실근의 개수는 **3**이다.

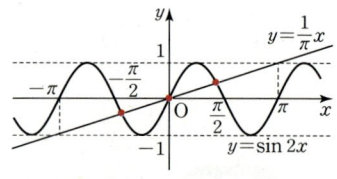

(2) 방정식 $\cos x = \cos 2x$의 실근은 두 함수 $y = \cos x$, $y = \cos 2x$의 그래프의 교점

의 x좌표와 같다.

오른쪽 그림과 같이 $0 < x \leq 2\pi$에서 두 함수 $y = \cos x$, $y = \cos 2x$의 그래프의 교

점의 개수는 3이므로 주어진 방정식의 실근의 개수는 **3**이다.

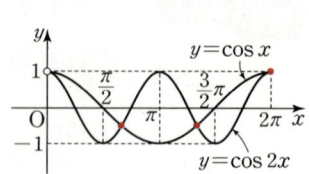

■ 정답과 풀이 56쪽

체크 **233**　$0 \leq x < 2\pi$일 때, 방정식 $\cos^2(\pi - x) + \sin x = \cos^2\left(\dfrac{3}{2}\pi - x\right)$의 모든 실근의 합을 구하시오.

체크 **234**　다음 방정식의 실근의 개수를 구하시오.

(1) $\cos 2\pi x = \dfrac{1}{3}x$　　　　　　　　　　(2) $x\sin x = 1$ (단, $-3\pi \leq x < 0$, $0 < x \leq 3\pi$)

유형 084 삼각함수를 포함한 부등식 (1)

다음 부등식을 푸시오.

(1) $\cos\left(x-\dfrac{\pi}{6}\right) \leq -\dfrac{1}{2}$ (단, $0 \leq x < 2\pi$) (2) $\tan\left(x+\dfrac{\pi}{4}\right) < 1$ (단, $0 < x < \pi$)

| 풀이 | (1) $x-\dfrac{\pi}{6}=t$로 놓으면 $0 \leq x < 2\pi$에서 $-\dfrac{\pi}{6} \leq t < \dfrac{11}{6}\pi$이고, 주어진 부등식은

$\cos t \leq -\dfrac{1}{2}$

오른쪽 그림에서 부등식 $\cos t \leq -\dfrac{1}{2}$ $\left(-\dfrac{\pi}{6} \leq t < \dfrac{11}{6}\pi\right)$의 해는

$\dfrac{2}{3}\pi \leq t \leq \dfrac{4}{3}\pi$

따라서 $\dfrac{2}{3}\pi \leq x-\dfrac{\pi}{6} \leq \dfrac{4}{3}\pi$이므로 $\dfrac{5}{6}\pi \leq x \leq \dfrac{3}{2}\pi$

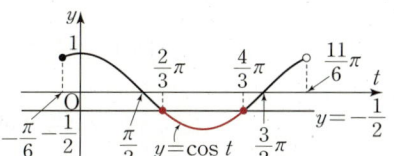

(2) $x+\dfrac{\pi}{4}=t$로 놓으면 $0 < x < \pi$에서 $\dfrac{\pi}{4} < t < \dfrac{5}{4}\pi$이고, 주어진 부등식은

$\tan t < 1$

오른쪽 그림에서 부등식 $\tan t < 1$ $\left(\dfrac{\pi}{2} < t < \dfrac{5}{4}\pi\right)$의 해는 $\dfrac{\pi}{2} < t < \dfrac{5}{4}\pi$

따라서 $\dfrac{\pi}{2} < x+\dfrac{\pi}{4} < \dfrac{5}{4}\pi$이므로 $\dfrac{\pi}{4} < x < \pi$

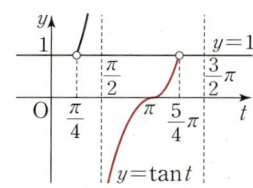

유형 085 삼각함수를 포함한 부등식 (2)

$0 \leq x < 2\pi$일 때, 부등식 $2\cos^2 x - \sin x \leq 1$을 푸시오.

| 풀이 | $2\cos^2 x - \sin x \leq 1$에서 $2(1-\sin^2 x) - \sin x - 1 \leq 0$이므로
$2\sin^2 x + \sin x - 1 \geq 0$, $(\sin x + 1)(2\sin x - 1) \geq 0$

$\therefore \sin x \leq -1$ 또는 $\sin x \geq \dfrac{1}{2}$

따라서 오른쪽 그림에서 부등식 $\sin x \leq -1$ $(0 \leq x < 2\pi)$의 해는 $x = \dfrac{3}{2}\pi$이고,

부등식 $\sin x \geq \dfrac{1}{2}$ $(0 \leq x < 2\pi)$의 해는 $\dfrac{\pi}{6} \leq x \leq \dfrac{5}{6}\pi$이므로

$\dfrac{\pi}{6} \leq x \leq \dfrac{5}{6}\pi$ 또는 $x = \dfrac{3}{2}\pi$

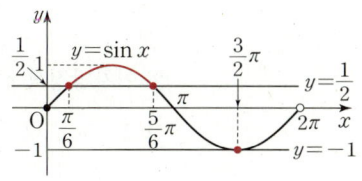

■ 정답과 풀이 57쪽

체크 235 다음 부등식을 푸시오.

(1) $\sin x > \cos x$ (단, $0 \leq x < 2\pi$)

(2) $\dfrac{1}{2} \leq \sin\left(\dfrac{x}{2}+\dfrac{\pi}{3}\right) < \dfrac{\sqrt{3}}{2}$ (단, $-\pi < x < \pi$)

체크 236 다음 부등식을 푸시오.

(1) $2\cos^2 x + \sqrt{3}\sin x + 1 \geq 0$ (단, $0 \leq x < 2\pi$)

(2) $\tan^2 x + (\sqrt{3}-1)\tan x - \sqrt{3} < 0$ (단, $0 \leq x < \pi$)

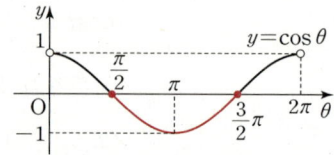

다음 물음에 답하시오.

(1) $0<\theta<2\pi$일 때, 이차방정식 $x^2-2x\sin\theta+\cos\theta+1=0$이 실근을 갖도록 하는 θ의 값의 범위를 구하시오.

(2) 모든 실수 x에 대하여 부등식 $\sin^2 x+2\sin x-a\geq 0$이 성립할 때, 상수 a의 값의 범위를 구하시오.

| 풀이 | (1) 이차방정식 $x^2-2x\sin\theta+\cos\theta+1=0$이 실근을 가지려면 이 이차방정식의 판별식을 D라 할 때

$$\frac{D}{4}=\sin^2\theta-\cos\theta-1\geq 0, \ (1-\cos^2\theta)-\cos\theta-1\geq 0$$

$$\cos^2\theta+\cos\theta\leq 0, \ \cos\theta(\cos\theta+1)\leq 0 \qquad \therefore \ -1\leq\cos\theta\leq 0$$

이때 $0<\theta<2\pi$이므로 오른쪽 그림에서 $\dfrac{\pi}{2}\leq\theta\leq\dfrac{3}{2}\pi$

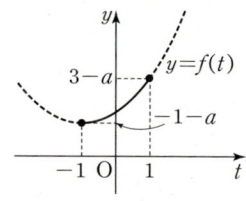

(2) $\sin x=t$로 놓으면 $-1\leq t\leq 1$이고, 주어진 부등식은

$$t^2+2t-a\geq 0$$

이때 $f(t)=t^2+2t-a=(t+1)^2-1-a$라 하면 $-1\leq t\leq 1$에서 $f(t)\geq 0$을 만족시켜야 한다.

오른쪽 그림에서 함수 $f(t)$는 $t=-1$일 때 최솟값 $-1-a$를 가지므로

$f(-1)\geq 0$에서 $-1-a\geq 0$

$$\therefore \ a\leq -1$$

| 다른 풀이 | (2) $\sin^2 x+2\sin x-a\geq 0$에서 $\sin^2 x+2\sin x\geq a$이므로

$f(x)=\sin^2 x+2\sin x$라 하면 $f(x)=(\sin x+1)^2-1$

이때 $-1\leq\sin x\leq 1$에서 $0\leq\sin x+1\leq 2, \ -1\leq(\sin x+1)^2-1\leq 3 \qquad \therefore \ -1\leq f(x)\leq 3$

$$\therefore \ a\leq -1$$

■ 정답과 풀이 58쪽

 다음 물음에 답하시오.

(1) 이차방정식 $x^2-3x+1-4\sin^2\theta=0$의 두 실근의 부호가 서로 다를 때, θ의 값의 범위를 구하시오.

(단, $0<\theta<2\pi$)

(2) 이차방정식 $x^2+2(1-3\cos\theta)x+\sin^2\theta=0$이 중근을 가질 때, $\cos\theta$의 값을 구하시오. $\left(\text{단, } 0<\theta<\dfrac{\pi}{2}\right)$

 다음 물음에 답하시오.

(1) 모든 실수 x에 대하여 부등식 $3x^2-4x\cos\theta+1\geq 0$이 성립하도록 하는 θ의 값의 범위를 구하시오.

(단, $0\leq\theta<2\pi$)

(2) $0\leq x\leq\pi$에서 부등식 $2\cos^2 x+\cos\left(\dfrac{\pi}{2}-x\right)+k\geq 0$이 항상 성립하기 위한 실수 k의 값의 범위를 구하시오.

선생님의 출제 point

Q 삼각형에서 삼각함수 사이의 관계를 이용하여 삼각방정식을 풀고, 삼각함수의 값을 구할 수 있는가?

1 삼각형 ABC에서 $\sin^2\dfrac{A}{2}+4\cos\dfrac{A}{2}=3$이 성립할 때, $\sin\dfrac{B+C-2\pi}{2}$의 값을 구하시오.

| 풀이 | ① 삼각함수 사이의 관계를 이용하여 식 변형하기

$\sin^2\dfrac{A}{2}=1-\cos^2\dfrac{A}{2}$이므로

$\sin^2\dfrac{A}{2}+4\cos\dfrac{A}{2}=3$에서

$\left(1-\cos^2\dfrac{A}{2}\right)+4\cos\dfrac{A}{2}=3,\ \cos^2\dfrac{A}{2}-4\cos\dfrac{A}{2}+2=0$

② 치환을 이용한 삼각방정식 해 구하기
유형 082

이때 $\cos\dfrac{A}{2}=t$로 놓으면 $0<\dfrac{A}{2}<\dfrac{\pi}{2}$에서 $0<t<1$이고, 주어진 방정식은

$t^2-4t+2=0$ $\therefore t=2-\sqrt{2}\ (\because\ 0<t<1)$

$\therefore \cos\dfrac{A}{2}=2-\sqrt{2}$

③ 삼각함수의 일반각에 대한 성질 이용하기
유형 077

삼각형 ABC에서 $A+B+C=\pi$이므로 $B+C=\pi-A$

$\therefore \sin\dfrac{B+C-2\pi}{2}=\sin\dfrac{(\pi-A)-2\pi}{2}$

$=\sin\left(\dfrac{-\pi-A}{2}\right)=-\sin\left(\dfrac{\pi}{2}+\dfrac{A}{2}\right)$ ← $\sin(-x)=-\sin x$

$=-\cos\dfrac{A}{2}=\boldsymbol{\sqrt{2}-2}$

Q 삼각함수의 그래프를 이용하여 주어진 조건에 맞는 미지수를 구할 수 있는가?

필수기출 2 방정식 $\left|\cos x+\dfrac{1}{4}\right|=k$가 서로 다른 3개의 실근을 갖도록 하는 실수 k의 값을 α라 할 때, 40α의 값을 구하시오. (단, $0\le x<2\pi$) |교육청 기출|

| 풀이 | ① 절댓값 기호를 포함한 삼각함수의 그래프 그리기
유형 076

함수 $y=\left|\cos x+\dfrac{1}{4}\right|$의 그래프는 함수 $y=\cos x+\dfrac{1}{4}$의 그래프에서 $y\ge0$인 부분은 그대로 두고, $y<0$인 부분을 x축에 대하여 대칭이동한 것이므로 다음 그림과 같다.

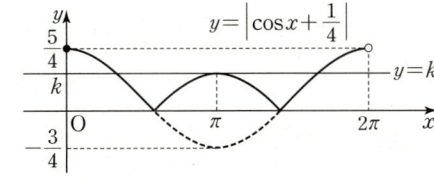

② 삼각함수를 포함한 방정식의 실근의 개수
유형 083

위의 그림에서 함수 $y=\left|\cos x+\dfrac{1}{4}\right|$의 그래프와 직선 $y=k$가 서로 다른 세 점에서 만나려면 k의 값은 $\left|\cos\pi+\dfrac{1}{4}\right|=\dfrac{3}{4}$이므로 $\alpha=\dfrac{3}{4}$ $\therefore 40\alpha=\boldsymbol{30}$

239

$0 < x \leq 2\pi$에서 방정식 $\sin(\pi\cos x)=0$의 모든 실근의 합을 구하시오.

240

$0 < x < \pi$일 때, 두 함수 $f(x)=\sin\dfrac{x}{2}$, $g(x)=2\pi\cos 2x$에 대하여 방정식 $(f \circ g)(x)=0$의 모든 실근의 합을 구하시오.

241

$0 \leq x \leq \pi$에서 함수 $y=|\tan 2x|$의 그래프와 직선 $y=k$의 교점의 x좌표를 작은 것부터 차례대로 α, β, γ, δ라 할 때, $\tan\dfrac{\alpha+\beta+\gamma+\delta}{8}$의 값을 구하시오. (단, $k>0$)

242 `필수기출`

$0 < x < 2\pi$일 때, 방정식 $\cos^2 x - \sin x = 1$의 모든 실근의 합은 $\dfrac{q}{p}\pi$이다. $p+q$의 값을 구하시오.

(단, p, q는 서로소인 자연수이다.) | 수능 기출

243

삼각형 ABC에 대하여 $2\sin^2 A + 3\cos A = 3$이 성립할 때, $\sin\dfrac{B+C-2\pi}{2}$의 값을 구하시오.

244

방정식 $|2\sin\pi x - 1| = \dfrac{1}{4}x$의 서로 다른 실근의 개수를 구하시오. (단, $0 \leq x < 6$)

245

방정식 $\sin^2 x - \sin x\cos x - 2\cos^2 x = 0$ $(0 \leq x < 2\pi)$의 서로 다른 실근의 개수를 구하시오.

246

두 함수 $f(x)=3\sin\dfrac{\pi}{2}x$, $g(x)=|x|-2$에 대하여 방정식 $f(x)-g(x)=0$의 서로 다른 실근의 개수를 구하시오.

247

부등식 $2\cos^2\left(x-\dfrac{\pi}{4}\right)-\cos\left(x+\dfrac{\pi}{4}\right)-1\geq0$의 해가 $m\leq x\leq n$일 때, $\dfrac{n}{m}$의 값을 구하시오. (단, $0\leq x<2\pi$)

248

방정식 $\sin^2 x+k\cos x+k=0$이 서로 다른 세 개의 실근을 갖도록 하는 실수 k의 값의 범위를 구하시오. (단, $0\leq x<2\pi$)

249

방정식 $\cos^2 x-2\sin(x+\pi)+k=0$이 실근을 갖도록 하는 실수 k의 최댓값을 M, 최솟값을 m이라 할 때, $10M+m$의 값을 구하시오. (단, $0\leq x<2\pi$)

250

직선 $y=2x$가 함수 $y=x^2+4x+2\cos2\theta$의 그래프에 접하도록 하는 모든 θ의 값의 합을 S라 할 때, $\dfrac{S}{\pi}$의 값을 구하시오. (단, $0\leq\theta\leq2\pi$)

251

이차방정식 $x^2-4x+1-2\cos^2\theta=0$의 두 실근의 부호가 서로 다를 때, θ의 값의 범위는? (단, $0\leq\theta<\pi$)

① $0\leq\theta<\dfrac{\pi}{4}$ 또는 $\dfrac{3}{4}\pi<\theta<\pi$

② $0\leq\theta<\dfrac{\pi}{2}$ 또는 $\dfrac{2}{3}\pi<\theta<\pi$

③ $\dfrac{\pi}{4}\leq\theta<\dfrac{\pi}{3}$ 또는 $\dfrac{2}{3}\pi<\theta<\pi$

④ $\dfrac{\pi}{3}\leq\theta<\dfrac{\pi}{2}$ 또는 $\dfrac{2}{3}\pi<\theta<\pi$

⑤ $\dfrac{\pi}{4}\leq\theta<\dfrac{\pi}{2}$ 또는 $\dfrac{5}{6}\pi<\theta<\pi$

252

모든 실수 x에 대하여 부등식 $x^2-4x+2\cos\theta+3>0$이 성립할 때, θ의 값의 범위를 구하시오. (단, $0\le\theta\le\pi$)

253

$\dfrac{3}{2}\pi\le x<2\pi$에서 방정식 $|\sqrt{3}\cos x-1|=\cos\left(\dfrac{\pi}{2}+x\right)$를 만족시키는 모든 실수 x의 값의 합은 $\dfrac{q}{p}\pi$이다. $p+q$의 값을 구하시오. (단, p와 q는 서로소인 자연수이다.)

254

모든 실수 x에 대하여 부등식

$$\frac{(2\sqrt{2}\sin\theta+1)x-3\cos\theta-1}{x^2-x+1}\ge -1$$

이 성립하도록 하는 θ의 값의 범위를 $p\le\theta\le q$라 할 때, $\dfrac{q}{p}$의 값을 구하시오.

(단, $0\le\theta\le 2\pi$)

255 필수기출

다음 그래프는 어떤 사람이 정상적인 상태에 있을 때 시각에 따라 호흡기에 유입되는 공기의 흡입률(리터/초)을 나타낸 것이다. 숨을 들이쉬기 시작하여 t초일 때 호흡기에 유입되는 공기의 흡입률을 y라 하면, 함수 $y=a\sin(bt)$ (a, b는 양수)로 나타낼 수 있다. 이때 y의 값은 숨을 들이쉴 때는 양수, 내쉴 때는 음수가 된다.

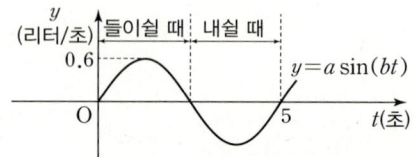

이 함수의 주기가 5초이고, 최대 흡입률이 0.6(리터/초)일 때, 숨을 들이쉬기 시작한 시각으로부터 처음으로 흡입률이 -0.3(리터/초)이 되는 데 걸리는 시간은? |수능 기출|

① $\dfrac{35}{12}$초 ② $\dfrac{37}{12}$초 ③ $\dfrac{30}{11}$초

④ $\dfrac{31}{11}$초 ⑤ $\dfrac{35}{31}$초

256

반지름의 길이가 12 m인 원형의 놀이 기구가 지상에서 13 m인 곳에 있는 원의 중심을 기준으로 하여 6분에 한 바퀴씩 일정한 속력으로 시계 반대 방향으로 돌고 있다. 시후가 놀이 기구를 타고 한

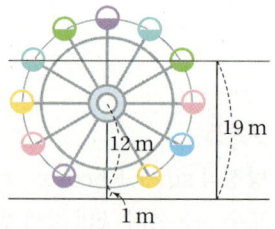

바퀴 돌 때, 탑승한 칸이 지상에서 19 m 이상인 곳에 있게 되는 시간은 몇 분인지 구하시오. (단, 탑승한 칸은 반지름의 길이가 12 m인 원주 위의 한 점이라 생각한다.)

이 단원에서는
- 일반각과 호도법의 뜻을 안다.
- 삼각함수의 뜻을 안다.
- 사인함수, 코사인함수, 탄젠트함수의 그래프를 그릴 수 있다.
- 사인법칙을 이해하고, 이를 활용할 수 있다.
- 코사인법칙을 이해하고, 이를 활용할 수 있다.

삼각함수

사인법칙

개념 1 **사인법칙** (유형 087)

삼각형 ABC의 외접원의 반지름의 길이를 R라 하면 삼각형 ABC의 세 변의 길이와 세 내각의 크기 사이에는 다음이 성립한다.

$$\frac{a}{\sin A}=\frac{b}{\sin B}=\frac{c}{\sin C}=2R$$

이를 **사인법칙**이라 한다.

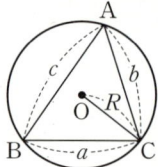

tip 삼각형 ABC에서 세 내각 ∠A, ∠B, ∠C의 크기를 각각 A, B, C로 나타내고 이들의 대변의 길이를 각각 a, b, c로 나타낸다. 이와 같은 세 각의 크기 A, B, C와 세 변의 길이 a, b, c를 삼각형의 6요소라 한다.

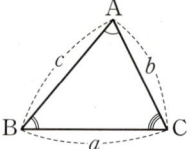

설명 삼각형 ABC의 외접원의 중심을 O, 외접원의 반지름의 길이를 R라 하면 ∠A의 크기에 따라 다음과 같이 세 가지 경우로 나누어 생각할 수 있다.

(i) $A<90°$일 때	(ii) $A=90°$일 때	(iii) $A>90°$일 때
선분 BA′이 원의 지름이 되도록 점 A′을 잡으면 한 호에 대한 원주각의 크기는 모두 같으므로 $A=A'$이고, 반원에 대한 원주각의 크기는 90°이므로 ∠A′CB=90° $\therefore \sin A=\sin A'=\dfrac{\overline{\mathrm{BC}}}{\overline{\mathrm{BA'}}}=\dfrac{a}{2R}$	$\sin A=\sin 90°=1$이고, $a=2R$이므로 $\sin A=1=\dfrac{a}{2R}$	선분 BA′이 지름이 되도록 점 A′을 잡으면 원에 내접하는 사각형에서 마주 보는 두 내각의 크기의 합은 180°이므로 $A+A'=180°$이고, 반원에 대한 원주각의 크기는 90°이므로 ∠A′CB=90° $\therefore \sin A=\sin (180°-A')$ $\quad=\sin A'=\dfrac{\overline{\mathrm{BC}}}{\overline{\mathrm{BA'}}}=\dfrac{a}{2R}$

(i)~(iii)에서 ∠A의 크기에 관계없이 $\sin A=\dfrac{a}{2R}$, 즉 $\dfrac{a}{\sin A}=2R$가 성립함을 알 수 있다.

같은 방법으로 $\dfrac{b}{\sin B}=2R$, $\dfrac{c}{\sin C}=2R$가 성립함을 알 수 있다.

CHECK 삼각형 ABC에서 다음을 구하시오. (단, R는 삼각형 ABC의 외접원의 반지름의 길이이다.)

(1) $A=30°$, $R=5$일 때, a

(2) $a=8$, $A=45°$일 때, R

(3) $a=6\sqrt{3}$, $R=6$일 때, A (단, $A<90°$)

풀이 (1) 사인법칙에 의하여 $\dfrac{a}{\sin 30°}=2\times5$이므로 $a=10\sin 30°=10\times\dfrac{1}{2}=\mathbf{5}$

(2) 사인법칙에 의하여 $\dfrac{8}{\sin 45°}=2R$이므로 $R=\dfrac{8}{2\sin 45°}=\dfrac{8}{2\times\dfrac{\sqrt{2}}{2}}=\mathbf{4\sqrt{2}}$

(3) 사인법칙에 의하여 $\dfrac{6\sqrt{3}}{\sin A}=2\times6$이므로 $\sin A=\dfrac{6\sqrt{3}}{12}=\dfrac{\sqrt{3}}{2}$ $\therefore A=\mathbf{60°}$ ($\because A<90°$)

삼각형 ABC에서 사인법칙을 상황에 따라 다음과 같이 변형하여 적용할 수 있다.

(1) $\sin A = \dfrac{a}{2R}$, $\sin B = \dfrac{b}{2R}$, $\sin C = \dfrac{c}{2R}$　　← 각의 크기를 변의 길이로 나타내는 경우

(2) $a = 2R\sin A$, $b = 2R\sin B$, $c = 2R\sin C$　　← 변의 길이를 각의 크기로 나타내는 경우

(3) $a : b : c = \sin A : \sin B : \sin C$　　← 변의 길이의 비를 각의 크기의 비로 나타내는 경우

설명 　삼각형 ABC에서 외접원의 반지름의 길이를 R라 하면

$$\frac{a}{\sin A} = \frac{b}{\sin B} = \frac{c}{\sin C} = 2R$$

(1) $\dfrac{a}{\sin A} = 2R$, $\dfrac{b}{\sin B} = 2R$, $\dfrac{c}{\sin C} = 2R$이므로 $\sin A = \dfrac{a}{2R}$, $\sin B = \dfrac{b}{2R}$, $\sin C = \dfrac{c}{2R}$

(2) $\dfrac{a}{\sin A} = 2R$, $\dfrac{b}{\sin B} = 2R$, $\dfrac{c}{\sin C} = 2R$이므로 $a = 2R\sin A$, $b = 2R\sin B$, $c = 2R\sin C$　……　㉠

(3) ㉠에서 $a : b : c = 2R\sin A : 2R\sin B : 2R\sin C = \sin A : \sin B : \sin C$

즉, (1)을 이용하면 각의 크기 사이의 관계를 변의 길이 사이의 관계로 변형할 수 있고, (2)와 (3)을 이용하면 변의 길이 사이의 관계를 각의 크기 사이의 관계로 변형할 수 있다.

삼각형 ABC에서 주어진 조건에 따라 다음과 같이 사인법칙을 활용하여 삼각형의 나머지 요소를 구할 수 있다.

(1) 한 변의 길이와 두 각의 크기를 알 때

　(ⅰ) 삼각형의 세 내각의 크기의 합은 180°임을 이용하여 나머지 한 각의 크기를 구한다.

　(ⅱ) 사인법칙을 이용하여 나머지 두 변의 길이를 구한다.

(2) 두 변의 길이와 그 끼인각이 아닌 한 각의 크기를 알 때

　(ⅰ) 사인법칙을 이용하여 대각이 주어지지 않은 변의 대각의 크기를 구한다.

　(ⅱ) 삼각형의 세 내각의 크기의 합은 180°임을 이용하여 나머지 한 각의 크기를 구한다.

　(ⅲ) 사인법칙을 이용하여 나머지 한 변의 길이를 구한다.

예 　(1) 삼각형 ABC에서 $b=8$, $A=60°$, $B=45°$일 때, a를 구해 보자.　← 한 변의 길이와 두 각의 크기를 아는 경우

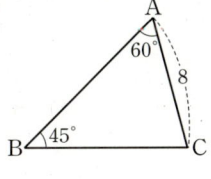

사인법칙에 의하여 $\dfrac{a}{\sin A} = \dfrac{b}{\sin B}$이므로

$$\frac{a}{\sin 60°} = \frac{8}{\sin 45°}, \quad a\sin 45° = 8\sin 60° \qquad \therefore a = \frac{8\sin 60°}{\sin 45°} = \frac{8 \times \frac{\sqrt{3}}{2}}{\frac{\sqrt{2}}{2}} = 4\sqrt{6}$$

(2) 삼각형 ABC에서 $b=2$, $c=2\sqrt{3}$, $C=120°$일 때, a, A, B를 구해 보자.　← 두 변의 길이와 그 끼인각이 아닌 한 각의 크기를 아는 경우

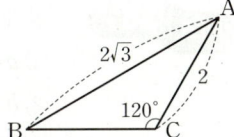

사인법칙에 의하여 $\dfrac{b}{\sin B} = \dfrac{c}{\sin C}$이므로

$$\frac{2}{\sin B} = \frac{2\sqrt{3}}{\sin 120°}, \quad 2\sqrt{3}\sin B = 2\sin 120° \qquad \therefore \sin B = \frac{2\sin 120°}{2\sqrt{3}} = \frac{\sqrt{3}}{2} \times \frac{1}{\sqrt{3}} = \frac{1}{2}$$

$0° < B < 180°$이므로 $B = 30°$ 또는 $B = 150°$

그런데 $B = 150°$이면 $B + C > 180°$이므로 $B = 30°$ 　　$\therefore A = 180° - (120° + 30°) = 30°$

즉, $A = B = 30°$이므로 삼각형 ABC는 $a = b$인 이등변삼각형이다.

$\therefore a = 2$

사인법칙

삼각형 ABC에서 다음을 구하시오.

(1) $b=4$, $B=45°$, $C=60°$일 때, c와 외접원의 반지름의 길이 R

(2) $b=3\sqrt{3}$, $c=3$, $C=30°$일 때, A와 B (단, $90°<B<180°$)

| 풀이 | (1) 사인법칙에 의하여 $\dfrac{4}{\sin 45°}=\dfrac{c}{\sin 60°}=2R$

$\dfrac{4}{\sin 45°}=\dfrac{c}{\sin 60°}$에서 $c\sin 45°=4\sin 60°$ $\quad\therefore \boldsymbol{c}=\dfrac{4\sin 60°}{\sin 45°}=\dfrac{4\times\frac{\sqrt{3}}{2}}{\frac{\sqrt{2}}{2}}=\boldsymbol{2\sqrt{6}}$

$\dfrac{4}{\sin 45°}=2R$에서 $\boldsymbol{R}=\dfrac{4}{2\sin 45°}=\dfrac{4}{2\times\frac{\sqrt{2}}{2}}=\boldsymbol{2\sqrt{2}}$

(2) 사인법칙에 의하여 $\dfrac{3\sqrt{3}}{\sin B}=\dfrac{3}{\sin 30°}$이므로

$3\sin B=3\sqrt{3}\sin 30°$ $\quad\therefore \sin B=\dfrac{3\sqrt{3}\sin 30°}{3}=\sqrt{3}\times\dfrac{1}{2}=\dfrac{\sqrt{3}}{2}$

$\therefore \boldsymbol{B=120°}$ $(\because 90°<B<180°)$

이때 $A+B+C=180°$이므로 $\boldsymbol{A}=180°-(120°+30°)=\boldsymbol{30°}$

유형 088 **사인법칙의 변형**

삼각형 ABC에서 $A:B:C=2:3:1$일 때, $a:b:c$를 구하시오.

| 풀이 | $A+B+C=180°$이므로

$A=180°\times\dfrac{2}{2+3+1}=60°$, $B=180°\times\dfrac{3}{2+3+1}=90°$, $C=180°\times\dfrac{1}{2+3+1}=30°$

삼각형 ABC의 외접원의 반지름의 길이를 R라 하면 사인법칙에 의하여

$a:b:c=2R\sin A:2R\sin B:2R\sin C=\sin A:\sin B:\sin C$

$\qquad =\sin 60°:\sin 90°:\sin 30°=\dfrac{\sqrt{3}}{2}:1:\dfrac{1}{2}=\boldsymbol{\sqrt{3}:2:1}$

■ 정답과 풀이 63쪽

체크 257 삼각형 ABC에서 다음을 구하시오.

(1) $a=2\sqrt{3}$, $b=2\sqrt{2}$, $B=45°$일 때, A와 외접원의 반지름의 길이 R (단, $A<90°$)

(2) $b=4\sqrt{6}$, $A=105°$, $C=30°$일 때, c

체크 258 삼각형 ABC에서 $\sin A:\sin B:\sin C=2:4:5$일 때, $(a+b):(b+c):(c+a)$를 구하시오.

사인법칙과 삼각형의 모양

삼각형 ABC에서 등식 $\sin^2 A + \sin^2 B = \sin^2 C$가 성립할 때, 삼각형 ABC는 어떤 삼각형인지 말하시오.

| 풀이 | 삼각형 ABC의 외접원의 반지름의 길이를 R라 하면 사인법칙에 의하여

$$\sin A = \frac{a}{2R}, \ \sin B = \frac{b}{2R}, \ \sin C = \frac{c}{2R}$$

이것을 $\sin^2 A + \sin^2 B = \sin^2 C$에 대입하면

$$\left(\frac{a}{2R}\right)^2 + \left(\frac{b}{2R}\right)^2 = \left(\frac{c}{2R}\right)^2, \ \frac{a^2}{4R^2} + \frac{b^2}{4R^2} = \frac{c^2}{4R^2} \qquad \therefore \ a^2 + b^2 = c^2$$

따라서 삼각형 ABC는 $C = 90°$인 **직각삼각형**이다.

유형 090 **사인법칙의 실생활에의 활용**

오른쪽 그림과 같이 강을 사이에 두고 서로 반대쪽에 두 건물 A, B가 있다. 강에 대하여 B건물과 같은 쪽에 있으면서 B건물로부터 120 m 떨어진 한 지점 C에서 두 건물 A, B를 바라보는 각의 크기가 45°이고 B건물에서 C지점과 A건물을 바라보는 각의 크기가 75°일 때, 두 건물 A, B 사이의 거리를 구하시오.

(단, 건물의 크기는 고려하지 않는다.)

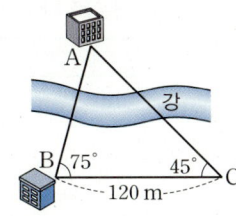

| 풀이 | 삼각형 ABC에서 $A + B + C = 180°$이므로 $A = 180° - (75° + 45°) = 60°$

사인법칙에 의하여 $\dfrac{120}{\sin 60°} = \dfrac{\overline{AB}}{\sin 45°}$이므로

$$\overline{AB}\sin 60° = 120\sin 45° \qquad \therefore \ \overline{AB} = \frac{120\sin 45°}{\sin 60°} = \frac{120 \times \frac{\sqrt{2}}{2}}{\frac{\sqrt{3}}{2}} = 40\sqrt{6} \ (\text{m})$$

따라서 두 건물 A, B 사이의 거리는 **$40\sqrt{6}$ m**이다.

■ 정답과 풀이 63쪽

체크 259 다음 등식을 만족시키는 삼각형 ABC는 어떤 삼각형인지 말하시오.

(1) $b\sin B = c\sin C$　　　　　　　　　　　　(2) $a\sin A = b\sin B + c\sin C$

체크 260 오른쪽 그림과 같은 원 모양의 공원의 둘레 위의 세 지점 A, B, C에 대하여 $\overline{AB} = 60$ m, $\angle ACB = 60°$일 때, 이 공원의 넓이를 구하시오.

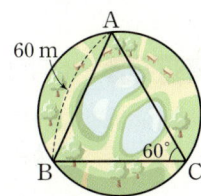

체크 261 오른쪽 그림은 지면에 수직으로 서 있던 나무가 태풍으로 인하여 15°만큼 기울어진 후 부러져서 꼭대기 부분이 지면에 닿아 있는 모습이다. 부러진 나무의 꼭대기 부분과 지면이 이루는 각의 크기가 45°일 때, 부러지기 전의 나무의 높이를 구하시오.

(단, 나무의 두께는 고려하지 않는다.)

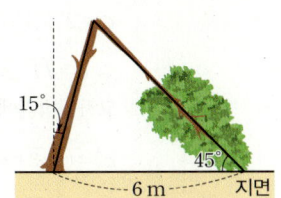

19 코사인법칙

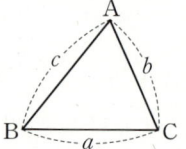

개념 1	코사인법칙

유형 091

삼각형 ABC의 세 변의 길이와 한 내각의 크기 사이에는 다음이 성립한다.

$$a^2 = b^2 + c^2 - 2bc \cos A$$
$$b^2 = c^2 + a^2 - 2ca \cos B$$
$$c^2 = a^2 + b^2 - 2ab \cos C$$

이를 **코사인법칙**이라 한다.

설명 삼각형 ABC의 꼭짓점 A에서 변 BC 또는 그 연장선에 내린 수선의 발을 H라 하면 ∠C의 크기에 따라 다음과 같이 세 가지 경우로 나누어 생각할 수 있다.

(i) $C < 90°$일 때	(ii) $C = 90°$일 때	(iii) $C > 90°$일 때
$\overline{AH} = b \sin C$, $\overline{BH} = \overline{BC} - \overline{CH} = a - b \cos C$ 이므로 직각삼각형 ABH에서 피타고라스 정리에 의하여 $c^2 = \overline{AH}^2 + \overline{BH}^2$ $= (b \sin C)^2 + (a - b \cos C)^2$ $= a^2 + b^2(\sin^2 C + \cos^2 C) - 2ab \cos C$ $= a^2 + b^2 - 2ab \cos C$ ($\because \sin^2 C + \cos^2 C = 1$)	$\cos C = \cos 90° = 0$이고 삼각형 ABC는 $C = 90°$인 직각삼각형이므로 피타고라스 정리에 의하여 $c^2 = a^2 + b^2$ $= a^2 + b^2 - 2ab \cos C$	$\overline{AH} = b \sin(180° - C) = b \sin C$, $\overline{BH} = a + \overline{CH}$ $= a + b \cos(180° - C)$ $= a - b \cos C$ 이므로 직각삼각형 ABH에서 피타고라스 정리에 의하여 $c^2 = \overline{AH}^2 + \overline{BH}^2$ $= (b \sin C)^2 + (a - b \cos C)^2$ $= a^2 + b^2(\sin^2 C + \cos^2 C) - 2ab \cos C$ $= a^2 + b^2 - 2ab \cos C$ ($\because \sin^2 C + \cos^2 C = 1$)

(i)~(iii)에서 ∠C의 크기에 관계없이 $c^2 = a^2 + b^2 - 2ab \cos C$가 성립함을 알 수 있다.

같은 방법으로 $a^2 = b^2 + c^2 - 2bc \cos A$, $b^2 = c^2 + a^2 - 2ca \cos B$가 성립함을 알 수 있다.

CHECK 삼각형 ABC에서 다음을 구하시오.

(1) $a = 2$, $b = 3$, $C = 60°$일 때, c

(2) $b = 2\sqrt{3}$, $c = 3$, $A = 30°$일 때, a

풀이 (1) 코사인법칙에 의하여

$$c^2 = 2^2 + 3^2 - 2 \times 2 \times 3 \times \cos 60° = 4 + 9 - 12 \times \frac{1}{2} = 7$$

$$\therefore c = \sqrt{7} \ (\because c > 0)$$

(2) 코사인법칙에 의하여

$$a^2 = (2\sqrt{3})^2 + 3^2 - 2 \times 2\sqrt{3} \times 3 \times \cos 30° = 12 + 9 - 12\sqrt{3} \times \frac{\sqrt{3}}{2} = 3$$

$$\therefore a = \sqrt{3} \ (\because a > 0)$$

코사인법칙의 변형

삼각형 ABC에서 코사인법칙을 다음과 같이 변형하여 적용할 수 있다.

$$\cos A = \frac{b^2+c^2-a^2}{2bc} \quad \leftarrow a^2=b^2+c^2-2bc\cos A\text{에서 변형}$$

$$\cos B = \frac{c^2+a^2-b^2}{2ca} \quad \leftarrow b^2=c^2+a^2-2ca\cos B\text{에서 변형}$$

$$\cos C = \frac{a^2+b^2-c^2}{2ab} \quad \leftarrow c^2=a^2+b^2-2ab\cos C\text{에서 변형}$$

설명 삼각형 ABC에서 코사인법칙에 의하여 $a^2=b^2+c^2-2bc\cos A$이므로

$$2bc\cos A = b^2+c^2-a^2 \qquad \therefore \cos A = \frac{b^2+c^2-a^2}{2bc}$$

같은 방법으로 $\cos B = \dfrac{c^2+a^2-b^2}{2ca}$, $\cos C = \dfrac{a^2+b^2-c^2}{2ab}$임을 알 수 있다.

코사인법칙의 활용

삼각형 ABC에서 주어진 조건에 따라 다음과 같이 코사인법칙을 활용하여 삼각형의 나머지 요소를 구할 수 있다.

(1) 두 변의 길이와 그 끼인각의 크기를 알 때

　(ⅰ) 코사인법칙을 이용하여 나머지 한 변의 길이를 구한다.

　(ⅱ) 사인법칙, 삼각형의 내각의 크기의 합을 이용하여 나머지 두 각의 크기를 구한다.

(2) 세 변의 길이를 알 때

　코사인법칙을 이용하여 세 각의 크기를 구한다.

예 (1) 삼각형 ABC에서 $b=6$, $c=3$, $A=60°$일 때, a, B, C를 구해 보자. ← 두 변의 길이와 그 끼인각의 크기를 아는 경우

코사인법칙에 의하여

$$a^2 = 6^2+3^2-2\times6\times3\times\cos60° = 36+9-36\times\frac{1}{2} = 27$$

$$\therefore a = 3\sqrt{3} \ (\because a>0)$$

한편, $a=3\sqrt{3}$, $b=6$, $A=60°$이므로 사인법칙에 의하여

$$\frac{3\sqrt{3}}{\sin60°} = \frac{6}{\sin B} \qquad \therefore \sin B = \frac{6\sin60°}{3\sqrt{3}} = \frac{2\times\frac{\sqrt{3}}{2}}{\sqrt{3}} = 1$$

$$\therefore B = 90° \ (\because 0°<B<180°)$$

이때 $A+B+C=180°$이므로 $C=180°-(60°+90°)=30°$

(2) 삼각형 ABC에서 $a=8$, $b=5$, $c=7$일 때, $\cos A$, $\cos B$, $\cos C$를 구해 보자. ← 세 변의 길이를 아는 경우

코사인법칙에 의하여

$$\cos A = \frac{5^2+7^2-8^2}{2\times5\times7} = \frac{25+49-64}{70} = \frac{1}{7}$$

$$\cos B = \frac{7^2+8^2-5^2}{2\times7\times8} = \frac{49+64-25}{112} = \frac{11}{14}$$

$$\cos C = \frac{8^2+5^2-7^2}{2\times8\times5} = \frac{64+25-49}{80} = \frac{1}{2} \quad \leftarrow C=60°$$

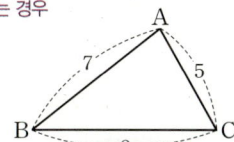

코사인법칙

삼각형 ABC에 대하여 다음을 구하시오.

(1) $a=3$, $b=5$, $C=120°$일 때, c와 외접원의 반지름의 길이 R

(2) $a=\sqrt{2}+1$, $b=2$, $c=\sqrt{3}$일 때, C

| 풀이 | (1) 코사인법칙에 의하여

$$c^2=3^2+5^2-2\times3\times5\times\cos120°=9+25-30\times\left(-\frac{1}{2}\right)=49$$

$$\therefore c=7 \ (\because c>0)$$

$c=7$, $C=120°$이므로 사인법칙에 의하여

$$\frac{7}{\sin120°}=2R \qquad \therefore R=\frac{7}{2\sin120°}=\frac{7}{2\times\frac{\sqrt{3}}{2}}=\frac{7\sqrt{3}}{3}$$

(2) 코사인법칙에 의하여

$$\cos C=\frac{(\sqrt{2}+1)^2+2^2-(\sqrt{3})^2}{2\times(\sqrt{2}+1)\times2}=\frac{3+2\sqrt{2}+4-3}{4(\sqrt{2}+1)}=\frac{4+2\sqrt{2}}{4(\sqrt{2}+1)}=\frac{(4+2\sqrt{2})(\sqrt{2}-1)}{4(\sqrt{2}+1)(\sqrt{2}-1)}=\frac{\sqrt{2}}{2}$$

$$\therefore C=45°$$

유형 **092** **사인법칙과 코사인법칙의 변형**

삼각형 ABC에서 $\sin A:\sin B:\sin C=\sqrt{7}:4:3\sqrt{3}$일 때, A를 구하시오.

| 풀이 | 삼각형 ABC의 외접원의 반지름의 길이를 R라 하면 사인법칙에 의하여

$$a:b:c=2R\sin A:2R\sin B:2R\sin C$$
$$=\sin A:\sin B:\sin C=\sqrt{7}:4:3\sqrt{3}$$

즉, $a=\sqrt{7}k$, $b=4k$, $c=3\sqrt{3}k$ $(k>0)$라 하면 코사인법칙에 의하여

$$\cos A=\frac{(4k)^2+(3\sqrt{3}k)^2-(\sqrt{7}k)^2}{2\times4k\times3\sqrt{3}k}=\frac{16k^2+27k^2-7k^2}{24\sqrt{3}k^2}=\frac{36k^2}{24\sqrt{3}k^2}=\frac{\sqrt{3}}{2}$$

$$\therefore A=30° \ (\because 0°<A<180°)$$

■ 정답과 풀이 64쪽

체크 **262** 삼각형 ABC에서 다음을 구하시오.

(1) $a=3\sqrt{7}$, $b=6$, $A=60°$일 때, c와 외접원의 반지름의 길이 R

(2) $a=1+\sqrt{3}$, $b=2$, $c=\sqrt{2}$일 때, B와 C (단, $C<90°$)

체크 **263** 삼각형 ABC에서 $\dfrac{\sin A}{3}=\dfrac{\sin B}{4}=\dfrac{\sin C}{2}$일 때, $\sin\dfrac{A+B-C}{2}$의 값을 구하시오.

체크 **264** 세 변의 길이가 6, 10, 14인 삼각형 ABC의 세 내각 중 가장 큰 각의 크기를 구하시오.

코사인법칙과 삼각형의 모양

삼각형 ABC에서 등식 $b\cos B = c\cos C - a\cos A$가 성립할 때, 삼각형 ABC는 어떤 삼각형인지 말하시오.

| 풀이 | 코사인법칙에 의하여 $\cos A = \dfrac{b^2+c^2-a^2}{2bc}$, $\cos B = \dfrac{c^2+a^2-b^2}{2ca}$, $\cos C = \dfrac{a^2+b^2-c^2}{2ab}$

이것을 $b\cos B = c\cos C - a\cos A$에 대입하면

$b \times \dfrac{c^2+a^2-b^2}{2ca} = c \times \dfrac{a^2+b^2-c^2}{2ab} - a \times \dfrac{b^2+c^2-a^2}{2bc}$

$b^2(c^2+a^2-b^2) = c^2(a^2+b^2-c^2) - a^2(b^2+c^2-a^2)$

$a^4 + b^4 - 2a^2b^2 - c^4 = 0$, $(a^2-b^2)^2 - (c^2)^2 = 0$, $(a^2-b^2+c^2)(a^2-b^2-c^2) = 0$

$\therefore b^2 = a^2 + c^2$ 또는 $a^2 = b^2 + c^2$

따라서 삼각형 ABC는 **$B=90°$인 직각삼각형** 또는 **$A=90°$인 직각삼각형**이다.

코사인법칙의 활용

오른쪽 그림과 같이 해안가의 세 지역 A, B, C에 대하여 $\overline{AC}=8\sqrt{2}\,\text{km}$, $\overline{BC}=12\,\text{km}$, $\angle ACB = 45°$이다. 두 지역 A, B 사이를 직선으로 연결하는 다리를 건설할 때, 다리의 길이를 구하시오.

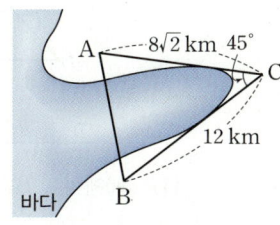

| 풀이 | 삼각형 ABC에서 코사인법칙에 의하여

$\overline{AB}^2 = 12^2 + (8\sqrt{2})^2 - 2 \times 12 \times 8\sqrt{2} \times \cos 45° = 144 + 128 - 192 = 80$

$\therefore \overline{AB} = 4\sqrt{5}\ (\because \overline{AB}>0)$

따라서 구하는 다리의 길이는 **$4\sqrt{5}\ \text{km}$**이다.

■ 정답과 풀이 65쪽

체크 | 265 다음 등식을 만족시키는 삼각형 ABC는 어떤 삼각형인지 말하시오.

(1) $a\cos B - c = b\cos A$

(2) $2\sin A\cos C = \sin B$

체크 | 266 민주는 설거지를 하던 중 실수로 원 모양의 접시를 깨뜨렸다. 오른쪽 그림과 같이 접시의 남아 있는 부분의 둘레 위의 세 지점 A, B, C에 대하여

$$\overline{AB}=7\,\text{cm}, \overline{BC}=3\,\text{cm}, \overline{CA}=5\,\text{cm}$$

일 때, 깨지기 전의 접시의 둘레의 길이를 구하시오.

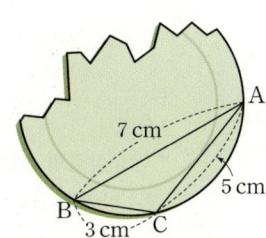

20 삼각형의 넓이

개념 한눈에 보기

개념 1 **삼각형의 넓이 – 두 변의 길이와 그 끼인각의 크기를 아는 경우**   유형 095, 096

삼각형 ABC의 넓이를 S라 하면

$$S = \frac{1}{2}bc\sin A = \frac{1}{2}ca\sin B = \frac{1}{2}ab\sin C$$

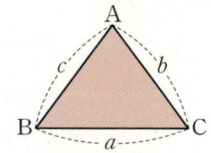

설명 삼각형에서 두 변의 길이와 그 끼인각의 크기를 알 때, 삼각함수를 이용하면 그 넓이를 구할 수 있다.

삼각형 ABC의 꼭짓점 A에서 변 BC 또는 그 연장선에 내린 수선의 발을 H라 하고 $\overline{AH} = h$라 하면 ∠B의 크기에 따라 다음과 같이 세 가지 경우로 나누어 생각할 수 있다.

(i) $B < 90°$일 때	(ii) $B = 90°$일 때	(iii) $B > 90°$일 때
$h = c\sin B$	$h = c = c\sin B\ (\because \sin B = 1)$	$h = c\sin(180° - B) = c\sin B$

(i)~(iii)에서 ∠B의 크기에 관계없이 $h = c\sin B$이므로 삼각형 ABC의 넓이를 S라 하면 $S = \frac{1}{2}ah = \frac{1}{2}ac\sin B$가 성립함을

알 수 있다. 같은 방법으로 $S = \frac{1}{2}ab\sin C = \frac{1}{2}bc\sin A$가 성립함을 알 수 있다.

개념 2 **삼각형의 넓이 – 외접원 또는 내접원의 반지름의 길이를 아는 경우**

삼각형 ABC의 넓이를 S라 할 때

(1) 외접원의 반지름의 길이를 R라 하면

① $S = \dfrac{abc}{4R}$ ② $S = 2R^2\sin A\sin B\sin C$

(2) 내접원의 반지름의 길이를 r라 하면

$$S = \frac{1}{2}r(a+b+c)$$

설명 (1) 삼각형 ABC의 넓이를 S, 외접원의 반지름의 길이를 R라 하면

① 사인법칙에 의하여 $\dfrac{a}{\sin A} = 2R$에서 $\sin A = \dfrac{a}{2R}$이므로 $S = \dfrac{1}{2}bc\sin A = \dfrac{1}{2}bc \times \dfrac{a}{2R} = \dfrac{abc}{4R}$

② 사인법칙에 의하여 $\dfrac{b}{\sin B} = \dfrac{c}{\sin C} = 2R$에서 $b = 2R\sin B$, $c = 2R\sin C$이므로

$$S = \frac{1}{2}bc\sin A = \frac{1}{2} \times 2R\sin B \times 2R\sin C \times \sin A = 2R^2\sin A\sin B\sin C$$

(2) 삼각형 ABC의 내접원의 중심을 I, 반지름의 길이를 r라 하면 삼각형 ABC의 넓이 S는 세 삼각형
IAB, IBC, ICA의 넓이의 합과 같으므로

$$S = \triangle IAB + \triangle IBC + \triangle ICA$$
$$= \frac{1}{2}cr + \frac{1}{2}ar + \frac{1}{2}br = \frac{1}{2}r(a+b+c)$$

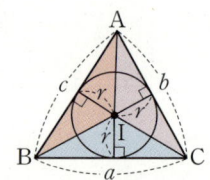

CHECK 삼각형 ABC의 넓이를 S라 할 때, 다음을 구하시오.

(1) $a=5$, $c=8$, $B=45°$일 때, S

(2) $a=3$, $b=4$, $c=5$이고 외접원의 반지름의 길이가 $R=\dfrac{5}{2}$일 때, S와 내접원의 반지름의 길이 r

풀이 (1) $S=\dfrac{1}{2}ca\sin B=\dfrac{1}{2}\times 8\times 5\times \sin 45°=20\times\dfrac{\sqrt{2}}{2}=\mathbf{10\sqrt{2}}$

(2) $S=\dfrac{abc}{4R}=\dfrac{3\times4\times5}{4\times\dfrac{5}{2}}=\dfrac{60}{10}=\mathbf{6}$

또한 $S=\dfrac{1}{2}r(3+4+5)=6$에서 $6r=6$ $\quad\therefore \mathbf{r=1}$

Plus⁺ 자료

Q 삼각형의 넓이 – 세 변의 길이를 아는 경우 ← 헤론(Heron)의 공식　　유형 **096**

삼각형 ABC의 세 변의 길이가 주어질 때, 삼각형 ABC의 넓이를 S라 하면

$$S=\sqrt{s(s-a)(s-b)(s-c)}\ \left(\text{단, } s=\dfrac{a+b+c}{2}\right)$$

이를 헤론의 공식이라 한다.

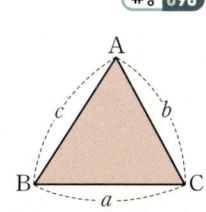

설명 삼각형 ABC의 넓이를 S라 하면

$S=\dfrac{1}{2}bc\sin A$

$=\dfrac{1}{2}bc\sqrt{1-\cos^2 A}$　　← $\sin^2 A+\cos^2 A=1$에서 $\sin^2 A=1-\cos^2 A$　　$\therefore \sin A=\sqrt{1-\cos^2 A}\ (\because 0°<A<180°)$

$=\dfrac{1}{2}bc\sqrt{(1+\cos A)(1-\cos A)}$

$=\dfrac{1}{2}bc\sqrt{\left(1+\dfrac{b^2+c^2-a^2}{2bc}\right)\left(1-\dfrac{b^2+c^2-a^2}{2bc}\right)}$　　← 코사인법칙에 의하여 $\cos A=\dfrac{b^2+c^2-a^2}{2bc}$

$=\dfrac{1}{2}bc\sqrt{\dfrac{(b^2+2bc+c^2-a^2)}{2bc}\times\dfrac{-(b^2-2bc+c^2)+a^2}{2bc}}$

$=\dfrac{1}{2}bc\times\dfrac{1}{2bc}\sqrt{\{(b+c)^2-a^2\}\{a^2-(b-c)^2\}}$

$=\dfrac{1}{4}\sqrt{(a+b+c)(-a+b+c)(a-b+c)(a+b-c)}$　　…… ㉠

이때 $\dfrac{a+b+c}{2}=s$라 하면 $a+b+c=2s$이므로

$-a+b+c=a+b+c-2a=2s-2a=2(s-a)$

같은 방법으로 $a-b+c=2(s-b)$, $a+b-c=2(s-c)$이므로 이것을 ㉠에 대입하면

$S=\dfrac{1}{4}\sqrt{2s\times 2(s-a)\times 2(s-b)\times 2(s-c)}$

$=\sqrt{s(s-a)(s-b)(s-c)}$

CHECK 세 변의 길이가 각각 3, 4, 5인 삼각형의 넓이 S를 헤론의 공식을 이용하여 구하시오.

풀이 $s=\dfrac{3+4+5}{2}=6$이므로

헤론의 공식 $S=\sqrt{s(s-a)(s-b)(s-c)}$에 의하여

$S=\sqrt{6\times(6-3)\times(6-4)\times(6-5)}=\sqrt{6\times3\times2\times1}=\mathbf{6}$

(1) **평행사변형의 넓이**

이웃하는 두 변의 길이가 a, b이고 그 끼인각의 크기가 θ인 평행사변형 ABCD의 넓이를 S라 하면

$$S = ab\sin\theta$$

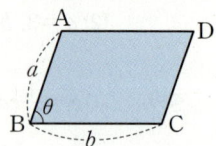

(2) **사각형의 넓이**

두 대각선의 길이가 a, b이고, 두 대각선이 이루는 각의 크기가 θ인 사각형 ABCD의 넓이를 S라 하면

$$S = \frac{1}{2}ab\sin\theta$$

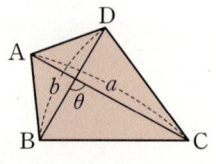

설명   (1) 오른쪽 그림과 같이 이웃하는 두 변의 길이가 a, b이고 그 끼인각의 크기가 θ인 평행사변형 ABCD에서 대각선 AC를 그으면 삼각형 ABC와 삼각형 CDA는 서로 합동이다.

따라서 평행사변형 ABCD의 넓이 S는 삼각형 ABC의 넓이의 2배이므로

$$S = 2\triangle ABC = 2 \times \left(\frac{1}{2}ab\sin\theta\right) = ab\sin\theta$$

(2) (ⅰ) 평행사변형의 넓이를 이용하는 방법

오른쪽 그림과 같이 두 대각선 AC, BD의 길이가 각각 a, b이고, 두 대각선의 교점이 E이고, 두 대각선이 이루는 각의 크기가 θ인 사각형 ABCD의 대각선 AC에 평행하고 두 꼭짓점 B, D를 각각 지나는 직선과 대각선 BD에 평행하고 두 꼭짓점 A, C를 각각 지나는 직선의 교점을 이용하여 평행사변형 PQRS를 만들면

$$\overline{SR} = \overline{AC} = a, \ \overline{PS} = \overline{BD} = b, \ \angle PSR = \angle BEC = \theta$$

이때 사각형 ABCD의 넓이 S는 평행사변형 PQRS의 넓이의 $\frac{1}{2}$배이므로

$$S = \frac{1}{2}\square PQRS = \frac{1}{2}ab\sin\theta$$

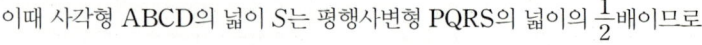

(ⅱ) 삼각형의 넓이를 이용하는 방법

오른쪽 그림과 같이 사각형 ABCD의 두 대각선의 교점 E에서 각 꼭짓점에 이르는 선분의 길이를 각각 x, y, z, w라 하면

$$S = \triangle EAB + \triangle EBC + \triangle ECD + \triangle EDA$$
$$= \frac{1}{2}xy\sin(180°-\theta) + \frac{1}{2}yz\sin\theta + \frac{1}{2}zw\sin(180°-\theta) + \frac{1}{2}wx\sin\theta$$
$$= \frac{1}{2}xy\sin\theta + \frac{1}{2}yz\sin\theta + \frac{1}{2}zw\sin\theta + \frac{1}{2}wx\sin\theta$$
$$= \frac{1}{2}(xy+yz+zw+wx)\sin\theta = \frac{1}{2}\{x(y+w)+z(y+w)\}\sin\theta$$
$$= \frac{1}{2}(x+z)(y+w)\sin\theta = \frac{1}{2}ab\sin\theta \quad \leftarrow \overline{AC} = \overline{AE} + \overline{CE} = x+z = a, \ \overline{BD} = \overline{BE} + \overline{DE} = y+w = b$$

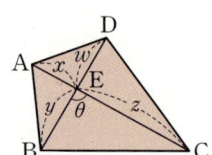

CHECK   다음을 구하시오.

(1) 평행사변형 ABCD에서 $\overline{AB} = 6$, $\overline{BC} = 7$, $\angle ABC = 30°$일 때, 평행사변형 ABCD의 넓이

(2) 사각형 ABCD에서 두 대각선의 길이가 9, $4\sqrt{3}$이고, 두 대각선이 이루는 각의 크기가 60°일 때, 사각형 ABCD의 넓이

풀이   (1) $\square ABCD = 6 \times 7 \times \sin 30° = 42 \times \frac{1}{2} = \mathbf{21}$

         (2) $\square ABCD = \frac{1}{2} \times 9 \times 4\sqrt{3} \times \sin 60° = 18\sqrt{3} \times \frac{\sqrt{3}}{2} = \mathbf{27}$

삼각형의 넓이 – 두 변의 길이와 그 끼인각의 크기를 아는 경우

다음 물음에 답하시오.

(1) 삼각형 ABC에서 $a=4$, $b=8$, $C=150°$일 때, 삼각형 ABC의 넓이를 구하시오.

(2) 삼각형 ABC에서 $a=\sqrt{21}$, $c=4$, $A=60°$일 때, 삼각형 ABC의 넓이를 구하시오.

| 풀이 |

(1) $\triangle ABC = \dfrac{1}{2}ab\sin C = \dfrac{1}{2} \times 4 \times 8 \times \sin 150° = \dfrac{1}{2} \times 4 \times 8 \times \sin 30°$ ← $\sin 150° = \sin(180°-30°) = \sin 30°$

$\qquad\qquad = 16 \times \dfrac{1}{2} = 8$

(2) 코사인법칙에 의하여 $a^2 = b^2 + c^2 - 2bc\cos A$이므로 $(\sqrt{21})^2 = b^2 + 4^2 - 2 \times b \times 4 \times \cos 60°$

$\quad 21 = b^2 + 16 - 8b \times \dfrac{1}{2}$, $b^2 - 4b - 5 = 0$, $(b+1)(b-5) = 0$ $\therefore b = 5 \ (\because b > 0)$

$\quad \therefore \triangle ABC = \dfrac{1}{2}bc\sin A = \dfrac{1}{2} \times 5 \times 4 \times \sin 60° = 10 \times \dfrac{\sqrt{3}}{2} = \boldsymbol{5\sqrt{3}}$

유형 **096**   **삼각형의 넓이 – 세 변의 길이를 아는 경우**

삼각형 ABC에서 $a=7$, $b=6$, $c=5$일 때, 삼각형 ABC의 넓이를 구하시오.

| 풀이 |

코사인법칙에 의하여 $\cos A = \dfrac{b^2+c^2-a^2}{2bc} = \dfrac{6^2+5^2-7^2}{2 \times 6 \times 5} = \dfrac{36+25-49}{60} = \dfrac{12}{60} = \dfrac{1}{5}$

$\sin^2 A + \cos^2 A = 1$에서 $\sin^2 A = 1 - \cos^2 A$이므로

$\sin A = \sqrt{1-\cos^2 A} = \sqrt{1-\left(\dfrac{1}{5}\right)^2} = \sqrt{\dfrac{24}{25}} = \dfrac{2\sqrt{6}}{5}$ ← $0° < A < 180°$이므로 $\sin A > 0$

$\therefore \triangle ABC = \dfrac{1}{2}bc\sin A = \dfrac{1}{2} \times 6 \times 5 \times \dfrac{2\sqrt{6}}{5} = \boldsymbol{6\sqrt{6}}$

| 다른 풀이 |

$\dfrac{7+6+5}{2} = 9$이므로 헤론의 공식에 의하여

$\triangle ABC = \sqrt{9 \times (9-7) \times (9-6) \times (9-5)} = \sqrt{9 \times 2 \times 3 \times 4} = \sqrt{216} = \boldsymbol{6\sqrt{6}}$

■ 정답과 풀이 65쪽

체크 **267**   다음 물음에 답하시오.

(1) $a=16$, $B=60°$인 삼각형 ABC의 넓이가 $40\sqrt{3}$일 때, c를 구하시오.

(2) $b=10$, $c=15$, $A=60°$인 삼각형 ABC에서 $\angle A$의 이등분선이 변 BC와 만나는 점을 D라 할 때, 선분 AD의 길이를 구하시오.

체크 **268**   삼각형 ABC에서 $a=5$, $b=7$, $c=9$일 때, 다음을 구하시오.

(1) 삼각형 ABC의 넓이

(2) 외접원의 반지름의 길이

(3) 내접원의 반지름의 길이

오른쪽 그림과 같이 $\overline{AB}=6$, $A=135°$인 평행사변형 ABCD의 넓이가 $27\sqrt{2}$일 때, 선분 AD의 길이를 구하시오.

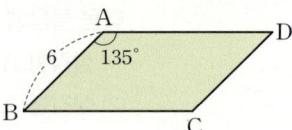

| 풀이 | 평행사변형 ABCD의 넓이가 $27\sqrt{2}$이므로

$6 \times \overline{AD} \times \sin 135° = 27\sqrt{2}$

$6 \times \dfrac{\sqrt{2}}{2} \times \overline{AD} = 27\sqrt{2}$

$\therefore \overline{AD} = \dfrac{27\sqrt{2}}{3\sqrt{2}} = \mathbf{9}$

두 대각선의 길이가 8, 9인 사각형 ABCD의 넓이가 $18\sqrt{3}$일 때, 두 대각선이 이루는 예각의 크기를 구하시오.

| 풀이 | 사각형 ABCD의 두 대각선이 이루는 예각의 크기를 θ라 하면 사각형 ABCD의 넓이가 $18\sqrt{3}$이므로

$\dfrac{1}{2} \times 8 \times 9 \times \sin\theta = 18\sqrt{3}$　　$\therefore \sin\theta = 18\sqrt{3} \times \dfrac{1}{36} = \dfrac{\sqrt{3}}{2}$

$\therefore \theta = 60° \ (\because \ \theta < 90°)$

따라서 두 대각선이 이루는 예각의 크기는 **60°**이다.

■ 정답과 풀이 66쪽

체크 **269** 오른쪽 그림과 같은 평행사변형 ABCD에서 $\overline{AB}=4$, $\overline{BC}=6$, $\overline{AC}=8$일 때, 평행사변형 ABCD의 넓이를 구하시오.

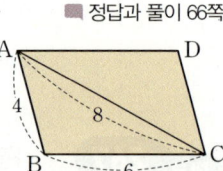

체크 **270** 오른쪽 그림의 사각형 ABCD는 $\overline{AB}=\overline{CD}$인 등변사다리꼴이다. 두 대각선 AC, BD가 이루는 각의 크기가 45°이고 넓이가 $16\sqrt{2}$일 때, 등변사다리꼴 ABCD의 대각선의 길이를 구하시오.

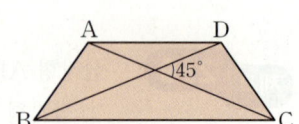

선생님의 출제 point

Q 코사인법칙을 이용하여 입체도형에서의 최단거리를 구할 수 있는가?

1 오른쪽 그림과 같이 모선의 길이가 12, 밑면인 원의 반지름의 길이가 4인 원뿔이 있다. 원뿔의 꼭짓점을 O, 밑면인 원의 지름의 양 끝점을 A, B라 하고, 선분 OA를 1:2로 내분한 점을 A′이라 하자. 점 B에서 출발하여 원뿔의 옆면을 따라 점 A′에 이르는 최단거리를 구하시오.

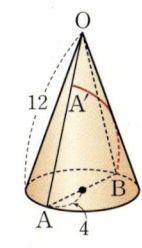

| 풀이 | ① 원뿔의 전개도에서 부채꼴의 중심각의 크기 구하기

원뿔의 전개도에서 부채꼴의 중심각의 크기를 θ라 하면 부채꼴의 호의 길이는 밑면인 원의 둘레의 길이와 같으므로

$$12 \times \theta = 2\pi \times 4 \qquad \therefore \theta = \frac{2}{3}\pi$$

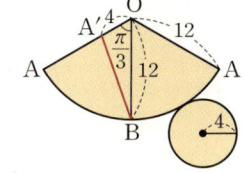

② ∠AOB의 크기와 선분 OA′의 길이 구하기

이때 선분 OB는 부채꼴의 중심각의 이등분선이므로

$$\angle AOB = \frac{\pi}{3}$$

또한 점 A′은 선분 OA를 1:2로 내분하는 점이므로 $\overline{OA'} = 4$

③ 코사인법칙을 이용하여 최단거리 구하기

유형 094

구하는 최단거리는 선분 A′B의 길이이므로 삼각형 A′BO에서 코사인법칙에 의하여

$$\overline{A'B}^2 = 4^2 + 12^2 - 2 \times 4 \times 12 \times \cos\frac{\pi}{3} = 16 + 144 - 96 \times \frac{1}{2} = 112 \qquad \therefore \overline{A'B} = \mathbf{4\sqrt{7}}$$

Q 삼각형의 넓이를 이용하여 사각형의 넓이를 구할 수 있는가?

2 오른쪽 그림과 같이 원에 내접하는 사각형 ABCD에서

$$\angle ADC = 60°, \overline{AB} + \overline{BC} = 9, \overline{CD} + \overline{DA} = 13, \overline{AC} = 7$$

일 때, 사각형 ABCD의 넓이를 구하시오.

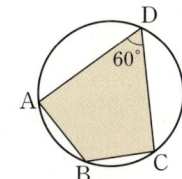

| 풀이 | ① 사각형의 넓이를 구하는 방법 정하기

사각형 ABCD의 넓이는 두 삼각형 ABC, ACD의 넓이의 합과 같으므로 □ABCD=△ABC+△ACD

② 두 삼각형 ABC, ACD의 넓이 구하기

유형 091, 095

사각형 ABCD가 원에 내접하므로 ∠ABC=120°   ← ∠ABC+∠ADC=180°

즉, 삼각형 ABC에서 코사인법칙에 의하여

$$7^2 = \overline{AB}^2 + \overline{BC}^2 - 2 \times \overline{AB} \times \overline{BC} \times \cos 120° = (\overline{AB} + \overline{BC})^2 - \overline{AB} \times \overline{BC} = 9^2 - \overline{AB} \times \overline{BC}$$

즉, $\overline{AB} \times \overline{BC} = 32$이므로 $\triangle ABC = \frac{1}{2} \times \overline{AB} \times \overline{BC} \times \sin 120° = \frac{1}{2} \times 32 \times \frac{\sqrt{3}}{2} = 8\sqrt{3}$

또한 삼각형 ACD에서 코사인법칙에 의하여

$$7^2 = \overline{CD}^2 + \overline{DA}^2 - 2 \times \overline{CD} \times \overline{DA} \times \cos 60° = (\overline{CD} + \overline{DA})^2 - 3 \times \overline{CD} \times \overline{DA}$$
$$= 13^2 - 3 \times \overline{CD} \times \overline{DA}$$

즉, $\overline{CD} \times \overline{DA} = 40$이므로 $\triangle ACD = \frac{1}{2} \times \overline{CD} \times \overline{DA} \times \sin 60° = \frac{1}{2} \times 40 \times \frac{\sqrt{3}}{2} = 10\sqrt{3}$

③ 사각형 ABCD의 넓이 구하기

따라서 구하는 사각형 ABCD의 넓이는

$$\square ABCD = \triangle ABC + \triangle ACD = 8\sqrt{3} + 10\sqrt{3} = \mathbf{18\sqrt{3}}$$

271

이등변삼각형 ABC에서 $A=120°$이고 외접원의 반지름의 길이가 6일 때, 이등변삼각형 ABC의 둘레의 길이를 구하시오.

272

오른쪽 그림과 같이 반지름의 길이가 2인 원에 내접하는 삼각형 ABC에서 $B=30°$, $C=45°$일 때, 선분 BC의 길이를 구하시오.

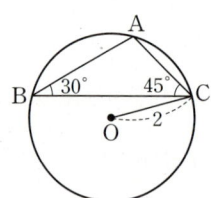

273

반지름의 길이가 3인 원에 내접하는 삼각형 ABC에 대하여 $4\sin C \sin(A+B)=3$이 성립할 때, c를 구하시오.

274

오른쪽 그림과 같은 삼각형 ABC에서 $\overline{AC}=4$, $B=45°$일 때, 선분 BC의 길이의 최댓값을 구하시오.

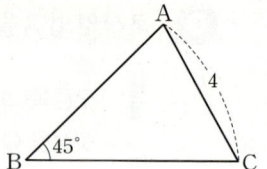

275

삼각형 ABC에서 등식
$$\cos^2 A + \cos^2 B - \cos^2 C = 1$$
이 성립할 때, 삼각형 ABC는 어떤 삼각형인지 말하시오.

276

태극기가 계양된 깃대의 높이를 측정하기 위하여 다음 그림과 같이 두 지점 A, B에서 깃대의 가장 높은 지점 P를 올려다본 각의 크기를 측정하였더니 각각 30°, 75°이고, 두 지점 A, B 사이의 거리는 4 m이었다. 깃대의 높이를 구하시오.

(단, 깃대는 지면과 수직이다.)

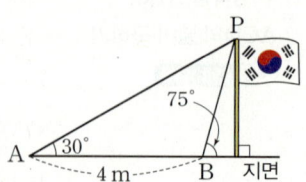

277

오른쪽 그림과 같이 점 O를 중심으로 하는 원의 반지름의 길이가 2, 호 AB의 길이가 $\dfrac{2}{3}\pi$일 때, 선분 AC의 길이를 구하시오.

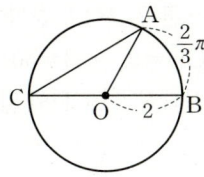

278

오른쪽 그림과 같이 한 모서리의 길이가 5인 정사면체 OABC가 있다. 선분 OA를 2 : 3으로 내분하는 점을 P, 선분 AB를 4 : 1로 내분하는 점을 Q라 할 때, 점 P를 출발하여 옆면을 따라 점 Q, 모서리 OB를 순서대로 거쳐 점 C에 이르는 최단거리를 구하시오.

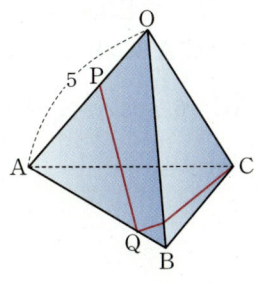

279

오른쪽 그림과 같이 $\overline{AB}=4$, $\overline{BC}=6$, $\overline{AC}=5$인 예각삼각형 ABC에서 변 BC를 1 : 2로 내분하는 점을 D라 할 때, 선분 AD의 길이를 구하시오.

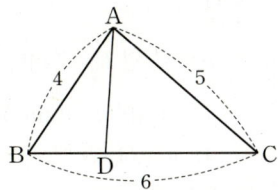

280

오른쪽 그림과 같이 한 변의 길이가 4인 정사각형 ABCD의 두 변 BC, CD의 중점을 각각 E, F라 하고 $\angle EAF=\theta$라 할 때, $\cos\theta$의 값을 구하시오.

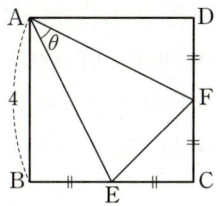

281

삼각형 ABC에서
$$\sin(A+B) : \sin(B+C) : \sin(C+A)=7 : 5 : 6$$
일 때, $\cos A$의 값을 구하시오.

282

오른쪽 그림과 같이 한 변의 길이가 6인 정삼각형 ABC에 대하여 $\overline{AB}$, $\overline{BC}$, $\overline{CA}$를 1 : 5로 내분하는 점을 각각 D, E, F라 할 때, 삼각형 DEF의 넓이를 구하시오.

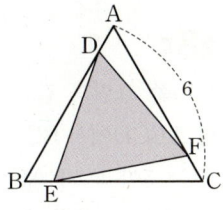

283

다음 그림과 같이 $\overline{AB}=4$, $\overline{BC}=5$, $\overline{AC}=3$인 삼각형 ABC에 대하여 변 AB의 연장선 위의 점을 E, 변 BC의 연장선과 ∠EAC의 이등분선이 만나는 점을 D라 할 때, 삼각형 ABD의 넓이를 구하시오.

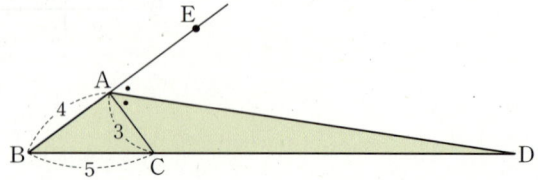

284

오른쪽 그림과 같이 $\overline{AB}=3$, $\overline{AC}=4$, $A=60°$인 삼각형 ABC의 두 변 AB, AC 위에 각각 두 점 P, Q를 잡아 삼각형 APQ와 사각형 PBCQ의 넓이가 같도록 할 때, 선분 PQ의 길이의 최솟값을 구하시오.

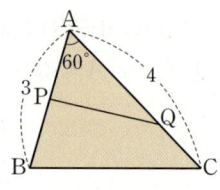

285

오른쪽 그림과 같은 평행사변형 ABCD에서 $\overline{BC}=6$, $\overline{AC}=5$이고 ∠BAC=80°, ∠ADC=55°일 때, 평행사변형 ABCD의 넓이를 구하시오.

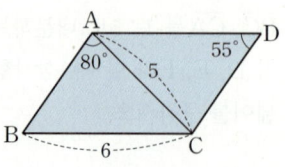

286

오른쪽 그림과 같이 $\overline{AB}=5$, $\overline{AD}=2$, $\overline{CD}=3$, ∠B=60°, ∠ADC=120°인 사각형 ABCD의 넓이를 구하시오.

(단, $\overline{AD}<\overline{BC}$)

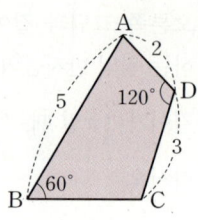

287 [필수기출]

그림과 같이 반지름의 길이가 R이고 점 O를 중심으로 하는 원에 내접하는 삼각형 ABC가 있다. $\overline{AB}=5$, $\overline{AC}=6$, $\cos A=\dfrac{3}{5}$일 때, $16R$의 값을 구하시오. |교육청 기출|

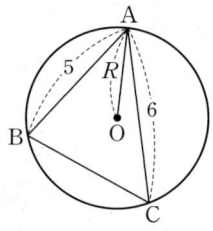

288 [필수기출]

오른쪽 그림과 같이 $\overline{AB}=3$, $\overline{BC}=a$, $\overline{AC}=4$인 삼각형 ABC가 원에 내접하고 있다. 이 원의 반지름의 길이를 R라 할 때, |보기|에서 옳은 것만을 있는 대로 고른 것은? |교육청 기출|

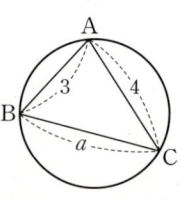

| 보기 |

ㄱ. $a=5$이면 $R=\dfrac{5}{2}$이다.

ㄴ. $R=4$이면 $a=8\sin A$이다.

ㄷ. $1<a\leq\sqrt{13}$일 때, A의 최댓값은 60°이다.

① ㄱ   ② ㄷ   ③ ㄱ, ㄴ

④ ㄴ, ㄷ   ⑤ ㄱ, ㄴ, ㄷ

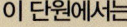

이 단원에서는
• 수열 및 등차수열의 뜻을 알고, 일반항, 첫째항부터 제n항까지의 합을 구할 수 있다.
• 등비수열의 뜻을 알고, 일반항, 첫째항부터 제n항까지의 합을 구할 수 있다.
• $\sum$의 뜻을 알고, 그 성질을 이해하고, 이를 활용할 수 있다.
• 여러 가지 수열의 첫째항부터 제n항까지의 합을 구할 수 있다.
• 수열의 귀납적 정의와 수학적 귀납법의 원리를 이해하고, 수학적 귀납법을 이용하여 명제를 증명할 수 있다.

수열

등차수열에서는

21 등차수열

개념 한눈에 보기

개념 1   수열

차례대로 나열된 수의 열을 **수열**이라 하고, 나열된 각각의 수를 그 수열의 **항**이라 한다.

tip   (1) 일정한 규칙이 없이 수를 나열한 것도 수열이지만, 여기서는 규칙이 있는 수열을 다룬다.
(2) 항이 유한 개인 수열에서 항의 개수를 항수라 하고, 마지막 항을 끝항이라 한다.

설명   자연수 중 홀수를 차례대로 나열하면 1, 3, 5, 7, 9, …이고, 이때 이 수열의 각 항을 앞에서부터 차례대로
    첫째항, 둘째항, 셋째항, …, n째항, … 또는 제1항, 제2항, 제3항, …, 제n항, …
이라 한다.
위 수열에서 첫째항은 1이고, 제3항은 5이다.

개념 2   수열의 일반항   유형 099

일반적으로 수열을 나타낼 때에는 각 항의 번호를 붙여 a_1, a_2, a_3, …, a_n, …과 같이 나타낸다.
이때 제n항 a_n을 이 수열의 **일반항**이라 하고, 일반항이 a_n인 수열을 간단히
    $\{a_n\}$
과 같이 나타낸다.

tip   수열 $\{a_n\}$의 제n항 a_n이 n의 식으로 주어지면 n에 1, 2, 3, …을 각각 대입하여 이 수열의 모든 항을 구할 수 있다.

설명   수열 $\{a_n\}$은 항의 번호인 자연수 1, 2, 3, …, n, …에 각 항 a_1, a_2, a_3, …, a_n, …을 대응시킨 함수, 즉
자연수 전체의 집합 N에서 실수 전체의 집합 R로의 함수
    $f : N \longrightarrow R, f(n) = a_n$
이라 할 수 있다.

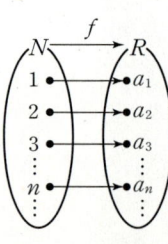

CHECK   수열 $\{a_n\}$의 일반항이 다음과 같을 때, 제1항부터 제4항까지를 차례대로 구하시오.

(1) $a_n = 2n + 3$ (2) $a_n = 2^n + 1$

풀이   (1) $a_1 = 2 \times 1 + 3 = \mathbf{5}$, $a_2 = 2 \times 2 + 3 = \mathbf{7}$, $a_3 = 2 \times 3 + 3 = \mathbf{9}$, $a_4 = 2 \times 4 + 3 = \mathbf{11}$
(2) $a_1 = 2^1 + 1 = \mathbf{3}$, $a_2 = 2^2 + 1 = \mathbf{5}$, $a_3 = 2^3 + 1 = \mathbf{9}$, $a_4 = 2^4 + 1 = \mathbf{17}$

CHECK   다음 수열의 일반항 a_n을 추측하시오.

(1) 4, 8, 12, 16, …   (2) -2, 4, -8, 16, …

풀이   (1) $a_1 = 4 = 4 \times 1$, $a_2 = 8 = 4 \times 2$, $a_3 = 12 = 4 \times 3$, $a_4 = 16 = 4 \times 4$, …이므로 $\boldsymbol{a_n = 4n}$
(2) $a_1 = -2 = (-2)^1$, $a_2 = 4 = (-2)^2$, $a_3 = -8 = (-2)^3$, $a_4 = 16 = (-2)^4$, …이므로 $\boldsymbol{a_n = (-2)^n}$

등차수열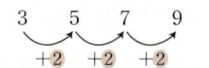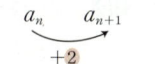

(1) 첫째항부터 차례대로 일정한 수를 더하여 만든 수열을 **등차수열**이라 하고, 더하는 일정한 수를 **공차**라 한다.
(2) 공차가 d인 등차수열 $\{a_n\}$의 제n항 a_n과 제$(n+1)$항 a_{n+1} 사이에는 다음이 성립한다.

$$a_{n+1}=a_n+d \;(\text{단, } n=1, 2, 3, \cdots) \quad \leftarrow a_{n+1}-a_n=d$$

tip 공차는 영어로 common difference라 하며 일반적으로 d로 나타낸다.

설명 (1) 수열 3, 5, 7, 9, $\cdots$는 첫째항 3부터 차례대로 일정한 수 **2**를 더하여 만든
수열이므로 이 수열은 첫째항이 3이고, 공차가 2인 등차수열이다.

3 → 5 → 7 → 9 $\cdots$ a_n → a_{n+1} $\cdots$
+2 +2 +2 +2

(2) 공차가 d인 등차수열 $\{a_n\}$에서 제n항 a_n에 공차 d를 더하면 제$(n+1)$항이 되므로
$a_{n+1}=a_n+d$, 즉 $a_{n+1}-a_n=d$ $(n=1, 2, 3, \cdots)$가 성립한다.
또한 역으로 위의 등식이 성립하면 수열 $\{a_n\}$은 등차수열이다.

CHECK 다음 수열이 등차수열을 이룰 때, 공차와 제4항을 구하시오.

(1) $-2, 3, 8, \cdots$ (2) $1, -4, -9, \cdots$

풀이 (1) 첫째항이 -2, 제2항이 3인 등차수열이므로 공차는 $3-(-2)=$**5**이고, 제4항은 $8+5=$**13**이다.
(2) 첫째항이 1, 제2항이 -4인 등차수열이므로 공차는 $-4-1=$**-5**이고, 제4항은 $-9+(-5)=$**-14**이다.

개념 4 **등차수열의 일반항** 유형 100, 101, 102

첫째항이 a, 공차가 d인 등차수열의 일반항 a_n은

$$a_n=a+(n-1)d \;(\text{단, } n=1, 2, 3, \cdots)$$

설명 (1) 첫째항이 a, 공차가 d인 등차수열 $\{a_n\}$의 각 항은 다음과 같다.

$a_1=a$
$a_2=a_1+d=a+d$
$a_3=a_2+d=(a+d)+d=a+2d$
$a_4=a_3+d=(a+2d)+d=a+3d$
$\vdots$
$a_n=a_{n-1}+d=\{a+(n-2)d\}+d=a+(n-1)d$

$a_1=a+\mathbf{0}\times d$
$a_2=a+\mathbf{1}\times d$
$a_3=a+\mathbf{2}\times d$
$a_4=a+\mathbf{3}\times d$
$\vdots$
$a_n=a+(\mathbf{n-1})\times d$

(2) 첫째항이 a이고 공차가 d인 등차수열 $\{a_n\}$의 일반항은
$$a_n=a+(n-1)d=dn+(a-d)$$
이므로 $d\neq0$이면 일반항은 n에 대한 일차식이다.
여기서 n의 계수 d는 등차수열 $\{a_n\}$의 공차이며, 첫째항은 $n=1$을 대입하여 구한 값이다.
따라서 일반항 a_n이 n에 대한 일차식인 경우, 그 수열은 등차수열이며 공차가 n의 계수임을 알 수 있다.
예를 들어 수열 $\{a_n\}$의 일반항이 $a_n=2n+1$이면 수열 $\{a_n\}$은 첫째항이 $a_1=2\times1+1=3$이고 공차는 n의 계수 2인 등차
수열이다.

CHECK 다음 등차수열의 일반항 a_n을 구하시오.

(1) 첫째항이 7, 공차 3인 수열 (2) $8, 2, -4, -10, \cdots$

풀이 (1) 첫째항이 7, 공차가 3인 등차수열의 일반항은 $a_n=7+(n-1)\times3$, 즉 **$a_n=3n+4$**
(2) 수열 $8, 2, -4, -10, \cdots$은 첫째항이 8, 공차가 $2-8=-6$인 등차수열이므로 일반항은
$$a_n=8+(n-1)\times(-6), \;\text{즉 } \boldsymbol{a_n=-6n+14}$$

세 수 a, b, c가 이 순서대로 등차수열을 이룰 때, b를 a와 c의 **등차중항**이라 하며, 세 수 a, b, c에 대하여 다음이 성립한다.

$$b = \frac{a+c}{2} \quad \leftarrow 2b = a+c$$

tip (1) 세 수 a, b, c에 대하여 $b = \frac{a+c}{2}$가 성립하면 세 수 a, b, c는 이 순서대로 등차수열을 이룬다.

(2) $a > 0$, $b > 0$, $c > 0$일 때, b가 a와 c의 등차중항이면 $b = \frac{a+c}{2}$이다. 이와 같은 b를 a와 c의 산술평균이라 한다.

설명 세 수 a, b, c가 이 순서대로 등차수열을 이루면

$$\underbrace{b-a=c-b}_{\text{공차}} \text{이므로} \quad 2b = a+c \qquad \therefore b = \frac{a+c}{2}$$

CHECK 세 수 -2, x, 8이 이 순서대로 등차수열을 이룰 때, x의 값을 구하시오.

풀이 x가 -2와 8의 등차중항이므로 $x = \dfrac{-2+8}{2} = \mathbf{3}$

Plus⁺ 자료

◐ 등차수열을 이루는 수의 특징　유형 104

(1) 첫째항이 a, 공차가 d인 등차수열 $\{a_n\}$에 대하여

$$a_1 + a_n = a + a + (n-1)d = 2a + (n-1)d,$$
$$a_2 + a_{n-1} = a + d + a + (n-2)d = 2a + (n-1)d,$$
$$a_3 + a_{n-2} = a + 2d + a + (n-3)d = 2a + (n-1)d, \cdots$$

이므로

$$a_1 + a_n = a_2 + a_{n-1} = a_3 + a_{n-2} = \cdots$$

를 만족시킨다.

(2) 등차수열을 이루는 수를 다음과 같이 나타내면 계산이 편리하다.

　① 등차수열을 이루는 세 수　➡ $a-d,\ a,\ a+d$
　② 등차수열을 이루는 네 수　➡ $a-3d,\ a-d,\ a+d,\ a+3d$
　③ 등차수열을 이루는 다섯 수　➡ $a-2d,\ a-d,\ a,\ a+d,\ a+2d$

◐ 조화수열　유형 103

수열 a_1, a_2, a_3, $\cdots$, a_n, $\cdots$에 대하여 각 항의 역수로 이루어진 수열인 $\dfrac{1}{a_1}$, $\dfrac{1}{a_2}$, $\dfrac{1}{a_3}$, $\cdots$, $\dfrac{1}{a_n}$, $\cdots$이 등차수열을 이룰 때, 수열 a_1, a_2, a_3, $\cdots$, a_n, $\cdots$을 조화수열이라 한다. (단, $a_n \neq 0$)

예를 들어 수열 $\{a_n\}$이 $\dfrac{1}{3}$, $\dfrac{1}{7}$, $\dfrac{1}{11}$, $\dfrac{1}{15}$, $\cdots$일 때, 각 항의 역수로 이루어진 수열인 3, 7, 11, 15, $\cdots$가 등차수열을 이루므로 수열 $\{a_n\}$은 조화수열이다. 이때 수열 3, 7, 11, 15, $\cdots$의 첫째항은 3, 공차는 $7-3=4$이므로 수열 $\dfrac{1}{3}$, $\dfrac{1}{7}$, $\dfrac{1}{11}$, $\dfrac{1}{15}$, $\cdots$의 일반항은 $\dfrac{1}{3+(n-1) \times 4} = \dfrac{1}{4n-1}$이다.

◐ 조화중항

0이 아닌 세 수 a, b, c가 이 순서대로 조화수열을 이룰 때, b를 a와 c의 조화중항이라 한다.

이때 각 항의 역수인 $\dfrac{1}{a}$, $\dfrac{1}{b}$, $\dfrac{1}{c}$이 등차수열을 이루므로 $\dfrac{2}{b} = \dfrac{1}{a} + \dfrac{1}{c}$ 　 $\therefore b = \dfrac{2ac}{a+c}$

수열의 일반항

다음 수열의 일반항 a_n을 추측하시오.

(1) $1,\ 4,\ 9,\ 16,\ \cdots$

(2) $2,\ \dfrac{3}{2},\ \dfrac{4}{3},\ \dfrac{5}{4}$

(3) $\dfrac{1}{2},\ \dfrac{1}{4},\ \dfrac{1}{6},\ \dfrac{1}{8},\ \cdots$

(4) $9,\ 99,\ 999,\ 9999,\ \cdots$

| 풀이 | (1) $a_1=1=1^2,\ a_2=4=2^2,\ a_3=9=3^2,\ a_4=16=4^2,\ \cdots$이므로 $\boldsymbol{a_n=n^2}$

(2) $a_1=2=\dfrac{2}{1},\ a_2=\dfrac{3}{2},\ a_3=\dfrac{4}{3},\ a_4=\dfrac{5}{4},\ \cdots$이므로 $\boldsymbol{a_n=\dfrac{n+1}{n}}$

(3) $a_1=\dfrac{1}{2}=\dfrac{1}{2\times1},\ a_2=\dfrac{1}{4}=\dfrac{1}{2\times2},\ a_3=\dfrac{1}{6}=\dfrac{1}{2\times3},\ a_4=\dfrac{1}{8}=\dfrac{1}{2\times4},\ \cdots$이므로 $\boldsymbol{a_n=\dfrac{1}{2n}}$

(4) $a_1=9=10-1,\ a_2=99=10^2-1,\ a_3=999=10^3-1,\ a_4=9999=10^4-1,\ \cdots$이므로 $\boldsymbol{a_n=10^n-1}$

등차수열의 일반항

등차수열 $\{a_n\}$에 대하여 다음 물음에 답하시오.

(1) 첫째항이 -3, 공차가 4일 때, 25는 제몇 항인지 구하시오.

(2) $a_3=5,\ a_7=17$일 때, a_{15}의 값을 구하시오.

| 풀이 | (1) 등차수열 $\{a_n\}$의 첫째항이 -3, 공차가 4이므로 일반항은

$$a_n=-3+(n-1)\times4=4n-7$$

이때 25를 제k항이라 하면 $4k-7=25,\ 4k=32$ ∴ $k=8$

따라서 25는 **제8항**이다.

(2) 등차수열 $\{a_n\}$의 첫째항을 a, 공차를 d라 하면

$a_3=5$에서 $a_3=a+2d=5$ ⋯⋯ ㉠

$a_7=17$에서 $a_7=a+6d=17$ ⋯⋯ ㉡

㉠, ㉡을 연립하여 풀면 $a=-1,\ d=3$

∴ $a_n-1+(n-1)\times3=3n-4$

∴ $a_{15}=3\times15-4=\textbf{41}$

■ 정답과 풀이 71쪽

체크 289

다음 수열의 일반항 a_n을 추측하시오.

(1) $\log 2,\ \log 4,\ \log 8,\ \log 16,\ \cdots$

(2) $\dfrac{1}{1\times3},\ \dfrac{1}{2\times4},\ \dfrac{1}{3\times5},\ \dfrac{1}{4\times6},\ \cdots$

(3) $2,\ \dfrac{2^2}{2},\ \dfrac{2^3}{3},\ \dfrac{2^4}{4},\ \cdots$

(4) $1,\ 11,\ 111,\ 1111,\ \cdots$

체크 290

등차수열 $\{a_n\}$에 대하여 다음 물음에 답하시오.

(1) $a_3+a_{12}=45,\ a_5+a_{16}=63$일 때, a_{25}의 값을 구하시오.

(2) 제4항과 제8항은 절댓값이 같고 부호가 반대이며 공차가 -7일 때, 이 수열의 첫째항을 구하시오.

유형 101 등차수열에서 조건을 만족시키는 항 구하기

제3항이 -36, 제12항이 9인 등차수열에서 처음으로 양수가 나오는 항은 제몇 항인지 구하시오.

| 풀이 | 등차수열의 첫째항을 a, 공차를 d라 하고 일반항을 a_n이라 하면

$a_3=-36$에서 $a+2d=-36$ ······ ㉠

$a_{12}=9$에서 $a+11d=9$ ······ ㉡

㉠, ㉡을 연립하여 풀면 $a=-46$, $d=5$

$\therefore a_n=-46+(n-1)\times 5=5n-51$

이때 제k항에서 처음으로 양수가 나온다고 하면

$a_k=5k-51>0$에서 $5k>51$ $\therefore k>10.2$

따라서 처음으로 양수가 나오는 항은 **제11항**이다.

| 다른 풀이 | 등차수열의 첫째항을 a, 공차를 d라 하고 일반항을 a_n이라 하면

$a_{12}-a_3=9d$이므로 $9-(-36)=9d$ $\therefore d=5$

$a_3=a+2d=-36$에서 $a+2\times 5=-36$ $\therefore a=-46$

$\therefore a_n=-46+(n-1)\times 5=5n-51$

이때 제k항에서 처음으로 양수가 나온다고 하면

$a_k=5k-51>0$에서 $5k>51$ $\therefore k>10.2$

따라서 처음으로 양수가 되는 항은 **제11항**이다.

유형 102 두 수 사이에 수를 넣어 만든 등차수열

다음 물음에 답하시오.

(1) 5와 17 사이에 두 수를 넣어 등차수열을 만들 때, 넣은 두 수를 차례대로 구하시오.

(2) 7과 39 사이에 7개의 수를 넣어서 등차수열을 만들 때, 이 수열의 공차를 구하시오.

| 풀이 | (1) 5와 17 사이에 넣은 두 수를 차례대로 x, y라 하면 수열 5, x, y, 17은 첫째항이 5, 제4항이 17인 등차수열이 된다.

이때 이 등차수열의 공차를 d라 하면 $5+3d=17$에서 $d=4$

$\therefore x=5+4=9$, $y=5+2\times 4=13$

따라서 구하는 두 수는 차례대로 **9, 13**이다.

(2) 7과 39 사이에 넣은 7개의 수를 차례대로 a_1, a_2, a_3, $\cdots$, a_7이라 하면

수열 7, a_1, a_2, a_3, $\cdots$, a_7, 39는 첫째항이 7, 제9항이 39인 등차수열이 된다.

이때 이 등차수열의 공차를 d라 하면 $7+8d=39$에서 $d=4$

따라서 구하는 공차는 **4**이다.

■ 정답과 풀이 71쪽

체크 291 등차수열 79, 73, 67, 61, $\cdots$에서 처음으로 19보다 작은 수가 나오는 항은 제몇 항인지 구하시오.

체크 292 등차수열 -1, a_1, a_2, $\cdots$, a_n, 76의 공차가 11일 때, 자연수 n의 값을 구하시오.

다음 물음에 답하시오.

(1) 세 수 7, x^2+2x, $6x+5$가 이 순서대로 등차수열을 이룰 때, 양수 x의 값을 구하시오.

(2) 세 수 $\dfrac{1}{3}$, a, $\dfrac{1}{11}$의 역수가 이 순서대로 등차수열을 이룰 때, a의 값을 구하시오.

| 풀이 | (1) x^2+2x는 7과 $6x+5$의 등차중항이므로 $x^2+2x=\dfrac{7+(6x+5)}{2}$

$\qquad x^2+2x=3x+6$, $x^2-x-6=0$, $(x+2)(x-3)=0$

$\qquad \therefore x=3$ ($\because x>0$)

(2) 세 수 $\dfrac{1}{3}$, a, $\dfrac{1}{11}$의 역수, 즉 3, $\dfrac{1}{a}$, 11이 이 순서대로 등차수열을 이루므로 $\dfrac{1}{a}$은 3과 11의 등차중항이다.

$\qquad$ 즉, $\dfrac{1}{a}=\dfrac{3+11}{2}$이므로 $\dfrac{1}{a}=7$ $\qquad \therefore a=\dfrac{1}{7}$

등차수열을 이루는 세 수의 합이 18, 곱이 120일 때, 세 수의 제곱의 합을 구하시오.

| 풀이 | 등차수열을 이루는 세 수를 $a-d$, a, $a+d$로 놓으면 세 수의 합이 18이므로

$(a-d)+a+(a+d)=18$, $3a=18$ $\qquad \therefore a=6$

또한 세 수의 곱이 120이므로

$(a-d)\times a\times(a+d)=120$

이때 $a=6$이므로

$(6-d)\times 6\times(6+d)=120$, $36-d^2=20$

$d^2=16$ $\qquad \therefore d=\pm 4$

따라서 세 수는 2, 6, 10 또는 10, 6, 2이므로 세 수의 제곱의 합은

$2^2+6^2+10^2=4+36+100=\mathbf{140}$

■ 정답과 풀이 71쪽

체크 293 다항식 $f(x)=x^2+kx+3$을 각각 $x+2$, $x+1$, $x-2$로 나누었을 때의 나머지가 이 순서대로 등차수열을 이룰 때, 상수 k의 값을 구하시오.

체크 294 세 수 3, a, b가 이 순서대로 등차수열을 이루고, 세 수 a^2, 37, b^2도 이 순서대로 등차수열을 이룰 때, $a+b$의 값을 구하시오. (단, $a>0$)

체크 295 x에 대한 삼차방정식 $x^3+3x^2+kx-15=0$의 세 근이 등차수열을 이룰 때, 상수 k의 값을 구하시오.

22 등차수열의 합

개념 1 등차수열의 합

유형 105, 106, 107

등차수열의 첫째항부터 제n항까지의 합을 S_n이라 하면

(1) 첫째항이 a, 제n항이 l일 때, $S_n=\dfrac{n(a+l)}{2}$

(2) 첫째항이 a, 공차가 d일 때, $S_n=\dfrac{n\{2a+(n-1)d\}}{2}$ ← n은 항의 개수이다.

설명 첫째항이 a, 공차가 d인 등차수열 $\{a_n\}$의 제n항을 l, 첫째항부터 제n항까지의 합을 S_n이라 하면

$$S_n=a+(a+d)+(a+2d)+\cdots+(l-2d)+(l-d)+l \quad\cdots\cdots\ \text{㉠}$$

㉠의 우변의 항의 순서를 거꾸로 하여 나타내면

$$S_n=l+(l-d)+(l-2d)+\cdots+(a+2d)+(a+d)+a \quad\cdots\cdots\ \text{㉡}$$

㉠과 ㉡을 변끼리 더하면

$$2S_n=(a+l)+(a+l)+(a+l)+\cdots+(a+l)+(a+l)+(a+l)=n(a+l)$$

이므로 $S_n=\dfrac{n(a+l)}{2}$

이때 l은 제n항이므로 $l=a_n=a+(n-1)d$를 위의 식에 대입하면

$$S_n=\dfrac{n(a+l)}{2}=\dfrac{n\{a+a+(n-1)d\}}{2}=\dfrac{n\{2a+(n-1)d\}}{2}$$

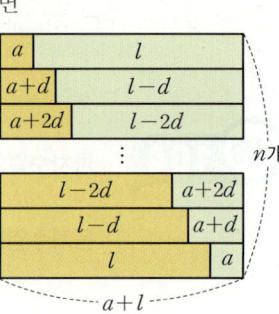

CHECK 다음 물음에 답하시오.

(1) 첫째항이 3이고 제15항이 27인 등차수열의 첫째항부터 제15항까지의 합 S_{15}의 값을 구하시오.

(2) 첫째항이 2, 공차가 3인 등차수열의 첫째항부터 제10항까지의 합 S_{10}의 값을 구하시오.

풀이 (1) $S_{15}=\dfrac{15(3+27)}{2}=\mathbf{225}$

(2) $S_{10}=\dfrac{10\{2\times 2+(10-1)\times 3\}}{2}=\mathbf{155}$

개념 2 수열의 합과 일반항 사이의 관계

유형 110

수열 $\{a_n\}$의 첫째항부터 제n항까지의 합을 S_n이라 하면

$$a_1=S_1,\ a_n=S_n-S_{n-1}\ (\text{단},\ n\geq 2)$$

tip 수열의 합 S_n과 일반항 a_n 사이의 관계는 등차수열뿐만 아니라 다른 모든 수열에 대하여 성립한다.

설명 수열 $\{a_n\}$의 첫째항부터 제n항까지의 합을 S_n이라 하면

$$S_1=a_1 \qquad\qquad\qquad\qquad\qquad \therefore a_1=S_1$$

$$S_2=a_1+a_2=S_1+a_2 \qquad\qquad \therefore a_2=S_2-S_1$$

$$S_3=a_1+a_2+a_3=S_2+a_3 \qquad \therefore a_3=S_3-S_2$$

$$S_4=a_1+a_2+a_3+a_4=S_3+a_4 \qquad \therefore a_4=S_4-S_3$$

$$\vdots$$

$$S_n=a_1+a_2+a_3+\cdots+a_{n-1}+a_n=S_{n-1}+a_n \qquad \therefore a_n=S_n-S_{n-1}(\text{단},\ n\geq 2)$$

위의 식 $a_n=S_n-S_{n-1}$에 $n=1$을 대입하면 $a_1=S_1-S_0$이고 이때 S_0은 정의되지 않으므로 $n=1$일 때에 성립하지 않는다.

따라서 $a_n=S_n-S_{n-1}$을 만족시키는 n은 2 이상의 자연수이며 첫째항은 제1항까지의 합과 같으므로 $a_1=S_1$이다.

부분의 합과 등차수열의 관계

등차수열 $\{a_n\}$에서 차례대로 같은 개수의 항을 묶어서 그 합으로 수열을 만들면 그 수열은 등차수열을 이룬다.

예를 들어 첫째항이 a, 공차가 d인 등차수열 $\{a_n\}$에서 차례대로 3개의 항을 묶어서 그 합으로 수열을 만들면

$$a_1+a_2+a_3,\ a_4+a_5+a_6,\ a_7+a_8+a_9,\ a_{10}+a_{11}+a_{12},\ \cdots$$

이때

$$a_1+a_2+a_3=a+(a+d)+(a+2d)=3a+3d$$
$$a_4+a_5+a_6=(a+3d)+(a+4d)+(a+5d)=3a+12d$$
$$a_7+a_8+a_9=(a+6d)+(a+7d)+(a+8d)=3a+21d$$
$$a_{10}+a_{11}+a_{12}=(a+9d)+(a+10d)+(a+11d)=3a+30d$$

$\left.\begin{array}{l}\ \\ \ \end{array}\right\}+9d$ $\left.\begin{array}{l}\ \\ \ \end{array}\right\}+9d$ $\left.\begin{array}{l}\ \\ \ \end{array}\right\}+9d$

$$\vdots$$

이므로 이 수열은 공차가 $9d$인 등차수열이다.

수열의 합 S_n과 등차수열

(1) 등차수열의 합 S_n의 꼴

등차수열 $\{a_n\}$의 첫째항을 a, 공차를 d라 할 때, 등차수열 $\{a_n\}$의 첫째항부터 제n항까지의 합 S_n은

$$S_n=\frac{n\{2a+(n-1)d\}}{2}=\frac{2an+dn^2-dn}{2}$$
$$=\frac{d}{2}n^2+\frac{2a-d}{2}n$$

이므로 $d\neq0$이면 S_n은 n^2의 계수가 공차의 $\frac{1}{2}$인 n에 대한 이차식이다.

한편, 등차수열 $\{a_n\}$의 첫째항이 a, 공차가 0인 경우에는 등차수열 $\{a_n\}$의 첫째항부터 제n항까지의 합 S_n은

$$S_n=a+a+a+\cdots+a=an$$

이므로 n에 대한 일차식이다.

(2) 수열 $\{a_n\}$의 합 S_n이 $S_n=an^2+bn+c$ 꼴인 경우

수열 $\{a_n\}$의 첫째항부터 제n항까지의 합 $S_n=an^2+bn+c$ $(a\neq0,\ a,\ b,\ c$는 상수$)$일 때

(ⅰ) $c=0$이면 수열 $\{a_n\}$은 첫째항부터 등차수열을 이룬다.

(ⅱ) $c\neq0$이면 수열 $\{a_n\}$은 제2항부터 등차수열을 이룬다.

설명 수열 $\{a_n\}$의 첫째항부터 제n항까지의 합 S_n이 $S_n=an^2+bn+c$ $(a\neq0,\ a,\ b,\ c$는 상수$)$이면

$$a_n=S_n-S_{n-1}=an^2+bn+c-\{a(n-1)^2+b(n-1)+c\}$$
$$=2an-a+b\ (단,\ n\geq2)$$

즉, a_n이 n에 대한 일차식이므로 수열 $\{a_n\}$은 제2항부터 등차수열이 된다.

이때 $a_1=S_1=a+b+c$이다.

한편, $a_n=2an-a+b$에 $n=1$을 대입한 값 $a+b$와 $S_1=a+b+c$가 같으면, 즉

$a+b=a+b+c$에서 $c=0$

이면 수열 $\{a_n\}$은 첫째항부터 등차수열이 된다.

CHECK 수열 $\{a_n\}$의 첫째항부터 제n항까지의 합을 S_n이라 하면 $S_n=3n^2+n+k+1$일 때, 수열 $\{a_n\}$이 첫째항부터 등차수열이 되도록 하는 상수 k의 값을 구하시오.

풀이 $S_n=3n^2+n+k+1$에서 $k+1=0$

$\therefore k=-1$

등차수열의 합

다음 물음에 답하시오.

(1) 등차수열 62, 59, 56, ⋯, 5의 모든 항의 합을 구하시오.

(2) 제5항이 22, 제9항이 38인 등차수열의 첫째항부터 제n항까지의 합을 S_n이라 할 때, S_{10}의 값을 구하시오.

| 풀이 | (1) 등차수열 62, 59, 56, ⋯, 5의 첫째항은 62, 공차는 $59-62=-3$이므로 끝항 5를 제n항이라 하면

$$62+(n-1)\times(-3)=5, \ -3n+65=5$$

$$3n=60 \quad \therefore n=20$$

따라서 첫째항 62부터 제20항 5까지의 합은

$$\frac{20(62+5)}{2}=\mathbf{670}$$

(2) 등차수열의 첫째항을 a, 공차를 d라 하면

제5항이 22이므로 $a+4d=22$ ⋯⋯ ㉠

제9항이 38이므로 $a+8d=38$ ⋯⋯ ㉡

㉠, ㉡을 연립하여 풀면 $a=6, \ d=4$

따라서 첫째항부터 제10항까지의 합 S_{10}은

$$S_{10}=\frac{10\{2\times6+(10-1)\times4\}}{2}=\mathbf{240}$$

두 수 사이에 수를 넣어 만든 등차수열의 합

두 수 8과 75 사이에 n개의 수를 넣어서 만든 수열

$$8, \ a_1, \ a_2, \ a_3, \ \cdots, \ a_n, \ 72$$

가 이 순서대로 등차수열을 이룰 때, 이 수열의 모든 항의 합이 600이다. n의 값을 구하시오.

| 풀이 | 첫째항 8부터 제$(n+2)$항 72까지의 등차수열의 합이 600이므로

$$\frac{(n+2)(8+72)}{2}=600, \ n+2=15$$

$$\therefore n=\mathbf{13}$$

■ 정답과 풀이 72쪽

체크 296 등차수열 $\{a_n\}$의 일반항이 $a_n=2n+3$일 때, 등차수열 $\{a_n\}$의 첫째항부터 제16항까지의 합을 구하시오.

체크 297 첫째항이 6, 제n항이 34인 등차수열 $\{a_n\}$의 첫째항부터 제n항까지의 합이 160이다. 등차수열 $\{a_n\}$의 공차를 d라 할 때, $n+d$의 값을 구하시오.

체크 298 두 수 23과 -13 사이에 15개의 수를 넣어서 만든 수열

$$23, \ a_1, \ a_2, \ \cdots, \ a_{15}, \ -13$$

이 이 순서대로 등차수열을 이룰 때, $a_1+a_2+a_3+\cdots+a_{15}$의 값을 구하시오.

부분의 합과 등차수열의 합

첫째항부터 제5항까지의 합이 15, 첫째항부터 제10항까지의 합이 80인 등차수열에 대하여 다음을 구하시오.

(1) 첫째항과 공차

(2) 첫째항부터 제15항까지의 합

| 풀이 | (1) 등차수열의 첫째항을 a, 공차를 d라 하면

첫째항부터 제5항까지의 합이 15이므로 $\dfrac{5\{2a+(5-1)d\}}{2}=15$, $2a+4d=6$ $\quad \therefore a+2d=3$ $\quad \cdots\cdots$ ㉠

첫째항부터 제10항까지의 합이 80이므로 $\dfrac{10\{2a+(10-1)d\}}{2}=80$ $\quad \therefore 2a+9d=16$ $\quad \cdots\cdots$ ㉡

㉠, ㉡을 연립하여 풀면 $a=-1$, $d=2$

따라서 첫째항은 **-1**이고, 공차는 **2**이다.

(2) 첫째항이 -1, 공차가 2인 등차수열의 첫째항부터 제15항까지의 합은

$$\dfrac{15\{2\times(-1)+(15-1)\times 2\}}{2}=\dfrac{15(-2+28)}{2}=\mathbf{195}$$

| 다른 풀이 | 등차수열에서 차례대로 같은 개수의 항을 묶어서 그 합으로 수열을 만들면 그 수열은 등차수열을 이룬다.

즉, 첫째항부터 제n항까지의 합을 S_n이라 하면 S_5, $S_{10}-S_5$, $S_{15}-S_{10}$은 이 순서대로 등차수열을 이룬다.

$S_5=15$, $S_{10}=80$에서 $S_{10}-S_5=80-15=65$이므로 S_5, $S_{10}-S_5$, $S_{15}-S_{10}$은 공차가 $65-15=50$인 등차수열이다.

따라서 $S_{15}-S_{10}=65+50=115$이므로

$S_{15}=115+S_{10}=115+80=\mathbf{195}$

나누었을 때의 나머지가 같은 자연수의 합

50 이하의 자연수 중 6으로 나누어떨어지는 수의 총합을 구하시오.

| 풀이 | 50 이하의 자연수 중 6으로 나누어떨어지는 수, 즉 6의 배수를 작은 것부터 차례대로 나열하면

6, 12, 18, $\cdots$, 48

이때 $48=6\times 8$에서 구하는 값은 첫째항 6부터 제8항 48까지의 등차수열의 합이므로

$$\dfrac{8(6+48)}{2}=\mathbf{216}$$

■ 정답과 풀이 72쪽

체크 299 등차수열 $\{a_n\}$의 첫째항부터 제n항까지의 합을 S_n이라 할 때, $S_5=30$, $S_8=120$이다. S_{15}의 값을 구하시오.

체크 300 다음 물음에 답하시오.

(1) 100 이하의 자연수 중 4 또는 7의 배수의 총합을 구하시오.

(2) 두 자리의 자연수 중 8로 나누었을 때의 나머지가 1인 수의 총합을 구하시오.

유형 109 **등차수열의 합의 최대, 최소**

첫째항이 26, 공차가 -3인 등차수열 $\{a_n\}$에서 첫째항부터 제몇 항까지의 합이 최대가 되는지 구하시오.

| 풀이 | 첫째항이 26, 공차가 -3인 등차수열 $\{a_n\}$의 일반항은

$a_n = 26 + (n-1) \times (-3) = -3n + 29$

제k항에서 처음으로 음수가 나온다고 하면 $a_k = -3k + 29 < 0$에서

$k > \dfrac{29}{3} = 9.6\cdots$

즉, 제10항부터 음수이므로 첫째항부터 **제9항**까지의 합이 최대가 된다.

| 다른 풀이 | 첫째항부터 제n항까지의 합을 S_n이라 하면 첫째항이 26, 공차가 -3이므로

$S_n = \dfrac{n\{2 \times 26 + (n-1) \times (-3)\}}{2} = \dfrac{n(-3n+55)}{2} = \dfrac{1}{2}(-3n^2 + 55n) = -\dfrac{3}{2}\left(n - \dfrac{55}{6}\right)^2 + \dfrac{3025}{24}$

즉, $n = \dfrac{55}{6}$일 때 S_n은 최댓값을 갖는데, n은 자연수이므로 $\dfrac{55}{6} = 9.16\cdots$과 가장 가까운 자연수인 9일 때 S_n의 값이 최대이다.

따라서 첫째항부터 **제9항**까지의 합이 최대이다.

유형 110 **수열의 합과 일반항 사이의 관계**

수열 $\{a_n\}$의 첫째항부터 제n항까지의 합을 S_n이라 하면

$S_n = 3n^2 - 4n$

일 때, $a_1 + a_5$의 값을 구하시오.

| 풀이 | (i) $n=1$일 때, $a_1 = S_1 = 3 \times 1^2 - 4 \times 1 = -1$

(ii) $n \geq 2$일 때, $a_n = S_n - S_{n-1} = 3n^2 - 4n - \{3(n-1)^2 - 4(n-1)\} = 6n - 7$

$\therefore a_1 + a_5 = -1 + (6 \times 5 - 7) = \mathbf{22}$

| 다른 풀이 | $S_n = 3n^2 - 4n$에서

$a_1 = S_1 = 3 \times 1^2 - 4 \times 1 = -1$

$a_5 = S_5 - S_4 = (3 \times 5^2 - 4 \times 5) - (3 \times 4^2 - 4 \times 4) = 23$

$\therefore a_1 + a_5 = -1 + 23 = \mathbf{22}$

■ 정답과 풀이 73쪽

체크 301 제3항이 -11, 제18항이 34인 등차수열 $\{a_n\}$에서 첫째항부터 제n항까지의 합을 S_n이라 할 때, S_n의 최솟값을 구하시오.

체크 302 수열 $\{a_n\}$의 첫째항부터 제n항까지의 합을 S_n이라 하면 $S_n = 2n^2 + 5n - 1$일 때, $a_1 + a_k = 113$을 만족시키는 k의 값을 구하시오.

선생님의 출제 point

Q 등차수열에서 $|a_n|$의 값이 최소가 되는 경우를 구할 수 있는가?

1 첫째항이 28, 공차가 -3인 등차수열 $\{a_n\}$에 대하여 $|a_n|$의 값이 최소가 되도록 하는 자연수 n의 값을 구하시오.

| 풀이 | ① 등차수열의 일반항 구하기
유형 100

첫째항이 28, 공차가 -3인 등차수열 $\{a_n\}$의 일반항은
$$a_n = 28 + (n-1) \times (-3) = -3n + 31$$

② 항이 양수에서 음수로 바뀔 때 구하기

$-3n + 31 = 0$에서 $n = \dfrac{31}{3} = 10.33\cdots$

즉, $n \leq 10$일 때 $a_n > 0$이고, $n > 10$일 때 $a_n < 0$이다.

③ 자연수 n의 값 구하기

이때 $a_{10} = 1$, $a_{11} = -2$이므로
$$|a_{10}| < |a_{11}|$$
따라서 구하는 자연수 n의 값은 **10**이다.

Q 등차수열을 이용하여 도형의 활용 문제를 해결할 수 있는가?

2 오른쪽 그림과 같이 $\angle C = \angle D = 90°$인 사다리꼴 ABCD에서 선분 AB의 길이를 11등분한 점을 차례대로 P_1, P_2, P_3, $\cdots$, P_{10}이라 하고, 점 P_i $(i=1, 2, \cdots, 10)$를 지나고 선분 BC와 평행한 선을 그어 선분 CD와 만나는 점을 Q_i라 하자. $\overline{AD} = 5$, $\overline{BC} = 16$일 때, $\overline{P_1Q_1} + \overline{P_2Q_2} + \overline{P_3Q_3} + \cdots + \overline{P_{10}Q_{10}}$의 값을 구하시오.

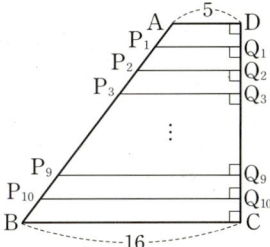

| 풀이 | ① 각 선분의 길이의 차이 구하기
유형 100, 102

점 A에서 선분 BC에 내린 수선의 발을 H라 하고, 선분 AH가 선분 P_iQ_i $(i=1, 2, \cdots, 10)$와 만나는 점을 R_i라 하면 오른쪽 그림과 같다.

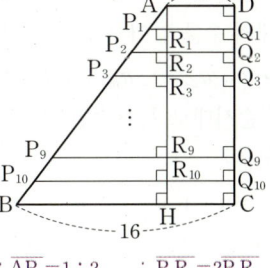

이때 선분 P_1R_1의 길이를 d라 하면
$$\overline{P_1Q_1} = \overline{P_1R_1} + \overline{R_1Q_1} = \overline{AD} + d = 5 + d$$
$$\overline{P_2Q_2} = \overline{P_2R_2} + \overline{R_2Q_2} = \overline{AD} + 2d = 5 + 2d$$
$$\overline{P_3Q_3} = \overline{P_3R_3} + \overline{R_3Q_3} = \overline{AD} + 3d = 5 + 3d$$

$\triangle AP_1R_1 \backsim \triangle AP_2R_2$ 이므로
$\overline{P_1R_1} : \overline{P_2R_2} = \overline{AP_1} : \overline{AP_2} = 1 : 2$ $\therefore \overline{P_2R_2} = 2\overline{P_1R_1}$

$$\vdots$$
$$\overline{P_{10}Q_{10}} = \overline{P_{10}R_{10}} + \overline{R_{10}Q_{10}} = \overline{AD} + 10d = 5 + 10d$$
$$\overline{BC} = \overline{BH} + \overline{HC} = \overline{AD} + 11d = 5 + 11d$$

이때 $\overline{BC} = 16$이므로 $5 + 11d = 16$에서 $d = 1$

$\overline{AD}$, $\overline{P_1Q_1}$, $\overline{P_2Q_2}$, $\overline{P_3Q_3}$, $\cdots$, $\overline{P_{10}Q_{10}}$, $\overline{BC}$는 이 순서대로 공차가 1인 등차수열을 이루므로

② 10개의 선분의 길이의 합 구하기
유형 105

$$\overline{P_1Q_1} + \overline{P_2Q_2} + \overline{P_3Q_3} + \cdots + \overline{P_{10}Q_{10}} = 6 + 7 + 8 + \cdots + 15$$
$$= \frac{10(6+15)}{2} = \mathbf{105}$$

303

공차가 4인 등차수열 $\{a_n\}$에서 $a_3 : a_8 = 3 : 7$일 때, a_{20}의 값을 구하시오.

304

등차수열 $\{a_n\}$에 대하여 $a_4 = 51$, $a_9 = 16$일 때, $|a_n|$의 값이 최소가 되도록 하는 자연수 n의 값을 구하시오.

305

세 수 9, 26, 77에 대하여 9와 26 사이에 m개, 26과 77 사이에 n개의 수를 넣어서 만든 수열

$$9, a_1, a_2, \cdots, a_m, 26, b_1, b_2, \cdots, b_n, 77$$

이 이 순서대로 등차수열을 이룰 때, 다음 중 m과 n 사이의 관계식은?

① $n = 2m - 1$ ② $n = 2m + 3$ ③ $n = 3m - 2$

④ $n = 3m + 2$ ⑤ $n = 4m$

306

두 수 $\dfrac{1}{4}$과 $\dfrac{1}{24}$ 사이에 4개의 수 a, b, c, d를 넣어서 만든 수열

$$\frac{1}{4}, a, b, c, d, \frac{1}{24}$$

에 대하여 각 항의 역수가 이 순서대로 등차수열을 이룰 때, $\dfrac{ad}{bc}$의 값을 구하시오.

307

오른쪽 표에서 가로줄과 세로줄에 있는 세 수가 각각 화살표 방향의 순서대로 모두 등차수열을 이룰 때, $a + b + c + d$의 값을 구하시오.

a	5	b
2	c	16
d	13	25

308

세 변의 길이가 등차수열을 이루는 직각삼각형이 있다. 이 직각삼각형의 넓이가 120일 때, 직각삼각형의 빗변의 길이를 구하시오.

309

공차가 3인 등차수열 $\{a_n\}$에 대하여
$$a_3+a_4+a_5=36$$
일 때, 첫째항부터 제10항까지의 합을 구하시오.

310 필수기출

등차수열 $\{a_n\}$에서
$$a_1+2a_{10}=34, \ a_1-a_{10}=-14$$
일 때, 첫째항부터 제10항까지의 합을 구하시오. |교육청 기출|

311

두 등차수열 $\{a_n\}$, $\{b_n\}$의 공차의 합이 5이고, $a_1+b_1=13$일 때,
$$(a_1+a_2+a_3+\cdots+a_8)+(b_1+b_2+b_3+\cdots+b_8)$$
의 값을 구하시오.

312

등차수열 $\{a_n\}$에 대하여 $a_1=33$, $a_6=13$일 때, $|a_1|+|a_2|+|a_3|+\cdots+|a_{20}|$의 값을 구하시오.

313

등차수열 $\{a_n\}$의 첫째항부터 제n항까지의 합을 S_n이라 할 때, $S_4=20$, $S_8=-56$이다. $a_{15}+a_{16}+a_{17}+\cdots+a_{20}$의 값을 구하시오.

314

첫째항이 18인 등차수열 $\{a_n\}$의 첫째항부터 제n항까지의 합을 S_n이라 할 때, $S_4=S_9$를 만족시킨다. S_n의 최댓값을 구하시오.

315

수열 $\{a_n\}$의 첫째항부터 제n항까지의 합 S_n이 $S_n=3n^2+4n-2$일 때, $a_1+a_3+a_5+\cdots+a_{19}$의 값을 구하시오.

316

첫째항이 5인 등차수열 $\{a_n\}$의 첫째항부터 제n항까지의 합 S_n에 대하여 $\dfrac{S_5-S_3}{a_5-a_3}=\dfrac{5}{2}$가 성립할 때, 등차수열 $\{a_n\}$의 공차를 구하시오.

317 필수기출

공차가 양수인 등차수열 $\{a_n\}$이 다음 조건을 만족시킬 때, a_2의 값은?

|수능 기출|

> (가) $a_6+a_8=0$
> (나) $|a_6|=|a_7|+3$

① -15 ② -13 ③ -11
④ -9 ⑤ -7

318

네 사람에게 70개의 귤을 남김없이 나누어 주려고 한다. 각자가 받는 귤의 개수는 등차수열을 이루고 가장 많이 받는 사람의 귤의 개수는 두 번째로 적게 받는 사람의 귤의 개수의 2배일 때, 가장 많이 받는 사람의 귤의 개수를 구하시오.

319

$a_1+a_2+a_3=30$인 등차수열 $\{a_n\}$에 대하여 다음 조건을 만족시키는 k의 값을 구하시오.

> (가) $a_{k-2}+a_{k-1}+a_k=105$
> (나) $a_1+a_2+a_3+\cdots+a_{k-2}+a_{k-1}+a_k=360$

320

다음 그림과 같이 두 이차함수 $y=x^2$, $y=x^2+px+q$의 그래프의 교점으로부터 x축의 양의 방향으로 y축에 평행한 13개의 직선을 일정한 간격으로 그어 포물선 $y=x^2+px+q$와 만나는 점을 차례대로 P_1, P_2, P_3, $\cdots$, P_{13}, 포물선 $y=x^2$과 만나는 점을 차례대로 Q_1, Q_2, Q_3, $\cdots$, Q_{13}이라 하자. 선분 P_1Q_1의 길이는 2이고, 선분 $P_{13}Q_{13}$의 길이는 26일 때, $\overline{P_1Q_1}+\overline{P_2Q_2}+\overline{P_3Q_3}+\cdots+\overline{P_{13}Q_{13}}$의 값을 구하시오.

(단, $p>0$이고, p, q는 상수이다.)

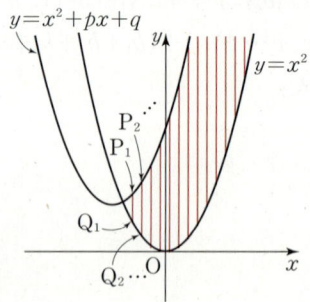

이 단원에서는
- 수열 및 등차수열의 뜻을 알고 일반항, 첫째항부터 제n항까지의 합을 구할 수 있다.
- **등비수열의 뜻을 알고 일반항, 첫째항부터 제n항까지의 합을 구할 수 있다.**
- $\sum$의 뜻을 알고, 그 성질을 이해하고, 이를 활용할 수 있다.
- 여러 가지 수열의 첫째항부터 제n항까지의 합을 구할 수 있다.
- 수열의 귀납적 정의와 수학적 귀납법의 원리를 이해하고, 수학적 귀납법을 이용하여 명제를 증명할 수 있다.

수열

23 등비수열

개념 1 등비수열 유형 111

(1) 첫째항부터 차례대로 일정한 수를 곱하여 만든 수열을 **등비수열**이라 하고, 곱하는 일정한 수를 **공비**라 한다.

(2) 공비가 r인 등비수열 $\{a_n\}$의 제n항 a_n과 제$(n+1)$항 a_{n+1} 사이에는 다음이 성립한다.

$$a_{n+1}=ra_n \ (\text{단, } n=1, 2, 3, \cdots) \quad \leftarrow \frac{a_{n+1}}{a_n}=r \ (\text{단, } a_n \ne 0)$$

tip (1) 공비는 영어로 common ratio라 하며 일반적으로 r로 나타낸다.

(2) 등비수열의 첫째항과 공비는 0이 아닌 실수로 정한다.

설명 (1) 수열 1, 2, 4, 8, $\cdots$은 첫째항 1부터 차례대로 일정한 수 ②를 곱하여 만든 수열이므로 이 수열은 첫째항이 1이고, 공비가 2인 등비수열이다.

$$1 \underset{\times 2}{\frown} 2 \underset{\times 2}{\frown} 4 \underset{\times 2}{\frown} 8 \cdots a_n \underset{\times 2}{\frown} a_{n+1} \cdots$$

(2) 공비가 r인 등비수열 $\{a_n\}$에서 제n항 a_n에 공비 r를 곱하면 제$(n+1)$항이 되므로

$$a_{n+1}=ra_n, \ \text{즉} \ \frac{a_{n+1}}{a_n}=r \ (a_n \ne 0, \ n=1, 2, 3, \cdots) \text{가 성립한다.}$$

또한 역으로 위의 등식이 성립하면 수열 $\{a_n\}$은 등비수열이다.

CHECK 다음 수열이 등비수열을 이룰 때, 공비와 제4항을 구하시오.

(1) 4, 12, 36, $\cdots$ (2) -2, 4, -8, $\cdots$

풀이 (1) 첫째항이 4, 제2항이 12인 등비수열이므로 공비는 $12 \div 4 = \mathbf{3}$이고, 제4항은 $36 \times 3 = \mathbf{108}$이다.

(2) 첫째항이 -2, 제2항이 4인 등비수열이므로 공비는 $4 \div (-2) = \mathbf{-2}$이고, 제4항은 $-8 \times (-2) = \mathbf{16}$이다.

개념 2 등비수열의 일반항 유형 111, 112, 113

첫째항이 a, 공비가 r $(r \ne 0)$인 등비수열의 일반항 a_n은

$$a_n = ar^{n-1} \ (\text{단, } n=1, 2, 3, \cdots)$$

설명 (1) 첫째항이 a, 공비가 r $(r \ne 0)$인 등비수열 $\{a_n\}$의 각 항은 다음과 같다.

$$a_1 = a$$
$$a_2 = a_1 r = ar$$
$$a_3 = a_2 r = (ar) \times r = ar^2$$
$$a_4 = a_3 r = (ar^2) \times r = ar^3$$
$$\vdots$$
$$a_n = a_{n-1} \times r = (ar^{n-2}) \times r = ar^{n-1}$$

$$\begin{aligned} a_1 &= a \times r^0 \\ a_2 &= a \times r^1 \\ a_3 &= a \times r^2 \\ a_4 &= a \times r^3 \\ &\vdots \\ a_n &= a \times r^{n-1} \end{aligned}$$

(2) 첫째항이 a, 공비가 r인 등비수열 $a_1, a_2, a_3, \cdots, a_{n-2}, a_{n-1}, a_n$에 대하여

$$a_1 a_n = a \times ar^{n-1} = a^2 r^{n-1}, \ a_2 a_{n-1} = ar \times ar^{n-2} = a^2 r^{n-1}, \ a_3 a_{n-2} = ar^2 \times ar^{n-3} = a^2 r^{n-1}, \ \cdots$$

이므로 다음을 만족시킨다.

$$a_1 a_n = a_2 a_{n-1} = a_3 a_{n-2} = \cdots$$

CHECK 다음 등비수열의 일반항 a_n을 구하시오.

(1) 첫째항 10, 공비 3인 수열   (2) 5, -10, 20, -40, $\cdots$

풀이 (1) 첫째항이 10, 공비가 3인 등비수열의 일반항은 $\boldsymbol{a_n = 10 \times 3^{n-1}}$

(2) 수열 5, -10, 20, -40, $\cdots$은 첫째항이 5, 공비가 $-10 \div 5 = -2$인 등비수열이므로 일반항은 $\boldsymbol{a_n = 5 \times (-2)^{n-1}}$

개념 3 등비중항 유형 114

0이 아닌 세 수 a, b, c가 이 순서대로 등비수열을 이룰 때, b를 a와 c의 **등비중항**이라 하며, 세 수 a, b, c에 대하여 다음이 성립한다.

$$b^2=ac \quad \leftarrow b=\pm\sqrt{ac}$$

tip (1) 세 수 a, b, c에 대하여 $b^2=ac$가 성립하면 세 수 a, b, c는 이 순서대로 등비수열을 이룬다.
(2) $a>0$, $b>0$, $c>0$일 때, b가 a와 c의 등비중항이면 $b=\sqrt{ac}$이다. 이와 같은 b를 a와 c의 기하평균이라 한다.

설명 (1) 0이 아닌 세 수 a, b, c가 이 순서대로 등비수열을 이루면

$$\underbrace{\frac{b}{a}=\frac{c}{b}}_{\text{공비}}\text{이므로 } b^2=ac$$

(2) 등비수열을 이루는 세 수는 일반적으로 a, ar, ar^2으로 놓는다. 그런데 세 수의 곱이 주어진 경우에는 세 수를 $\dfrac{a}{r}$, a, ar로 놓으면 세 수의 곱에서 r가 소거되므로 가운데 수 a의 값을 쉽게 구할 수 있다.

CHECK 세 수 4, x, 16이 이 순서대로 등비수열을 이룰 때, x의 값을 구하시오.

풀이 x는 4와 16의 등비중항이므로 $x^2=4\times16=64$ $\quad\therefore x=\pm8$

Plus⁺ 자료

○ **등차중항, 등비중항, 조화중항 사이의 관계**

양수 a, b에 대하여 $\dfrac{a+b}{2}$, $\sqrt{ab}$, $\dfrac{2ab}{a+b}$를 순서대로 산술평균, 기하평균, 조화평균이라 하고 다음이 성립한다.

$$\frac{a+b}{2}\geq\sqrt{ab}\geq\frac{2ab}{a+b}\quad(\text{단, 등호는 } a=b\text{일 때 성립한다.})$$

또한 $(\sqrt{ab})^2=\dfrac{a+b}{2}\times\dfrac{2ab}{a+b}$로부터 $\sqrt{ab}$는 $\dfrac{a+b}{2}$와 $\dfrac{2ab}{a+b}$의 등비중항이므로 $\dfrac{a+b}{2}$, $\sqrt{ab}$, $\dfrac{2ab}{a+b}$는 이 순서대로 등비수열을 이룬다.

○ **도형과 등비수열** 유형 116

도형의 넓이나 길이가 일정한 비율로 변하는 시행을 반복할 때에는 등비수열을 생각할 수 있다.
예를 들어 다음 그림과 같이 한 변의 길이가 4인 정삼각형 S의 세 변의 중점을 이어 만든 정삼각형을 잘라내고 남은 도형을 S_1이라 하자. 도형 S_1에서 남아있는 각 정삼각형들의 세 변의 중점을 이어 만든 정삼각형들을 잘라내고 남은 도형을 S_2라 하자. 이와 같은 시행을 n번 반복한다고 하자.

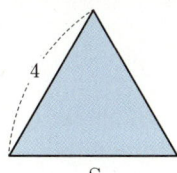 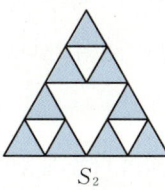

이때 정삼각형 S의 넓이는 $\dfrac{\sqrt{3}}{4}\times4^2=4\sqrt{3}$이고, 도형 S_1의 넓이는 정삼각형 S의 넓이의 $\dfrac{3}{4}$이고, 도형 S_2의 넓이는 S_1의 넓이의 $\dfrac{3}{4}$이므로 각각 $4\sqrt{3}\times\dfrac{3}{4}=3\sqrt{3}$, $3\sqrt{3}\times\dfrac{3}{4}=\dfrac{9\sqrt{3}}{4}$이다. 이와 같은 시행이 반복되므로 n번 시행 후 만든 도형 S_n의 넓이는 $4\sqrt{3}\times\left(\dfrac{3}{4}\right)^n$이고 도형 S_n의 넓이는 첫째항이 $4\sqrt{3}$, 공비가 $\dfrac{3}{4}$인 등비수열을 이룬다.

tip 주어진 도형이 닮은 도형인 경우, 도형의 닮음비를 이용하여 넓이의 비를 구할 수 있다.
닮음비가 $a:b$ ➡ 넓이의 비는 $a^2:b^2$

다음 물음에 답하시오.

(1) 등비수열 $\dfrac{1}{18}$, $\dfrac{1}{6}$, $\dfrac{1}{2}$, $\cdots$에서 $\dfrac{243}{2}$은 제몇 항인지 구하시오.

(2) 등비수열 $\{a_n\}$에 대하여 $(a_1+a_2):(a_4+a_5)=1:6$이 성립할 때, $\dfrac{a_8}{a_2}$의 값을 구하시오.

| 풀이 | (1) 수열 $\dfrac{1}{18}$, $\dfrac{1}{6}$, $\dfrac{1}{2}$, $\cdots$은 첫째항이 $\dfrac{1}{18}$, 공비가 $\dfrac{1}{6}\div\dfrac{1}{18}=3$인 등비수열이므로 일반항을 a_n이라 하면

$$a_n=\frac{1}{18}\times 3^{n-1}$$

$\dfrac{243}{2}$을 제k항이라 하면 $\dfrac{1}{18}\times 3^{k-1}=\dfrac{243}{2}$에서 $3^{k-1}=3^7$ $\therefore k=8$

따라서 $\dfrac{243}{2}$은 **제8항**이다.

(2) 등비수열 $\{a_n\}$의 첫째항을 a, 공비를 r라 하면

$(a_1+a_2):(a_4+a_5)=(a+ar):(ar^3+ar^4)=(a+ar):r^3(a+ar)=1:r^3$

즉, $1:r^3=1:6$에서 $r^3=6$이므로 $\dfrac{a_8}{a_2}=\dfrac{ar^7}{ar}=r^6=(r^3)^2=6^2=\textbf{36}$

제4항이 81, 제7항이 3인 등비수열에서 처음으로 1보다 작은 수가 나오는 항은 제몇 항인지 구하시오.

| 풀이 | 주어진 등비수열의 첫째항을 a, 공비를 r라 하고 일반항을 a_n이라 하면

$a_4=81$에서 $ar^3=81$ $\cdots\cdots$ ㉠

$a_7=3$에서 $ar^6=3$ $\cdots\cdots$ ㉡

㉡$\div$㉠을 하면 $r^3=\dfrac{1}{27}$ $\therefore r=\dfrac{1}{3}$

$r=\dfrac{1}{3}$을 ㉠에 대입하여 정리하면 $a=3^7$ $\therefore a_n=3^7\times\left(\dfrac{1}{3}\right)^{n-1}$

이때 제k항에서 처음으로 1보다 작은 수가 나온다고 하면

$3^7\times\left(\dfrac{1}{3}\right)^{k-1}<1$에서 $\left(\dfrac{1}{3}\right)^{k-1}<\dfrac{1}{3^7}$, $3^{k-1}>3^7$, $k-1>7$ $\therefore k>8$

따라서 처음으로 1보다 작은 수가 나오는 항은 **제9항**이다.

■ 정답과 풀이 77쪽

체크 **321** 등비수열 $\{a_n\}$에 대하여 다음 물음에 답하시오.

(1) $a_3=5$, $a_6:a_9=1:3$일 때, a_6의 값을 구하시오.

(2) 첫째항이 0이 아니고 공비가 2일 때, $\dfrac{a_7+a_8+a_9}{a_2+a_3+a_4}$의 값을 구하시오.

체크 **322** 등비수열 $\{a_n\}$에 대하여 다음 물음에 답하시오.

(1) $a_2+a_5=8$, $a_3+a_6=16$일 때, 처음으로 500보다 큰 수가 나오는 항은 제몇 항인지 구하시오.

(2) 공비가 양수이고, 첫째항이 4, 제3항이 32일 때, $a_k>2018$을 만족시키는 자연수 k의 최솟값을 구하시오.

두 수 사이에 수를 넣어서 만든 등비수열

수열 $1, a_1, a_2, a_3, \cdots, a_7, 4$가 이 순서대로 등비수열을 이룰 때, $a_1 a_2 a_3 \cdots a_7$의 값을 구하시오.

(단, 공비는 실수이다.)

| 풀이 | 이 등비수열의 공비를 r라 하면 첫째항이 1이고, 제9항이 4이므로

$r^8 = 4 \qquad \therefore r^4 = 2$

$a_1 = r, \ a_2 = r^2, \ a_3 = r^3, \ \cdots, \ a_7 = r^7$이므로

$a_1 a_2 a_3 \cdots a_7 = r^{1+2+3+\cdots+7} = r^{28} = (r^4)^7 = 2^7 = \mathbf{128}$

등비중항

세 수 $x+1, 2x-2, 2x+4$가 이 순서대로 등비수열을 이룰 때, x의 값을 구하시오. (단, $x>1$)

| 풀이 | $2x-2$가 $x+1$과 $2x+4$의 등비중항이므로

$(2x-2)^2 = (x+1)(2x+4), \ 4x^2 - 8x + 4 = 2x^2 + 6x + 4$

$2x^2 - 14x = 0, \ x(x-7) = 0$

$\therefore x = \mathbf{7} \ (\because x>1)$

■ 정답과 풀이 77쪽

체크 323 수열 $3, a_1, a_2, \cdots, a_n, -96$이 이 순서대로 공비가 -2인 등비수열을 이룰 때, 자연수 n의 값을 구하시오.

체크 324 세 수 $\cos\dfrac{\pi}{4}, \tan\dfrac{\pi}{6}, \sin\theta$가 이 순서대로 등비수열을 이룰 때, $\cos^2\theta$의 값을 구하시오.

체크 325 세 수 $\log 8, x, \log 125$는 이 순서대로 등차수열을 이루고, 세 수 $3^2, 3^{4x}, 3^y$은 이 순서대로 등비수열을 이룰 때, xy의 값을 구하시오.

체크 326 서로 다른 세 수 $a, 4, b$는 이 순서대로 등차수열을 이루고, $b, a, 4$는 이 순서대로 등비수열을 이룰 때, $\dfrac{b}{a}$의 값을 구하시오.

등비수열을 이루는 세 수

등비수열을 이루는 세 실수의 합이 13, 곱이 27일 때, 세 수 중 가장 큰 수를 구하시오.

| 풀이 | 세 실수를 a, ar, ar^2 $(r \neq 0)$으로 놓으면

$a+ar+ar^2=13$에서 $a(1+r+r^2)=13$ ······ ㉠

$a \times ar \times ar^2=27$에서 $(ar)^3=27$ ······ ㉡

㉡에서 $ar=3$　∴ $a=\dfrac{3}{r}$

$a=\dfrac{3}{r}$을 ㉠에 대입하면 $\dfrac{3}{r}(1+r+r^2)=13$

양변에 r를 곱하여 정리하면 $3r^2-10r+3=0$, $(3r-1)(r-3)=0$　∴ $r=\dfrac{1}{3}$ 또는 $r=3$

$r=\dfrac{1}{3}$일 때 $a=9$이고, $r=3$일 때 $a=1$이므로 세 실수는 1, 3, 9이다.

따라서 세 수 중 가장 큰 수는 **9**이다.

등비수열의 활용

넓이가 16인 정사각형 모양의 종이가 있다. 오른쪽 그림과 같이 1회 시행에서 이 정사각형 모양의 종이를 9등분하여 네 모퉁이 및 한가운데의 사각형을 잘라내고 색칠한 부분만 남긴다. 2회 시행에서 1회 시행 후 남은 4개의 정사각형을 각각 9등분하여 네 모퉁이 및 한가운데의 사각형을 잘라내고 색칠한 부분만 남긴다. 이와 같은 시행을 반복할 때, 5회 시행 후 남아 있는 도형의 넓이가 $\dfrac{2^b}{3^a}$이다. ab의 값을 구하시오. (단, a, b는 자연수이다.)

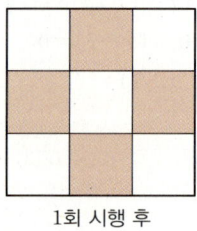
1회 시행 후

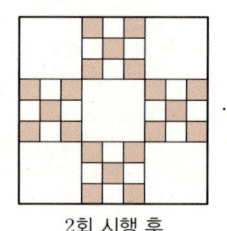
2회 시행 후

| 풀이 | 시행 전 정사각형의 넓이가 16이므로 1회 시행 후 남아 있는 정사각형의 넓이는 $\dfrac{4}{9} \times 16$, 2회 시행 후 남아 있는 정사각형의 넓이는 $\dfrac{4}{9} \times \left(\dfrac{4}{9} \times 16\right) = \left(\dfrac{4}{9}\right)^2 \times 16$, 3회 시행 후 남아 있는 정사각형의 넓이는 $\dfrac{4}{9} \times \left\{\left(\dfrac{4}{9}\right)^2 \times 16\right\} = \left(\dfrac{4}{9}\right)^3 \times 16$, …

이므로 n회 시행 후 남아 있는 정사각형의 넓이는 $\left(\dfrac{4}{9}\right)^n \times 16$이다.

따라서 5회 시행 후 남아 있는 도형의 넓이는 $\left(\dfrac{4}{9}\right)^5 \times 16 = \dfrac{2^{14}}{3^{10}}$이므로

$a=10$, $b=14$　∴ $ab=10 \times 14 = $ **140**

■ 정답과 풀이 77쪽

체크 327 삼차방정식 $x^3+px^2-84x-216=0$의 서로 다른 세 실근이 등비수열을 이룰 때, 상수 p의 값을 구하시오.

체크 328 어느 제약회사에서 신약 개발에 성공하여 회사의 약품 판매량이 매년 20 %씩 증가하였다. 신약 개발에 성공한 후 3년이 지났을 때의 약품 판매량은 처음 판매량의 몇 배가 되는지 구하시오.

24 등비수열의 합

개념 1 등비수열의 합

유형 117

첫째항이 a, 공비가 r $(r \neq 0)$인 등비수열의 첫째항부터 제n항까지의 합을 S_n이라 하면

(i) $r \neq 1$일 때, $S_n = \dfrac{a(1-r^n)}{1-r} = \dfrac{a(r^n-1)}{r-1}$ ← n은 항의 개수이다.

(ii) $r = 1$일 때, $S_n = na$

설명 첫째항이 a, 공비가 r인 등비수열 $\{a_n\}$의 첫째항부터 제n항까지의 합을 S_n이라 하면

$$S_n = a + ar + ar^2 + \cdots + ar^{n-1} \qquad \cdots\cdots \text{㉠}$$

㉠의 양변에 등비수열의 공비 r를 곱하면

$$rS_n = ar + ar^2 + \cdots + ar^{n-1} + ar^n \qquad \cdots\cdots \text{㉡}$$

㉠, ㉡을 변끼리 빼면 다음과 같다.

$$\begin{array}{r} S_n = a + ar + ar^2 + \cdots + ar^{n-1} \\ -) \quad rS_n = ar + ar^2 + \cdots + ar^{n-1} + ar^n \\ \hline (1-r)S_n = a \phantom{+ar+ar^2+\cdots+ar^{n-1}} - ar^n \end{array}$$

(i) $r \neq 1$일 때, $S_n = \dfrac{a-ar^n}{1-r} = \dfrac{a(1-r^n)}{1-r} = \dfrac{a(r^n-1)}{r-1}$

(ii) $r = 1$일 때, ㉠에서 $S_n = \underbrace{a+a+a+\cdots+a}_{n\text{개}} = na$

CHECK 첫째항이 5이고 공비가 2인 등비수열의 첫째항부터 제5항까지의 합 S_5의 값을 구하시오.

풀이 $S_5 = \dfrac{5 \times (2^5-1)}{2-1} = 5 \times 31 = \mathbf{155}$

개념 2 원리합계

유형 121

원금 a를 연(월)이율 r로 n년(월) 동안 예금할 때, 원리합계를 S_n이라 하면

(1) 단리로 예금할 때, $S_n = a(1+rn)$ (2) 복리로 예금할 때, $S_n = a(1+r)^n$

tip 원리합계란 원금과 이자를 합한 금액을 말한다.

설명 원금 a를 연이율 r로 예금할 때, 원리합계를 구하면 다음과 같다.

단리로 예금하는 경우		복리로 예금하는 경우	
1년 후 ➡	$a+ar = a(1+r)$	1년 후 ➡	$a+ar = a(1+r)$
2년 후 ➡	$a+ar+ar = a(1+2r)$	2년 후 ➡	$a(1+r)+a(1+r)r = a(1+r)(1+r) = a(1+r)^2$
3년 후 ➡	$a+ar+ar = a(1+3r)$	3년 후 ➡	$a(1+r)^2+a(1+r)^2r = a(1+r)^2(1+r) = a(1+r)^3$
⋮	⋮	⋮	⋮
n년 후 ➡	$a+ar+ar+\cdots+ar = a(1+nr)$	n년 후 ➡	$a(1+r)^{n-1}+a(1+r)^{n-1}r = a(1+r)^{n-1}(1+r) = a(1+r)^n$
첫째항이 $a(1+r)$, 공차가 ar인 등차수열		첫째항이 $a(1+r)$, 공비가 $(1+r)$인 등비수열	

예 원금 100만 원을 연이율 10 %로 10년 동안 예금할 때의 원리합계를 구해 보자. (단, $1.1^{10} = 2.6$으로 계산한다.)

(i) 단리로 예금하는 경우 : $100(1+0.1 \times 10) = 100 \times 2 = 200$ (만 원)

(ii) 복리로 예금하는 경우 : $100(1+0.1)^{10} = 100 \times 1.1^{10} = 100 \times 2.6 = 260$ (만 원)

따라서 같은 금액에 같은 이율로 예금한다면 단리로 예금했을 때보다 복리로 예금했을 때 이자가 더 많이 붙음을 알 수 있다.

원금 a원을 연이율 r의 복리로 n년 동안 적립할 때, n년 말의 원리합계를 S_n이라 하면

(1) 매년 초에 적립할 때, n년 말의 원리합계는

$$S_n = \frac{a(1+r)\{(1+r)^n-1\}}{r} \ (원)$$ ← 첫째항 : $a(1+r)$, 공비 : $1+r$

(2) 매년 말에 적립할 때, n년 말의 원리합계는

$$S_n = \frac{a\{(1+r)^n-1\}}{r} \ (원)$$ ← 첫째항 : a, 공비 : $1+r$

설명 (1) 연이율 r의 복리로 매년 초 a원씩 n년 동안 적립할 때, n년 말의 원리합계를 구하면 다음과 같다.

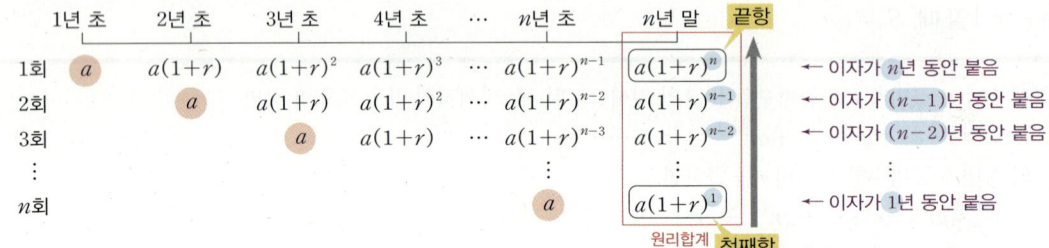

따라서 구하는 원리합계 S_n은

$$S_n = a(1+r) + a(1+r)^2 + a(1+r)^3 + \cdots + a(1+r)^n$$ ← 첫째항이 $a(1+r)$, 공비가 $1+r$인 등비수열의 첫째항부터 제n항까지의 합

$$= \frac{a(1+r)\{(1+r)^n-1\}}{(1+r)-1} = \frac{a(1+r)\{(1+r)^n-1\}}{r} \ (원)$$

(2) 연이율 r의 복리로 매년 말 a원씩 n년 동안 적립할 때, n년 말의 원리합계를 구하면 다음과 같다.

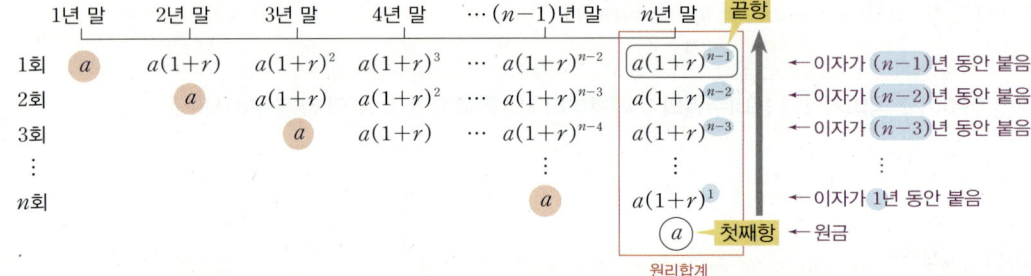

따라서 구하는 원리합계 S_n은

$$S_n = a + a(1+r) + a(1+r)^2 + \cdots + a(1+r)^{n-1}$$ ← 첫째항이 a, 공비가 $1+r$인 등비수열의 첫째항부터 제n항까지의 합

$$= \frac{a\{(1+r)^n-1\}}{(1+r)-1} = \frac{a\{(1+r)^n-1\}}{r} \ (원)$$

CHECK 연이율 5 %의 복리로 매년 말 50만 원씩 4년 동안 적립할 때, 4년 말의 원리합계를 구하시오. (단, $1.05^4 = 1.22$로 계산한다.)

풀이

	1년 말	2년 말	3년 말	4년 말 (단위 : 만 원)
1회	50	$50(1+0.05)$	$50(1+0.05)^2$	$50(1+0.05)^3$
2회		50	$50(1+0.05)$	$50(1+0.05)^2$
3회			50	$50(1+0.05)$
4회				50

원리합계

매년 말 50만 원씩 4년 동안 적립할 때, 4년 말의 적립금의 원리합계는

$$50 + 50(1+0.05) + 50(1+0.05)^2 + 50(1+0.05)^3 = 50 + 50 \times 1.05 + 50 \times 1.05^2 + 50 \times 1.05^3$$

$$= \frac{50(1.05^4-1)}{1.05-1} = \frac{50 \times (1.22-1)}{0.05} = 220 (만 원)$$

부분의 합과 등비수열의 관계 유형 118

등비수열 $\{a_n\}$에서 차례대로 같은 개수의 항을 묶어서 그 합으로 수열을 만들면 그 수열은 등비수열을 이룬다.

예를 들어 첫째항이 a, 공비가 r인 등비수열 $\{a_n\}$에서 차례대로 3개의 항을 묶어서 그 합으로 수열을 만들면

$$a_1+a_2+a_3,\ a_4+a_5+a_6,\ a_7+a_8+a_9,\ a_{10}+a_{11}+a_{12},\ \cdots$$

이때

$$a_1+a_2+a_3=a+ar+ar^2=a(1+r+r^2)$$
$$a_4+a_5+a_6=ar^3+ar^4+ar^5=ar^3(1+r+r^2) \quad\Big\}\times r^3$$
$$a_7+a_8+a_9=ar^6+ar^7+ar^8=ar^6(1+r+r^2) \quad\Big\}\times r^3$$
$$a_{10}+a_{11}+a_{12}=ar^9+ar^{10}+ar^{11}=ar^9(1+r+r^2) \quad\Big\}\times r^3$$
$$\vdots$$

이므로 이 수열은 공비가 r^3인 등비수열이다.

수열의 합 S_n과 등비수열 유형 119

(1) 등비수열의 합 S_n의 꼴

등비수열 $\{a_n\}$의 첫째항을 a, 공비를 $r\ (r\neq1)$라 할 때, 등비수열 $\{a_n\}$의 첫째항부터 제n항까지의 합 S_n은

$$S_n=\frac{a(r^n-1)}{r-1}=\frac{a}{r-1}\times r^n-\frac{a}{r-1}$$

이므로 r^n의 계수가 $\dfrac{a}{r-1}$인 r에 대한 n차식이다.

한편, 등비수열 $\{a_n\}$의 첫째항이 a, 공비가 1인 경우에는 등비수열 $\{a_n\}$의 첫째항부터 제n항까지의 합 S_n은

$$S_n=a+a+a+\cdots+a=an$$

이므로 n에 대한 일차식이다.

(2) 수열 $\{a_n\}$의 합 S_n이 $S_n=pr^n+q$ 꼴인 경우

수열 $\{a_n\}$의 첫째항부터 제n항까지의 합 S_n이 $S_n=pr^n+q\ (r\neq1,\ p,\ q$는 상수)일 때

(i) $p+q=0$이면 수열 $\{a_n\}$은 첫째항부터 등비수열을 이룬다.

(ii) $p+q\neq0$이면 수열 $\{a_n\}$은 제2항부터 등비수열을 이룬다.

설명   수열 $\{a_n\}$의 첫째항부터 제n항까지의 합 S_n이 $S_n=pr^n+q\ (r\neq1,\ p,\ q$는 상수)이면

$$a_n=S_n-S_{n-1}=pr^n+q-(pr^{n-1}+q)$$
$$=p(r-1)r^{n-1}\ (단,\ n\geq2)$$

이때 $a_1=S_1=pr+q$이다.

한편, $a_n=p(r-1)r^{n-1}$에 $n=1$을 대입한 값 $p(r-1)$과 $S_1=pr+q$가 같으면, 즉

$p(r-1)=pr+q$에서 $p+q=0$

이면 수열 $\{a_n\}$은 첫째항부터 등비수열이 된다.

CHECK   수열 $\{a_n\}$의 첫째항부터 제n항까지의 합을 S_n이라 하면 $S_n=2^{n+1}+k$일 때, 수열 $\{a_n\}$이 첫째항부터 등비수열이 되도록 하는 상수 k의 값을 구하시오.

풀이 $S_n=2\times2^n+k$에서 $2+k=0$

     $\therefore k=-2$

유형 117 등비수열의 합

다음 물음에 답하시오.

(1) 등비수열 2, 6, 18, …의 첫째항부터 제10항까지의 합을 구하시오.

(2) 등비수열 $\{a_n\}$에 대하여 $a_2=5$, $a_5=40$일 때, 제2항부터 제16항까지의 합을 구하시오.

| 풀이 | (1) 첫째항이 2이고, 공비가 $6 \div 2 = 3$인 등비수열이므로 첫째항부터 제10항까지의 합은

$$\frac{2(3^{10}-1)}{3-1}=\mathbf{3^{10}-1}$$

(2) 등비수열 $\{a_n\}$의 첫째항을 a, 공비를 r라 하면

$a_2=5$이므로 $ar=5$　　……㉠

$a_5=40$이므로 $ar^4=40$　　……㉡

㉡÷㉠을 하면 $r^3=8$　　∴ $r=2$

따라서 $a_2=5$, $r=2$이므로 제2항부터 제16항까지의 합은 $\frac{5(2^{15}-1)}{2-1}=\mathbf{5(2^{15}-1)}$　（더하는 항의 개수가 15）

유형 118 부분의 합이 주어진 등비수열의 합

첫째항부터 제10항까지의 합이 6이고, 제11항부터 제20항까지의 합이 24인 등비수열의 첫째항부터 제30항까지의 합을 구하시오.

| 풀이 | 첫째항을 a, 공비를 r, 첫째항부터 제n항까지의 합을 S_n이라 하면

$$S_{10}=\frac{a(r^{10}-1)}{r-1}=6 \qquad\qquad\qquad ……㉠$$

이때 $S_{20}-S_{10}=24$에서 $S_{20}=24+S_{10}=30$이므로

$$S_{20}=\frac{a(r^{20}-1)}{r-1}=\frac{a(r^{10}-1)(r^{10}+1)}{r-1}=30 \qquad ……㉡$$

㉡÷㉠을 하면 $r^{10}+1=5$　　∴ $r^{10}=4$

$$\therefore S_{30}=\frac{a(r^{30}-1)}{r-1}=\frac{a(r^{10}-1)(r^{20}+r^{10}+1)}{r-1}=6\times(4^2+4+1)=\mathbf{126}$$

| 다른 풀이 | 첫째항부터 제n항까지의 합을 S_n이라 하면 S_{10}, $S_{20}-S_{10}$, $S_{30}-S_{20}$은 이 순서대로 등비수열을 이룬다.

$S_{10}=6$, $S_{20}-S_{10}=24$이므로 S_{10}, $S_{20}-S_{10}$, $S_{30}-S_{20}$은 공비가 $24 \div 6 = 4$인 등비수열이다.

따라서 $S_{30}-S_{20}=24\times4=96$이므로

$S_{30}=96+S_{20}=96+24+S_{10}=120+6=\mathbf{126}$

■ 정답과 풀이 78쪽

체크 329 다음을 구하시오.

(1) 공비가 양수인 등비수열 $\{a_n\}$에서 $a_2 : a_4 = 1 : 4$, $a_7 - a_1 = 7$일 때, 첫째항부터 제20항까지의 합

(2) 등비수열 1, x, x^2, …의 첫째항부터 제n항까지의 합 (단, $x \neq 0$)

체크 330 첫째항부터 제5항까지의 합이 20, 첫째항부터 제10항까지의 합이 660인 등비수열의 공비를 구하시오.

등비수열의 합과 일반항 사이의 관계

수열 $\{a_n\}$의 첫째항부터 제n항까지의 합을 S_n이라 하면
$$S_n = 4^{n+1} + k$$
일 때, 수열 $\{a_n\}$이 첫째항부터 등비수열이 되도록 하는 상수 k의 값을 구하시오.

| 풀이 | (ⅰ) $n=1$일 때, $a_1 = S_1 = 16 + k$

(ⅱ) $n \geq 2$일 때, $a_n = S_n - S_{n-1} = (4^{n+1} + k) - (4^n + k) = 3 \times 4^n$ …… ㉠

이때 수열 $\{a_n\}$이 첫째항부터 등비수열이 되려면 $S_1 = 16 + k$가 ㉠에 $n=1$을 대입한 값과 같아야 하므로

$16 + k = 3 \times 4$ ∴ $k = -4$

| 다른 풀이 | $S_n = 4^{n+1} + k = 4 \times 4^n + k$에서 주어진 수열이 첫째항부터 등비수열이 되려면

$4 + k = 0$ ∴ $k = -4$

등차수열과 등비수열의 관계

첫째항이 1, 공비가 $\frac{1}{9}$인 등비수열 $\{a_n\}$에 대하여 수열 $\{b_n\}$을 $b_n = \log_3 a_n$으로 정의할 때, 수열 $\{b_n\}$의 일반항을 구하시오.

| 풀이 | 수열 $\{a_n\}$은 첫째항이 1, 공비가 $\frac{1}{9}$인 등비수열이므로

$$a_n = \left(\frac{1}{9}\right)^{n-1}$$

양변에 밑이 3인 로그를 취하면

$$\log_3 a_n = \log_3 \left(\frac{1}{9}\right)^{n-1} = \log_3 3^{-2(n-1)} = -2(n-1) \times \log_3 3 = -2n + 2$$

∴ $b_n = -2n + 2$

■ 정답과 풀이 78쪽

체크 331 수열 $\{a_n\}$의 첫째항부터 제n항까지의 합을 S_n이라 하면
$$S_n = 2^{n+k} - 4$$
일 때, 수열 $\{a_n\}$이 첫째항부터 등비수열이 되도록 하는 상수 k의 값을 구하시오.

체크 332 수열 $\{a_n\}$이 첫째항이 2, 공차가 3인 등차수열일 때, 수열 $\{2^{a_n}\}$의 첫째항부터 제10항까지의 합을 구하시오.

연이율이 4 %이고 1년마다 복리로 매년 초 100만 원씩 10년 동안 적립할 때, 10년 말의 적립금의 원리합계를 구하시오. (단, $1.04^{10}=1.5$로 계산한다.)

| 풀이 |

	1년 초	2년 초	3년 초	4년 초	$\cdots$	10년 초	10년 말 (단위:만 원)
1회	100	$100(1+0.04)$	$100(1+0.04)^2$	$100(1+0.04)^3$	$\cdots$	$100(1+0.04)^9$	$100(1+0.04)^{10}$
2회		100	$100(1+0.04)$	$100(1+0.04)^2$	$\cdots$	$100(1+0.04)^8$	$100(1+0.04)^9$
3회			100	$100(1+0.04)$	$\cdots$	$100(1+0.04)^7$	$100(1+0.04)^8$
$\vdots$						$\vdots$	$\vdots$
10회						100	$100(1+0.04)$

원리합계

따라서 연이율 4 %로 매년 초 100만 원씩 10년 동안 적립할 때, 10년 말의 적립금의 원리합계는

$100(1+0.04)+100(1+0.04)^2+100(1+0.04)^3+\cdots+100(1+0.04)^{10}$

$=100\times1.04+100\times1.04^2+100\times1.04^3+\cdots+100\times1.04^{10}$　← 첫째항 : 100×1.04

　　　　　　　　　　　　　　　　　　　　　　　　　　　　　　　　공비 : 1.04

$=\dfrac{100\times1.04\times(1.04^{10}-1)}{1.04-1}$

$=\dfrac{100\times1.04\times(1.5-1)}{0.04}$

$=\mathbf{1300}$(만 원)

■ 정답과 풀이 78쪽

 **333** 월이율 5 %의 복리로 매월 초 20만 원씩 12개월 동안 적립할 때, 12개월 말의 적립금의 원리합계를 구하시오.

(단, $1.05^{12}=1.8$로 계산한다.)

334 채윤이의 부모님이 노후 생활을 위하여 2018년부터 2030년까지 매년 말에 500만 원씩 적립하려고 한다. 연이율은 4 %이고 1년마다 복리로 계산할 때, 2030년 말의 적립금의 원리합계를 구하시오.

(단, $1.04^{13}=1.7$로 계산한다.)

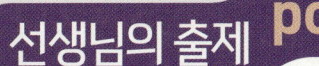
선생님의 출제 **point**

1 등비수열 $\{a_n\}$에 대하여 수열 $\{5a_{n+1}-3a_n\}$이 첫째항이 24, 공비가 3인 등비수열일 때, a_1+a_4의 값을 구하시오.

| 풀이 |
① 수열 $\{a_n\}$의 첫째항과 공비를 이용하여 수열 $\{5a_{n+1}-3a_n\}$의 일반항 나타내기

유형 **111**

등비수열 $\{a_n\}$의 첫째항을 a, 공비를 r라 하면 $a_n=ar^{n-1}$이므로

$$5a_{n+1}-3a_n=5ar^n-3ar^{n-1}$$
$$=5ar\times r^{n-1}-3a\times r^{n-1}$$
$$=(5ar-3a)r^{n-1}$$

② 수열 $\{a_n\}$의 일반항 구하기

유형 **111**

수열 $\{5a_{n+1}-3a_n\}$이 첫째항이 24, 공비가 3인 등비수열이므로

$$5ar-3a=24, \ r=3$$

$r=3$을 $5ar-3a=24$에 대입하면 $12a=24$ ∴ $a=2$

∴ $a_n=2\times3^{n-1}$

③ 답 구하기

따라서 $a_1=2$, $a_4=2\times3^3=54$이므로

$$a_1+a_4=2+54=\mathbf{56}$$

2 오른쪽 그림과 같이 평행하지 않은 두 직선 l, m 사이에 13개의 정사각형들이 겹치지 않고 변끼리 만나도록 놓여 있다. 첫 번째 정사각형의 넓이가 4, 13번째 정사각형의 넓이가 108일 때, 5번째 정사각형의 넓이를 구하시오.

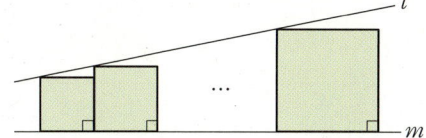

| 풀이 |
① 정사각형의 변의 길이의 비를 이용하여 정사각형의 넓이의 관계 구하기

유형 **114, 116**

첫 번째, 두 번째, 세 번째 정사각형의 한 변의 길이를 각각 x, y, z라 하고, 두 직선 l, m이 이루는 각의 크기를 θ라 하면 오른쪽 그림과 같으므로 색칠한 직각삼각형들은 모두 닮음이다.

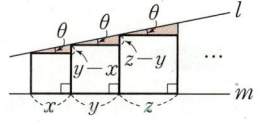

이때 $\tan\theta=\dfrac{y-x}{x}=\dfrac{z-y}{y}$이므로

$$y^2-xy=xz-xy, \ y^2=xz \qquad \therefore \ \frac{y}{x}=\frac{z}{y}$$

따라서 정사각형의 한 변의 길이가 x, y, z의 순서대로 등비수열을 이루므로 정사각형의 넓이도 순서대로 등비수열을 이룬다.

② 넓이가 이루는 등비수열의 공비 구하기

유형 **111**

정사각형의 넓이가 이루는 등비수열의 첫째항을 a, 공비를 r라 하면

$$a=4, \ a_{13}=ar^{12}=108$$

즉, $4r^{12}=108$이므로 $r^{12}=27$ ∴ $r^4=3$

③ 5번째 정사각형의 넓이 구하기

따라서 5번째 정사각형의 넓이는

$$ar^4=4\times3=\mathbf{12}$$

연습 문제 11

335

첫째항이 2이고, 공비가 3인 등비수열 $\{a_n\}$에 대하여 수열 $\{a_n{}^2\}$은 첫째항이 p, 공비가 q인 등비수열이다. $p+q$의 값을 구하시오.

336

등비수열 $\{a_n\}$에 대하여 $a_2 a_9 = 3$일 때, $a_1 a_2 \cdots a_9 a_{10}$의 값을 구하시오.

337 필수기출

첫째항이 3인 등비수열 $\{a_n\}$에 대하여

$$\frac{a_3}{a_2} - \frac{a_6}{a_4} = \frac{1}{4}$$

일 때, $a_5 = \dfrac{q}{p}$이다. $p+q$의 값을 구하시오.

(단, p와 q는 서로소인 자연수이다.) |평가원 기출|

338 필수기출

공차가 6인 등차수열 $\{a_n\}$에 대하여 세 항 a_2, a_k, a_8은 이 순서대로 등차수열을 이루고, 세 항 a_1, a_2, a_k는 이 순서대로 등비수열을 이룬다. $k+a_1$의 값은? |평가원 기출|

① 7   ② 8   ③ 9

④ 10   ⑤ 11

339

4, x, y, z, $\dfrac{1}{16}$이 이 순서대로 등비수열을 이룰 때, $(xyz)^2$의 값을 구하시오. (단, x, y, z는 양수이다.)

340

세 수 64, $\dfrac{1}{16}$, $\dfrac{1}{512}$에 대하여 64와 $\dfrac{1}{16}$ 사이에 m개의 수, $\dfrac{1}{16}$과 $\dfrac{1}{512}$ 사이에 n개의 수를 넣어서 만든 수열

$$64, \ a_1, \ a_2, \ \cdots, \ a_m, \ \frac{1}{16}, \ b_1, \ b_2, \ \cdots, \ b_n, \ \frac{1}{512}$$

이 이 순서대로 등비수열을 이룰 때, 다음 중 m, n 사이의 관계식으로 옳은 것은?

① $m=n+2$ ② $m=2n+1$ ③ $m=2n-1$

④ $m=3n+1$ ⑤ $m=3n-1$

341

두 곡선 $y=x^3+4x^2-10x-5$, $y=2x^2-4x+k$가 서로 다른 세 점에서 만나고 그 교점의 x좌표가 등비수열을 이룰 때, 상수 k의 값을 구하시오.

342

등비수열 $\{a_n\}$에 대하여 수열 $\{3a_{n+2}+2a_n\}$이 첫째항이 42, 공비가 2인 등비수열일 때, $a_1+a_2+a_3+\cdots+a_{10}$의 값을 구하시오.

343

오른쪽 그림과 같이 한 변의 길이가 8인 정사각형 T_1의 각 변의 중점을 꼭짓점으로 하는 정사각형을 T_2, 정사각형 T_2의 각 변의 중점을 꼭짓점으로 하는 정사각형을 T_3이라 하자. 이와 같은 시행을 반복할 때, 정사각형 T_8의 넓이를 구하시오.

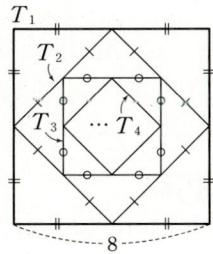

344

모든 항이 양수인 등비수열 $\{a_n\}$의 첫째항부터 제n항까지의 합을 S_n이라 하자. $\dfrac{S_{30}}{S_{10}}=43$일 때, $\dfrac{a_{20}}{a_{10}}$의 값을 구하시오.

345

등비수열 $\{a_n\}$에서
$$a_1+a_2+a_3+\cdots+a_n=10$$
$$a_{n+1}+a_{n+2}+a_{n+3}+\cdots+a_{2n}=50$$
일 때, $a_{2n+1}+a_{2n+2}+a_{2n+3}+\cdots+a_{4n}$의 값을 구하시오.

346

수열 $\{a_n\}$의 첫째항부터 제n항까지의 합을 S_n이라 하면 $S_n=5\times2^n-3$일 때, a_1a_3의 값을 구하시오.

347

수열 $\{a_n\}$의 첫째항부터 제n항까지의 합이 S_n이라 하면 $S_n=2\times 3^n-2$일 때, |보기|에서 옳은 것만을 있는 대로 고르시오.

┌ 보기 ┐

ㄱ. $a_1=3$

ㄴ. 수열 $\{a_n\}$은 공비가 3인 등비수열이다.

ㄷ. $a_3=36$

ㄹ. 수열 $\{a_{2n}\}$의 공비는 9이다.

348

모든 항이 양수인 등비수열 $\{a_n\}$에 대하여

$a_2+a_4+a_6+\cdots+a_{2n}=4\times 3^n-4$일 때, a_4의 값을 구하시오.

349

$x=2^6$, $y=3^5$일 때, 다음 중 xy의 모든 양의 약수의 합을 x, y를 사용한 일차식의 곱으로 바르게 나타낸 것은?

① $(2x-1)(3y-1)$

② $\dfrac{1}{2}(2x-1)(3y-1)$

③ $\dfrac{1}{3}(2x-1)(3y-1)$

④ $(3x-1)(2y-1)$

⑤ $\dfrac{1}{2}(3x-1)(2y-1)$

350

환경오염으로 인하여 어느 지역 인구 수가 매년 10 %씩 감소한다고 하자. 2009년부터 2018년까지 인구 수를 조사한 결과 2018년의 인구 수가 20만 명이었다면 이 지역의 2009년 인구 수는 얼마였는지 구하시오. (단, $0.9^{19}=0.4$로 계산한다.)

351

오른쪽 그림과 같이 $\angle B=60°$이고, $\overline{AB}=4$, $\overline{BC}=6$인 삼각형 ABC에서 세 변 AB, BC, CA의 중점을 각각 D, E, F라 할 때, 두 선분 DF, EF를 이어 생기는 평행사변형 BEFD를 R_1이라 하자.

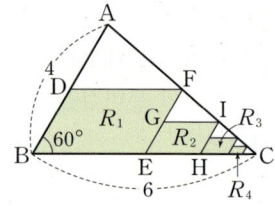

삼각형 FEC에서 세 변 FE, EC, CF의 중점을 각각 G, H, I라 할 때, 두 선분 GI, HI를 이어 생기는 평행사변형 EHIG를 R_2라 하자. 이와 같은 시행을 n번 반복하여 얻은 평행사변형 R_n의 넓이를 S_n이라 할 때, $S_1+S_2+S_3+\cdots+S_8$의 값을 구하시오.

352

연이율 10 %의 복리로 2018년 8월 1일부터 매년 8월 1일마다 일정 금액을 적립하여 2022년 7월 31일까지 220만 원을 만들려고 한다. 매년 8월 1일에 적립해야 하는 금액을 구하시오. (단, $1.1^4=1.5$로 계산한다.)

이 단원에서는
- 수열 및 등차수열의 뜻을 알고, 일반항, 첫째항부터 제 n 항까지의 합을 구할 수 있다.
- 등비수열의 뜻을 알고, 일반항, 첫째항부터 제 n 항까지의 합을 구할 수 있다.
- $\sum$의 뜻을 알고, 그 성질을 이해하고, 이를 활용할 수 있다.
- 여러 가지 수열의 첫째항부터 제 n 항까지의 합을 구할 수 있다.
- 수열의 귀납적 정의와 수학적 귀납법의 원리를 이해하고, 수학적 귀납법을 이용하여 명제를 증명할 수 있다.

수열

25 수열의 합

개념 1 합의 기호 $\sum$의 뜻 〔유형 122〕

수열 $\{a_n\}$의 첫째항부터 제n항까지의 합 $a_1+a_2+a_3+\cdots+a_n$은 합의 기호 $\sum$를 사용하여 $\displaystyle\sum_{k=1}^{n} a_k$와 같이 나타낸다.

$$a_1+a_2+a_3+\cdots+a_n=\sum_{k=1}^{n} a_k$$

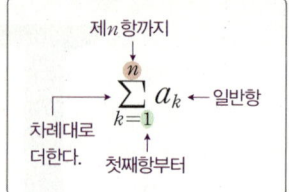

tip (1) $\sum$는 합을 뜻하는 영어 Sum의 첫 글자 S에 해당하는 그리스 문자로 '시그마(sigma)'라 읽는다.

(2) $\displaystyle\sum_{k=1}^{n} a_k$에서 문자 k 대신 i, j 등의 다른 문자를 사용하여 $\displaystyle\sum_{i=1}^{n} a_i$, $\displaystyle\sum_{j=1}^{n} a_j$와 같이 표현해도 같은 수열의 합을 나타낸다.

즉, $\displaystyle\sum_{k=1}^{n} a_k=\sum_{i=1}^{n} a_i=\sum_{j=1}^{n} a_j$이다.

설명 (1) $\displaystyle\sum_{k=1}^{n} a_k$는 수열의 일반항 a_k의 k에 1, 2, 3, $\cdots$, n을 차례대로 대입하여 얻은 항 a_1, a_2, a_3, $\cdots$, a_n의 합을 뜻한다.

(2) 일반적으로 $m \le n$일 때, 수열 $\{a_n\}$의 제m항부터 제n항까지의 합은 합의 기호 $\sum$를 사용하여

$$a_m+a_{m+1}+a_{m+2}+\cdots+a_n=\sum_{k=m}^{n} a_k$$와 같이 나타낸다.

이때 $a_m+a_{m+1}+a_{m+2}+\cdots+a_n=(a_1+a_2+a_3+\cdots+a_n)-(a_1+a_2+a_3+\cdots+a_{m-1})$이므로

$$\sum_{k=m}^{n} a_k=\sum_{k=1}^{n} a_k-\sum_{k=1}^{m-1} a_k$$

가 성립한다.

(3) $\displaystyle\sum_{k=1}^{n} a_k$는 첫째항과 끝항, 일반항을 변형하여 다음과 같이 여러 가지 방법으로 표현할 수 있다.

① $\displaystyle\sum_{k=1}^{n} a_k=\sum_{k=1}^{m} a_k+\sum_{k=m+1}^{n} a_k=\sum_{k=1}^{l} a_k-\sum_{k=n+1}^{l} a_k$ (단, $m<n<l$)

➡ $\displaystyle\sum_{k=1}^{n} a_k=(a_1+a_2+a_3+\cdots+a_m)+(a_{m+1}+a_{m+2}+a_{m+3}+\cdots+a_n)=\sum_{k=1}^{m} a_k+\sum_{k=m+1}^{n} a_k$

$\displaystyle\sum_{k=1}^{n} a_k=(a_1+a_2+\cdots+a_n+a_{n+1}+a_{n+2}+\cdots+a_l)-(a_{n+1}+a_{n+2}+\cdots+a_l)=\sum_{k=1}^{l} a_k-\sum_{k=n+1}^{l} a_k$

② $\displaystyle\sum_{k=1}^{n} a_{k+1}=\sum_{k=1}^{n+1} a_k-a_1$

➡ $\displaystyle\sum_{k=1}^{n} a_{k+1}=a_2+a_3+\cdots+a_n+a_{n+1}=(a_1+a_2+a_3+\cdots+a_n+a_{n+1})-a_1=\sum_{k=1}^{n+1} a_k-a_1$

CHECK 다음을 덧셈 기호 $+$로 표현된 것은 합의 기호 $\sum$를 사용하여 나타내고, 합의 기호 $\sum$로 표현된 것은 덧셈 기호 $+$를 사용하여 합의 꼴로 나타내시오.

(1) $1+3+5+\cdots+(2n-1)$

(2) $1^3+2^3+3^3+\cdots+10^3$

(3) $\displaystyle\sum_{k=1}^{4} 2k$

(4) $\displaystyle\sum_{m=3}^{5} m(m+1)$

풀이 (1) $1+3+5+\cdots+(2n-1)=\displaystyle\sum_{k=1}^{n} (2k-1)$

(2) $1^3+2^3+3^3+\cdots+10^3=\displaystyle\sum_{k=1}^{10} k^3$

(3) $\displaystyle\sum_{k=1}^{4} 2k=2+4+6+8$

(4) $\displaystyle\sum_{m=3}^{5} m(m+1)=3\times4+4\times5+5\times6$

∑의 성질

두 수열 $\{a_n\}$, $\{b_n\}$과 상수 c에 대하여 다음이 성립한다.

(1) $\sum\limits_{k=1}^{n}(a_k+b_k)=\sum\limits_{k=1}^{n}a_k+\sum\limits_{k=1}^{n}b_k$

(2) $\sum\limits_{k=1}^{n}(a_k-b_k)=\sum\limits_{k=1}^{n}a_k-\sum\limits_{k=1}^{n}b_k$

(3) $\sum\limits_{k=1}^{n}ca_k=c\sum\limits_{k=1}^{n}a_k$

(4) $\sum\limits_{k=1}^{n}c=cn$

설명

(1) $\sum\limits_{k=1}^{n}(a_k+b_k)=(a_1+b_1)+(a_2+b_2)+\cdots+(a_n+b_n)=(a_1+a_2+\cdots+a_n)+(b_1+b_2+\cdots+b_n)=\sum\limits_{k=1}^{n}a_k+\sum\limits_{k=1}^{n}b_k$

(2) $\sum\limits_{k=1}^{n}(a_k-b_k)=(a_1-b_1)+(a_2-b_2)+\cdots+(a_n-b_n)=(a_1+a_2+\cdots+a_n)-(b_1+b_2+\cdots+b_n)=\sum\limits_{k=1}^{n}a_k-\sum\limits_{k=1}^{n}b_k$

(3) $\sum\limits_{k=1}^{n}ca_k=ca_1+ca_2+ca_3+\cdots+ca_n=c(a_1+a_2+a_3+\cdots+a_n)=c\sum\limits_{k=1}^{n}a_k$

(4) $\sum\limits_{k=1}^{n}c=\underbrace{c+c+c+\cdots+c}_{n개}=cn$

CHECK $\sum\limits_{k=1}^{5}a_k=3$, $\sum\limits_{k=1}^{5}b_k=5$일 때, $\sum\limits_{k=1}^{5}(2a_k-b_k+2)$의 값을 구하시오.

풀이 $\sum\limits_{k=1}^{5}(2a_k-b_k+2)=2\sum\limits_{k=1}^{5}a_k-\sum\limits_{k=1}^{5}b_k+\sum\limits_{k=1}^{5}2=2\times3-5+2\times5=6-5+10=\mathbf{11}$

Plus⁺ 자료

Q 실수하기 쉬운 ∑의 성질

(1) $\sum\limits_{k=1}^{n}a_k\neq\sum\limits_{k=1}^{n}a_n$

$\sum\limits_{k=1}^{n}a_k=a_1+a_2+a_3+\cdots+a_n$이고, $\sum\limits_{k=1}^{n}a_n=\underbrace{a_n+a_n+a_n+\cdots+a_n}_{n개}=na_n$이므로

$\sum\limits_{k=1}^{n}a_k\neq\sum\limits_{k=1}^{n}a_n$

(2) $\sum\limits_{k=1}^{n}a_kb_k\neq\sum\limits_{k=1}^{n}a_k\sum\limits_{k=1}^{n}b_k$

$\sum\limits_{k=1}^{n}a_kb_k=a_1b_1+a_2b_2+a_3b_3+\cdots+a_nb_n$이고, $\sum\limits_{k=1}^{n}a_k\sum\limits_{k=1}^{n}b_k=(a_1+a_2+a_3+\cdots+a_n)(b_1+b_2+b_3+\cdots+b_n)$이므로

$\sum\limits_{k=1}^{n}a_kb_k\neq\sum\limits_{k=1}^{n}a_k\sum\limits_{k=1}^{n}b_k$

예 $\sum\limits_{k=1}^{3}k(k+2)=\sum\limits_{k=1}^{3}(k^2+2k)=3+8+15=26$, $\sum\limits_{k=1}^{3}k\sum\limits_{k=1}^{3}(k+2)=(1+2+3)(3+4+5)=72$

$\therefore \sum\limits_{k=1}^{3}k(k+2)\neq\sum\limits_{k=1}^{3}k\sum\limits_{k=1}^{3}(k+2)$

(3) $\sum\limits_{k=1}^{n}\dfrac{a_k}{b_k}\neq\dfrac{\sum\limits_{k=1}^{n}a_k}{\sum\limits_{k=1}^{n}b_k}$

$\sum\limits_{k=1}^{n}\dfrac{a_k}{b_k}=\dfrac{a_1}{b_1}+\dfrac{a_2}{b_2}+\dfrac{a_3}{b_3}+\cdots+\dfrac{a_n}{b_n}$이고, $\dfrac{\sum\limits_{k=1}^{n}a_k}{\sum\limits_{k=1}^{n}b_k}=\dfrac{a_1+a_2+a_3+\cdots+a_n}{b_1+b_2+b_3+\cdots+b_n}$이므로

$\sum\limits_{k=1}^{n}\dfrac{a_k}{b_k}\neq\dfrac{\sum\limits_{k=1}^{n}a_k}{\sum\limits_{k=1}^{n}b_k}$

다음 물음에 답하시오.

(1) 수열 $\{a_n\}$에 대하여 $a_1=3$, $a_{100}=23$일 때, $\sum_{n=1}^{99} a_{n+1} - \sum_{i=2}^{100} a_{i-1}$의 값을 구하시오.

(2) $\sum_{k=1}^{n} (a_{2k-1}+a_{2k})=4n$일 때, $\sum_{k=1}^{10} a_k$의 값을 구하시오.

| 풀이 |

(1) $\sum_{n=1}^{99} a_{n+1} - \sum_{i=2}^{100} a_{i-1} = (a_2+a_3+a_4+\cdots+a_{100})-(a_1+a_2+a_3+\cdots+a_{99})=a_{100}-a_1=23-3=\mathbf{20}$

(2) $\sum_{k=1}^{n} (a_{2k-1}+a_{2k}) = (a_1+a_2)+(a_3+a_4)+(a_5+a_6)+\cdots+(a_{2n-1}+a_{2n})$

$$= \sum_{k=1}^{2n} a_k$$

따라서 $\sum_{k=1}^{2n} a_k=4n$이므로

$$\sum_{k=1}^{10} a_k = 4 \times 5 = \mathbf{20}$$

■ 정답과 풀이 82쪽

체크 353 다음 식의 값을 구하시오.

(1) $\sum_{k=1}^{8} \{(-1)^k \times 5k\}$

(2) $\sum_{k=1}^{5} (k+3)^2 - \sum_{k=0}^{5} k^2$

(3) $\sum_{k=1}^{5} (k^2+3) - \sum_{k=4}^{5} (k^2+3)$

체크 354 다음 물음에 답하시오.

(1) 함수 $f(x)$가 $f(1)=5$, $f(16)=20$을 만족시킬 때, $\sum_{k=1}^{15} f(k+1) - \sum_{k=2}^{16} f(k-1)$의 값을 구하시오.

(2) $\sum_{k=1}^{n} a_k = \dfrac{n(n+2)}{3}$일 때, $\sum_{k=1}^{20} (a_{2k-1}+a_{2k})$의 값을 구하시오.

체크 355 | 보기 |에서 옳은 것만을 있는 대로 고르시오.

| 보기 |

ㄱ. $\sum_{k=5}^{12} (k+4) = \sum_{m=1}^{8} (m+8)$ ㄴ. $\sum_{k=1}^{8} \left(\dfrac{3}{2k}+\dfrac{3}{2k+1}\right) = \sum_{k=2}^{17} \dfrac{3}{k}$

ㄷ. $\sum_{k=1}^{10} k^2 = \sum_{k=2}^{11} (k-2)^2$ ㄹ. $\sum_{k=1}^{14} (a_{15-k}-a_k) = 0$

다음 물음에 답하시오.

(1) $\displaystyle\sum_{k=1}^{5} a_k = 4$, $\displaystyle\sum_{k=1}^{5} a_k^2 = 7$일 때, $\displaystyle\sum_{k=1}^{5} (2a_k - 3)^2$의 값을 구하시오.

(2) $\displaystyle\sum_{k=1}^{10} (2a_k - b_k) = 25$, $\displaystyle\sum_{k=1}^{10} (a_k + b_k) = -13$일 때, $\displaystyle\sum_{k=1}^{10} a_k$, $\displaystyle\sum_{k=1}^{10} b_k$의 값을 구하시오.

| 풀이 | (1) $\displaystyle\sum_{k=1}^{5} (2a_k - 3)^2 = \sum_{k=1}^{5} (4a_k^2 - 12a_k + 9) = 4\sum_{k=1}^{5} a_k^2 - 12\sum_{k=1}^{5} a_k + \sum_{k=1}^{5} 9$

$\qquad = 4 \times 7 - 12 \times 4 + 9 \times 5 = 28 - 48 + 45 = \mathbf{25}$

(2) $\displaystyle\sum_{k=1}^{10} (2a_k - b_k) = 25$에서 $2\sum_{k=1}^{10} a_k - \sum_{k=1}^{10} b_k = 25$ $\qquad$ ······ ㉠

$\displaystyle\sum_{k=1}^{10} (a_k + b_k) = -13$에서 $\sum_{k=1}^{10} a_k + \sum_{k=1}^{10} b_k = -13$ $\qquad$ ······ ㉡

㉠+㉡을 하면 $3\displaystyle\sum_{k=1}^{10} a_k = 12$ $\qquad \therefore \displaystyle\sum_{k=1}^{10} \boldsymbol{a_k = 4}$ $\qquad$ ······ ㉢

㉢을 ㉡에 대입하여 풀면 $\displaystyle\sum_{k=1}^{10} \boldsymbol{b_k = -17}$

다음 식의 값을 구하시오.

(1) $\displaystyle\sum_{k=1}^{7} (2^{k-1} + 1)$

(2) $\displaystyle\sum_{k=1}^{50} \frac{4^k - 2^k}{5^k}$

| 풀이 | (1) $\displaystyle\sum_{k=1}^{7} (2^{k-1} + 1) = \sum_{k=1}^{7} 2^{k-1} + \sum_{k=1}^{7} 1 = \frac{1 \times (2^7 - 1)}{2 - 1} + 1 \times 7 = 127 + 7 = \mathbf{134}$

(2) $\displaystyle\sum_{k=1}^{50} \frac{4^k - 2^k}{5^k} = \sum_{k=1}^{50} \left(\frac{4}{5}\right)^k - \sum_{k=1}^{50} \left(\frac{2}{5}\right)^k = \frac{\frac{4}{5}\left\{1 - \left(\frac{4}{5}\right)^{50}\right\}}{1 - \frac{4}{5}} - \frac{\frac{2}{5}\left\{1 - \left(\frac{2}{5}\right)^{50}\right\}}{1 - \frac{2}{5}} = 4\left\{1 - \left(\frac{4}{5}\right)^{50}\right\} - \frac{2}{3}\left\{1 - \left(\frac{2}{5}\right)^{50}\right\}$

$\qquad = 4 - 4\left(\frac{4}{5}\right)^{50} - \frac{2}{3} + \frac{2}{3}\left(\frac{2}{5}\right)^{50} = \dfrac{\mathbf{10}}{\mathbf{3}} - \mathbf{4}\left(\dfrac{\mathbf{4}}{\mathbf{5}}\right)^{\mathbf{50}} + \dfrac{\mathbf{2}}{\mathbf{3}}\left(\dfrac{\mathbf{2}}{\mathbf{5}}\right)^{\mathbf{50}}$

■ 정답과 풀이 83쪽

체크 **356** 다음 물음에 답하시오.

(1) $\displaystyle\sum_{k=1}^{5} a_k = 30$, $\displaystyle\sum_{k=1}^{5} a_k^2 = 220$일 때, $\displaystyle\sum_{k=1}^{5} (a_k - 1)^2 - \sum_{k=1}^{5} (a_k + 3)$의 값을 구하시오.

(2) $\displaystyle\sum_{k=1}^{7} (a_k + b_k)^2 = 36$, $\displaystyle\sum_{k=1}^{7} a_k b_k = 5$일 때, $\displaystyle\sum_{k=1}^{7} (a_k^2 + b_k^2)$의 값을 구하시오.

체크 **357** 다음 물음에 답하시오.

(1) 수열 1, $1+2$, $1+2+4$, $1+2+4+8$, $\cdots$에 대하여 첫째항부터 제8항까지의 합을 구하시오.

(2) 등식 $\displaystyle\sum_{k=1}^{6} \frac{2^k - (-1)^k}{3^k} = a - 2\left(\frac{2}{3}\right)^6 - \frac{1}{4}\left(\frac{1}{3}\right)^6$을 만족시키는 상수 a의 값을 구하시오.

26 여러 가지 수열의 합

개념 1 자연수의 거듭제곱의 합 유형 125

(1) $\displaystyle\sum_{k=1}^{n} k = 1+2+3+\cdots+n = \dfrac{n(n+1)}{2}$

(2) $\displaystyle\sum_{k=1}^{n} k^2 = 1^2+2^2+3^2+\cdots+n^2 = \dfrac{n(n+1)(2n+1)}{6}$

(3) $\displaystyle\sum_{k=1}^{n} k^3 = 1^3+2^3+3^3+\cdots+n^3 = \left\{\dfrac{n(n+1)}{2}\right\}^2$

tip (1) 위의 공식은 첫째항의 합일 때에만 성립한다. 첫째항부터의 합이 아닌 경우, 예를 들어 $\displaystyle\sum_{k=2}^{10} k^2$의 값은 다음과 같이 구한다.

$$\sum_{k=2}^{10} k^2 = \sum_{k=1}^{10} k^2 - 1^2 = \dfrac{10\times 11\times 21}{6} - 1 = 385 - 1 = 384$$

(2) $\displaystyle\sum_{k=1}^{n} k^3 = \left\{\dfrac{n(n+1)}{2}\right\}^2 = \left(\sum_{k=1}^{n} k\right)^2$

설명 (1) 1부터 n까지의 자연수의 합은 첫째항이 1, 공차가 1인 등차수열의 첫째항부터 제n항까지의 합이므로

$$\sum_{k=1}^{n} k = 1+2+3+\cdots+n = \dfrac{n(n+1)}{2}$$ ← 첫째항이 a, 끝항이 l인 등차수열의 합 $S_n = \dfrac{n(a+l)}{2}$

(2) 항등식 $(k+1)^3 - k^3 = 3k^2+3k+1$의 k에 1, 2, 3, $\cdots$, n을 차례대로 대입하여 변끼리 더하면 오른쪽과 같다.

즉, $(n+1)^3 - 1^3 = 3\displaystyle\sum_{k=1}^{n} k^2 + 3\sum_{k=1}^{n} k + 1\times n$에

$\displaystyle\sum_{k=1}^{n} k = \dfrac{n(n+1)}{2}$ 을 대입하여 정리하면

$$\sum_{k=1}^{n} k^2 = \dfrac{n(n+1)(2n+1)}{6}$$

$$\begin{aligned}
2^3 - 1^3 &= 3\times 1^2 + 3\times 1 + 1 \quad \leftarrow k=1\\
3^3 - 2^3 &= 3\times 2^2 + 3\times 2 + 1 \quad \leftarrow k=2\\
4^3 - 3^3 &= 3\times 3^2 + 3\times 3 + 1 \quad \leftarrow k=3\\
&\ \ \vdots\\
+\ )\ (n+1)^3 - n^3 &= 3\times n^2 + 3\times n + 1 \quad \leftarrow k=n\\
\hline
(n+1)^3 - 1^3 &= 3\sum_{k=1}^{n} k^2 + 3\sum_{k=1}^{n} k + 1\times n
\end{aligned}$$

(3) 항등식 $(k+1)^4 - k^4 = 4k^3 + 6k^2 + 4k + 1$의 k에 1, 2, 3, $\cdots$, n을 차례대로 대입하여 변끼리 더하면 오른쪽과 같다.

즉, $(n+1)^4 - 1^4 = 4\displaystyle\sum_{k=1}^{n} k^3 + 6\sum_{k=1}^{n} k^2 + 4\sum_{k=1}^{n} k + 1\times n$에

$\displaystyle\sum_{k=1}^{n} k = \dfrac{n(n+1)}{2}$, $\displaystyle\sum_{k=1}^{n} k^2 = \dfrac{n(n+1)(2n+1)}{6}$ 을 대입하여 정리하면

$$\sum_{k=1}^{n} k^3 = \left\{\dfrac{n(n+1)}{2}\right\}^2$$

$$\begin{aligned}
2^4 - 1^4 &= 4\times 1^3 + 6\times 1^2 + 4\times 1 + 1 \quad \leftarrow k=1\\
3^4 - 2^4 &= 4\times 2^3 + 6\times 2^2 + 4\times 2 + 1 \quad \leftarrow k=2\\
4^4 - 3^4 &= 4\times 3^3 + 6\times 3^2 + 4\times 3 + 1 \quad \leftarrow k=3\\
&\ \ \vdots\\
+\ )\ (n+1)^4 - n^4 &= 4\times n^3 + 6\times n^2 + 4\times n + 1 \quad \leftarrow k=n\\
\hline
(n+1)^4 - 1^4 &= 4\sum_{k=1}^{n} k^3 + 6\sum_{k=1}^{n} k^2 + 4\sum_{k=1}^{n} k + 1\times n
\end{aligned}$$

CHECK 다음 식의 값을 구하시오.

(1) $\displaystyle\sum_{k=1}^{5} 2k^3$

(2) $\displaystyle\sum_{k=3}^{10} (k^2 - k)$

풀이 (1) $\displaystyle\sum_{k=1}^{5} 2k^3 = 2\sum_{k=1}^{5} k^3 = 2\times \left(\dfrac{5\times 6}{2}\right)^2 = 2\times 225 = \mathbf{450}$

(2) $\displaystyle\sum_{k=3}^{10} (k^2 - k) = \sum_{k=1}^{10} (k^2 - k) - (1^2 - 1) - (2^2 - 2) = \sum_{k=1}^{10} k^2 - \sum_{k=1}^{10} k - 2$

$\qquad = \dfrac{10\times 11\times 21}{6} - \dfrac{10\times 11}{2} - 2 = 385 - 55 - 2 = \mathbf{328}$

분수 꼴로 나타낸 수열의 합

$\dfrac{1}{AB}=\dfrac{1}{B-A}\left(\dfrac{1}{A}-\dfrac{1}{B}\right)$ 임을 이용하여 일반항을 부분분수로 변형한 후 합의 기호 $\sum$로 표현된 식을 덧셈 기호 $+$를

사용하여 합의 꼴로 나타낸 다음, 연쇄적으로 항을 소거하여 합을 구한다.

이때 소거되는 항들은 대칭적으로 소거된다.

(1) $\displaystyle\sum_{k=1}^{n}\dfrac{1}{k(k+1)}=\sum_{k=1}^{n}\left(\dfrac{1}{k}-\dfrac{1}{k+1}\right)$

(2) $\displaystyle\sum_{k=1}^{n}\dfrac{1}{k(k+a)}=\dfrac{1}{a}\sum_{k=1}^{n}\left(\dfrac{1}{k}-\dfrac{1}{k+a}\right)$ (단, $a\neq 0$)

(3) $\displaystyle\sum_{k=1}^{n}\dfrac{1}{(k+a)(k+b)}=\dfrac{1}{b-a}\sum_{k=1}^{n}\left(\dfrac{1}{k+a}-\dfrac{1}{k+b}\right)$ (단, $a\neq b$)

tip 일반항이 $\dfrac{1}{ABC}$ ($A\neq C$) 꼴인 경우에는 $\dfrac{1}{ABC}=\dfrac{1}{C-A}\left(\dfrac{1}{AB}-\dfrac{1}{BC}\right)$임을 이용하여 부분분수로 변형한다.

설명 분수 꼴로 주어진 수열의 합에서 항이 연쇄적으로 소거되는 경우는 대표적으로 다음과 같은 두 가지가 있다.

이때 소거되지 않고 남는 항은 앞에서 남는 항과 뒤에서 남는 항이 서로 대칭이 되는 위치에 있다.

(ⅰ) 연달아 소거되는 꼴

예 $\displaystyle\sum_{k=1}^{10}\left(\dfrac{1}{k}-\dfrac{1}{k+1}\right)=\left(\dfrac{1}{1}-\dfrac{1}{2}\right)+\left(\dfrac{1}{2}-\dfrac{1}{3}\right)+\left(\dfrac{1}{3}-\dfrac{1}{4}\right)+\cdots+\left(\dfrac{1}{10}-\dfrac{1}{11}\right)=1-\dfrac{1}{11}=\dfrac{10}{11}$ ← 앞에서 첫 번째가 남으면 뒤에서 첫 번째가 남는다.

(ⅱ) 건너뛰며 소거되는 꼴

예 $\displaystyle\sum_{k=1}^{10}\left(\dfrac{1}{k}-\dfrac{1}{k+2}\right)=\left(\dfrac{1}{1}-\dfrac{1}{3}\right)+\left(\dfrac{1}{2}-\dfrac{1}{4}\right)+\left(\dfrac{1}{3}-\dfrac{1}{5}\right)+\left(\dfrac{1}{4}-\dfrac{1}{6}\right)+\cdots+\left(\dfrac{1}{8}-\dfrac{1}{10}\right)+\left(\dfrac{1}{9}-\dfrac{1}{11}\right)+\left(\dfrac{1}{10}-\dfrac{1}{12}\right)$

$=1+\dfrac{1}{2}-\dfrac{1}{11}-\dfrac{1}{12}=\dfrac{175}{132}$ ← 앞에서 첫 번째, 세 번째가 남으면 뒤에서 첫 번째, 세 번째가 남는다.

CHECK $\dfrac{1}{1\times 2}+\dfrac{1}{2\times 3}+\dfrac{1}{3\times 4}+\cdots+\dfrac{1}{9\times 10}$의 값을 구하시오.

풀이 (주어진 식)$=\displaystyle\sum_{k=1}^{9}\dfrac{1}{k(k+1)}=\sum_{k=1}^{9}\left(\dfrac{1}{k}-\dfrac{1}{k+1}\right)$

$=\left(\dfrac{1}{1}-\dfrac{1}{2}\right)+\left(\dfrac{1}{2}-\dfrac{1}{3}\right)+\left(\dfrac{1}{3}-\dfrac{1}{4}\right)+\cdots+\left(\dfrac{1}{8}-\dfrac{1}{9}\right)+\left(\dfrac{1}{9}-\dfrac{1}{10}\right)=1-\dfrac{1}{10}=\dfrac{9}{10}$

근호를 포함한 수열의 합

일반항의 분모를 유리화하여 두 무리식의 차의 꼴로 변형한 다음, 연쇄적으로 항을 소거하여 합을 구한다.

이때 소거되는 항들은 대칭적으로 소거된다.

(1) $\displaystyle\sum_{k=1}^{n}\dfrac{1}{\sqrt{k+1}+\sqrt{k}}=\sum_{k=1}^{n}\left(\sqrt{k+1}-\sqrt{k}\right)$
(2) $\displaystyle\sum_{k=1}^{n}\dfrac{1}{\sqrt{k+a}+\sqrt{k}}=\dfrac{1}{a}\sum_{k=1}^{n}\left(\sqrt{k+a}-\sqrt{k}\right)$ (단, $a\neq 0$)

tip 분모가 무리식일 때, 다음과 같이 분모를 유리화한다.

(1) $\dfrac{c}{\sqrt{a}+\sqrt{b}}=\dfrac{c(\sqrt{a}-\sqrt{b})}{(\sqrt{a}+\sqrt{b})(\sqrt{a}-\sqrt{b})}=\dfrac{c(\sqrt{a}-\sqrt{b})}{a-b}$ (단, $a\neq b$)

(2) $\dfrac{c}{\sqrt{a}-\sqrt{b}}=\dfrac{c(\sqrt{a}+\sqrt{b})}{(\sqrt{a}-\sqrt{b})(\sqrt{a}+\sqrt{b})}=\dfrac{c(\sqrt{a}+\sqrt{b})}{a-b}$ (단, $a\neq b$)

CHECK $\dfrac{1}{\sqrt{2}+\sqrt{1}}+\dfrac{1}{\sqrt{3}+\sqrt{2}}+\dfrac{1}{\sqrt{4}+\sqrt{3}}+\cdots+\dfrac{1}{\sqrt{100}+\sqrt{99}}$의 값을 구하시오.

풀이 (주어진 식)$=\displaystyle\sum_{k=1}^{99}\dfrac{1}{\sqrt{k+1}+\sqrt{k}}=\sum_{k=1}^{99}\left(\sqrt{k+1}-\sqrt{k}\right)$

$=\left(\sqrt{2}-\sqrt{1}\right)+\left(\sqrt{3}-\sqrt{2}\right)+\left(\sqrt{4}-\sqrt{3}\right)+\cdots+\left(\sqrt{99}-\sqrt{98}\right)+\left(\sqrt{100}-\sqrt{99}\right)=-1+10=9$

개념 4 (등차수열)×(등비수열) 꼴의 수열의 합 유형 131

(등차수열)×(등비수열) 꼴의 수열의 합은 다음과 같은 순서로 구한다.
① 주어진 수열의 합을 S로 놓는다.
② 등비수열의 공비가 r일 때, $S-rS$를 구한다. (단, $r \neq 1$)
③ 등비수열의 합을 이용하여 $S-rS$의 값을 구한 후, 주어진 수열의 합 S의 값을 구한다.

tip (등차수열)×(등비수열) 꼴로 이루어진 수열의 합을 멱급수라 한다.

예 $1 \times 2 + 2 \times 2^2 + 3 \times 2^3 + \cdots + 9 \times 2^9$의 값을 구해 보자.
주어진 수열의 합은 등차수열 $1, 2, 3, \cdots, 9$와 등비수열 $2, 2^2, 2^3, \cdots, 2^9$에서 서로 대응하는 항끼리 곱하여 더한 것이다.
① 주어진 수열의 합을 S로 놓으면
$$S = 1 \times 2 + 2 \times 2^2 + 3 \times 2^3 + \cdots + 9 \times 2^9$$
② 등비수열의 공비가 2이므로 $S-2S$를 구하면

$$
\begin{array}{r}
S = 1 \times 2 + 2 \times 2^2 + 3 \times 2^3 + \cdots + 9 \times 2^9 \\
-)\ 2S = 1 \times 2^2 + 2 \times 2^3 + \cdots + 8 \times 2^9 + 9 \times 2^{10} \\
\hline
-S = 1 \times 2 + 1 \times 2^2 + 1 \times 2^3 + \cdots + 1 \times 2^9 - 9 \times 2^{10}
\end{array}
$$

③ $-S = 2 + 2^2 + 2^3 + \cdots + 2^9 - 9 \times 2^{10} = \dfrac{2(2^9 - 1)}{2 - 1} - 9 \times 2^{10}$

$ = 2^{10} - 2 - 9 \times 2^{10} = -8 \times 2^{10} - 2$

이므로 $S = 8 \times 2^{10} + 2 = 8 \times 1024 + 2 = 8194$

개념 5 군수열 유형 132

어떤 수열을 특정한 규칙에 의하여 몇 개의 항들의 묶음인 군으로 나눌 수 있는 수열을 군수열이라 한다.
일반적으로 군수열에 대한 문제는 다음과 같은 순서로 해결한다.
① 수열의 각 항의 규칙을 파악하여 군으로 묶는다.
② 각 군의 항의 개수를 파악하고, 각 군의 첫째항 또는 끝항이 갖는 규칙성을 조사한다.
③ 구하는 항이 제몇 군의 몇 번째 항인지 구한다.

tip 수열을 군으로 나누었을 때 각 군을 앞에서부터 차례대로 제1군, 제2군, 제3군, …이라 한다.

예 수열 $\dfrac{1}{1}, \dfrac{1}{2}, \dfrac{2}{2}, \dfrac{1}{3}, \dfrac{2}{3}, \dfrac{3}{3}, \dfrac{1}{4}, \dfrac{2}{4}, \dfrac{3}{4}, \dfrac{4}{4}, \cdots$에서 $\dfrac{20}{27}$은 제몇 항인지 구해 보자.

① 주어진 수열을 다음과 같이 분모가 같은 것끼리 군으로 묶는다.

$$\underset{\text{제1군}}{\left(\dfrac{1}{1}\right)}, \underset{\text{제2군}}{\left(\dfrac{1}{2}, \dfrac{2}{2}\right)}, \underset{\text{제3군}}{\left(\dfrac{1}{3}, \dfrac{2}{3}, \dfrac{3}{3}\right)}, \underset{\text{제4군}}{\left(\dfrac{1}{4}, \dfrac{2}{4}, \dfrac{3}{4}, \dfrac{4}{4}\right)}, \cdots, \underset{\text{제}n\text{군}}{\left(\dfrac{1}{n}, \dfrac{2}{n}, \dfrac{3}{n}, \cdots, \dfrac{n}{n}\right)}, \cdots$$

② 제n군의 항의 개수는 n이므로 제1군부터 제n군까지의 항의 개수는 $1 + 2 + 3 + \cdots + n = \dfrac{n(n+1)}{2}$이다.

또한 제n군의 첫째항은 $\dfrac{1}{n}$이고 제n군의 k번째 항은 $\dfrac{k}{n}$이다.

③ $\dfrac{20}{27}$은 분모가 27이므로 제27군의 20번째 항이다.

이때 제1군부터 제26군까지의 항의 개수는 $\dfrac{26 \times 27}{2} = 351$이므로 제27군의 20번째 항인 $\dfrac{20}{27}$은 제371항이다.

자연수의 거듭제곱의 합

다음 식의 값을 구하시오.

(1) $\displaystyle\sum_{k=1}^{5} k(k+1)(k+2)$

(2) $\displaystyle\sum_{k=1}^{20} \frac{1+2+3+\cdots+k}{k+1}$

| 풀이 | (1) $\displaystyle\sum_{k=1}^{5} k(k+1)(k+2)=\sum_{k=1}^{5}(k^3+3k^2+2k)=\sum_{k=1}^{5}k^3+3\sum_{k=1}^{5}k^2+2\sum_{k=1}^{5}k$

$$=\left(\frac{5\times6}{2}\right)^2+3\times\frac{5\times6\times11}{6}+2\times\frac{5\times6}{2}=225+165+30=\mathbf{420}$$

(2) $\displaystyle\sum_{k=1}^{20}\frac{1+2+3+\cdots+k}{k+1}=\sum_{k=1}^{20}\frac{\frac{k(k+1)}{2}}{k+1}=\sum_{k=1}^{20}\frac{k}{2}=\frac{1}{2}\sum_{k=1}^{20}k=\frac{1}{2}\times\frac{20\times21}{2}=\mathbf{105}$

∑로 표현된 수열의 합과 일반항 사이의 관계

수열 $\{a_n\}$에 대하여 $\displaystyle\sum_{k=1}^{n} a_k=n^2$일 때, $\displaystyle\sum_{k=1}^{6} a_{2k+1}$의 값을 구하시오.

| 풀이 | 수열 $\{a_n\}$의 첫째항부터 제n항까지의 합을 S_n이라 하면 $S_n=\displaystyle\sum_{k=1}^{n}a_k=n^2$이므로

$a_n=S_n-S_{n-1}=n^2-(n-1)^2=2n-1$ (단, $n\geq2$)

$a_1=S_1=1^2=1$ $\therefore a_n=2n-1$ (단, $n\geq1$)

$\therefore \displaystyle\sum_{k=1}^{6}a_{2k+1}=\sum_{k=1}^{6}\{2(2k+1)-1\}=\sum_{k=1}^{6}(4k+1)=4\sum_{k=1}^{6}k+\sum_{k=1}^{6}1=4\times\frac{6\times7}{2}+1\times6=84+6=\mathbf{90}$

| 다른 풀이 | $a_n=2n-1$이므로 $\displaystyle\sum_{k=1}^{6}a_{2k+1}$에서 $k=1$일 때 $a_3=5$, $k=6$일 때 $a_{13}=25$이고 더하는 항의 수가 6이다.

이때 수열 $\{a_{2k+1}\}$은 등차수열이므로

$\displaystyle\sum_{k=1}^{6}a_{2k+1}=\frac{6(5+25)}{2}=\mathbf{90}$

■ 정답과 풀이 83쪽

체크 358 다음 식의 값을 구하시오.

(1) $\displaystyle\sum_{k=1}^{7}(2^k-3k+1)$

(2) $\displaystyle\sum_{k=1}^{10}\frac{k^3}{k+1}+\sum_{i=5}^{14}\frac{1}{i-3}$

체크 359 $1\times20+2\times19+3\times18+\cdots+20\times1$의 값을 구하시오.

체크 360 수열 $\{a_n\}$에 대하여 $\displaystyle\sum_{k=1}^{n}a_k=2^{n+1}-2$일 때, $\displaystyle\sum_{k=1}^{5}a_{2k-1}$의 값을 구하시오.

∑를 여러 개 포함한 식의 계산

다음 식의 값을 구하시오.

(1) $\sum\limits_{n=1}^{10}\left\{\sum\limits_{m=1}^{n}\left(\sum\limits_{k=1}^{m}4\right)\right\}$
(2) $\sum\limits_{n=1}^{4}\left(\sum\limits_{m=1}^{n}mn\right)$

| 풀이 |

(1) $\sum\limits_{n=1}^{10}\left\{\sum\limits_{m=1}^{n}\left(\sum\limits_{k=1}^{m}4\right)\right\}=\sum\limits_{n=1}^{10}\left(\sum\limits_{m=1}^{n}4m\right)=\sum\limits_{n=1}^{10}\left\{4\times\dfrac{n(n+1)}{2}\right\}=2\sum\limits_{n=1}^{10}n(n+1)$

$\qquad=2\left(\sum\limits_{n=1}^{10}n^2+\sum\limits_{n=1}^{10}n\right)=2\left(\dfrac{10\times11\times21}{6}+\dfrac{10\times11}{2}\right)=2(385+55)=\mathbf{880}$

(2) $\sum\limits_{n=1}^{4}\left(\sum\limits_{m=1}^{n}mn\right)=\sum\limits_{n=1}^{4}\left(n\sum\limits_{m=1}^{n}m\right)=\sum\limits_{n=1}^{4}\left\{n\times\dfrac{n(n+1)}{2}\right\}=\dfrac{1}{2}\sum\limits_{n=1}^{4}(n^3+n^2)=\dfrac{1}{2}\left\{\left(\dfrac{4\times5}{2}\right)^2+\dfrac{4\times5\times9}{6}\right\}=\mathbf{65}$

분수 꼴로 나타낸 수열의 합

다음 수열의 첫째항부터 제n항까지의 합을 구하시오.

(1) $\dfrac{1}{2\times4},\ \dfrac{1}{4\times6},\ \dfrac{1}{6\times8},\ \cdots$
(2) $\dfrac{1}{2^2-1},\ \dfrac{1}{3^2-1},\ \dfrac{1}{4^2-1},\ \cdots$

| 풀이 |

(1) 주어진 수열의 일반항을 a_n이라 하면 $a_n=\dfrac{1}{2n(2n+2)}=\dfrac{1}{4n(n+1)}=\dfrac{1}{4}\left(\dfrac{1}{n}-\dfrac{1}{n+1}\right)$

$\therefore \sum\limits_{k=1}^{n}a_k=\dfrac{1}{4}\sum\limits_{k=1}^{n}\left(\dfrac{1}{k}-\dfrac{1}{k+1}\right)=\dfrac{1}{4}\left\{\left(1-\dfrac{1}{2}\right)+\left(\dfrac{1}{2}-\dfrac{1}{3}\right)+\left(\dfrac{1}{3}-\dfrac{1}{4}\right)+\cdots+\left(\dfrac{1}{n}-\dfrac{1}{n+1}\right)\right\}$

$\qquad=\dfrac{1}{4}\left(1-\dfrac{1}{n+1}\right)=\dfrac{\boldsymbol{n}}{\boldsymbol{4(n+1)}}$

(2) 주어진 수열의 일반항을 a_n이라 하면 $a_n=\dfrac{1}{(n+1)^2-1}=\dfrac{1}{n(n+2)}=\dfrac{1}{2}\left(\dfrac{1}{n}-\dfrac{1}{n+2}\right)$

$\therefore \sum\limits_{k=1}^{n}a_k=\dfrac{1}{2}\sum\limits_{k=1}^{n}\left(\dfrac{1}{k}-\dfrac{1}{k+2}\right)=\dfrac{1}{2}\left\{\left(1-\dfrac{1}{3}\right)+\left(\dfrac{1}{2}-\dfrac{1}{4}\right)+\left(\dfrac{1}{3}-\dfrac{1}{5}\right)+\cdots+\left(\dfrac{1}{n-1}-\dfrac{1}{n+1}\right)+\left(\dfrac{1}{n}-\dfrac{1}{n+2}\right)\right\}$

$\qquad=\dfrac{1}{2}\left(1+\dfrac{1}{2}-\dfrac{1}{n+1}-\dfrac{1}{n+2}\right)=\dfrac{\boldsymbol{n(3n+5)}}{\boldsymbol{4(n+1)(n+2)}}$

■ 정답과 풀이 84쪽

체크 361

이차방정식 $x^2-9x+20=0$의 두 근을 m, n이라 할 때, $\sum\limits_{i=1}^{m}\left\{\sum\limits_{k=1}^{n}(k+i)\right\}$의 값을 구하시오.

체크 362

다음 물음에 답하시오.

(1) $\sum\limits_{k=1}^{8}\dfrac{1}{4k^2-1}$의 값을 구하시오.

(2) $\dfrac{3}{1^2}+\dfrac{5}{1^2+2^2}+\dfrac{7}{1^2+2^2+3^2}+\cdots+\dfrac{31}{1^2+2^2+3^2+\cdots+15^2}$의 값을 구하시오.

체크 363

수열 $\{a_n\}$에 대하여 $\sum\limits_{k=1}^{n}a_k=n^2+3n$일 때, $\sum\limits_{k=1}^{m}\dfrac{1}{a_ka_{k+1}}=\dfrac{3}{32}$을 만족시키는 자연수 m의 값을 구하시오.

근호를 포함한 수열의 합

다음 수열의 첫째항부터 제n항까지의 합을 구하시오.

(1) $\dfrac{1}{1+\sqrt{3}}$, $\dfrac{1}{\sqrt{3}+\sqrt{5}}$, $\dfrac{1}{\sqrt{5}+\sqrt{7}}$, $\cdots$ (2) $\dfrac{1}{\sqrt{2}+2}$, $\dfrac{1}{\sqrt{3}+\sqrt{5}}$, $\dfrac{1}{2+\sqrt{6}}$, $\cdots$

| 풀이 | (1) 주어진 수열의 일반항을 a_n이라 하면 $a_n=\dfrac{1}{\sqrt{2n-1}+\sqrt{2n+1}}=\dfrac{1}{2}(\sqrt{2n+1}-\sqrt{2n-1})$

$$\therefore \sum_{k=1}^{n} a_k = \frac{1}{2}\sum_{k=1}^{n}(\sqrt{2k+1}-\sqrt{2k-1})$$

$$=\frac{1}{2}\{(\sqrt{3}-1)+(\sqrt{5}-\sqrt{3})+(\sqrt{7}-\sqrt{5})+\cdots+(\sqrt{2n+1}-\sqrt{2n-1})\}$$

$$=\frac{1}{2}(\sqrt{2n+1}-1)$$

(2) 주어진 수열의 일반항을 a_n이라 하면 $a_n=\dfrac{1}{\sqrt{n+1}+\sqrt{n+3}}=\dfrac{1}{2}(\sqrt{n+3}-\sqrt{n+1})$

$$\therefore \sum_{k=1}^{n} a_k = \frac{1}{2}\sum_{k=1}^{n}(\sqrt{k+3}-\sqrt{k+1})$$

$$=\frac{1}{2}\{(2-\sqrt{2})+(\sqrt{5}-\sqrt{3})+(\sqrt{6}-2)+\cdots+(\sqrt{n+2}-\sqrt{n})+(\sqrt{n+3}-\sqrt{n+1})\}$$

$$=\frac{1}{2}(\sqrt{n+3}+\sqrt{n+2}-\sqrt{3}-\sqrt{2})$$

로그를 포함한 수열의 합

$\displaystyle\sum_{k=1}^{48} \log_5 \dfrac{k+2}{k+1}$의 값을 구하시오.

| 풀이 | $\displaystyle\sum_{k=1}^{48} \log_5 \dfrac{k+2}{k+1}=\log_5\dfrac{3}{2}+\log_5\dfrac{4}{3}+\log_5\dfrac{5}{4}+\cdots+\log_5\dfrac{50}{49}$

$$=\log_5\left(\frac{3}{2}\times\frac{4}{3}\times\frac{5}{4}\times\cdots\times\frac{50}{49}\right)$$

$$=\log_5 25 = 2$$

■ 정답과 풀이 85쪽

체크 364 수열 $\{a_n\}$이 첫째항이 3, 공차가 2인 등차수열일 때, $\displaystyle\sum_{k=1}^{12}\dfrac{1}{\sqrt{a_{k+1}}+\sqrt{a_k}}$의 값을 구하시오.

체크 365 $\displaystyle\sum_{k=2}^{n} \log\left(1-\dfrac{1}{k}\right)=-2$를 만족시키는 자연수 n의 값을 구하시오.

(등차수열)×(등비수열) 꼴의 수열의 합

$f(x)=1+3x+5x^2+7x^3+\cdots+19x^9$일 때, $f(2)=a\times2^{10}+3$이다. 정수 a의 값을 구하시오.

| 풀이 | $f(x)=1+3x+5x^2+7x^3+\cdots+19x^9$ ······ ㉠

㉠의 양변에 x를 곱하면

$xf(x)=x+3x^2+5x^3+\cdots+17x^9+19x^{10}$ ······ ㉡

㉠−㉡을 하면

$(1-x)f(x)=1+2x+2x^2+2x^3+\cdots+2x^9-19x^{10}=1+\dfrac{2x(x^9-1)}{x-1}-19x^{10}$ (단, $x\neq1$)

위의 식의 양변에 $x=2$를 대입하면

$-f(2)=1+4(2^9-1)-19\times2^{10}$

$\therefore f(2)=-1-2^{11}+4+19\times2^{10}=2^{10}(19-2)+3=17\times2^{10}+3$

$\therefore a=\mathbf{17}$

유형 **132** **군수열**

수열 $2, 4, 4, 6, 6, 6, 8, 8, 8, 8, \cdots$ 에 대하여 다음 물음에 답하시오.

(1) 제50항을 구하시오.

(2) 3번째로 나타나는 14는 제몇 항인지 구하시오.

| 풀이 | 주어진 수열을 $(2), (4, 4), (6, 6, 6), (8, 8, 8, 8), \cdots$과 같이 같은 수를 군으로 묶은 군수열로 생각하면
제n군에는 $2n$이 n개가 나열된다.

(1) 제1군부터 제n군까지의 항의 개수는 $\displaystyle\sum_{k=1}^{n}k=\dfrac{n(n+1)}{2}$

따라서 제1군부터 제9군까지의 항의 개수는 $\dfrac{9\times10}{2}=45$, 제1군부터 제10군까지의 항의 개수는 $\dfrac{10\times11}{2}=55$이므로 제50항은 제10군의 5번째 항이다.

이때 제10군은 $2\times10=20$으로 이루어져 있으므로 제50항은 **20**이다.

(2) 제n군은 $2n$으로 이루어져 있으므로 $2n=14$

즉, 제7군은 14로 이루어져 있다.

이때 제1군부터 제6군까지의 항의 개수는 $\dfrac{6\times7}{2}=21$이므로 제7군의 3번째 항은 **제24항**이다.

■ 정답과 풀이 85쪽

체크 **366** 등식 $\displaystyle\sum_{k=1}^{n}k\left(\dfrac{1}{2}\right)^{k-1}=a+b\left(\dfrac{1}{2}\right)^{n-1}+cn\left(\dfrac{1}{2}\right)^{n}$을 만족시키는 정수 a, b, c에 대하여 abc의 값을 구하시오.

체크 **367** 오른쪽과 같이 자연수를 규칙적으로 배열할 때, 108은 위에서 a번째 줄의 왼쪽에서 b번째에 있다. $a+b$의 값을 구하시오.

$$
\begin{array}{ccccc}
 & & 1 & & \\
 & 2 & & 3 & \\
4 & & 5 & & 6 \\
7 & 8 & 9 & & 10 \\
 & & \vdots & &
\end{array}
$$

선생님의 출제 point

Q 수열의 규칙성을 찾아 반복되는 수열의 합을 구할 수 있는가?

1 자연수 n에 대하여 2^n+7^n의 일의 자리의 숫자를 a_n이라 할 때, $\sum_{n=1}^{30} a_n$의 값을 구하시오.

| 풀이 | ① 2^n+7^n의 일의 자리의 규칙성 찾기

2^n의 일의 자리의 숫자는 2, 4, 8, 6이 이 순서대로 반복되고
7^n의 일의 자리의 숫자는 7, 9, 3, 1이 이 순서대로 반복되므로
2^n+7^n의 일의 자리의 숫자는 9, 3, 1, 7이 이 순서대로 반복된다.

② 반복되는 항을 찾아 수열의 합 구하기

따라서 수열 $\{a_n\}$은 9, 3, 1, 7이 이 순서대로 반복되는 수열이고
$30=4\times7+2$이므로

유형 122

$$\sum_{n=1}^{30} a_n=(9+3+1+7)\times7+(9+3)=20\times7+12=\textbf{152}$$

Q 함수의 그래프를 이용하여 수열의 합을 구할 수 있는가?

2 오른쪽 그림과 같이 이차함수 $y=3x^2$의 그래프와 직선 $x=n$이 만나는 점을 P_n이라 하고, 일차함수 $y=3x+6$의 그래프와 직선 $x=n$이 만나는 점을 Q_n이라 하자.
$\sum_{n=1}^{6} \overline{P_nQ_n}$의 값을 구하시오. (단, n은 자연수이다.)

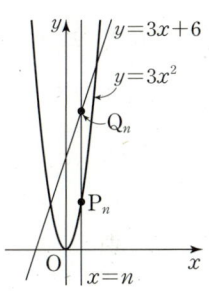

| 풀이 | ① 문제 조건에 맞는 점의 좌표 구하기

$f(x)=3x^2$이라 하면 $y=f(x)$의 그래프와 직선 $x=n$이 만나는 점은 $P_n(n, f(n))$
$g(x)=3x+6$이라 하면 $y=g(x)$의 그래프와 직선 $x=n$이 만나는 점은 $Q_n(n, g(n))$
두 함수 $y=f(x)$, $y=g(x)$의 그래프의 교점을 구하면
$f(x)=g(x)$에서 $3x^2=3x+6$
$x^2-x-2=0$, $(x+1)(x-2)=0$ ∴ $x=-1$ 또는 $x=2$
따라서 두 함수 $y=f(x)$, $y=g(x)$의 그래프의 교점의 좌표는 $(-1, 3)$, $(2, 12)$이다.

② 조건에 따라 범위를 나누어 식 세우기

$\overline{P_nQ_n}=|f(n)-g(n)|$이므로
$n=1$일 때, $\overline{P_1Q_1}=|f(1)-g(1)|=g(1)-f(1)=9-3=6$
$n\geq2$일 때, $\overline{P_nQ_n}=|f(n)-g(n)|=f(n)-g(n)=3n^2-3n-6$

③ 합의 기호 $\sum$의 성질과 자연수의 거듭제곱의 합의 공식을 이용하여 답 구하기

$$\sum_{n=1}^{6} \overline{P_nQ_n}=\overline{P_1Q_1}+\sum_{n=2}^{6} \overline{P_nQ_n}=6+\sum_{n=2}^{6} (3n^2-3n-6)$$

$$=12+\sum_{n=1}^{6} (3n^2-3n-6)=12+3\sum_{n=1}^{6} n^2-3\sum_{n=1}^{6} n-\sum_{n=1}^{6} 6$$

$$=12+3\times\frac{6\times7\times13}{6}-3\times\frac{6\times7}{2}-6\times6$$

$$=12+273-63-36=\textbf{186}$$

유형 123, 125

368

다음 중 $\sum\limits_{k=11}^{20}(k-5)+\sum\limits_{k=1}^{5}k$와 그 값이 같은 것은?

① $\sum\limits_{k=1}^{10}k$　　　　② $\sum\limits_{k=1}^{15}k$　　　　③ $\sum\limits_{k=1}^{20}k$

④ $\sum\limits_{k=1}^{25}(k-5)$　　　⑤ $\sum\limits_{k=6}^{25}(k-5)$

369

등차수열 $\{a_n\}$이 $\sum\limits_{k=1}^{n}a_{2k-1}=3n^2-n$을 만족시킬 때,

$a_{10}+a_{11}+a_{12}$의 값을 구하시오.

370

$\sum\limits_{k=1}^{30}(a_k+b_k)=20$, $\sum\limits_{k=1}^{30}a_kb_k=17$일 때, $\sum\limits_{k=1}^{30}(a_k-1)(b_k-1)$의

값을 구하시오.

371

다항식 $x^{n+1}(x+2)$를 $x-2$로 나누었을 때의 나머지를 a_n이

라 할 때, $\sum\limits_{n=1}^{6}a_n$을 구하시오.

372

$\sum\limits_{k=1}^{10}k^2+\sum\limits_{k=2}^{10}k^2+\sum\limits_{k=3}^{10}k^2+\cdots+\sum\limits_{k=10}^{10}k^2$의 값을 구하시오.

373

자연수 n에 대하여 등식

$$1\times n+2\times(n-1)+3\times(n-2)+\cdots+n\times 1$$
$$=an^3+bn^2+cn$$

이 성립할 때, 상수 a, b, c에 대하여 abc의 값을 구하시오.

374

이차방정식 $x^2-2kx-k=0$의 두 근을 α_k, β_k라 할 때, $\sum\limits_{k=1}^{4}(\alpha_k{}^3+\beta_k{}^3)$의 값을 구하시오.

375

$\sum\limits_{k=1}^{7}(2k+c)(k-c)$의 값이 최대가 되도록 하는 상수 c의 값을 구하시오.

376

$\sum\limits_{k=1}^{n}a_k=n^2-n+1$일 때, $\sum\limits_{k=1}^{20}a_{3k-2}$의 값을 구하시오.

377

$\sum\limits_{k=1}^{n}\left\{\sum\limits_{m=1}^{k}(4m-2k)\right\}=110$을 만족시키는 자연수 n의 값을 구하시오.

378

x에 대한 이차방정식 $x^2-28x-(4n^2-1)=0$의 두 근을 α_n, β_n이라 할 때, $\sum\limits_{n=1}^{17}\left(\dfrac{1}{\alpha_n}+\dfrac{1}{\beta_n}\right)$의 값을 구하시오.

379

$\dfrac{1}{1\times2\times3}+\dfrac{1}{2\times3\times4}+\cdots+\dfrac{1}{8\times9\times10}$의 값을 구하시오.

380

$\displaystyle\sum_{k=1}^{24} \dfrac{5}{(k+1)\sqrt{k}+k\sqrt{k+1}}$의 값을 구하시오.

381

$\displaystyle\sum_{k=1}^{70} \sin\dfrac{k}{4}\pi$의 값을 구하시오.

382

수열 $\{a_n\}$에 대하여 등식

$$a_1+3a_2+\cdots+(2n-1)a_n=(2n-1)(2n+1)(2n+3)$$

이 성립할 때, $\displaystyle\sum_{k=1}^{5} a_k$의 값을 구하시오.

383

수열 1, 1, 2, 1, 1, 2, 3, 2, 1, 1, 2, 3, 4, 3, 2, 1, …의 첫째 항부터 제100항까지의 합을 구하시오.

384 필수기출

자연수 n에 대하여 곡선 $y=\dfrac{3}{x}$ $(x>0)$ 위의 점 $\left(n, \dfrac{3}{n}\right)$과 두 점 $(n-1, 0)$, $(n+1, 0)$을 세 꼭짓점으로 하는 삼각형의 넓이를 a_n이라 할 때, $\displaystyle\sum_{n=1}^{10} \dfrac{9}{a_n a_{n+1}}$의 값은? |평가원 기출|

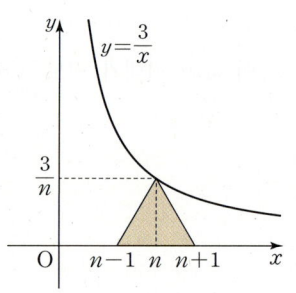

① 410   ② 420   ③ 430

④ 440   ⑤ 450

385 필수기출

수열 $\{a_n\}$이 모든 자연수 n에 대하여

$$\sum_{k=1}^{n} a_k=\log\dfrac{(n+1)(n+2)}{2}$$

를 만족시킨다. $\displaystyle\sum_{k=1}^{20} a_{2k}=p$라 할 때, 10^p의 값을 구하시오.

|수능 기출|

이 단원에서는
- 수열 및 등차수열의 뜻을 알고, 일반항, 첫째항부터 제 n 항까지의 합을 구할 수 있다.
- 등비수열의 뜻을 알고, 일반항, 첫째항부터 제 n 항까지의 합을 구할 수 있다.
- $\sum$ 의 뜻을 알고, 그 성질을 이해하고, 이를 활용할 수 있다.
- 여러 가지 수열의 첫째항부터 제 n 항까지의 합을 구할 수 있다.
- 수열의 귀납적 정의와 수학적 귀납법의 원리를 이해하고, 수학적 귀납법을 이용하여 명제를 증명할 수 있다.

수열

수학적 귀납법에서는

27 수열의 귀납적 정의

개념 1 수열의 귀납적 정의

일반적으로 수열 $\{a_n\}$을

(i) 첫째항 a_1의 값

(ii) 이웃하는 두 항 a_n, a_{n+1} ($n=1, 2, 3, \cdots$) 사이의 관계식

으로 정의하면 주어진 관계식의 n에 1, 2, 3, $\cdots$을 차례대로 대입하여 수열 $\{a_n\}$의 모든 항을 구할 수 있다.

이와 같이 처음 몇 개의 항과 이웃하는 여러 항 사이의 관계식으로 수열을 정의하는 것을 수열의 **귀납적 정의**라 한다.

tip (1) 수열의 이웃하는 항들 사이의 관계식을 '점화식'이라 한다.

(2) 수열의 귀납적 정의에는 $a_1=1$, $a_2=2$, $a_{n+2}=a_n+a_{n+1}$ ($n=1, 2, 3, \cdots$)과 같이 a_1, a_2와 이웃하는 세 항 사이의 관계식으로 나타내는 경우도 있다.

설명 수열 $\{a_n\}$이 $a_1=1$, $a_{n+1}=a_n+2$ ($n=1, 2, 3, \cdots$)로 정의될 때, 관계식 $a_{n+1}=a_n+2$의 n에 1, 2, 3, $\cdots$을 차례대로 대입하면

$$a_2=a_1+2=1+2=3, \quad a_3=a_2+2=3+2=5, \quad a_4=a_3+2=5+2=7, \cdots$$

이와 같이 귀납적으로 정의된 수열 $\{a_n\}$의 모든 항을 구할 수 있다.

개념 2 등차수열과 등비수열의 귀납적 정의

유형 133, 134

수열 $\{a_n\}$에 대하여 $n=1, 2, 3, \cdots$일 때,

(1) 등차수열을 나타내는 관계식

① $a_{n+1}-a_n=d$ (일정) ← 수열 $\{a_n\}$은 공차가 d인 등차수열이다.

② $a_{n+1}-a_n=a_{n+2}-a_{n+1}$, 즉 $2a_{n+1}=a_n+a_{n+2}$ ← a_{n+1}이 a_n과 a_{n+2}의 등차중항 ⟺ 수열 $\{a_n\}$은 등차수열이다.

(2) 등비수열을 나타내는 관계식

① $a_{n+1} \div a_n=r$ (일정) ← 수열 $\{a_n\}$은 공비가 r인 등비수열이다.

② $a_{n+1} \div a_n=a_{n+2} \div a_{n+1}$, 즉 $a_{n+1}{}^2=a_n a_{n+2}$ ← a_{n+1}이 a_n과 a_{n+2}의 등비중항 ⟺ 수열 $\{a_n\}$은 등비수열이다.

tip 수열 $\{a_n\}$에 대하여 $n=1, 2, 3, \cdots$일 때, $\dfrac{1}{a_{n+1}}-\dfrac{1}{a_n}=\dfrac{1}{a_{n+2}}-\dfrac{1}{a_{n+1}}$, 즉 $\dfrac{2}{a_{n+1}}=\dfrac{1}{a_n}+\dfrac{1}{a_{n+2}}$이면 수열 $\left\{\dfrac{1}{a_n}\right\}$은 등차수열이다.

설명 (1) ① $a_{n+1}-a_n=d$에서 $a_{n+1}=a_n+d$이고, 첫째항이 a_1, 공차가 d이므로 일반항은 $a_n=a_1+(n-1)d$이다.

② 처음 두 항 a_1, a_2를 알면 $d=a_2-a_1$이므로 일반항을 $a_n=a_1+(n-1)(a_2-a_1)$과 같이 구할 수 있다.

(2) ① $a_{n+1} \div a_n=r$에서 $a_{n+1}=ra_n$이고, 첫째항이 a_1, 공비가 r이므로 일반항은 $a_n=a_1 r^{n-1}$이다.

② 처음 두 항 a_1, a_2를 알면 $r=\dfrac{a_2}{a_1}$이므로 일반항을 $a_n=a_1\left(\dfrac{a_2}{a_1}\right)^{n-1}$과 같이 구할 수 있다.

CHECK 다음과 같이 귀납적으로 정의된 수열 $\{a_n\}$의 일반항을 구하시오. (단, $n=1, 2, 3, \cdots$)

(1) $a_1=3$, $a_{n+1}-a_n=2$
(2) $a_1=2$, $a_{n+1}=5a_n$

풀이 (1) 첫째항이 3, 공차가 2인 등차수열이므로 $a_n=3+(n-1)\times 2=\mathbf{2n+1}$

(2) 첫째항이 2, 공비가 5인 등비수열이므로 $a_n=\mathbf{2\times 5^{n-1}}$

귀납적으로 정의된 여러 가지 수열의 일반항은 다음과 같이 구한다.

(1) $a_{n+1}=a_n+f(n)$ 꼴

     n에 1, 2, 3, $\cdots$, $n-1$을 차례대로 대입하여 변끼리 더한다.

     ➡ $a_n=a_1+f(1)+f(2)+f(3)+\cdots+f(n-1)=a_1+\sum\limits_{k=1}^{n-1}f(k)$

(2) $a_{n+1}=a_n \times f(n)$ 꼴

     n에 1, 2, 3, $\cdots$, $n-1$을 차례대로 대입하여 변끼리 곱한다.

     ➡ $a_n=a_1 \times f(1) \times f(2) \times f(3) \times \cdots \times f(n-1)$

tip   (1) $a_{n+1}=a_n+f(n)$에서 $f(n)$이 상수이면 수열 $\{a_n\}$은 공차가 $f(n)$인 등차수열이다.

        (2) $a_{n+1}=a_n \times f(n)$에서 $f(n)$이 상수이면 수열 $\{a_n\}$은 공비가 $f(n)$인 등비수열이다.

        (3) 수열의 일반항을 구하기 어려운 경우나 귀납적으로 정의된 수열의 관계식이 처음 보는 식일 경우 $n=1, 2, 3, \cdots$을 차례대로 대입하여 규칙성을 찾아 문제를 해결한다.

설명   (1) $a_{n+1}=a_n+f(n)$의 n에 1, 2, 3, $\cdots$, $n-1$을 차례대로 대입하여 변끼리 더하면 오른쪽과 같다.

        따라서 수열 $\{a_n\}$의 일반항은

          $a_n=a_1+f(1)+f(2)+f(3)+\cdots+f(n-1)$

            $=a_1+\sum\limits_{k=1}^{n-1}f(k)$

$$\begin{aligned} a_2 &= a_1+f(1) \\ a_3 &= a_2+f(2) \\ a_4 &= a_3+f(3) \\ &\vdots \\ +)\; a_n &= a_{n-1}+f(n-1) \\ \hline a_n &= a_1+f(1)+f(2)+f(3)+\cdots+f(n-1) \end{aligned}$$

        (2) $a_{n+1}=a_n \times f(n)$의 n에 1, 2, 3, $\cdots$, $n-1$을 차례대로 대입하여 변끼리 곱하면 오른쪽과 같다.

        따라서 수열 $\{a_n\}$의 일반항은

          $a_n=a_1 \times f(1) \times f(2) \times f(3) \times \cdots \times f(n-1)$

$$\begin{aligned} a_2 &= a_1 \times f(1) \\ a_3 &= a_2 \times f(2) \\ a_4 &= a_3 \times f(3) \\ &\vdots \\ \times)\; a_n &= a_{n-1} \times f(n-1) \\ \hline a_n &= a_1 \times f(1) \times f(2) \times f(3) \times \cdots \times f(n-1) \end{aligned}$$

CHECK   다음과 같이 귀납적으로 정의된 수열 $\{a_n\}$의 제5항을 구하시오. (단, $n=1, 2, 3, \cdots$)

(1) $a_1=2$, $a_{n+1}=a_n+n$ (2) $a_1=5$, $a_{n+1}=\dfrac{n+1}{n}a_n$

풀이   (1) $a_{n+1}=a_n+n$의 n에 1, 2, 3, 4를 차례대로 대입하여 변끼리 더하면 오른쪽과 같다.

        따라서 수열 $\{a_n\}$의 제5항은

          $a_5=2+(1+2+3+4)=\mathbf{12}$

$$\begin{aligned} a_2 &= a_1+1 \\ a_3 &= a_2+2 \\ a_4 &= a_3+3 \\ +)\; a_5 &= a_4+4 \\ \hline a_5 &= a_1+(1+2+3+4) \end{aligned}$$

        (2) $a_{n+1}=\dfrac{n+1}{n}a_n$의 n에 1, 2, 3, 4를 차례대로 대입하여 변끼리 곱하면 오른쪽과 같다.

        따라서 수열 $\{a_n\}$의 제5항은

          $a_5=\left(\dfrac{2}{1}\times\dfrac{3}{2}\times\dfrac{4}{3}\times\dfrac{5}{4}\right)\times5=\mathbf{25}$

$$\begin{aligned} a_2 &= \frac{2}{1} \times a_1 \\ a_3 &= \frac{3}{2} \times a_2 \\ a_4 &= \frac{4}{3} \times a_3 \\ \times)\; a_5 &= \frac{5}{4} \times a_4 \\ \hline a_5 &= \left(\frac{2}{1} \times \frac{3}{2} \times \frac{4}{3} \times \frac{5}{4}\right) \times a_1 \end{aligned}$$

ⓠ 다양한 수열의 귀납적 정의

(1) $a_{n+1}=pa_n+q$ $(p\neq1,\ pq\neq0)$ 꼴

  ① $a_{n+1}-\alpha=p(a_n-\alpha)$ 꼴로 변형한다.

    설명 $a_{n+1}=pa_n+q$를 $a_{n+1}-\alpha=p(a_n-\alpha)$로 놓으면 $a_{n+1}-\alpha=pa_n-p\alpha$ $\therefore a_{n+1}=pa_n-p\alpha+\alpha$

    즉, $-p\alpha+\alpha=q$이므로 $\alpha=\dfrac{q}{1-p}$

  ② $a_{n+1}-\alpha=p(a_n-\alpha)$에서 수열 $\{a_n-\alpha\}$는 첫째항 $a_1-\alpha$, 공비가 p인 등비수열이다.

    즉, $a_n-\alpha=(a_1-\alpha)p^{n-1}$이므로 수열 $\{a_n\}$의 일반항은 $a_n=(a_1-\alpha)p^{n-1}+\alpha$이다.

(2) $pa_{n+2}+qa_{n+1}+ra_n=0$ $(p+q+r=0,\ pqr\neq0)$ 꼴

  ① $p+q+r=0$임을 이용하여 $a_{n+2}-a_{n+1}=\dfrac{r}{p}(a_{n+1}-a_n)$ 꼴로 변형한다.

    설명 $p+q+r=0$이므로 $q=-(p+r)$

    이를 $pa_{n+2}+qa_{n+1}+ra_n=0$에 대입하면

    $pa_{n+2}-(p+r)a_{n+1}+ra_n=0,\ p(a_{n+2}-a_{n+1})=r(a_{n+1}-a_n)$

    $\therefore a_{n+2}-a_{n+1}=\dfrac{r}{p}(a_{n+1}-a_n)$

  ② $a_{n+1}-a_n=b_n$으로 놓으면 $b_{n+1}=\dfrac{r}{p}b_n$이므로 수열 $\{b_n\}$은 첫째항이 $b_1=a_2-a_1$, 공비가 $\dfrac{r}{p}$인 등비수열이다.

    즉, $b_n=(a_2-a_1)\left(\dfrac{r}{p}\right)^{n-1}$이므로 $a_{n+1}=a_n+f(n)$ 꼴을 이용하여 일반항을 구한다.

(3) $a_{n+1}=\dfrac{ra_n}{pa_n+q}$ $(pqr\neq0)$ 꼴

  ① 양변의 역수를 취한 후 $\dfrac{1}{a_n}=b_n$으로 치환한다.

    설명 $a_{n+1}=\dfrac{ra_n}{pa_n+q}$의 양변의 역수를 취하면 $\dfrac{1}{a_{n+1}}=\dfrac{pa_n+q}{ra_n}=\dfrac{p}{r}+\dfrac{q}{r}\times\dfrac{1}{a_n}$

    이때 $\dfrac{1}{a_n}=b_n$으로 놓으면 $b_{n+1}=\dfrac{q}{r}b_n+\dfrac{p}{r}$

  ② (1)의 $a_{n+1}=pa_n+q$ $(p\neq1,\ pq\neq0)$ 꼴을 이용하여 일반항을 구한다.

    tip $a_{n+1}=\dfrac{ra_n}{pa_n+q}$에서 $r=q$이면 $a_{n+1}=\dfrac{ra_n}{pa_n+r}$, 즉 $\dfrac{1}{a_{n+1}}=\dfrac{1}{a_n}+\dfrac{p}{r}$이므로 조화수열이다.

ⓠ 피보나치수열

연속한 두 항의 합을 나열하여 얻어지는 수열을 피보나치수열이라 하고, 이 수열 $\{a_n\}$의 이웃하는 항들 사이의 관계식은 다음과 같다.

  $a_{n+2}=a_n+a_{n+1}$ (단, $n=1,\ 2,\ 3,\ \cdots$)

예를 들어 $a_1=1,\ a_2=1,\ a_{n+2}=a_n+a_{n+1}$ $(n=1,\ 2,\ 3,\ \cdots)$에서

$a_{n+2}=a_n+a_{n+1}$의 n에 $1,\ 2,\ 3,\ \cdots$을 차례대로 대입하면

  $a_3=a_1+a_2=1+1=2$

  $a_4=a_2+a_3=1+2=3$

  $a_5=a_3+a_4=2+3=5$

    $\vdots$

이와 같이 수열 $\{a_n\}$의 모든 항을 구할 수 있다.

등차수열의 귀납적 정의

수열 $\{a_n\}$이 $a_1=20$, $a_{n+1}-a_n=2$ $(n=1, 2, 3, \cdots)$로 정의될 때, $a_k=40$을 만족시키는 자연수 k의 값을 구하시오.

| 풀이 | $a_{n+1}-a_n=2$에서 수열 $\{a_n\}$은 공차가 2인 등차수열이고, 첫째항이 20이므로 일반항은

$a_n=20+(n-1)\times2=2n+18$

이때 $a_k=40$에서 $2k+18=40$

$2k=22$ ∴ $k=\mathbf{11}$

등비수열의 귀납적 정의

수열 $\{a_n\}$이 $a_1=\dfrac{1}{5}$, $\dfrac{a_{n+1}}{a_n}=25$ $(n=1, 2, 3, \cdots)$로 정의될 때, $a_k=5^{21}$을 만족시키는 자연수 k의 값을 구하시오.

| 풀이 | $\dfrac{a_{n+1}}{a_n}=25$에서 수열 $\{a_n\}$은 공비가 25인 등비수열이고, 첫째항이 $\dfrac{1}{5}$이므로 일반항은

$a_n=\dfrac{1}{5}\times25^{n-1}=5^{-1}\times5^{2n-2}=5^{2n-3}$

이때 $a_k=5^{21}$에서 $5^{2k-3}=5^{21}$

$2k-3=21$ ∴ $k=\mathbf{12}$

■ 정답과 풀이 89쪽

체크 386 다음 물음에 답하시오.

(1) 수열 $\{a_n\}$이 $a_1=-5$, $a_{n+1}+4=a_n$ $(n=1, 2, 3, \cdots)$으로 정의될 때, a_5+a_{10}의 값을 구하시오.

(2) 수열 $\{a_n\}$이 $a_{n+2}-a_{n+1}=a_{n+1}-a_n$ $(n=1, 2, 3, \cdots)$을 만족시킨다. $a_4=16$, $a_8=52$일 때, a_{10}의 값을 구하시오.

체크 387 다음 물음에 답하시오.

(1) 수열 $\{a_n\}$이 $a_1=\dfrac{1}{2}$, $a_n=2a_{n+1}$ $(n=1, 2, 3, \cdots)$로 정의될 때, $\displaystyle\sum_{k=1}^{5}a_k$의 값을 구하시오.

(2) 수열 $\{a_n\}$이 $\dfrac{a_{n+2}}{a_{n+1}}=\dfrac{a_{n+1}}{a_n}$ $(n=1, 2, 3, \cdots)$을 만족시킨다. $a_1=3$, $a_2=6$일 때, $\dfrac{a_{20}}{a_{15}}$의 값을 구하시오.

$a_{n+1}=a_n+f(n)$ 꼴

수열 $\{a_n\}$이 $a_1=1$, $a_{n+1}=a_n+\dfrac{1}{n(n+1)}$ $(n=1, 2, 3, \cdots)$로 정의될 때, $10a_{10}$의 값을 구하시오.

| 풀이 | $a_{n+1}=a_n+\dfrac{1}{n(n+1)}$에서 $a_{n+1}=a_n+\dfrac{1}{n}-\dfrac{1}{n+1}$ $\quad\cdots\cdots$ ㉠

㉠의 n에 1, 2, 3, $\cdots$, $n-1$을 차례대로 대입하여 변끼리 더하면 오른쪽과 같다.

따라서 수열 $\{a_n\}$의 일반항은

$$a_n=a_1+1-\dfrac{1}{n}=2-\dfrac{1}{n}$$

$$\therefore 10a_{10}=10\left(2-\dfrac{1}{10}\right)=20-1=\mathbf{19}$$

$$a_2=a_1+1-\dfrac{1}{2}$$
$$a_3=a_2+\dfrac{1}{2}-\dfrac{1}{3}$$
$$a_4=a_3+\dfrac{1}{3}-\dfrac{1}{4}$$
$$\vdots$$
$$+\ )\quad a_n=a_{n-1}+\dfrac{1}{n-1}-\dfrac{1}{n}$$
$$\overline{a_n=a_1+1-\dfrac{1}{n}}$$

$a_{n+1}=a_n \times f(n)$ 꼴

수열 $\{a_n\}$이 $a_1=2$, $(n+1)a_{n+1}=(n+3)a_n$ $(n=1, 2, 3, \cdots)$으로 정의될 때, a_{28}의 값을 구하시오.

| 풀이 | $(n+1)a_{n+1}=(n+3)a_n$에서 $a_{n+1}=\dfrac{n+3}{n+1}a_n$ $\quad\cdots\cdots$ ㉠

㉠의 n에 1, 2, 3, $\cdots$, $n-1$을 차례대로 대입하여 변끼리 곱하면 오른쪽과 같다.

따라서 수열 $\{a_n\}$의 일반항은

$$a_n=\dfrac{4}{2}\times\dfrac{5}{3}\times\dfrac{6}{4}\times\dfrac{7}{5}\times\cdots\times\dfrac{n+1}{n-1}\times\dfrac{n+2}{n}\times a_1$$
$$=\dfrac{(n+1)(n+2)}{2\times 3}\times a_1=\dfrac{(n+1)(n+2)}{3}$$

$$\therefore a_{28}=\dfrac{29\times 30}{3}=\mathbf{290}$$

$$a_2=\dfrac{4}{2}a_1$$
$$a_3=\dfrac{5}{3}a_2$$
$$a_4=\dfrac{6}{4}a_3$$
$$\vdots$$
$$a_{n-1}=\dfrac{n+1}{n-1}a_{n-2}$$
$$\times\ )\quad a_n=\dfrac{n+2}{n}a_{n-1}$$
$$\overline{a_n=\dfrac{4}{2}\times\dfrac{5}{3}\times\dfrac{6}{4}\times\cdots\times\dfrac{n+1}{n-1}\times\dfrac{n+2}{n}\times a_1}$$

■ 정답과 풀이 89쪽

체크 **388** 수열 $\{a_n\}$이 $a_{n+1}=a_n+2n-1$ $(n=1, 2, 3, \cdots)$을 만족시킨다. $a_5=20$일 때, a_1의 값을 구하시오.

체크 **389** 수열 $\{a_n\}$이 $a_1=\dfrac{1}{8}$, $a_{n+1}=2^n a_n$ $(n=1, 2, 3, \cdots)$으로 정의될 때, $a_k=2^{150}$을 만족시키는 자연수 k의 값을 구하시오.

수열의 합이 포함된 수열의 귀납적 정의

수열 $\{a_n\}$에 대하여 $a_1=4$, $a_{n+1}=a_1+a_2+a_3+\cdots+a_n$ $(n=1, 2, 3, \cdots)$이 성립할 때, a_{10}의 값을 구하시오.

| 풀이 | $a_1+a_2+a_3+\cdots+a_n=S_n$이라 하면

$S_1=a_1=4$, $a_{n+1}=S_n$ $(n=1, 2, 3, \cdots)$

이때 $a_{n+1}=S_{n+1}-S_n$ $(n=1, 2, 3, \cdots)$이므로

$S_{n+1}-S_n=S_n$ $\quad$ $\therefore$ $S_{n+1}=2S_n$ (단, $n=1, 2, 3, \cdots$)

따라서 수열 $\{S_n\}$은 첫째항이 4, 공비가 2인 등비수열이므로

$S_n=4\times 2^{n-1}=2^{n+1}$

따라서 $a_{10}=S_9$이므로 $a_{10}=2^{10}=\mathbf{1024}$

수열의 귀납적 정의의 활용

100 L의 물이 들어 있는 물탱크가 있다. 물탱크에 들어 있는 물을 40 %만큼 사용하고 20 L의 물을 넣는 과정을 n번 반복한 후 물탱크에 남아 있는 물의 양을 a_n L라 할 때, 다음 물음에 답하시오.

(1) a_1의 값을 구하시오.

(2) a_n과 a_{n+1} 사이의 관계식을 구하시오.

| 풀이 | (1) $a_1=100\times\dfrac{60}{100}+20=\mathbf{80}$

(2) a_n L의 물을 40 %만큼 사용하고 20 L의 물을 넣었을 때의 물의 양이 a_{n+1} L이므로

$a_{n+1}=a_n\times\dfrac{60}{100}+20$

$\therefore$ $a_{n+1}=\dfrac{3}{5}a_n+20$ (단, $n=1, 2, 3, \cdots$)

■ 정답과 풀이 90쪽

체크 390 수열 $\{a_n\}$의 첫째항부터 제n항까지의 합을 S_n이라 하면 $a_1=3$, $S_{n+1}=2S_n-1$ $(n=1, 2, 3, \cdots)$이 성립한다. a_5의 값을 구하시오.

체크 391 수진이네 자동차에 32 L의 휘발유가 들어 있다. 전날 들어 있던 휘발유의 반을 사용하고 8 L의 휘발유를 새로 넣는 시행을 매일 반복할 때, 6번 시행 후 수진이네 자동차에 들어 있는 휘발유의 양을 구하시오.

개념 1 **수학적 귀납법** (유형 139, 140, 141)

자연수 n에 대한 명제 $p(n)$이 모든 자연수 n에 대하여 성립함을 증명하려면 다음 두 가지를 보이면 된다.

(i) $n=1$일 때, 명제 $p(n)$이 성립한다.

(ii) $n=k$일 때, 명제 $p(n)$이 성립한다고 가정하면 $n=k+1$일 때에도 명제 $p(n)$이 성립한다.

이와 같은 방법으로 자연수에 대한 어떤 명제가 참임을 증명하는 방법을 수학적 귀납법이라 한다.

tip 명제 $p(k)$가 성립할 때, 명제 $p(k+1)$이 성립함을 보이기 위해서는 일반적으로 $p(k)$의 양변에 어떤 값을 더하거나 곱하는 방법을 이용한다.

예 모든 자연수 n에 대하여 다음 등식이 성립함을 수학적 귀납법으로 증명해 보자.

$$1^2+2^2+3^2+\cdots+n^2=\frac{n(n+1)(2n+1)}{6} \quad \cdots\cdots \ ㉠$$

(i) $n=1$일 때, (좌변)$=1^2=1$, (우변)$=\dfrac{1\times2\times3}{6}=1$

따라서 $n=1$일 때 등식 ㉠이 성립한다.

(ii) $n=k$일 때, 등식 ㉠이 성립한다고 가정하면

$$1^2+2^2+3^2+\cdots+k^2=\frac{k(k+1)(2k+1)}{6}$$

위의 등식의 양변에 $(k+1)^2$을 더하면

$$1^2+2^2+3^2+\cdots+k^2+(k+1)^2=\frac{k(k+1)(2k+1)}{6}+(k+1)^2$$

$$=\frac{1}{6}(k+1)\{k(2k+1)+6(k+1)\}$$

$$=\frac{(k+1)(k+2)(2k+3)}{6}$$

$$=\frac{(k+1)\{(k+1)+1\}\{2(k+1)+1\}}{6}$$

이때 위의 등식은 등식 ㉠의 n에 $k+1$을 대입한 것과 같으므로 $n=k+1$일 때에도 등식 ㉠이 성립한다.

(i), (ii)가 성립하므로 모든 자연수 n에 대하여 등식 ㉠이 성립한다.

(i)에 의하여 $n=1$일 때 등식 ㉠이 성립한다.

$n=1$일 때, 등식 ㉠이 성립하므로 (ii)에 의하여 $n=2$일 때에도 등식 ㉠이 성립한다.

$n=2$일 때, 등식 ㉠이 성립하므로 (ii)에 의하여 $n=3$일 때에도 등식 ㉠이 성립한다.

$n=3$일 때, 등식 ㉠이 성립하므로 (ii)에 의하여 $n=4$일 때에도 등식 ㉠이 성립한다.

⋮

따라서 모든 자연수 n에 대하여 등식 ㉠이 성립함을 알 수 있다.

이와 같이 (i), (ii)가 성립함을 보이면 모든 자연수 n에 대하여 등식 ㉠이 성립함을 증명할 수 있다.

Plus⁺ 자료

● $n \geq m$ (m은 2 이상의 자연수)인 모든 자연수 n에 대한 명제 $p(n)$의 증명

$n \geq m$ (m은 2 이상의 자연수)인 모든 자연수 n에 대하여 명제 $p(n)$이 성립함을 증명하려면 다음 두 가지를 보이면 된다.

(i) $n=m$일 때, 명제 $p(n)$이 성립한다.

(ii) $n=k$ ($k \geq m$)일 때, 명제 $p(n)$이 성립한다고 가정하면 $n=k+1$일 때에도 명제 $p(n)$이 성립한다.

자연수 n에 대한 명제 $p(n)$이 아래 조건을 모두 만족시킬 때, 다음 중 반드시 참인 명제는?

(단, k는 자연수이다.)

(개) $p(1)$이 참이다.

(내) $p(2k-1)$이 참이면 $p(3k+1)$도 참이다.

(대) $p(2k)$가 참이면 $p(3k-1)$도 참이다.

① $p(2)$　　② $p(3)$　　③ $p(12)$　　④ $p(14)$　　⑤ $p(15)$

| 풀이 |　조건 (개)에서 $p(1)$이 참이므로 조건 (내)에 의하여 $p(4)$가 참이다.

$p(4)$가 참이므로 조건 (대)에 의하여 $p(5)$가 참이다.

$p(5)$가 참이므로 조건 (내)에 의하여 $p(10)$이 참이다.

$p(10)$이 참이므로 조건 (대)에 의하여 $p(14)$가 참이다.

$p(14)$가 참이므로 조건 (대)에 의하여 $p(20)$이 참이다.

⋮

따라서 반드시 참인 명제는 ④ $\boldsymbol{p(14)}$이다.

■ 정답과 풀이 90쪽

체크 392　$n=5,\ 7,\ 9,\ 11,\ \cdots$일 때, 명제 $p(n)$이 성립함을 수학적 귀납법으로 증명하려면 다음 두 가지를 보이면 된다.

(i) $n=\boxed{\ (가)\ }$일 때, 명제 $p(n)$이 참임을 보인다.

(ii) $n=k\ (k\geq\boxed{\ (가)\ })$일 때, 명제 $p(n)$이 참이라고 가정하면 $n=\boxed{\ (나)\ }$일 때에도 명제 $p(n)$이 참임을 보인다.

위의 (가)에 알맞은 수를 a라 하고 (나)에 알맞은 식을 $f(k)$라 할 때, $f(a)$의 값을 구하시오.

체크 393　자연수 n에 대한 명제 $p(n)$이 아래 조건을 모두 만족시킬 때, 다음 중 반드시 참인 명제는?

(개) $p(1)$이 참이다.

(내) $p(n)$이 참이면 $p(3n)$과 $p(4n)$이 참이다.

① $p(15)$　　② $p(21)$　　③ $p(24)$　　④ $p(36)$　　⑤ $p(40)$

모든 자연수 n에 대하여 등식

$$1^3+2^3+3^3+\cdots+n^3=\left\{\frac{n(n+1)}{2}\right\}^2$$

이 성립함을 수학적 귀납법으로 증명하시오.

| 풀이 | (i) $n=1$일 때,

$$(좌변)=1^3=1, \quad (우변)=\left(\frac{1\times 2}{2}\right)^2=1$$

따라서 $n=1$일 때 주어진 등식이 성립한다.

(ii) $n=k$일 때, 주어진 등식이 성립한다고 가정하면

$$1^3+2^3+3^3+\cdots+k^3=\left\{\frac{k(k+1)}{2}\right\}^2$$

위의 등식의 양변에 $(k+1)^3$을 더하면

$$\begin{aligned}1^3+2^3+3^3+\cdots+k^3+(k+1)^3&=\left\{\frac{k(k+1)}{2}\right\}^2+(k+1)^3\\&=\frac{(k+1)^2}{4}\{k^2+4(k+1)\}\\&=\left\{\frac{(k+1)(k+2)}{2}\right\}^2\end{aligned}$$

따라서 $n=k+1$일 때에도 주어진 등식이 성립한다.

(i), (ii)에 의하여 모든 자연수 n에 대하여 주어진 등식이 성립한다.

■ 정답과 풀이 91쪽

체크 394

다음은 모든 자연수 n에 대하여

$$1\times 2+2\times 3+3\times 4+\cdots+n(n+1)=\frac{n(n+1)(n+2)}{3}$$

가 성립함을 수학적 귀납법으로 증명한 것이다.

| 증명 |

(i) $n=1$일 때, $(좌변)=(우변)=\boxed{(가)}$이므로 주어진 등식이 성립한다.

(ii) $n=k$일 때, 주어진 등식이 성립한다고 가정하면

$$1\times 2+2\times 3+3\times 4+\cdots+k(k+1)=\frac{k(k+1)(k+2)}{3}$$

위의 등식의 양변에 $\boxed{(나)}$를 더하면

$$1\times 2+2\times 3+3\times 4+\cdots+k(k+1)+\boxed{(나)}$$

$$=\frac{k(k+1)(k+2)}{3}+\boxed{(나)}$$

$$=\boxed{(다)}$$

따라서 $n=k+1$일 때에도 주어진 등식이 성립한다.

(i), (ii)에 의하여 모든 자연수 n에 대하여 주어진 등식은 성립한다.

위의 증명에서 ㈎에 알맞은 수를 a라 하고, ㈏, ㈐에 알맞은 식을 각각 $f(k)$, $g(k)$라 할 때, $a+f(10)+g(10)$의 값을 구하시오.

$h>0$일 때, $n\geq 2$인 모든 자연수 n에 대하여 부등식

$$(1+h)^n>1+nh$$

가 성립함을 수학적 귀납법으로 증명하시오.

| 풀이 |　(i) $n=2$일 때,

　　(좌변)$=(1+h)^2=1+2h+h^2$, (우변)$=1+2h$

　　$h^2>0$이므로 $(1+h)^2>1+2h$

　　따라서 $n=2$일 때 주어진 부등식이 성립한다.

(ii) $n=k\ (k\geq 2)$일 때, 주어진 부등식이 성립한다고 가정하면

　　$(1+h)^k>1+kh$

　　위의 부등식의 양변에 $1+h$를 곱하면

　　$(1+h)^{k+1}>(1+kh)(1+h)=1+(k+1)h+kh^2>1+(k+1)h$

　　따라서 $n=k+1$일 때에도 주어진 부등식이 성립한다.

(i), (ii)에 의하여 $n\geq 2$인 모든 자연수 n에 대하여 주어진 부등식이 성립한다.

■ 정답과 풀이 91쪽

 395

다음은 $n\geq 5$인 모든 자연수 n에 대하여 부등식

$$2^n>n^2$$

이 성립함을 수학적 귀납법으로 증명한 것이다.

| 증명 |

　(i) $n=5$일 때, $2^5=32>5^2=25$이므로 주어진 부등식이 성립한다.

　(ii) $n=k\ (k\geq 5)$일 때, 주어진 부등식이 성립한다고 가정하면

　　　$2^k>k^2$

　　위의 부등식의 양변에 $\boxed{(가)}$를 곱하면

　　　$\boxed{(가)}\times 2^k>\boxed{(가)}\times k^2$　……　㉠

　　한편, $k\geq 5$이면

　　　$k^2-2k-1=\boxed{(나)}-2>0$

　　이므로

　　　$k^2>2k+1$　　　　　……　㉡

　　㉠, ㉡에서

　　　$2^{k+1}>\boxed{(다)}>(k+1)^2$

　　따라서 $n=k+1$일 때에도 주어진 부등식이 성립한다.

　(i), (ii)에 의하여 $n\geq 5$인 모든 자연수 n에 대하여 주어진 부등식이 성립한다.

위의 증명에서 ㈎에 알맞은 수를 a라 하고, ㈏, ㈐에 알맞은 식을 각각 $f(k)$, $g(k)$라 할 때, $f(a)\times g(a)$의 값을 구하시오.

선생님의 출제 point

Q 귀납적으로 정의된 수열의 항을 구할 수 있는가?

1 수열 $\{a_n\}$이 $a_1=2$, $a_{n+1}=\dfrac{1}{1-a_n}$ $(n=1, 2, 3, \cdots)$로 정의될 때, a_{50}의 값을 구하시오.

| 풀이 | ① 주어진 관계식의 n에 1, 2, 3, $\cdots$을 차례대로 대입하여 수열의 규칙성 찾기

$a_{n+1}=\dfrac{1}{1-a_n}$의 n에 1, 2, 3, $\cdots$을 차례대로 대입하면

$a_2=\dfrac{1}{1-a_1}=\dfrac{1}{1-2}=-1$

$a_3=\dfrac{1}{1-a_2}=\dfrac{1}{1-(-1)}=\dfrac{1}{2}$

$a_4=\dfrac{1}{1-a_3}=\dfrac{1}{1-\dfrac{1}{2}}=2$

$\vdots$

따라서 수열 $\{a_n\}$은 2, -1, $\dfrac{1}{2}$이 이 순서대로 반복되므로

$a_{3k-2}=a_1=2$, $a_{3k-1}=a_2=-1$, $a_{3k}=a_3=\dfrac{1}{2}$ (단, k는 자연수)

② 규칙성을 이용하여 a_{50}의 값 구하기

이때 $50=3\times17-1$이므로 구하는 a_{50}의 값은

$a_{50}=a_2=\mathbf{-1}$

Q 수학적 귀납법을 이용하여 주어진 자연수 n에 대한 식이 어떤 수의 배수임을 확인할 수 있는가?

2 모든 자연수 n에 대하여 9^n-1이 8의 배수임을 수학적 귀납법으로 증명하시오.

| 풀이 | ① $n=1$일 때 성립함 보이기

(i) $n=1$일 때,
$9^1-1=8$이므로 8의 배수이다.

② $n=k$일 때 성립한다고 가정하여 $n=k+1$일 때 성립함 보이기

유형 **139**

(ii) $n=k$일 때, 9^k-1이 8의 배수라고 가정하면
$9^k-1=8N$ (N은 자연수)
으로 놓을 수 있다.
이때 $n=k+1$이면
$9^{k+1}-1=9\times9^k-1$
$\qquad\quad=8\times9^k+9^k-1$
$\qquad\quad=8\times9^k+8N$
$\qquad\quad=8(9^k+N)$
이므로 $n=k+1$일 때에도 9^n-1은 8의 배수이다.
(i), (ii)에 의하여 모든 자연수 n에 대하여 9^n-1은 8의 배수이다.

396

수열 $\{a_n\}$이

$a_1 = 28,\ a_2 = 22,$

$a_{n+2} - 2a_{n+1} + a_n = 0\ (n = 1,\ 2,\ 3,\ \cdots)$

으로 정의된다. 수열 $\{a_n\}$의 첫째항부터 제n항까지의 합을 S_n이라 할 때, S_7의 값을 구하시오.

397

$a_1 = 3,\ a_2 = 21$인 수열 $\{a_n\}$에 대하여 이차방정식

$a_{n+2}x^2 - 2a_{n+1}x + a_n = 0\ (n = 1,\ 2,\ 3,\ \cdots)$

이 중근 k를 가질 때, k의 값을 구하시오.

398

수열 $\{a_n\}$이

$a_1 = 2,\ a_{n+1} - a_n = f(n)\ (n = 1,\ 2,\ 3,\ \cdots)$

으로 정의되고 $\sum\limits_{k=1}^{n} f(k) = 2n - 3$일 때, a_{18}의 값을 구하시오.

399

수열 $\{a_n\}$이

$a_1 = 3,\ \sqrt{2n+1}\,a_{n+1} = \sqrt{2n-1}\,a_n\ (n = 1,\ 2,\ 3,\ \cdots)$

으로 정의될 때, a_{13}의 값을 구하시오.

400

수열 $\{a_n\}$이

$a_1 = 2,\ a_{n+1} = 3a_n - 2\ (n = 1,\ 2,\ 3,\ \cdots)$

로 정의될 때, 수열 $\{a_n\}$의 첫째항부터 제4항까지의 합을 구하시오.

401

수열 $\{a_n\}$이

$a_1 = 3,\ a_n + a_{n+1} = n + 1\ (n = 1,\ 2,\ 3,\ \cdots)$

로 정의될 때, a_5의 값을 구하시오.

402

모든 항이 양수인 수열 $\{a_n\}$이

$$a_1 = 10, \ \log a_{n+1} = 2 + \log a_n \ (n = 1, \ 2, \ 3, \ \cdots)$$

으로 정의될 때, $\displaystyle\sum_{k=1}^{10} \log a_k$의 값을 구하시오.

403

수열 $\{a_n\}$을

$$a_1 = 3, \ a_{n+1} = (2a_n \text{의 일의 자리 숫자}) \ (n = 1, \ 2, \ 3, \ \cdots)$$

로 정의할 때, a_{30}의 값을 구하시오.

404

첫째항이 5인 수열 $\{a_n\}$이 모든 자연수 n에 대하여

$$a_{n+1} = \begin{cases} 3a_n + 1 & (a_n \text{이 홀수}) \\ \dfrac{a_n}{2} & (a_n \text{이 짝수}) \end{cases}$$

을 만족시킨다. $\displaystyle\sum_{n=1}^{60} a_n$의 값을 구하시오.

405

$a_3 = 5$, $a_7 = 13$인 수열 $\{a_n\}$의 첫째항부터 제n항까지의 합을 S_n이라 하면

$$-S_{n+2} + 3S_{n+1} - 2S_n = a_n \ (n = 1, \ 2, \ 3, \ \cdots)$$

이 성립할 때, $a_{10} - a_5$의 값을 구하시오.

406

수열 $\{a_n\}$의 첫째항부터 제n항까지의 합을 S_n이라 하면

$$a_1 = 1, \ S_{n+1} = 3S_n + 1 \ (n = 1, \ 2, \ 3, \ \cdots)$$

이 성립할 때, a_4의 값을 구하시오.

407

고등학생이 된 다현이는 여름방학 동안 수학 공부를 열심히 하기로 결심하고 수학문제집을 산 뒤 첫째 날에는 다섯 쪽을 풀고 둘째 날부터는 전날 푼 양보다 2쪽씩을 더 풀기로 계획하였다. 계획대로 푼다면 6일 동안 풀어야 하는 수학문제집은 모두 몇 쪽인지 구하시오.

408

자연수 n에 대한 명제 $P(n)$이 다음 조건을 모두 만족시킨다.

> (가) $P(4)$가 참이다.
> (나) $P(n+1)$이 참이면 $P(2n+1)$이 참이다.

명제 $P(1)$, $P(2)$, $P(3)$, $\cdots$, $P(100)$ 중 반드시 참인 명제의 개수를 구하시오.

409

주은이가 8개의 계단을 오르는데 한 걸음에 한 계단 또는 두 계단을 오른다고 한다. 주은이가 8개의 계단을 오르는 방법의 수를 구하시오.

410

평면 위에 어느 두 직선노 평행하시 않고 어느 세 직선도 한 점에서 만나지 않도록 n개의 직선을 그을 때, 이 직선들의 교점의 개수를 a_n이라 하자. 예를 들어 다음 그림에서 $a_2=1$, $a_3=3$일 때, a_7의 값을 구하시오.

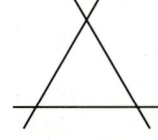

$a_2=1$　　　$a_3=3$

411 　필수기출

$n \ge 2$인 모든 자연수 n에 대하여 부등식

$$\left(1+\frac{1}{2}+\frac{1}{3}+\cdots+\frac{1}{n}\right)(1+2+3+\cdots+n) > n^2$$

이 성립함을 수학적 귀납법을 이용하여 증명하시오.

|교육청 기출|

412 　필수기출

수열 $\{a_n\}$은 $a_1=3$이고

$$na_{n+1}-2na_n+\frac{n+2}{n+1}=0 \ (n \ge 1)$$

을 만족시킨다. 다음은 일반항 a_n이

$$a_n=2^n+\frac{1}{n} \qquad \cdots\cdots (*)$$

임을 수학적 귀납법을 이용하여 증명한 것이다.

증명

(i) $n=1$일 때, (좌변)$=a_1=3$, (우변)$=2^1+\frac{1}{1}=3$이므로 $(*)$이 성립한다.

(ii) $n=k$일 때, $(*)$이 성립한다고 가정하면

$$a_k=2^k+\frac{1}{k}$$이므로

$$ka_{k+1}=2ka_k-\frac{k+2}{k+1}=\boxed{(가)}-\frac{k+2}{k+1}$$
$$=k2^{k+1}+\boxed{(나)}$$

이다. 따라서 $a_{k+1}=2^{k+1}+\frac{1}{k+1}$이므로 $n=k+1$일 때에도 $(*)$이 성립한다.

(i), (ii)에 의하여 모든 자연수 n에 대하여 $a_n=2^n+\frac{1}{n}$이다.

위의 증명에서 (가), (나)에 알맞은 식을 각각 $f(k)$, $g(k)$라 할 때, $f(3) \times g(4)$의 값은?

|평가원 기출|

① 32 　　② 34 　　③ 36
④ 38 　　⑤ 40

상용로그표

수	0	1	2	3	4	5	6	7	8	9
1.0	.0000	.0043	.0086	.0128	.0170	.0212	.0253	.0294	.0334	.0374
1.1	.0414	.0453	.0492	.0531	.0569	.0607	.0645	.0682	.0719	.0755
1.2	.0792	.0828	.0864	.0899	.0934	.0969	.1004	.1038	.1072	.1106
1.3	.1139	.1173	.1206	.1239	.1271	.1303	.1335	.1367	.1399	.1430
1.4	.1461	.1492	.1523	.1553	.1584	.1614	.1644	.1673	.1703	.1732
1.5	.1761	.1790	.1818	.1847	.1875	.1903	.1931	.1959	.1987	.2014
1.6	.2041	.2068	.2095	.2122	.2148	.2175	.2201	.2227	.2253	.2279
1.7	.2304	.2330	.2355	.2380	.2405	.2430	.2455	.2480	.2504	.2529
1.8	.2553	.2577	.2601	.2625	.2648	.2672	.2695	.2718	.2742	.2765
1.9	.2788	.2810	.2833	.2856	.2878	.2900	.2923	.2945	.2967	.2989
2.0	.3010	.3032	.3054	.3075	.3096	.3118	.3139	.3160	.3181	.3201
2.1	.3222	.3243	.3263	.3284	.3304	.3324	.3345	.3365	.3385	.3404
2.2	.3424	.3444	.3464	.3483	.3502	.3522	.3541	.3560	.3579	.3598
2.3	.3617	.3636	.3655	.3674	.3692	.3711	.3729	.3747	.3766	.3784
2.4	.3802	.3820	.3838	.3856	.3874	.3892	.3909	.3927	.3945	.3962
2.5	.3979	.3997	.4014	.4031	.4048	.4065	.4082	.4099	.4116	.4133
2.6	.4150	.4166	.4183	.4200	.4216	.4232	.4249	.4265	.4281	.4298
2.7	.4314	.4330	.4346	.4362	.4378	.4393	.4409	.4425	.4440	.4456
2.8	.4472	.4487	.4502	.4518	.4533	.4548	.4564	.4579	.4594	.4609
2.9	.4624	.4639	.4654	.4669	.4683	.4698	.4713	.4728	.4742	.4757
3.0	.4771	.4786	.4800	.4814	.4829	.4843	.4857	.4871	.4886	.4900
3.1	.4914	.4928	.4942	.4955	.4969	.4983	.4997	.5011	.5024	.5038
3.2	.5051	.5065	.5079	.5092	.5105	.5119	.5132	.5145	.5159	.5172
3.3	.5185	.5198	.5211	.5224	.5237	.5250	.5263	.5276	.5289	.5302
3.4	.5315	.5328	.5340	.5353	.5366	.5378	.5391	.5403	.5416	.5428
3.5	.5441	.5453	.5465	.5478	.5490	.5502	.5514	.5527	.5539	.5551
3.6	.5563	.5575	.5587	.5599	.5611	.5623	.5635	.5647	.5658	.5670
3.7	.5682	.5694	.5705	.5717	.5729	.5740	.5752	.5763	.5775	.5786
3.8	.5798	.5809	.5821	.5832	.5843	.5855	.5866	.5877	.5888	.5899
3.9	.5911	.5922	.5933	.5944	.5955	.5966	.5977	.5988	.5999	.6010
4.0	.6021	.6031	.6042	.6053	.6064	.6075	.6085	.6096	.6107	.6117
4.1	.6128	.6138	.6149	.6160	.6170	.6180	.6191	.6201	.6212	.6222
4.2	.6232	.6243	.6253	.6263	.6274	.6284	.6294	.6304	.6314	.6325
4.3	.6335	.6345	.6355	.6365	.6375	.6385	.6395	.6405	.6415	.6425
4.4	.6435	.6444	.6454	.6464	.6474	.6484	.6493	.6503	.6513	.6522
4.5	.6532	.6542	.6551	.6561	.6571	.6580	.6590	.6599	.6609	.6618
4.6	.6628	.6637	.6646	.6656	.6665	.6675	.6684	.6693	.6702	.6712
4.7	.6721	.6730	.6739	.6749	.6758	.6767	.6776	.6785	.6794	.6803
4.8	.6812	.6821	.6830	.6839	.6848	.6857	.6866	.6875	.6884	.6893
4.9	.6902	.6911	.6920	.6928	.6937	.6946	.6955	.6964	.6972	.6981
5.0	.6990	.6998	.7007	.7016	.7024	.7033	.7042	.7050	.7059	.7067
5.1	.7076	.7084	.7093	.7101	.7110	.7118	.7126	.7135	.7143	.7152
5.2	.7160	.7168	.7177	.7185	.7193	.7202	.7210	.7218	.7226	.7235
5.3	.7243	.7251	.7259	.7267	.7275	.7284	.7292	.7300	.7308	.7316
5.4	.7324	.7332	.7340	.7348	.7356	.7364	.7372	.7380	.7388	.7396

수	0	1	2	3	4	5	6	7	8	9
5.5	.7404	.7412	.7419	.7427	.7435	.7443	.7451	.7459	.7466	.7474
5.6	.7482	.7490	.7497	.7505	.7513	.7520	.7528	.7536	.7543	.7551
5.7	.7559	.7566	.7574	.7582	.7589	.7597	.7604	.7612	.7619	.7627
5.8	.7634	.7642	.7649	.7657	.7664	.7672	.7679	.7686	.7694	.7701
5.9	.7709	.7716	.7723	.7731	.7738	.7745	.7752	.7760	.7767	.7774
6.0	.7782	.7789	.7796	.7803	.7810	.7818	.7825	.7832	.7839	.7846
6.1	.7853	.7860	.7868	.7875	.7882	.7889	.7896	.7903	.7910	.7917
6.2	.7924	.7931	.7938	.7945	.7952	.7959	.7966	.7973	.7980	.7987
6.3	.7993	.8000	.8007	.8014	.8021	.8028	.8035	.8041	.8048	.8055
6.4	.8062	.8069	.8075	.8082	.8089	.8096	.8102	.8109	.8116	.8122
6.5	.8129	.8136	.8142	.8149	.8156	.8162	.8169	.8176	.8182	.8189
6.6	.8195	.8202	.8209	.8215	.8222	.8228	.8235	.8241	.8248	.8254
6.7	.8261	.8267	.8274	.8280	.8287	.8293	.8299	.8306	.8312	.8319
6.8	.8325	.8331	.8338	.8344	.8351	.8357	.8363	.8370	.8376	.8382
6.9	.8388	.8395	.8401	.8407	.8414	.8420	.8426	.8432	.8439	.8445
7.0	.8451	.8457	.8463	.8470	.8476	.8482	.8488	.8494	.8500	.8506
7.1	.8513	.8519	.8525	.8531	.8537	.8543	.8549	.8555	.8561	.8567
7.2	.8573	.8579	.8585	.8591	.8597	.8603	.8609	.8615	.8621	.8627
7.3	.8633	.8639	.8645	.8651	.8657	.8663	.8669	.8675	.8681	.8686
7.4	.8692	.8698	.8704	.8710	.8716	.8722	.8727	.8733	.8739	.8745
7.5	.8751	.8756	.8762	.8768	.8774	.8779	.8785	.8791	.8797	.8802
7.6	.8808	.8814	.8820	.8825	.8831	.8837	.8842	.8848	.8854	.8859
7.7	.8865	.8871	.8876	.8882	.8887	.8893	.8899	.8904	.8910	.8915
7.8	.8921	.8927	.8932	.8938	.8943	.8949	.8954	.8960	.8965	.8971
7.9	.8976	.8982	.8987	.8993	.8998	.9004	.9009	.9015	.9020	.9025
8.0	.9031	.9036	.9042	.9047	.9053	.9058	.9063	.9069	.9074	.9079
8.1	.9085	.9090	.9096	.9101	.9106	.9112	.9117	.9122	.9128	.9133
8.2	.9138	.9143	.9149	.9154	.9159	.9165	.9170	.9175	.9180	.9186
8.3	.9191	.9196	.9201	.9206	.9212	.9217	.9222	.9227	.9232	.9238
8.4	.9243	.9248	.9253	.9258	.9263	.9269	.9274	.9279	.9284	.9289
8.5	.9294	.9299	.9304	.9309	.9315	.9320	.9325	.9330	.9335	.9340
8.6	.9345	.9350	.9355	.9360	.9365	.9370	.9375	.9380	.9385	.9390
8.7	.9395	.9400	.9405	.9410	.9415	.9420	.9425	.9430	.9435	.9440
8.8	.9445	.9450	.9455	.9460	.9465	.9469	.9474	.9479	.9484	.9489
8.9	.9494	.9499	.9504	.9509	.9513	.9518	.9523	.9528	.9533	.9538
9.0	.9542	.9547	.9552	.9557	.9562	.9566	.9571	.9576	.9581	.9586
9.1	.9590	.9595	.9600	.9605	.9609	.9614	.9619	.9624	.9628	.9633
9.2	.9638	.9643	.9647	.9652	.9657	.9661	.9666	.9671	.9675	.9680
9.3	.9685	.9689	.9694	.9699	.9703	.9708	.9713	.9717	.9722	.9727
9.4	.9731	.9736	.9741	.9745	.9750	.9754	.9759	.9763	.9768	.9773
9.5	.9777	.9782	.9786	.9791	.9795	.9800	.9805	.9809	.9814	.9818
9.6	.9823	.9827	.9832	.9836	.9841	.9845	.9850	.9854	.9859	.9863
9.7	.9868	.9872	.9877	.9881	.9886	.9890	.9894	.9899	.9903	.9908
9.8	.9912	.9917	.9921	.9926	.9930	.9934	.9939	.9943	.9948	.9952
9.9	.9956	.9961	.9965	.9969	.9974	.9978	.9983	.9987	.9991	.9996

삼각함수표

각(θ)	sin θ	cos θ	tan θ
0°	0.0000	1.0000	0.0000
1°	0.0175	0.9998	0.0175
2°	0.0349	0.9994	0.0349
3°	0.0523	0.9986	0.0524
4°	0.0698	0.9976	0.0699
5°	0.0872	0.9962	0.0875
6°	0.1045	0.9945	0.1051
7°	0.1219	0.9925	0.1228
8°	0.1392	0.9903	0.1405
9°	0.1564	0.9877	0.1584
10°	0.1736	0.9848	0.1763
11°	0.1908	0.9816	0.1944
12°	0.2079	0.9781	0.2126
13°	0.2250	0.9744	0.2309
14°	0.2419	0.9703	0.2493
15°	0.2588	0.9659	0.2679
16°	0.2756	0.9613	0.2867
17°	0.2924	0.9563	0.3057
18°	0.3090	0.9511	0.3249
19°	0.3256	0.9455	0.3443
20°	0.3420	0.9397	0.3640
21°	0.3584	0.9336	0.3839
22°	0.3746	0.9272	0.4040
23°	0.3907	0.9205	0.4245
24°	0.4067	0.9135	0.4452
25°	0.4226	0.9063	0.4663
26°	0.4384	0.8988	0.4877
27°	0.4540	0.8910	0.5095
28°	0.4695	0.8829	0.5317
29°	0.4848	0.8746	0.5543
30°	0.5000	0.8660	0.5774
31°	0.5150	0.8572	0.6009
32°	0.5299	0.8480	0.6249
33°	0.5446	0.8387	0.6494
34°	0.5592	0.8290	0.6745
35°	0.5736	0.8192	0.7002
36°	0.5878	0.8090	0.7265
37°	0.6018	0.7986	0.7536
38°	0.6157	0.7880	0.7813
39°	0.6293	0.7771	0.8098
40°	0.6428	0.7660	0.8391
41°	0.6561	0.7547	0.8693
42°	0.6691	0.7431	0.9004
43°	0.6820	0.7314	0.9325
44°	0.6947	0.7193	0.9657
45°	0.7071	0.7071	1.0000

각(θ)	sin θ	cos θ	tan θ
45°	0.7071	0.7071	1.0000
46°	0.7193	0.6947	1.0355
47°	0.7314	0.6820	1.0724
48°	0.7431	0.6691	1.1106
49°	0.7547	0.6561	1.1504
50°	0.7660	0.6428	1.1918
51°	0.7771	0.6293	1.2349
52°	0.7880	0.6157	1.2799
53°	0.7986	0.6018	1.3270
54°	0.8090	0.5878	1.3764
55°	0.8192	0.5736	1.4281
56°	0.8290	0.5592	1.4826
57°	0.8387	0.5446	1.5399
58°	0.8480	0.5299	1.6003
59°	0.8572	0.5150	1.6643
60°	0.8660	0.5000	1.7321
61°	0.8746	0.4848	1.8040
62°	0.8829	0.4695	1.8807
63°	0.8910	0.4540	1.9626
64°	0.8988	0.4384	2.0503
65°	0.9063	0.4226	2.1445
66°	0.9135	0.4067	2.2460
67°	0.9205	0.3907	2.3559
68°	0.9272	0.3746	2.4751
69°	0.9336	0.3584	2.6051
70°	0.9397	0.3420	2.7475
71°	0.9455	0.3256	2.9042
72°	0.9511	0.3090	3.0777
73°	0.9563	0.2924	3.2709
74°	0.9613	0.2756	3.4874
75°	0.9659	0.2588	3.7321
76°	0.9703	0.2419	4.0108
77°	0.9744	0.2250	4.3315
78°	0.9781	0.2079	4.7046
79°	0.9816	0.1908	5.1446
80°	0.9848	0.1736	5.6713
81°	0.9877	0.1564	6.3138
82°	0.9903	0.1392	7.1154
83°	0.9925	0.1219	8.1443
84°	0.9945	0.1045	9.5144
85°	0.9962	0.0872	11.4301
86°	0.9976	0.0698	14.3007
87°	0.9986	0.0523	19.0811
88°	0.9994	0.0349	28.6363
89°	0.9998	0.0175	57.2900
90°	1.0000	0.0000	

Memo

Memo

Memo

Memo

Memo

Memo

이투스북

기본을 탄탄하게, 실전을 완벽하게
내신은 지금부터 공부하자!

제대로 된 문제집의 선택이 내신 등급을 결정합니다.

내신 만점 도서 5

| 통합과학 · 통합사회 |

| 수학 |

| 통합과학 · 통합사회 |

BON편 통합과학 · 통합사회

기본부터 내신까지
완벽한 기본서

유형+내신 고쟁이

진짜 기출로
완성하는
유형 훈련서

BON편 내신N제 통합과학 · 통합사회

유형으로 훈련하는
내신 1등급
문제집

콕! 집어내는 개념 유형 기본서

개념 PICK 유형 PICK

개념픽

수학 Ⅰ

• 정답과 풀이 •

개념 PICK 유형 PICK

개념픽

수학 I

· 정답과 풀이 ·

스피드체크

2 지수함수와 로그함수

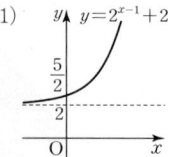
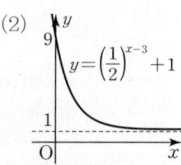
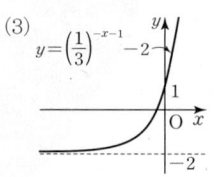
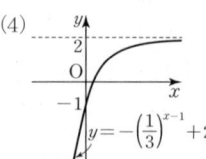

(2) $0.5^{\frac{1}{3}}<\sqrt[4]{3}<(\sqrt{2})^{3}$

체크 **074** 25

체크 **075** $\dfrac{1}{3}$, 3

체크 **076** 15

체크 **077** (1) 16 (2) 25 (3) 7

078 ㄱ, ㄷ, ㅁ, ㅂ

079 13

080 ①

081 ⑤

082 ㄱ, ㄹ

083 8

084 24

085 x^{x}, $y^{\frac{1}{y}}$

086 2

087 $\dfrac{46}{9}$

088 12

089 5

090 4

091 $\dfrac{\sqrt{2}}{2}$

092 ③

093 ①

094 ③

체크 **095** (1)
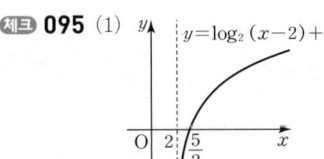
정의역: $\{x\,|\,x>2\}$,
점근선의 방정식: $x=2$

(2)
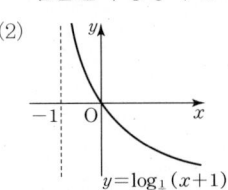
정의역: $\{x\,|\,x>-1\}$,
점근선의 방정식: $x=-1$

(3) $y=\log_{2}(-2x)$
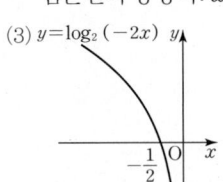
정의역: $\{x\,|\,x<0\}$,
점근선의 방정식: $x=0$

(4)
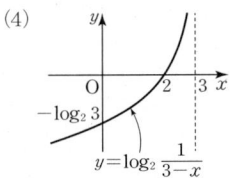
정의역: $\{x\,|\,x<3\}$,
점근선의 방정식: $x=3$

체크 **096** 50

체크 **097** ㄷ, ㄹ

체크 **098** $c<d<a<b$

체크 **099** -12

체크 **100** 6

체크 **101** $\log_{2}5$

체크 **102** (1) $C<B<A$
　　　(2) $B<A<C$

체크 **103** 5

체크 **104** 2

체크 **105** 8

체크 **106** 4

체크 **107** 2

108 ㄴ, ㄷ, ㄹ, ㅁ

109 ㄱ, ㄴ

110 ㄴ, ㄷ

111 3

112 ③

113 $\sqrt{205}$

114 3

115 8

116 $C<A<B$

117 6

118 2

119 4

120 6

121 2

122 1

123 ③

124 ⑤

3 지수함수와 로그함수의 활용

체크 **125** (1) 4 (2) 0

체크 **126** (1) 7 (2) -2

체크 **127** $x=0$ 또는 $x=1$

체크 **128** 4

체크 **129** 0

체크 **130** (1) $x<-2$ 또는 $x>3$
　　　(2) 20

체크 **131** 0

체크 **132** 25

체크 **133** $a\geq4$

체크 **134** (1) $x=2$ (2) $x=4$

체크 **135** $x=2$ 또는 $x=4$

체크 **136** (1) $x=\dfrac{1}{10}$ (2) $x=-\dfrac{17}{4}$

체크 **137** (1) 3 (2) 2

체크 **138** $3<x<4$

체크 **139** 511

체크 **140** (1) 12
　　　(2) $0<x<\dfrac{1}{16}$ 또는 $x>2$

체크 **141** (1) $0<x\leq1$ 또는 $x\geq10$
　　　(2) 2

체크 **142** $a\geq3$

체크 **143** 2

체크 **144** 28

145 (1) $x=-1$ 또는 $x=2$
　　(2) $x=0$ 또는 $x=1$

146 7

147 171

148 $-\dfrac{3}{2}$

149 $-16<k<0$

150 2

151 -3

152 18

153 $12\log_{2}3$

154 ③

155 $1<x<2$

156 3

157 101

158 15

159 900

160 ①

161 36

162 7

Ⅱ. 삼각함수

1 삼각함수의 뜻

체크 **163** ㄱ, ㄹ, ㅂ

체크 **164** 제2사분면 또는 제4사분면

체크 **165** $60°$

체크 **166** $144°$

체크 **167** ④

체크 **168** (1) $2n\pi+\dfrac{\pi}{3}$ (단, n은 정수)

(2) $2n\pi+\dfrac{5}{9}\pi$ (단, n은 정수)

(3) $2n\pi+\dfrac{5}{6}\pi$ (단, n은 정수)

(4) $2n\pi+\dfrac{\pi}{4}$ (단, n은 정수)

체크 **169** (1) 12π (2) 1

체크 **170** $9, 2$

체크 **171** (1) $\dfrac{4}{3}$ (2) 10

체크 **172** (1) 제4사분면

(2) $\cos\theta+\tan\theta$

체크 **173** $-\cos\theta$

체크 **174** (1) 1 (2) $\dfrac{1}{\cos\theta}$

(3) $2\tan\theta$ (4) $\dfrac{2}{\sin\theta\cos\theta}$

체크 **175** $\dfrac{\sqrt{3}}{2}$

체크 **176** $-\dfrac{\sqrt{31}}{16}$

체크 **177** $\dfrac{\sqrt{15}}{3}$

체크 **178** 45

179 ⑤

180 ①

181 ④

182 ④

183 ③

184 3

185 2

186 ③

187 $1-\cos\theta$

188 0

189 0

190 18

191 $\dfrac{1}{2}$

192 ④

193 $-\dfrac{4}{3}$

194 30

195 $\dfrac{1}{2}$

196 40

2 삼각함수의 그래프

체크 **197** (1)

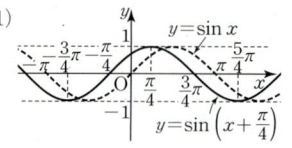

최댓값: 1, 최솟값: -1,

주기: 2π

(2)

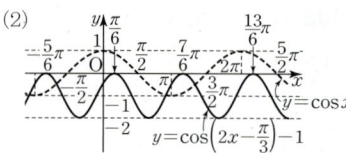

최댓값: 0, 최솟값: -2,

주기: π

(3)

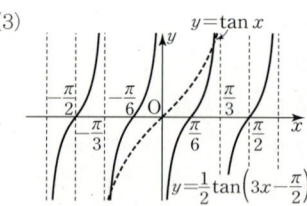

최댓값과 최솟값은 없다.

주기: $\dfrac{\pi}{3}$

체크 **198** ㄱ, ㄴ, ㄷ

체크 **199** 3

체크 **200** 10

체크 **201** 3π

체크 **202** (1)

최댓값: 3, 최솟값: 0,

주기: π

(2)

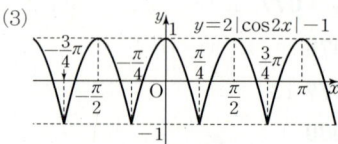

최댓값: 2, 최솟값: -2,

주기: 2π

(3)

최댓값: 1, 최솟값: -1,

주기: $\dfrac{\pi}{2}$

체크 **203** (1) $\dfrac{\sqrt{6}}{4}$ (2) $-\dfrac{1}{2}$

(3) -1 (4) 0

체크 **204** 1

체크 **205** 1

체크 **206** (1) $\dfrac{89}{2}$ (2) 0

체크 **207** 5

체크 **208** (1) 최댓값 : 5, 최솟값 : $\dfrac{11}{4}$

(2) 최댓값 : 1, 최솟값 : 0

체크 **209** (1) 5 (2) $\dfrac{5}{2}$

체크 **210** 8

체크 **211** 2

체크 **212** 6

213 ⑤

214 ③

215 2

216 4

217 ③

218 ㄴ, ㄹ

219 26

220 1

221 ⑤

222 $-\dfrac{5}{7}$

223 ④

224 2

225 1

226 9

227 ④

228 72

229 ㄱ, ㄴ, ㄷ

230 -6

체크 231 (1) $x=\dfrac{\pi}{12}$ 또는 $x=\dfrac{3}{4}\pi$

　　　　(2) $x=-\dfrac{11}{24}\pi$ 또는 $x=\dfrac{\pi}{24}$

　　　　(3) $x=\dfrac{3}{4}\pi$ 또는 $x=\dfrac{11}{12}\pi$

체크 232 4π

체크 233 $\dfrac{7}{2}\pi$

체크 234 (1) 12　(2) 8

체크 235 (1) $\dfrac{\pi}{4}<x<\dfrac{5}{4}\pi$

　　　　(2) $-\dfrac{\pi}{3}\leq x<0$ 또는 $\dfrac{2}{3}\pi<x<\pi$

체크 236 (1) $0\leq x\leq\dfrac{4}{3}\pi$ 또는

　　　　　　　　　$\dfrac{5}{3}\pi\leq x<2\pi$

　　　　(2) $0\leq x<\dfrac{\pi}{4}$ 또는 $\dfrac{2}{3}\pi<x<\pi$

체크 237 (1) $\dfrac{\pi}{6}<\theta<\dfrac{5}{6}\pi$ 또는

　　　　　　　　　$\dfrac{7}{6}\pi<\theta<\dfrac{11}{6}\pi$

　　　　(2) $\dfrac{3}{5}$

체크 238 (1) $\dfrac{\pi}{6}\leq\theta\leq\dfrac{5}{6}\pi$ 또는

　　　　　　　　　$\dfrac{7}{6}\pi\leq\theta\leq\dfrac{11}{6}\pi$

　　　　(2) $k\geq-1$

239 5π

240 $\dfrac{3}{2}\pi$

241 1

242 7

243 $-\dfrac{\sqrt{3}}{2}$

244 11

245 4

246 6

247 17

248 $-2<k<0$

249 18

250 4

251 ①

252 $0\leq\theta<\dfrac{\pi}{3}$

253 13

254 2

255 ①

256 2분

3 삼각함수의 활용

체크 257 (1) $A=60°$, $R=2$

　　　　(2) $4\sqrt{3}$

체크 258 $6:9:7$

체크 259 (1) $b=c$인 이등변삼각형

　　　　(2) $A=90°$인 직각삼각형

체크 260 $1200\pi\,\mathrm{m}^2$

체크 261 $3(\sqrt{6}+\sqrt{2})\,\mathrm{m}$

체크 262 (1) $c=9$, $R=\sqrt{21}$

　　　　(2) $B=45°$, $C=30°$

체크 263 $\dfrac{7}{8}$

체크 264 $120°$

체크 265 (1) $A=90°$인 직각삼각형

　　　　(2) $a=c$인 이등변삼각형

체크 266 $\dfrac{14\sqrt{3}}{3}\pi\,\mathrm{cm}$

체크 267 (1) 10　(2) $6\sqrt{3}$

체크 268 (1) $\dfrac{21\sqrt{11}}{4}$　(2) $\dfrac{15\sqrt{11}}{11}$

　　　　(3) $\dfrac{\sqrt{11}}{2}$

체크 269 $6\sqrt{15}$

체크 270 8

271 $12+6\sqrt{3}$

272 $\sqrt{6}+\sqrt{2}$

273 $3\sqrt{3}$

274 $4\sqrt{2}$

275 $C=90°$인 직각삼각형

276 $(\sqrt{3}+1)\,\mathrm{m}$

277 $2\sqrt{3}$

278 $\sqrt{13}+\sqrt{31}$

279 $\sqrt{11}$

280 $\dfrac{4}{5}$

281 $\dfrac{5}{7}$

282 $\dfrac{21\sqrt{3}}{4}$

283 24

284 $\sqrt{6}$

285 $15\sqrt{2}$

286 $\dfrac{21\sqrt{3}}{4}$

287 50

288 ⑤

Ⅲ. 수열
1 등차수열

체크 289 (1) $a_n=n\log 2$

　　　　(2) $a_n=\dfrac{1}{n(n+2)}$

　　　　(3) $a_n=\dfrac{2^n}{n}$

　　　　(4) $a_n=\dfrac{1}{9}(10^n-1)$

체크 290 (1) 75　(2) 35

체크 291 제12항

체크 292 6

체크 293 -3

체크 294 12

체크 295 -13

체크 296 320

체크 297 12

체크 298 75

체크 299 540

체크 300 (1) 1867　(2) 627

체크 301 -57

체크 302 26

303 83

304 11

305 ④

306 $\dfrac{6}{5}$

307 20

308 $10\sqrt{5}$

309 165

310 90

311 244

312 406

313 -510
314 63
315 608
316 -5
317 ①
318 28
319 16
320 182

2 등비수열

체크 **321** (1) 15 (2) 32
체크 **322** (1) 제12항 (2) 7
체크 **323** 4
체크 **324** $\dfrac{7}{9}$
체크 **325** 15
체크 **326** -2
체크 **327** 14
체크 **328** $\dfrac{216}{125}$ 배
체크 **329** (1) $\dfrac{1}{9}(2^{20}-1)$

  (2) $x=1$일 때 n, $x \neq 1$일 때 $\dfrac{x^n-1}{x-1}$

체크 **330** 2
체크 **331** 2
체크 **332** $\dfrac{4}{7}(2^{30}-1)$
체크 **333** 336만 원
체크 **334** 8750만 원
335 13
336 243
337 19
338 ②
339 $\dfrac{1}{64}$
340 ②
341 22
342 3069
343 $\dfrac{1}{2}$
344 6
345 1500

346 140
347 ㄴ, ㄷ, ㄹ
348 24
349 ②
350 50만 명
351 $4\sqrt{3}\left(1-\dfrac{1}{2^{16}}\right)$
352 40만 원

3 수열의 합

체크 **353** (1) 20 (2) 135 (3) 23
체크 **354** (1) 15 (2) 560
체크 **355** ㄱ, ㄴ, ㄹ
체크 **356** (1) 120 (2) 26
체크 **357** (1) 502 (2) $\dfrac{9}{4}$
체크 **358** (1) 177 (2) 340
체크 **359** 1540
체크 **360** 682
체크 **361** 110
체크 **362** (1) $\dfrac{8}{17}$ (2) $\dfrac{45}{8}$
체크 **363** 6
체크 **364** $\sqrt{3}$
체크 **365** 100
체크 **366** 16
체크 **367** 18
368 ②
369 96
370 27
371 1008
372 3025
373 $\dfrac{1}{36}$
374 980
375 -2
376 1141
377 10
378 $-\dfrac{68}{5}$
379 $\dfrac{11}{45}$

380 4
381 $\dfrac{\sqrt{2}}{2}$
382 207
383 385
384 ④
385 21

4 수학적 귀납법

체크 **386** (1) -62 (2) 70
체크 **387** (1) $\dfrac{31}{32}$ (2) 32
체크 **388** 4
체크 **389** 18
체크 **390** 16
체크 **391** $\dfrac{65}{4}$ L
체크 **392** 7
체크 **393** ④
체크 **394** 706
체크 **395** 8
396 70
397 $\dfrac{1}{7}$
398 33
399 $\dfrac{3}{5}$
400 44
401 5
402 100
403 6
404 162
405 10
406 27
407 60쪽
408 6
409 34
410 21
411 풀이 참조
412 ⑤

1 지수와 로그

01 거듭제곱과 거듭제곱근

체크 001

① -2의 제곱근을 x라 하면 $x^2 = -2$에서

$x^2 + 2 = 0$, $(x + \sqrt{2}i)(x - \sqrt{2}i) = 0$

$\therefore x = \pm\sqrt{2}i$

즉, -2의 제곱근은 $\pm\sqrt{2}i$이다. (거짓)

② 7의 세제곱근 중 실수인 것은 $\sqrt[3]{7}$뿐이다. (참)

③ 네제곱근 81은 $\sqrt[4]{81} = \sqrt[4]{3^4} = 3$이다. (거짓)

④ n이 짝수일 때, 3의 n제곱근 중 실수인 것은 $\sqrt[n]{3}$, $-\sqrt[n]{3}$의 2개이다. (거짓)

⑤ n이 홀수일 때, -5의 n제곱근 중 실수인 것은 $\sqrt[n]{-5}$의 1개이다. (거짓)

따라서 항상 옳은 것은 ②이다.　　　　　　　　　　**답** ②

> **tip**
>
> n이 2 이상의 정수일 때, 실수 a의 n제곱근 중 실수인 것
>
> (1) n이 홀수일 때
>
> 　실수 a의 값에 관계없이 오직 하나 존재한다. ➡ $\sqrt[n]{a}$
>
> (2) n이 짝수일 때
>
> 　(ⅰ) $a > 0$이면 a의 n제곱근 중 실수인 것은 양수와 음수 각각 하나씩 존재한다. ➡ $\sqrt[n]{a}$, $-\sqrt[n]{a}$
>
> 　(ⅱ) $a = 0$이면 a의 n제곱근 중 실수인 것은 0 하나뿐이다.
>
> 　(ⅲ) $a < 0$이면 a의 n제곱근 중 실수인 것은 존재하지 않는다.

체크 002

(ⅰ) $n = 2$일 때

　-3의 제곱근 중 실수인 것은 존재하지 않으므로

　$f(2) = 0$

(ⅱ) $n = 3$일 때

　-2의 세제곱근 중 실수인 것은 $\sqrt[3]{-2}$의 1개이므로

　$f(3) = 1$

(ⅲ) $n = 8$일 때

　3의 8제곱근 중 실수인 것은 $\sqrt[8]{3}$, $-\sqrt[8]{3}$의 2개이므로

　$f(8) = 2$

(ⅳ) $n = 9$일 때

　4의 9제곱근 중 실수인 것은 $\sqrt[9]{4}$의 1개이므로

　$f(9) = 1$

(ⅰ)~(ⅳ)에서

$f(2) + f(3) + f(8) + f(9) = 0 + 1 + 2 + 1 = 4$　　**답** 4

체크 003

(1) $\sqrt[4]{\sqrt{64}} \times \sqrt[4]{32} = \sqrt[4]{\sqrt{2^6}} \times \sqrt[4]{2^5} = \sqrt[4]{2^3} \times \sqrt[4]{2^5}$

$\qquad = \sqrt[4]{2^3 \times 2^5} = \sqrt[4]{2^8}$

$\qquad = 2^2 = 4$

(2) $\sqrt[5]{243^2} \div (\sqrt[3]{3})^6 - \sqrt[6]{\sqrt{64}} = \sqrt[5]{(3^5)^2} \div \sqrt[3]{3^6} - \sqrt[6]{64}$

$\qquad = \sqrt[5]{3^{10}} \div 3^2 - \sqrt[6]{2^6}$

$\qquad = 3^2 \div 3^2 - 2$

$\qquad = 1 - 2 = -1$

(3) $\sqrt[4]{\dfrac{\sqrt[3]{x}}{\sqrt{x}}} \times \sqrt{\dfrac{\sqrt[4]{x}}{\sqrt[3]{x}}} \times \sqrt[3]{\dfrac{\sqrt{x}}{\sqrt[4]{x}}} = \dfrac{\sqrt[4]{\sqrt[3]{x}}}{\sqrt[4]{\sqrt{x}}} \times \dfrac{\sqrt{\sqrt[4]{x}}}{\sqrt{\sqrt[3]{x}}} \times \dfrac{\sqrt[3]{\sqrt{x}}}{\sqrt[3]{\sqrt[4]{x}}}$

$\qquad = \dfrac{\sqrt[12]{x}}{\sqrt[8]{x}} \times \dfrac{\sqrt[8]{x}}{\sqrt[6]{x}} \times \dfrac{\sqrt[6]{x}}{\sqrt[12]{x}} = 1$

(4) $\sqrt[4]{\dfrac{16^8 + 8^8}{16^4 + 8^8}} = \sqrt[4]{\dfrac{(2^4)^8 + (2^3)^8}{(2^4)^4 + (2^3)^8}}$

$\qquad = \sqrt[4]{\dfrac{2^{32} + 2^{24}}{2^{16} + 2^{24}}} = \sqrt[4]{\dfrac{2^{24}(2^8 + 1)}{2^{16}(1 + 2^8)}}$

$\qquad = \sqrt[4]{2^8} = 2^2 = 4$

답 (1) 4　(2) -1　(3) 1　(4) 4

> **tip**
>
> $a > 0$, $b > 0$이고, m, n이 2 이상의 정수일 때
>
> (1) $\sqrt[n]{a}\,\sqrt[n]{b} = \sqrt[n]{ab}$
>
> (2) $\dfrac{\sqrt[n]{a}}{\sqrt[n]{b}} = \sqrt[n]{\dfrac{a}{b}}$
>
> (3) $(\sqrt[n]{a})^m = \sqrt[n]{a^m}$
>
> (4) $\sqrt[m]{\sqrt[n]{a}} = \sqrt[mn]{a}$
>
> (5) $\sqrt[np]{a^{mp}} = \sqrt[n]{a^m}$ (단, p는 양의 정수이다.)

체크 004

$(\sqrt[4]{5} - \sqrt[4]{2})(\sqrt[4]{5} + \sqrt[4]{2})(\sqrt{5} + \sqrt{2}) - (\sqrt[3]{3} - 1)(\sqrt[3]{9} + \sqrt[3]{3} + 1)$

$= \{(\sqrt[4]{5})^2 - (\sqrt[4]{2})^2\}(\sqrt{5} + \sqrt{2}) - (\sqrt[3]{3} - 1)(\sqrt[3]{3^2} + \sqrt[3]{3} + 1)$

$= (\sqrt{5} - \sqrt{2})(\sqrt{5} + \sqrt{2}) - (\sqrt[3]{3} - 1)\{(\sqrt[3]{3})^2 + \sqrt[3]{3} + 1\}$

$= 5 - 2 - \{(\sqrt[3]{3})^3 - 1\}$

$= 3 - 3 + 1 = 1$　　　　　　　　　　　　　　　　**답** 1

02 지수의 확장

체크 005

(1) $\left(4^{-\frac{1}{\sqrt{10}}} \times 32^{\sqrt{\frac{2}{5}}}\right)^{\sqrt{5}} = 4^{-\frac{1}{\sqrt{2}}} \times 32^{\sqrt{2}}$

$\qquad = (2^2)^{-\frac{1}{\sqrt{2}}} \times (2^5)^{\sqrt{2}}$

$\qquad = 2^{-\sqrt{2}} \times 2^{5\sqrt{2}}$

$\qquad = 2^{-\sqrt{2} + 5\sqrt{2}} = 2^{4\sqrt{2}}$

(2) $\left\{\left(\dfrac{2}{3}\right)^{\frac{3}{2}}\right\}^{\frac{4}{3}} \times \left\{\left(\dfrac{64}{27}\right)^{-\frac{4}{9}}\right\}^{\frac{3}{2}} = \left(\dfrac{2}{3}\right)^2 \times \left(\dfrac{2^6}{3^3}\right)^{-\frac{2}{3}}$

$\qquad\qquad\qquad\qquad = \dfrac{2^2}{3^2} \times \dfrac{2^{-4}}{3^{-2}} = \dfrac{2^{2-4}}{3^{2-2}}$

$\qquad\qquad\qquad\qquad = 2^{-2} = \dfrac{1}{4}$

(3) $(\sqrt[3]{15})^2 \div \sqrt[3]{(-3)^2} \times 5^{-\frac{1}{6}} = (3 \times 5)^{\frac{2}{3}} \div \sqrt[3]{3^2} \times 5^{-\frac{1}{6}}$

$\qquad\qquad\qquad\qquad\qquad = 3^{\frac{2}{3}} \times 5^{\frac{2}{3}} \div 3^{\frac{2}{3}} \times 5^{-\frac{1}{6}}$

$\qquad\qquad\qquad\qquad\qquad = 3^{\frac{2}{3}-\frac{2}{3}} \times 5^{\frac{2}{3}-\frac{1}{6}}$

$\qquad\qquad\qquad\qquad\qquad = 5^{\frac{1}{2}} = \sqrt{5}$

$\qquad\qquad\qquad$ 답 (1) $2^{4\sqrt{2}}$ (2) $\dfrac{1}{4}$ (3) $\sqrt{5}$

체크 006

$\sqrt[3]{\dfrac{\sqrt[4]{27}}{\sqrt{3}}} \times \sqrt[4]{\dfrac{\sqrt[3]{9}}{\sqrt{3}}} = \left\{\dfrac{(3^3)^{\frac{1}{4}}}{3^{\frac{1}{2}}}\right\}^{\frac{1}{3}} \times \left\{\dfrac{(3^2)^{\frac{1}{3}}}{3^{\frac{1}{2}}}\right\}^{\frac{1}{4}}$

$\qquad\qquad\qquad\quad = \left(\dfrac{3^{\frac{3}{4}}}{3^{\frac{1}{2}}}\right)^{\frac{1}{3}} \times \left(\dfrac{3^{\frac{2}{3}}}{3^{\frac{1}{2}}}\right)^{\frac{1}{4}}$

$\qquad\qquad\qquad\quad = (3^{\frac{3}{4}-\frac{1}{2}})^{\frac{1}{3}} \times (3^{\frac{2}{3}-\frac{1}{2}})^{\frac{1}{4}}$

$\qquad\qquad\qquad\quad = (3^{\frac{1}{4}})^{\frac{1}{3}} \times (3^{\frac{1}{6}})^{\frac{1}{4}}$

$\qquad\qquad\qquad\quad = 3^{\frac{1}{12}} \times 3^{\frac{1}{24}}$

$\qquad\qquad\qquad\quad = 3^{\frac{1}{12}+\frac{1}{24}} = 3^{\frac{3}{24}} = 3^{\frac{1}{8}}$

$\therefore k = \dfrac{1}{8}$ $\qquad\qquad\qquad\qquad\qquad$ 답 $\dfrac{1}{8}$

체크 007

(1) $x^{\frac{1}{2}} = A$, $x^{-1} = B$로 놓으면

$(x^{\frac{1}{2}}+x^{-1})^2 + (x^{\frac{1}{2}}-x^{-1})^2$

$= (A+B)^2 + (A-B)^2$

$= (A^2+2AB+B^2) + (A^2-2AB+B^2)$

$= 2(A^2+B^2)$

$= 2\{(x^{\frac{1}{2}})^2 + (x^{-1})^2\}$

$= 2(x+x^{-2})$

$= 2\left(x+\dfrac{1}{x^2}\right)$

(2) $x^{\frac{1}{3}} = A$, $x^{-\frac{1}{3}} = B$로 놓으면

$(x+x^{-1}) \div (x^{\frac{1}{3}}+x^{-\frac{1}{3}})$

$= \{(x^{\frac{1}{3}})^3 + (x^{-\frac{1}{3}})^3\} \div (x^{\frac{1}{3}}+x^{-\frac{1}{3}})$

$= (A^3+B^3) \div (A+B)$

$= (A+B)(A^2-AB+B^2) \div (A+B)$

$= A^2-AB+B^2$

$= (x^{\frac{1}{3}})^2 - x^{\frac{1}{3}}x^{-\frac{1}{3}} + (x^{-\frac{1}{3}})^2$

$= x^{\frac{2}{3}} + x^{-\frac{2}{3}} - 1$

(3) $5^{\frac{1}{8}} = A$로 놓으면

$(5^{\frac{1}{8}}-1)(5^{\frac{1}{8}}+1)(5^{\frac{1}{4}}+1)(5^{\frac{1}{2}}+1)(5+1)$

$= (5^{\frac{1}{8}}-1)(5^{\frac{1}{8}}+1)\{(5^{\frac{1}{8}})^2+1\}\{(5^{\frac{1}{8}})^4+1\}\{(5^{\frac{1}{8}})^8+1\}$

$= (A-1)(A+1)(A^2+1)(A^4+1)(A^8+1)$

$= (A^2-1)(A^2+1)(A^4+1)(A^8+1)$

$= (A^4-1)(A^4+1)(A^8+1)$

$= (A^8-1)(A^8+1)$

$= A^{16}-1 = (5^{\frac{1}{8}})^{16}-1$

$= 5^2-1 = 24$

$\qquad$ 답 (1) $2\left(x+\dfrac{1}{x^2}\right)$ (2) $x^{\frac{2}{3}}+x^{-\frac{2}{3}}-1$ (3) 24

> **tip**
>
> 지수를 포함한 식은 지수법칙과 곱셈 공식을 이용하면 식을 간단히 할 수 있다. 이때 자주 이용되는 곱셈 공식은 다음과 같다.
>
> (1) $(a+b)^2 = a^2+2ab+b^2$, $(a-b)^2 = a^2-2ab+b^2$
>
> (2) $(a+b)(a-b) = a^2-b^2$
>
> (3) $(a+b)^3 = a^3+3a^2b+3ab^2+b^3$,
> $\quad (a-b)^3 = a^3-3a^2b+3ab^2-b^3$
>
> (4) $(a+b)(a^2-ab+b^2) = a^3+b^3$,
> $\quad (a-b)(a^2+ab+b^2) = a^3-b^3$

체크 008

$x^{\frac{1}{2}}+x^{-\frac{1}{2}}=3$의 양변을 제곱하면

$(x^{\frac{1}{2}}+x^{-\frac{1}{2}})^2 = 3^2$, $x+2+x^{-1}=9$ $\qquad \therefore x+x^{-1}=7$

$x+x^{-1}=7$의 양변을 제곱하면

$(x+x^{-1})^2 = 7^2$, $x^2+2+x^{-2}=49$

$\therefore x^2+x^{-2}=47$ $\qquad\qquad\qquad\qquad$ ······ ㉠

$x^{\frac{1}{2}}+x^{-\frac{1}{2}}=3$의 양변을 세제곱하면

$(x^{\frac{1}{2}}+x^{-\frac{1}{2}})^3 = 3^3$

$(x^{\frac{1}{2}})^3 + 3(x^{\frac{1}{2}})^2 x^{-\frac{1}{2}} + 3x^{\frac{1}{2}}(x^{-\frac{1}{2}})^2 + (x^{-\frac{1}{2}})^3 = 27$

$x^{\frac{3}{2}} + 3x^{\frac{1}{2}} + 3x^{-\frac{1}{2}} + x^{-\frac{3}{2}} = 27$

$x^{\frac{3}{2}} + x^{-\frac{3}{2}} + 3(x^{\frac{1}{2}}+x^{-\frac{1}{2}}) = 27$

$x^{\frac{3}{2}} + x^{-\frac{3}{2}} + 3 \times 3 = 27$

$\therefore x^{\frac{3}{2}}+x^{-\frac{3}{2}}=18$ $\qquad\qquad\qquad\qquad$ ······ ㉡

㉠, ㉡에서

$x^2+x^{-2}-(x^{\frac{3}{2}}+x^{-\frac{3}{2}})=47-18=29$ $\qquad$ 답 29

> **tip**
>
> $x^a+x^{-a}=t$ $(x>0, a$는 실수$)$이면
>
> (1) $x^{2a}+x^{-2a} = (x^a+x^{-a})^2-2 = t^2-2$
>
> (2) $x^{3a}+x^{-3a} = (x^a+x^{-a})^3-3(x^a+x^{-a}) = t^3-3t$

$x=2^{\frac{1}{3}}+2^{-\frac{1}{3}}$의 양변을 세제곱하면

$x^3=(2^{\frac{1}{3}}+2^{-\frac{1}{3}})^3$

$\quad=(2^{\frac{1}{3}})^3+3\times(2^{\frac{1}{3}})^2\times2^{-\frac{1}{3}}+3\times2^{\frac{1}{3}}\times(2^{-\frac{1}{3}})^2+(2^{-\frac{1}{3}})^3$

$\quad=2+2^{-1}+3(2^{\frac{1}{3}}+2^{-\frac{1}{3}})$

$\quad=2+\dfrac{1}{2}+3x=\dfrac{5}{2}+3x$

$\therefore x^3-3x=\dfrac{5}{2}$

$\therefore 2x^3-6x=2(x^3-3x)=2\times\dfrac{5}{2}=5$ **답** 5

체크 **010**

(1) $4^x=3$, 즉 $2^{2x}=3$이므로 주어진 식의 분모, 분자에 각각 2^x을 곱하면

$\dfrac{8^x-8^{-x}}{2^x+2^{-x}}=\dfrac{2^x(8^x-8^{-x})}{2^x(2^x+2^{-x})}=\dfrac{2^x(2^{3x}-2^{-3x})}{2^x(2^x+2^{-x})}$

$\quad=\dfrac{2^{4x}-2^{-2x}}{2^{2x}+1}=\dfrac{(2^{2x})^2-(2^{2x})^{-1}}{2^{2x}+1}$

$\quad=\dfrac{3^2-3^{-1}}{3+1}=\dfrac{9-\frac{1}{3}}{4}=\dfrac{13}{6}$

(2) 주어진 식의 좌변의 분모, 분자에 각각 a^x을 곱하면

$\dfrac{a^x(a^x+a^{-x})}{a^x(a^x-a^{-x})}=5$, $\dfrac{a^{2x}+1}{a^{2x}-1}=5$

$a^{2x}+1=5(a^{2x}-1)$, $a^{2x}+1=5a^{2x}-5$, $4a^{2x}=6$

$\therefore a^{2x}=\dfrac{3}{2}$ **답** (1) $\dfrac{13}{6}$ (2) $\dfrac{3}{2}$

체크 **011**

$a^x=b^y=3^z=k\ (k>0)$로 놓으면 $xyz\neq0$이므로 $k\neq1$

$a^x=k$에서 $a=k^{\frac{1}{x}}$ ······ ㉠

$b^y=k$에서 $b=k^{\frac{1}{y}}$ ······ ㉡

$3^z=k$에서 $3=k^{\frac{1}{z}}$ ······ ㉢

㉠÷㉡을 하면

$a\div b=k^{\frac{1}{x}}\div k^{\frac{1}{y}}$ $\therefore \dfrac{a}{b}=k^{\frac{1}{x}-\frac{1}{y}}$

이때 $\dfrac{1}{x}-\dfrac{1}{y}=\dfrac{2}{z}$이므로

$\dfrac{a}{b}=k^{\frac{2}{z}}=(k^{\frac{1}{z}})^2=3^2=9\ (\because ㉢)$ **답** 9

체크 **012**

세 수 A, B, C를 각각 지수가 유리수인 꼴로 나타내면

$A=\sqrt[3]{2\sqrt{5}}=(2\times5^{\frac{1}{2}})^{\frac{1}{3}}=(2^2\times5)^{\frac{1}{6}}$

$B=\sqrt[3]{3\sqrt{2}}=(3\times2^{\frac{1}{2}})^{\frac{1}{3}}=(3^2\times2)^{\frac{1}{6}}$

$C=\sqrt{2\sqrt[6]{6}}=(2\times6^{\frac{1}{6}})^{\frac{1}{2}}=(2^6\times6)^{\frac{1}{12}}$

6, 12의 최소공배수가 12이므로 세 수의 지수를 같게 하면

$A=(2^2\times5)^{\frac{1}{6}}=(2^4\times5^2)^{\frac{1}{12}}=400^{\frac{1}{12}}$

$B=(3^2\times2)^{\frac{1}{6}}=(3^4\times2^2)^{\frac{1}{12}}=324^{\frac{1}{12}}$

$C=(2^6\times6)^{\frac{1}{12}}=384^{\frac{1}{12}}$

이때 $324<384<400$이므로

$324^{\frac{1}{12}}<384^{\frac{1}{12}}<400^{\frac{1}{12}}$

$\therefore B<C<A$ **답** $B<C<A$

[다른 풀이]

$A=\sqrt[3]{2\sqrt{5}}=\sqrt[3]{\sqrt{2^2\times5}}=\sqrt[6]{20}$

$B=\sqrt[3]{3\sqrt{2}}=\sqrt[3]{\sqrt{3^2\times2}}=\sqrt[6]{18}$

$C=\sqrt{2\sqrt[6]{6}}=\sqrt[6]{\sqrt{2^6\times6}}=\sqrt[12]{384}$

6, 12의 최소공배수가 12이므로 $\sqrt[6]{20}$, $\sqrt[6]{18}$을 $\sqrt[12]{\blacksquare}$ 꼴로 변형하면

$A=\sqrt[6]{20}=\sqrt[12]{20^2}=\sqrt[12]{400}$

$B=\sqrt[6]{18}=\sqrt[12]{18^2}=\sqrt[12]{324}$

이때 $324<384<400$이므로

$\sqrt[12]{324}<\sqrt[12]{384}<\sqrt[12]{400}$

$\therefore B<C<A$

체크 **013**

N이 일정한 양수기에 대하여

양수량이 24, 양수할 높이가 5일 때, 즉 $Q=24$, $H=5$일 때

비교회전도 S_1은

$S_1=N\times24^{\frac{1}{2}}\times5^{-\frac{3}{4}}$

양수량이 12, 양수할 높이가 10일 때, 즉 $Q=12$, $H=10$일 때

비교회전도 S_2는

$S_2=N\times12^{\frac{1}{2}}\times10^{-\frac{3}{4}}$

$\therefore \dfrac{S_1}{S_2}=\dfrac{N\times24^{\frac{1}{2}}\times5^{-\frac{3}{4}}}{N\times12^{\frac{1}{2}}\times10^{-\frac{3}{4}}}$

$\quad=\dfrac{(2\times12)^{\frac{1}{2}}\times5^{-\frac{3}{4}}}{12^{\frac{1}{2}}\times(2\times5)^{-\frac{3}{4}}}$

$\quad=\dfrac{2^{\frac{1}{2}}\times12^{\frac{1}{2}}\times5^{-\frac{3}{4}}}{12^{\frac{1}{2}}\times2^{-\frac{3}{4}}\times5^{-\frac{3}{4}}}$

$\quad=2^{\frac{1}{2}-(-\frac{3}{4})}=2^{\frac{5}{4}}$ **답** ⑤

연습 문제 01

014

① 8의 세제곱근을 x라 하면 $x^3=8$에서

$x^3-8=0$, $(x-2)(x^2+2x+4)=0$

$\therefore x=2$ 또는 $x=-1\pm\sqrt{3}i$ (거짓)

② $\sqrt[3]{-216}=\sqrt[3]{(-6)^3}=-6$ (거짓)

③ -7의 네제곱근을 x라 하면 $x^4=-7$에서

$x^2=\pm\sqrt{7}i$

이를 만족시키는 실수 x는 없으므로 -7의 네제곱근 중 실수인 것은 없다. (거짓)

④ 125의 세제곱근을 x라 하면 $x^3=125$에서

$x^3-125=0$, $(x-5)(x^2+5x+25)=0$

$\therefore x=5$ 또는 $x=\dfrac{-5\pm5\sqrt{3}i}{2}$

즉, 125의 세제곱근 중 실수인 것은 5의 1개이다. (거짓)

⑤ n이 홀수일 때, 음수 a에 대하여 a의 n제곱근 중 실수인 것은 $\sqrt[n]{a}$의 1개뿐이다. (참)

따라서 항상 옳은 것은 ⑤이다. 　　답 ⑤

015

-64의 세제곱근 중 실수인 것은

$\sqrt[3]{-64}=\sqrt[3]{(-4)^3}=-4$

$\therefore n=-4$

이때 $-n=4$이므로 4의 네제곱근 중 실수인 것은

$\sqrt[4]{4}$, $-\sqrt[4]{4}$

$\therefore m=\sqrt[4]{4}$

$\therefore \left(\dfrac{n}{m}\right)^2=\dfrac{n^2}{m^2}=\dfrac{(-4)^2}{(\sqrt[4]{4})^2}=\dfrac{16}{2}=8$ 　　답 8

016

2의 세제곱근 중 실수인 것은 $\sqrt[3]{2}$의 1개이므로

$R(2, 3)=1$

6의 네제곱근 중 실수인 것은 $\sqrt[4]{6}$, $-\sqrt[4]{6}$의 2개이므로

$R(6, 4)=2$

$-\sqrt[4]{81}=-\sqrt[4]{3^4}=-3$의 5제곱근 중 실수인 것은 $\sqrt[5]{-3}$의 1개이므로

$R(-\sqrt[4]{81}, 5)=1$

$\sqrt[3]{-8}=\sqrt[3]{(-2)^3}=-2$의 네제곱근 중 실수인 것은 존재하지 않으므로

$R(\sqrt[3]{-8}, 4)=0$

$\therefore R(2, 3)+R(6, 4)+R(-\sqrt[4]{81}, 5)+R(\sqrt[3]{-8}, 4)$

$=1+2+1+0=4$ 　　답 4

017

$\sqrt[4]{\dfrac{\sqrt{16}}{\sqrt[3]{3}}}\times\sqrt[6]{\dfrac{\sqrt{3}}{\sqrt[3]{64}}}=\dfrac{\sqrt[4]{\sqrt{2^4}}}{\sqrt[4]{\sqrt[3]{3}}}\times\dfrac{\sqrt[6]{\sqrt{3}}}{\sqrt[6]{\sqrt[3]{2^6}}}=\dfrac{\sqrt[8]{2^4}}{\sqrt[12]{3}}\times\dfrac{\sqrt[12]{3}}{\sqrt[18]{2^6}}$

$=\dfrac{\sqrt{2}}{\sqrt[3]{2}}=\dfrac{\sqrt[6]{2^3}}{\sqrt[6]{2^2}}=\sqrt[6]{\dfrac{2^3}{2^2}}=\sqrt[6]{2^1}$

따라서 $m=1$, $n=6$이므로

$m+n=1+6=7$ 　　답 7

018

$\sqrt[3]{4}$가 어떤 자연수의 n제곱근이 되려면 $(\sqrt[3]{4})^n$이 자연수이어야 한다.

이때 $(\sqrt[3]{4})^n=(\sqrt[3]{2^2})^n=\sqrt[3]{2^{2n}}$이므로 $(\sqrt[3]{4})^n$이 자연수가 되려면 n은 0 또는 3의 배수이어야 한다.

따라서 구하는 자연수 n은 3, 6, 9의 3개이다. 　　답 3

[다른 풀이]

$\sqrt[3]{4}=(2^2)^{\frac{1}{3}}=2^{\frac{2}{3}}$에서 $2^{\frac{2}{3}}$이 어떤 자연수의 n제곱근이 되려면 $(2^{\frac{2}{3}})^n$이 자연수이어야 한다.

이때 $(2^{\frac{2}{3}})^n=(2^2)^{\frac{n}{3}}$에서 2^2은 어떤 자연수의 3제곱수가 될 수 없으므로 $(2^{\frac{2}{3}})^n$이 자연수가 되려면 $\dfrac{n}{3}$이 음이 아닌 정수이어야 한다.

따라서 n은 0 또는 3의 배수이어야 하므로 구하는 자연수 n은 3, 6, 9의 3개이다.

019

(ⅰ) $n=1$일 때

$\sqrt[3]{1^m}=\sqrt[3]{1}=1$이므로 자연수 m의 값에 관계없이 $\sqrt[3]{n^m}$의 값은 자연수가 된다.

즉, 이를 만족시키는 순서쌍 (m, n)은

$(1, 1)$, $(2, 1)$, $(3, 1)$

의 3개이다.

(ⅱ) $2\leq n\leq 7$일 때

$\sqrt[3]{n^m}$이 자연수가 되려면 m이 3의 배수이어야 하므로

$m=3$

즉, 이를 만족시키는 순서쌍 (m, n)은

$(3, 2)$, $(3, 3)$, $(3, 4)$, $(3, 5)$, $(3, 6)$, $(3, 7)$

의 6개이다.

(ⅲ) $n=8$일 때

$\sqrt[3]{8^m}=\sqrt[3]{(2^3)^m}=\sqrt[3]{(2^m)^3}=2^m$이므로 m의 값에 관계없이 $\sqrt[3]{n^m}$의 값은 자연수가 된다.

즉, 이를 만족시키는 순서쌍 (m, n)은

$(1, 8)$, $(2, 8)$, $(3, 8)$

의 3개이다.

(ⅰ)~(ⅲ)에서 구하는 순서쌍 (m, n)의 개수는

$3+6+3=12$ 　　답 ④

020

(1) $125^{\frac{2}{3}} \times 81^{-\frac{1}{4}} = (5^3)^{\frac{2}{3}} \times (3^4)^{-\frac{1}{4}}$

$\qquad\qquad\qquad = 5^2 \times 3^{-1} = \dfrac{25}{3}$

(2) $(\sqrt[3]{16})^{\frac{5}{2}} \times (\sqrt[3]{4})^{0.75} \div 32^{\frac{1}{6}}$

$\qquad = (\sqrt[3]{2^4})^{\frac{5}{2}} \times (\sqrt[3]{2^2})^{\frac{3}{4}} \div (2^5)^{\frac{1}{6}}$

$\qquad = (2^{\frac{4}{3}})^{\frac{5}{2}} \times (2^{\frac{2}{3}})^{\frac{3}{4}} \div 2^{\frac{5}{6}}$

$\qquad = 2^{\frac{10}{3}} \times 2^{\frac{1}{2}} \div 2^{\frac{5}{6}}$

$\qquad = 2^{\frac{10}{3} + \frac{1}{2} - \frac{5}{6}} = 2^3 = 8$

(3) $\sqrt{2\sqrt[3]{2\sqrt{2}}} \times \sqrt[4]{\dfrac{\sqrt[6]{2}}{\sqrt[3]{2}}}$

$\quad = \sqrt{\sqrt{2}} \times \sqrt{\sqrt[3]{\sqrt{2}}} \times \sqrt{\sqrt[3]{\sqrt{\sqrt{2}}}} \times \dfrac{\sqrt[4]{\sqrt[6]{2}}}{\sqrt[4]{\sqrt[3]{2}}}$

$\quad = \sqrt[4]{2} \times \sqrt[12]{2} \times \sqrt[24]{2} \times \dfrac{\sqrt[24]{2}}{\sqrt[12]{2}}$

$\quad = 2^{\frac{1}{4}} \times 2^{\frac{1}{24}} \times 2^{\frac{1}{24}}$

$\quad = 2^{\frac{1}{4} + \frac{1}{24} + \frac{1}{24}} = 2^{\frac{1}{3}} = \sqrt[3]{2}$

$\qquad\qquad$ 답 (1) $\dfrac{25}{3}$　(2) 8　(3) $\sqrt[3]{2}$

021

$a = \sqrt[3]{9} = (3^2)^{\frac{1}{3}} = 3^{\frac{2}{3}}$이므로

$3 = a^{\frac{3}{2}}$

$\therefore 27 = 3^3 = (a^{\frac{3}{2}})^3 = a^{\frac{9}{2}}$　　　　답 $a^{\frac{9}{2}}$

022

임의의 자연수 n에 대하여

$\dfrac{1}{3^{-n}+1} + \dfrac{1}{3^n+1} = \dfrac{3^n}{3^n(3^{-n}+1)} + \dfrac{1}{3^n+1}$

$\qquad\qquad\qquad\quad = \dfrac{3^n}{3^n+1} + \dfrac{1}{3^n+1}$

$\qquad\qquad\qquad\quad = \dfrac{3^n+1}{3^n+1} = 1$

이므로

$\dfrac{1}{3^{-10}+1} + \dfrac{1}{3^{-9}+1} + \cdots + \dfrac{1}{3^{-1}+1} + \dfrac{1}{3^0+1}$

$\qquad\qquad\qquad\quad + \dfrac{1}{3^1+1} + \cdots + \dfrac{1}{3^9+1} + \dfrac{1}{3^{10}+1}$

$= \left(\dfrac{1}{3^{-10}+1} + \dfrac{1}{3^{10}+1}\right) + \left(\dfrac{1}{3^{-9}+1} + \dfrac{1}{3^9+1}\right)$

$\qquad\qquad + \cdots + \left(\dfrac{1}{3^{-1}+1} + \dfrac{1}{3^1+1}\right) + \dfrac{1}{3^0+1}$

$= 1 \times 10 + \dfrac{1}{2} = \dfrac{21}{2}$　　　　답 $\dfrac{21}{2}$

tip

양수 a와 자연수 n에 대하여

$$\frac{1}{a^{-n}+1} + \frac{1}{a^n+1} = \frac{a^n}{a^n(a^{-n}+1)} + \frac{1}{a^n+1}$$

$$= \frac{a^n}{a^n+1} + \frac{1}{a^n+1} = 1$$

023

$a + a^{-1} = 7$이므로 $a > 0$

$(a^{\frac{1}{2}} + a^{-\frac{1}{2}})^2 = (a^{\frac{1}{2}})^2 + 2a^{\frac{1}{2}}a^{-\frac{1}{2}} + (a^{-\frac{1}{2}})^2$

$\qquad\qquad\qquad = a + a^{-1} + 2 = 7 + 2 = 9$

$\therefore a^{\frac{1}{2}} + a^{-\frac{1}{2}} = 3 \ (\because a > 0)$

$a^3 + a^{-3} = a^3 + (a^{-1})^3$

$\qquad\quad = (a + a^{-1})^3 - 3aa^{-1}(a + a^{-1})$

$\qquad\quad = (a + a^{-1})^3 - 3(a + a^{-1})$

$\qquad\quad = 7^3 - 3 \times 7 = 322$

$\therefore \dfrac{a^{\frac{1}{2}} + a^{-\frac{1}{2}}}{a^3 + a^{-3}} = \dfrac{3}{322}$　　　　답 $\dfrac{3}{322}$

024

$x = 2^{\frac{2}{3}} + 2^{-\frac{2}{3}}$의 양변을 세제곱하면

$x^3 = (2^{\frac{2}{3}} + 2^{-\frac{2}{3}})^3$

$\quad = (2^{\frac{2}{3}})^3 + 3 \times (2^{\frac{2}{3}})^2 \times 2^{-\frac{2}{3}} + 3 \times 2^{\frac{2}{3}} \times (2^{-\frac{2}{3}})^2 + (2^{-\frac{2}{3}})^3$

$\quad = 2^2 + 2^{-2} + 3(2^{\frac{2}{3}} + 2^{-\frac{2}{3}})$

$\quad = 4 + \dfrac{1}{4} + 3x$

$\quad = \dfrac{17}{4} + 3x$

$\therefore x^3 - 3x = \dfrac{17}{4}$　　　　답 $\dfrac{17}{4}$

025

$\dfrac{a^m - a^{-m}}{a^m + a^{-m}} = \dfrac{1}{2}$에서 좌변의 분모, 분자에 각각 a^m을 곱하면

$\dfrac{a^m(a^m - a^{-m})}{a^m(a^m + a^{-m})} = \dfrac{1}{2}$, $\dfrac{a^{2m}-1}{a^{2m}+1} = \dfrac{1}{2}$

$2a^{2m} - 2 = a^{2m} + 1$　　$\therefore a^{2m} = 3$

$\dfrac{a^{3m} + a^{-m}}{a^{3m} - a^{-m}}$의 분모, 분자에 각각 a^m을 곱하면

$\dfrac{a^{3m} + a^{-m}}{a^{3m} - a^{-m}} = \dfrac{a^m(a^{3m} + a^{-m})}{a^m(a^{3m} - a^{-m})} = \dfrac{a^{4m}+1}{a^{4m}-1}$

$\qquad\qquad\quad = \dfrac{(a^{2m})^2 + 1}{(a^{2m})^2 - 1} = \dfrac{3^2 + 1}{3^2 - 1}$

$\qquad\qquad\quad = \dfrac{10}{8} = \dfrac{5}{4}$　　　　답 $\dfrac{5}{4}$

026

(1) $12^a=2$, $12^b=3$에서

$12=2^2\times3=(12^a)^2\times12^b=12^{2a+b}$

$\therefore 2a+b=1$

따라서 $b=1-2a$이므로

$4^{\frac{2-4a}{b}}=4^{\frac{2(1-2a)}{1-2a}}=4^2=16$

(2) $2^x=3^{-y}=18^{\frac{1}{z}}=k$ $(k>0)$로 놓으면 $xyz\neq0$이므로 $k\neq1$

$2^x=k$에서 $2=k^{\frac{1}{x}}$

$3^{-y}=k$에서 $3=k^{-\frac{1}{y}}$

$18^{\frac{1}{z}}=k$에서 $18=k^z$

이때 $18=2\times3^2=k^{\frac{1}{x}}\times(k^{-\frac{1}{y}})^2=k^{\frac{1}{x}-\frac{2}{y}}=k^z$이므로

$\dfrac{1}{x}-\dfrac{2}{y}=z$　　　　　　　　　　**답** (1) 16 (2) z

027

$(\sqrt{2\sqrt[3]{16}})^3=(\sqrt{2\times2^{\frac{4}{3}}})^3=(\sqrt{2^{\frac{7}{3}}})^3$

$\qquad\qquad=\sqrt{(2^{\frac{7}{3}})^3}=\sqrt{2^7}=\sqrt{128}$

이때 $\sqrt{11^2}<\sqrt{128}<\sqrt{12^2}$이므로 $(\sqrt{2\sqrt[3]{16}})^3$보다 작은 자연수 중 가장 큰 자연수는 11이다.　　　　**답** 11

028

(i) $A-B=(2\sqrt[3]{3}-\sqrt{2})-(2\sqrt{2}-\sqrt[3]{3})$

$\qquad\quad=3\sqrt[3]{3}-3\sqrt{2}$

$\qquad\quad=3(\sqrt[6]{9}-\sqrt[6]{8})>0$

$\therefore A>B$

(ii) $B-C=(2\sqrt{2}-\sqrt[3]{3})-(3\sqrt{2}-2\sqrt[3]{3})$

$\qquad\quad=\sqrt[3]{3}-\sqrt{2}$

$\qquad\quad=\sqrt[6]{9}-\sqrt[6]{8}>0$

$\therefore B>C$

(i), (ii)에서 $C<B<A$이므로

$M=2\sqrt[3]{3}-\sqrt{2}$, $m=3\sqrt{2}-2\sqrt[3]{3}$

$\therefore M+m=2\sqrt[3]{3}-\sqrt{2}+3\sqrt{2}-2\sqrt[3]{3}=2\sqrt{2}$　　**답** $2\sqrt{2}$

029

$x=\dfrac{5^n-5^{-n}}{2}$이므로

$1+x^2=1+\dfrac{(5^n-5^{-n})^2}{4}=\dfrac{4+5^{2n}-2+5^{-2n}}{4}$

$\qquad\quad=\dfrac{5^{2n}+2+5^{-2n}}{4}=\dfrac{(5^n+5^{-n})^2}{4}$

$\therefore \sqrt[n]{x+\sqrt{1+x^2}}=\sqrt[n]{\dfrac{5^n-5^{-n}}{2}+\sqrt{\dfrac{(5^n+5^{-n})^2}{4}}}$

$\qquad\qquad\qquad\quad=\sqrt[n]{\dfrac{5^n-5^{-n}}{2}+\dfrac{5^n+5^{-n}}{2}}$

$\qquad\qquad\qquad\quad=\sqrt[n]{5^n}=5$　　　　　　　**답** 5

030

$f(1\times2)\times f(2\times3)\times f(3\times4)\times\cdots\times f(19\times20)$

$=a^{\frac{1}{1\times2}}\times a^{\frac{1}{2\times3}}\times a^{\frac{1}{3\times4}}\times\cdots\times a^{\frac{1}{19\times20}}$

$=a^{\frac{1}{1\times2}+\frac{1}{2\times3}+\frac{1}{3\times4}+\cdots+\frac{1}{19\times20}}$

$=a^{\left(1-\frac{1}{2}\right)+\left(\frac{1}{2}-\frac{1}{3}\right)+\left(\frac{1}{3}-\frac{1}{4}\right)+\cdots+\left(\frac{1}{19}-\frac{1}{20}\right)}$

$=a^{1-\frac{1}{20}}=a^{\frac{19}{20}}$

$=f\left(\dfrac{20}{19}\right)$

따라서 $p=\dfrac{20}{19}$이므로

$19p=19\times\dfrac{20}{19}=20$　　　　　　　　　　**답** 20

031

A지역에서 $H_1=12$, $H_2=36$일 때 $V_1=2$, $V_2=8$이므로 이 것을 주어진 관계식에 대입하면

$$8=2\times\left(\frac{36}{12}\right)^{\frac{2}{2-k}} \qquad \therefore 3^{\frac{2}{2-k}}=4 \qquad \cdots\cdots ㉠$$

한편, B지역에서 $H_1=10$, $H_2=90$일 때 $V_1=a$, $V_2=b$이므로 이것을 주어진 관계식에 대입하면

$$b=a\times\left(\frac{90}{10}\right)^{\frac{2}{2-k}}$$

$$\therefore \frac{b}{a}=9^{\frac{2}{2-k}}=(3^2)^{\frac{2}{2-k}}$$

$$=(3^{\frac{2}{2-k}})^2=4^2 \ (\because ㉠)$$

$$=16$$

답 ③

03 로그

체크 032

(1) $\log_{10}x=-2$에서 $10^{-2}=x$ $\quad\therefore x=\dfrac{1}{100}$

(2) $\log_x 27=-\dfrac{3}{2}$에서 $x^{-\frac{3}{2}}=27$

$\quad\therefore x=27^{-\frac{2}{3}}=(3^3)^{-\frac{2}{3}}=3^{-2}=\dfrac{1}{9}$

(3) $\log_{\sqrt5}x=-4$에서 $(\sqrt5)^{-4}=x$

$\quad\therefore x=(5^{\frac{1}{2}})^{-4}=5^{-2}=\dfrac{1}{25}$

(4) $\log_5\{\log_2(\log_3 x)\}=0$에서

$\quad\log_2(\log_3 x)=5^0=1$

또한 $\log_3 x=2^1=2$이므로

$x=3^2=9$

답 (1) $\dfrac{1}{100}$ (2) $\dfrac{1}{9}$ (3) $\dfrac{1}{25}$ (4) 9

체크 033

밑의 조건에서 $a-1>0$, $a-1\neq1$

$\therefore 1<a<2$ 또는 $a>2$ $\qquad\cdots\cdots ㉠$

진수의 조건에서 모든 실수 x에 대하여 $ax^2+4ax+5>0$이어 야 하므로 이차방정식 $ax^2+4ax+5=0$의 판별식을 D라 하면 $a>0$이고

$$\frac{D}{4}=(2a)^2-5a<0, \ a(4a-5)<0$$

$\therefore 0<a<\dfrac{5}{4}$ $\qquad\cdots\cdots ㉡$

㉠, ㉡의 공통 범위를 구하면 $1<a<\dfrac{5}{4}$ 답 $1<a<\dfrac{5}{4}$

체크 034

(1) $\log_2 10+\log_2 20-\log_2 25=\log_2\dfrac{10\times20}{25}$

$\qquad\qquad =\log_2 8=\log_2 2^3=3$

(2) $5\log_3\sqrt3+\log_3 6-2\log_3\sqrt2$

$=\log_3(\sqrt3)^5+\log_3 6-\log_3(\sqrt2)^2$

$=\log_3 9\sqrt3+\log_3 6-\log_3 2$

$=\log_3\dfrac{9\sqrt3\times6}{2}=\log_3 27\sqrt3$

$=\log_3 3^{\frac{7}{2}}=\dfrac{7}{2}$

(3) $\log_3\sqrt{12}-\dfrac{1}{\log_{36}9}=\log_3\sqrt{12}-\log_9 36$

$\qquad\qquad =\log_3\sqrt{12}-\log_{3^2}6^2$

$\qquad\qquad =\log_3 2\sqrt3-\log_3 6$

$\qquad\qquad =\log_3\dfrac{2\sqrt3}{6}=\log_3\dfrac{\sqrt3}{3}$

$\qquad\qquad =\log_3 3^{-\frac{1}{2}}=-\dfrac{1}{2}$

(4) $(\log_4 81-\log_2\sqrt3)\times\log_3 2$

$=(\log_{2^2}3^4-\log_2 3^{\frac{1}{2}})\times\log_3 2$

$=\left(2\log_2 3-\dfrac{1}{2}\log_2 3\right)\times\log_3 2$

$=\dfrac{3}{2}\log_2 3\times\log_3 2=\dfrac{3}{2}$

(5) $\log_3\sqrt{54}-2\log_3\dfrac{1}{3}-\dfrac{1}{2}\log_3 18$

$=\log_3\sqrt{54}+\log_3\left(\dfrac{1}{3}\right)^{-2}-\log_3 18^{\frac{1}{2}}$

$=\log_3 3\sqrt6+\log_3 9-\log_3 3\sqrt2$

$=\log_3\dfrac{3\sqrt6\times9}{3\sqrt2}=\log_3 9\sqrt3$

$=\log_3 3^{\frac{5}{2}}=\dfrac{5}{2}$

$(6)\ 4\log_7\sqrt{3}+\dfrac{1}{2}\log_7 25=\log_7(\sqrt{3})^4+\log_7(5^2)^{\frac{1}{2}}$

$\qquad\qquad\qquad\qquad\ =\log_7 9+\log_7 5=\log_7(9\times 5)$

$\qquad\qquad\qquad\qquad\ =\log_7 45$

$\therefore\ 7^{4\log_7\sqrt{3}+\frac{1}{2}\log_7 25}=7^{\log_7 45}=45^{\log_7 7}=45$

답 (1) 3 (2) $\dfrac{7}{2}$ (3) $-\dfrac{1}{2}$ (4) $\dfrac{3}{2}$ (5) $\dfrac{5}{2}$ (6) 45

---

tip

$a>0,\ a\neq 1,\ M>0,\ N>0$일 때, 다음 로그의 계산에 주의한다.

(1) $\log_1 1\neq 1,\ \log_1 1\neq 0$

(2) $\log_a(M+N)\neq\log_a M+\log_a N$

$\quad\ \log_a M\times\log_a N\neq\log_a M+\log_a N$

(3) $\log_a(M-N)\neq\log_a M-\log_a N$

$\quad\ \dfrac{\log_a M}{\log_a N}\neq\log_a\dfrac{M}{N}$

(4) $(\log_a M)^k\neq k\log_a M$ (단, k는 실수이다.)

체크 035

$\log_5 2+\log_5\left(1+\dfrac{1}{2}\right)+\log_5\left(1+\dfrac{1}{3}\right)+\cdots+\log_5\left(1+\dfrac{1}{124}\right)$

$=\log_5 2+\log_5\dfrac{3}{2}+\log_5\dfrac{4}{3}+\cdots+\log_5\dfrac{125}{124}$

$=\log_5\left(2\times\dfrac{3}{2}\times\dfrac{4}{3}\times\cdots\times\dfrac{125}{124}\right)$

$=\log_5 125=\log_5 5^3=3$

답 3

체크 036

$\log_{33}110=\dfrac{\log_3 110}{\log_3 33}=\dfrac{\log_3(2\times 5\times 11)}{\log_3(3\times 11)}$

$\qquad\quad\ =\dfrac{\log_3 2+\log_3 5+\log_3 11}{\log_3 3+\log_3 11}$

$\qquad\quad\ =\dfrac{\dfrac{1}{\log_2 3}+\log_3 5+\dfrac{\log_5 11}{\log_5 3}}{1+\dfrac{\log_5 11}{\log_5 3}}$

$\qquad\quad\ =\dfrac{\dfrac{1}{a}+b+bc}{1+bc}=\dfrac{1+ab+abc}{a+abc}$

답 $\dfrac{1+ab+abc}{a+abc}$

체크 037

$6^x=a,\ 6^y=b,\ 6^z=c$에서

$x=\log_6 a,\ y=\log_6 b,\ z=\log_6 c$

$\log_{b\sqrt{c}}a$를 밑이 6인 로그로 변형하면

$\log_{b\sqrt{c}}a=\dfrac{\log_6 a}{\log_6 b\sqrt{c}}=\dfrac{\log_6 a}{\log_6 b+\log_6\sqrt{c}}$

$\qquad\quad\ =\dfrac{\log_6 a}{\log_6 b+\dfrac{1}{2}\log_6 c}$

$\qquad\quad\ =\dfrac{x}{y+\dfrac{z}{2}}=\dfrac{2x}{2y+z}$

답 $\dfrac{2x}{2y+z}$

[다른 풀이]

$\log_{b\sqrt{c}}a=\log_{6^y\times 6^{\frac{z}{2}}}6^x$

$\qquad\quad\ =\log_{6^{y+\frac{z}{2}}}6^x$

$\qquad\quad\ =\dfrac{x}{y+\dfrac{z}{2}}=\dfrac{2x}{2y+z}$

체크 038

(1) $16^x=9^y=12$에서

$x=\log_{16}12,\ y=\log_9 12$이므로

$\dfrac{1}{x}=\log_{12}16,\ \dfrac{1}{y}=\log_{12}9$

$\therefore\ \dfrac{1}{x}+\dfrac{1}{y}=\log_{12}16+\log_{12}9=\log_{12}(16\times 9)$

$\qquad\qquad\ =\log_{12}144=\log_{12}12^2=2$

(2) $a^x=b^y=c^z=9$에서

$x=\log_a 9,\ y=\log_b 9,\ z=\log_c 9$이므로

$\dfrac{1}{x}=\log_9 a,\ \dfrac{1}{y}=\log_9 b,\ \dfrac{1}{z}=\log_9 c$

또한 $\log_3\dfrac{ab}{c}=6$이므로

$\dfrac{1}{x}+\dfrac{1}{y}-\dfrac{1}{z}=\log_9 a+\log_9 b-\log_9 c=\log_9\dfrac{ab}{c}$

$\qquad\qquad\qquad\ =\log_{3^2}\dfrac{ab}{c}=\dfrac{1}{2}\log_3\dfrac{ab}{c}$

$\qquad\qquad\qquad\ =\dfrac{1}{2}\times 6=3$

답 (1) 2 (2) 3

[다른 풀이]

(1) $16^x=9^y=12$에서 $16=12^{\frac{1}{x}},\ 9=12^{\frac{1}{y}}$이므로

$12^{\frac{1}{x}}\times 12^{\frac{1}{y}}=16\times 9$

즉, $12^{\frac{1}{x}+\frac{1}{y}}=12^2$이므로

$\dfrac{1}{x}+\dfrac{1}{y}=2$

(2) $a^x=b^y=c^z=9$에서

$a=9^{\frac{1}{x}},\ b=9^{\frac{1}{y}},\ c=9^{\frac{1}{z}}$

$\therefore\ \dfrac{ab}{c}=\dfrac{9^{\frac{1}{x}}\times 9^{\frac{1}{y}}}{9^{\frac{1}{z}}}=9^{\frac{1}{x}+\frac{1}{y}-\frac{1}{z}}$

$\qquad\ =3^{2\left(\frac{1}{x}+\frac{1}{y}-\frac{1}{z}\right)}$ ······ ㉠

한편, $\log_3\dfrac{ab}{c}=6$에서 $\dfrac{ab}{c}=3^6$ ······ ㉡

$\bigcirc=\bigcirc$이므로 $2\left(\dfrac{1}{x}+\dfrac{1}{y}-\dfrac{1}{z}\right)=6$

$\therefore \dfrac{1}{x}+\dfrac{1}{y}-\dfrac{1}{z}=3$

체크 039

(1) $a^{\log_b 3}\times 3^{\log_a b}=3^{\log_a a}\times 3^{\log_a b}=3^{\log_a a+\log_a b}$

이차방정식 $x^2-5x+5=0$의 두 근이 $\log_3 a$, $\log_3 b$이므로 근과 계수의 관계에 의하여

$\log_3 a+\log_3 b=5$, $\log_3 a\times \log_3 b=5$

$\therefore \log_a b+\log_b a=\dfrac{\log_3 b}{\log_3 a}+\dfrac{\log_3 a}{\log_3 b}$

$=\dfrac{(\log_3 a)^2+(\log_3 b)^2}{\log_3 a\times \log_3 b}$

$=\dfrac{(\log_3 a+\log_3 b)^2-2\log_3 a\times \log_3 b}{\log_3 a\times \log_3 b}$

$=\dfrac{5^2-2\times 5}{5}=3$

$\therefore a^{\log_b 3}\times 3^{\log_a b}=3^{\log_a a+\log_a b}=3^3=27$

(2) 이차방정식 $x^2-6x+2=0$의 두 근이 α, β이므로 근과 계수의 관계에 의하여

$\alpha+\beta=6$, $\alpha\beta=2$

$\therefore \alpha^2+\beta^2=(\alpha+\beta)^2-2\alpha\beta=6^2-2\times 2=32$

$\therefore \log_{\alpha^2+\beta^2}\alpha+\log_{\alpha^2+\beta^2}4\beta=\log_{32}4\alpha\beta=\log_{32}(4\times 2)$

$=\log_{2^5}2^3=\dfrac{3}{5}$

답 (1) 27　(2) $\dfrac{3}{5}$

tip
이차방정식의 근과 계수의 관계
이차방정식 $ax^2+bx+c=0$의 두 근이 α, β이면
$$\alpha+\beta=-\dfrac{b}{a},\ \alpha\beta=\dfrac{c}{a}$$

04 상용로그

체크 040

상용로그표에서 $\log 2.82=0.4502$이므로

$\log\sqrt[3]{0.0282}=\log 0.0282^{\frac{1}{3}}=\dfrac{1}{3}\log 0.0282$

$=\dfrac{1}{3}\log(2.82\times 10^{-2})$

$=\dfrac{1}{3}(\log 2.82+\log 10^{-2})$

$=\dfrac{1}{3}(0.4502-2)=-0.5166$

답 -0.5166

체크 041

$\log 53.6=\log(5.36\times 10)=\log 5.36+1=1.7292$이므로

$\log 5.36=0.7292$

(1) $x=\log 536=\log(5.36\times 10^2)$

$=\log 5.36+\log 10^2$

$=0.7292+2=2.7292$

(2) $x=\log 0.0536=\log(5.36\times 10^{-2})$

$=\log 5.36+\log 10^{-2}$

$=0.7292+(-2)=-1.2708$

(3) $\log x=5+0.7292=\log 10^5+\log 5.36$

$=\log(10^5\times 5.36)=\log 536000$

$\therefore x=536000$

(4) $\log x=-4.2708=-4-0.2708$

$=(-4-1)+(1-0.2708)$

$=-5+0.7292$

$=\log 10^{-5}+\log 5.36=\log(10^{-5}\times 5.36)$

$=\log 0.0000536$

$\therefore x=0.0000536$

답 (1) 2.7292　(2) -1.2708　(3) 536000　(4) 0.0000536

[다른 풀이]

(3) $\log x$의 정수 부분은 5이고 소수 부분은 0.7292이다.

따라서 x는 6자리의 정수이고, 5.36과 숫자의 배열이 같은 수이므로

$x=536000$

(4) $\log x=-4.2708=-4-0.2708$

$=(-4-1)+(1-0.2708)$

$=-5+0.7292$

에서 $\log x$의 정수 부분은 -5이고 소수 부분은 0.7292이다.

따라서 x는 소수점 아래 다섯 번째 자리에서 처음으로 0이 아닌 숫자가 나타나고, 5.36과 숫자의 배열이 같은 수이므로

$x=0.0000536$

체크 042

(1) $\log 5^{20}=20\log 5=20\log\dfrac{10}{2}$

$=20(\log 10-\log 2)=20(1-0.3010)=13.98$

따라서 $\log 5^{20}$의 정수 부분이 13이므로 5^{20}은 14자리의 정수이다.

(2) $\log(2^{-40}\times 3^{10})=\log 2^{-40}+\log 3^{10}$

$=-40\log 2+10\log 3$

$=-40\times 0.3010+10\times 0.4771$

$=-12.04+4.771=-7.269$

$=-8+0.731$

따라서 $\log(2^{-40} \times 3^{10})$의 정수 부분이 -8이므로 $2^{-40} \times 3^{10}$은 소수점 아래 8번째 자리에서 처음으로 0이 아닌 숫자가 나타난다.

답 (1) 14자리 (2) 8번째 자리

tip

$$\log 5 = \log \frac{10}{2} = \log 10 - \log 2 = 1 - \log 2$$

체크 043

a^{100}이 78자리의 수이므로 $\log a^{100}$의 정수 부분은 77이다.

$\therefore 77 \le \log a^{100} < 78$

$\log a^{100} = 100 \log a$이므로

$0.77 \le \log a < 0.78$ ...... ㉠

이때 $\log \frac{1}{a^{20}} = \log a^{-20} = -20 \log a$이므로 ㉠의 각 변에 -20을 곱하면

$-15.6 < -20 \log a \le -15.4$

$\therefore -16 + 0.4 < -20 \log a \le -16 + 0.6$

따라서 $\log \frac{1}{a^{20}}$의 정수 부분이 -16이므로 $\frac{1}{a^{20}}$은 소수점 아래 16번째 자리에서 처음으로 0이 아닌 숫자가 나타난다.

답 16번째 자리

체크 044

$\log 5^{12} = 12 \log \frac{10}{2} = 12(\log 10 - \log 2)$

$\qquad\quad = 12(1 - \log 2) = 12(1 - 0.3010)$

$\qquad\quad = 12 \times 0.6990 = 8.3880$

이때 $\log 2 = 0.3010$, $\log 3 = 0.4771$이므로

$\log 2 < 0.3880 < \log 3$

이 부등식의 각 변에 8을 더하면

$8 + \log 2 < 8.3880 < 8 + \log 3$

$\log 10^8 + \log 2 < \log 5^{12} < \log 10^8 + \log 3$

$\log(2 \times 10^8) < \log 5^{12} < \log(3 \times 10^8)$

$\therefore 2 \times 10^8 < 5^{12} < 3 \times 10^8$

따라서 5^{12}의 최고 자리의 숫자는 2이다.

답 2

체크 045

$\log 400 = \log(4 \times 10^2) = 2 + \log 4$이므로 $\log 400$의 정수 부분은 2이고, 소수 부분은 $\log 4$이다.

즉, 이차방정식 $x^2 + ax + b = 0$의 두 근이 2와 $\log 4$이므로 근과 계수의 관계에 의하여

$2 + \log 4 = -a$, 즉 $a = -2 - \log 4$

$2 \log 4 = b$

$\therefore a + b = (-2 - \log 4) + 2 \log 4 = -2 + \log 4$

$\qquad\quad = \log 10^{-2} + \log 4 = \log 0.04$

답 $\log 0.04$

체크 046

$\log x$의 소수 부분과 $\log \sqrt[4]{x}$의 소수 부분의 합이 1이므로

$\log x + \log \sqrt[4]{x} = \log x + \frac{1}{4} \log x = \frac{5}{4} \log x$

에서 $\frac{5}{4} \log x$는 정수이다.

$\log x$의 정수 부분이 4이므로 $4 < \log x < 5$

$\therefore 5 < \frac{5}{4} \log x < \frac{25}{4}$

이때 $\frac{5}{4} \log x$가 정수이므로

$\frac{5}{4} \log x = 6$ $\qquad \therefore \log x = \frac{24}{5}$

따라서 $\log x$의 소수 부분은

$\log x - 4 = \frac{24}{5} - 4 = \frac{4}{5} = 0.8$

답 0.8

tip

$\log x$의 소수 부분과 $\log \sqrt[4]{x}$의 소수 부분의 합이 1이면 $\log x$의 소수 부분은 0이 될 수 없다.

체크 047

$[x]$는 x보다 크지 않은 최대의 정수이므로 $[\log x]$의 값은 $\log x$의 정수 부분이고, $\log x - [\log x]$의 값은 $\log x$의 소수 부분이다.

마찬가지로 $\left[\log \frac{1}{x}\right]$의 값은 $\log \frac{1}{x}$의 정수 부분이므로 $\log \frac{1}{x} - \left[\log \frac{1}{x}\right]$의 값은 $\log \frac{1}{x}$의 소수 부분이다.

따라서 $\log x - [\log x] = \log \frac{1}{x} - \left[\log \frac{1}{x}\right]$에서 $\log x$의 소수 부분과 $\log \frac{1}{x}$의 소수 부분이 같으므로

$\log x - \log \frac{1}{x} = \log x + \log x = 2 \log x$

에서 $2 \log x$는 정수이다.

$1000 < x < 10000$에서 $3 < \log x < 4$

$\therefore 6 < 2 \log x < 8$

이때 $2 \log x$가 정수이므로 $2 \log x = 7$

$\therefore \log x = \frac{7}{2}$

$\therefore x = 1000\sqrt{10}$

답 $1000\sqrt{10}$

tip

(1) $\log x$와 $\log y$의 소수 부분이 같다.

  ➡ $\log x - \log y$가 정수이다.

(2) $\log x$와 $\log y$의 소수 부분의 합이 1이다.

  ➡ $\log x + \log y$가 정수이다.

(3) $[\log x]$의 값은 $\log x$의 정수 부분, $\log x - [\log x]$의 값은 $\log x$의 소수 부분이다.

  (단, $[x]$는 x보다 크지 않은 최대의 정수이다.)

체크 048

$P_A = 20 \log 255 - 10 \log E_A$ …… ㉠

$P_B = 20 \log 255 - 10 \log E_B$ …… ㉡

㉠$-$㉡을 하면

$$P_A - P_B = 10 \log E_B - 10 \log E_A$$
$$= 10 \log \frac{E_B}{E_A} = 10 \log \frac{100 E_A}{E_A}$$
$$= 10 \log 10^2 = 20$$

답 20

연습 문제 02

049

(1) $\log_5 \{\log_3 (\log_2 x)\} = 0$에서 로그의 정의에 의하여

$\log_3 (\log_2 x) = 5^0 = 1$, $\log_2 x = 3^1 = 3$

$\therefore x = 2^3 = 8$

(2) $\log_{\sqrt{2}} x = 4$에서 로그의 정의에 의하여

$x = (\sqrt{2})^4 = 4$

$\log_2 y = 6$에서 로그의 정의에 의하여

$y = 2^6 = 64$

$\therefore \log_x y = \log_4 64 = \log_4 4^3 = 3$

(3) $\log_2 x + \log_2 3y + \log_2 4z = \log_2 (x \times 3y \times 4z)$
$$= \log_2 12xyz = 2$$

로그의 정의에 의하여

$12xyz = 2^2 = 4$ $\therefore xyz = \dfrac{1}{3}$

$\therefore \{(8^x)^y\}^z = (2^3)^{xyz} = (2^3)^{\frac{1}{3}} = 2$

답 (1) 8   (2) 3   (3) 2

[다른 풀이]

(2) $\log_x y = \dfrac{\log_2 y}{\log_2 x} = \dfrac{\log_2 y}{\frac{1}{2} \log_{\sqrt{2}} x} = \dfrac{6}{\frac{1}{2} \times 4} = 3$

050

ㄱ. $L(2, 8) = \log_2 8 = \log_2 2^3 = 3$

    $L(4, 64) = \log_4 64 = \log_4 4^3 = 3$ (참)

ㄴ. $L(3, a) - L(3, b) = \log_3 a - \log_3 b = \log_3 \dfrac{a}{b}$

    한편, $L(3, a-b) = \log_3 (a-b)$이므로

    $L(3, a) - L(3, b) \neq L(3, a-b)$ (거짓)

ㄷ. $L(a, b) = k$이면 $\log_a b = k$

    즉, 로그의 정의에 의하여 $a^k = b$이다. (참)

따라서 옳은 것은 ㄱ, ㄷ이다.   **답** ㄱ, ㄷ

051

모든 실수 x에 대하여 $\log_{10} (ax^2 - 2ax + 5)$의 값이 존재하려면 진수의 조건에서 (진수)$>0$이어야 한다.

즉, 모든 실수 x에 대하여 $ax^2 - 2ax + 5 > 0$이어야 한다.

(i) $a = 0$일 때, $a \times 0^2 - 2a \times 0 + 5 = 5 > 0$이므로 성립한다.

(ii) $a \neq 0$일 때, $a > 0$이고 이차방정식 $ax^2 - 2ax + 5 = 0$의 판별식을 D라 하면 $D < 0$이어야 하므로

$$\frac{D}{4} = (-a)^2 - 5a = a(a-5) < 0$$

$\therefore 0 < a < 5$

(i), (ii)에서 $0 \leq a < 5$ **답** $0 \leq a < 5$

052

$\log_3 4$가 $\boxed{\text{유리수}}$라 가정하면

$$\log_3 4 = \frac{n}{m} \ (m, n\text{은 서로소인 양의 정수})$$

인 m, n이 존재한다. 로그의 정의에 의하여

$4 = 3^{\frac{n}{m}}$ $\therefore 4^m = 3^n$

그런데 m, n이 자연수이므로 4^m은 $\boxed{\text{짝수}}$, 3^n은 $\boxed{\text{홀수}}$가 되어 모순이다.

따라서 $\log_3 4$는 유리수가 아니다.   **답** ④

053

$k = 2$일 때, $\log_2 x$가 유리수이고 x가 자연수가 되려면

$x = 2^m$ (m은 자연수) 꼴이어야 하므로

$x = 2, 4, 8, 16, 32, 64$ $\therefore n(A_2) = 6$

$k = 8$일 때, $\log_8 x = \dfrac{1}{3} \log_2 x$가 유리수이고 x가 자연수가 되려면

$x = 2^m$ (m은 자연수) 꼴이어야 하므로

$x = 2, 4, 8, 16, 32, 64$ $\therefore n(A_8) = 6$

$k = 81$일 때, $\log_{81} x = \dfrac{1}{4} \log_3 x$가 유리수이고 x가 자연수가 되려면

$x = 3^m$ (m은 자연수) 꼴이어야 하므로

$x = 3, 9, 27, 81$ $\therefore n(A_{81}) = 4$

$k=100$일 때, $\log_{100}x=\dfrac{1}{2}\log_{10}x$가 유리수이고 x가 자연수가 되려면

$x=10^m$ (m은 자연수) 꼴이어야 하므로

$x=10,\ 100$ $\quad\therefore n(A_{100})=2$

$\therefore n(A_2)+n(A_8)+n(A_{81})+n(A_{100})$

$\quad=6+6+4+2=18$ **답** 18

054

(1) $\dfrac{1}{2}\log_2\dfrac{5}{4}-\log_2\dfrac{\sqrt{10}}{4}$

$=\dfrac{1}{2}(\log_2 5-\log_2 4)-(\log_2\sqrt{10}-\log_2 4)$

$=\dfrac{1}{2}(\log_2 5-\log_2 2^2)-(\log_2 10^{\frac{1}{2}}-\log_2 2^2)$

$=\dfrac{1}{2}(\log_2 5-2)-\left(\dfrac{1}{2}\log_2 10-2\right)$

$=\dfrac{1}{2}(\log_2 5-\log_2 10)-1+2$

$=\dfrac{1}{2}\log_2\dfrac{1}{2}+1$

$=\dfrac{1}{2}\log_2 2^{-1}+1$

$=-\dfrac{1}{2}+1=\dfrac{1}{2}$

(2) $\left(\log_2 3+\dfrac{1}{2}\log_{\sqrt{2}}9\right)\times\log_3 4$

$=(\log_2 3+\log_{(\sqrt{2})^2}9)\times\log_3 2^2$

$=(\log_2 3+\log_2 9)\times 2\log_3 2$

$=\log_2(3\times 9)\times 2\log_3 2$

$=\log_2 27\times 2\log_3 2$

$=\log_2 3^3\times 2\log_3 2$

$=3\log_2 3\times 2\log_3 2=6$

(3) $2^{\log_2\left(1-\frac{1}{2}\right)+\log_2\left(1-\frac{1}{3}\right)+\log_2\left(1-\frac{1}{4}\right)+\cdots+\log_2\left(1-\frac{1}{100}\right)}$

$=2^{\log_2\frac{1}{2}+\log_2\frac{2}{3}+\log_2\frac{3}{4}+\cdots+\log_2\frac{99}{100}}$

$=2^{\log_2\left(\frac{1}{2}\times\frac{2}{3}\times\frac{3}{4}\times\cdots\times\frac{99}{100}\right)}$

$=2^{\log_2\frac{1}{100}}=\left(\dfrac{1}{100}\right)^{\log_2 2}=\dfrac{1}{100}$

답 (1) $\dfrac{1}{2}$ (2) 6 (3) $\dfrac{1}{100}$

055

$\log_{\sqrt{3}}a=2\log_3 a=4\log_9 a=\log_9 a^4$이므로

$\log_{\sqrt{3}}a=\log_9 ab$에서 $\log_9 a^4=\log_9 ab$

$a^4=ab,\ a(a^3-b)=0$

$\therefore b=a^3\ (\because a>1)$

$\therefore \log_a b=\log_a a^3=3$ **답** ③

056

$a>0,\ a\neq 1$이므로 $a^2b^4=1$의 양변에 a를 밑으로 하는 로그를 취하면

$\log_a a^2b^4=\log_a 1,\ \log_a a^2+\log_a b^4=0$

$2+4\log_a b=0$ $\quad\therefore \log_a b=-\dfrac{1}{2}$

$\therefore \log_a a^6b^2=\log_a a^6+\log_a b^2=6+2\log_a b$

$\qquad\qquad=6+2\times\left(-\dfrac{1}{2}\right)=5$ **답** 5

[다른 풀이]

$a^2b^4=1$에서 $b^4=a^{-2}$ $\quad\therefore b=a^{-\frac{1}{2}}$

$\therefore \log_a a^6b^2=\log_a a^6(a^{-\frac{1}{2}})^2=\log_a a^6 a^{-1}=\log_a a^5=5$

057

$\log_9 n$이 유리수가 아니면 $f(n)=0$이므로 $\log_9 n$이 유리수인 경우만 생각해도 된다.

$\log_9 n=\log_{3^2}n=\dfrac{1}{2}\log_3 n$이 유리수가 되려면 $\log_3 n$이 유리수이고, n이 1보다 큰 자연수이므로 $n=3^k$ (k는 자연수) 꼴이어야 한다.

100 이하의 자연수 중 3^k (k는 자연수) 꼴인 수는

3, 9, 27, 81이므로

$f(2)+f(3)+f(4)+\cdots+f(100)$

$=f(3)+f(9)+f(27)+f(81)$

$=\log_3(\log_9 3)+\log_3(\log_9 9)+\log_3(\log_9 27)+\log_3(\log_9 81)$

$=\log_3\dfrac{1}{2}+\log_3 1+\log_3\dfrac{3}{2}+\log_3 2$

$=\log_3\left(\dfrac{1}{2}\times 1\times\dfrac{3}{2}\times 2\right)=\log_3\dfrac{3}{2}=1-\log_3 2$

답 $1-\log_3 2$

058

$\log_3\dfrac{4}{5}=a$이므로 $2\log_3 2-\log_3 5=a$ $\quad\cdots\cdots$ ㉠

$\log_3\dfrac{8}{5}=b$이므로 $3\log_3 2-\log_3 5=b$ $\quad\cdots\cdots$ ㉡

㉠, ㉡을 연립하여 풀면

$\log_3 2=-a+b,\ \log_3 5=-3a+2b$

$\therefore \log_3\dfrac{24}{25}=\log_3 24-\log_3 25$

$\qquad\qquad=\log_3(2^3\times 3)-\log_3 5^2$

$\qquad\qquad=3\log_3 2+1-2\log_3 5$

$\qquad\qquad=3(-a+b)+1-2(-3a+2b)$

$\qquad\qquad=3a-b+1$ **답** $3a-b+1$

059

$\log_c a : \log_c b = 3 : 5$이므로

$\log_c a = 3k$, $\log_c b = 5k$ $(k \neq 0)$라 하면

$$\log_a b = \frac{\log_c b}{\log_c a} = \frac{5k}{3k} = \frac{5}{3}$$

$$\therefore 3\log_a b + 10\log_b a = 3\log_a b + 10 \times \frac{1}{\log_a b}$$

$$= 3 \times \frac{5}{3} + 10 \times \frac{3}{5} = 11 \qquad \boxed{답} \ 11$$

tip

0이 아닌 실수 k에 대하여

(1) $a : b = c : d \iff \dfrac{a}{c} = \dfrac{b}{d} = k \iff a = ck,\ b = dk$

(2) $a : b : c = d : e : f \iff \dfrac{a}{d} = \dfrac{b}{e} = \dfrac{c}{f} = k$

$\qquad\qquad\qquad\qquad \iff a = dk,\ b = ek,\ c = fk$

060

상용로그표에서 $\log 5.04 = 0.7024$이므로

$$\log 50.4^3 = 3\log 50.4 = 3\log(5.04 \times 10)$$

$$= 3(0.7024 + 1) = 5.1072$$

$$= 5 + 0.1072$$

이때 $\log 1.28 = 0.1072$이므로

$$\log 50.4^3 = 5 + \log 1.28 = \log 10^5 + \log 1.28$$

$$= \log(10^5 \times 1.28)$$

$$\therefore 50.4^3 = 1.28 \times 10^5 = 128000 \qquad \boxed{답} \ 128000$$

061

(1) $\log 750 = \log(7.5 \times 10^2) = \log 10^2 + \log 7.5$

$\qquad\qquad\quad = 2 + \log 7.5$

이므로 $n = 2$, $a = \log 7.5$

이때 $10^a = 10^{\log 7.5} = 7.5$이므로

$n + 10^a = 2 + 7.5 = 9.5$

(2) n과 a가 이차방정식 $2x^2 - 5x + m = 0$의 두 근이므로 근과 계수의 관계에 의하여

$$n + a = \frac{5}{2} \qquad\qquad\qquad \cdots\cdots \ \text{㉠}$$

$$na = \frac{m}{2} \qquad\qquad\qquad \cdots\cdots \ \text{㉡}$$

이때 ㉠에서 $\log N = n + a = \dfrac{5}{2}$

$$\therefore N = 10^{\frac{5}{2}} = 100\sqrt{10}$$

또한 ㉠에서 n은 정수, $0 \le a < 1$이므로

$$n = 2,\ a = \frac{1}{2}$$

이것을 ㉡에 대입하면

$$na = 2 \times \frac{1}{2} = \frac{m}{2} \qquad \therefore m = 2$$

$$\therefore \frac{N}{m} = \frac{100\sqrt{10}}{2} = 50\sqrt{10}$$

$\boxed{답}$ (1) 9.5 (2) $50\sqrt{10}$

062

$\log x = -\dfrac{6}{5}$이므로

$$\log x^3 = 3\log x = 3 \times \left(-\frac{6}{5}\right) = -\frac{18}{5}$$

$$= -3.6 = -4 + 0.4$$

즉, $\log x^3$의 정수 부분이 -4이므로 x^3은 소수점 아래 4번째 자리에서 처음으로 0이 아닌 숫자가 나타난다.

$\therefore a = 4$

한편, $\log 2 = 0.30$, $\log 3 = 0.48$이므로

$\log 2 < 0.4 < \log 3$

$-4 + \log 2 < -4 + 0.4 < -4 + \log 3$

$\log(2 \times 10^{-4}) < \log x^3 < \log(3 \times 10^{-4})$

$\therefore 2 \times 10^{-4} < x^3 < 3 \times 10^{-4}$

따라서 x^3의 소수점 아래 4번째 자리의 숫자는 2이므로

$b = 2$

$\therefore a + b = 4 + 2 = 6 \qquad \boxed{답} \ 6$

tip

(1) $\log N = n + \log a$ (n은 정수, $0 \le \log a < 1$)에서 n은 $\log N$의 정수 부분, $\log a$는 $\log N$의 소수 부분이다.

(2) ① $\log N$의 정수 부분이 n (n은 0 또는 양의 정수)이면 N의 정수 부분은 $(n+1)$자리의 수이다.

② $\log N$의 정수 부분이 n (n은 음의 정수)이면 N은 소숫점 아래 $(-n)$번째 자리에서 처음으로 0이 아닌 숫자가 나타난다.

(3) 숫자의 배열이 같고 소수점의 위치만 다른 두 양수의 상용로그의 소수 부분은 같다.

063

$\log x$의 소수 부분과 $\log \dfrac{1}{\sqrt[4]{x}}$의 소수 부분이 같으므로

$$\log x - \log \frac{1}{\sqrt[4]{x}} = \log x + \frac{1}{4}\log x$$

$$= \frac{5}{4}\log x$$

에서 $\dfrac{5}{4}\log x$는 정수이다.

$2 < \log x < 3$이므로 $2 \times \dfrac{5}{4} < \dfrac{5}{4}\log x < 3 \times \dfrac{5}{4}$

$$\therefore \frac{5}{2} < \frac{5}{4}\log x < \frac{15}{4}$$

이때 $\frac{5}{4}\log x$가 정수이므로 $\frac{5}{4}\log x = 3$

$$\therefore \log x = \frac{12}{5}$$

답 $\dfrac{12}{5}$

064

$f(m)$은 $\log m$의 정수 부분이므로

$1 \le m < 100$에서 $0 \le f(m) < 2$

$2 \le 2m < 200$에서 $0 \le f(2m) < 2$

따라서 $f(m) = f(2m)$을 만족시키는 경우를 다음과 같이 나누어 생각할 수 있다.

(i) $f(m) = 0$, $f(2m) = 0$일 때

　$f(m) = 0$에서 $1 \le m < 10$

　$f(2m) = 0$에서 $1 \le 2m < 10$　　$\therefore \dfrac{1}{2} \le m < 5$

　따라서 $1 \le m < 5$이므로 m은 1, 2, 3, 4의 4개이다.

(ii) $f(m) = 1$, $f(2m) = 1$일 때

　$f(m) = 1$에서 $10 \le m < 100$

　$f(2m) = 1$에서 $10 \le 2m < 100$　　$\therefore 5 \le m < 50$

　따라서 $10 \le m < 50$이므로 m은 10, 11, 12, $\cdots$, 49의 40개이다.

(i), (ii)에서 구하는 m은 44개이다.　　**답** 44

[다른 풀이]

$f(m) = f(2m)$이므로 m과 $2m$의 자리수는 같다.

즉, 자연수 m은 2배를 하여도 자리수가 변하지 않는 100 이하의 자연수이다.

(i) m이 한 자리의 자연수일 때

　$m = 1$, 2, 3, 4의 4개이다.

(ii) m이 두 자리의 자연수일 때

　$m = 10$, 11, 12, $\cdots$, 49의 40개이다.

(i), (ii)에서 구하는 m은 44개이다.

065

현재 이 도시의 인구수를 A라 하면 20년 후의 이 도시의 인구수는 kA이다.

$A(1+0.05)^{20} = kA$　　$\therefore 1.05^{20} = k$

양변에 상용로그를 취하면

$\log 1.05^{20} = \log k$

이때 $\log 1.05^{20} = 20\log 1.05 = 20 \times 0.021 = 0.420$이고

$\log 2.63 = 0.420$이므로

$\log k = 0.420$　　$\therefore k = 2.63$

$\therefore 100k = 263$　　**답** 263

066

$t = 1$, $x = 2$일 때, 페로몬의 농도가 a이므로

$$\log a = A - \frac{1}{2}\log 1 - \frac{K \times 2^2}{1}$$
$$= A - 4K \qquad \cdots\cdots ㉠$$

$t = 4$, $x = d$일 때, 페로몬의 농도가 $\dfrac{a}{2}$이므로

$$\log \frac{a}{2} = A - \frac{1}{2}\log 4 - \frac{Kd^2}{4}$$

즉, $\log a - \log 2 = A - \dfrac{1}{2} \times 2\log 2 - \dfrac{Kd^2}{4}$에서

$$\log a = A - \frac{Kd^2}{4} \qquad \cdots\cdots ㉡$$

㉠, ㉡이 서로 같으므로

$$A - 4K = A - \frac{Kd^2}{4}, \quad 4K = \frac{Kd^2}{4}$$

$d^2 = 16$　　$\therefore d = 4 \ (\because d \ge 0)$　　**답** ④

2 지수함수와 로그함수

05 지수함수의 뜻과 그래프

체크 067

(1) 함수 $y=2^{x-1}+2$의 그래프는 지수함수 $y=2^x$의 그래프를 x축의 방향으로 1만큼, y축의 방향으로 2만큼 평행이동한 것이다.

따라서 함수 $y=2^{x-1}+2$의 그래프는 오른쪽 그림과 같다.

이때 치역은 $\{y|y>2\}$, 점근선의 방정식은 $y=2$이다.

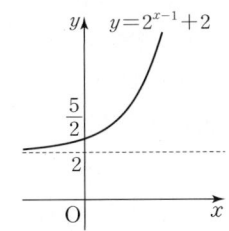

(2) 함수 $y=\left(\frac{1}{2}\right)^{x-3}+1$의 그래프는 지수함수 $y=\left(\frac{1}{2}\right)^x$의 그래프를 x축의 방향으로 3만큼, y축의 방향으로 1만큼 평행이동한 것이다.

따라서 함수 $y=\left(\frac{1}{2}\right)^{x-3}+1$의 그래프는 오른쪽 그림과 같다.

이때 치역은 $\{y|y>1\}$, 점근선의 방정식은 $y=1$이다.

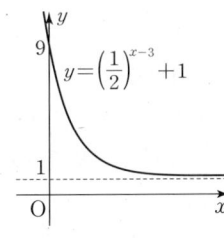

(3) 함수 $y=\left(\frac{1}{3}\right)^{-x-1}-2=3^{x+1}-2$의 그래프는 지수함수 $y=3^x$의 그래프를 x축의 방향으로 -1만큼, y축의 방향으로 -2만큼 평행이동한 것이다.

따라서 함수 $y=\left(\frac{1}{3}\right)^{-x-1}-2$의 그래프는 오른쪽 그림과 같다.

이때 치역은 $\{y|y>-2\}$, 점근선의 방정식은 $y=-2$이다.

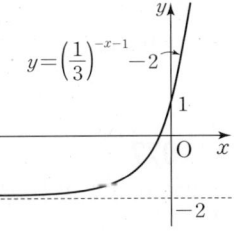

(4) 함수 $y=-\left(\frac{1}{3}\right)^{x-1}+2$의 그래프는 지수함수 $y=\left(\frac{1}{3}\right)^x$의 그래프를 x축에 대하여 대칭이동한 후, x축의 방향으로 1만큼, y축의 방향으로 2만큼 평행이동한 것이다.

따라서 함수 $y=-\left(\frac{1}{3}\right)^{x-1}+2$의 그래프는 오른쪽 그림과 같다.

이때 치역은 $\{y|y<2\}$, 점근선의 방정식은 $y=2$이다.

답 풀이 참조

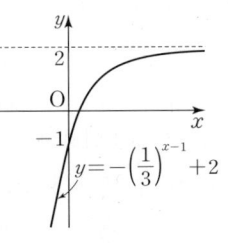

체크 068

지수함수 $y=a^x$의 그래프를 y축에 대하여 대칭이동한 후, x축의 방향으로 2만큼, y축의 방향으로 b만큼 평행이동한 그래프

의 식은

$$y=a^{-(x-2)}+b=a^{-x+2}+b$$

이때 이 함수의 치역이 $\left\{y\,\middle|\,y>\frac{3}{2}\right\}$이므로 $b=\frac{3}{2}$

또한 함수 $y=a^{-x+2}+\frac{3}{2}$의 그래프가 점 $(4, 2)$를 지나므로

$$2=a^{-2}+\frac{3}{2},\ a^{-2}=\frac{1}{2} \qquad \therefore a^2=2$$

$$\therefore a^2b=2\times\frac{3}{2}=3$$

답 3

체크 069

함수 $y=3^{1-x}-4=\left(\frac{1}{3}\right)^{x-1}-4$의 그래프는 함수 $y=\left(\frac{1}{3}\right)^x$의 그래프를 x축의 방향으로 1만큼, y축의 방향으로 -4만큼 평행이동한 것이다.

ㄱ. $0<(밑)<1$이므로 x의 값이 증가하면 y의 값은 감소한다. (거짓)

ㄴ. 정의역은 실수 전체의 집합이고, 치역은 $\{y|y>-4\}$이다. (거짓)

ㄷ. 그래프의 점근선의 방정식은 $y=-4$이다. (참)

ㄹ. 실수 전체의 집합에서 집합 $\{y|y>-4\}$로의 일대일대응이므로 역함수가 존재한다. (참)

따라서 옳은 것은 ㄷ, ㄹ이다.

답 ㄷ, ㄹ

체크 070

ㄱ. $f(x)=\left(\frac{2}{3}\right)^{-x}=\left(\frac{3}{2}\right)^x$에서 $(밑)>1$이므로 $a<b$일 때, $f(a)<f(b)$이다.

ㄴ. $f(x)=0.5^{x-1}$에서 $0<(밑)<1$이므로 $a<b$일 때, $f(a)>f(b)$이다.

ㄷ. $f(x)=\left(\frac{1}{4}\right)^{x+1}-3$에서 $0<(밑)<1$이므로 $a<b$일 때, $f(a)>f(b)$이다.

ㄹ. $f(x)=3^x+1$에서 $(밑)>1$이므로 $a<b$일 때, $f(a)<f(b)$이다.

ㅁ. $f(x)=\left(\frac{5}{2}\right)^{x+1}-4$에서 $(밑)>1$이므로 $a<b$일 때, $f(a)<f(b)$이다.

따라서 $a<b$일 때 $f(a)>f(b)$를 만족시키는 함수는 ㄴ, ㄷ이다.

답 ㄴ, ㄷ

체크 071

$a>2$에서 지수함수 $y=a^x$은 x의 값이 증가할 때, y의 값도 증가하는 그래프이므로 ⓒ 또는 ⓓ이다.

또한 $x>0$일 때, $a^x>2^x$이므로 지수함수 $y=a^x$의 그래프는

ⓒ이다.

한편, $0<b<\dfrac{1}{2}$에서 지수함수 $y=b^x$은 x의 값이 증가할 때,
y의 값은 감소하는 그래프이므로 ㉠ 또는 ㉡이다.

또한 $x<0$일 때, $b^x>\left(\dfrac{1}{2}\right)^x$이므로 지수함수 $y=b^x$의 그래프
는 ㉡이다.   답 ㉢, ㉡

체크 072

주어진 그래프의 점근선의 방정식이 $y=2$이므로

$b=2$ $\therefore f(x)=a\times 2^{x-2}+2$

이때 그래프가 점 $(3, 6)$을 지나므로

$6=2a+2$ $\therefore a=2$

$\therefore a+b=2+2=4$ 답 4

체크 073

(1) $\left(\sqrt{\dfrac{1}{5}}\right)^3=\left(\dfrac{1}{5}\right)^{\frac{3}{2}}$

이때 지수함수 $y=\left(\dfrac{1}{5}\right)^x$은 밑이 $\dfrac{1}{5}$이고 $0<\dfrac{1}{5}<1$이므로

x의 값이 증가하면 y의 값은 감소한다.

따라서 $-0.2<1<\dfrac{3}{2}$에서 $\left(\dfrac{1}{5}\right)^{\frac{3}{2}}<\dfrac{1}{5}<\left(\dfrac{1}{5}\right)^{-0.2}$

$\therefore \left(\sqrt{\dfrac{1}{5}}\right)^3<\dfrac{1}{5}<\left(\dfrac{1}{5}\right)^{-0.2}$

(2) $(\sqrt{2})^3=2^{\frac{3}{2}}$, $0.5^{\frac{1}{3}}=\left(\dfrac{1}{2}\right)^{\frac{1}{3}}=2^{-\frac{1}{3}}$, $\sqrt[3]{4}=(2^2)^{\frac{1}{3}}=2^{\frac{2}{3}}$

이때 지수함수 $y=2^x$은 밑이 2이고 $2>1$이므로 x의 값이
증가하면 y의 값도 증가한다.

따라서 $-\dfrac{1}{3}<\dfrac{2}{3}<\dfrac{3}{2}$에서 $2^{-\frac{1}{3}}<2^{\frac{2}{3}}<2^{\frac{3}{2}}$

$\therefore 0.5^{\frac{1}{3}}<\sqrt[3]{4}<(\sqrt{2})^3$

답 (1) $\left(\sqrt{\dfrac{1}{5}}\right)^3<\dfrac{1}{5}<\left(\dfrac{1}{5}\right)^{-0.2}$ (2) $0.5^{\frac{1}{3}}<\sqrt[3]{4}<(\sqrt{2})^3$

06 지수함수의 최대, 최소

체크 074

$y=2^x\times 5^{1-x}=2^x\times 5\times 5^{-x}=5\times\left(\dfrac{2}{5}\right)^x$이므로

함수 $y=2^x\times 5^{1-x}$은 x의 값이 증가하면 y의 값은 감소하는 함
수이다.

따라서 $x=-a$에서 최댓값을 가지므로 $M=5\times\left(\dfrac{2}{5}\right)^{-a}$

$x=a$에서 최솟값을 가지므로 $m=5\times\left(\dfrac{2}{5}\right)^a$

$\therefore Mm=5\times\left(\dfrac{2}{5}\right)^{-a}\times 5\times\left(\dfrac{2}{5}\right)^a=25$ 답 25

체크 075

$f(x)=a^{x^2-6x+7}$에서 $g(x)=x^2-6x+7$이라 하면

$g(x)=x^2-6x+7=(x-3)^2-2$ (단, $2\le x\le 5$)

이때 $g(x)$는 $x=3$에서 최솟값 -2, $x=5$에서 최댓값 2를 갖
는다.

(i) $a>1$일 때

  $g(x)$가 최대일 때, $f(x)$도 최대이다.

  즉, 함수 $f(x)$는 $g(x)=2$일 때 최댓값 9를 가지므로

  $a^2=9$ $\therefore a=3$ ($\because a>1$)

(ii) $0<a<1$일 때

  $g(x)$가 최소일 때, $f(x)$는 최대이다.

  즉, 함수 $f(x)$는 $g(x)=-2$일 때 최댓값 9를 가지므로

  $a^{-2}=9$, 즉 $a^2=\dfrac{1}{9}$ $\therefore a=\dfrac{1}{3}$ ($\because 0<a<1$)

(i), (ii)에서 $a=\dfrac{1}{3}$ 또는 $a=3$ 답 $\dfrac{1}{3}$, 3

체크 076

$y=2^{4x}-3\times 2^{2x+1}+a=(2^{2x})^2-6\times 2^{2x}+a$

$2^{2x}=t$로 놓으면 $1\le x\le 3$에서 $4\le t\le 64$이므로

$y=t^2-6t+a=(t-3)^2+a-9$ (단, $4\le t\le 64$)

따라서 y는 $t=4$에서 최솟값 $a-8$을 갖는다.

$t=4$에서 $2^{2x}=4$ $\therefore x=1$ $\therefore b=1$

최솟값이 6이므로

$a-8=6$ $\therefore a=14$

$\therefore a+b=14+1=15$ 답 15

체크 077

(1) $2^x>0$, $4^y>0$이므로 산술평균과 기하평균의 관계에 의하여

  $2^x+4^y=2^x+2^{2y}\ge 2\sqrt{2^x\times 2^{2y}}=2\sqrt{2^{x+2y}}$

              (단, 등호는 $2^x=2^{2y}$일 때 성립한다.)

  $x+2y=6$이므로

  $2^x+2^{2y}\ge 2\sqrt{2^6}=16$

  따라서 2^x+4^y의 최솟값은 16이다.

(2) $5^x>0$, $5^{-x+4}=5^4\times 5^{-x}>0$이므로 산술평균과 기하평균의
  관계에 의하여

  $f(x)=5^x+5^4\times 5^{-x}\ge 2\sqrt{5^x\times 5^4\times 5^{-x}}=2\times 25=50$

              (단, 등호는 $5^x=5^4\times 5^{-x}$일 때 성립한다.)

  따라서 함수 $f(x)$는 $5^x=5^4\times 5^{-x}$일 때 최솟값 50을 가지
  므로 $b=50$

  $5^x=5^4\times 5^{-x}$에서 $5^{2x}=5^4$ $\therefore x=2$ $\therefore a=2$

  $\therefore \dfrac{b}{a}=\dfrac{50}{2}=25$

(3) $3^x+3^{-x}=t$로 놓으면 $3^x>0$, $3^{-x}>0$이므로 산술평균과 기하평균의 관계에 의하여

$t=3^x+3^{-x}\geq2\sqrt{3^x\times3^{-x}}=2$

(단, 등호는 $3^x=3^{-x}$, 즉 $x=0$일 때 성립한다.)

또한 $(3^x+3^{-x})^2=t^2$에서 $9^x+9^{-x}+2=t^2$

$\therefore 9^x+9^{-x}=t^2-2$

주어진 함수는

$y=t^2+6t+k-2=(t+3)^2+k-11$ (단, $t\geq2$)

따라서 y는 $t=2$에서 최솟값 $k+14$를 갖는다.

이때 최솟값이 21이므로 $k+14=21$ $\therefore k=7$

답 (1) 16 (2) 25 (3) 7

연습 문제 03

078

ㄱ. 함수 $y=2^{x+2}-1$의 그래프는 함수 $y=2^x$의 그래프를 x축의 방향으로 -2만큼, y축의 방향으로 -1만큼 평행이동한 것이다.

ㄴ. 함수 $y=\left(\dfrac{1}{4}\right)^x=4^{-x}$의 그래프는 함수 $y=4^x$의 그래프를 y축에 대하여 대칭이동한 것이다.

ㄷ. 함수 $y=-2^x+1$의 그래프는 함수 $y=2^x$의 그래프를 x축에 대하여 대칭이동한 후, y축의 방향으로 1만큼 평행이동한 것이다.

ㄹ. 함수 $y=2^{-\frac{1}{2}x+1}+3=(2^{\frac{1}{2}})^{-(x-2)}+3=(\sqrt{2})^{-(x-2)}+3$의 그래프는 함수 $y=(\sqrt{2})^x$의 그래프를 y축에 대하여 대칭이동한 후, x축의 방향으로 2만큼, y축의 방향으로 3만큼 평행이동한 것이다.

ㅁ. 함수 $y=\dfrac{1}{2^{-x}}+2=2^x+2$의 그래프는 함수 $y=2^x$의 그래프를 y축의 방향으로 2만큼 평행이동한 것이다.

ㅂ. 함수 $y=3\times2^x-2=2^{x+\log_2 3}-2$의 그래프는 함수 $y=2^x$의 그래프를 x축의 방향으로 $-\log_2 3$만큼, y축의 방향으로 -2만큼 평행이동한 것이다.

따라서 그래프를 평행이동 또는 대칭이동하여 함수 $y=2^x$의 그래프와 일치시킬 수 있는 것은 ㄱ, ㄷ, ㅁ, ㅂ이다.

답 ㄱ, ㄷ, ㅁ, ㅂ

tip

함수 $y=a^{b(x-m)}+n$ $(a>0, a\neq1, b\neq1)$ 꼴은 밑이 a^b인 지수함수이다. 따라서 그 그래프를 평행이동 또는 대칭이동하여도 밑이 a인 함수 $y=a^x$의 그래프와 일치할 수 없다.

079

주어진 평행이동은 x축의 방향으로 3만큼, y축의 방향으로 a만큼 평행이동한 것이므로

$y=2^{x-3}+a$ $\therefore g(x)=2^{x-3}+a$

함수 $y=g(x)$의 그래프의 점근선의 방정식이 $y=2$이므로

$a=2$

또한 함수 $y=g(x)$의 그래프가 점 $(3, b)$를 지나므로

$g(3)=2^{3-3}+a$, $b=1+2$

$\therefore b=3$

$\therefore a^2+b^2=4+9=13$

답 13

080

점 $A(1, f(1))$을 x축의 방향으로 m만큼, y축의 방향으로 n만큼 평행이동시킨 점의 좌표는 $(1+m, f(1)+n)$이므로

$1+m=3$ $\therefore m=2$

따라서 함수 $f(x)=2^x$의 그래프를 x축의 방향으로 2만큼, y축의 방향으로 n만큼 평행이동시킨 그래프의 식은

$y=2^{x-2}+n$ $\therefore g(x)=2^{x-2}+n$

이때 함수 $y=g(x)$의 그래프가 점 $(0, 1)$을 지나므로

$g(0)=2^{-2}+n$, $1=\dfrac{1}{4}+n$ $\therefore n=\dfrac{3}{4}$

$\therefore m+n=2+\dfrac{3}{4}=\dfrac{11}{4}$

답 ①

081

ㄱ. 함수 $y=3^{x-1}+1$의 그래프는 함수 $y=3^x$의 그래프를 x축의 방향으로 1만큼, y축의 방향으로 1만큼 평행이동한 것이므로 치역은 $\{y|y>1\}$이다. (참)

ㄴ. 함수 $y=f(x)$는 x의 값이 증가하면 y의 값도 증가하는 함수이므로 $x_1<x_2$이면 $f(x_1)<f(x_2)$이다. (참)

ㄷ. ㄱ에서 함수의 치역이 $\{y|y>1\}$이므로 그래프의 점근선의 방정식은 $y=1$이다. (참)

따라서 옳은 것은 ㄱ, ㄴ, ㄷ이다.

답 ⑤

082

ㄱ. $f(nx)=a^{nx}=(a^x)^n=\{f(x)\}^n$ (참)

ㄴ. $f(x^n)=a^{x^n}$, $nf(x)=na^x$

$\therefore f(x^n)\neq nf(x)$ (거짓)

ㄷ. $f(xy)=a^{xy}=(a^x)^y$, $f(x)+f(y)=a^x+a^y$

$\therefore f(xy)\neq f(x)+f(y)$ (거짓)

ㄹ. $f(x+y)=a^{x+y}=a^x\times a^y=f(x)f(y)$ (참)

따라서 항상 성립하는 등식은 ㄱ, ㄹ이다.

답 ㄱ, ㄹ

083

$f(b)=2$에서 $a^b=2$

$f(c)=4$에서 $a^c=4$

$\therefore f(b+c)=a^{b+c}=a^b \times a^c=2 \times 4=8$ **답** 8

084

함수 $f(x)=3^{x+a}+b$의 그래프의 점근선의 방정식이 $y=1$이므로

$b=1$

이때 함수 $y=f(x)$의 그래프를 y축에 대하여 대칭이동한 후, y축의 방향으로 c만큼 평행이동한 그래프의 식을 $y=g(x)$라 하면

$g(x)=3^{-x+a}+1+c$

이 함수의 그래프의 점근선의 방정식이 $y=2$이므로

$1+c=2$ $\therefore c=1$ $\therefore g(x)=3^{-x+a}+2$

또한 함수 $y=g(x)$의 그래프가 점 $(-1, 10)$을 지나므로

$3^{1+a}+2=10$

$3^{1+a}=8$, $1+a=\log_3 8$

$\therefore a=-1+\log_3 8$

따라서 $a+b+c=-1+\log_3 8+1+1=1+\log_3 8=\log_3 24$

이므로

$3^{a+b+c}=3^{\log_3 24}=24$ **답** 24

085

$x>1$이면 $x>\dfrac{1}{x}$이고 (밑)>1이므로 $x^x>x^{\frac{1}{x}}$ ...... ㉠

$0<y<1$이면 $y<\dfrac{1}{y}$이고 $0<$(밑)<1이므로 $y^y>y^{\frac{1}{y}}$ ...... ㉡

또한 $x^{\frac{1}{x}}>1$, $y^y<1$이므로 $y^y<x^{\frac{1}{x}}$ ...... ㉢

㉠, ㉡, ㉢에서 $x^x>x^{\frac{1}{x}}>y^y>y^{\frac{1}{y}}$

따라서 가장 큰 수는 x^x, 가장 작은 수는 $y^{\frac{1}{y}}$이다.

답 x^x, $y^{\frac{1}{y}}$

086

$y=a^{x^2-8x+15}=a^{(x-4)^2-1}$ (단, $3 \leq x \leq 6$)

(i) $a>1$일 때

함수 $y=a^{(x-4)^2-1}$은 $x=4$에서 최솟값 a^{-1}, $x=6$에서 최댓값 a^3을 갖는다.

이때 최댓값과 최솟값의 곱이 4이므로

$a^3 \times a^{-1}=a^2=4$ $\therefore a=-2$ 또는 $a=2$

그런데 $a>1$이므로 조건을 만족시키는 a의 값은 2이다.

(ii) $0<a<1$일 때

함수 $y=a^{(x-4)^2-1}$은 $x=6$에서 최솟값 a^3, $x=4$에서 최댓

값 a^{-1}을 갖는다.

이때 최댓값과 최솟값의 곱이 4이므로

$a^{-1} \times a^3=a^2=4$ $\therefore a=-2$ 또는 $a=2$

그런데 $0<a<1$이므로 조건을 만족시키는 a의 값은 존재하지 않는다.

(i), (ii)에서 $a=2$ **답** 2

[보충 설명]

$y=a^{f(x)}$ $(a>0, a \neq 1)$ 꼴의 최대, 최소

(i) $a>1$이면 $f(x)$가 최대일 때 y도 최대이고 $f(x)$가 최소일 때 y도 최소이다.

(ii) $0<a<1$이면 $f(x)$가 최대일 때 y는 최소이고 $f(x)$가 최소일 때 y는 최대이다.

087

$y=9^{-x}+2 \times 3^{-x+1}+k=\left(\dfrac{1}{3}\right)^{2x}+6 \times \left(\dfrac{1}{3}\right)^x+k$

$\left(\dfrac{1}{3}\right)^x=t$로 놓으면

$-1 \leq x \leq 1$에서 $\dfrac{1}{3} \leq t \leq 3$이므로

$y=t^2+6t+k=(t+3)^2+k-9$ $\left(\text{단, } \dfrac{1}{3} \leq t \leq 3\right)$

따라서 y는 $t=3$에서 최댓값 $k+27$을 가지므로

$k+27=30$ $\therefore k=3$

이때 y는 $t=\dfrac{1}{3}$에서 최솟값 $\left(\dfrac{1}{3}+3\right)^2-6=\dfrac{46}{9}$을 갖는다.

답 $\dfrac{46}{9}$

088

$2^{x-1}+2^{-x+1}=t$로 놓으면 $2^{x-1}>0$, $2^{-x+1}>0$이므로 산술평균과 기하평균의 관계에 의하여

$t=2^{x-1}+2^{-x+1} \geq 2\sqrt{2^{x-1} \times 2^{-x+1}}=2$

이때 등호는 $2^{x-1}=2^{-x+1}$일 때 성립하므로

$2^{2x-2}=1$, $2x-2=0$ $\therefore x=1$

즉, 등호는 $x=1$일 때 성립한다.

또한 $(2^{x-1}+2^{-x+1})^2=t^2$에서

$4^{x-1}+4^{-x+1}+2=t^2$

$\therefore 4^{x-1}+4^{-x+1}=t^2-2$

주어진 함수는

$y=t^2+3t+1=\left(t+\dfrac{3}{2}\right)^2-\dfrac{5}{4}$ (단, $t \geq 2$)

따라서 y는 $t=2$, 즉 $x=1$에서 최솟값 11을 가지므로

$p=1$, $q=11$

$\therefore p+q=12$ **답** 12

089

두 점 P, Q의 좌표는 $P(a, 2^a)$, $Q(b, -2^{-b})$이므로

$\overline{PQ} = \sqrt{(b-a)^2 + (-2^{-b} - 2^a)^2}$

$\quad\quad = \sqrt{(b-a)^2 + (2^a + 2^{-b})^2}$

이때 $b-a=2$, $2^a > 0$, $2^{-b} > 0$이므로 산술평균과 기하평균의 관계에 의하여

$2^a + 2^{-b} \geq 2\sqrt{2^a \times 2^{-b}} = 2\sqrt{2^{a-b}} = 2\sqrt{2^{-2}} = 1$

(단, 등호는 $2^a = 2^{-b}$일 때 성립한다.)

$\therefore \overline{PQ} = \sqrt{(b-a)^2 + (2^a + 2^{-b})^2} \geq \sqrt{2^2 + 1^2} = \sqrt{5}$

따라서 $k = \sqrt{5}$이므로 $k^2 = 5$

답 5

090

함수 $y = f(x)$의 그래프는 함수 $y = \left(\dfrac{1}{2}\right)^x$의 그래프를 x축의 방향으로 2만큼, y축의 방향으로 -32만큼 평행이동한 것이므로 함수 $y = |f(x)|$의 그래프는 다음 그림과 같다.

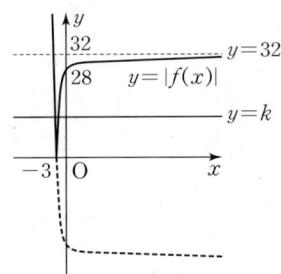

따라서 $k < 0$일 때 $g(k) = 0$, $k=0$일 때 $g(k) = 1$,
$0 < k < 32$일 때 $g(k) = 2$, $k \geq 32$일 때 $g(k) = 1$이므로
$g(-1) + g(0) + g(13) + g(32) = 0 + 1 + 2 + 1 = 4$

답 4

091

조건 ㈎에서 $f(2) + f(-2) = \dfrac{7}{2}$이므로

$a^2 + \dfrac{1}{2} + a^{-2} + \dfrac{1}{2} = \dfrac{7}{2}$

$a^2 + \dfrac{1}{a^2} - \dfrac{5}{2} = 0$, $2a^4 - 5a^2 + 2 = 0$

$(2a^2 - 1)(a^2 - 2) = 0$

$\therefore a^2 = \dfrac{1}{2}$ 또는 $a^2 = 2$

$\therefore a = \dfrac{\sqrt{2}}{2}$ 또는 $a = \sqrt{2}$ ($\because a > 0$, $a \neq 1$)

이때 조건 ㈏에서 함수 $f(x)$는 x의 값이 증가할 때 $f(x)$의 값은 감소하므로 $0 < a < 1$

$\therefore a = \dfrac{\sqrt{2}}{2}$

답 $\dfrac{\sqrt{2}}{2}$

092

함수 $f(x) = 5^{-x}$의 그래프와 직선 $y=x$를 이용하여
$f^2(5) = f(f(5))$, $f^3(5) = f(f(f(5)))$,
$f^4(5) = f(f(f(f(5))))$를 나타내면 다음 그림과 같다.

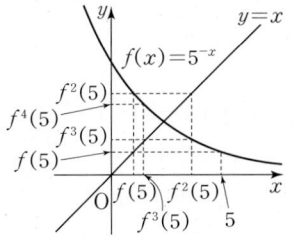

$\therefore f^3(5) < f^4(5) < f^2(5)$

답 ③

093

조건 ㈎에 의하여 $f(2) = g(2)$이므로

$a^{2b-1} = a^{1-2b}$, $2b-1 = 1-2b$ $\quad \therefore b = \dfrac{1}{2}$

따라서 $f(x) = a^{\frac{1}{2}x - 1}$, $g(x) = a^{1 - \frac{1}{2}x}$이므로 조건 ㈏에서

$f(4) + g(4) = \dfrac{5}{2}$

$a + a^{-1} = \dfrac{5}{2}$, $2a^2 - 5a + 2 = 0$, $(2a-1)(a-2) = 0$

$\therefore a = \dfrac{1}{2}$ ($\because 0 < a < 1$)

$\therefore a + b = \dfrac{1}{2} + \dfrac{1}{2} = 1$

답 ①

094

$a = 8^x$에서 $x = \log_8 a$이므로 $A(\log_8 a, a)$
$b = 8^x$에서 $x = \log_8 b$이므로 $B(\log_8 b, b)$
$\therefore E(\log_8 b, a)$

삼각형 AEB의 넓이가 20이므로 $\dfrac{1}{2} \times \overline{EB} \times \overline{AE} = 20$

$\dfrac{1}{2}(a-b)(\log_8 a - \log_8 b) = 20$

$\dfrac{1}{6}(a-b)(\log_2 a - \log_2 b) = 20$

$\therefore (a-b)(\log_2 a - \log_2 b) = 120$ $\quad\quad\cdots\cdots$ ㉠

$a = 4^x$에서 $x = \log_4 a$이므로 $C(\log_4 a, a)$
$b = 4^x$에서 $x = \log_4 b$이므로 $D(\log_4 b, b)$
$\therefore F(\log_4 a, b)$

따라서 삼각형 CDF의 넓이는

$\dfrac{1}{2} \times \overline{CF} \times \overline{DF} = \dfrac{1}{2}(a-b)(\log_4 a - \log_4 b)$

$\quad\quad\quad\quad\quad\quad = \dfrac{1}{4}(a-b)(\log_2 a - \log_2 b)$

$\quad\quad\quad\quad\quad\quad = \dfrac{1}{4} \times 120 = 30$ ($\because$ ㉠)

답 ③

07 로그함수의 뜻과 그래프

체크 095

(1) 함수 $y=\log_2(x-2)+1$의 그래프는 함수 $y=\log_2 x$의 그래프를 x축의 방향으로 2만큼, y축의 방향으로 1만큼 평행이동한 것이다.

따라서 함수 $y=\log_2(x-2)+1$의 그래프는 오른쪽 그림과 같다.

이때 정의역은 $\{x|x>2\}$, 점근선의 방정식은 $x=2$이다.

(2) 함수 $y=\log_{\frac{1}{2}}(x+1)$의 그래프는 함수 $y=\log_{\frac{1}{2}}x$의 그래프를 x축의 방향으로 -1만큼 평행이동한 것이다.

따라서 함수 $y=\log_{\frac{1}{2}}(x+1)$의 그래프는 오른쪽 그림과 같다.

이때 정의역은 $\{x|x>-1\}$, 점근선의 방정식은 $x=-1$이다.

(3) $y=\log_2(-2x)=\log_2 2(-x)$
$\quad =\log_2 2+\log_2(-x)=\log_2(-x)+1$

즉, 함수 $y=\log_2(-2x)$의 그래프는 함수 $y=\log_2 x$의 그래프를 y축에 대하여 대칭이동한 후, y축의 방향으로 1만큼 평행이동한 것이다.

따라서 함수 $y=\log_2(-2x)$의 그래프는 오른쪽 그림과 같다.

이때 정의역은 $\{x|x<0\}$, 점근선의 방정식은 $x=0$이다.

(4) $y=\log_2\dfrac{1}{3-x}=-\log_2(3-x)=-\log_2\{-(x-3)\}$

즉, 함수 $y=\log_2\dfrac{1}{3-x}$의 그래프는 함수 $y=\log_2 x$의 그래프를 원점에 대하여 대칭이동한 후, x축의 방향으로 3만큼 평행이동한 것이다.

따라서 함수 $y=\log_2\dfrac{1}{3-x}$의 그래프는 오른쪽 그림과 같다.

이때 정의역은 $\{x|x<3\}$, 점근선의 방정식은 $x=3$이다.

답 풀이 참조

체크 096

함수 $y=\log x$의 그래프를 x축의 방향으로 a만큼, y축의 방향으로 $\log 5$만큼 평행이동한 그래프의 식은

$y=\log(x-a)+\log 5 \quad \therefore y=\log 5(x-a) \quad$ …… ㉠

㉠의 그래프가 점 $(10, b)$를 지나므로

$b=\log 5(10-a)$

로그의 정의에 의하여 $10^b=5(10-a)$이므로

$10^b=50-5a \quad \therefore 5a+10^b=50 \quad$ **답** 50

체크 097

$f(x)=\log_3 9x=\log_3 x+2$

즉, 함수 $y=f(x)$의 그래프는 함수 $y=\log_3 x$의 그래프를 y축의 방향으로 2만큼 평행이동한 것이므로 오른쪽 그림과 같다.

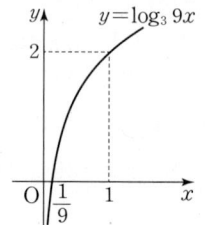

ㄱ. $y=\log_3 x+2$에서
$\quad \log_3 x=y-2$
$\quad \therefore x=3^{y-2}$
$\quad x$와 y를 서로 바꾸면 $y=3^{x-2}$이므로
$\quad g(x)=3^{x-2}$ (거짓)

ㄴ. 치역은 실수 전체의 집합이다. (거짓)

ㄷ. 그래프의 점근선의 방정식은 $x=0$이다. (참)

ㄹ. 함수 $y=f(x)$의 그래프에서 x의 값이 증가하면 y의 값도 증가하고, x의 값이 감소하면 y의 값도 감소하므로
$x_1\neq x_2$이면 $f(x_1)\neq f(x_2)$이다. (참)

따라서 옳은 것은 ㄷ, ㄹ이다. **답** ㄷ, ㄹ

체크 098

두 함수 $y=\log_a x$, $y=\log_b x$의 그래프는 x의 값이 증가하면 y의 값도 증가하므로 두 로그함수의 밑은 1보다 크다.

$\therefore a>1, b>1$

이때 밑이 1보다 큰 로그함수의 그래프는 밑이 커질수록 x축에 더 가까워지므로

$b>a>1 \quad$ …… ㉠

두 함수 $y=\log_c x$, $y=\log_d x$의 그래프는 x의 값이 증가하면 y의 값은 감소하므로 두 로그함수의 밑은 0보다 크고 1보다 작다.

$\therefore 0<c<1, 0<d<1$

이때 밑이 0보다 크고 1보다 작은 로그함수의 그래프는 밑이 작아질수록 x축에 더 가까워지므로

$c<d<1 \quad$ …… ㉡

㉠, ㉡에서 $c<d<a<b$ **답** $c<d<a<b$

체크 099

함수 $y=\log_2(ax-b)$의 그래프가 점 $(-1, 0)$을 지나므로

$0=\log_2(-a-b)$

$-a-b=1 \quad \therefore a+b=-1 \quad$ …… ㉠

또한 함수 $y=\log_2(ax-b)$의 그래프가 점 $(0, 2)$를 지나므로

$2=\log_2(-b)$ $\quad \therefore b=-4$

$b=-4$를 ㉠에 대입하면

$a=3$

$\therefore ab=3\times(-4)=-12$ **답** -12

체크 100

$y=\log_2 8x=\log_2 8+\log_2 x$

$\quad =\log_2 x+3$

즉, 함수 $\log_2 8x$의 그래프는 함수 $y=\log_2 x$의 그래프를 y축의 방향으로 3만큼 평행이동한 것이다.

따라서 오른쪽 그림에서 빗금친 두 부분의 넓이가 서로 같으므로 구하는 넓이는 직사각형 ABCD의 넓이와 같다.

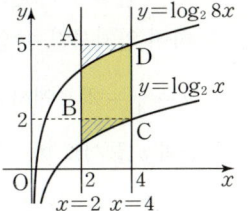

이때 $C(4, 2)$, $D(4, 5)$이므로 구하는 넓이는

$(4-2)\times(5-2)=6$ **답** 6

체크 101

점 D의 좌표를 $(t, 0)$이라 하면 정사각형 ABCD의 한 변의 길이가 3이므로

$A(t, 3)$, $C(t-3, 0)$

이때 점 A는 함수 $y=\log_2 x$의 그래프 위의 점이므로

$3=\log_2 t$에서 $t=2^3$ $\quad \therefore t=8$

$\therefore C(5, 0)$

따라서 점 E의 좌표는 $(5, \log_2 5)$이므로

$\overline{CE}=\log_2 5$

이때 사각형 EFGC가 정사각형이므로

$\overline{GC}=\overline{CE}=\log_2 5$ **답** $\log_2 5$

체크 102

(1) $A=\dfrac{1}{2}\log_{0.1} 2=\log_{0.1}\sqrt{2}$

$B=\log_{0.1}\sqrt{3}$

$C=-\log_{10} 2=\log_{10^{-1}} 2=\log_{0.1} 2$

이때 로그함수 $y=\log_{0.1} x$의 밑은 0.1이고 $0<0.1<1$이므로 x의 값이 증가하면 y의 값은 감소한다.

따라서 $\sqrt{2}<\sqrt{3}<2$에서

$\log_{0.1} 2<\log_{0.1}\sqrt{3}<\log_{0.1}\sqrt{2}$

$\therefore C<B<A$

(2) $1<a<3$에서 $\log_3 1<\log_3 a<\log_3 3$

$0<\log_3 a<1$ $\quad \therefore 0<A<1$ $\qquad$ ……㉠

$B=\log_3\dfrac{1}{a}=\log_3 a^{-1}=-\log_3 a$이므로

$-1<B<0$ $\qquad$ ……㉡

$1<a<3$에서 $\log_a 3>1$이므로 $C>1$ $\qquad$ ……㉢

㉠, ㉡, ㉢에서 $B<A<C$

답 (1) $C<B<A$ (2) $B<A<C$

체크 103

$y=\log_2 x+1$로 놓으면

$y-1=\log_2 x$ $\quad \therefore x=2^{y-1}$

x와 y를 서로 바꾸면 $y=2^{x-1}$

$\therefore g(x)=2^{x-1}$

이때 $h(x)=4g(x)$이므로

$h(x)=4\times 2^{x-1}=2^{x+1}$

$\therefore (f\circ h)(3)=f(h(3))=f(2^4)=\log_2 2^4+1=5$ **답** 5

08 로그함수의 최대, 최소

체크 104

$y=-\log_a(x-1)=\log_{\frac{1}{a}}(x-1)$에서

(i) $a>1$일 때

밑이 $\dfrac{1}{a}$이고 $0<\dfrac{1}{a}<1$이므로 주어진 함수는 x의 값이 증가하면 y의 값은 감소한다.

즉, 주어진 함수는 $x=5$에서 최소이므로

$\log_{\frac{1}{a}}(5-1)=\log_{\frac{1}{a}} 4=-2$

로그의 정의에 의하여 $\left(\dfrac{1}{a}\right)^{-2}=4$

$a^2=4$ $\quad \therefore a=2$ ($\because a>1$)

(ii) $0<a<1$일 때

밑이 $\dfrac{1}{a}$이고 $\dfrac{1}{a}>1$이므로 주어진 함수는 x의 값이 증가하면 y의 값도 증가한다.

즉, 주어진 함수는 $x=3$에서 최소이므로

$\log_{\frac{1}{a}}(5-3)=\log_{\frac{1}{a}} 2=-2$

로그의 정의에 의하여 $\left(\dfrac{1}{a}\right)^{-2}=2$

$\therefore a^2=2$ $\qquad$ ……㉠

㉠과 조건 $0<a<1$을 동시에 만족시키는 a의 값은 존재하지 않는다.

(i), (ii)에서 $a=2$ **답** 2

함수 $y=\log_{\frac{1}{2}}(x^2-x+a)$에서 밑이 $\frac{1}{2}$이고 $0<\frac{1}{2}<1$이므로 x^2-x+a가 최대일 때 y는 최소가 되고, x^2-x+a가 최소일 때 y는 최대가 된다.

$f(x)=x^2-x+a$라 하면

$f(x)=x^2-x+a=\left(x-\frac{1}{2}\right)^2+a-\frac{1}{4}$ (단, $1\leq x\leq b$)

$f(x)$는 $x=1$에서 최소이고, $x=b$에서 최대이므로 주어진 함수는 $x=1$에서 최댓값 $\log_{\frac{1}{2}}f(1)$, $x=b$에서 최솟값 $\log_{\frac{1}{2}}f(b)$를 갖는다.

이때 주어진 함수의 최댓값이 -2이므로

$\log_{\frac{1}{2}}f(1)=\log_{\frac{1}{2}}a=-2$에서 로그의 정의에 의하여

$\left(\frac{1}{2}\right)^{-2}=a$ $\therefore a=4$

또한 주어진 함수의 최솟값이 -4이므로

$\log_{\frac{1}{2}}f(b)=\log_{\frac{1}{2}}(b^2-b+4)=-4$에서 로그의 정의에 의하여

$\left(\frac{1}{2}\right)^{-4}=b^2-b+4,\ b^2-b+4=16$

$b^2-b-12=0,\ (b+3)(b-4)=0$

$\therefore b=4\ (\because b>1)$

$\therefore a+b=4+4=8$ 답 8

$y=\log_3 3x\times\log_3\frac{9}{x}+a$

  $=(\log_3 3+\log_3 x)(\log_3 9-\log_3 x)+a$

  $=(1+\log_3 x)(2-\log_3 x)+a$

  $=-(\log_3 x)^2+\log_3 x+a+2$

$\log_3 x=t$로 놓으면

$y=-t^2+t+a+2=-\left(t-\frac{1}{2}\right)^2+a+\frac{9}{4}$

따라서 y는 $t=\frac{1}{2}$에서 최댓값 $a+\frac{9}{4}$를 갖는다.

$\log_3 x=\frac{1}{2}$에서 $x=3^{\frac{1}{2}}=\sqrt{3}$

$a+\frac{9}{4}=3$에서 $a=\frac{3}{4}$

$\therefore \frac{b^2}{a}=\frac{(\sqrt{3})^2}{\frac{3}{4}}=4$ 답 4

$\log_3 x+\log_3 y=\log_3 xy$

$x>0,\ y>0$이므로 산술평균과 기하평균의 관계에 의하여

$x+4y\geq 2\sqrt{x\times 4y}$ (단, 등호는 $x=4y$일 때 성립)

$x+4y=12$이므로

$12\geq 2\sqrt{4xy},\ 6\geq\sqrt{4xy},\ 36\geq 4xy$ $\therefore xy\leq 9$

$\therefore \log_3 x+\log_3 y=\log_3 xy\leq\log_3 9=2$

따라서 구하는 최댓값은 2이다.   답 2

연습 문제 04

108

ㄱ. $y=2\log_{\frac{1}{2}}x=-2\log_2 x$이므로 함수 $y=2\log_{\frac{1}{2}}x$의 그래프는 함수 $y=\log_2 x$의 그래프를 평행이동 또는 대칭이동하여 일치시킬 수 없다.

ㄴ. $y=\frac{2^x}{4}=2^{x-2}$에서 $x-2=\log_2 y$ $\therefore x=\log_2 y+2$

  x와 y를 서로 바꾸면 $y=\log_2 x+2$

  즉, 함수 $y=\frac{2^x}{4}$은 함수 $y=\log_2 x+2$의 역함수이다.

  따라서 함수 $y=\frac{2^x}{4}$의 그래프는 함수 $y=\log_2 x$의 그래프를 y축의 방향으로 2만큼 평행이동한 후, 직선 $y=x$에 대하여 대칭이동한 것이다.

ㄷ. $y=\log_{\frac{1}{2}}x+2=-\log_2 x+2$이므로 함수 $y=\log_{\frac{1}{2}}x+2$의 그래프는 함수 $y=\log_2 x$의 그래프를 x축에 대하여 대칭이동한 후, y축의 방향으로 2만큼 평행이동한 것이다.

ㄹ. $y=\log_2 4(x-2)=\log_2 4+\log_2(x-2)$

    $=\log_2(x-2)+2$

  이므로 함수 $y=\log_2 4(x-2)$의 그래프는 함수 $y=\log_2 x$의 그래프를 x축의 방향으로 2만큼, y축의 방향으로 2만큼 평행이동한 것이다.

ㅁ. $y=\log_2\frac{x}{3}=\log_2 x-\log_2 3$이므로 함수 $y=\log_2\frac{x}{3}$의 그래프는 함수 $y=\log_2 x$의 그래프를 y축의 방향으로 $-\log_2 3$만큼 평행이동한 것이다.

ㅂ. $y=\log_2 x^4+1=4\log_2|x|+1$이므로 함수 $y=\log_2 x^4+1$의 그래프는 함수 $y=\log_2 x$의 그래프를 평행이동 또는 대칭이동하여 일치시킬 수 없다.

따라서 그래프를 평행이동 또는 대칭이동하여 함수 $y=\log_2 x$의 그래프와 일치시킬 수 있는 것은 ㄴ, ㄷ, ㄹ, ㅁ이다.

    답 ㄴ, ㄷ, ㄹ, ㅁ

109

ㄱ. 함수 $f(x)=\log x$는 일대일함수이므로 $f(x_1)=f(x_2)$이면 $x_1=x_2$이다. (참)

ㄴ. 함수 $y=\log x$의 밑은 10이고 $10>1$이므로 x의 값이 증가하면 y의 값도 증가한다. 즉, $x_1>x_2$이면 $f(x_1)>f(x_2)$이다. (참)

ㄷ. $g(x)=\dfrac{1}{2}\log x^2=\log|x|$이므로 함수 $g(x)=\dfrac{1}{2}\log x^2$의 그래프는 함수 $f(x)=\log x$의 그래프와 일치하지 않는다. (거짓)

따라서 옳은 것은 ㄱ, ㄴ이다. **답** ㄱ, ㄴ

110

ㄱ. $f(p+q)=\log_2(p+q)$, $f(p)f(q)=(\log_2 p)(\log_2 q)$
  $\therefore f(p+q)\neq f(p)f(q)$ (거짓)

ㄴ. $f\left(\dfrac{1}{p}\right)=\log_2\dfrac{1}{p}=-\log_2 p=-f(p)$ (참)

ㄷ. 함수 $f(x)=\log_2 x$의 그래프는 다음 그림과 같이 위로 볼록하므로

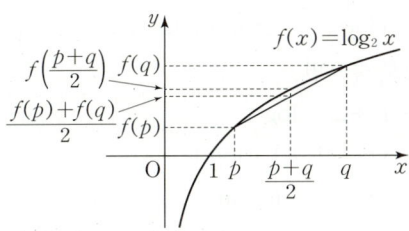

$$f\left(\dfrac{p+q}{2}\right)\geq\dfrac{f(p)+f(q)}{2}\ \text{(참)}$$

따라서 옳은 것은 ㄴ, ㄷ이다. **답** ㄴ, ㄷ

111

함수 $y=\log_2(x+1)+k$의 그래프는 함수 $y=\log_2(x+1)$의 그래프를 y축의 방향으로 k만큼 평행이동한 것이다.

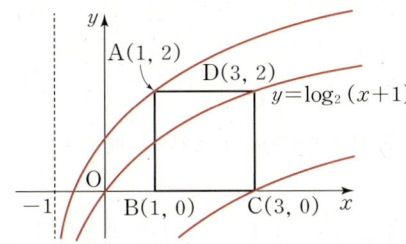

따라서 위의 그림에서 함수 $y=\log_2(x+1)+k$의 그래프가 점 A를 지날 때 k의 값은 최대가 되고, 점 C를 지날 때 k의 값은 최소가 된다.
점 A(1, 2)를 지날 때의 k의 값은
$2=\log_2(1+1)+k$에서 $k=1$ $\therefore \beta=1$
점 C(3, 0)을 지날 때의 k의 값은
$0=\log_2(3+1)+k$에서 $k=-2$ $\therefore \alpha=-2$
$\therefore \beta-\alpha=1-(-2)=3$ **답** 3

112

두 점 A, B는 x축 위의 점이므로
A(1, 0), B(3, 0)
세 점 P, Q, R는 직선 $x=k$ 위의 점이므로
P(k, $\log_2 k$), Q(k, $\log_2(k-2)$), R(k, 0)
이때 점 Q가 선분 PR의 중점이므로
$\overline{\text{PR}}=2\overline{\text{QR}}$에서
$\log_2 k=2\log_2(k-2)$, $\log_2(k-2)^2-\log_2 k=0$
$\dfrac{(k-2)^2}{k}=1$, $(k-2)^2=k$
$k^2-5k+4=0$, $(k-1)(k-4)=0$
$\therefore k=4\ (\because k>3)$

따라서 다음 그림에서 삼각형 PAB의 넓이는 $\dfrac{1}{2}\times 2\times 2=2$이고 삼각형 PBQ의 넓이는 $\dfrac{1}{2}\times 1\times 1=\dfrac{1}{2}$

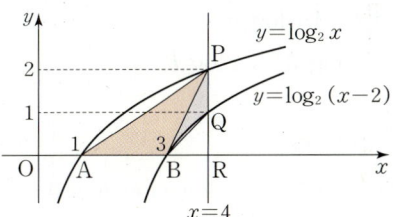

$\therefore \square\text{ABQP}=\triangle\text{PAB}+\triangle\text{PBQ}=2+\dfrac{1}{2}=\dfrac{5}{2}$ **답** ③

113

함수 $y=\log_2 x$의 그래프 위의 점 A의 y좌표가 1이므로
A(2, 1)
함수 $y=2^x$의 그래프 위의 점 B의 x좌표가 2이므로
B(2, 4)
함수 $y=\log_2 x$의 그래프 위의 점 C의 y좌표가 4이므로
C(16, 4)
$\therefore \overline{\text{AC}}=\sqrt{(16-2)^2+(4-1)^2}=\sqrt{205}$ **답** $\sqrt{205}$

114

두 함수 $y=f(x)$, $y=\log_2(x+a)$의 그래프가 직선 $y=x$에 대하여 대칭이므로 두 함수는 역함수 관계이다.
이때 함수 $y=f(x)$의 그래프가 점 A(2, 1)을 지나므로
함수 $y=\log_2(x+a)$는 점 (1, 2)를 지난다.
즉, $2=\log_2(1+a)$에서
$1+a=4$ $\therefore a=3$ **답** 3

115

함수 $y=\log_a(x+4)$의 그래프가 점 (0, 3)을 지나므로
$3=\log_a 4$ $\therefore a^3=4$ ......㉠

$y=\log_a(x+4)$에서 $a^y=x+4$

$\therefore x=a^y-4$

x와 y를 서로 바꾸면 $y=a^x-4$

따라서 $g(x)=a^x-4$이므로

$b=-4$ ...... ㉡

㉠, ㉡에서

$a^3-b=4-(-4)=8$ 답 8

116

$1<b<a$이므로

$\log_a 1<\log_a b<\log_a a$ ← $a>1$이므로 부등호의 방향이 바뀌지 않는다.

$\therefore 0<\log_a b<1$ ...... ㉠

$\log_a b>0$이므로 ㉠의 각 변에 $\log_a b$를 곱하면

$0<(\log_a b)^2<\log_a b$ ...... ㉡

㉠의 각 변에 $\log_a b$를 더하면

$\log_a b<2\log_a b<1+\log_a b$ ...... ㉢

㉡, ㉢에서 $0<(\log_a b)^2<2\log_a b$

$\therefore 0<A<B$ ...... ㉣

또한 $\log_a b<1$이므로

$\log_a(\log_a b)<\log_a 1$ $\quad\therefore \log_a(\log_a b)<0$

$\therefore C<0$ ...... ㉤

㉣, ㉤에서 $C<A<B$ 답 $C<A<B$

117

$y=\left(\log_2 \dfrac{4}{x}\right)\left(\log_2 \dfrac{x}{4}\right)+2$

$\quad=(\log_2 4-\log_2 x)(\log_2 x-\log_2 4)+2$

$\quad=(2-\log_2 x)(\log_2 x-2)+2$

$\quad=-(\log_2 x)^2+4\log_2 x-2$

$\log_2 x=t$로 놓으면

$y=-t^2+4t-2=-(t-2)^2+2$

즉, y는 $t=2$에서 최댓값 2를 가지므로

$\log_2 x=2$에서 $x=2^2=4$

따라서 $a=4$, $b=2$이므로

$a+b=4+2=6$ 답 6

118

$\log_a\left(\dfrac{1}{x}+\dfrac{1}{y}\right)+\log_a(x+y)=\log_a\left(\dfrac{1}{x}+\dfrac{1}{y}\right)(x+y)$

$\qquad\qquad\qquad\qquad\qquad =\log_a\left(\dfrac{x}{y}+\dfrac{y}{x}+2\right)$

이때 $x>0$, $y>0$에서 $\dfrac{x}{y}>0$, $\dfrac{y}{x}>0$이므로 산술평균과 기하

평균의 관계에 의하여

$\dfrac{x}{y}+\dfrac{y}{x}+2\geq 2\sqrt{\dfrac{x}{y}\times\dfrac{y}{x}}+2$

$\qquad\qquad =2+2=4$ (단, 등호는 $\dfrac{x}{y}=\dfrac{y}{x}$일 때 성립)

이때 밑이 a이고 $a>1$이므로

$\log_a\left(\dfrac{1}{x}+\dfrac{1}{y}\right)+\log_a(x+y)$

$=\log_a\left(\dfrac{x}{y}+\dfrac{y}{x}+2\right)\geq\log_a 4$

이때 $\log_a\left(\dfrac{1}{x}+\dfrac{1}{y}\right)+\log_a(x+y)$의 최솟값이 2이므로

$\log_a 4=2$에서 $a^2=4$

$\therefore a=2$ $(\because a>1)$ 답 2

119

$y=4x^{2-\log x}$의 양변에 상용로그를 취하면

$\log y=\log(4x^{2-\log x})$

$\qquad =\log 4+(2-\log x)\log x$

$\qquad =-(\log x)^2+2\log x+\log 4$

$\log x=t$로 놓으면

$\log y=-t^2+2t+\log 4$

$\qquad =-(t-1)^2+1+\log 4$

$\qquad =-(t-1)^2+\log 40$

따라서 $\log y$는 $t=1$에서 최댓값 $\log 40$을 가지므로

$\log x=1$에서 $x=10$ $\quad\therefore a=10$

$\log y=\log 40$에서 $y=40$ $\quad\therefore b=40$

$\therefore \dfrac{b}{a}=\dfrac{40}{10}=4$ 답 4

120

조건 ㈎에 의하여 함수 $y=f(x)$의 그래프는 점 $(-3, 0)$을 지나므로

$0=\log_a(-3-b)$

$-3-b=1$ $\quad\therefore b=-4$

조건 ㈏에서 점 P는 함수 $y=f(x)$의 그래프 위의 점이므로

$\mathrm{P}(4, \log_a 8)$

$\overline{\mathrm{OP}}=\sqrt{4^2+(\log_a 8)^2}=5$이므로 양변을 제곱하여 정리하면

$(\log_a 8)^2=9$

이때 $a>1$에서 $\log_a 8>0$이므로

$\log_a 8=3$, $a^3=8$ $\quad\therefore a=2$

$\therefore a-b=2-(-4)=6$ 답 6

121

$g(x)=\log_a x=t$로 놓으면

$1\leq x\leq 4$에서 $0\leq t\leq\log_a 4$ $(\because a>1)$

이때
$f(g(x))=f(t)=t^2-2t+3=(t-1)^2+2\ (0 \le t \le \log_a 4)$
이므로 $f(t)$는 $t=0$ 또는 $t=\log_a 4$에서 최댓값을 가질 수 있다.

그런데 $t=0$일 때 $f(0)=3$이므로 최댓값이 27이라는 조건에 모순된다.

즉, 함수 $f(t)$는 $t=\log_a 4$에서 최댓값 27을 갖는다.

$f(t)=27$에서 $t^2-2t+3=27$

$t^2-2t-24=0,\ (t+4)(t-6)=0$

$\therefore t=6\ (\because t \ge 0)$

따라서 $\log_a 4=6$이므로 $a^6=4$

$\therefore a^3=2\ (\because a>1)$ **답** 2

122

$y=x^{\log_3 x+a}$의 양변에 밑이 3인 로그를 취하면

$\log_3 y=(\log_3 x+a)(\log_3 x)$
$\qquad =(\log_3 x)^2+a\log_3 x$

$\log_3 x=t$로 놓으면

$\log_3 y=t^2+at=\left(t+\dfrac{a}{2}\right)^2-\dfrac{a^2}{4}$

이때 $\log_3 y$는 $t=-\dfrac{a}{2}$에서 최솟값 $-\dfrac{a^2}{4}$을 가질 수 있다.

즉, y는 $t=-\dfrac{a}{2}$에서 최솟값 $3^{-\frac{1}{4}}$을 가지므로

$\log_3 3^{-\frac{1}{4}}=-\dfrac{a^2}{4},\ -\dfrac{1}{4}=-\dfrac{a^2}{4}$

$\therefore a^2=1$ **답** 1

123

선분 PQ가 원 C의 지름이므로 신분 PQ의 중점은 원 C의 중심 $\left(\dfrac{5}{4},\ 0\right)$과 같다.

곡선 $y=\log_a x$ 위의 점 P의 좌표를 $(t,\ \log_a t)\left(t>\dfrac{5}{4}\right)$라 하고, 점 Q의 좌표를 $(\alpha,\ \beta)$라 하면

$\dfrac{t+\alpha}{2}=\dfrac{5}{4}$에서 $\alpha=\dfrac{5}{2}-t$

$\dfrac{\log_a t+\beta}{2}=0$에서 $\beta=-\log_a t$

이므로 점 Q의 좌표는 $\left(\dfrac{5}{2}-t,\ -\log_a t\right)$이다.

이때 점 Q도 곡선 $y=\log_a x$ 위의 점이므로

$-\log_a t=\log_a\left(\dfrac{5}{2}-t\right),\ \log_a\left(\dfrac{5}{2}-t\right)+\log_a t=0$

$\log_a t\left(\dfrac{5}{2}-t\right)=0,\ t\left(\dfrac{5}{2}-t\right)=1$

$2t^2-5t+2=0,\ (2t-1)(t-2)=0$

$\therefore t=2\left(\because t>\dfrac{5}{4}\right)$

또한 점 P$(2,\ \log_a 2)$와 원 C의 중심 $\left(\dfrac{5}{4},\ 0\right)$ 사이의 거리는 원 C의 반지름의 길이와 같으므로

$\sqrt{\left(2-\dfrac{5}{4}\right)^2+(\log_a 2-0)^2}=\sqrt{\dfrac{13}{16}}$

$\dfrac{9}{16}+(\log_a 2)^2=\dfrac{13}{16},\ (\log_a 2)^2=\dfrac{1}{4}$

이때 $a>1$에서 $\log_a 2>0$이므로

$\log_a 2=\dfrac{1}{2}$

$a^{\frac{1}{2}}=2\qquad \therefore a=4$ **답** ③

124

점 E의 좌표를 $(a,\ b)$라 하면 두 점 E, F는 x좌표가 같고 점 F는 곡선 $y=2^x$ 위의 점이므로 점 F의 좌표는 $(a,\ 2^a)$이다.

이때 점 F의 y좌표가 16이므로

$2^a=16$에서 $2^a=2^4\qquad \therefore a=4$

$\therefore$ F$(4,\ 16)$

점 E는 x좌표가 4이고 곡선 $y=\log_2 x$ 위의 점이므로

$b=\log_2 4=2$

$\therefore$ E$(4,\ 2)$

이때 점 D는 점 A$(2^n,\ 0)$과 x좌표가 같고 곡선 $y=\log_2 x$ 위의 점이므로 D$(2^n,\ n)$

한편, 선분 AD를 $2:3$으로 내분하는 점의 y좌표가 점 E의 y좌표와 같으므로

$\dfrac{2}{5}n=2\qquad \therefore n=5$

따라서 점 D$(32,\ 5)$이므로 직선 DF의 기울기는

$\dfrac{16-5}{4-32}=-\dfrac{11}{28}$ **답** ⑤

3 지수함수와 로그함수의 활용

09 지수방정식과 지수부등식

체크 125

(1) $4^{x^2}=16^{x+4}$에서 $(2^2)^{x^2}=(2^4)^{x+4}$이므로
$2^{2x^2}=2^{4x+16}$
$2x^2=4x+16$, $x^2-2x-8=0$
$(x+2)(x-4)=0$
$\therefore x=-2$ 또는 $x=4$
이때 k는 자연수이므로 $k=4$

(2) $5^{x^2}-125^{x-a}=0$에서 $5^{x^2}=(5^3)^{x-a}$이므로
$5^{x^2}=5^{3x-3a}$
$x^2=3x-3a$, $x^2-3x+3a=0$
이때 방정식의 한 근이 3이므로
$3^2-3\times3+3a=0$　$\therefore a=0$

답 (1) 4　(2) 0

체크 126

(1) 밑이 같으므로 밑이 1이거나 지수가 같아야 한다.
  (i) $x=1$일 때, $1^{-4}=1^{11}$이므로 등식이 성립한다.
  (ii) $x\neq1$일 때, $x^2-5=4x+7$에서
    $x^2-4x-12=0$, $(x+2)(x-6)=0$
    $\therefore x=6$ ($\because x>0$)
  (i), (ii)에서 $x=1$ 또는 $x=6$이므로 모든 실근의 합은
  $1+6=7$

(2) 밑이 같으므로 밑이 1이거나 지수가 같아야 한다.
  (i) $x+2=1$, 즉 $x=-1$일 때, $1^5=1^{-1}$이므로 등식이 성립한다.
  (ii) $x+2\neq1$, 즉 $x\neq-1$일 때,
    $x+6=x^2+2x$, $x^2+x-6=0$
    $(x+3)(x-2)=0$　$\therefore x=2$ ($\because x>-2$)
  (i), (ii)에서 $x=-1$ 또는 $x=2$이므로 모든 실근의 곱은
  $(-1)\times2=-2$

답 (1) 7　(2) -2

체크 127

$8^x-4^x-4\times2^x+4=0$에서 $(2^x)^3-(2^x)^2-4\times2^x+4=0$
이때 $2^x=t$ $(t>0)$로 놓으면
$t^3-t^2-4t+4=0$, $(t+2)(t-1)(t-2)=0$
$\therefore t=1$ 또는 $t=2$ ($\because t>0$)
따라서 $2^x=1$ 또는 $2^x=2$이므로
$x=0$ 또는 $x=1$

답 $x=0$ 또는 $x=1$

체크 128

$a^{2x}-3\times a^x+2=0$에서 $(a^x)^2-3\times a^x+2=0$
이때 $a^x=t$ $(t>0)$로 놓으면
$t^2-3t+2=0$, $(t-1)(t-2)=0$
$\therefore t=1$ 또는 $t=2$
따라서 $a^x=1$ 또는 $a^x=2$이므로
$x=0$ 또는 $x=\log_a2$
이때 한 근이 $\dfrac{1}{2}$이므로
$\log_a2=\dfrac{1}{2}$, $a^{\frac{1}{2}}=2$　$\therefore a=4$

답 4

체크 129

$9^x+2\times3^x+a=0$에서 $(3^x)^2+2\times3^x+a=0$
이때 $3^x=t$ $(t>0)$로 놓으면
$t^2+2t+a=0$
$\therefore (t+1)^2+a-1=0$　$\cdots\cdots$ ㉠
이때 주어진 방정식이 실근을 갖지 않으려면 방정식 ㉠이 양의 실근을 갖지 않아야 한다.
즉, $f(t)=(t+1)^2+a-1$ $(t>0)$
이라 하면 함수 $y=f(t)$의 그래프는 오른쪽 그림과 같아야 하므로
$f(0)\geq0$
$\therefore a\geq0$
따라서 실수 a의 최솟값은 0이다.

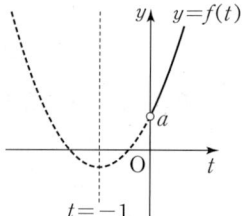

답 0

체크 130

(1) $a^{x^2+x-2}<(a^2)^{x+2}$에서 $a^{x^2+x-2}<a^{2x+4}$
  이때 밑이 a이고 $0<a<1$이므로
  $x^2+x-2>2x+4$, $x^2-x-6>0$
  $(x+2)(x-3)>0$
  $\therefore x<-2$ 또는 $x>3$

(2) $\left(\dfrac{1}{9}\right)^{x^2}\leq\left(\dfrac{1}{81}\right)^{x^2+x-4}$에서 $\left(\dfrac{1}{9}\right)^{x^2}\leq\left\{\left(\dfrac{1}{9}\right)^2\right\}^{x^2+x-4}$
  $\left(\dfrac{1}{9}\right)^{x^2}\leq\left(\dfrac{1}{9}\right)^{2x^2+2x-8}$
  이때 밑이 $\dfrac{1}{9}$이고 $0<\dfrac{1}{9}<1$이므로
  $x^2\geq2x^2+2x-8$, $x^2+2x-8\leq0$
  $(x+4)(x-2)\leq0$
  $\therefore -4\leq x\leq2$
  따라서 $M=2$, $m=-4$이므로
  $M^2+m^2=2^2+(-4)^2=4+16=20$

답 (1) $x<-2$ 또는 $x>3$　(2) 20

체크 131

$(x+1)^{x^2+2} \geq (x+1)^{-2x+1}$에서

(i) $0 < x+1 < 1$, 즉 $-1 < x < 0$일 때

$x^2+2 \leq -2x+1$이므로 $x^2+2x+1 \leq 0$

$(x+1)^2 \leq 0$ $\therefore x = -1$

그런데 $-1 < x < 0$이므로 부등식을 만족시키는 x의 값은 존재하지 않는다.

(ii) $x+1 = 1$, 즉 $x = 0$일 때

$1^2 = 1^1$이므로 주어진 부등식이 성립한다.

(iii) $x+1 > 1$, 즉 $x > 0$일 때

$x^2+2 \geq -2x+1$이므로 $x^2+2x+1 \geq 0$

$(x+1)^2 \geq 0$ $\therefore x$는 모든 실수

그런데 $x > 0$이므로 $x > 0$

(i)~(iii)에서 $x \geq 0$이므로 x의 최솟값은 0이다. **답** 0

체크 132

$9^x - 12 \times 3^x + a \leq 0$에서 $(3^x)^2 - 12 \times 3^x + a \leq 0$

이때 $3^x = t$ $(t > 0)$로 놓으면

$t^2 - 12t + a \leq 0$ ...... ㉠

이때 부등식 $9^x - 12 \times 3^x + a \leq 0$의 해가 $1 \leq x \leq \beta$이므로 이차부등식 ㉠의 해는

$3^1 \leq 3^x \leq 3^\beta$ $\therefore 3 \leq t \leq 3^\beta$

즉, 방정식 $t^2 - 12t + a = 0$의 한 근이 3이므로

$3^2 - 12 \times 3 + a = 0$ $\therefore a = 27$

㉠에서

$t^2 - 12t + 27 \leq 0$, $(t-3)(t-9) \leq 0$

$\therefore 3 \leq t \leq 9$

따라서 $3 \leq 3^x \leq 9$에서 $1 \leq x \leq 2$이므로 $\beta = 2$

$\therefore a - \beta = 27 - 2 = 25$ **답** 25

체크 133

집합 A는 공집합이므로 부등식 $9^x - 4 \times 3^x + a < 0$의 해는 존재하지 않는다.

즉, 모든 실수 x에 대하여 $9^x - 4 \times 3^x + a \geq 0$을 만족시킨다.

$9^x - 4 \times 3^x + a \geq 0$에서 $(3^x)^2 - 4 \times 3^x + a \geq 0$

이때 $3^x = t$ $(t > 0)$로 놓으면

$t^2 - 4t + a \geq 0$ $\therefore (t-2)^2 + a - 4 \geq 0$ ...... ㉠

이차부등식 ㉠이 $t > 0$인 모든 실수 t에 대하여 성립해야 하고, $t > 0$일 때 $(t-2)^2 \geq 0$이므로 이차부등식 ㉠이 항상 성립하려면

$a - 4 \geq 0$ $\therefore a \geq 4$ **답** $a \geq 4$

tip

제한된 범위에서 항상 성립하는 이차부등식

$\alpha \leq x \leq \beta$에서

① 부등식 $f(x) \geq 0$이 항상 성립하려면

($\alpha \leq x \leq \beta$에서의 $f(x)$의 최솟값) ≥ 0

② 부등식 $f(x) \leq 0$이 항상 성립하려면

($\alpha \leq x \leq \beta$에서의 $f(x)$의 최댓값) ≤ 0

10 로그방정식과 로그부등식

체크 134

(1) 진수의 조건에서

$x-1 > 0$, $3-x > 0$ $\therefore 1 < x < 3$ ...... ㉠

$\log_3(x-1) = \log_9(3-x)$에서

$\log_3(x-1) = \log_{3^2}(3-x)$

$\log_3(x-1) = \frac{1}{2}\log_3(3-x)$

$2\log_3(x-1) = \log_3(3-x)$, $\log_3(x-1)^2 = \log_3(3-x)$

$(x-1)^2 = 3-x$, $x^2-x-2 = 0$

$(x+1)(x-2) = 0$ $\therefore x = -1$ 또는 $x = 2$

㉠에 의하여 구하는 해는 $x = 2$

(2) 진수와 밑의 조건에서

$x-3 > 0$, $x > 0$, $x \neq 1$ $\therefore x > 3$ ...... ㉠

$\log_x(x-3) + 1 = \log_x 4$에서

$\log_x(x^2-3x) = \log_x 4$

$x^2-3x = 4$, $x^2-3x-4 = 0$

$(x+1)(x-4) = 0$ $\therefore x = -1$ 또는 $x = 4$

㉠에 의하여 구하는 해는 $x = 4$

답 (1) $x = 2$ (2) $x = 4$

체크 135

진수와 밑의 조건에서 $x > 0$, $x \neq 1$ ...... ㉠

$\log_2 x + 2\log_x 2 - 3 = 0$에서 $\log_x 2 = \frac{1}{\log_2 x}$이므로

$\log_2 x + \frac{2}{\log_2 x} - 3 = 0$

$(\log_2 x)^2 - 3\log_2 x + 2 = 0$

이때 $\log_2 x = t$로 놓으면

$t^2 - 3t + 2 = 0$, $(t-1)(t-2) = 0$

$\therefore t = 1$ 또는 $t = 2$

따라서 $\log_2 x = 1$ 또는 $\log_2 x = 2$이므로

$x = 2$ 또는 $x = 4$

이는 ㉠을 만족시키므로 구하는 해이다.

답 $x = 2$ 또는 $x = 4$

체크 136

(1) $x^{\log_{100} x} = \sqrt{10}x^{\log x + 1}$의 양변에 상용로그를 취하면

$\log x^{\log_{100} x} = \log \sqrt{10}x^{\log x + 1}$

$\log_{100} x \times \log x = \log \sqrt{10} + (\log x + 1)\log x$

$\left(\dfrac{1}{2}\log x\right) \times \log x = \dfrac{1}{2} + (\log x)^2 + \log x$

$\dfrac{1}{2}(\log x)^2 + \log x + \dfrac{1}{2} = 0$

$(\log x)^2 + 2\log x + 1 = 0$

이때 $\log x = t$로 놓으면

$t^2 + 2t + 1 = 0$, $(t+1)^2 = 0$ $\qquad \therefore t = -1$

따라서 $\log x = -1$이므로

$x = \dfrac{1}{10}$

(2) $2^{x-1} = 5^{x+2}$의 양변에 상용로그를 취하면

$\log 2^{x-1} = \log 5^{x+2}$

$(x-1)\log 2 = (x+2)\log 5$

$x\log 2 - \log 2 = x\log 5 + 2\log 5$

$x(\log 2 - \log 5) = \log 2 + 2\log 5$

이때 $\log 5 = \log \dfrac{10}{2} = 1 - \log 2 = 1 - 0.3 = 0.7$이므로

$x(0.3 - 0.7) = 0.3 + 2 \times 0.7$

$-0.4x = 1.7$

$\therefore x = -\dfrac{17}{4}$ 　　　**답** (1) $x = \dfrac{1}{10}$　(2) $x = -\dfrac{17}{4}$

체크 137

(1) $\log_5 x = t$로 놓으면

$t^3 - 6t^2 + 6t - 1 = 0$ 　　　　$\cdots\cdots$ ㉠

주어진 방정식의 세 실근이 α, β, γ이므로 방정식 ㉠의 세 실근은 $\log_5 \alpha$, $\log_5 \beta$, $\log_5 \gamma$이다.

이때 방정식 ㉠에서 삼차방정식의 근과 계수의 관계에 의하여

$\log_5 \alpha + \log_5 \beta + \log_5 \gamma = 6$이므로

$\log_5 \alpha\beta\gamma = 6$

$\alpha\beta\gamma = 5^6 = 25^3$

$\therefore k = 3$

(2) $\log_2 x = t$로 놓으면

$t^2 - 3t + k = 0$ 　　　　　　$\cdots\cdots$ ㉠

방정식 $(\log_2 x)^2 - 3\log_2 x + k = 0$의 두 근의 비가 $1 : 2$이므로 두 근을 α, 2α $(\alpha \neq 0)$로 놓으면 방정식 ㉠의 두 근은 $\log_2 \alpha$, $\log_2 2\alpha$이다.

이때 방정식 ㉠에서 이차방정식의 근과 계수의 관계에 의하여

$\log_2 \alpha + \log_2 2\alpha = 3$, $\log_2 \alpha \times \log_2 2\alpha = k$

$\log_2 \alpha + \log_2 2\alpha = 3$에서 $\log_2 \alpha + (1 + \log_2 \alpha) = 3$

$2\log_2 \alpha = 2$, $\log_2 \alpha = 1$

$\therefore \alpha = 2$

$\therefore k = \log_2 2 \times \log_2 4 = 1 \times 2 = 2$ 　　**답** (1) 3　(2) 2

체크 138

진수의 조건에서 $x + 1 > 0$, $x - 3 > 0$ 　　$\therefore x > 3$ 　$\cdots\cdots$ ㉠

$\log_{0.3}(x+1) + \log_{0.3}(x-3) > \log_{0.3} 5$에서

$\log_{0.3}(x+1)(x-3) > \log_{0.3} 5$

이때 밑이 0.3이고 $0 < 0.3 < 1$이므로

$(x+1)(x-3) < 5$, $x^2 - 2x - 8 < 0$

$(x+2)(x-4) < 0$ 　　$\therefore -2 < x < 4$ 　　$\cdots\cdots$ ㉡

㉠, ㉡의 공통 범위를 구하면 $3 < x < 4$ 　　**답** $3 < x < 4$

체크 139

진수의 조건에서 $\log_2 x > 0$, $x > 0$ 　　$\therefore x > 1$ 　$\cdots\cdots$ ㉠

$\log_3(\log_2 x) \leq 2$에서

$\log_3(\log_2 x) \leq \log_3 9$

이때 밑이 3이고 $3 > 1$이므로

$\log_2 x \leq 9$

$\log_2 x \leq \log_2 2^9$

이때 밑이 2이고 $2 > 1$이므로

$x \leq 2^9 = 512$ 　　　　　　$\cdots\cdots$ ㉡

㉠, ㉡의 공통 범위를 구하면 $1 < x \leq 512$이므로 이를 만족시키는 정수 x는 2, 3, 4, $\cdots$, 512의 511개이다. 　　**답** 511

체크 140

(1) 진수의 조건에서 $x > 0$, $x^6 > 0$ 　　$\therefore x > 0$ 　$\cdots\cdots$ ㉠

$(\log_2 x)^2 - \log_2 x^6 + 8 < 0$에서

$(\log_2 x)^2 - 6\log_2 x + 8 < 0$

이때 $\log_2 x = t$로 놓으면

$t^2 - 6t + 8 < 0$, $(t-2)(t-4) < 0$

$\therefore 2 < t < 4$

즉, $2 < \log_2 x < 4$이므로 $\log_2 2^2 < \log_2 x < \log_2 2^4$

밑이 2이고 2>1이므로 $4<x<16$ ...... ㉡

㉠, ㉡의 공통 범위를 구하면 $4<x<16$

따라서 $\alpha=4$, $\beta=16$이므로

$\beta-\alpha=16-4=12$

(2) 진수의 조건에서 $8x>0$, $x>0$ $\quad\therefore x>0$ ...... ㉠

$(\log_2 8x)(\log_{\sqrt{2}}x)>8$에서

$(3+\log_2 x)(2\log_2 x)>8$

$2(\log_2 x)^2+6\log_2 x>8$

$(\log_2 x)^2+3\log_2 x-4>0$

이때 $\log_2 x=t$로 놓으면

$t^2+3t-4>0$, $(t+4)(t-1)>0$

$\therefore t<-4$ 또는 $t>1$

따라서 $\log_2 x<-4$ 또는 $\log_2 x>1$이므로

$\log_2 x<\log_2 2^{-4}$ 또는 $\log_2 x>\log_2 2$

밑이 2이고 2>1이므로

$x<\dfrac{1}{16}$ 또는 $x>2$ ...... ㉡

㉠, ㉡의 공통 범위를 구하면

$0<x<\dfrac{1}{16}$ 또는 $x>2$

답 (1) 12 (2) $0<x<\dfrac{1}{16}$ 또는 $x>2$

체크 141

(1) 진수의 조건에서 $x>0$ ...... ㉠

$x^{\log 10x}\geq x^2$의 양변에 상용로그를 취하면

$\log x^{\log 10x}\geq\log x^2$, $(1+\log x)\log x\geq 2\log x$

$(\log x)^2-\log x\geq 0$

이때 $\log x=t$로 놓으면

$t^2-t\geq 0$, $t(t-1)\geq 0$ $\quad\therefore t\leq 0$ 또는 $t\geq 1$

따라서 $\log x\leq 0$ 또는 $\log x\geq 1$이므로

$\log x\leq\log 1$ 또는 $\log x\geq\log 10$

밑이 10이고 10>1이므로

$x\leq 1$ 또는 $x\geq 10$ ...... ㉡

㉠, ㉡의 공통 범위를 구하면

$0<x\leq 1$ 또는 $x\geq 10$

(2) $5^{x-3}<2^{-2x+5}$의 양변에 상용로그를 취하면

$\log 5^{x-3}<\log 2^{-2x+5}$

$(x-3)\log 5<(-2x+5)\log 2$

$x\log 5-3\log 5<-2x\log 2+5\log 2$

이때 $\log 5=\log\dfrac{10}{2}=1-\log 2=1-0.3=0.7$이므로

$0.7x-2.1<-0.6x+1.5$

$1.3x<3.6$

$\therefore x<\dfrac{36}{13}$

따라서 부등식을 만족시키는 x의 값 중 가장 큰 정수는 2이다.

답 (1) $0<x\leq 1$ 또는 $x\geq 10$ (2) 2

체크 142

$x^{-\log_3 x}\leq ax^2$의 양변에 밑이 3인 로그를 취하면

$\log_3 x^{-\log_3 x}\leq\log_3 ax^2$

$(-\log_3 x)\times\log_3 x\leq\log_3 a+2\log_3 x$

$(\log_3 x)^2+2\log_3 x+\log_3 a\geq 0$

이때 $\log_3 x=t$로 놓으면

$t^2+2t+\log_3 a\geq 0$

위의 부등식이 항상 성립하려면 이차방정식

$t^2+2t+\log_3 a=0$의 판별식을 D라 할 때

$\dfrac{D}{4}=1-\log_3 a\leq 0$, $\log_3 a\geq 1$

$\therefore a\geq 3$

답 $a\geq 3$

체크 143

처음 과자의 봉지당 무게와 가격을 각각 a g, b원이라 하면 1년 후의 봉지당 무게는 $0.9a$ g이므로 n년 후 봉지당 무게는 $(0.9)^n a$ g이다.

처음 과자의 1 g당 가격은 $\dfrac{b}{a}$원이므로 n년 후 1 g당 가격은

$\dfrac{b}{(0.9)^n a}$

n년 후에 과자의 무게당 가격이 처음의 1.2배 이상이 되려면

$\dfrac{b}{(0.9)^n a}\geq\dfrac{6}{5}\times\dfrac{b}{a}$에서 $(0.9)^{-n}\geq\dfrac{6}{5}$

양변에 상용로그를 취하면

$-n\log\dfrac{9}{10}\geq\log 2+\log 3-\log 5$

$n(1-2\log 3)\geq\log 2+\log 3-(1-\log 2)$

$\therefore n\geq\dfrac{2\log 2+\log 3-1}{1-2\log 3}$

$\qquad=\dfrac{2\times 0.3010+0.4771-1}{1-2\times 0.4771}=1.72\cdots$

따라서 n은 햇수로 자연수이므로 n의 최솟값은 2이다.

답 2

체크 144

A 자동차의 가격이 매년 전년보다 10 % 감소하므로 내년 가격은 올해 가격의 90 %이다.

올해 A 자동차의 가격이 2430만 원이므로 x년 후의 A 자동차의 가격은

$2430 \times \left(\dfrac{9}{10}\right)^x$ (만 원)

이때 200만 원 이하가 되려면

$2430 \times \left(\dfrac{9}{10}\right)^x \leq 200$

$\left(\dfrac{9}{10}\right)^x \leq \dfrac{20}{243}$

양변에 상용로그를 취하면

$\log \left(\dfrac{9}{10}\right)^x \leq \log \dfrac{20}{243}$, $x(\log 9 - \log 10) \leq \log 20 - \log 243$

$x(2\log 3 - 1) \leq \log 2 + \log 10 - 5\log 3$

$-0.04x \leq 0.30 + 1 - 2.4$, $0.04x \geq 1.1$

$\therefore x \geq 27.5$

따라서 A 자동차의 가격이 처음으로 200만 원 이하가 되는 때는 28년 후이므로

$n = 28$

답 28

연습 문제 05

145

(1) $2^{x+1} = 8 \times 2^x$에서 $2^{x+1} = 2^{x+3}$

$x^2 + 1 = x + 3$, $x^2 - x - 2 = 0$

$(x+1)(x-2) = 0$

$\therefore x = -1$ 또는 $x = 2$

(2) $2^{3x} - 7 \times 2^x + 6 = 0$에서 $(2^x)^3 - 7 \times 2^x + 6 = 0$

이때 $2^x = t \ (t > 0)$로 놓으면

$t^3 - 7t + 6 = 0$, $(t+3)(t-1)(t-2) = 0$

$\therefore t = 1$ 또는 $t = 2 \ (\because t > 0)$

따라서 $2^x = 1$ 또는 $2^x = 2$이므로

$x = 0$ 또는 $x = 1$

답 (1) $x = -1$ 또는 $x = 2$ (2) $x = 0$ 또는 $x = 1$

146

$(x+1)^{-x^2+7x-6} + 2 = 3$에서 $(x+1)^{-x^2+7x-6} = 1$

(i) $x + 1 = 1$, 즉 $x = 0$일 때

$1^{-6} = 1$이므로 등식이 성립한다.

(ii) $-x^2 + 7x - 6 = 0$일 때

$x^2 - 7x + 6 = 0$, $(x-1)(x-6) = 0$

$\therefore x = 1$ 또는 $x = 6$

(i), (ii)에서 $x = 0$ 또는 $x = 1$ 또는 $x = 6$이므로 구하는 모든 실근의 합은

$0 + 1 + 6 = 7$

답 7

147

$9^x - 5 \times 3^{x+1} + 27 = 0$에서 $(3^x)^2 - 15 \times 3^x + 27 = 0$

이때 $3^x = t \ (t > 0)$로 놓으면

$t^2 - 15t + 27 = 0$ ...... ㉠

방정식 $9^x - 5 \times 3^{x+1} + 27 = 0$의 두 근이 α, β이므로 이차방정식 ㉠의 두 근은 3^α, 3^β이다.

따라서 이차방정식의 근과 계수의 관계에 의하여

$3^\alpha + 3^\beta = 15$, $3^\alpha \times 3^\beta = 27$

$\therefore 9^\alpha + 9^\beta = (3^\alpha + 3^\beta)^2 - 2 \times 3^\alpha \times 3^\beta$

$\qquad = 15^2 - 2 \times 27$

$\qquad = 225 - 54 = 171$

답 171

148

$4^{2x} + a \times 4^{x+1} + 8 = 0$에서 $(4^x)^2 + 4a \times 4^x + 8 = 0$

이때 $4^x = t \ (t > 0)$로 놓으면

$t^2 + 4at + 8 = 0$ ...... ㉠

방정식 $4^{2x} + a \times 4^{x+1} + 8 = 0$의 두 근의 비가 $1 : 2$이므로 두 근을 α, $2\alpha \ (\alpha \neq 0)$라 하면 이차방정식 ㉠의 두 근은 4^α, $4^{2\alpha}$이다.

방정식 ㉠에서 이차방정식의 근과 계수의 관계에 의하여

$4^\alpha \times 4^{2\alpha} = 8$, $4^{3\alpha} = 8$

$2^{6\alpha} = 2^3$, $6\alpha = 3$ $\therefore \alpha = \dfrac{1}{2}$

즉, 이차방정식 ㉠의 한 근이 $4^{\frac{1}{2}} = 2$이므로

$4 + 8a + 8 = 0$에서 $8a = -12$

$\therefore a = -\dfrac{3}{2}$

답 $-\dfrac{3}{2}$

149

$2^{2x} - 2^{x+3} = k$에서 $(2^x)^2 - 8 \times 2^x - k = 0$

이때 $2^x = t \ (t > 0)$로 놓으면

$t^2 - 8t - k = 0$ ...... ㉠

주어진 방정식이 서로 다른 두 실근을 가지려면 방정식 ㉠이 서로 다른 두 양의 실근을 가져야 하므로

(i) 이차방정식 ㉠의 판별식을 D라 하면

$\dfrac{D}{4} = (-4)^2 - 1 \times (-k) > 0$

$16 + k > 0$ $\therefore k > -16$

(ii) (두 근의 합) $= 8 > 0$

(iii) (두 근의 곱) $= -k > 0$

$\therefore k < 0$

(i)~(iii)에서 주어진 방정식이 서로 다른 두 실근을 갖도록 하는 실수 k의 값의 범위는

$-16 < k < 0$

답 $-16 < k < 0$

150

$4^{\frac{1}{2}x^2-2} < \left(\frac{1}{2}\right)^{1-2x} < 2^{x+1}$ 에서

$(2^2)^{\frac{1}{2}x^2-2} < (2^{-1})^{1-2x} < 2^{x+1}$

$\therefore 2^{x^2-4} < 2^{2x-1} < 2^{x+1}$

이때 밑이 2이고 $2 > 1$이므로

$x^2-4 < 2x-1 < x+1$

(i) $x^2-4 < 2x-1$에서

$x^2-2x-3 < 0$, $(x+1)(x-3) < 0$

$\therefore -1 < x < 3$

(ii) $2x-1 < x+1$에서

$x < 2$

(i), (ii)에서 $-1 < x < 2$이므로 구하는 정수 x는 0, 1의 2개이다. **답** 2

151

$3^x + 4 \times \left(\frac{1}{3}\right)^x + k > 0$의 양변에 3^x을 곱하면

$(3^x)^2 + k \times 3^x + 4 > 0$

이때 $3^x = t$ $(t > 0)$로 놓으면

$t^2 + kt + 4 > 0$ ...... ㉠

이차부등식 ㉠이 $t > 0$인 모든 실수 t에 대하여 성립해야 하므로 $y = t^2 + kt + 4 = \left(t + \frac{k}{2}\right)^2 + 4 - \frac{k^2}{4}$이라 하면

(i) 축의 방정식 $t = -\frac{k}{2}$에서 $-\frac{k}{2} \leq 0$, 즉 $k \geq 0$이면

$t = 0$일 때 $4 > 0$이므로 이차부등식 ㉠이 항상 성립한다.

$k \geq 0$

(ii) 축의 방정식 $t = -\frac{k}{2}$에서 $-\frac{k}{2} > 0$, 즉 $k < 0$이면

$y = \left(t + \frac{k}{2}\right)^2 + 4 - \frac{k^2}{4}$에서 $t > 0$일 때 $\left(t + \frac{k}{2}\right)^2 \geq 0$이므로

이차부등식 ㉠이 항상 성립하려면

$4 - \frac{k^2}{4} > 0$, $k^2 < 16$ $\therefore -4 < k < 4$

그런데 $k < 0$이므로 $-4 < k < 0$

(i), (ii)에서 $k > -4$이므로 조건을 만족시키는 정수 k의 최솟값은 -3이다. **답** -3

152

$xy = 32$의 양변에 밑이 2인 로그를 취하면

$\log_2 xy = \log_2 32$ $\therefore \log_2 x + \log_2 y = 5$

즉, 주어진 연립방정식은 $\begin{cases} \log_2 x + \log_2 y = 5 \\ \log_2 x \times \log_2 y = 4 \end{cases}$

이때 $\log_2 x$와 $\log_2 y$를 두 근으로 갖는 t에 대한 이차방정식은

$t^2 - (\log_2 x + \log_2 y)t + \log_2 x \times \log_2 y = 0$이므로

$t^2 - 5t + 4 = 0$으로 놓으면

$(t-1)(t-4) = 0$ $\therefore t = 1$ 또는 $t = 4$

따라서 $\log_2 x = 1$, $\log_2 y = 4$ 또는 $\log_2 x = 4$, $\log_2 y = 1$이므로

$x = 2$, $y = 16$ 또는 $x = 16$, $y = 2$

$\therefore \alpha + \beta = 18$ **답** 18

153

두 방정식의 공통인 두 근을 α, β라 하자.

$2^{2x} - a \times 2^x + 32 = 0$에서 $(2^x)^2 - a \times 2^x + 32 = 0$

이때 $2^x = t$ $(t > 0)$로 놓으면

$t^2 - at + 32 = 0$

위의 이차방정식의 두 근이 2^α, 2^β이므로 이차방정식의 근과 계수의 관계에 의하여

$2^\alpha \times 2^\beta = 32$에서 $2^{\alpha+\beta} = 2^5$

$\therefore \alpha + \beta = 5$ ...... ㉠

또한 $(\log_2 x)^2 - \log_2 6 \times \log_2 x + b = 0$에서

$\log_2 x = k$로 놓으면

$k^2 - \log_2 6 \times k + b = 0$

위의 이차방정식의 두 근이 $\log_2 \alpha$, $\log_2 \beta$이므로 이차방정식의 근과 계수의 관계에 의하여

$\log_2 \alpha + \log_2 \beta = \log_2 6$에서 $\log_2 \alpha\beta = \log_2 6$

$\therefore \alpha\beta = 6$ ...... ㉡

㉠, ㉡에 의하여 α, β를 두 근으로 갖는 m에 대한 이차방정식은

$m^2 - 5m + 6 = 0$, $(m-2)(m-3) = 0$

$\therefore m = 2$ 또는 $m = 3$

따라서 $\alpha = 2$, $\beta = 3$ 또는 $\alpha = 3$, $\beta = 2$이므로

$a = 2^\alpha + 2^\beta = 2^2 + 2^3 = 12$,

$b = \log_2 \alpha \times \log_2 \beta = \log_2 2 \times \log_2 3 = \log_2 3$

$\therefore ab = 12\log_2 3$ **답** $12\log_2 3$

154

진수의 조건에서 $f(x) > 0$, $g(x) > 0$이므로

$f(x) > 0$에서 $x < a$ 또는 $x > d$ ...... ㉠

$g(x) > 0$에서 $c < x < f$ ...... ㉡

$\log_a f(x) < \log_a g(x)$에서 밑이 a이고 $0 < a < 1$이므로

$f(x) > g(x)$

$\therefore x < b$ 또는 $x > e$ ...... ㉢

㉠, ㉡, ㉢의 공통 범위를 구하면

$e < x < f$ **답** ③

155

(ⅰ) $\left(\dfrac{3}{2}\right)^{2x-3}<\left(\dfrac{2}{3}\right)^{x-3}$ 에서 $\left(\dfrac{3}{2}\right)^{2x-3}<\left(\dfrac{3}{2}\right)^{-x+3}$

밑이 $\dfrac{3}{2}$ 이고 $\dfrac{3}{2}>1$ 이므로

$2x-3<-x+3$ $\qquad \therefore x<2$

(ⅱ) 진수의 조건에서 $x-1>0$, $x+1>0$

$\qquad \therefore x>1$ $\qquad\qquad\qquad\qquad$ ……㉠

$\log_2(x-1)+\log_2(x+1)\le3$ 에서

$\log_2(x-1)(x+1)\le\log_2 8$

밑이 2이고 $2>1$이므로

$(x-1)(x+1)\le8$, $x^2-9\le0$

$(x+3)(x-3)\le0$

$\qquad \therefore -3\le x\le3$ $\qquad\qquad\qquad$ ……㉡

㉠, ㉡의 공통 범위를 구하면 $1<x\le3$

(ⅰ), (ⅱ)에서 $1<x<2$ **답** $1<x<2$

156

진수의 조건에서 $2x^2-7x+3>0$, $x+5>0$

$(2x-1)(x-3)>0$, $x>-5$

$\therefore -5<x<\dfrac{1}{2}$ 또는 $x>3$ $\qquad\qquad$ ……㉠

밑의 조건에서 $x>0$, $x\ne1$ $\qquad\qquad\qquad$ ……㉡

㉠, ㉡의 공통 범위를 구하면 $0<x<\dfrac{1}{2}$ 또는 $x>3$

그런데 x는 자연수이므로 $x>3$ $\qquad\qquad$ ……㉢

$\log_x(2x^2-7x+3)\le\log_x3+\log_x(x+5)$ 에서

$\log_x(2x^2-7x+3)\le\log_x3(x+5)$

이때 밑은 x이고 $x>1$이므로

$2x^2-7x+3\le3x+15$, $2x^2-10x-12\le0$

$x^2-5x-6\le0$, $(x+1)(x-6)\le0$

$\therefore -1\le x\le6$ $\qquad\qquad\qquad\qquad$ ……㉣

㉢, ㉣의 공통 범위를 구하면 $3<x\le6$

따라서 주어진 부등식을 만족시키는 자연수 x는 4, 5, 6의 3개이다. **답** 3

157

$3^{\log x}\times x^{\log 3}-5(3^{\log x}+x^{\log 3})+9<0$ 에서

$3^{\log x}\times3^{\log x}-5(3^{\log x}+3^{\log x})+9<0$

$(3^{\log x})^2-10\times3^{\log x}+9<0$

이때 $3^{\log x}=t$ $(t>0)$로 놓으면

$t^2-10t+9<0$, $(t-1)(t-9)<0$ $\qquad\therefore 1<t<9$

즉, $1<3^{\log x}<9$에서 밑이 3이고 $3>1$이므로

$0<\log x<2$

밑이 10이고 $10>1$이므로

$1<x<100$

따라서 $\alpha=1$, $\beta=100$이므로

$\alpha+\beta=101$ **답** 101

158

일차함수 $f(x)$에 대하여 $f(-5)=0$이므로

$f(x)=a(x+5)$ $(a>0)$

라 할 수 있다.

$2^{f(x)}\le8$에서 $2^{a(x+5)}\le2^3$

이때 밑이 2이고 $2>1$이므로

$a(x+5)\le3$

$a>0$이므로 $x+5\le\dfrac{3}{a}$ $\qquad\therefore x\le\dfrac{3}{a}-5$

따라서 $\dfrac{3}{a}-5=-4$이므로

$\dfrac{3}{a}=1$ $\qquad\therefore a=3$

즉, $f(x)=3(x+5)$이므로

$f(0)=15$ **답** 15

159

$(10^x-1)(10^x-k)\le0$에서 $1\le10^x\le k$

양변에 상용로그를 취하면

$\log1\le\log10^x\le\log k$

$\therefore 0\le x\le\log k$

위의 부등식을 만족시키는 정수 x의 개수가 3이므로

$2\le\log k<3$

이때 밑이 10이고 $10>1$이므로

$100\le k<1000$

따라서 조건을 만족시키는 자연수 k는

100, 101, 102, …, 999

의 900개이다. **답** 900

160

메뉴가 10개이고 각 메뉴 안에 항목이 n개씩 있을 때, 모든 메뉴에서 항목을 1개씩 선택하는 데 걸리는 전체 시간이 30초 이하가 되기 위해서는

$10\left\{2+\dfrac{1}{3}\log_2(n+1)\right\}\le30$

$2+\dfrac{1}{3}\log_2(n+1)\le3$, $\dfrac{1}{3}\log_2(n+1)\le1$

$\log_2(n+1)\le3$

이때 밑은 2이고 $2>1$이므로

$n+1 \leq 8$

$\therefore n \leq 7$

따라서 n의 최댓값은 7이다.   **답** ①

161

$4^x + 4^{-x} + a(2^x - 2^{-x}) + 7 = 0$에서

$(2^x - 2^{-x})^2 + a(2^x - 2^{-x}) + 9 = 0$

$2^x - 2^{-x} = t$로 놓으면

모든 실수 x에 대하여 t의 값도 실수 전체이고

$t^2 + at + 9 = 0$ ······ ㉠

주어진 방정식이 실근을 가지므로 이차방정식 ㉠의 판별식을 D라 하면

$D = a^2 - 36 \geq 0$

$(a+6)(a-6) \geq 0$

$\therefore a \leq -6$ 또는 $a \geq 6$

따라서 양수 a의 최솟값은 6이므로

$m = 6$

$\therefore m^2 = 6^2 = 36$ **답** 36

162

$2^x + 2^{-x} = t$로 놓으면 $2^x > 0$, $2^{-x} > 0$이므로 산술평균과 기하평균의 관계에 의하여

$2^x + 2^{-x} \geq 2\sqrt{2^x \times 2^{-x}} = 2$ (단, 등호는 $x=0$일 때 성립한다.)

또한 $(2^x + 2^{-x})^2 = 4^x + 4^{-x} + 2 = t^2$이므로

$4^x + 4^{-x} = t^2 - 2$

$4^x + 4^{-x} - 8(2^x + 2^{-x}) + 2(a+1) = 0$에서

$(t^2 - 2) - 8t + 2(a+1) = 0$

$t^2 - 8t + 2a = 0$ (단, $t \geq 2$)   ······ ㉠

즉, 방정식 $4^x + 4^{-x} - 8(2^x + 2^{-x}) + 2(a+1) = 0$이 서로 다른 네 실근을 갖기 위해서는 이차방정식 ㉠의 서로 다른 두 실근이 모두 2보다 커야 하므로 이차방정식

$t^2 - 8t + 2a = 0$ $(t \geq 2)$의 판별식을 D라 하면

$\dfrac{D}{4} = (-4)^2 - 2a > 0$ $\therefore a < 8$ ······ ㉡

이때 $f(t) = t^2 - 8t + 2a$라 하면 $f(2) > 0$이어야 하므로

$2^2 - 8 \times 2 + 2a > 0$ $\therefore a > 6$ ······ ㉢

㉡, ㉢에서 $6 < a < 8$이므로 조건을 만족시키는 정수 a의 값은 7이다.   **답** 7

1 삼각함수의 뜻

11 일반각

체크 163

ㄱ. $-960° = 360° \times (-3) + 120°$

ㄴ. $-610° = 360° \times (-2) + 110°$

ㄷ. $-210° = 360° \times (-1) + 150°$

ㄹ. $480° = 360° \times 1 + 120°$

ㅁ. $850° = 360° \times 2 + 130°$

ㅂ. $1200° = 360° \times 3 + 120°$

따라서 $120°$를 나타내는 동경과 일치하는 것은 ㄱ, ㄹ, ㅂ이다.

답 ㄱ, ㄹ, ㅂ

체크 164

θ가 제3사분면의 각이므로

$360° \times n + 180° < \theta < 360° \times n + 270°$ (단, n은 정수)

$\therefore 180° \times n + 90° < \dfrac{\theta}{2} < 180° \times n + 135°$

(ⅰ) $n = 2k$ (k는 정수)일 때

$360° \times k + 90° < \dfrac{\theta}{2} < 360° \times k + 135°$이므로 $\dfrac{\theta}{2}$는 제2사분면의 각이다.

(ⅱ) $n = 2k + 1$ (k는 정수)일 때

$360° \times k + 270° < \dfrac{\theta}{2} < 360° \times k + 315°$이므로 $\dfrac{\theta}{2}$는 제4사분면의 각이다.

따라서 $\dfrac{\theta}{2}$는 제2사분면 또는 제4사분면의 각이다.

답 제2사분면 또는 제4사분면

tip

$360° = 180° \times 2$이므로 $\dfrac{\theta}{2}$의 값의 범위를 일반각으로 나타내려면 n을 $n = 2k$, $n = 2k + 1$ (k는 정수)로 나누어 생각한다.

마찬가지로 각 $\dfrac{\theta}{m}$ (m은 자연수)가 제몇 사분면의 각인지 구하는 경우, $360° = \dfrac{360°}{m} \times m$이므로 m을 $n = mk$, $n = mk + 1$, $\cdots$, $n = mk + (m-1)$ (k는 정수)로 나누어 생각한다.

체크 165

각 2θ를 나타내는 동경과 각 5θ를 나타내는 동경이 일직선 위에 있고 방향이 반대이므로

$5\theta - 2\theta = 360° \times n + 180°$ (단, n은 정수)

$3\theta = 360° \times n + 180°$

$\therefore \theta = 120° \times n + 60°$

이때 $0° < \theta < 90°$이므로

$0° < 120° \times n + 60° < 90°$

$\therefore -\dfrac{1}{2} < n < \dfrac{1}{4}$

n은 정수이므로 $n = 0$ $\therefore \theta = 60°$

답 $60°$

체크 166

각 θ를 나타내는 동경과 각 4θ를 나타내는 동경이 y축에 대하여 대칭이므로

$\theta + 4\theta = 360° \times n + 180°$ (단, n은 정수)

$5\theta = 360° \times n + 180°$

$\therefore \theta = 72° \times n + 36°$

이때 $0° < \theta < 180°$이므로

$0° < 72° \times n + 36° < 180°$ $\therefore -\dfrac{1}{2} < n < 2$

n은 정수이므로 $n = 0$ 또는 $n = 1$

$\therefore \theta = 72° \times 0 + 36° = 36°$ 또는 $\theta = 72° \times 1 + 36° = 108°$

따라서 구하는 모든 각 θ의 크기의 합은

$36° + 108° = 144°$

답 $144°$

12 호도법

체크 167

$1° = \dfrac{\pi}{180}$라디안, 1라디안 $= \dfrac{180°}{\pi}$이므로

① $10° = 10 \times 1° = 10 \times \dfrac{\pi}{180} = \dfrac{\pi}{18}$

② $-108° = -108 \times 1° = -108 \times \dfrac{\pi}{180} = -\dfrac{3}{5}\pi$

③ $165° = 165 \times 1° = 165 \times \dfrac{\pi}{180} = \dfrac{11}{12}\pi$

④ $\dfrac{8}{15}\pi = \dfrac{8}{15}\pi \times \dfrac{180°}{\pi} = 96°$

⑤ $-\dfrac{7}{4}\pi = -\dfrac{7}{4}\pi \times \dfrac{180°}{\pi} = -315°$

따라서 옳지 않은 것은 ④이다.

답 ④

체크 168

(1) $420° = 420 \times \dfrac{\pi}{180} = \dfrac{7}{3}\pi$이므로

$\dfrac{7}{3}\pi = 2\pi \times 1 + \dfrac{\pi}{3}$ $\therefore 2n\pi + \dfrac{\pi}{3}$ (단, n은 정수)

(2) $820° = 820 \times \dfrac{\pi}{180} = \dfrac{41}{9}\pi$이므로

$\dfrac{41}{9}\pi = 2\pi \times 2 + \dfrac{5}{9}\pi$ $\therefore 2n\pi + \dfrac{5}{9}\pi$ (단, n은 정수)

(3) $-210° = -210° × \dfrac{\pi}{180} = -\dfrac{7}{6}\pi$이므로

$$-\dfrac{7}{6}\pi = 2\pi × (-1) + \dfrac{5}{6}\pi$$

$$\therefore 2n\pi + \dfrac{5}{6}\pi \text{ (단, } n \text{은 정수)}$$

(4) $-1035° = -1035 × \dfrac{\pi}{180} = -\dfrac{23}{4}\pi$이므로

$$-\dfrac{23}{4}\pi = 2\pi × (-3) + \dfrac{\pi}{4}$$

$$\therefore 2n\pi + \dfrac{\pi}{4} \text{ (단, } n \text{은 정수)}$$ **답** 풀이 참조

체크 169

(1) 부채꼴의 반지름의 길이를 r, 중심각의 크기를 θ, 호의 길이를 l, 넓이를 S라 하면 $\theta = \dfrac{2}{3}\pi$, $l = 4\pi$이므로

$l = r\theta$에서 $4\pi = r × \dfrac{2}{3}\pi$

$$\therefore r = 6$$

따라서 $r = 6$, $l = 4\pi$이므로

$$S = \dfrac{1}{2}rl = \dfrac{1}{2} × 6 × 4\pi = 12\pi$$

(2) 부채꼴의 반지름의 길이를 r, 호의 길이를 l, 넓이를 S라 하면 $r = 6$이고, 부채꼴의 둘레의 길이와 넓이가 같으므로

$2r + l = \dfrac{1}{2}rl$에서

$12 + l = \dfrac{1}{2} × 6 × l$ $\therefore l = 6$

따라서 $r = 6$, $l = 6$이므로 $l = r\theta$에서

$6 = 6 × \theta$ $\therefore \theta = 1$ **답** (1) 12π (2) 1

체크 170

부채꼴의 반지름의 길이를 r, 호의 길이를 l이라 하면 둘레의 길이가 12이므로

$2r + l = 12$에서

$l = 12 - 2r$

이때 $12 - 2r > 0$, $r > 0$이므로 $0 < r < 6$

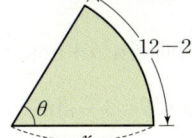

부채꼴의 넓이를 S라 하면

$$S = \dfrac{1}{2}rl = \dfrac{1}{2}r(12 - 2r)$$
$$= -r^2 + 6r$$
$$= -(r-3)^2 + 9 \text{ (단, } 0 < r < 6)$$

즉, 부채꼴의 넓이는 $r = 3$일 때 최댓값 9를 가지므로 그때의 부채꼴의 중심각의 크기를 θ라 하면

$S = \dfrac{1}{2}r^2\theta$에서 $9 = \dfrac{1}{2} × 3^2 × \theta$ $\therefore \theta = 2$

따라서 부채꼴의 넓이의 최댓값은 9이고, 그때의 중심각의 크기는 2이다.   **답** 9, 2

13 삼각함수의 뜻

체크 171

(1) 오른쪽 그림에서

$$\overline{\text{OP}} = \sqrt{(-1)^2 + k^2}$$
$$= \sqrt{k^2 + 1}$$

이므로

$$\cos\theta = \dfrac{-1}{\sqrt{k^2 + 1}}$$
$$= -\dfrac{1}{\sqrt{k^2 + 1}}$$

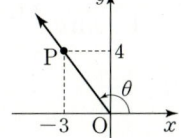

에서 $-\dfrac{3}{5} = -\dfrac{1}{\sqrt{k^2 + 1}}$, $3\sqrt{k^2 + 1} = 5$

$9(k^2 + 1) = 25$, $k^2 + 1 = \dfrac{25}{9}$, $k^2 = \dfrac{16}{9}$

$$\therefore k = \dfrac{4}{3} \text{ } (\because k > 0)$$

(2) 직선 $y = -\dfrac{4}{3}x$의 기울기는 $-\dfrac{4}{3}$이므로

$$\tan\theta = -\dfrac{4}{3}$$

θ가 제2사분면의 각이므로 점 P의 좌표를 $(-3, 4)$로 놓고, 동경 OP를 좌표평면 위에 나타내면 오른쪽 그림과 같다.

따라서 $\overline{\text{OP}} = \sqrt{(-3)^2 + 4^2} = 5$이므로

$$\sin\theta = \dfrac{4}{5}, \cos\theta = -\dfrac{3}{5}$$

$$\therefore 10(\sin\theta - \cos\theta) + 3\tan\theta$$
$$= 10 \times \left\{\frac{4}{5} - \left(-\frac{3}{5}\right)\right\} + 3 \times \left(-\frac{4}{3}\right)$$
$$= 14 + (-4) = 10$$

답 (1) $\frac{4}{3}$ (2) 10

체크 172

(1) (i) $\sin\theta\tan\theta > 0$에서

$\sin\theta > 0$, $\tan\theta > 0$ 또는 $\sin\theta < 0$, $\tan\theta < 0$이므로

θ는 제1사분면 또는 제4사분면의 각이다.

(ii) $\sin\theta\cos\theta < 0$에서

$\sin\theta > 0$, $\cos\theta < 0$ 또는 $\sin\theta < 0$, $\cos\theta > 0$이므로

θ는 제2사분면 또는 제4사분면의 각이다.

(i), (ii)에서 θ는 제4사분면의 각이다.

(2) θ가 제4사분면의 각이므로

$\sin\theta < 0$, $\cos\theta > 0$, $\tan\theta < 0$이고, $\sin\theta + \tan\theta < 0$

$\therefore$ (주어진 식) $= |\sin\theta| + |\cos\theta| - |\sin\theta + \tan\theta|$
$$= -\sin\theta + \cos\theta + (\sin\theta + \tan\theta)$$
$$= \cos\theta + \tan\theta$$

답 (1) 제4사분면   (2) $\cos\theta + \tan\theta$

체크 173

$\sqrt{\sin\theta}\sqrt{\cos\theta} = -\sqrt{\sin\theta\cos\theta}$, $\sin\theta\cos\theta \neq 0$이므로

$\sin\theta < 0$, $\cos\theta < 0$, $\tan\theta > 0$이고,

$\tan\theta - \cos\theta > 0$, $\sin\theta - \tan\theta < 0$

$\therefore$ (주어진 식) $= |\sin\theta| + |\tan\theta - \cos\theta| - |\sin\theta - \tan\theta|$
$$= -\sin\theta + (\tan\theta - \cos\theta) + (\sin\theta - \tan\theta)$$
$$= -\cos\theta \qquad \text{**답** } -\cos\theta$$

체크 174

(1) $\sin^2\theta + \cos^2\theta = 1$, $\tan\theta = \dfrac{\sin\theta}{\cos\theta}$이므로

$$(1-\sin^2\theta)(1+\tan^2\theta) = \cos^2\theta \times \left(1 + \frac{\sin^2\theta}{\cos^2\theta}\right)$$
$$= \cos^2\theta + \sin^2\theta = 1$$

(2) $\tan\theta = \dfrac{\sin\theta}{\cos\theta}$이므로

$$\frac{\cos\theta}{1+\sin\theta} + \tan\theta = \frac{\cos\theta}{1+\sin\theta} + \frac{\sin\theta}{\cos\theta}$$
$$= \frac{\cos^2\theta + \sin\theta(1+\sin\theta)}{(1+\sin\theta)\cos\theta}$$
$$= \frac{\cos^2\theta + \sin^2\theta + \sin\theta}{(1+\sin\theta)\cos\theta}$$
$$= \frac{1+\sin\theta}{(1+\sin\theta)\cos\theta} = \frac{1}{\cos\theta}$$

(3) $\dfrac{1-\cos\theta}{1+\sin\theta} + \dfrac{1+\cos\theta}{1-\sin\theta} - \dfrac{2}{\cos^2\theta}$

$$= \frac{(1-\cos\theta)(1-\sin\theta) + (1+\cos\theta)(1+\sin\theta)}{(1+\sin\theta)(1-\sin\theta)}$$
$$- \frac{2}{\cos^2\theta}$$
$$= \frac{1-\sin\theta-\cos\theta+\cos\theta\sin\theta+1+\sin\theta+\cos\theta+\cos\theta\sin\theta}{1-\sin^2\theta}$$
$$- \frac{2}{\cos^2\theta}$$
$$= \frac{2+2\sin\theta\cos\theta}{\cos^2\theta} - \frac{2}{\cos^2\theta}$$
$$= \frac{2\cos\theta\sin\theta}{\cos^2\theta} = \frac{2\sin\theta}{\cos\theta} = 2\tan\theta$$

(4) $\sin^2\theta + \cos^2\theta = 1$이므로

$$\frac{\cos\theta}{\sin\theta+\cos^2\theta-1} + \frac{\cos\theta}{\sin\theta-\cos^2\theta+1}$$
$$= \frac{\cos\theta}{\sin\theta-(1-\cos^2\theta)} + \frac{\cos\theta}{\sin\theta+(1-\cos^2\theta)}$$
$$= \frac{\cos\theta}{\sin\theta-\sin^2\theta} + \frac{\cos\theta}{\sin\theta+\sin^2\theta}$$
$$= \frac{\cos\theta}{\sin\theta(1-\sin\theta)} + \frac{\cos\theta}{\sin\theta(1+\sin\theta)}$$
$$= \frac{\cos\theta(1+\sin\theta)+\cos\theta(1-\sin\theta)}{\sin\theta(1+\sin\theta)(1-\sin\theta)}$$
$$= \frac{\cos\theta+\cos\theta\sin\theta+\cos\theta-\cos\theta\sin\theta}{\sin\theta(1-\sin^2\theta)}$$
$$= \frac{2\cos\theta}{\sin\theta\cos^2\theta} = \frac{2}{\sin\theta\cos\theta}$$

답 (1) 1   (2) $\dfrac{1}{\cos\theta}$ (3) $2\tan\theta$ (4) $\dfrac{2}{\sin\theta\cos\theta}$

체크 175

$\dfrac{1+\sin\theta}{1-\sin\theta} = \dfrac{1}{3}$에서 $3(1+\sin\theta) = 1-\sin\theta$

$4\sin\theta = -2$ $\therefore \sin\theta = -\dfrac{1}{2}$

이때 $\sin^2\theta + \cos^2\theta = 1$이므로

$$\cos^2\theta = 1 - \sin^2\theta = 1 - \left(-\frac{1}{2}\right)^2 = \frac{3}{4}$$

그런데 θ는 제4사분면의 각이므로 $\cos\theta > 0$

$\therefore \cos\theta = \dfrac{\sqrt{3}}{2}$ **답** $\dfrac{\sqrt{3}}{2}$

체크 176

$\sin\theta - \cos\theta = \dfrac{1}{4}$의 양변을 제곱하면

$$\sin^2\theta - 2\sin\theta\cos\theta + \cos^2\theta = \frac{1}{16}$$
$$1 - 2\sin\theta\cos\theta = \frac{1}{16}$$

$$2\sin\theta\cos\theta=\frac{15}{16} \qquad \therefore \sin\theta\cos\theta=\frac{15}{32}$$

$(\sin\theta+\cos\theta)^2=(\sin\theta-\cos\theta)^2+4\sin\theta\cos\theta$이므로

$$(\sin\theta+\cos\theta)^2=\frac{1}{16}+4\times\frac{15}{32}=\frac{31}{16}$$

그런데 θ는 제3사분면의 각이므로 $\sin\theta<0$, $\cos\theta<0$에서

$\sin\theta+\cos\theta<0$

$$\therefore \sin\theta+\cos\theta=-\frac{\sqrt{31}}{4}$$

$$\therefore \sin^2\theta-\cos^2\theta=(\sin\theta+\cos\theta)(\sin\theta-\cos\theta)$$

$$=-\frac{\sqrt{31}}{4}\times\frac{1}{4}=-\frac{\sqrt{31}}{16}$$

답 $-\dfrac{\sqrt{31}}{16}$

체크 177

$\tan\theta=\dfrac{\sin\theta}{\cos\theta}$이므로 $\tan\theta+\dfrac{1}{\tan\theta}=3$에서

$$\frac{\sin\theta}{\cos\theta}+\frac{\cos\theta}{\sin\theta}=3, \quad \frac{\sin^2\theta+\cos^2\theta}{\sin\theta\cos\theta}=3$$

$$\frac{1}{\sin\theta\cos\theta}=3 \qquad \therefore \sin\theta\cos\theta=\frac{1}{3}$$

$$(\sin\theta+\cos\theta)^2=\sin^2\theta+2\sin\theta\cos\theta+\cos^2\theta$$

$$=1+2\sin\theta\cos\theta$$

$$=1+2\times\frac{1}{3}=\frac{5}{3}$$

그런데 $0<\theta<\dfrac{\pi}{2}$이므로 $\sin\theta>0$, $\cos\theta>0$에서

$\sin\theta+\cos\theta>0$

$$\therefore \sin\theta+\cos\theta=\frac{\sqrt{15}}{3}$$

답 $\dfrac{\sqrt{15}}{3}$

체크 178

이차방정식 $2x^2-kx+5=0$의 두 근이 $\dfrac{1}{\sin\theta}$, $\dfrac{1}{\cos\theta}$이므로

근과 계수의 관계에 의하여

$$\frac{1}{\sin\theta}+\frac{1}{\cos\theta}=\frac{k}{2} \qquad \cdots\cdots \text{㉠}$$

$$\frac{1}{\sin\theta\cos\theta}=\frac{5}{2} \qquad \cdots\cdots \text{㉡}$$

이때 ㉠에서

$$\frac{\sin\theta+\cos\theta}{\sin\theta\cos\theta}=\frac{k}{2}$$

$$(\sin\theta+\cos\theta)\times\frac{1}{\sin\theta\cos\theta}=\frac{k}{2}$$

$$\frac{5}{2}(\sin\theta+\cos\theta)=\frac{k}{2} \ (\because \text{㉡})$$

$$\therefore \sin\theta+\cos\theta=\frac{k}{5}$$

이 식의 양변을 제곱하면

$$(\sin\theta+\cos\theta)^2=\frac{k^2}{25}$$

$$\sin^2\theta+2\sin\theta\cos\theta+\cos^2\theta=\frac{k^2}{25}$$

$$1+2\sin\theta\cos\theta=\frac{k^2}{25}$$

$$1+2\times\frac{2}{5}=\frac{k^2}{25} \ (\because \text{㉡})$$

$$\frac{k^2}{25}=\frac{9}{5} \qquad \therefore k^2=45$$

답 45

연습 문제 06

179

3θ가 제4사분면의 각이므로

$360°\times n+270°<3\theta<360°\times n+360°$ (단, n은 정수)

$$\therefore 120°\times n+90°<\theta<120°\times n+120°$$

(i) $n=3k$ (k는 정수)일 때

$360°\times k+90°<\theta<360°\times k+120°$이므로

θ는 제2사분면의 각이다.

(ii) $n=3k+1$ (k는 정수)일 때

$360°\times k+210°<\theta<360°\times k+240°$이므로

θ는 제3사분면의 각이다.

(iii) $n=3k+2$ (k는 정수)일 때

$360°\times k+330°<\theta<360°\times k+360°$이므로

θ는 제4사분면의 각이다.

따라서 θ는 제2사분면 또는 제3사분면 또는 제4사분면의 각이다.

답 ⑤

180

각 θ를 나타내는 동경과 각 4θ를 나타내는 동경이 원점에 대하여 대칭이므로

$4\theta-\theta=360°\times n+180°$ (단, n은 정수)

$3\theta=360°\times n+180°$

$$\therefore \theta=120°\times n+60°$$

이때 $0°<\theta<90°$이므로 $0°<120°\times n+60°<90°$

$$\therefore -\frac{1}{2}<n<\frac{1}{4}$$

n은 정수이므로 $n=0$

따라서 $\theta=60°$이므로

$\tan 60°=\sqrt{3}$

답 ①

181

각 θ를 나타내는 동경과 각 3θ를 나타내는 동경이 직선 $y=x$에 대하여 대칭이므로

$\theta+3\theta=360°\times n+90°$ (단, n은 정수)

$4\theta=360°\times n+90°$　　$\therefore \theta=90°\times n+\dfrac{45°}{2}$

이때 $0°<\theta<90°$이므로 $0°<90°\times n+\dfrac{45°}{2}<90°$

$\therefore -\dfrac{1}{4}<n<\dfrac{3}{4}$

n은 정수이므로 $n=0$

따라서 $\theta=\dfrac{45°}{2}$이므로

$\sin 2\theta=\sin 45°=\dfrac{\sqrt{2}}{2}$　　　　　　답 ④

182

ㄱ. $15°=15\times 1°=15\times\dfrac{\pi}{180}=\dfrac{\pi}{12}$ (참)

ㄴ. $160°=160\times 1°=160\times\dfrac{\pi}{180}=\dfrac{8}{9}\pi$ (참)

ㄷ. $-\dfrac{4}{3}\pi=\left(-\dfrac{4}{3}\pi\right)\times\dfrac{180°}{\pi}=-240°$ (참)

ㄹ. $\dfrac{7}{4}\pi=\dfrac{7}{4}\pi\times\dfrac{180°}{\pi}=315°$ (거짓)

따라서 옳은 것은 ㄱ, ㄴ, ㄷ이다.　　　　답 ④

183

원뿔의 전개도는 오른쪽 그림과 같고, 옆
면인 부채꼴의 호의 길이는 밑면인 원의
둘레의 길이와 같으므로

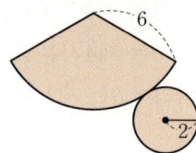

$2\pi\times 2=4\pi$

따라서 옆면인 부채꼴의 넓이는

$\dfrac{1}{2}\times 6\times 4\pi=12\pi$

$\therefore$ (원뿔의 겉넓이)

　$=$ (옆면인 부채꼴의 넓이)$+$(밑면인 원의 넓이)

　$=12\pi+\pi\times 2^2=12\pi+4\pi=16\pi$　　답 ③

184

삼각형 QOP는 $\angle$PQO$=\dfrac{\pi}{2}$인 직각삼각형이므로

(삼각형 QOP의 넓이)$=\dfrac{1}{2}\times\overline{PQ}\times\overline{OQ}=\dfrac{1}{2}\overline{PQ}$ $(\because \overline{OQ}=1)$

(부채꼴 QOR의 넓이)$=\dfrac{1}{2}\times 1^2\times\theta=\dfrac{1}{2}\theta$

이때 삼각형 QOP의 넓이는 부채꼴 QOR의 넓이의 3배이므로

$\dfrac{1}{2}\overline{PQ}=3\times\dfrac{1}{2}\theta$　　$\therefore \overline{PQ}=3\theta$

$\therefore k=3$　　　　　　　　　　답 3

185

직선 PO와 원이 만나는 점을 각각 P′, P″이라 하고, 색칠한
두 부분의 넓이를 각각 S_1, S_2, 원의 반지름의 길이를 r라 하면
다음 그림과 같다.

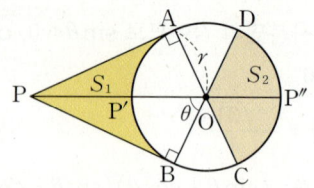

$\triangle$PBO$=\dfrac{1}{2}\times\overline{OB}\times\overline{PB}=\dfrac{1}{2}\times r\times r\tan\theta=\dfrac{1}{2}r^2\tan\theta$,

(부채꼴 P′OB의 넓이)$=\dfrac{1}{2}r^2\theta$이므로

$S_1=2\{\triangle$PBO$-$(부채꼴 P′OB의 넓이)$\}$

　　$=2\left(\dfrac{1}{2}r^2\tan\theta-\dfrac{1}{2}r^2\theta\right)=r^2(\tan\theta-\theta)$

이때 $\angle$P′OB$=\angle$DOP″이므로 두 부채꼴 P′OB, DOP″은
서로 합동이다. 즉,

$S_2=2\times$(부채꼴 P′OB의 넓이)

　　$=2\times\dfrac{1}{2}r^2\theta=r^2\theta$

주어진 조건에 의하여 $S_1=S_2$이므로

$r^2(\tan\theta-\theta)=r^2\theta$

$\tan\theta-\theta=\theta$ $(\because r\neq 0)$

$\tan\theta=2\theta$

따라서 $\dfrac{\theta}{\tan\theta}=\dfrac{1}{2}$이므로

$\dfrac{4\theta}{\tan\theta}=4\times\dfrac{1}{2}=2$　　　　　　답 2

186

주어진 직사각형이 원에 내접하고 두 점 A, B는 각각 제2사
분면, 제3사분면의 점이므로

A$(-3, 1)$, B$(-3, -1)$

따라서 $\sin\alpha=\dfrac{1}{\sqrt{10}}$, $\cos\beta=-\dfrac{3}{\sqrt{10}}$이므로

$\dfrac{1}{\sin\alpha}+\dfrac{1}{\cos\beta}=\sqrt{10}+\left(-\dfrac{\sqrt{10}}{3}\right)=\dfrac{2\sqrt{10}}{3}$　　답 ③

187

$\sin\theta\cos\theta>0$에서

$\sin\theta>0$, $\cos\theta>0$ 또는 $\sin\theta<0$, $\cos\theta<0$이므로

θ는 제1사분면 또는 제3사분면의 각이다.

이때 θ가 제1사분면의 각이라 하면 $\sin\theta>0$, $\cos\theta>0$이 되
어 $\sin\theta+\cos\theta<0$이라는 조건에 모순이므로 θ는 제3사분면
의 각이다.

따라서 $\tan\theta > 0$, $\sin\theta - \tan\theta < 0$이므로

$$\frac{|\sin\theta - \tan\theta|}{\sqrt{\tan^2\theta}} = \frac{|\sin\theta - \tan\theta|}{|\tan\theta|} = \frac{-\sin\theta + \tan\theta}{\tan\theta}$$

$$= \frac{-\sin\theta + \dfrac{\sin\theta}{\cos\theta}}{\dfrac{\sin\theta}{\cos\theta}} = \frac{\dfrac{-\sin\theta\cos\theta + \sin\theta}{\cos\theta}}{\dfrac{\sin\theta}{\cos\theta}}$$

$$= \frac{-\sin\theta\cos\theta + \sin\theta}{\sin\theta}$$

$$= \frac{-\sin\theta(\cos\theta - 1)}{\sin\theta}$$

$$= 1 - \cos\theta$$

답 $1 - \cos\theta$

188

$\dfrac{\sqrt{\sin\theta}}{\sqrt{\tan\theta}} = -\sqrt{\dfrac{\sin\theta}{\tan\theta}}$, $\sin\theta\tan\theta \neq 0$에서

$\sin\theta > 0$, $\tan\theta < 0$이므로 θ는 제2사분면의 각이다.

따라서 $\cos\theta < 0$, $\sin\theta - \cos\theta > 0$이므로

$\sqrt{(\sin\theta - \cos\theta)^2} - |\sin\theta| + \sqrt[3]{\cos^3\theta}$

$= |\sin\theta - \cos\theta| - |\sin\theta| + \cos\theta$

$= \sin\theta - \cos\theta - \sin\theta + \cos\theta = 0$

답 0

> **tip**
>
> 0이 아닌 두 실수 a, b에 대하여
>
> $\dfrac{\sqrt{b}}{\sqrt{a}} = -\sqrt{\dfrac{b}{a}} \Longleftrightarrow a < 0,\ b > 0$

189

$\sin^2\theta + \cos^2\theta = 1$이므로

$\sin^2\theta = 1 - \cos^2\theta$에서

$\sin^2\theta = 1 - \left(-\dfrac{4}{5}\right)^2 = \dfrac{9}{25}$

그런데 θ가 제2사분면의 각이므로 $\sin\theta > 0$

$\therefore \sin\theta = \dfrac{3}{5}$

따라서 $\tan\theta = \dfrac{\sin\theta}{\cos\theta} = \dfrac{\dfrac{3}{5}}{-\dfrac{4}{5}} = -\dfrac{3}{4}$이므로

$5\sin\theta + 4\tan\theta = 5 \times \dfrac{3}{5} + 4 \times \left(-\dfrac{3}{4}\right) = 0$

답 0

190

$\log_2 \sin\theta + \log_2 \cos\theta = -4$에서

$\log_2 \sin\theta\cos\theta = -4$이므로

$\sin\theta\cos\theta = 2^{-4} = \dfrac{1}{16}$ ····· ㉠

$\log_2(\sin\theta + \cos\theta) = \dfrac{1}{2}(\log_2 x - 4)$에서

$2\log_2(\sin\theta + \cos\theta) = \log_2 x - \log_2 2^4$

$\log_2(\sin\theta + \cos\theta)^2 = \log_2 \dfrac{x}{16}$

$\therefore (\sin\theta + \cos\theta)^2 = \dfrac{x}{16}$

이때

$(\sin\theta + \cos\theta)^2 = \sin^2\theta + 2\sin\theta\cos\theta + \cos^2\theta$

$\qquad = 1 + 2\sin\theta\cos\theta$

$\qquad = 1 + 2 \times \dfrac{1}{16} = \dfrac{9}{8}\ (\because ㉠)$

이므로

$\dfrac{9}{8} = \dfrac{x}{16}$ $\qquad \therefore x = 18$

답 18

191

$\dfrac{\sin\theta - \cos\theta}{\sin\theta + \cos\theta} = 2 - \sqrt{3}$에서 좌변의 분모, 분자를 각각 $\cos\theta$로 나누면

$\dfrac{\dfrac{\sin\theta}{\cos\theta} - 1}{\dfrac{\sin\theta}{\cos\theta} + 1} = 2 - \sqrt{3}$, $\dfrac{\tan\theta - 1}{\tan\theta + 1} = 2 - \sqrt{3}$

$\tan\theta - 1 = (2 - \sqrt{3})(\tan\theta + 1)$

$(1 - \sqrt{3})\tan\theta = \sqrt{3} - 3$

$\therefore \tan\theta = \dfrac{\sqrt{3} - 3}{1 - \sqrt{3}} = \dfrac{\sqrt{3}(1 - \sqrt{3})}{(1 - \sqrt{3})} = \sqrt{3}$

즉, $\tan\theta = \dfrac{\sin\theta}{\cos\theta} = \sqrt{3}$이므로

$\sin\theta = \sqrt{3}\cos\theta$

$\sin^2\theta + \cos^2\theta = 1$이므로

$(\sqrt{3}\cos\theta)^2 + \cos^2\theta = 1$

$\therefore \cos^2\theta = \dfrac{1}{4}$

$\therefore (\sin\theta - \cos\theta)(\sin\theta + \cos\theta)$

$\quad = \sin^2\theta - \cos^2\theta$

$\quad = (1 - \cos^2\theta) - \cos^2\theta$

$\quad = 1 - 2\cos^2\theta$

$\quad = 1 - 2 \times \dfrac{1}{4} = \dfrac{1}{2}$

답 $\dfrac{1}{2}$

192

$\tan\theta = \dfrac{\sin\theta}{\cos\theta}$이므로

$\dfrac{1}{\cos\theta}\left(\tan\theta + \dfrac{1}{\tan^2\theta}\right) = \dfrac{1}{\cos\theta}\left(\dfrac{\sin\theta}{\cos\theta} + \dfrac{\cos^2\theta}{\sin^2\theta}\right)$

$\qquad = \dfrac{\sin\theta}{\cos^2\theta} + \dfrac{\cos\theta}{\sin^2\theta}$

$\qquad = \dfrac{\sin^3\theta + \cos^3\theta}{\cos^2\theta\sin^2\theta}$

이때 $\sin\theta+\cos\theta=\dfrac{1}{3}$의 양변을 제곱하면

$\sin^2\theta+2\sin\theta\cos\theta+\cos^2\theta=\dfrac{1}{9}$

$1+2\sin\theta\cos\theta=\dfrac{1}{9}$, $2\sin\theta\cos\theta=-\dfrac{8}{9}$

$\therefore \sin\theta\cos\theta=-\dfrac{4}{9}$

$\sin^3\theta+\cos^3\theta$

$=(\sin\theta+\cos\theta)^3-3\sin\theta\cos\theta(\sin\theta+\cos\theta)$

$=\left(\dfrac{1}{3}\right)^3-3\times\left(-\dfrac{4}{9}\right)\times\dfrac{1}{3}$

$=\dfrac{1}{27}+\dfrac{4}{9}=\dfrac{13}{27}$

$\therefore \dfrac{1}{\cos\theta}\left(\tan\theta+\dfrac{1}{\tan^2\theta}\right)=\dfrac{\sin^3\theta+\cos^3\theta}{\cos^2\theta\sin^2\theta}=\dfrac{\frac{13}{27}}{\frac{16}{81}}=\dfrac{39}{16}$

답 ④

193

이차방정식 $4x^2+kx-2=0$의 두 근이 $\cos\theta$, $\tan\theta$이므로 근과 계수의 관계에 의하여

$\cos\theta+\tan\theta=-\dfrac{k}{4}$ ······ ㉠

$\cos\theta\tan\theta=-\dfrac{1}{2}$, 즉 $\cos\theta\times\dfrac{\sin\theta}{\cos\theta}=-\dfrac{1}{2}$ $\therefore \sin\theta=-\dfrac{1}{2}$

$\sin\theta=-\dfrac{1}{2}$이므로 $\sin^2\theta+\cos^2\theta=1$에서

$\cos^2\theta=1-\sin^2\theta=1-\left(-\dfrac{1}{2}\right)^2=\dfrac{3}{4}$

$\therefore \cos\theta=-\dfrac{\sqrt{3}}{2}$ 또는 $\cos\theta=\dfrac{\sqrt{3}}{2}$

(i) $\cos\theta=-\dfrac{\sqrt{3}}{2}$일 때

$\tan\theta=\dfrac{\sin\theta}{\cos\theta}=\dfrac{-\frac{1}{2}}{-\frac{\sqrt{3}}{2}}=\dfrac{\sqrt{3}}{3}$

$\therefore \cos\theta+\tan\theta=-\dfrac{\sqrt{3}}{2}+\dfrac{\sqrt{3}}{3}=-\dfrac{k}{4}$ (∵ ㉠)

따라서 $-\dfrac{\sqrt{3}}{6}=-\dfrac{k}{4}$이므로

$k=\dfrac{2\sqrt{3}}{3}$

(ii) $\cos\theta=\dfrac{\sqrt{3}}{2}$일 때

$\tan\theta=\dfrac{\sin\theta}{\cos\theta}=\dfrac{-\frac{1}{2}}{\frac{\sqrt{3}}{2}}=-\dfrac{\sqrt{3}}{3}$

$\therefore \cos\theta+\tan\theta=\dfrac{\sqrt{3}}{2}+\left(-\dfrac{\sqrt{3}}{3}\right)=-\dfrac{k}{4}$ (∵ ㉠)

따라서 $\dfrac{\sqrt{3}}{6}=-\dfrac{k}{4}$이므로

$k=-\dfrac{2\sqrt{3}}{3}$

(i), (ii)에서 구하는 모든 실수 k의 값의 곱은

$\dfrac{2\sqrt{3}}{3}\times\left(-\dfrac{2\sqrt{3}}{3}\right)=-\dfrac{4}{3}$

답 $-\dfrac{4}{3}$

194

이차방정식 $5x^2-7x+k=0$의 두 근이 $\sin\theta$, $\cos\theta$이므로 근과 계수의 관계에 의하여

$\sin\theta+\cos\theta=\dfrac{7}{5}$, $\sin\theta\cos\theta=\dfrac{k}{5}$ ······ ㉠

$\sin\theta+\cos\theta=\dfrac{7}{5}$의 양변을 제곱하면

$\sin^2\theta+2\sin\theta\cos\theta+\cos^2\theta=\dfrac{49}{25}$

$1+2\sin\theta\cos\theta=\dfrac{49}{25}$ $\therefore \sin\theta\cos\theta=\dfrac{12}{25}$ ······ ㉡

㉠, ㉡에서 $\dfrac{k}{5}=\dfrac{12}{25}$ $\therefore k=\dfrac{12}{5}$

이때 $\tan\theta=\dfrac{\sin\theta}{\cos\theta}$이므로

$12\left(\tan\theta+\dfrac{1}{\tan\theta}+\dfrac{1}{k}\right)$

$=12\times\left(\dfrac{\sin\theta}{\cos\theta}+\dfrac{\cos\theta}{\sin\theta}+\dfrac{5}{12}\right)$

$=12\times\dfrac{\sin^2\theta+\cos^2\theta}{\sin\theta\cos\theta}+5$

$=12\times\dfrac{1}{\sin\theta\cos\theta}+5$

$=12\times\dfrac{25}{12}+5=30$

답 30

195

세 선분 OQ, AP, BQ의 길이를 각각 θ로 나타내면

$\overline{OQ}=\cos\theta$, $\overline{AP}=\tan\theta$, $\overline{BQ}=\sin\theta$

$\overline{OQ}=2\overline{AP}\times\overline{BQ}$에서

$\cos\theta=2\tan\theta\times\sin\theta$ ······ ㉠

이때 $\tan\theta=\dfrac{\sin\theta}{\cos\theta}$이므로 ㉠에 대입하면

$\cos\theta=2\times\dfrac{\sin\theta}{\cos\theta}\times\sin\theta$

$\cos^2\theta=2\sin^2\theta$ $\therefore \dfrac{\sin^2\theta}{\cos^2\theta}=\dfrac{1}{2}$

$\therefore \tan^2\theta=\dfrac{\sin^2\theta}{\cos^2\theta}=\dfrac{1}{2}$

답 $\dfrac{1}{2}$

196

오른쪽 그림과 같이 반지름의 길이가 3인 원의 중심을 O, 이 원에 내접하는 6개의 원의 중심을 차례대로 O_1, O_2, $\cdots$, O_6이라 하자.

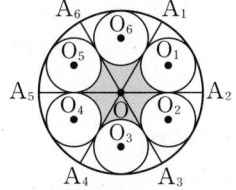

점 O와 6개의 원이 접하는 접점을 지나는 직선을 그어 반지름의 길이가 3인 원과 만나는 점을 차례대로 A_1, A_2, $\cdots$, A_6이라 하면 만들어지는 6개의 부채꼴 A_1OA_2, A_2OA_3, $\cdots$, A_6OA_1은 모두 합동이다.

오른쪽 그림과 같이 부채꼴 A_1OA_2에 내접하는 원의 반지름의 길이를 r, 점 O_1에서 선분 OA_2에 내린 수선의 발을 H라 하면 직각삼각형 O_1OH에서

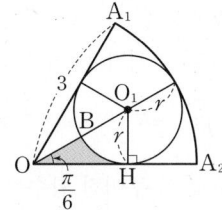

$\angle O_1OH = 2\pi \times \dfrac{1}{12} = \dfrac{\pi}{6}$이고,

$\overline{OO_1} = 2r$, $\overline{OH} = \sqrt{3}\,r$

$\overline{OA_1} = 3$이므로 $\overline{OA_1} = 2r + r = 3$ $\therefore r = 1$

이때 선분 OO_1과 내접하는 원의 교점을 B라 하면 위의 그림의 색칠한 부분의 넓이는

$\triangle O_1OH - ($부채꼴 O_1BH의 넓이$)$

$= \dfrac{1}{2} \times \sqrt{3} \times 1 - \dfrac{1}{2} \times 1^2 \times \dfrac{\pi}{3}$

$= \dfrac{\sqrt{3}}{2} - \dfrac{\pi}{6}$

즉, $S = 12 \times \{\triangle O_1OH - ($부채꼴 O_1BH의 넓이$)\}$이므로

$S = 12 \times \left(\dfrac{\sqrt{3}}{2} - \dfrac{\pi}{6}\right) = 6\sqrt{3} - 2\pi$

따라서 $p = 6$, $q = -2$이므로

$p^2 + q^2 = 6^2 + (-2)^2 = 40$

답 40

---

2 삼각함수의 그래프

14 삼각함수의 그래프

체크 197

(1) 함수 $y = \sin\left(x + \dfrac{\pi}{4}\right)$의 그래프는 함수 $y = \sin x$의 그래프를 x축의 방향으로 $-\dfrac{\pi}{4}$만큼 평행이동한 것이므로 그 그래프는 다음 그림과 같고, 최댓값은 1, 최솟값은 -1, 주기는 2π이다.

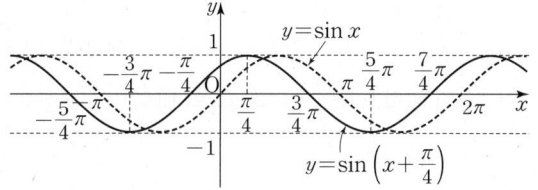

(2) $y = \cos\left(2x - \dfrac{\pi}{3}\right) - 1$

$= \cos 2\left(x - \dfrac{\pi}{6}\right) - 1$

즉, 함수 $y = \cos\left(2x - \dfrac{\pi}{3}\right) - 1$의 그래프는 함수 $y = \cos x$의 그래프를 x축의 방향으로 $\dfrac{1}{2}$배 한 후, x축의 방향으로 $\dfrac{\pi}{6}$만큼, y축의 방향으로 -1만큼 평행이동한 것이므로 그 그래프는 다음 그림과 같고, 최댓값은 0, 최솟값은 -2, 주기는 π이다.

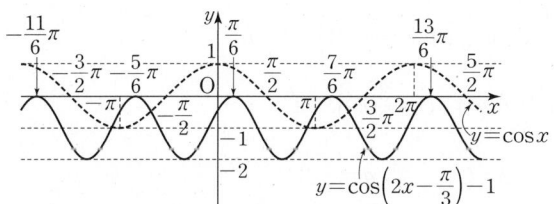

(3) $y = \dfrac{1}{2}\tan\left(3x - \dfrac{\pi}{2}\right)$

$= \dfrac{1}{2}\tan 3\left(x - \dfrac{\pi}{6}\right)$

즉, 함수 $y = \dfrac{1}{2}\tan\left(3x - \dfrac{\pi}{2}\right)$의 그래프는 함수 $y = \tan x$의 그래프를 x축의 방향으로 $\dfrac{1}{3}$배, y축의 방향으로 $\dfrac{1}{2}$배 한 후, x축의 방향으로 $\dfrac{\pi}{6}$만큼 평행이동한 것이므로 그 그래프는 다음 그림과 같고, 최댓값과 최솟값은 없고, 주기는 $\dfrac{\pi}{3}$이다.

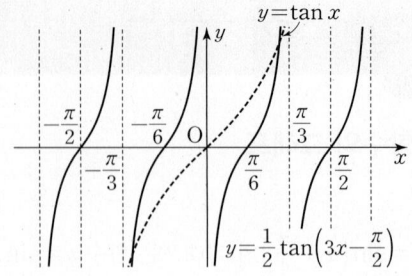

답 풀이 참조

체크 198

ㄱ. $f(x)=3\sin\left(2x-\dfrac{\pi}{3}\right)+1=3\sin 2\left(x-\dfrac{\pi}{6}\right)+1$

즉, 함수 $y=f(x)$의 그래프는 함수 $y=3\sin 2x$의 그래프를 x축의 방향으로 $\dfrac{\pi}{6}$만큼, y축의 방향으로 1만큼 평행이동한 것이다. (참)

ㄴ. 함수 $f(x)$의 최댓값은 $3+1=4$, 최솟값은 $-3+1=-2$이다. (참)

ㄷ. 함수 $f(x)$는 주기가 $\dfrac{2\pi}{2}=\pi$인 주기함수이므로 모든 실수 x에 대하여 $f(x+\pi)=f(x)$ (참)

따라서 옳은 것은 ㄱ, ㄴ, ㄷ이다. 답 ㄱ, ㄴ, ㄷ

체크 199

$y=2\cos\left(\dfrac{3}{2}x+a\right)-6=2\cos\dfrac{3}{2}\left(x+\dfrac{2}{3}a\right)-6$

즉, 이 함수의 그래프를 x축의 방향으로 -2만큼, y축의 방향으로 b만큼 평행이동한 그래프의 식은

$y=2\cos\dfrac{3}{2}\left(x+\dfrac{2}{3}a+2\right)-6+b$

이 식이 $y=2\cos\dfrac{3}{2}x$이므로

$\dfrac{2}{3}a+2=0$ $\therefore a=-3$

$-6+b=0$ $\therefore b=6$

$\therefore a+b=-3+6=3$ 답 3

체크 200

함수 $f(x)=a\sin\dfrac{x}{3}+b$의 최댓값이 4이고 $a>0$이므로

$a+b=4$ ······ ㉠

$f\left(\dfrac{\pi}{2}\right)=\dfrac{5}{2}$이므로

$a\sin\dfrac{\pi}{6}+b=\dfrac{5}{2}$

$\therefore \dfrac{1}{2}a+b=\dfrac{5}{2}$ ······ ㉡

㉠, ㉡을 연립하여 풀면

$a=3,\ b=1$

$\therefore a^2+b^2=9+1=10$ 답 10

체크 201

함수 $y=a\cos(bx-c)+d$의 최댓값이 4, 최솟값이 -2이고 $a>0$이므로

$a+d=4,\ -a+d=-2$

위의 두 식을 연립하여 풀면

$a=3,\ d=1$

또한 주기가 4π이고 $b>0$이므로

$\dfrac{2\pi}{b}=4\pi$ $\therefore b=\dfrac{1}{2}$

따라서 주어진 함수는 $y=3\cos\left(\dfrac{1}{2}x-c\right)+1$이고, 이 함수의 그래프가 점 $(\pi,\ 4)$를 지나므로

$4=3\cos\left(\dfrac{\pi}{2}-c\right)+1,\ \cos\left(\dfrac{\pi}{2}-c\right)=1$

$0\le c<2\pi$이므로 $\dfrac{\pi}{2}-c=0$ $\therefore c=\dfrac{\pi}{2}$

$\therefore \dfrac{acd}{b}=3\times\dfrac{\pi}{2}\times 1\times 2=3\pi$ 답 3π

체크 202

(1) 함수 $y=|3\sin x|$의 그래프는 함수 $y=3\sin x$의 그래프의 $y\ge 0$인 부분은 그대로 두고, $y<0$인 부분은 x축에 대하여 대칭이동한 것이므로 다음 그림과 같다.

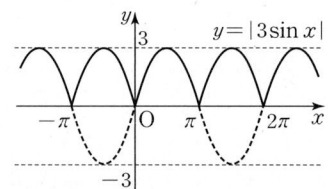

따라서 최댓값은 3, 최솟값은 0, 주기는 π이다.

(2) 함수 $y=2\cos|x|$의 그래프는 함수 $y=2\cos x$의 그래프의 $x\ge 0$인 부분만 남기고, $x\ge 0$인 부분을 y축에 대하여 대칭이동한 것이므로 다음 그림과 같다.

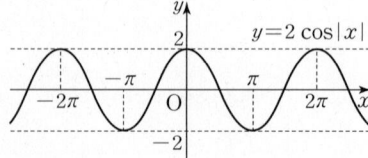

따라서 최댓값은 2, 최솟값은 -2, 주기는 2π이다.

(3) 함수 $y=2|\cos 2x|-1$의 그래프는 함수 $y=2\cos 2x$의 그래프의 $y\ge 0$인 부분은 그대로 두고, $y<0$인 부분은 x축에 대하여 대칭이동한 후, y축의 방향으로 -1만큼 평행이동

한 것이므로 다음 그림과 같다.

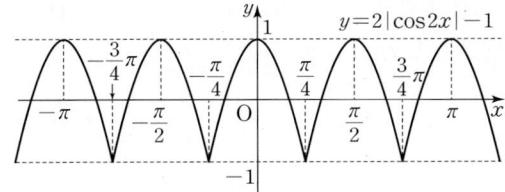

따라서 최댓값은 1, 최솟값은 -1, 주기는 $\dfrac{\pi}{2}$이다.

답 풀이 참조

tip

$2>0$이므로 두 함수 $y=2|\cos 2x|-1$, $y=|2\cos 2x|-1$의 그래프는 일치한다.

15 일반각에 대한 삼각함수의 성질

체크 203

(1) $\sin(-60°)=-\sin 60°=-\dfrac{\sqrt{3}}{2}$,

　$\cos 135°=\cos(90°+45°)=-\sin 45°=-\dfrac{\sqrt{2}}{2}$

　$\therefore$ (주어진 식) $=\left(-\dfrac{\sqrt{3}}{2}\right)\times\left(-\dfrac{\sqrt{2}}{2}\right)=\dfrac{\sqrt{6}}{4}$

(2) $\cos 150°=\cos(90°+60°)=-\sin 60°=-\dfrac{\sqrt{3}}{2}$,

　$\tan 210°=\tan(180°+30°)=\tan 30°=\dfrac{\sqrt{3}}{3}$

　$\therefore$ (주어진 식) $=\left(-\dfrac{\sqrt{3}}{2}\right)\times\dfrac{\sqrt{3}}{3}=-\dfrac{1}{2}$

(3) $\tan(\pi-\theta)=-\tan\theta$, $\tan\left(\dfrac{\pi}{2}-\theta\right)=\dfrac{1}{\tan\theta}$

　$\therefore$ (주어진 식) $=(-\tan\theta)\times\dfrac{1}{\tan\theta}=-1$

(4) $\sin\left(\dfrac{\pi}{2}+\theta\right)=\cos\theta$, $\sin(\pi+\theta)=-\sin\theta$,

　$\sin\left(\dfrac{3}{2}\pi+\theta\right)=-\cos\theta$, $\sin(2\pi+\theta)=\sin\theta$

　$\therefore$ (주어진 식)
　　$=\cos\theta+(-\sin\theta)+(-\cos\theta)+\sin\theta=0$

답 (1) $\dfrac{\sqrt{6}}{4}$　(2) $-\dfrac{1}{2}$　(3) -1　(4) 0

체크 204

$\sin\left(\dfrac{\pi}{2}+\theta\right)=\cos\theta$, $\cos(3\pi+\theta)=-\cos\theta$,

$\cos(\pi-\theta)=-\cos\theta$, $\sin(\pi+\theta)=-\sin\theta$,

$\cos\left(\dfrac{3}{2}\pi-\theta\right)=-\sin\theta$, $\sin(\pi-\theta)=\sin\theta$

$\therefore$ (주어진 식)

$=\left\{\dfrac{\cos\theta\times(-\cos\theta)}{-\cos\theta}\right\}^2+\left\{\dfrac{(-\sin\theta)\times(-\sin\theta)}{\sin\theta}\right\}^2$

$=\cos^2\theta+\sin^2\theta=1$ 　　답 1

체크 205

$\sin^2\left(\dfrac{\pi}{4}+\theta\right)+\sin^2\left(\dfrac{\pi}{4}-\theta\right)$

$=\sin^2\left(\dfrac{\pi}{4}+\theta\right)+\sin^2\left\{\dfrac{\pi}{2}-\left(\dfrac{\pi}{4}+\theta\right)\right\}$

$=\sin^2\left(\dfrac{\pi}{4}+\theta\right)+\cos^2\left(\dfrac{\pi}{4}+\theta\right)=1$ 　　답 1

체크 206

(1) $\cos(90°-\theta)=\sin\theta$이므로

　$\cos 89°=\cos(90°-1°)=\sin 1°$,

　$\cos 88°=\cos(90°-2°)=\sin 2°$,

　$\cos 87°=\cos(90°-3°)=\sin 3°$,

　　　　　$\vdots$

　$\cos 47°=\cos(90°-43°)=\sin 43°$,

　$\cos 46°=\cos(90°-44°)=\sin 44°$

　$\therefore$ (주어진 식)

　　$=(\cos^2 1°+\cos^2 89°)+(\cos^2 2°+\cos^2 88°)$

　　　　$+\cdots+(\cos^2 44°+\cos^2 46°)+\cos^2 45°+\cos^2 90°$

　　$=(\cos^2 1°+\sin^2 1°)+(\cos^2 2°+\sin^2 2°)$

　　　　$+\cdots+(\cos^2 44°+\sin^2 44°)+\cos^2 45°+\cos^2 90°$

　　$=1\times 44+\dfrac{1}{2}+0$

　　$=\dfrac{89}{2}$

(2) $\cos(180°-\theta)=-\cos\theta$이므로

　$\cos 170°=\cos(180°-10°)=-\cos 10°$,

　$\cos 160°=\cos(180°-20°)=-\cos 20°$,

　$\cos 150°=\cos(180°-30°)=-\cos 30°$,

　　　　　$\vdots$

　$\cos 110°=\cos(180°-70°)=-\cos 70°$,

　$\cos 100°=\cos(180°-80°)=-\cos 80°$

　$\therefore$ (주어진 식)

　　$=(\cos 10°+\cos 170°)+(\cos 20°+\cos 160°)$

　　　　$+\cdots+(\cos 80°+\cos 100°)+\cos 90°$

　　$=\{\cos 10°+(-\cos 10°)\}+\{\cos 20°+(-\cos 20°)\}$

　　　　$+\cdots+\{\cos 80°+(-\cos 80°)\}+\cos 90°$

　　$=0$

답 (1) $\dfrac{89}{2}$　(2) 0

$\sin\left(\dfrac{\pi}{2}+\theta\right)=\cos\theta$이므로

$\sin\dfrac{6}{10}\pi=\sin\left(\dfrac{\pi}{2}+\dfrac{\pi}{10}\right)=\cos\dfrac{\pi}{10}$,

$\sin\dfrac{7}{10}\pi=\sin\left(\dfrac{\pi}{2}+\dfrac{2}{10}\pi\right)=\cos\dfrac{2}{10}\pi$,

$\sin\dfrac{8}{10}\pi=\sin\left(\dfrac{\pi}{2}+\dfrac{3}{10}\pi\right)=\cos\dfrac{3}{10}\pi$,

$\sin\dfrac{9}{10}\pi=\sin\left(\dfrac{\pi}{2}+\dfrac{4}{10}\pi\right)=\cos\dfrac{4}{10}\pi$

$\therefore$ (주어진 식)

$=\left(\sin^2\dfrac{\pi}{10}+\sin^2\dfrac{6}{10}\pi\right)+\left(\sin^2\dfrac{2}{10}\pi+\sin^2\dfrac{7}{10}\pi\right)$

$\quad+\left(\sin^2\dfrac{3}{10}\pi+\sin^2\dfrac{8}{10}\pi\right)+\left(\sin^2\dfrac{4}{10}\pi+\sin^2\dfrac{9}{10}\pi\right)$

$\qquad\qquad\qquad\qquad\qquad\qquad\qquad+\sin^2\dfrac{5}{10}\pi$

$=\left(\sin^2\dfrac{\pi}{10}+\cos^2\dfrac{\pi}{10}\right)+\left(\sin^2\dfrac{2}{10}\pi+\cos^2\dfrac{2}{10}\pi\right)$

$\quad+\left(\sin^2\dfrac{3}{10}\pi+\cos^2\dfrac{3}{10}\pi\right)+\left(\sin^2\dfrac{4}{10}\pi+\cos^2\dfrac{4}{10}\pi\right)$

$\qquad\qquad\qquad\qquad\qquad\qquad\qquad+\sin^2\dfrac{\pi}{2}$

$=1+1+1+1+1=5$ **답** 5

16 삼각함수를 포함한 식의 최대, 최소

(1) $y=\sin^2\left(\dfrac{3}{2}\pi-x\right)+\cos(\pi-x)+3=\cos^2x-\cos x+3$

이때 $\cos x=t$로 놓으면 $-1\le t\le1$이고 주어진 함수는

$y=t^2-t+3=\left(t-\dfrac{1}{2}\right)^2+\dfrac{11}{4}$

따라서 이 함수의 그래프는 오른
쪽 그림과 같으므로
$t=-1$일 때 최댓값은 5,
$t=\dfrac{1}{2}$일 때 최솟값은 $\dfrac{11}{4}$
이다.

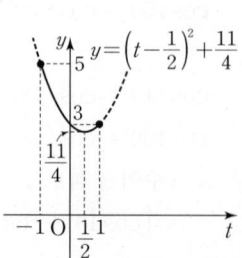

(2) $\tan x=t$로 놓으면 $0\le x\le\dfrac{\pi}{4}$에서 $0\le t\le1$이고 주어진 함수는

$y=\dfrac{-t+1}{t+1}=\dfrac{-(t+1)+2}{t+1}=\dfrac{2}{t+1}-1$

따라서 이 함수의 그래프는 오른
쪽 그림과 같으므로 $t=0$일 때
최댓값은 1, $t=1$일 때 최솟값은
0이다.

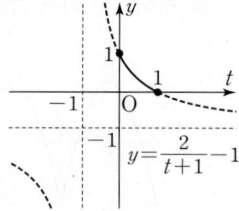

답 (1) 최댓값 : 5, 최솟값 : $\dfrac{11}{4}$

(2) 최댓값 : 1, 최솟값 : 0

(1) $y=\sin^2\left(x+\dfrac{\pi}{2}\right)-3\sin^2x-4\cos(x-\pi)+2$

$=\cos^2x-3\sin^2x+4\cos x+2$

$=\cos^2x-3(1-\cos^2x)+4\cos x+2$

$=4\cos^2x+4\cos x-1$

이때 $\cos x=t$로 놓으면 $-1\le t\le1$이고 주어진 함수는

$y=4t^2+4t-1=4\left(t+\dfrac{1}{2}\right)^2-2$

따라서 이 함수의 그래프는 오
른쪽 그림과 같으므로 $t=1$일
때 최댓값은 7, $t=-\dfrac{1}{2}$일 때
최솟값은 -2이다.

$\therefore M+m=7+(-2)=5$

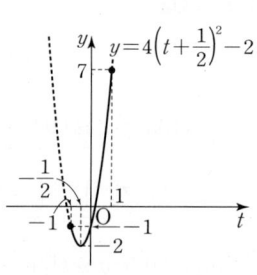

(2) $y=\dfrac{\cos x+\sin x}{2\cos x-\sin x}$에서 $0\le x\le\dfrac{\pi}{4}$일 때 $\cos x\ne0$이므로

분모, 분자를 각각 $\cos x$로 나누면

$y=\dfrac{1+\tan x}{2-\tan x}$

이때 $\tan x=t$로 놓으면 $0\le x\le\dfrac{\pi}{4}$에서 $0\le t\le1$이고 주어
진 함수는

$y=\dfrac{1+t}{2-t}=-\dfrac{(t-2)+3}{t-2}=-\dfrac{3}{t-2}-1$

따라서 이 함수의 그래프는 오
른쪽 그림과 같으므로 $t=1$일
때 최댓값은 2, $t=0$일 때 최
솟값은 $\dfrac{1}{2}$이다.

$\therefore M+m=2+\dfrac{1}{2}=\dfrac{5}{2}$

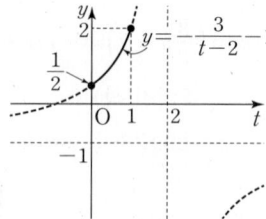

답 (1) 5 (2) $\dfrac{5}{2}$

$\sin x=t$로 놓으면 $-1\le t\le1$이고 주어진 함수는

$y=\dfrac{-2t+5}{t+2}=\dfrac{-2(t+2)+9}{t+2}=\dfrac{9}{t+2}-2$

따라서 이 함수의 그래프는 오른쪽 그림과 같으므로 $t=-1$일 때 최댓값은 7, $t=1$일 때 최솟값은 1이다. 따라서 치역은 $\{y \mid 1 \leq y \leq 7\}$이므로 $a=1$, $b=7$

$\therefore a+b=1+7=8$

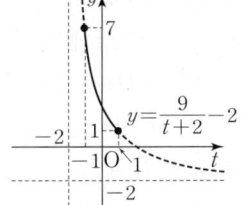

답 8

체크 211

$\cos x = t$로 놓으면 $-1 \leq t \leq 1$이고 주어진 함수는

$y = a|t-1| + b$

이때 $a > 0$이므로 이 함수의 그래프는 오른쪽 그림과 같고 최댓값이 6, 최솟값이 -2이므로

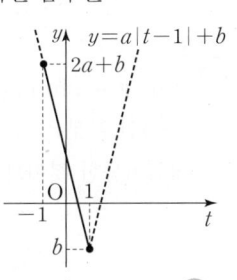

$2a+b=6$, $b=-2$ $\therefore a=4$

$\therefore a+b=4+(-2)=2$

답 2

[다른 풀이]

$-1 \leq \cos x \leq 1$이므로 $-2 \leq \cos x - 1 \leq 0$

이때 $a > 0$이므로 $0 \leq a|\cos x - 1| \leq 2a$

$b \leq a|\cos x - 1| + b \leq 2a+b$

최댓값이 6, 최솟값이 -2이므로

$2a+b=6$, $b=-2$ $\therefore a=4$

$\therefore a+b=2$

체크 212

$\cos x = t$로 놓으면 $-1 \leq t \leq 1$이고 주어진 함수는

$y = -2|3t-a| + 5$

이때 $0 < a < 3$이므로 이 함수의 그래프는 오른쪽 그림과 같고 최댓값이 b, 최솟값이 -3이므로

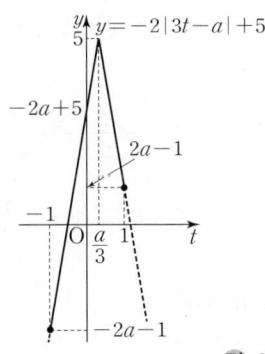

$b=5$, $-2a-1=-3$

$\therefore a=1$

$\therefore a+b=6$

답 6

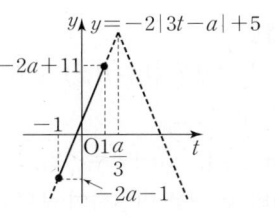
연습 문제 07

213

① 함수 $f(x)$의 주기는 $\dfrac{2\pi}{\frac{\pi}{3}} = 6$이므로

$f(x+6) = f(x)$

② 함수 $f(x)$의 주기는 $\dfrac{2\pi}{\frac{8}{3}\pi} = \dfrac{3}{4}$이므로

$f(x+6) = f\left(x + \dfrac{21}{4}\right) = f\left(x + \dfrac{9}{2}\right) = \cdots = f(x)$

③ 함수 $f(x)$의 주기는 $\dfrac{2\pi}{\pi} = 2$이므로

$f(x+6) = f(x+4) = f(x+2) = f(x)$

④ 함수 $f(x)$의 주기는 $\dfrac{2\pi}{\frac{5}{3}\pi} = \dfrac{6}{5}$이므로

$f(x+6) = f\left(x + \dfrac{24}{5}\right) = f\left(x + \dfrac{18}{5}\right) = \cdots = f(x)$

⑤ 함수 $f(x)$의 주기는 $\dfrac{\pi}{\frac{\pi}{4}} = 4$

이때 $4n=6$을 만족시키는 정수 n은 존재하지 않으므로

$f(x+6) \neq f(x)$

따라서 $f(x+6) = f(x)$를 만족시키지 않는 함수는 ⑤이다.

답 ⑤

[다른 풀이]

① $f(x+6) = \sin \dfrac{\pi}{3}(x+6)$

$= \sin\left(\dfrac{\pi}{3}x + 2\pi\right) = \sin \dfrac{\pi}{3}x = f(x)$

② $f(x+6) = \sin \dfrac{8}{3}\pi(x+6)$

$= \sin\left(\dfrac{8}{3}\pi x + 16\pi\right) = \sin \dfrac{8}{3}\pi x = f(x)$

③ $f(x+6) = \cos \pi(x+6)$

$= \cos(\pi x + 6\pi) = \cos \pi x = f(x)$

④ $f(x+6) = \cos \dfrac{5}{3}\pi(x+6)$

$= \cos\left(\dfrac{5}{3}\pi x + 10\pi\right) = \cos \dfrac{5}{3}\pi x = f(x)$

⑤ $f(x+6) = \tan \dfrac{\pi}{4}(x+6)$

$= \tan\left(\dfrac{\pi}{4}x + \dfrac{3}{2}\pi\right) = -\dfrac{1}{\tan \dfrac{\pi}{4}x} \neq f(x)$

따라서 ⑤는 $f(x+6) = f(x)$를 만족시키지 않는다.

214

$y = 2\cos(\pi x - 4\pi) + 1 = 2\cos \pi(x-4) + 1$

즉, 함수 $y=2\cos(\pi x-4\pi)+1$의 그래프는 함수 $y=2\cos\pi x$의 그래프를 x축의 방향으로 4만큼, y축의 방향으로 1만큼 평행이동한 것이므로 오른쪽 그림과 같다.

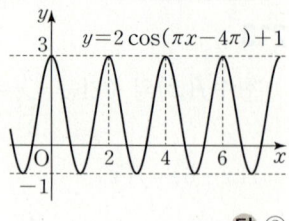

따라서 옳지 않은 것은 ③이다.

답 ③

215

함수 $y=\sin\dfrac{\pi}{6}x$의 주기가 $\dfrac{2\pi}{\dfrac{\pi}{6}}=12$이고 내접하는 직사각형

ABCD는 직선 $x=3$에 대하여 대칭이므로 오른쪽 그림과 같다.

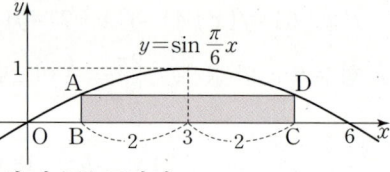

$\overline{\mathrm{BC}}=4$에서 점 B의 x좌표는 1이므로 점 A의 좌표를 구하면

$y=\sin\dfrac{\pi}{6}=\dfrac{1}{2}$　∴ $\mathrm{A}\left(1,\dfrac{1}{2}\right)$

따라서 직사각형 ABCD의 넓이는

$\overline{\mathrm{AB}}\times\overline{\mathrm{BC}}=\dfrac{1}{2}\times4=2$

답 2

216

오른쪽 그림에서 빗금 친 두 부분의 넓이가 같으므로 함수

$y=\tan x\left(0\le x<\dfrac{3}{2}\pi\right)$의 그래프와 x축 및 직선 $y=k$로 둘러싼 도형의 넓이는 네 직선 $x=\dfrac{\pi}{2}$,

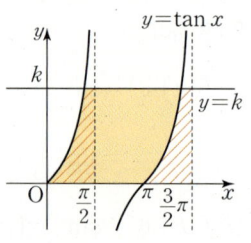

$x=\dfrac{3}{2}\pi$, $y=0$, $y=k$로 둘러싸인 직사각형의 넓이와 같다.

이때 이 직사각형의 넓이가 4π이므로

$\left(\dfrac{3}{2}\pi-\dfrac{\pi}{2}\right)k=4\pi$, $k\pi=4\pi$

∴ $k=4$

답 4

217

$0\le x\le2\pi$에서 세 함수 $y=\sin x$, $y=-\cos x$, $y=-\cos x+1$의 그래프는 다음 그림과 같다.

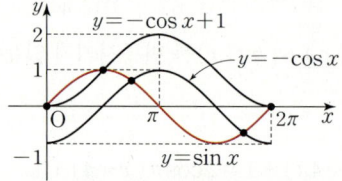

(i) $t=0$일 때

　$0\le x\le2\pi$에서 두 함수 $f(x)=\sin x$, $g(x)=-\cos x$의 그래프가 만나는 점의 개수는 2이다.

　∴ $h(0)=2$

(ii) $t=1$일 때

　$0\le x\le2\pi$에서 두 함수 $f(x)=\sin x$, $g(x)=-\cos x+1$의 그래프가 만나는 점의 개수는 3이다.

　∴ $h(1)=3$

(i), (ii)에서 $h(0)+h(1)=2+3=5$

답 ③

218

ㄱ. 함수 $y=|\sin x|$의 그래프는 함수 $y=\sin x$의 그래프의 $y\ge0$인 부분은 그대로 두고, $y<0$인 부분은 x축에 대하여 대칭이동한 것이므로 다음 그림과 같다.

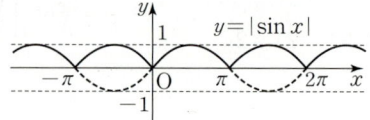

ㄷ. 함수 $y=|\cos x|$의 그래프는 함수 $y=\cos x$의 그래프의 $y\ge0$인 부분은 그대로 두고, $y<0$인 부분은 x축에 대하여 대칭이동한 것이므로 다음 그림과 같다.

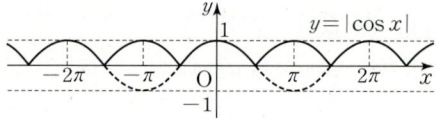

ㄹ. 함수 $y=\cos|x|$의 그래프는 함수 $y=\cos x$의 그래프의 $x\ge0$인 부분만 남기고, $x\ge0$인 부분을 y축에 대하여 대칭이동한 것이므로 다음 그림과 같다.

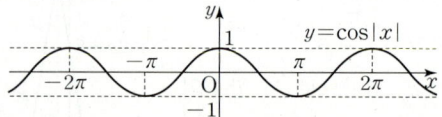

따라서 함수의 그래프가 서로 일치하는 것은 ㄴ, ㄹ이다.

답 ㄴ, ㄹ

[다른 풀이]

ㄹ. $y=\cos x$는 우함수이므로 $y=\cos(-x)=\cos x$

즉, $y=\cos|x|=\cos x$이다.

219

조건 ㈎에서 함수 $f(x)$의 최댓값은 4, 최솟값은 -2이고 $a>0$이므로

$a+c=4$, $-a+c=-2$

위의 두 식을 연립하여 풀면 $a=3$, $c=1$

조건 ㈏에서 함수 $f(x)$의 주기는 $\dfrac{\pi}{2}$이고, $b>0$이므로

$$\frac{2\pi}{b}=\frac{\pi}{2} \qquad \therefore b=4$$
$$\therefore a^2+b^2+c^2=9+16+1=26 \qquad\qquad \text{답 } 26$$

220

$$\sin\left(\frac{\pi}{2}+\theta\right)=\cos\theta,\ \cos(\pi+\theta)=-\cos\theta,$$

$$\tan\left(\frac{3}{2}\pi+\theta\right)=-\frac{1}{\tan\theta},\ \sin(2\pi+\theta)=\sin\theta,$$

$$\cos\left(\frac{\pi}{2}-\theta\right)=\sin\theta$$

$$\therefore (\text{주어진 식})=\frac{\cos\theta}{-\cos\theta}-\left(-\frac{1}{\tan\theta}\right)\times\tan\theta+\frac{\sin\theta}{\sin\theta}$$
$$=-1-(-1)+1=1 \qquad\qquad \text{답 } 1$$

221

ㄱ. $\cos\left(\dfrac{\pi}{2}+\theta\right)\tan\left(\dfrac{5}{2}\pi+\theta\right)$

$$=(-\sin\theta)\times\left(-\frac{1}{\tan\theta}\right)$$

$$=(-\sin\theta)\times\left(-\frac{\cos\theta}{\sin\theta}\right)=\cos\theta\ (\text{참})$$

ㄴ. $\dfrac{1}{1+\cos\theta}+\dfrac{1}{1-\cos\theta}$

$$=\frac{1-\cos\theta}{(1+\cos\theta)(1-\cos\theta)}+\frac{1+\cos\theta}{(1+\cos\theta)(1-\cos\theta)}$$

$$=\frac{2}{(1+\cos\theta)(1-\cos\theta)}$$

$$=\frac{2}{1-\cos^2\theta}=\frac{2}{\sin^2\theta}\ (\text{참})$$

ㄷ. $\left\{\dfrac{\sin\left(\dfrac{\pi}{2}+\theta\right)\cos(3\pi-\theta)}{\cos(\pi-\theta)}\right\}^2$

$$+\left\{\frac{\sin(\pi+\theta)\cos\left(\dfrac{3}{2}\pi-\theta\right)}{\sin(-\pi+\theta)}\right\}^2$$

$$=\left\{\frac{\cos\theta\times(-\cos\theta)}{-\cos\theta}\right\}^2+\left\{\frac{(-\sin\theta)\times(-\sin\theta)}{-\sin\theta}\right\}^2$$

$$=\cos^2\theta+\sin^2\theta=1\ (\text{참})$$

따라서 옳은 것은 ㄱ, ㄴ, ㄷ이다.   답 ⑤

222

선분 AB가 삼각형 ABC의 외접원의
지름이므로

$$\angle C=\frac{\pi}{2}$$

$$\therefore \alpha+\beta=\frac{\pi}{2} \qquad\qquad \cdots\cdots\ \text{㉠}$$

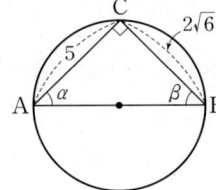

즉, 삼각형 ABC는 $\angle C=\dfrac{\pi}{2}$인 직각삼각형이므로 피타고라스
정리에 의하여

$$\overline{AB}=\sqrt{5^2+(2\sqrt{6})^2}=7$$

$$\therefore \cos(\alpha+2\beta)=\cos\left(\frac{\pi}{2}+\beta\right)(\because\text{㉠})$$

$$=-\sin\beta=-\frac{\overline{AC}}{\overline{AB}}$$

$$=-\frac{5}{7} \qquad\qquad \text{답 } -\frac{5}{7}$$

223

직선 $x+2y+1=0$, 즉 $y=-\dfrac{1}{2}x-\dfrac{1}{2}$이 x축의 양의 방향과
이루는 각의 크기가 θ이므로

$$\tan\theta=-\frac{1}{2}$$

이때 $\tan\theta=\dfrac{\sin\theta}{\cos\theta}$이므로 $\dfrac{\sin\theta}{\cos\theta}=-\dfrac{1}{2}$에서

$$\cos\theta=-2\sin\theta$$

이것을 $\sin^2\theta+\cos^2\theta=1$에 대입하면

$$5\sin^2\theta=1,\ \sin^2\theta=\frac{1}{5}$$

이때 $\dfrac{\pi}{2}<\theta<\pi$이므로 $\sin\theta>0$ $\therefore \sin\theta=\dfrac{\sqrt{5}}{5}$

$$\therefore \cos\left(\frac{\pi}{2}+\theta\right)+\cos(\pi+\theta)=-\sin\theta-\cos\theta$$

$$=-\sin\theta+2\sin\theta$$

$$=\sin\theta$$

$$=\frac{\sqrt{5}}{5} \qquad\qquad \text{답 ④}$$

224

$$y-\cos^2\left(\frac{3}{2}\pi-\theta\right)+3\cos^2\theta+4\sin(\pi+\theta)$$

$$=\sin^2\theta+3\cos^2\theta-4\sin\theta$$

$$=\sin^2\theta+3(1-\sin^2\theta)-4\sin\theta$$

$$=-2\sin^2\theta-4\sin\theta+3$$

이때 $\sin\theta=t$로 놓으면 $-1\le t\le 1$이고 주어진 함수는

$$y=-2t^2-4t+3$$

$$=-2(t+1)^2+5$$

따라서 이 함수의 그래프는 오
른쪽 그림과 같으므로 $t=-1$
일 때 최댓값 $M=5$, $t=1$일
때 최솟값 $m=-3$이다.

$$\therefore M+m=5+(-3)=2$$

답 2

225

$0 \le x \le \dfrac{\pi}{4}$일 때 $\cos x \ne 0$이므로 $y=\dfrac{4\cos x+2\sin x}{3\cos x-\sin x}$의 분자, 분모를 각각 $\cos x$로 나누면

$$y=\frac{4+2\tan x}{3-\tan x}$$

이때 $\tan x=t$로 놓으면 $0 \le x \le \dfrac{\pi}{4}$에서 $0 \le t \le 1$이고 주어진 함수는

$$y=\frac{4+2t}{3-t}=-\frac{2(t-3)+10}{t-3}=-\frac{10}{t-3}-2$$

즉, 이 함수의 그래프는 오른쪽 그림과 같으므로 $t=1$일 때 최댓값은 3, $t=0$일 때 최솟값은 $\dfrac{4}{3}$이다.

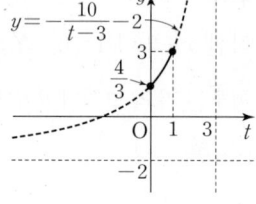

따라서 치역이 $\left\{y \,\middle|\, \dfrac{4}{3} \le y \le 3\right\}$이므로

$a=\dfrac{4}{3}$, $b=3$

$\therefore 3a-b=3 \times \dfrac{4}{3}-3=1$ 답 1

226

$\sin x=t$로 놓으면 $-1 \le t \le 1$이고 주어진 함수는

$y=|2t-a|+3$

이때 $a>2$이므로 이 함수의 그래프는 오른쪽 그림과 같다.

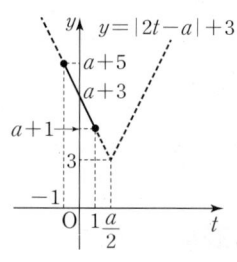

즉, $t=-1$일 때 최댓값은 $a+5$, $t=1$일 때 최솟값은 $a+1$이므로

$a+5=9$, $a+1=b$

위의 두 식을 연립하여 풀면

$a=4$, $b=5$

$\therefore a+b=9$ 답 9

[다른 풀이]

$-1 \le \sin x \le 1$이므로 $-2 \le 2\sin x \le 2$에서

$-2-a \le 2\sin x-a \le 2-a$

$-(2-a) \le |2\sin x-a| \le -(-2-a)$ $(\because a>2)$

$\therefore a+1 \le |2\sin x-a|+3 \le a+5$

이때 최댓값이 9이므로 $a+5=9$ $\therefore a=4$

최솟값이 b이므로 $a+1=b$ $\therefore b=5$

$\therefore a+b=9$

227

주어진 함수의 최댓값은 20, 최솟값은 12이고 $a>0$이므로

$a+d=20$, $-a+d=12$

위의 두 식을 연립하여 풀면

$a=4$, $d=16$

이 함수의 주기가 $16-4=12$이고 $b>0$이므로

$\dfrac{2\pi}{b}=12$ $\therefore b=\dfrac{\pi}{6}$

$\therefore y=4\cos\left(\dfrac{\pi}{6}t+c\right)+16=4\cos\dfrac{\pi}{6}\left(t+\dfrac{6c}{\pi}\right)+16$

즉, 이 함수의 그래프는 함수 $y=4\cos\dfrac{\pi}{6}t$의 그래프를 t축의 방향으로 $-\dfrac{6c}{\pi}$만큼, y축의 방향으로 16만큼 평행이동한 것이므로

$-\dfrac{6c}{\pi}=4$ $\therefore c=-\dfrac{2}{3}\pi$

$\therefore y=4\cos\left(\dfrac{\pi}{6}t-\dfrac{2}{3}\pi\right)+16$

따라서 이날 오전 8시의 이 지점에서의 해수면의 높이는

$4\cos\left(\dfrac{\pi}{6} \times 8-\dfrac{2}{3}\pi\right)+16=4\cos\left(\dfrac{4}{3}\pi-\dfrac{2}{3}\pi\right)+16$

$=4\cos\left(\pi-\dfrac{\pi}{3}\right)+16$

$=-4\cos\dfrac{\pi}{3}+16$

$=-4 \times \dfrac{1}{2}+16$

$=14\,(\mathrm{m})$ 답 ④

228

$P_1\left(\dfrac{\pi}{20}, 0\right)$, $P_2\left(\dfrac{2}{20}\pi, 0\right)$, $P_3\left(\dfrac{3}{20}\pi, 0\right)$, $\cdots$, $P_9\left(\dfrac{9}{20}\pi, 0\right)$이므로 점 Q_k $(k=1, 2, 3, \cdots, 9)$의 좌표는 각각

$Q_1\left(\dfrac{\pi}{20}, 4\cos\dfrac{\pi}{20}\right)$, $Q_2\left(\dfrac{2}{20}\pi, 4\cos\dfrac{2}{20}\pi\right)$,

$Q_3\left(\dfrac{3}{20}\pi, 4\cos\dfrac{3}{20}\pi\right)$, $\cdots$, $Q_9\left(\dfrac{9}{20}\pi, 4\cos\dfrac{9}{20}\pi\right)$이다.

$\therefore \overline{P_1Q_1}=4\cos\dfrac{\pi}{20}$, $\overline{P_2Q_2}=4\cos\dfrac{2}{20}\pi$, $\overline{P_3Q_3}=4\cos\dfrac{3}{20}\pi$,

$\cdots$, $\overline{P_9Q_9}=4\cos\dfrac{9}{20}\pi$

한편, $\cos\dfrac{6}{20}\pi=\cos\left(\dfrac{\pi}{2}-\dfrac{4}{20}\pi\right)=\sin\dfrac{4}{20}\pi$,

$\cos\dfrac{7}{20}\pi=\cos\left(\dfrac{\pi}{2}-\dfrac{3}{20}\pi\right)=\sin\dfrac{3}{20}\pi$,

$\cos\dfrac{8}{20}\pi=\cos\left(\dfrac{\pi}{2}-\dfrac{2}{20}\pi\right)=\sin\dfrac{2}{20}\pi$,

$\cos\dfrac{9}{20}\pi=\cos\left(\dfrac{\pi}{2}-\dfrac{\pi}{20}\right)=\sin\dfrac{\pi}{20}$

이므로

$$\overline{P_1Q_1}^2 + \overline{P_2Q_2}^2 + \overline{P_3Q_3}^2 + \cdots + \overline{P_9Q_9}^2$$

$$= 16\left(\cos^2\frac{\pi}{20} + \cos^2\frac{2}{20}\pi + \cos^2\frac{3}{20}\pi + \cdots + \cos^2\frac{9}{20}\pi\right)$$

$$= 16\left\{\left(\cos^2\frac{\pi}{20} + \cos^2\frac{9}{20}\pi\right) + \left(\cos^2\frac{2}{20}\pi + \cos^2\frac{8}{20}\pi\right)\right.$$

$$\left. + \cdots + \left(\cos^2\frac{4}{20}\pi + \cos^2\frac{6}{20}\pi\right) + \cos^2\frac{5}{20}\pi\right\}$$

$$= 16\left\{\left(\cos^2\frac{\pi}{20} + \sin^2\frac{\pi}{20}\right) + \left(\cos^2\frac{2}{20}\pi + \sin^2\frac{2}{20}\pi\right)\right.$$

$$\left. + \cdots + \left(\cos^2\frac{4}{20}\pi + \sin^2\frac{4}{20}\pi\right) + \cos^2\frac{\pi}{4}\right\}$$

$$= 16\left(1+1+1+1+\frac{1}{2}\right) = 72$$

답 72

229

삼각형 ABC의 세 내각의 크기 A, B, C에 대하여
$A + B + C = \pi$

ㄱ. $B + C = \pi - A$이므로
$\sin(B+C) = \sin(\pi - A) = \sin A$ (참)

ㄴ. $\dfrac{B+C}{2} = \dfrac{\pi - A}{2} = \dfrac{\pi}{2} - \dfrac{A}{2}$이므로
$\cos\dfrac{B+C}{2} = \cos\left(\dfrac{\pi}{2} - \dfrac{A}{2}\right) = \sin\dfrac{A}{2}$ (참)

ㄷ. $\dfrac{A+B}{2} = \dfrac{\pi - C}{2} = \dfrac{\pi}{2} - \dfrac{C}{2}$이므로
$\tan\dfrac{A+B}{2} = \tan\left(\dfrac{\pi}{2} - \dfrac{C}{2}\right) = \dfrac{1}{\tan\dfrac{C}{2}}$

$\therefore \tan\dfrac{A+B}{2}\tan\dfrac{C}{2} = \dfrac{1}{\tan\dfrac{C}{2}} \times \tan\dfrac{C}{2} = 1$ (참)

ㄹ. $2A + 3B - C = (A+B+C) + A + 2B - 2C$
$\qquad = \pi + (A + 2B - 2C)$

이므로 $A + 2B - 2C = \theta$라 하면
$\cos(A + 2B - 2C) + \sin(2A + 3B - C)$
$= \cos\theta + \cos(\pi + \theta)$
$= \cos\theta - \cos\theta = 0$ (거짓)

따라서 항상 성립하는 것은 ㄱ, ㄴ, ㄷ이다.　　　**답** ㄱ, ㄴ, ㄷ

230

$f(x) = 2\sin^2 x - 4\cos x + 1$
$\qquad = 2(1 - \cos^2 x) - 4\cos x + 1$
$\qquad = -2\cos^2 x - 4\cos x + 3$
$\qquad = -2(\cos x + 1)^2 + 5$

$-1 \le \cos x \le 1$이므로 $0 \le \cos x + 1 \le 2$에서
$-8 \le -2(\cos x + 1)^2 \le 0$
$\therefore -3 \le -2(\cos x + 1)^2 + 5 \le 5$

따라서 $f(x)$의 최솟값은 -3, 최댓값은 5이다.

이때 $f(x) = t$로 놓으면 $-3 \le t \le 5$이고
$(g \circ f)(x) = g(f(x)) = g(t) = t^2 - 2t - 10$
$\therefore y = (t-1)^2 - 11 \ (-3 \le t \le 5)$

이 함수의 그래프는 오른쪽 그림과 같으므로 $t = -3$ 또는 $t = 5$일 때 최댓값은 5, $t = 1$일 때 최솟값은 -11이다.

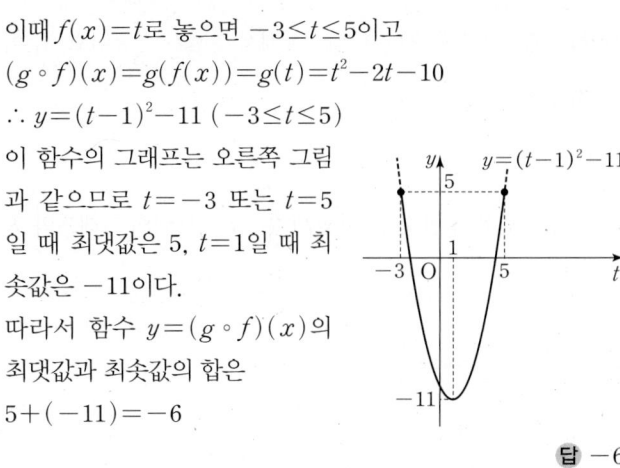

따라서 함수 $y = (g \circ f)(x)$의 최댓값과 최솟값의 합은
$5 + (-11) = -6$

답 -6

17 삼각함수를 포함한 방정식과 부등식

체크 231

(1) $2x + \dfrac{\pi}{6} = t$로 놓으면 $0 \le x < \pi$에서 $\dfrac{\pi}{6} \le t < \dfrac{13}{6}\pi$이고, 주어진 방정식은 $\cos t = \dfrac{1}{2}$

오른쪽 그림에서
$y = \cos t \left(\dfrac{\pi}{6} \le t < \dfrac{13}{6}\pi\right)$

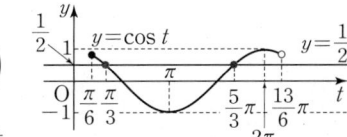

의 그래프와 직선 $y = \dfrac{1}{2}$
의 교점의 t좌표는 $\dfrac{\pi}{3}$, $\dfrac{5}{3}\pi$이므로

$t = \dfrac{\pi}{3}$ 또는 $t = \dfrac{5}{3}\pi$

따라서 $2x + \dfrac{\pi}{6} = \dfrac{\pi}{3}$ 또는 $2x + \dfrac{\pi}{6} = \dfrac{5}{3}\pi$이므로

$x = \dfrac{\pi}{12}$ 또는 $x = \dfrac{3}{4}\pi$

(2) $2x + \dfrac{\pi}{4} = t$로 놓으면 $-\dfrac{\pi}{2} \le x < \dfrac{\pi}{2}$에서 $-\dfrac{3}{4}\pi \le t < \dfrac{5}{4}\pi$이고, 주어진 방정식은 $\tan t = \sqrt{3}$

오른쪽 그림에서 함수
$y = \tan t \left(-\dfrac{3}{4}\pi \le t < \dfrac{5}{4}\pi\right)$

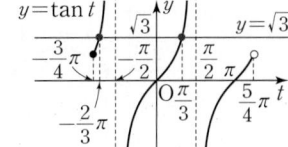

의 그래프와 직선 $y = \sqrt{3}$의 교점의 t좌표는 $-\dfrac{2}{3}\pi$, $\dfrac{\pi}{3}$이므로

$t = -\dfrac{2}{3}\pi$ 또는 $t = \dfrac{\pi}{3}$

따라서 $2x + \dfrac{\pi}{4} = -\dfrac{2}{3}\pi$ 또는 $2x + \dfrac{\pi}{4} = \dfrac{\pi}{3}$이므로

$x = -\dfrac{11}{24}\pi$ 또는 $x = \dfrac{\pi}{24}$

(3) $2x+\dfrac{\pi}{3}=t$로 놓으면 $0\le x<\pi$에서 $\dfrac{\pi}{3}\le t<\dfrac{7}{3}\pi$이고, 주어진 방정식은

$$\cos t=\dfrac{\sqrt{3}}{2}$$

다음 그림에서 함수 $y=\cos t\left(\dfrac{\pi}{3}\le t<\dfrac{7}{3}\pi\right)$의 그래프와 직선 $y=\dfrac{\sqrt{3}}{2}$의 교점의 t좌표는 $\dfrac{11}{6}\pi$, $\dfrac{13}{6}\pi$이므로

$$t=\dfrac{11}{6}\pi \text{ 또는 } t=\dfrac{13}{6}\pi$$

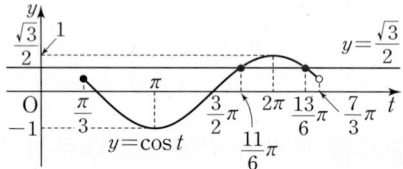

따라서 $2x+\dfrac{\pi}{3}=\dfrac{11}{6}\pi$ 또는 $2x+\dfrac{\pi}{3}=\dfrac{13}{6}\pi$이므로

$$x=\dfrac{3}{4}\pi \text{ 또는 } x=\dfrac{11}{12}\pi$$

답 (1) $x=\dfrac{\pi}{12}$ 또는 $x=\dfrac{3}{4}\pi$

(2) $x=-\dfrac{11}{24}\pi$ 또는 $x=\dfrac{\pi}{24}$

(3) $x=\dfrac{3}{4}\pi$ 또는 $x=\dfrac{11}{12}\pi$

체크 232

$\left|\cos\left(\dfrac{\pi}{2}-x\right)\right|=\dfrac{1}{2}$에서 $|\sin x|=\dfrac{1}{2}$

$\therefore \sin x=\dfrac{1}{2}$ 또는 $\sin x=-\dfrac{1}{2}$

함수 $y=\sin x\,(0\le x<2\pi)$의 그래프와 두 직선 $y=\dfrac{1}{2}$, $y=-\dfrac{1}{2}$을 그리면 다음과 같다.

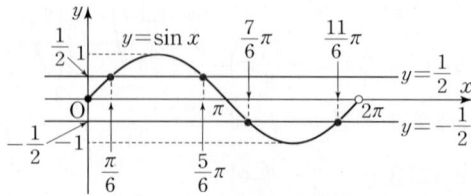

(i) $\sin x=\dfrac{1}{2}\,(0\le x<2\pi)$에서 $x=\dfrac{\pi}{6}$ 또는 $x=\dfrac{5}{6}\pi$

(ii) $\sin x=-\dfrac{1}{2}\,(0\le x<2\pi)$에서 $x=\dfrac{7}{6}\pi$ 또는 $x=\dfrac{11}{6}\pi$

(i), (ii)에서 구하는 모든 x의 값의 합은

$$\dfrac{\pi}{6}+\dfrac{5}{6}\pi+\dfrac{7}{6}\pi+\dfrac{11}{6}\pi=4\pi$$

답 4π

[다른 풀이]

$\left|\cos\left(\dfrac{\pi}{2}-x\right)\right|=\dfrac{1}{2}$에서 $|\sin x|=\dfrac{1}{2}$이므로 방정식 $|\sin x|=\dfrac{1}{2}$의 해는 함수 $y=|\sin x|$의 그래프와 직선 $y=\dfrac{1}{2}$의 교점의 x좌표와 같다. 이때 함수의 그래프와 직선의 네 교점을 각각 A, B, C, D라 하고, 네 교점의 x좌표를 각각 α, β, γ, δ라 하면 다음 그림과 같다.

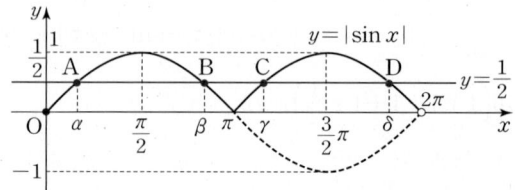

위의 그림에서 두 점 A, B는 직선 $x=\dfrac{\pi}{2}$에 대하여 대칭이므로

$$\dfrac{\alpha+\beta}{2}=\dfrac{\pi}{2} \qquad \therefore \alpha+\beta=\pi \qquad\qquad \cdots\cdots ㉠$$

또한 두 점 C, D는 직선 $x=\dfrac{3}{2}\pi$에 대하여 대칭이므로

$$\dfrac{\gamma+\delta}{2}=\dfrac{3}{2}\pi \qquad \therefore \gamma+\delta=3\pi \qquad\qquad \cdots\cdots ㉡$$

㉠, ㉡에서 $\alpha+\beta+\gamma+\delta=\pi+3\pi=4\pi$

따라서 구하는 모든 x의 값의 합은 4π이다.

체크 233

$\cos^2(\pi-x)+\sin x=\cos^2\left(\dfrac{3}{2}\pi-x\right)$에서

$\cos^2 x+\sin x=\sin^2 x$, $1-\sin^2 x+\sin x=\sin^2 x$

$2\sin^2 x-\sin x-1=0$

$\sin x=t$로 놓으면 $0\le x<2\pi$에서 $-1\le t\le 1$이고, 주어진 방정식은 $2t^2-t-1=0$

$(2t+1)(t-1)=0 \qquad \therefore t=-\dfrac{1}{2}$ 또는 $t=1$

함수 $y=\sin x\,(0\le x<2\pi)$의 그래프와 두 직선 $y=-\dfrac{1}{2}$, $y=1$을 그리면 다음과 같다.

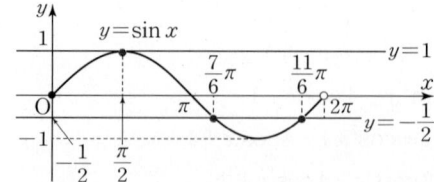

(i) $t=-\dfrac{1}{2}$일 때, 즉 $\sin x=-\dfrac{1}{2}\,(0\le x<2\pi)$이므로

$$x=\dfrac{7}{6}\pi \text{ 또는 } x=\dfrac{11}{6}\pi$$

(ii) $t=1$일 때, 즉 $\sin x=1\,(0\le x<2\pi)$이므로 $x=\dfrac{\pi}{2}$

(i), (ii)에서 구하는 모든 실근의 합은

$$\frac{7}{6}\pi + \frac{11}{6}\pi + \frac{\pi}{2} = \frac{7}{2}\pi$$

답 $\frac{7}{2}\pi$

체크 234

(1) 방정식 $\cos 2\pi x = \frac{1}{3}x$의 실근은 함수 $y = \cos 2\pi x$의 그래프와 직선 $y = \frac{1}{3}x$의 교점의 x좌표와 같다.

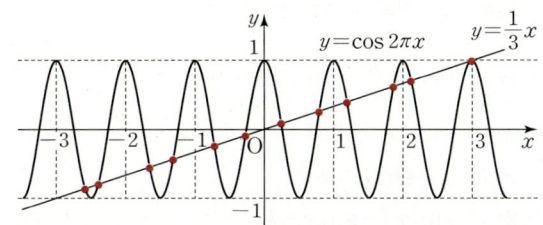

위의 그림과 같이 함수 $y = \cos 2\pi x$의 그래프와 직선 $y = \frac{1}{3}x$의 교점의 개수는 12이므로 주어진 방정식의 실근의 개수는 12이다.

(2) 방정식 $x \sin x = 1$에서 $x \neq 0$이므로 $\sin x = \frac{1}{x}$

방정식 $\sin x = \frac{1}{x}$의 실근은 두 함수 $y = \sin x$, $y = \frac{1}{x}$의 그래프의 교점의 x좌표와 같다.

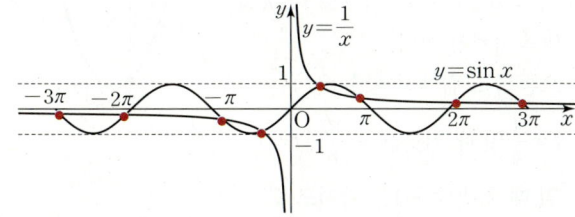

위의 그림에서 두 함수 $y = \sin x$, $y = \frac{1}{x}$의 그래프의 교점의 개수는 8이므로 주어진 방정식의 실근의 개수는 8이다.

답 (1) 12 (2) 8

체크 235

(1) $0 \le x < 2\pi$에서 두 함수 $y = \sin x$, $y = \cos x$의 그래프를 그리면 다음 그림과 같다.

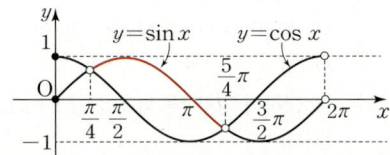

부등식 $\sin x > \cos x$의 해는 함수 $y = \sin x$의 그래프가 함수 $y = \cos x$의 그래프보다 위쪽에 있는 x의 값의 범위와 같으므로

$$\frac{\pi}{4} < x < \frac{5}{4}\pi$$

(2) $\frac{x}{2} + \frac{\pi}{3} = t$로 놓으면 $-\pi < x < \pi$에서 $-\frac{\pi}{6} < t < \frac{5}{6}\pi$이고, 주어진 부등식은

$$\frac{1}{2} \le \sin t < \frac{\sqrt{3}}{2}$$

오른쪽 그림에서 부등식

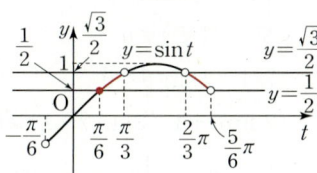

$$\frac{1}{2} \le \sin t < \frac{\sqrt{3}}{2}$$

$\left(-\frac{\pi}{6} < t < \frac{5}{6}\pi \right)$의 해는 $\frac{\pi}{6} \le t < \frac{\pi}{3}$ 또는 $\frac{2}{3}\pi < t < \frac{5}{6}\pi$

따라서 $\frac{\pi}{6} \le \frac{x}{2} + \frac{\pi}{3} < \frac{\pi}{3}$ 또는 $\frac{2}{3}\pi < \frac{x}{2} + \frac{\pi}{3} < \frac{5}{6}\pi$이므로

$$-\frac{\pi}{3} \le x < 0 \text{ 또는 } \frac{2}{3}\pi < x < \pi$$

답 (1) $\frac{\pi}{4} < x < \frac{5}{4}\pi$

(2) $-\frac{\pi}{3} \le x < 0$ 또는 $\frac{2}{3}\pi < x < \pi$

체크 236

(1) $2\cos^2 x + \sqrt{3}\sin x + 1 \ge 0$에서

$2(1 - \sin^2 x) + \sqrt{3}\sin x + 1 \ge 0$

$2\sin^2 x - \sqrt{3}\sin x - 3 \le 0$

$(2\sin x + \sqrt{3})(\sin x - \sqrt{3}) \le 0$

$\therefore -\frac{\sqrt{3}}{2} \le \sin x \le \sqrt{3}$

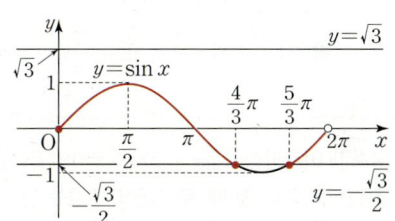

위의 그림에서 부등식 $-\frac{\sqrt{3}}{2} \le \sin x \le 1$ $(0 \le x < 2\pi)$의 해는

$$0 \le x \le \frac{4}{3}\pi \text{ 또는 } \frac{5}{3}\pi \le x < 2\pi$$

(2) $\tan x^2 + (\sqrt{3} - 1)\tan x - \sqrt{3} < 0$에서

$(\tan x + \sqrt{3})(\tan x - 1) < 0$

$\therefore -\sqrt{3} < \tan x < 1$

오른쪽 그림에서 부등식

$-\sqrt{3} < \tan x < 1$의 해는

$0 \le x < \frac{\pi}{4}$ 또는 $\frac{2}{3}\pi < x < \pi$

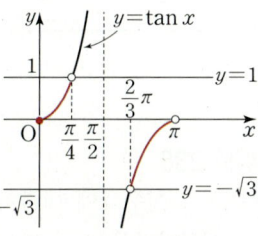

답 (1) $0 \le x \le \frac{4}{3}\pi$ 또는 $\frac{5}{3}\pi \le x < 2\pi$

(2) $0 \le x < \frac{\pi}{4}$ 또는 $\frac{2}{3}\pi < x < \pi$

체크 237

(1) 이차방정식 $x^2-3x+1-4\sin^2\theta=0$의 두 실근의 부호가 서로 다르므로

(두 근의 곱)<0

즉, $1-4\sin^2\theta<0$

$(2\sin\theta+1)(2\sin\theta-1)>0$

$\therefore \sin\theta<-\dfrac{1}{2}$ 또는 $\sin\theta>\dfrac{1}{2}$

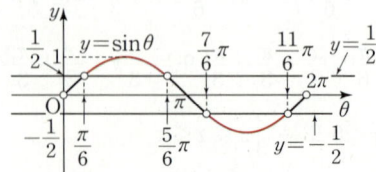

이때 $0<\theta<2\pi$이므로 위의 그림에서

$\dfrac{\pi}{6}<\theta<\dfrac{5}{6}\pi$ 또는 $\dfrac{7}{6}\pi<\theta<\dfrac{11}{6}\pi$

(2) 이차방정식 $x^2+2(1-3\cos\theta)x+\sin^2\theta=0$이 중근을 가지므로 이 이차방정식의 판별식을 D라 하면

$\dfrac{D}{4}=(1-3\cos\theta)^2-\sin^2\theta=0$

$9\cos^2\theta-6\cos\theta+1-(1-\cos^2\theta)=0$

$5\cos^2\theta-3\cos\theta=0$

$\cos\theta(5\cos\theta-3)=0$

$\therefore \cos\theta=\dfrac{3}{5}\left(\because 0<\theta<\dfrac{\pi}{2}\right)$

답 (1) $\dfrac{\pi}{6}<\theta<\dfrac{5}{6}\pi$ 또는 $\dfrac{7}{6}\pi<\theta<\dfrac{11}{6}\pi$ (2) $\dfrac{3}{5}$

tip

계수가 실수인 이차방정식 $ax^2+bx+c=0$의 두 실근을 α, β라 하고 판별식을 D라 할 때, 두 실근의 부호는 다음과 같이 판별할 수 있다.

(1) 두 실근이 모두 양수일 때
　　$D\geq0$, $\alpha+\beta>0$, $\alpha\beta>0$

(2) 두 실근이 모두 음수일 때
　　$D\geq0$, $\alpha+\beta<0$, $\alpha\beta>0$

(3) 두 실근이 서로 다른 부호일 때
　　$\alpha\beta<0$

체크 238

(1) 모든 실수 x에 대하여 주어진 부등식이 성립해야 하므로 이차방정식 $3x^2-4x\cos\theta+1=0$의 판별식을 D라 하면

$\dfrac{D}{4}=(2\cos\theta)^2-3\leq0$

$(2\cos\theta+\sqrt{3})(2\cos\theta-\sqrt{3})\leq0$

$\therefore -\dfrac{\sqrt{3}}{2}\leq\cos\theta\leq\dfrac{\sqrt{3}}{2}$

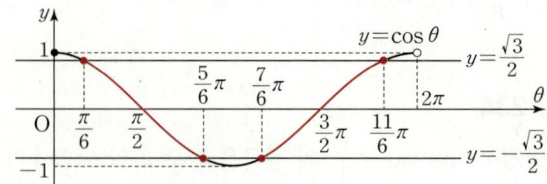

이때 $0\leq\theta<2\pi$이므로 위의 그림에서

$\dfrac{\pi}{6}\leq\theta\leq\dfrac{5}{6}\pi$ 또는 $\dfrac{7}{6}\pi\leq\theta\leq\dfrac{11}{6}\pi$

(2) $2\cos^2x+\cos\left(\dfrac{\pi}{2}-x\right)+k\geq0$에서

$2\cos^2x+\sin x+k\geq0$

$-2\cos^2x-\sin x\leq k$

$-2(1-\sin^2x)-\sin x\leq k$

$2\sin^2x-\sin x-2\leq k$

$\sin x=t$로 놓으면 $0\leq x\leq\pi$에서 $0\leq t\leq1$이고, 주어진 부등식은

$2t^2-t-2\leq k$

이때 $f(t)=2t^2-t-2$라 하면

$f(t)=2t^2-t-2$
　　　$=2\left(t-\dfrac{1}{4}\right)^2-\dfrac{17}{8}$

이고 $0\leq t\leq1$에서 $f(t)\leq k$를 만족시켜야 한다.

오른쪽 그림에서 함수 $f(t)$는

$t=\dfrac{1}{4}$일 때 최솟값 $-\dfrac{17}{8}$, $t=1$

일 때 최댓값 -1을 가지므로

$-\dfrac{17}{8}\leq f(t)\leq-1$

$\therefore k\geq-1$

답 (1) $\dfrac{\pi}{6}\leq\theta\leq\dfrac{5}{6}\pi$ 또는 $\dfrac{7}{6}\pi\leq\theta\leq\dfrac{11}{6}\pi$

(2) $k\geq-1$

tip

이차방정식 $ax^2+bx+c=0$의 판별식을 D라 할 때, 이차부등식이 항상 성립할 조건은 다음과 같다.

(1) 모든 실수 x에 대하여 이차부등식 $ax^2+bx+c>0$이 성립
　　$a>0$, $D<0$

(2) 모든 실수 x에 대하여 이차부등식 $ax^2+bx+c\geq0$이 성립
　　$a>0$, $D\leq0$

(3) 모든 실수 x에 대하여 이차부등식 $ax^2+bx+c<0$이 성립
　　$a<0$, $D<0$

(4) 모든 실수 x에 대하여 이차부등식 $ax^2+bx+c\leq0$이 성립
　　$a<0$, $D\leq0$

239

$\pi\cos x=t$로 놓으면 $0<x\leq 2\pi$에서

$-1\leq\cos x\leq 1$, $-\pi\leq\pi\cos x\leq\pi$

이므로 $-\pi\leq t\leq\pi$이고, 주어진 방정식은

$\sin t=0$

$\therefore t=-\pi$ 또는 $t=0$ 또는 $t=\pi$ $(\because -\pi\leq t\leq\pi)$

즉, $\pi\cos x=-\pi$ 또는 $\pi\cos x=0$ 또는 $\pi\cos x=\pi$이므로

$\cos x=-1$ 또는 $\cos x=0$ 또는 $\cos x=1$

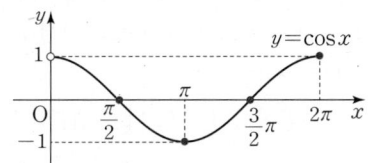

(ⅰ) $\cos x=-1$에서 $x=\pi$

(ⅱ) $\cos x=0$에서 $x=\dfrac{\pi}{2}$ 또는 $x=\dfrac{3}{2}\pi$

(ⅲ) $\cos x=1$에서 $x=2\pi$

(ⅰ)~(ⅲ)에서 구하는 모든 실근의 합은

$\pi+\dfrac{\pi}{2}+\dfrac{3}{2}\pi+2\pi=5\pi$ **답** 5π

240

두 함수 $f(x)=\sin\dfrac{x}{2}$, $g(x)=2\pi\cos 2x$에 대하여

$(f\circ g)(x)=0$에서

$\sin(\pi\cos 2x)=0$

이때 $\pi\cos 2x=t$로 놓으면 $0<x<\pi$에서

$-1\leq\cos 2x<1$, $-\pi\leq\pi\cos 2x<\pi$

이므로 $-\pi\leq t<\pi$이고, 주어진 방정식은

$\sin t=0$

$\therefore t=-\pi$ 또는 $t=0$ $(\because -\pi\leq t<\pi)$

즉, $\pi\cos 2x=-\pi$ 또는 $\pi\cos 2x=0$이므로

$\cos 2x=-1$ 또는 $\cos 2x=0$

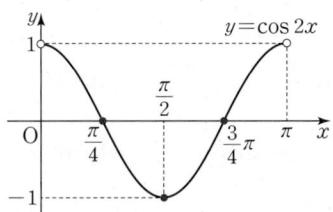

(ⅰ) $\cos 2x=-1$에서 $x=\dfrac{\pi}{2}$

(ⅱ) $\cos 2x=0$에서 $x=\dfrac{\pi}{4}$ 또는 $x=\dfrac{3}{4}\pi$

(ⅰ), (ⅱ)에서 구하는 모든 실근의 합은

$\dfrac{\pi}{2}+\dfrac{\pi}{4}+\dfrac{3}{4}\pi=\dfrac{3}{2}\pi$ **답** $\dfrac{3}{2}\pi$

241

다음 그림에서 함수 $y=|\tan 2x|$의 그래프와 직선 $y=k$

$(k>0)$의 교점의 x좌표를 α, β, γ, δ $(\alpha<\beta<\gamma<\delta)$라 하자.

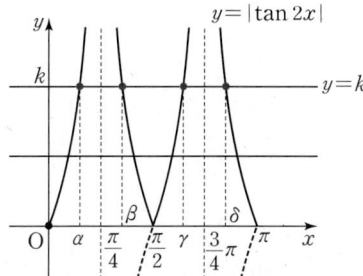

(ⅰ) α, δ는 직선 $x=\dfrac{\pi}{2}$에 대하여 대칭이므로

$\dfrac{\alpha+\delta}{2}=\dfrac{\pi}{2}$ $\therefore \alpha+\delta=\pi$

(ⅱ) β, γ는 직선 $x=\dfrac{\pi}{2}$에 대하여 대칭이므로

$\dfrac{\beta+\gamma}{2}=\dfrac{\pi}{2}$ $\therefore \beta+\gamma=\pi$

(ⅰ), (ⅱ)에서 $\alpha+\beta+\gamma+\delta=2\pi$이므로

$\tan\dfrac{\alpha+\beta+\gamma+\delta}{8}=\tan\dfrac{\pi}{4}=1$ **답** 1

242

$\cos^2 x-\sin x=1$에서 $1-\sin^2 x-\sin x=1$

$\sin^2 x+\sin x=0$, $\sin x(\sin x+1)=0$

$\therefore \sin x=-1$ 또는 $\sin x=0$

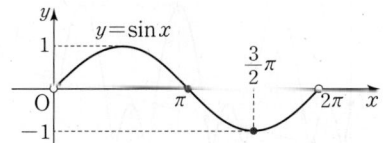

(ⅰ) $\sin x=-1$에서 $x=\dfrac{3}{2}\pi$ $(\because 0<x<2\pi)$

(ⅱ) $\sin x=0$에서 $x=\pi$ $(\because 0<x<2\pi)$

(ⅰ), (ⅱ)에서 모든 실근의 합은

$\dfrac{3}{2}\pi+\pi=\dfrac{5}{2}\pi$

따라서 $p=2$, $q=5$이므로

$p+q=2+5=7$ **답** 7

243

$2\sin^2 A+3\cos A=3$에서

$2(1-\cos^2 A)+3\cos A=3$

$2\cos^2 A - 3\cos A + 1 = 0$

이때 $\cos A = t$로 놓으면 $0 < A < \pi$에서 $-1 < t < 1$이고, 주어진 방정식은

$2t^2 - 3t + 1 = 0$, $(2t-1)(t-1) = 0$

$\therefore t = \dfrac{1}{2}$ $(\because -1 < t < 1)$

따라서 $\cos A = \dfrac{1}{2}$이므로

$A = \dfrac{\pi}{3}$ $(\because 0 < A < \pi)$

한편, 삼각형 ABC에서 $A + B + C = \pi$이므로

$B + C = \pi - A = \pi - \dfrac{\pi}{3} = \dfrac{2}{3}\pi$

$\therefore \sin\dfrac{B+C-2\pi}{2} = \sin\dfrac{\dfrac{2}{3}\pi - 2\pi}{2}$

$= \sin\left(-\dfrac{2}{3}\pi\right) = -\sin\dfrac{2}{3}\pi$

$= -\sin\left(\pi - \dfrac{\pi}{3}\right) = -\sin\dfrac{\pi}{3}$

$= -\dfrac{\sqrt{3}}{2}$ 답 $-\dfrac{\sqrt{3}}{2}$

244

방정식 $\left|2\sin\pi x - 1\right| = \dfrac{1}{4}x$의 서로 다른 실근은 함수

$y = \left|2\sin\pi x - 1\right|$의 그래프와 직선 $y = \dfrac{1}{4}x$의 교점의 x좌표와 같다.

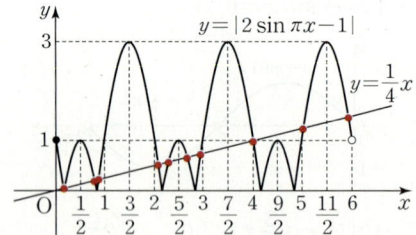

위의 그림과 같이 $0 \le x < 6$에서 함수 $y = \left|2\sin\pi x - 1\right|$의 그래프와 직선 $y = \dfrac{1}{4}x$의 교점의 개수는 11이므로 주어진 방정식의 서로 다른 실근의 개수는 11이다. 답 11

245

$\sin^2 x - \sin x\cos x - 2\cos^2 x = 0$에서

$(\sin x + \cos x)(\sin x - 2\cos x) = 0$

$\therefore \sin x = -\cos x$ 또는 $\sin x = 2\cos x$ (단, $0 \le x < 2\pi$)

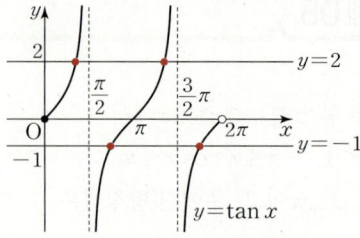

(i) $\sin x = -\cos x$, 즉 $\tan x = -1$의 실근의 개수는 위의 그림과 같이 함수 $y = \tan x$의 그래프와 직선 $y = -1$의 교점의 개수와 같으므로 2이다.

(ii) $\sin x = 2\cos x$, 즉 $\tan x = 2$의 실근의 개수는 위의 그림과 같이 함수 $y = \tan x$의 그래프와 직선 $y = 2$의 교점의 개수와 같으므로 2이다.

(i), (ii)에서 주어진 방정식의 서로 다른 실근의 개수는 4이다.
  답 4

246

방정식 $f(x) - g(x) = 0$, 즉 $f(x) = g(x)$에서

$3\sin\dfrac{\pi}{2}x = |x| - 2$

방정식 $3\sin\dfrac{\pi}{2}x = |x| - 2$의 실근은 두 함수

$y = 3\sin\dfrac{\pi}{2}x$, $y = |x| - 2$의 그래프의 교점의 x좌표와 같다.

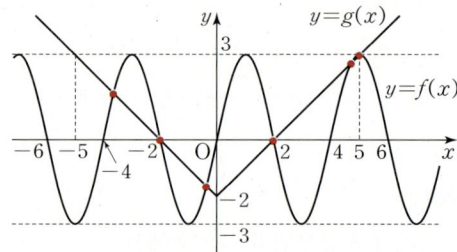

위의 그림과 같이 두 함수 $y = 3\sin\dfrac{\pi}{2}x$, $y = |x| - 2$의 그래프의 교점의 개수는 6이므로 주어진 방정식의 서로 다른 실근의 개수는 6이다. 답 6

247

$\cos\left(x + \dfrac{\pi}{4}\right) = \cos\left\{\dfrac{\pi}{2} + \left(x - \dfrac{\pi}{4}\right)\right\} = -\sin\left(x - \dfrac{\pi}{4}\right)$이므로

$2\cos^2\left(x - \dfrac{\pi}{4}\right) - \cos\left(x + \dfrac{\pi}{4}\right) - 1 \ge 0$에서

$2 - 2\sin^2\left(x - \dfrac{\pi}{4}\right) + \sin\left(x - \dfrac{\pi}{4}\right) - 1 \ge 0$

$2\sin^2\left(x - \dfrac{\pi}{4}\right) - \sin\left(x - \dfrac{\pi}{4}\right) - 1 \le 0$

이때 $\sin\left(x - \dfrac{\pi}{4}\right) = A$로 놓으면 $0 \le x < 2\pi$에서 $-1 \le A \le 1$이고, 주어진 부등식은

$2A^2-A-1\leq 0$, $(2A+1)(A-1)\leq 0$

$\therefore -\dfrac{1}{2}\leq A\leq 1$

따라서 $-\dfrac{1}{2}\leq \sin\left(x-\dfrac{\pi}{4}\right)\leq 1$이므로

$x-\dfrac{\pi}{4}=t$로 놓으면 $0\leq x<2\pi$에서

$-\dfrac{\pi}{4}\leq t<\dfrac{7}{4}\pi$이고, 주어진 부등식은

$-\dfrac{1}{2}\leq \sin t\leq 1$

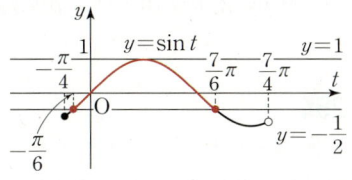

$\therefore -\dfrac{\pi}{6}\leq t\leq \dfrac{7}{6}\pi$

즉, $-\dfrac{\pi}{6}\leq x-\dfrac{\pi}{4}\leq \dfrac{7}{6}\pi$

이므로

$\dfrac{\pi}{12}\leq x\leq \dfrac{17}{12}\pi$

따라서 $m=\dfrac{\pi}{12}$, $n=\dfrac{17}{12}\pi$이므로

$\dfrac{n}{m}=17$ 답 17

248

$\sin^2 x+k\cos x+k=0$에서

$1-\cos^2 x+k\cos x+k=0$

$\cos^2 x-k\cos x-k-1=0$

$(\cos x+1)(\cos x-k-1)=0$

$\therefore \cos x=-1$ 또는 $\cos x=k+1$

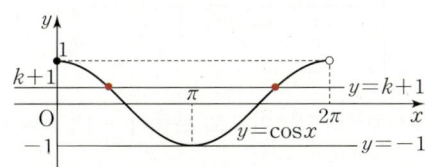

이때 $\cos x=-1$에서 $x=\pi$ ($\because 0\leq x<2\pi$)이므로 주어진
방정식이 서로 다른 세 개의 실근을 가지려면 방정식
$\cos x=k+1$은 서로 다른 2개의 실근을 가져야 한다.

즉, $-1<k+1<1$

$\therefore -2<k<0$ 답 $-2<k<0$

249

$\cos^2 x-2\sin(x+\pi)+k=0$에서

$-\cos^2 x+2\sin(x+\pi)=k$

$-\cos^2 x-2\sin x=k$

$-(1-\sin^2 x)-2\sin x=k$

$\sin^2 x-2\sin x-1=k$

이때 $\sin x=t$로 놓으면 $-1\leq t\leq 1$이고 주어진 방정식은

$t^2-2t-1=k$

$f(t)=t^2-2t-1=(t-1)^2-2$라 할 때, 방정식 $f(t)=k$가 실
근을 가지려면 함수 $y=f(t)$의 그래프와 직선 $y=k$가 교점을
가져야 한다.

따라서 오른쪽 그림과 같이
$-1\leq t\leq 1$에서 주어진 방정식이 실
근을 가지려면 $-2\leq k\leq 2$이므로 k
의 최댓값 $M=2$, 최솟값 $m=-2$
이다.

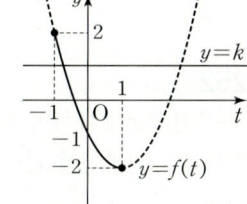

$\therefore 10M+m=10\times 2+(-2)=18$

답 18

250

직선 $y=2x$가 함수 $y=x^2+4x+2\cos 2\theta$의 그래프에 접하기
위해서는 $x^2+4x+2\cos 2\theta=2x$, 즉 $x^2+2x+2\cos 2\theta=0$이
중근을 가져야 한다.

이때 이차방정식 $x^2+2x+2\cos 2\theta=0$의 판별식을 D라 하면

$\dfrac{D}{4}=1-2\cos 2\theta=0$

$2\cos 2\theta=1$ $\therefore \cos 2\theta=\dfrac{1}{2}$

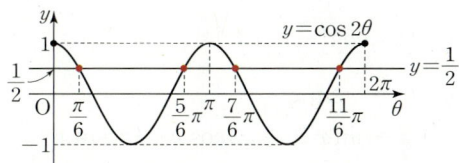

$0\leq \theta\leq 2\pi$이므로 위의 그림에서

$\theta=\dfrac{\pi}{6}$ 또는 $\theta=\dfrac{5}{6}\pi$ 또는 $\theta=\dfrac{7}{6}\pi$ 또는 $\theta=\dfrac{11}{6}\pi$

따라서 모든 θ의 값의 합 S는

$S=\dfrac{\pi}{6}+\dfrac{5}{6}\pi+\dfrac{7}{6}\pi+\dfrac{11}{6}\pi=4\pi$

$\therefore \dfrac{S}{\pi}=4$ 답 4

251

방정식 $x^2-4x+1-2\cos^2\theta=0$의 두 실근의 부호가 서로 다
르려면

(두 근의 곱)<0에서

$1-2\cos^2\theta<0$

$(1+\sqrt{2}\cos\theta)(1-\sqrt{2}\cos\theta)<0$

$\therefore \cos\theta<-\dfrac{1}{\sqrt{2}}$ 또는 $\cos\theta>\dfrac{1}{\sqrt{2}}$

따라서 $0 \le \theta < \pi$이므로 오른쪽 그림에서 구하는 θ의 값의 범위는

$0 \le \theta < \dfrac{\pi}{4}$ 또는 $\dfrac{3}{4}\pi < \theta < \pi$

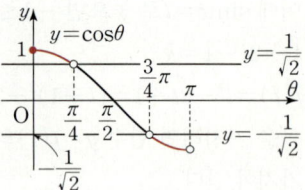

답 ①

252

모든 실수 x에 대하여 부등식 $x^2 - 4x + 2\cos\theta + 3 > 0$이 성립하므로 이차방정식 $x^2 - 4x + 2\cos\theta + 3 = 0$의 판별식을 D라 하면

$$\frac{D}{4} = 2^2 - (2\cos\theta + 3) < 0$$

$$1 - 2\cos\theta < 0$$

$$\therefore \cos\theta > \frac{1}{2}$$

따라서 $0 \le \theta \le \pi$이므로 오른쪽 그림에서 구하는 θ의 값의 범위는

$0 \le \theta < \dfrac{\pi}{3}$

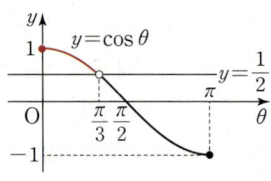

답 $0 \le \theta < \dfrac{\pi}{3}$

253

$|\sqrt{3}\cos x - 1| = \cos\left(\dfrac{\pi}{2} + x\right)$에서

$|\sqrt{3}\cos x - 1| = -\sin x$

$\sqrt{3}\cos x - 1 = -\sin x$ 또는 $\sqrt{3}\cos x - 1 = \sin x$

(i) $\sqrt{3}\cos x - 1 = -\sin x$일 때,

$\sqrt{3}\cos x = 1 - \sin x$의 양변을 각각 제곱하면

$3\cos^2 x = 1 - 2\sin x + \sin^2 x$

$3(1 - \sin^2 x) = 1 - 2\sin x + \sin^2 x$

$2\sin^2 x - \sin x - 1 = 0$

$(2\sin x + 1)(\sin x - 1) = 0$

$\therefore \sin x = -\dfrac{1}{2}$ 또는 $\sin x = 1$

$\dfrac{3}{2}\pi \le x < 2\pi$에서 $\sin x < 0$이므로 $\sin x = -\dfrac{1}{2}$

$\therefore x = \dfrac{11}{6}\pi \left(\because \dfrac{3}{2}\pi \le x < 2\pi\right)$

(ii) $\sqrt{3}\cos x - 1 = \sin x$일 때,

$\sqrt{3}\cos x = 1 + \sin x$의 양변을 각각 제곱하면

$3\cos^2 x = 1 + 2\sin x + \sin^2 x$

$3(1 - \sin^2 x) = 1 + 2\sin x + \sin^2 x$

$2\sin^2 x + \sin x - 1 = 0$

$(\sin x + 1)(2\sin x - 1) = 0$

$\therefore \sin x = -1$ 또는 $\sin x = \dfrac{1}{2}$

$\dfrac{3}{2}\pi \le x < 2\pi$에서 $\sin x < 0$이므로 $\sin x = -1$

$\therefore x = \dfrac{3}{2}\pi$

(i), (ii)에서 주어진 방정식을 만족시키는 실수 x의 값의 합은

$\dfrac{11}{6}\pi + \dfrac{3}{2}\pi = \dfrac{10}{3}\pi$

따라서 $p = 3$, $q = 10$이므로 $p + q = 13$

답 13

254

모든 실수 x에 대하여 $x^2 - x + 1 > 0$이므로

$\dfrac{(2\sqrt{2}\sin\theta + 1)x - 3\cos\theta - 1}{x^2 - x + 1} \ge -1$에서

$(2\sqrt{2}\sin\theta + 1)x - 3\cos\theta - 1 \ge -x^2 + x - 1$

$x^2 + (2\sqrt{2}\sin\theta)x - 3\cos\theta \ge 0$

모든 실수 x에 대하여 이 부등식이 성립하기 위해서는 이차방정식 $x^2 + (2\sqrt{2}\sin\theta)x - 3\cos\theta = 0$의 판별식을 D라 하면

$$\frac{D}{4} = (\sqrt{2}\sin\theta)^2 + 3\cos\theta \le 0$$

$2\sin^2\theta + 3\cos\theta \le 0$, $2(1 - \cos^2\theta) + 3\cos\theta \le 0$

$-2\cos^2\theta + 3\cos\theta + 2 \le 0$, $2\cos^2\theta - 3\cos\theta - 2 \ge 0$

$(2\cos\theta + 1)(\cos\theta - 2) \ge 0$ $\qquad \therefore \cos\theta \le -\dfrac{1}{2}$

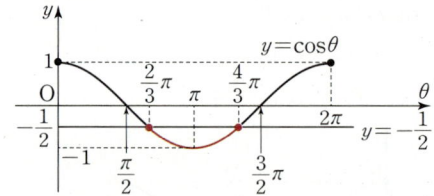

위의 그림에서 $0 \le \theta \le 2\pi$이므로 부등식 $-1 \le \cos\theta \le -\dfrac{1}{2}$을 만족시키는 θ의 값의 범위는

$\dfrac{2}{3}\pi \le \theta \le \dfrac{4}{3}\pi$

따라서 $p = \dfrac{2}{3}\pi$, $q = \dfrac{4}{3}\pi$이므로

$\dfrac{q}{p} = 2$

답 2

255

주어진 그래프로부터 함수 $y = a\sin(bt)$의 주기는 5, 최댓값은 $a = 0.6$이고, $a > 0$, $b > 0$이므로

$y = 0.6\sin\left(\dfrac{2\pi}{5}t\right)$

숨을 들이쉬기 시작하여 T초일 때, 흡입률이 -0.3(리터/초)

이 된다고 하면

$$0.6\sin\left(\frac{2\pi}{5}T\right)=-0.3$$

$$\sin\left(\frac{2\pi}{5}T\right)=-\frac{1}{2}$$

이때 T는 처음으로 흡입률이 -0.3(리터/초)이 되는 데 걸리는 시간이므로

$$\frac{2\pi}{5}T=\frac{7}{6}\pi$$

$$\therefore T=\frac{35}{12}(초)$$

따라서 숨을 들이쉬기 시작한 시각으로부터 처음으로 흡입률이 -0.3(리터/초)이 되는 데 걸리는 시간은 $\frac{35}{12}$초이다.

답 ①

256

탑승한 칸이 놀이기구의 중심의 오른쪽이면서 지면에서부터 $13\,\mathrm{m}$에 있는 시각을 기준으로 시각 t에서 탑승한 칸의 높이를
$$y=a\sin bt+c \ (a>0,\ b>0)$$
라 할 수 있다.

이때 높이 y의 최댓값은 25, 최솟값은 1이고 $a>0$이므로
$$a+c=25,\ -a+c=1$$

위의 두 식을 연립하여 풀면
$$a=12,\ c=13$$

이때 주기가 6이고 $b>0$이므로
$$\frac{2\pi}{b}=6 \qquad \therefore b=\frac{\pi}{3}$$

$$\therefore y=12\sin\frac{\pi}{3}t+13$$

한 바퀴 돌 때, 탑승한 칸이 지상에서 $19\,\mathrm{m}$ 이상인 곳에 있는 동안의 시각은
$$12\sin\frac{\pi}{3}t+13\geq19\ (0\leq t\leq 6)$$

$$12\sin\frac{\pi}{3}t\geq 6 \qquad \therefore \sin\frac{\pi}{3}t\geq\frac{1}{2}$$

이때 $\frac{\pi}{3}t=x$로 놓으면 $0\leq t\leq 6$에서 $0\leq x\leq 2\pi$이고, 주어진 부등식은
$$\sin x\geq\frac{1}{2} \qquad \therefore \frac{\pi}{6}\leq x\leq\frac{5}{6}\pi$$

즉, $\frac{\pi}{6}\leq\frac{\pi}{3}t\leq\frac{5}{6}\pi$이므로

$$\frac{1}{2}\leq t\leq\frac{5}{2}$$

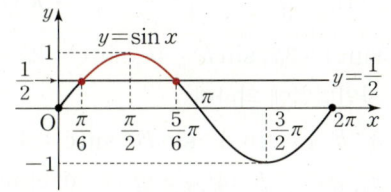

따라서 탑승한 칸이 지상에서 $19\,\mathrm{m}$ 이상인 곳에 2분 동안 있게 된다.

답 2분

3 삼각함수의 활용

18 사인법칙

체크 257

(1) 사인법칙에 의하여 $\dfrac{2\sqrt{3}}{\sin A}=\dfrac{2\sqrt{2}}{\sin 45°}=2R$

$\dfrac{2\sqrt{3}}{\sin A}=\dfrac{2\sqrt{2}}{\sin 45°}$에서 $2\sqrt{2}\sin A=2\sqrt{3}\sin 45°$

$$\therefore \sin A=\frac{2\sqrt{3}\sin 45°}{2\sqrt{2}}=\frac{\sqrt{3}\times\frac{\sqrt{2}}{2}}{\sqrt{2}}=\frac{\sqrt{3}}{2}$$

$$\therefore A=60° \ (\because A<90°)$$

또한 $\dfrac{2\sqrt{2}}{\sin 45°}=2R$에서 $R=\dfrac{2\sqrt{2}}{2\sin 45°}=\dfrac{\sqrt{2}}{\frac{\sqrt{2}}{2}}=2$

(2) $A+B+C=180°$이므로 $B=180°-(105°+30°)=45°$

사인법칙에 의하여 $\dfrac{4\sqrt{6}}{\sin 45°}=\dfrac{c}{\sin 30°}$이므로

$$c\sin 45°=4\sqrt{6}\sin 30°$$

$$\therefore c=\frac{4\sqrt{6}\sin 30°}{\sin 45°}=\frac{4\sqrt{6}\times\frac{1}{2}}{\frac{\sqrt{2}}{2}}=4\sqrt{3}$$

답 (1) $A=60°$, $R=2$　(2) $4\sqrt{3}$

체크 258

삼각형 ABC의 외접원의 반지름의 길이를 R라 하면 사인법칙에 의하여
$$\begin{aligned}a:b:c&=2R\sin A:2R\sin B:2R\sin C\\&=\sin A:\sin B:\sin C\\&=2:4:5\end{aligned}$$

즉, $a=2k$, $b=4k$, $c=5k\ (k>0)$라 하면
$$a+b=6k,\ b+c=9k,\ c+a=7k$$
$$\therefore (a+b):(b+c):(c+a)=6k:9k:7k$$
$$=6:9:7$$

답 $6:9:7$

체크 259

삼각형 ABC의 외접원의 반지름의 길이를 R라 하면 사인법칙에 의하여

$$\sin A=\frac{a}{2R},\ \sin B=\frac{b}{2R},\ \sin C=\frac{c}{2R} \quad\cdots\cdots\ \bigcirc$$

(1) $\bigcirc$을 $b\sin B=c\sin C$에 대입하면

$$b\times\frac{b}{2R}=c\times\frac{c}{2R},\ \frac{b^2}{2R}=\frac{c^2}{2R}$$

$$b^2=c^2 \qquad \therefore b=c\ (\because b>0,\ c>0)$$

따라서 삼각형 ABC는 $b=c$인 이등변삼각형이다.

(2) ㉠을 $a\sin A=b\sin B+c\sin C$에 대입하면

$$a\times\frac{a}{2R}=b\times\frac{b}{2R}+c\times\frac{c}{2R},\ \frac{a^2}{2R}=\frac{b^2}{2R}+\frac{c^2}{2R}$$

$$\therefore a^2=b^2+c^2$$

따라서 삼각형 ABC는 $A=90°$인 직각삼각형이다.

답 (1) $b=c$인 이등변삼각형

(2) $A=90°$인 직각삼각형

체크 260

공원의 반지름의 길이를 R m라 하면 사인법칙에 의하여

$$\frac{60}{\sin 60°}=2R$$

$$\therefore R=\frac{60}{2\sin 60°}=\frac{30}{\frac{\sqrt{3}}{2}}=20\sqrt{3}\,(\text{m})$$

따라서 구하는 공원의 넓이는

$$\pi\times(20\sqrt{3})^2=1200\pi\,(\text{m}^2)$$ **답** $1200\pi\ \text{m}^2$

체크 261

나무의 부러진 지점을 A, 나무가
서 있던 지점을 B, 나무의 꼭대기
부분이 닿아 있는 지점을 C라 하
면 나무가 15°만큼 기울어진 후 부
러졌으므로 오른쪽 그림과 같다.

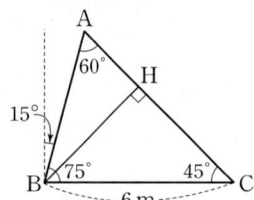

즉, $\angle ABC=90°-15°=75°$

또한 부러진 나무의 꼭대기 부분과 지면이 이루는 각의 크기
가 45°이므로

$$\angle BAC=180°-(75°+45°)=60°$$

삼각형 ABC에서 사인법칙에 의하여

$$\frac{6}{\sin 60°}=\frac{\overline{AB}}{\sin 45°}$$

$$\therefore \overline{AB}=\frac{6\sin 45°}{\sin 60°}=\frac{6\times\frac{\sqrt{2}}{2}}{\frac{\sqrt{3}}{2}}=2\sqrt{6}\,(\text{m})$$

이때 점 B에서 선분 AC에 내린 수선의 발을 H라 하면

$$\begin{aligned}\overline{AC}&=\overline{AH}+\overline{CH}\\&=\overline{AB}\cos A+\overline{BC}\cos C\\&=2\sqrt{6}\cos 60°+6\cos 45°\\&=2\sqrt{6}\times\frac{1}{2}+6\times\frac{\sqrt{2}}{2}=\sqrt{6}+3\sqrt{2}\,(\text{m})\end{aligned}$$

따라서 부러지기 전의 나무의 높이는

$$\begin{aligned}\overline{AB}+\overline{AC}&=2\sqrt{6}+(\sqrt{6}+3\sqrt{2})\\&=3(\sqrt{6}+\sqrt{2})\,(\text{m})\end{aligned}$$ **답** $3(\sqrt{6}+\sqrt{2})\,\text{m}$

19 코사인법칙

체크 262

(1) 코사인법칙에 의하여 $a^2=b^2+c^2-2bc\cos A$이므로

$$(3\sqrt{7})^2=6^2+c^2-2\times 6\times c\times\cos 60°$$

$$63=36+c^2-12c\times\frac{1}{2}$$

$$c^2-6c-27=0,\ (c+3)(c-9)=0$$

$$\therefore c=9\ (\because c>0)$$

$a=3\sqrt{7}$, $A=60°$이므로 사인법칙에 의하여

$$\frac{3\sqrt{7}}{\sin 60°}=2R$$

$$\therefore R=\frac{3\sqrt{7}}{2\sin 60°}=\frac{3\sqrt{7}}{2\times\frac{\sqrt{3}}{2}}=\sqrt{21}$$

(2) 코사인법칙에 의하여

$$\begin{aligned}\cos B&=\frac{(\sqrt{2})^2+(1+\sqrt{3})^2-2^2}{2\times\sqrt{2}\times(1+\sqrt{3})}\\&=\frac{2+4+2\sqrt{3}-4}{2\sqrt{2}(1+\sqrt{3})}\\&=\frac{2(1+\sqrt{3})}{2\sqrt{2}(1+\sqrt{3})}=\frac{\sqrt{2}}{2}\end{aligned}$$

$$\therefore B=45°\ (\because 0°<B<180°)$$

$b=2$, $c=\sqrt{2}$, $B=45°$이므로 사인법칙에 의하여

$$\frac{2}{\sin 45°}=\frac{\sqrt{2}}{\sin C}$$

$$\therefore \sin C=\frac{\sqrt{2}\sin 45°}{2}=\frac{\sqrt{2}\times\frac{\sqrt{2}}{2}}{2}=\frac{1}{2}$$

$$\therefore C=30°\ (\because C<90°)$$

답 (1) $c=9$, $R=\sqrt{21}$ (2) $B=45°$, $C=30°$

체크 263

삼각형 ABC에서 $A+B+C=180°$이므로

$$A+B=180°-C$$

$$\begin{aligned}\therefore \sin\frac{A+B-C}{2}&=\sin\frac{180°-2C}{2}\\&=\sin(90°-C)\\&=\cos C\end{aligned}$$ ······ ㉠

한편, $\dfrac{\sin A}{3}=\dfrac{\sin B}{4}=\dfrac{\sin C}{2}=k\ (k>0)$라 하면

$$\sin A=3k,\ \sin B=4k,\ \sin C=2k$$

사인법칙에 의하여

$$a:b:c=\sin A:\sin B:\sin C=3:4:2$$

즉, $a=3t$, $b=4t$, $c=2t\ (t>0)$라 하면 코사인법칙에 의하여

㉠에서 구하는 값은

$$\cos C = \frac{(3t)^2 + (4t)^2 - (2t)^2}{2 \times 3t \times 4t}$$

$$= \frac{9t^2 + 16t^2 - 4t^2}{24t^2}$$

$$= \frac{21t^2}{24t^2} = \frac{7}{8}$$

답 $\dfrac{7}{8}$

tip

삼각형 ABC의 세 내각에 대한 조건만 주어지면
$A + B + C = 180°$를 이용하여 식을 간단히 할 수 있다.

체크 264

삼각형에서 길이가 가장 긴 변의 대각의 크기가 세 내각 중 가장 크므로 삼각형 ABC의 세 변의 길이를 각각 $a = 6$, $b = 10$, $c = 14$라 하면 가장 큰 각의 크기는 C이다.

즉, 코사인법칙에 의하여

$$\cos C = \frac{6^2 + 10^2 - 14^2}{2 \times 6 \times 10}$$

$$= \frac{36 + 100 - 196}{120}$$

$$= -\frac{60}{120} = -\frac{1}{2}$$

$$\therefore C = 120°$$

따라서 삼각형 ABC의 세 내각 중 가장 큰 각의 크기는 $120°$이다.

답 $120°$

체크 265

(1) 코사인법칙에 의하여

$$\cos A = \frac{b^2 + c^2 - a^2}{2bc}, \quad \cos B = \frac{c^2 + a^2 - b^2}{2ca}$$

이것을 $a \cos B - c = b \cos A$에 대입하면

$$a \times \frac{c^2 + a^2 - b^2}{2ca} - c = b \times \frac{b^2 + c^2 - a^2}{2bc}$$

$$\frac{c^2 + a^2 - b^2}{2c} - c = \frac{b^2 + c^2 - a^2}{2c}$$

$$c^2 + a^2 - b^2 - 2c^2 = b^2 + c^2 - a^2$$

$$2a^2 - 2b^2 - 2c^2 = 0$$

$$\therefore a^2 = b^2 + c^2$$

따라서 삼각형 ABC는 $A = 90°$인 직각삼각형이다.

(2) 삼각형 ABC의 외접원의 반지름의 길이를 R라 하면 사인법칙과 코사인법칙에 의하여

$$\sin A = \frac{a}{2R}, \quad \sin B = \frac{b}{2R}, \quad \cos C = \frac{a^2 + b^2 - c^2}{2ab}$$

이것을 $2 \sin A \cos C = \sin B$에 대입하면

$$2 \times \frac{a}{2R} \times \frac{a^2 + b^2 - c^2}{2ab} = \frac{b}{2R}$$

$$\frac{a^2 + b^2 - c^2}{2bR} = \frac{b}{2R}$$

$$a^2 + b^2 - c^2 = b^2, \quad a^2 = c^2$$

$$\therefore a = c \;(\because a > 0, \; c > 0)$$

따라서 삼각형 ABC는 $a = c$인 이등변삼각형이다.

답 (1) $A = 90°$인 직각삼각형

(2) $a = c$인 이등변삼각형

체크 266

삼각형 ABC에서 코사인법칙에 의하여

$$\cos C = \frac{3^2 + 5^2 - 7^2}{2 \times 3 \times 5} = \frac{9 + 25 - 49}{30} = -\frac{1}{2}$$

$$\therefore C = 120° \;(\because 0° < C < 180°)$$

즉, 오른쪽 그림과 같으므로 접시의 반지름의 길이를 $R \, \mathrm{cm}$라 하면 사인법칙에 의하여

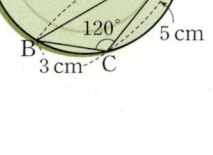

$$\frac{7}{\sin 120°} = 2R$$

$$\therefore R = \frac{7}{2 \sin 120°} = \frac{7}{2 \times \frac{\sqrt{3}}{2}} = \frac{7\sqrt{3}}{3}$$

따라서 깨지기 전의 접시의 둘레의 길이는

$$2\pi \times \frac{7\sqrt{3}}{3} = \frac{14\sqrt{3}}{3}\pi \, (\mathrm{cm})$$

답 $\dfrac{14\sqrt{3}}{3}\pi \, \mathrm{cm}$

20 삼각형의 넓이

체크 267

(1) 삼각형 ABC의 넓이가 $40\sqrt{3}$이므로

$$40\sqrt{3} = \frac{1}{2} \times 16 \times c \times \sin 60°$$

$$8c \times \frac{\sqrt{3}}{2} = 40\sqrt{3}$$

$$4\sqrt{3}c = 40\sqrt{3}$$

$$\therefore c = 10$$

(2) 주어진 조건에 의하여 삼각형 ABC는 오른쪽 그림과 같다.
이때 삼각형 ABC의 넓이는 두 삼각형 ABD, ADC의 넓이의 합과 같으므로

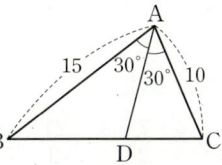

$\triangle ABC = \triangle ABD + \triangle ADC$에서

$$\frac{1}{2} \times 15 \times 10 \times \sin 60° = \frac{1}{2} \times 15 \times \overline{AD} \times \sin 30°$$

$$+ \frac{1}{2} \times \overline{AD} \times 10 \times \sin 30°$$

$$75 \times \frac{\sqrt{3}}{2} = \frac{15}{2} \times \frac{1}{2} \times \overline{AD} + 5 \times \frac{1}{2} \times \overline{AD}$$

$$\frac{75\sqrt{3}}{2} = \frac{15}{4}\overline{AD} + \frac{5}{2}\overline{AD}$$

$$\frac{25}{4}\overline{AD} = \frac{75\sqrt{3}}{2}$$

$$\therefore \overline{AD} = \frac{75\sqrt{3}}{2} \times \frac{4}{25} = 6\sqrt{3}$$
　　답 (1) 10　(2) $6\sqrt{3}$

체크 268

(1) 삼각형 ABC에서 코사인법칙에 의하여

$$\cos A = \frac{b^2 + c^2 - a^2}{2bc} = \frac{7^2 + 9^2 - 5^2}{2 \times 7 \times 9}$$

$$= \frac{49 + 81 - 25}{126} = \frac{105}{126} = \frac{5}{6}$$

이때 $0° < A < 180°$이므로 $\sin A > 0$이고
$\sin^2 A + \cos^2 A = 1$에서 $\sin^2 A = 1 - \cos^2 A$이므로

$$\sin A = \sqrt{1 - \cos^2 A} = \sqrt{1 - \left(\frac{5}{6}\right)^2} = \frac{\sqrt{11}}{6}$$

$$\therefore \triangle ABC = \frac{1}{2}bc\sin A$$

$$= \frac{1}{2} \times 7 \times 9 \times \frac{\sqrt{11}}{6} = \frac{21\sqrt{11}}{4}$$

(2) 삼각형 ABC의 외접원의 반지름의 길이를 R라 하면

$$\triangle ABC = \frac{abc}{4R} \text{에서}$$

$$\frac{21\sqrt{11}}{4} = \frac{5 \times 7 \times 9}{4R}$$

$$\therefore R = \frac{5 \times 7 \times 9}{21\sqrt{11}} = \frac{15\sqrt{11}}{11}$$

(3) 삼각형 ABC의 내접원의 반지름의 길이를 r라 하면

$$\triangle ABC = \frac{1}{2}r(a + b + c) \text{에서}$$

$$\frac{21\sqrt{11}}{4} = \frac{1}{2}r(5 + 7 + 9)$$

$$\frac{21}{2}r = \frac{21\sqrt{11}}{4}$$

$$\therefore r = \frac{21\sqrt{11}}{4} \times \frac{2}{21} = \frac{\sqrt{11}}{2}$$

　　답 (1) $\frac{21\sqrt{11}}{4}$　(2) $\frac{15\sqrt{11}}{11}$　(3) $\frac{\sqrt{11}}{2}$

[다른 풀이]

(1) $\frac{5 + 7 + 9}{2} = \frac{21}{2}$이므로 헤론의 공식에 의하여

$$\triangle ABC = \sqrt{\frac{21}{2} \times \left(\frac{21}{2} - 5\right) \times \left(\frac{21}{2} - 7\right) \times \left(\frac{21}{2} - 9\right)}$$

$$= \sqrt{\frac{21}{2} \times \frac{11}{2} \times \frac{7}{2} \times \frac{3}{2}}$$

$$= \frac{21\sqrt{11}}{4}$$

(2) 사인법칙에 의하여 $\frac{a}{\sin A} = 2R$

이때 $a = 5$, $\sin A = \frac{\sqrt{11}}{6}$이므로

$$\frac{5}{\frac{\sqrt{11}}{6}} = 2R$$

$$\therefore R = \frac{15\sqrt{11}}{11}$$

체크 269

삼각형 ABC에서 코사인법칙에 의하여

$$\cos(\angle ABC) = \frac{4^2 + 6^2 - 8^2}{2 \times 4 \times 6} = \frac{16 + 36 - 64}{48}$$

$$= -\frac{12}{48} = -\frac{1}{4}$$

이때 $0° < \angle ABC < 180°$이므로
$\sin(\angle ABC) > 0$
또한 $\sin^2(\angle ABC) + \cos^2(\angle ABC) = 1$에서
$\sin^2(\angle ABC) = 1 - \cos^2(\angle ABC)$이므로

$$\sin(\angle ABC) = \sqrt{1 - \cos^2(\angle ABC)}$$

$$= \sqrt{1 - \left(-\frac{1}{4}\right)^2} = \frac{\sqrt{15}}{4}$$

$$\therefore \square ABCD = \overline{AB} \times \overline{BC} \times \sin(\angle ABC)$$

$$= 4 \times 6 \times \frac{\sqrt{15}}{4}$$

$$= 6\sqrt{15}$$
　　답 $6\sqrt{15}$

[다른 풀이]

삼각형 ABC에서 $\frac{4 + 6 + 8}{2} = 9$이므로

헤론의 공식에 의하여

$$\triangle ABC = \sqrt{9 \times (9 - 4) \times (9 - 6) \times (9 - 8)}$$

$$= \sqrt{9 \times 5 \times 3 \times 1} = 3\sqrt{15}$$

$$\therefore \square ABCD = 2\triangle ABC = 2 \times 3\sqrt{15}$$

$$= 6\sqrt{15}$$

체크 270

등변사다리꼴의 두 대각선의 길이는 같으므로
$\overline{AC} = \overline{BD} = x$라 하자.
등변사다리꼴 ABCD의 넓이가 $16\sqrt{2}$이므로

$$\frac{1}{2} \times x \times x \times \sin 45° = 16\sqrt{2}$$

$$\frac{1}{2} \times \frac{\sqrt{2}}{2}x^2 = 16\sqrt{2}, \ x^2 = 64$$

$$\therefore x = 8 \ (\because x > 0)$$

따라서 구하는 대각선의 길이는 8이다.　　답 8

271

삼각형 ABC는 이등변삼각형이고 $A=120°$이므로

$B=C=30°$

삼각형 ABC의 외접원의 반지름의 길이가 6이므로 사인법칙에 의하여

$$\frac{a}{\sin 120°}=\frac{b}{\sin 30°}=\frac{c}{\sin 30°}=2\times 6$$

$$\therefore a=12\sin 120°=12\times\frac{\sqrt{3}}{2}=6\sqrt{3},$$

$$b=c=12\sin 30°=12\times\frac{1}{2}=6$$

따라서 삼각형 ABC의 둘레의 길이는

$a+b+c=6\sqrt{3}+6+6=12+6\sqrt{3}$ 　　　**답** $12+6\sqrt{3}$

272

삼각형 ABC의 외접원의 반지름의 길이가 2이므로 사인법칙에 의하여

$$\frac{\overline{AC}}{\sin 30°}=\frac{\overline{AB}}{\sin 45°}=2\times 2$$

$$\therefore \overline{AC}=4\sin 30°=4\times\frac{1}{2}=2,$$

$$\overline{AB}=4\sin 45°=4\times\frac{\sqrt{2}}{2}=2\sqrt{2}$$

오른쪽 그림과 같이 꼭짓점 A에서 변 BC에 내린 수선의 발을 H라 하면

$\overline{BC}=\overline{BH}+\overline{CH}$ 　　 ……㉠

삼각형 ABH에서

$$\overline{BH}=\overline{AB}\cos 30°=2\sqrt{2}\times\frac{\sqrt{3}}{2}=\sqrt{6}$$

삼각형 AHC에서

$$\overline{CH}=\overline{AC}\cos 45°=2\times\frac{\sqrt{2}}{2}=\sqrt{2}$$

따라서 ㉠에 의하여 구하는 선분 BC의 길이는 $\sqrt{6}+\sqrt{2}$이다.

답 $\sqrt{6}+\sqrt{2}$

273

$A+B+C=180°$이므로

$A+B=180°-C$

이것을 $4\sin C\sin(A+B)=3$에 대입하면

$4\sin C\sin(180°-C)=3$

$4\sin C\sin C=3$

$4\sin^2 C=3$

$$\therefore \sin^2 C=\frac{3}{4}$$

이때 $0°<C<180°$이므로 $\sin C>0$

$$\therefore \sin C=\frac{\sqrt{3}}{2}$$

삼각형 ABC의 외접원의 반지름의 길이가 3이므로 사인법칙에 의하여

$$\frac{c}{\sin C}=2\times 3$$

$$\therefore c=6\sin C=6\times\frac{\sqrt{3}}{2}=3\sqrt{3}$$ 　　　**답** $3\sqrt{3}$

274

사인법칙에 의하여 $\dfrac{\overline{BC}}{\sin A}=\dfrac{4}{\sin 45°}$

$$\therefore \overline{BC}=\frac{4\sin A}{\sin 45°}=\frac{4\sin A}{\dfrac{\sqrt{2}}{2}}=4\sqrt{2}\sin A$$

이때 $A=90°$일 때 $\sin A=1$로 최대이므로 선분 BC의 길이도 최대가 된다.

따라서 선분 BC의 길이의 최댓값은 $4\sqrt{2}$이다. 　　**답** $4\sqrt{2}$

275

$\sin^2\theta+\cos^2\theta=1$이므로

$\cos^2 A+\cos^2 B-\cos^2 C=1$에서

$(1-\sin^2 A)+(1-\sin^2 B)-(1-\sin^2 C)=1$

$\therefore \sin^2 A+\sin^2 B-\sin^2 C=0$ 　　 ……㉠

삼각형 ABC의 외접원의 반지름의 길이를 R라 하면 사인법칙에 의하여

$$\sin A=\frac{a}{2R},\ \sin B=\frac{b}{2R},\ \sin C=\frac{c}{2R}$$

이것을 ㉠에 대입하면

$$\left(\frac{a}{2R}\right)^2+\left(\frac{b}{2R}\right)^2-\left(\frac{c}{2R}\right)^2=0,\ \frac{a^2}{4R^2}+\frac{b^2}{4R^2}-\frac{c^2}{4R^2}=0$$

$$\therefore a^2+b^2=c^2$$

따라서 삼각형 ABC는 $C=90°$인 직각삼각형이다.

답 $C=90°$인 직각삼각형

276

세 지점 A, B, P를 꼭짓점으로 하는 삼각형 ABP에 대하여 점 P에서 변 AB의 연장선에 내린 수선의 발을 H라 하자.

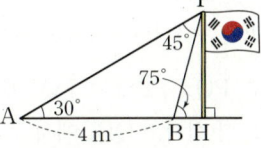

삼각형 ABP에서 $\angle APB=75°-30°=45°$이므로

사인법칙에 의하여

$$\frac{\overline{PB}}{\sin 30°}=\frac{4}{\sin 45°}$$

$$\therefore \overline{PB}=\frac{4\sin 30°}{\sin 45°}=\frac{4\times\frac{1}{2}}{\frac{\sqrt{2}}{2}}=2\sqrt{2}\,(\text{m})$$

한편, 점 B에서 변 AP에 내린
수선의 발을 I라 하면

$$\overline{AP}=\overline{AI}+\overline{IP}$$
$$=\overline{AB}\cos 30°+\overline{PB}\cos 45°$$
$$=4\times\frac{\sqrt{3}}{2}+2\sqrt{2}\times\frac{\sqrt{2}}{2}$$
$$=2\sqrt{3}+2\,(\text{m})$$

따라서 직각삼각형 PAH에서

$$\overline{PH}=\overline{AP}\sin 30°=(2\sqrt{3}+2)\times\frac{1}{2}$$
$$=\sqrt{3}+1\,(\text{m})$$

답 $(\sqrt{3}+1)\,\text{m}$

277

원의 둘레의 길이는 $2\pi\times 2=4\pi$이고 호 AB의 길이가 $\frac{2}{3}\pi$이
므로

$$\frac{2}{3}\pi:4\pi=\angle AOB:2\pi,\quad 4\pi\times\angle AOB=\frac{2}{3}\pi\times 2\pi$$

즉, $\angle AOB=\frac{\pi}{3}$이므로 $\angle AOC=\pi-\frac{\pi}{3}=\frac{2}{3}\pi$

따라서 코사인법칙에 의하여

$$\overline{AC}^2=2^2+2^2-2\times 2\times 2\cos\frac{2}{3}\pi$$
$$=4+4-8\times\left(-\frac{1}{2}\right)=12$$
$$\therefore \overline{AC}=2\sqrt{3}\ (\because \overline{AC}>0)$$

답 $2\sqrt{3}$

278

점 P의 이동 경로에 따른 정사
면체의 옆면의 전개도는 오른쪽
그림과 같다.

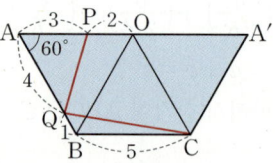

선분 OA를 $2:3$으로 내분하는
점이 P, 선분 AB를 $4:1$로 내분하는 점이 Q이므로
$\overline{OP}=2,\ \overline{AP}=3,\ \overline{AQ}=4,\ \overline{BQ}=1$

삼각형 PAQ에서 코사인법칙에 의하여

$$\overline{PQ}^2=3^2+4^2-2\times 3\times 4\times\cos 60°=9+16-24\times\frac{1}{2}=13$$
$$\therefore \overline{PQ}=\sqrt{13}\ (\because \overline{PQ}>0)$$

또한 삼각형 QBC에서 코사인법칙에 의하여

$$\overline{QC}^2=1^2+5^2-2\times 1\times 5\times\cos 120°$$
$$=1+25-10\times\left(-\frac{1}{2}\right)=31$$
$$\therefore \overline{QC}=\sqrt{31}\ (\because \overline{QC}>0)$$

따라서 구하는 최단거리는
$\overline{PQ}+\overline{QC}=\sqrt{13}+\sqrt{31}$

답 $\sqrt{13}+\sqrt{31}$

279

삼각형 ABC에서 코사인법칙에 의하여

$$\cos(\angle ABC)=\frac{4^2+6^2-5^2}{2\times 4\times 6}=\frac{16+36-25}{48}$$
$$=\frac{27}{48}=\frac{9}{16}\qquad\cdots\cdots\ \text{㉠}$$

점 D는 선분 BC를 $1:2$로 내분하는 점이므로
$\overline{BD}=2,\ \overline{CD}=4$

삼각형 ABD에서 코사인법칙에 의하여

$$\overline{AD}^2=4^2+2^2-2\times 4\times 2\times\cos(\angle ABD)$$
$$=16+4-16\times\frac{9}{16}\ (\because \text{㉠})$$
$$=11$$
$$\therefore \overline{AD}=\sqrt{11}\ (\because \overline{AD}>0)$$

답 $\sqrt{11}$

280

정사각형의 한 변의 길이가 4이므로
$\overline{BE}=\overline{EC}=\overline{CF}=\overline{FD}=2$

이때 두 삼각형 ABE, ADF가 서로 합동(SAS 합동)이므로
$\overline{AE}=\overline{AF}=\sqrt{4^2+2^2}=2\sqrt{5}$

또한 삼각형 FEC에서
$\overline{EF}=\sqrt{2^2+2^2}=2\sqrt{2}$

따라서 삼각형 AEF에서 코사인법칙에 의하여

$$\cos\theta=\frac{(2\sqrt{5})^2+(2\sqrt{5})^2-(2\sqrt{2})^2}{2\times 2\sqrt{5}\times 2\sqrt{5}}$$
$$=\frac{20+20-8}{40}=\frac{32}{40}=\frac{4}{5}$$

답 $\frac{4}{5}$

281

$A+B+C=180°$이므로
$A+B=180°-C,\ B+C=180°-A,\ C+A=180°-B$

이것을 주어진 비례식에 대입하면

$$\sin(180°-C):\sin(180°-A):\sin(180°-B)$$
$$=\sin C:\sin A:\sin B$$
$$=7:5:6$$

이때 사인법칙에 의하여

$\sin C:\sin A:\sin B=c:a:b=7:5:6$

즉, $a=5k,\ b=6k,\ c=7k\ (k>0)$라 하면 코사인법칙에 의하여

$$\cos A=\frac{(6k)^2+(7k)^2-(5k)^2}{2\times 6k\times 7k}$$
$$=\frac{36k^2+49k^2-25k^2}{84k^2}=\frac{60k^2}{84k^2}=\frac{5}{7}$$

답 $\frac{5}{7}$

282

한 변의 길이가 6인 정삼각형 ABC
에 대하여 세 점 D, E, F는 각각
$\overline{AB}$, $\overline{BC}$, $\overline{CA}$를 1 : 5로 내분하는
점이므로
$\overline{AD}=\overline{BE}=\overline{CF}=1$,
$\overline{BD}=\overline{CE}=\overline{AF}=5$,
$\angle DAF=\angle EBD=\angle FCE=60°$

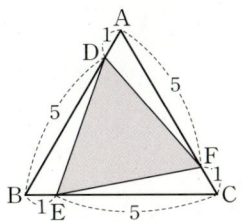

따라서 세 삼각형 ADF, BED, CFE는 서로 합동(SAS 합동)
이다.

$\therefore \triangle DEF=\triangle ABC-3\triangle ADF$

$\quad =\frac{1}{2}\times 6\times 6\times\sin 60°-3\times\left(\frac{1}{2}\times 1\times 5\times\sin 60°\right)$

$\quad =18\times\frac{\sqrt{3}}{2}-\frac{15}{2}\times\frac{\sqrt{3}}{2}$

$\quad =9\sqrt{3}-\frac{15\sqrt{3}}{4}=\frac{21\sqrt{3}}{4}$ 답 $\frac{21\sqrt{3}}{4}$

[다른 풀이]

세 삼각형 ADF, BED, CFE는 서로 합동(SAS 합동)이므로
$\overline{FD}=\overline{DE}=\overline{EF}$
즉, 삼각형 DEF는 정삼각형이다.
이때 삼각형 ADF에서 코사인법칙에 의하여

$\overline{DF}^2=1^2+5^2-2\times 1\times 5\times\cos 60°=1+25-10\times\frac{1}{2}=21$

$\therefore \overline{DF}=\sqrt{21}\ (\because \overline{DF}>0)$

$\therefore \triangle DEF=\frac{\sqrt{3}}{4}\times\overline{DF}^2=\frac{21\sqrt{3}}{4}$

283

$\overline{AB}=4$, $\overline{BC}=5$, $\overline{AC}=3$이므로 $\overline{BC}^2=\overline{AB}^2+\overline{AC}^2$
즉, 삼각형 ABC는 $\angle CAB=90°$인 직각삼각형이므로

$\sin(\angle ABC)=\frac{\overline{AC}}{\overline{BC}}=\frac{3}{5}$

이때 선분 AD는 $\angle EAC$의 이등분선이므로
$\overline{AB}:\overline{AC}=\overline{BD}:\overline{CD}$에서 $4:3=\overline{BD}:(\overline{BD}-5)$
$3\overline{BD}=4(\overline{BD}-5)$ $\therefore \overline{BD}=20$

$\therefore \triangle ABD=\frac{1}{2}\times\overline{AB}\times\overline{BD}\times\sin(\angle ABC)$

$\quad =\frac{1}{2}\times 4\times 20\times\frac{3}{5}=24$ 답 24

tip

삼각형의 외각의 이등분선의 성질
오른쪽 그림에서 $\overline{AD}$가 $\angle EAC$의
이등분선일 때,
$\overline{AB}:\overline{AC}=\overline{BD}:\overline{CD}$
가 성립한다.

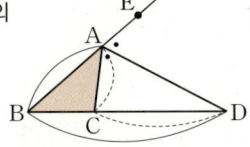

284

$\overline{AP}=x$, $\overline{AQ}=y$라 할 때, 삼각형
APQ와 사각형 PBCQ의 넓이가 같
으려면 삼각형 APQ의 넓이가 삼각
형 ABC의 넓이의 $\frac{1}{2}$이어야 하므로

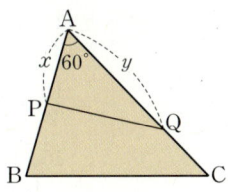

$\triangle APQ=\frac{1}{2}\triangle ABC$에서

$\frac{1}{2}\times x\times y\times\sin 60°=\frac{1}{2}\times\left(\frac{1}{2}\times 3\times 4\times\sin 60°\right)$

$\therefore xy=6$

삼각형 APQ에서 코사인법칙에 의하여

$\overline{PQ}^2=x^2+y^2-2xy\cos 60°$

$\quad =x^2+y^2-2\times 6\times\frac{1}{2}$

$\quad =x^2+y^2-6$

이때 $x^2>0$, $y^2>0$이므로 산술평균과 기하평균의 관계에 의하
여

$x^2+y^2-6\geq 2\sqrt{x^2\times y^2}-6$

$\quad =2xy-6=2\times 6-6=6$

(단, 등호는 $x^2=y^2$, 즉 $x=y=\sqrt{6}$일 때 성립)

따라서 선분 PQ의 길이의 최솟값은 $\sqrt{6}$이다.   답 $\sqrt{6}$

285

평행사변형 ABCD에서 $\angle ABC=\angle ADC=55°$이므로
$\angle ACB=180°-(80°+55°)=45°$

즉, $\triangle ABC=\frac{1}{2}\times 5\times 6\times\sin 45°=15\times\frac{\sqrt{2}}{2}=\frac{15\sqrt{2}}{2}$이므로

$\square ABCD=\triangle ABC+\triangle ACD=2\triangle ABC$

$\quad =2\times\frac{15\sqrt{2}}{2}=15\sqrt{2}$ 답 $15\sqrt{2}$

286

오른쪽 그림과 같이 선분 AC를 그으면
삼각형 ACD에서 코사인법칙에 의하여

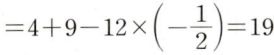

$\overline{AC}^2=2^2+3^2-2\times 2\times 3\times\cos 120°$

$\quad =4+9-12\times\left(-\frac{1}{2}\right)=19$

$\therefore \overline{AC}=\sqrt{19}\ (\because \overline{AC}>0)$

또한 $\overline{BC}=x$라 하면 삼각형 ABC에서 코사인법칙에 의하여

$(\sqrt{19})^2=5^2+x^2-2\times 5\times x\times\cos 60°$

$19=25+x^2-5x$

$x^2-5x+6=0$, $(x-2)(x-3)=0$

$\therefore x=3\ (\because \overline{AD}<\overline{BC})$

$\therefore \square ABCD = \triangle ABC + \triangle ACD$

$$= \frac{1}{2} \times 5 \times 3 \times \sin 60° + \frac{1}{2} \times 2 \times 3 \times \sin 120°$$

$$= \frac{15}{2} \times \frac{\sqrt{3}}{2} + 3 \times \frac{\sqrt{3}}{2}$$

$$= \frac{15\sqrt{3}}{4} + \frac{3\sqrt{3}}{2} = \frac{21\sqrt{3}}{4} \qquad \text{답 } \frac{21\sqrt{3}}{4}$$

287

$\overline{BC} = a$라 하면 코사인법칙에 의하여

$$a^2 = 5^2 + 6^2 - 2 \times 5 \times 6 \times \cos A = 25 + 36 - 60 \times \frac{3}{5} = 25$$

$\therefore a = 5 \ (\because a > 0)$

이때 $0° < A < 180°$이므로 $\sin A > 0$이고

$\sin^2 A + \cos^2 A = 1$에서 $\sin^2 A = 1 - \cos^2 A$이므로

$$\sin A = \sqrt{1 - \cos^2 A} = \sqrt{1 - \left(\frac{3}{5}\right)^2} = \frac{4}{5}$$

삼각형 ABC에서 사인법칙에 의하여

$\dfrac{a}{\sin A} = 2R$이므로

$$R = \frac{a}{2\sin A} = \frac{5}{2 \times \frac{4}{5}} = \frac{25}{8}$$

$$\therefore 16R = 16 \times \frac{25}{8} = 50 \qquad \text{답 } 50$$

288

ㄱ. $a = 5$이면 삼각형 ABC에서 $\overline{AB}^2 + \overline{AC}^2 = \overline{BC}^2$

　즉, 삼각형 ABC는 $A = 90°$인 직각삼각형이므로 변 BC 는 외접원의 지름이다.

　$\therefore R = \dfrac{1}{2}\overline{BC} = \dfrac{5}{2}$ (참)

ㄴ. $R = 4$이면 삼각형 ABC에서 사인법칙에 의하여

　$\dfrac{a}{\sin A} = 2 \times 4$

　$\therefore a = 8\sin A$ (참)

ㄷ. 삼각형 ABC에서 코사인법칙에 의하여

　$\cos A = \dfrac{3^2 + 4^2 - a^2}{2 \times 3 \times 4} = \dfrac{25 - a^2}{24}$

　$1 < a \le \sqrt{13}$에서 $1 < a^2 \le 13$이므로

　$-13 \le -a^2 < -1,\ 12 \le 25 - a^2 < 24$

　$\dfrac{1}{2} \le \dfrac{25 - a^2}{24} < 1$

　$\dfrac{1}{2} \le \cos A < 1 \qquad \therefore 0° < A \le 60°$

　즉, A의 최댓값은 $60°$이다. (참)

따라서 옳은 것은 ㄱ, ㄴ, ㄷ이다. 　　　　　　답 ⑤

1 등차수열

21 등차수열

체크 289

(1) $a_1 = \log 2$, $a_2 = \log 4 = 2\log 2$, $a_3 = \log 8 = 3\log 2$,

$a_4 = \log 16 = 4\log 2$, $\cdots$

이므로 $a_n = n \log 2$

(2) $a_1 = \dfrac{1}{1 \times (1+2)}$, $a_2 = \dfrac{1}{2 \times (2+2)}$, $a_3 = \dfrac{1}{3 \times (3+2)}$,

$a_4 = \dfrac{1}{4 \times (4+2)}$, $\cdots$

이므로 $a_n = \dfrac{1}{n(n+2)}$

(3) $a_1 = 2 = \dfrac{2^1}{1}$, $a_2 = \dfrac{2^2}{2}$, $a_3 = \dfrac{2^3}{3}$, $a_4 = \dfrac{2^4}{4}$, $\cdots$

이므로 $a_n = \dfrac{2^n}{n}$

(4) $a_1 = 1 = \dfrac{1}{9} \times 9 = \dfrac{1}{9}(10-1)$,

$a_2 = 11 = \dfrac{1}{9} \times 99 = \dfrac{1}{9}(10^2 - 1)$,

$a_3 = 111 = \dfrac{1}{9} \times 999 = \dfrac{1}{9}(10^3 - 1)$,

$a_4 = 1111 = \dfrac{1}{9} \times 9999 = \dfrac{1}{9}(10^4 - 1)$, $\cdots$

이므로 $a_n = \dfrac{1}{9}(10^n - 1)$

답 (1) $a_n = n\log 2$ (2) $a_n = \dfrac{1}{n(n+2)}$

(3) $a_n = \dfrac{2^n}{n}$ (4) $a_n = \dfrac{1}{9}(10^n - 1)$

체크 290

(1) 등차수열 $\{a_n\}$의 첫째항을 a, 공차를 d라 하면

$a_3 + a_{12} = 45$에서 $(a+2d) + (a+11d) = 45$

$\therefore 2a + 13d = 45$ $\cdots\cdots$ ㉠

$a_5 + a_{16} = 63$에서 $(a+4d) + (a+15d) = 63$

$\therefore 2a + 19d = 63$ $\cdots\cdots$ ㉡

㉠, ㉡을 연립하여 풀면

$a = 3$, $d = 3$

$\therefore a_n = 3 + (n-1) \times 3 = 3n$

$\therefore a_{25} = 3 \times 25 = 75$

(2) 제4항과 제8항의 절댓값이 같고 부호가 반대이므로

$a_4 = -a_8$, 즉 $a_4 + a_8 = 0$

등차수열 $\{a_n\}$의 첫째항을 a라 하면

$\{a + 3 \times (-7)\} + \{a + 7 \times (-7)\} = 0$

$2a - 70 = 0$ $\therefore a = 35$

따라서 등차수열 $\{a_n\}$의 첫째항은 35이다.

답 (1) 75   (2) 35

체크 291

주어진 등차수열의 첫째항은 79, 공차는 $73 - 79 = -6$이므로

일반항을 a_n이라 하면

$a_n = 79 + (n-1) \times (-6) = -6n + 85$

이때 제k항에서 처음으로 19보다 작은 수가 나온다고 하면

$-6k + 85 < 19$, $6k > 66$ $\therefore k > 11$

따라서 처음으로 19보다 작은 수가 나오는 항은 제12항이다.

답 제12항

체크 292

등차수열 -1, a_1, a_2, $\cdots$, a_n, 76에서 첫째항은 -1, 공차는 11이다.

이때 76은 제$(n+2)$항이므로

$76 = -1 + (n+1) \times 11$, $11n + 10 = 76$

$11n = 66$ $\therefore n = 6$ **답** 6

체크 293

나머지정리에 의하여 $f(x) = x^2 + kx + 3$을 $x+2$, $x+1$, $x-2$로 나누었을 때의 나머지는 각각

$f(-2) = 4 - 2k + 3 = -2k + 7$,

$f(-1) = 1 - k + 3 = -k + 4$,

$f(2) = 4 + 2k + 3 = 2k + 7$

이때 $f(-2)$, $f(-1)$, $f(2)$가 이 순서대로 등차수열을 이루므로 $f(-1)$은 $f(-2)$와 $f(2)$의 등차중항이다.

즉, $f(-1) = \dfrac{f(-2) + f(2)}{2}$이므로

$-k + 4 = \dfrac{(-2k+7) + (2k+7)}{2}$

$-k + 4 = 7$ $\therefore k = -3$ **답** -3

> **tip**
>
> **나머지정리**
>
> x에 대한 다항식 $f(x)$를 일차식 $x - \alpha$로 나누었을 때의 나머지는 $f(\alpha)$이다.

체크 294

a는 3과 b의 등차중항이므로

$a = \dfrac{3+b}{2}$에서 $b = 2a - 3$ $\cdots\cdots$ ㉠

또한 37은 a^2과 b^2의 등차중항이므로

$37 = \dfrac{a^2 + b^2}{2}$에서 $a^2 + b^2 = 74$ ...... ㉡

㉠을 ㉡에 대입하면

$a^2 + (2a-3)^2 = 74$, $5a^2 - 12a - 65 = 0$

$(5a+13)(a-5) = 0$ $\therefore a = 5$ $(\because a > 0)$

$a = 5$를 ㉠에 대입하면

$b = 2 \times 5 - 3 = 7$

$\therefore a + b = 5 + 7 = 12$ 답 12

체크 295

삼차방정식 $x^3 + 3x^2 + kx - 15 = 0$의 세 근을 각각 $a-d$, a, $a+d$로 놓으면 근과 계수의 관계에 의하여

$(a-d) + a + (a+d) = -3$, $3a = -3$ $\therefore a = -1$

따라서 $x^3 + 3x^2 + kx - 15 = 0$의 한 근이 -1이므로

$(-1)^3 + 3 \times (-1)^2 + k \times (-1) - 15 = 0$

$-1 + 3 - k - 15 = 0$

$\therefore k = -13$ 답 -13

> **tip**
>
> 삼차방정식 $ax^3 + bx^2 + cx + d = 0$의 세 근을 α, β, γ라 하면 근과 계수의 관계에 의하여
>
> $$\alpha + \beta + \gamma = -\dfrac{b}{a}, \ \alpha\beta + \beta\gamma + \gamma\alpha = \dfrac{c}{a}, \ \alpha\beta\gamma = -\dfrac{d}{a}$$

22 등차수열의 합

체크 296

$a_n = 2n + 3$에서

$a_1 = 2 \times 1 + 3 = 5$, $a_{16} = 2 \times 16 + 3 = 35$

따라서 첫째항부터 제16항까지의 합은

$\dfrac{16(5+35)}{2} = 320$ 답 320

체크 297

첫째항이 6, 제n항이 34인 등차수열 $\{a_n\}$의 첫째항부터 제n항까지의 합이 160이므로

$\dfrac{n(6+34)}{2} = 160$

$20n = 160$ $\therefore n = 8$

즉, $a_1 = 6$, $a_8 = 34$이므로

$6 + 7d = 34$, $7d = 28$ $\therefore d = 4$

$\therefore n + d = 8 + 4 = 12$ 답 12

[다른 풀이]

첫째항이 6, 제n항이 34이므로

$6 + (n-1)d = 34$ $\therefore (n-1)d = 28$ ...... ㉠

이때 첫째항부터 제n항까지의 합이 160이므로

$\dfrac{n\{12 + (n-1)d\}}{2} = 160$

위의 식에 ㉠을 대입하면

$\dfrac{n(12+28)}{2} = 160$ $\therefore n = 8$

$\therefore d = 4$ $(\because$ ㉠$)$

$\therefore n + d = 8 + 4 = 12$

체크 298

첫째항 23부터 제17항 -13까지의 합은

$\dfrac{17\{23 + (-13)\}}{2} = 85$

$\therefore a_1 + a_2 + a_3 + \cdots + a_{15}$

$\quad = 85 - 23 - (-13) = 75$ 답 75

체크 299

등차수열 $\{a_n\}$의 첫째항을 a, 공차를 d라 하면

$S_5 = 30$에서 $\dfrac{5\{2a + (5-1)d\}}{2} = 30$

$2a + 4d = 12$ $\therefore a + 2d = 6$ ...... ㉠

$S_8 = 120$에서 $\dfrac{8\{2a + (8-1)d\}}{2} = 120$

$\therefore 2a + 7d = 30$ ...... ㉡

㉠, ㉡을 연립하여 풀면 $a = -6$, $d = 6$

$\therefore S_{15} = \dfrac{15\{2 \times (-6) + (15-1) \times 6\}}{2}$

$\qquad = \dfrac{15(-12+84)}{2} = 540$ 답 540

체크 300

(1) (ⅰ) 100 이하의 자연수 중 4의 배수를 작은 것부터 차례대로 나열하면

4, 8, 12, $\cdots$, 100   ...... ㉠

이때 $100 = 4 \times 25$에서 수열 ㉠의 합은 첫째항 4부터 제25항 100까지의 등차수열의 합이므로

$\dfrac{25(4+100)}{2} = 1300$

(ⅱ) 100 이하의 자연수 중 7의 배수를 작은 것부터 차례대로 나열하면

7, 14, 21, $\cdots$, 98   ...... ㉡

이때 $98 = 7 \times 14$에서 수열 ㉡의 합은 첫째항 7부터 제14항 98까지의 등차수열의 합이므로

$\dfrac{14(7+98)}{2} = 735$

(iii) 100 이하의 자연수 중 28의 배수를 작은 것부터 차례대로 나열하면

28, 56, 84

세 수의 합은 $28+56+84=168$

(i)~(iii)에서 100 이하의 자연수 중 4 또는 7의 배수의 총합은

$1300+735-168=1867$

(2) 두 자리의 자연수 중 8로 나누었을 때의 나머지가 1인 수를 작은 것부터 차례대로 나열하면

17, 25, 33, $\cdots$, 89, 97

이때 $97=9+8\times11$에서 구하는 값은 첫째항 17부터 제11항 97까지의 등차수열의 합이므로

$\dfrac{11(17+97)}{2}=627$　　　　　**답** (1) 1867　(2) 627

체크 301

등차수열 $\{a_n\}$의 첫째항을 a, 공차를 d라 하면

$a_3=-11$에서 $a+2d=-11$　　　　　$\cdots\cdots$ ㉠

$a_{18}=34$에서 $a+17d=34$　　　　　$\cdots\cdots$ ㉡

㉠, ㉡을 연립하여 풀면 $a=-17$, $d=3$

즉, 등차수열 $\{a_n\}$의 일반항은

$a_n=-17+(n-1)\times3=3n-20$

제k항에서 처음으로 양수가 나온다고 하면

$a_k=3k-20>0$에서

$k>\dfrac{20}{3}=6.66\cdots$

즉, 제7항부터 양수이므로 첫째항부터 제6항까지의 합이 최소가 된다.

따라서 S_n의 최솟값은

$S_6=\dfrac{6\{2\times(-17)+(6-1)\times3\}}{2}=-57$　　　　　**답** -57

체크 302

$S_n=2n^2+5n-1$에서

(i) $n=1$일 때

$a_1=S_1=2\times1^2+5\times1-1=6$

(ii) $n\geq2$일 때

$a_n=S_n-S_{n-1}$
$=2n^2+5n-1-\{2(n-1)^2+5(n-1)-1\}$
$=4n+3$

즉, $a_1+a_k=113$에서

$6+4k+3=113$, $4k=104$

$\therefore k=26$　　　　　**답** 26

303

등차수열 $\{a_n\}$의 첫째항을 a라 하면 공차가 4이므로

$a_n=a+(n-1)\times4=4n+a-4$

$\therefore a_3=a+8$, $a_8=a+28$

$a_3:a_8=3:7$에서 $(a+8):(a+28)=3:7$

$7(a+8)=3(a+28)$, $7a+56=3a+84$

$4a=28$　　$\therefore a=7$

$\therefore a_{20}=7+4\times19=83$　　　　　**답** 83

304

등차수열 $\{a_n\}$의 첫째항을 a, 공차를 d라 하면

$a_4=51$에서 $a+3d=51$　　　　　$\cdots\cdots$ ㉠

$a_9=16$에서 $a+8d=16$　　　　　$\cdots\cdots$ ㉡

㉠, ㉡을 연립하여 풀면 $a=72$, $d=-7$

즉, 등차수열 $\{a_n\}$의 일반항은

$a_n=72+(n-1)\times(-7)=-7n+79$

$-7n+79=0$에서 $n=\dfrac{79}{7}=11.2\cdots$

이때 $a_{11}=2$, $a_{12}=-5$이므로 $|a_{11}|<|a_{12}|$

따라서 $|a_n|$의 값이 최소가 되도록 하는 n의 값은 11이다.

　　　　　답 11

305

주어진 등차수열의 공차를 d라 하면

수열 9, a_1, a_2, $\cdots$, a_m, 26에서 첫째항은 9이고, 제$(m+2)$항은 26이므로

$9+(m+1)d=26$　　$\therefore d=\dfrac{17}{m+1}$　　　　　$\cdots\cdots$ ㉠

또한 수열 26, b_1, b_2, $\cdots$, b_n, 77에서 첫째항은 26이고, 제$(n+2)$항은 77이므로

$26+(n+1)d=77$　　$\therefore d=\dfrac{51}{n+1}$　　　　　$\cdots\cdots$ ㉡

㉠, ㉡에서 $\dfrac{17}{m+1}=\dfrac{51}{n+1}$이므로

$17(n+1)=51(m+1)$, $n+1=3(m+1)$

$\therefore n=3m+2$　　　　　**답** ④

306

수열 $\dfrac{1}{4}$, a, b, c, d, $\dfrac{1}{24}$의 각 항의 역수, 즉 4, $\dfrac{1}{a}$, $\dfrac{1}{b}$, $\dfrac{1}{c}$, $\dfrac{1}{d}$, 24가 이 순서대로 등차수열을 이룬다. 이 수열의 공차를 x라 하면 첫째항이 4이고, 제6항이 24이므로

$24=4+5x$　　$\therefore x=4$

따라서 $\dfrac{1}{a}=4+4=8$, $\dfrac{1}{b}=4+2\times4=12$,

$\dfrac{1}{c}=4+3\times4=16$, $\dfrac{1}{d}=4+4\times4=20$이므로

$a=\dfrac{1}{8}$, $b=\dfrac{1}{12}$, $c=\dfrac{1}{16}$, $d=\dfrac{1}{20}$

$\therefore \dfrac{ad}{bc}=\dfrac{\dfrac{1}{8}\times\dfrac{1}{20}}{\dfrac{1}{12}\times\dfrac{1}{16}}=\dfrac{12\times16}{8\times20}=\dfrac{6}{5}$ **답** $\dfrac{6}{5}$

307

16은 b와 25의 등차중항이므로

$32=b+25$ $\therefore b=7$

c는 2와 16의 등차중항이므로

$2c=18$ $\therefore c=9$

13은 d와 25의 등차중항이므로

$26=d+25$ $\therefore d=1$

2는 a와 d, 즉 a와 1의 등차중항이므로

$4=a+1$ $\therefore a=3$

$\therefore a+b+c+d=3+7+9+1=20$ **답** 20

308

직각삼각형의 세 변의 길이가 등차수열을 이루므로 세 변의 길이를 $a-d$, a, $a+d$ $\left(0<d<\dfrac{a}{2}\right)$로 놓으면 피타고라스 정리

└ 삼각형의 세 변의 길이의 조건에서

에 의하여

$(a+d)^2=(a-d)^2+a^2$ $(a-d)+a>a+d$ $\therefore d<\dfrac{a}{2}$

$a(a-4d)=0$ $\therefore a=4d$ ($\because a\neq0$)   …… ㉠

직각삼각형의 넓이가 120이므로

$\dfrac{1}{2}a(a-d)=120$ $\therefore a(a-d)=240$ …… ㉡

㉠을 ㉡에 대입하면

$12d^2=240$, $d^2=20$

$\therefore d=2\sqrt{5}$ ($\because d>0$)

따라서 직각삼각형의 빗변의 길이는

$a+d=5d=10\sqrt{5}$ **답** $10\sqrt{5}$

309

등차수열 $\{a_n\}$의 첫째항을 a라 하면

$a_3+a_4+a_5=36$에서

$(a+2\times3)+(a+3\times3)+(a+4\times3)=36$

$3a+27=36$ $\therefore a=3$

따라서 첫째항부터 제10항까지의 합은

$\dfrac{10\{2\times3+(10-1)\times3\}}{2}=165$ **답** 165

310

$a_1+2a_{10}=34$ …… ㉠

$a_1-a_{10}=-14$ …… ㉡

㉠-㉡에서 $3a_{10}=48$이므로

$a_{10}=16$

이것을 ㉡에 대입하여 정리하면

$a_1=2$

따라서 구하는 수열의 합은

$\dfrac{10(a_1+a_{10})}{2}=\dfrac{10\times(2+16)}{2}=90$ **답** 90

[다른 풀이]

등차수열 $\{a_n\}$의 첫째항을 a, 공차를 d라 하면

$a_1-a_{10}=-14$에서

$-9d=-14$ $\therefore d=\dfrac{14}{9}$

$a_1+2a_{10}=34$에서 $a+2(a+9d)=34$

위의 식에 $d=\dfrac{14}{9}$를 대입하면 $3a+28=34$

$\therefore a=2$

따라서 구하는 수열의 합은

$\dfrac{10\left\{2\times2+(10-1)\times\dfrac{14}{9}\right\}}{2}=\dfrac{10\times(4+14)}{2}=90$

311

두 등차수열 $\{a_n\}$, $\{b_n\}$의 공차를 각각 d, d'이라 하면

$a_1+b_1=13$, $d+d'=5$이므로

$(a_1+a_2+a_3+\cdots+a_8)+(b_1+b_2+b_3+\cdots+b_8)$

$=\dfrac{8(2a_1+7d)}{2}+\dfrac{8(2b_1+7d')}{2}$

$=4\{2(a_1+b_1)+7(d+d')\}$

$=4(2\times13+7\times5)=244$ **답** 244

312

등차수열 $\{a_n\}$의 공차를 d라 하면 $a_1=33$, $a_6=13$이므로

$a_6=33+5d=13$ $\therefore d=-4$

따라서 등차수열 $\{a_n\}$의 일반항은

$a_n=33+(n-1)\times(-4)=-4n+37$

한편, $a_n<0$에서 $-4n+37<0$

$\therefore n>\dfrac{37}{4}=9.25$

즉, 등차수열 $\{a_n\}$은 첫째항부터 제9항까지 양수이고, 제10항부터 음수이다.

이때 $a_1=33$, $a_9=-4\times9+37=1$,

$a_{10}=-4\times10+37=-3$, $a_{20}=-4\times20+37=-43$이므로

$$|a_1|+|a_2|+|a_3|+\cdots+|a_{20}|$$
$$=(a_1+a_2+\cdots+a_9)-(a_{10}+a_{11}+\cdots+a_{20})$$
$$=\frac{9(33+1)}{2}-\frac{11(-3-43)}{2}$$
$$=153-(-253)=406$$

답 406

313

등차수열 $\{a_n\}$의 첫째항을 a, 공차를 d라 하면

$S_4=20$에서 $\dfrac{4(2a+3d)}{2}=20$

$\therefore 2a+3d=10$ ...... ㉠

$S_8=-56$에서 $\dfrac{8(2a+7d)}{2}=-56$

$\therefore 2a+7d=-14$ ...... ㉡

㉠, ㉡을 연립하여 풀면 $a=14$, $d=-6$

$\therefore a_{15}+a_{16}+a_{17}+\cdots+a_{20}$

$=S_{20}-S_{14}$

$=\dfrac{20\{2\times14+19\times(-6)\}}{2}-\dfrac{14\{2\times14+13\times(-6)\}}{2}$

$=-860-(-350)=-510$

답 -510

[다른 풀이]

등차수열 $\{a_n\}$의 첫째항을 a, 공차를 d라 하면

$S_4=20$에서 $\dfrac{4(2a+3d)}{2}=20$

$\therefore 2a+3d=10$ ...... ㉠

$S_8=-56$에서 $\dfrac{8(2a+7d)}{2}=-56$

$\therefore 2a+7d=-14$ ...... ㉡

㉠, ㉡을 연립하여 풀면 $a=14, d=-6$

따라서 등차수열 $\{a_n\}$의 일반항은

$\therefore a_n=14+(n-1)\times(-6)=-6n+20$

따라서 $a_{15}=-6\times15+20=-70$,

$a_{20}=-6\times20+20=-100$이므로

$a_{15}+a_{16}+a_{17}+\cdots+a_{20}=\dfrac{6\{-70+(-100)\}}{2}=-510$

314

등차수열 $\{a_n\}$의 공차를 d라 하면

$S_4=\dfrac{4(2\times18+3d)}{2}=72+6d$

$S_9=\dfrac{9(2\times18+8d)}{2}=162+36d$

이때 $S_4=S_9$에서

$72+6d=162+36d$, $-30d=90$

$\therefore d=-3$

따라서 등차수열 $\{a_n\}$의 일반항은

$a_n=18+(n-1)\times(-3)=-3n+21$

제k항에서 처음으로 음수가 나온다고 하면

$-3k+21<0$에서 $k>7$

즉, 제8항부터 음수이므로 첫째항부터 제7항까지의 합이 최대가 된다.

따라서 S_n의 최댓값은

$S_7=\dfrac{7\{2\times18+6\times(-3)\}}{2}=63$

답 63

315

$S_n=3n^2+4n-2$에서

(i) $n=1$일 때

$a_1=S_1=3\times1^2+4\times1-2=5$

(ii) $n\geq2$일 때

$a_n=S_n-S_{n-1}$

$=3n^2+4n-2-\{3(n-1)^2+4(n-1)-2\}$

$=6n+1$

(i), (ii)에서 $a_1=5$이고, a_3, a_5, $\cdots$, a_{19}는 공차가 12인 등차수열, 즉 $a_3=19$, $a_5=31$, $\cdots$, $a_{19}=115$이므로

$a_1+a_3+a_5+\cdots+a_{19}=a_1+(a_3+a_5+\cdots+a_{19})$

$=5+\dfrac{9(19+115)}{2}$

$=608$

답 608

316

등차수열 $\{a_n\}$의 공차를 d라 하면

$\dfrac{S_5-S_3}{a_5-a_3}=\dfrac{a_4+a_5}{a_5-a_3}$

$=\dfrac{(5+3d)+(5+4d)}{2d}$

$=\dfrac{10+7d}{2d}$

즉, $\dfrac{10+7d}{2d}=\dfrac{5}{2}$에서 $20+14d=10d$

$4d=-20$ $\therefore d=-5$

따라서 등차수열 $\{a_n\}$의 공차는 -5이다.

답 -5

317

등차수열 $\{a_n\}$의 첫째항을 a, 공차를 d $(d>0)$라 하면

조건 ㈎에서 $a_6+a_8=0$이므로

$(a+5d)+(a+7d)=0$, $2a+12d=0$

$a+6d=0$ $\therefore a=-6d$ ...... ㉠

조건 ㈏에서

$|a_6|=|a_7|+3$, $|a+5d|=|a+6d|+3$

위의 식에 ㉠을 대입하면

$|-d|=3$ $\therefore d=3\ (\because d>0)$

이것을 ㉠에 대입하면 $a=-18$이므로

$a_2=a+d=-18+3=-15$

답 ①

318

네 사람이 받는 귤의 개수는 등차수열을 이루므로 가장 적게 받는 사람의 귤의 개수를 a, 공차를 $d\ (d>0)$라 하면 네 사람이 받는 귤의 개수는 각각 a, $a+d$, $a+2d$, $a+3d$이다.

가장 많이 받는 사람의 귤의 개수가 두 번째로 적게 받는 사람의 귤의 개수의 2배이므로

$a+3d=2(a+d)$, $a+3d=2a+2d$

$\therefore a=d$

또한 전체 귤의 개수가 70이므로

$a+2a+3a+4a=70$, $10a=70$

$\therefore a=7$, $d=7$

따라서 가장 많이 받는 사람의 귤의 개수는

$7+3\times7=28$

답 28

319

주어진 조건에서 $a_1+a_2+a_3=30$ ...... ㉠

조건 ㈎에서 $a_{k-2}+a_{k-1}+a_k=105$ ...... ㉡

㉠+㉡을 하면

$a_1+a_2+a_3+a_{k-2}+a_{k-1}+a_k=135$

$(a_1+a_k)+(a_2+a_{k-1})+(a_3+a_{k-2})=135$

등차수열의 성질에 의하여

$a_1+a_k=a_2+a_{k-1}=a_3+a_{k-2}$이므로

$3(a_1+a_k)=135$ $\therefore a_1+a_k=45$ ...... ㉢

이때 조건 ㈏에 의하여

$a_1+a_2+a_3+\cdots+a_k=\dfrac{k(a_1+a_k)}{2}=360$

위의 식에 ㉢을 대입하면

$\dfrac{45k}{2}=360$ $\therefore k=16$

답 16

[다른 풀이]

a_2는 a_1과 a_3의 등차중항이므로

$a_1+a_2+a_3=3a_2=30$ $\therefore a_2=10$ ...... ㉠

또한 a_{k-1}은 a_{k-2}와 a_k의 등차중항이므로 조건 ㈎에 의하여

$a_{k-2}+a_{k-1}+a_k=3a_{k-1}=105$

$\therefore a_{k-1}=35$ ...... ㉡

㉠+㉡을 하면 $a_2+a_{k-1}=45$

등차수열의 성질에 의하여

$a_1+a_k=a_2+a_{k-1}=45$

이때 조건 ㈏에 의하여

$\dfrac{k(a_1+a_k)}{2}=\dfrac{45k}{2}=360$

$\therefore k=16$

320

점 $P_n\ (n=1,\ 2,\ \cdots,\ 13)$의 x좌표를 t로 놓으면

$P_n(t,\ t^2+pt+q)$, $Q_n(t,\ t^2)$이므로 선분 P_nQ_n의 길이는

$t^2+pt+q-t^2=pt+q$

즉, $\overline{P_1Q_1}$, $\overline{P_2Q_2}$, $\overline{P_3Q_3}$, $\cdots$, $\overline{P_{13}Q_{13}}$은 공차가 p인 등차수열을 이룬다.

따라서 구하는 값은 첫째항 2부터 제13항 26까지의 등차수열의 합과 같으므로

$\dfrac{13(2+26)}{2}=182$

답 182

2 등비수열

23 등비수열

체크 321

(1) 등비수열 $\{a_n\}$의 첫째항을 a, 공비를 r라 하면

$a_6 : a_9 = ar^5 : ar^8 = 1 : r^3$에서

$1 : r^3 = 1 : 3$ $\quad \therefore r^3 = 3$

$\therefore a_6 = a_3 \times r^3 = 5 \times 3 = 15$

(2) 첫째항을 a라 하면 공비가 2이므로

$\dfrac{a_7 + a_8 + a_9}{a_2 + a_3 + a_4} = \dfrac{ar^6 + ar^7 + ar^8}{ar + ar^2 + ar^3} = \dfrac{ar^6(1 + r + r^2)}{ar(1 + r + r^2)}$

$\qquad\qquad\qquad = r^5 = 2^5 = 32$

답 (1) 15 (2) 32

체크 322

(1) 등비수열 $\{a_n\}$의 첫째항을 a, 공비를 r라 하면

$a_2 + a_5 = 8$에서 $ar + ar^4 = 8$ $\qquad \cdots\cdots$ ㉠

$a_3 + a_6 = 16$에서 $ar^2 + ar^5 = 16$ $\qquad \cdots\cdots$ ㉡

㉡÷㉠을 하면 $\dfrac{ar^2 + ar^5}{ar + ar^4} = 2$

$\dfrac{ar^2(1 + r^3)}{ar(1 + r^3)} = 2$ $\quad \therefore r = 2$

$r = 2$를 ㉠에 대입하면 $2a + 16a = 8$

$18a = 8$ $\quad \therefore a = \dfrac{4}{9}$

$\therefore a_n = \dfrac{4}{9} \times 2^{n-1}$

이때 제k항에서 처음으로 500보다 큰 수가 나온다고 하면

$\dfrac{4}{9} \times 2^{k-1} > 500,\ 2^{k-1} > 1125$

이때 $2^{10} = 1024,\ 2^{11} = 2048$이므로

$k - 1 \geq 11$ $\quad \therefore k \geq 12$

따라서 처음으로 500보다 큰 수가 나오는 항은 제12항이다.

(2) 등비수열 $\{a_n\}$의 공비를 $r\ (r > 0)$라 하면 첫째항이 4이므로 $a_3 = 32$에서 $4r^2 = 32$

$r^2 = 8$ $\quad \therefore r = 2\sqrt{2}\ (\because r > 0)$

$\therefore a_k = 4 \times (2\sqrt{2})^{k-1} = 2^{\frac{3}{2}k + \frac{1}{2}}$

즉, $a_k > 2018$에서 $2^{\frac{3}{2}k + \frac{1}{2}} > 2018$

이때 $2^{10} = 1024,\ 2^{11} = 2048$이므로

$\dfrac{3}{2}k + \dfrac{1}{2} \geq 11$

$3k + 1 \geq 22$ $\quad \therefore k \geq 7$

따라서 자연수 k의 최솟값은 7이다.

답 (1) 제12항 (2) 7

체크 323

수열 3, a_1, a_2, $\cdots$, a_n, -96의 첫째항은 3, 공비는 -2이고 제$(n+2)$항이 -96이므로

$3 \times (-2)^{n+1} = -96,\ (-2)^{n+1} = -32$

$n + 1 = 5$ $\quad \therefore n = 4$

답 4

체크 324

세 수 $\cos \dfrac{\pi}{4}$, $\tan \dfrac{\pi}{6}$, $\sin \theta$, 즉 $\dfrac{\sqrt{2}}{2}$, $\dfrac{\sqrt{3}}{3}$, $\sin \theta$가 이 순서대로 등비수열을 이루므로 $\dfrac{\sqrt{3}}{3}$은 $\dfrac{\sqrt{2}}{2}$와 $\sin \theta$의 등비중항이다.

즉, $\left(\dfrac{\sqrt{3}}{3}\right)^2 = \dfrac{\sqrt{2}}{2} \times \sin \theta$에서 $\dfrac{1}{3} = \dfrac{\sqrt{2}}{2} \sin \theta$이므로

$\sin \theta = \dfrac{2}{3\sqrt{2}} = \dfrac{\sqrt{2}}{3}$

이때 $\sin^2 \theta + \cos^2 \theta = 1$에서

$\cos^2 \theta = 1 - \sin^2 \theta = 1 - \left(\dfrac{\sqrt{2}}{3}\right)^2 = 1 - \dfrac{2}{9} = \dfrac{7}{9}$

답 $\dfrac{7}{9}$

체크 325

x는 $\log 8$과 $\log 125$의 등차중항이므로

$2x = \log 8 + \log 125,\ 2x = \log 1000$ $\quad \therefore x = \dfrac{3}{2}$

또한 3^{4x}은 3^2과 3^y의 등비중항이므로

$(3^{4x})^2 = 3^2 \times 3^y,\ 3^{8x} = 3^{2+y}$ $\quad \therefore 8x = 2 + y$

이때 $x = \dfrac{3}{2}$이므로 $8 \times \dfrac{3}{2} = 2 + y$ $\quad \therefore y = 10$

$\therefore xy = \dfrac{3}{2} \times 10 = 15$

답 15

체크 326

4는 a와 b의 등차중항이므로

$8 = a + b$ $\quad \therefore b = 8 - a$ $\qquad \cdots\cdots$ ㉠

또한 a는 b와 4의 등비중항이므로

$a^2 = 4b$

위의 식에 ㉠을 대입하면

$a^2 = 4(8 - a),\ a^2 + 4a - 32 = 0,\ (a + 8)(a - 4) = 0$

이때 $a \neq 4$이므로 $a = -8$

$\therefore b = 8 - a = 8 - (-8) = 16$

$\therefore \dfrac{b}{a} = \dfrac{16}{-8} = -2$

답 -2

체크 327

주어진 삼차방정식의 세 실근을 a, ar, ar^2이라 하면 근과 계수의 관계에 의하여

$a+ar+ar^2=-p$ ······ ㉠

$a^2r+a^2r^2+a^2r^3=-84$ ······ ㉡

$a \times ar \times ar^2 = 216$ ······ ㉢

㉢에서 $(ar)^3 = 216$ ∴ $ar=6$ ······ ㉣

㉡에서 $ar(a+ar+ar^2)=-84$

위의 식에 ㉣을 대입하면 $6 \times (a+ar+ar^2)=-84$

∴ $a+ar+ar^2=-14$

∴ $p=14$ (∵ ㉠)   **답** 14

체크 328

처음 약품 판매량을 A라 하면 신약 개발 이후 매년 판매량이 20 %씩 증가하였으므로

1년 후 판매량은 $A \times \left(1+\dfrac{20}{100}\right)=A \times \dfrac{120}{100}=\dfrac{6}{5}A$

2년 후 판매량은 $\dfrac{6}{5}A \times \dfrac{120}{100}=\left(\dfrac{6}{5}\right)^2 A=\dfrac{36}{25}A$

3년 후 판매량은 $\dfrac{36}{25}A \times \dfrac{120}{100}=\left(\dfrac{6}{5}\right)^3 A=\dfrac{216}{125}A$

따라서 3년 후 약품 판매량은 처음 판매량의 $\dfrac{216}{125}$ 배이다.

답 $\dfrac{216}{125}$ 배

24 등비수열의 합

체크 329

(1) 등비수열 $\{a_n\}$의 첫째항을 a, 공비를 r $(r>0)$라 하면

$a_2 : a_4 = 1 : 4$에서 $4a_2 = a_4$

즉, $4ar=ar^3$에서 $r^2=4$

∴ $r=2$ (∵ $r>0$)

$a_7 - a_1 = 7$에서 $ar^6 - a = 7$, $64a - a = 7$

∴ $a=\dfrac{1}{9}$

따라서 첫째항부터 제20항까지의 합은

$\dfrac{\frac{1}{9}(2^{20}-1)}{2-1}=\dfrac{1}{9}(2^{20}-1)$

(2) 첫째항이 1, 공비가 x $(x \neq 0)$이므로 첫째항부터 제n항까지의 합을 S_n이라 하면

  (i) $x=1$인 경우, $S_n = n$

  (ii) $x \neq 1$인 경우, $S_n = \dfrac{1 \times (x^n - 1)}{x-1} = \dfrac{x^n - 1}{x-1}$

답 (1) $\dfrac{1}{9}(2^{20}-1)$

(2) $x=1$일 때 n, $x \neq 1$일 때 $\dfrac{x^n - 1}{x-1}$

체크 330

등비수열의 첫째항을 a, 공비를 r라 하면 첫째항부터 제5항까지의 합이 20이므로

$\dfrac{a(r^5 - 1)}{r-1} = 20$ ······ ㉠

첫째항부터 제10항까지의 합이 660이므로

$\dfrac{a(r^{10} - 1)}{r-1} = 660$

∴ $\dfrac{a(r^5 - 1)(r^5 + 1)}{r-1} = 660$ ······ ㉡

㉡÷㉠을 하면 $r^5 + 1 = 33$

$r^5 = 32$ ∴ $r=2$

따라서 구하는 공비는 2이다.   **답** 2

체크 331

(i) $n=1$일 때

  $a_1 = S_1 = 2^{1+k} = 4$

(ii) $n \geq 2$일 때

  $a_n = S_n - S_{n-1}$

    $= (2^{n+k} - 4) - (2^{n-1+k} - 4)$

    $= 2^{k+1} \times 2^{n-1} - 2^k \times 2^{n-1}$

    $= 2^k \times 2^{n-1}$ ······ ㉠

이때 수열 $\{a_n\}$이 첫째항부터 등비수열이 되려면

$S_1 = 2^{1+k} - 4$가 ㉠에 $n=1$을 대입한 값과 같아야 하므로

$2^{1+k} - 4 = 2^k$, $2 \times 2^k - 2^k = 4$, $2^k = 4$

∴ $k=2$ **답** 2

체크 332

첫째항이 2, 공차가 3인 등차수열 $\{a_n\}$의 일반항은

$a_n = 2 + (n-1) \times 3 = 3n - 1$

∴ $2^{a_n} = 2^{3n-1} = 2^{3(n-1)+2}$

    $= 2^2 \times 2^{3(n-1)} = 4 \times 8^{n-1}$

따라서 수열 $\{2^{a_n}\}$은 첫째항이 4, 공비가 8인 등비수열이므로 첫째항부터 제10항까지의 합은

$\dfrac{4(8^{10} - 1)}{8 - 1} = \dfrac{4}{7}(2^{30} - 1)$ **답** $\dfrac{4}{7}(2^{30} - 1)$

체크 333

	1월 초	2월 초	3월 초	...	12월 말 (단위:만 원)
1회	20	$20(1+0.05)$	$20(1+0.05)^2$	...	$20(1+0.05)^{12}$
2회		20	$20(1+0.05)$	...	$20(1+0.05)^{11}$
3회			20	...	$20(1+0.05)^{10}$
⋮					⋮
12회					$20(1+0.05)$

따라서 월이율 5 %로 매월 초 20만 원씩 12개월 동안 적립할 때, 12개월 말의 적립금의 원리합계는

$$20(1+0.05)+20(1+0.05)^2+\cdots+20(1+0.05)^{12}$$
$$=20\times1.05+20\times1.05^2+\cdots+20\times1.05^{12}$$
$$=\frac{20\times1.05\times(1.05^{12}-1)}{1.05-1}$$
$$=\frac{20\times1.05\times(1.8-1)}{0.05}$$
$$=336(만\ 원)$$

답 336만 원

체크 **334**

2018년 말	2019년 말	2020년 말	⋯	2030년 말 (단위:만 원)
1회 500	$500(1+0.04)$	$500(1+0.04)^2$	⋯	$500(1+0.04)^{12}$
2회	500	$500(1+0.04)$	⋯	$500(1+0.04)^{11}$
3회		500	⋯	$500(1+0.04)^{10}$
⋮				⋮
13회				500

따라서 연이율 4 %로 2018년 말부터 매년 500만 원씩 적립하면 2030년 말의 적립금의 원리합계는

$$500+500(1+0.04)+500(1+0.04)^2+\cdots+500(1+0.04)^{12}$$
$$=500+500\times1.04+500\times1.04^2+\cdots+500\times1.04^{12}$$
$$=\frac{500\times(1.04^{13}-1)}{1.04-1}=\frac{500\times(1.7-1)}{0.04}$$
$$=8750(만\ 원)$$

답 8750만 원

연습 문제 11

335

$a_n=2\times3^{n-1}$이므로
$$a_n{}^2=(2\times3^{n-1})^2=4\times(3^2)^{n-1}=4\times9^{n-1}$$
따라서 수열 $\{a_n{}^2\}$은 첫째항이 4, 공비가 9인 등비수열이므로
$$p=4,\ q=9$$
$$\therefore p+q=4+9=13$$

답 13

336

등비수열 $\{a_n\}$의 첫째항을 a, 공비를 r라 하면
$$a_2a_9=ar\times ar^8=a^2r^9=3 \qquad \cdots\cdots ㉠$$
$$\therefore a_1a_2a_3\cdots a_9a_{10}=a\times ar\times ar^2\times\cdots\times ar^8\times ar^9$$
$$=a^{10}\times r^{1+2+3+\cdots+9}$$
$$=a^{10}r^{45}=(a^2r^9)^5=3^5\ (\because ㉠)$$
$$=243$$

답 243

[다른 풀이]
등비수열 $\{a_n\}$의 첫째항을 a, 공비를 r라 하면
$$a_2a_9=ar\times ar^8=a^2r^9=3$$

5 이하의 자연수 n에 대하여
$$a_na_{11-n}=ar^{n-1}\times ar^{(11-n)-1}$$
$$=a^2\times r^{n-1+(10-n)}$$
$$=a^2r^9$$
$$\therefore a_1a_2a_3\cdots a_9a_{10}$$
$$=(a_1a_{10})\times(a_2a_9)\times(a_3a_8)\times(a_4a_7)\times(a_5a_6)$$
$$=(a^2a^9)^5=3^5$$
$$=243$$

337

등비수열 $\{a_n\}$의 공비를 r라 하면
$\dfrac{a_3}{a_2}-\dfrac{a_6}{a_4}=\dfrac{1}{4}$에서 $\dfrac{ar^2}{ar}-\dfrac{ar^5}{ar^3}=\dfrac{1}{4}$이므로
$$r-r^2=\frac{1}{4},\ 4r^2-4r+1=0$$
$$(2r-1)^2=0 \qquad \therefore r=\frac{1}{2}$$
$$\therefore a_5=3\times\left(\frac{1}{2}\right)^4=\frac{3}{16}$$
따라서 $p=16,\ q=3$이므로
$$p+q=16+3=19$$

답 19

338

등차수열 $\{a_n\}$에 대하여 세 항 $a_2,\ a_k,\ a_8$이 이 순서대로 등차수열을 이루므로
$$k=5$$
세 항 $a_1,\ a_2,\ a_5$가 이 순서대로 등비수열을 이루므로
$$(a_2)^2=a_1a_5$$
이때 등차수열 $\{a_n\}$의 공차가 6이므로
$$(a_1+6)^2=a_1(a_1+24)$$
$$a_1{}^2+12a_1+36=a_1{}^2+24a_1,\ 12a_1=36$$
$$\therefore a_1=3$$
$$\therefore k+a_1=5+3=8$$

답 ②

339

$4,\ x,\ y,\ z,\ \dfrac{1}{16}$이 이 순서대로 등비수열을 이루므로 $x,\ y,\ z$도 이 순서대로 등비수열을 이룬다.
$$\therefore y^2=xz$$
또한 $4,\ y,\ \dfrac{1}{16}$도 이 순서대로 등비수열을 이루므로
$$y^2=4\times\frac{1}{16}=\frac{1}{4} \qquad \therefore xz=y^2=\frac{1}{4}$$
$$\therefore (xyz)^2=(xz)^2y^2=\left(\frac{1}{4}\right)^2\times\frac{1}{4}=\frac{1}{64}$$

답 $\dfrac{1}{64}$

340

주어진 등비수열의 공비를 r라 하면

수열 $64, a_1, a_2, \cdots, a_m, \dfrac{1}{16}$에서 첫째항은 64이고,

제$(m+2)$항은 $\dfrac{1}{16}$이므로

$$64 \times r^{m+1} = \dfrac{1}{16} \qquad \therefore r^{m+1} = \dfrac{1}{2^{10}} \qquad \cdots\cdots \text{㉠}$$

또한 수열 $\dfrac{1}{16}, b_1, b_2, \cdots, b_n, \dfrac{1}{512}$에서 첫째항은 $\dfrac{1}{16}$이고,

제$(n+2)$항은 $\dfrac{1}{512}$이므로

$$\dfrac{1}{16} \times r^{n+1} = \dfrac{1}{512} \qquad \therefore r^{n+1} = \dfrac{1}{2^5} \qquad \cdots\cdots \text{㉡}$$

㉠, ㉡에서 $r^{m+1} = \dfrac{1}{2^{10}} = \left(\dfrac{1}{2^5}\right)^2 = (r^{n+1})^2$이므로

$r^{m+1} = r^{2(n+1)}$, $m+1 = 2(n+1)$

$\therefore m = 2n+1$

답 ②

341

두 곡선 $y = x^3 + 4x^2 - 10x - 5$, $y = 2x^2 - 4x + k$가 서로 다른 세 점에서 만나고 그 교점의 x좌표가 등비수열을 이루므로 삼차방정식 $x^3 + 4x^2 - 10x - 5 = 2x^2 - 4x + k$, 즉

$x^3 + 2x^2 - 6x - 5 - k = 0$의 서로 다른 세 실근이 등비수열을 이룬다.

이때, 방정식 $x^3 + 2x^2 - 6x - 5 - k = 0$의 서로 다른 세 실근을 a, ar, ar^2이라 하면 삼차방정식의 근과 계수의 관계에 의하여

$$a + ar + ar^2 = -2 \qquad \cdots\cdots \text{㉠}$$
$$a^2r + a^2r^2 + a^2r^3 = -6 \qquad \cdots\cdots \text{㉡}$$
$$a \times ar \times ar^2 = (ar)^3 = 5 + k \qquad \cdots\cdots \text{㉢}$$

㉡÷㉠을 하면

$$\dfrac{a^2r + a^2r^2 + a^2r^3}{a + ar + ar^2} = \dfrac{-6}{-2}, \ \dfrac{ar(a + ar + ar^2)}{a + ar + ar^2} = 3$$

$\therefore ar = 3$

$ar = 3$을 ㉢에 대입하면

$27 = 5 + k \qquad \therefore k = 22$

답 22

342

등비수열 $\{a_n\}$의 첫째항을 a, 공비를 r라 하면

$a_n = ar^{n-1}$

$\therefore 3a_{n+2} + 2a_n = 3ar^{n+1} + 2ar^{n-1}$
$\qquad\qquad\qquad = 3ar^2 \times r^{n-1} + 2a \times r^{n-1}$
$\qquad\qquad\qquad = (3ar^2 + 2a)r^{n-1}$

등비수열 $\{3a_{n+2} + 2a_n\}$의 첫째항이 42, 공비가 2이므로

$3ar^2 + 2a = 42$, $r = 2$

$r = 2$를 $3ar^2 + 2a = 42$에 대입하면

$14a = 42 \qquad \therefore a = 3$

$\therefore a_1 + a_2 + a_3 + \cdots + a_{10} = \dfrac{3(2^{10} - 1)}{2 - 1}$
$\qquad\qquad\qquad\qquad\qquad\quad = 3(2^{10} - 1)$
$\qquad\qquad\qquad\qquad\qquad\quad = 3069$

답 3069

343

정사각형 T_n의 넓이를 S_n이라 하면

$S_1 = 8 \times 8 = 64$, $S_2 = 4\sqrt{2} \times 4\sqrt{2} = 32$, $S_3 = 4 \times 4 = 16, \cdots$

이므로

$$S_n = 64 \times \left(\dfrac{1}{2}\right)^{n-1}$$

$$\therefore S_8 = 64 \times \left(\dfrac{1}{2}\right)^7 = \dfrac{1}{2}$$

따라서 정사각형 T_8의 넓이는 $\dfrac{1}{2}$이다.

답 $\dfrac{1}{2}$

344

등비수열 $\{a_n\}$의 첫째항을 a, 공비를 r라 하면

(i) $r = 1$일 때

$S_{30} = 30a$, $S_{10} = 10a$이므로

$$\dfrac{S_{30}}{S_{10}} \neq 43$$

(ii) $r \neq 1$일 때

$$S_{10} = \dfrac{a(r^{10} - 1)}{r - 1} \qquad \cdots\cdots \text{㉠}$$

$$S_{30} = \dfrac{a(r^{30} - 1)}{r - 1} = \dfrac{a(r^{10} - 1)(r^{20} + r^{10} + 1)}{r - 1}$$
$$\qquad = (r^{20} + r^{10} + 1)S_{10} \ (\because \text{㉠})$$

즉, $\dfrac{S_{30}}{S_{10}} = r^{20} + r^{10} + 1 = 43$이므로 $r^{10} = t \ (t > 0)$로 놓으면

$t^2 + t - 42 = 0$, $(t + 7)(t - 6) = 0$

$\therefore t = 6 \ (\because t > 0)$

따라서 $r^{10} = 6$이므로

$$\dfrac{a_{20}}{a_{10}} = r^{10} = 6$$

답 6

345

등비수열 $\{a_n\}$의 첫째항을 a, 공비를 r라 하면

$$a_1 + a_2 + a_3 + \cdots + a_n = \dfrac{a(r^n - 1)}{r - 1} = 10$$

$$a_{n+1} + a_{n+2} + a_{n+3} + \cdots + a_{2n} = \dfrac{ar^n(r^n - 1)}{r - 1}$$
$$\qquad\qquad\qquad\qquad\qquad\qquad = \dfrac{a(r^n - 1)}{r - 1} \times r^n$$
$$\qquad\qquad\qquad\qquad\qquad\qquad = 10r^n = 50$$

$\therefore r^n = 5 \qquad \cdots\cdots \text{㉠}$

$$\therefore a_{2n+1}+a_{2n+2}+a_{2n+3}+\cdots+a_{4n}$$
$$=\frac{ar^{2n}(r^{2n}-1)}{r-1}$$
$$=\frac{a(r^n-1)(r^n+1)}{r-1}\times r^{2n}$$
$$=10(r^n+1)\times(r^n)^2$$
$$=10\times6\times25\ (\because\ \text{㉠})$$
$$=1500$$

답 1500

[다른 풀이]

등비수열 $\{a_n\}$의 첫째항부터 제n항까지의 합을 S_n이라 하면

$S_n=10$, $S_{2n}-S_n=50$

$$\therefore\ \frac{S_{2n}-S_n}{S_n}=5$$

또한 S_n, $S_{2n}-S_n$, $S_{3n}-S_{2n}$, $S_{4n}-S_{3n}$은 이 순서대로 공비가 5인 등비수열을 이룬다.

$\therefore S_{3n}-S_{2n}=50\times5=250$, $S_{4n}-S_{3n}=250\times5=1250$

$$\therefore a_{2n+1}+a_{2n+2}+a_{2n+3}+\cdots+a_{4n}$$
$$=S_{4n}-S_{2n}=(S_{4n}-S_{3n})+(S_{3n}-S_{2n})$$
$$=1250+250=1500$$

346

(ⅰ) $n=1$일 때

$a_1=S_1=5\times2-3=7$

(ⅱ) $n\ge2$일 때

$$a_n=S_n-S_{n-1}$$
$$=(5\times2^n-3)-(5\times2^{n-1}-3)$$
$$=5\times2^n-5\times2^{n-1}$$
$$=10\times2^{n-1}-5\times2^{n-1}$$
$$=5\times2^{n-1}$$

(ⅰ), (ⅱ)에서 $a_1=7$, $a_3=5\times2^2=20$이므로

$a_1a_3=7\times20=140$

답 140

347

(ⅰ) $n=1$일 때

$a_1=S_1=2\times3-2=4$

(ⅱ) $n\ge2$일 때

$$a_n=S_n-S_{n-1}$$
$$=(2\times3^n-2)-(2\times3^{n-1}-2)$$
$$=4\times3^{n-1}$$ ...... ㉠

이때 $S_1=2\times3-2=4$는 ㉠에 $n=1$을 대입한 것과 같으므로

$a_1=4$

$\therefore a_n=4\times3^{n-1}$ (단, $n\ge1$)

ㄱ. $a_1=4$ (거짓)

ㄴ. 수열 $\{a_n\}$은 공비가 3인 등비수열이다. (참)

ㄷ. $a_3=4\times3^2=36$ (참)

ㄹ. $a_{2n}=4\times3^{2n-1}=12\times9^{n-1}$이므로 공비는 9이다. (참)

따라서 옳은 것은 ㄴ, ㄷ, ㄹ이다.　　　**답** ㄴ, ㄷ, ㄹ

348

$n\ge2$일 때,

$$a_{2n}=(a_2+a_4+\cdots+a_{2n})-(a_2+a_4+\cdots+a_{2n-2})$$
$$=(4\times3^n-4)-(4\times3^{n-1}-4)$$
$$=8\times3^{n-1}$$ ...... ㉠

㉠에 $n=2$를 대입하면 $a_4=24$　　**답** 24

349

$xy=2^6\times3^5$의 모든 양의 약수의 합은

$$(2^0+2^1+2^2+\cdots+2^6)(3^0+3^1+3^2+\cdots+3^5)$$
$$=\frac{2^7-1}{2-1}\times\frac{3^6-1}{3-1}$$
$$=(2\times2^6-1)\times\frac{(3\times3^5-1)}{2}$$
$$=\frac{1}{2}(2x-1)(3y-1)$$

답 ②

350

2009년의 인구 수를 A만 명이라 하면 매년 10 %씩 인구가 감소하여 2018년의 인구 수가 20만 명이었으므로

$$A\times\left(1-\frac{10}{100}\right)^9=20$$

$A\times0.9^9=20$, $A\times0.4=20$

$\therefore A=50$(만 명)

따라서 구하는 2009년의 인구 수는 50만 명이다.

답 50만 명

351

삼각형 ABC에서 세 점 D, E, F는 각각 세 변 AB, BC, CA의 중점이므로

$$\overline{BD}=\frac{1}{2}\overline{AB}=\frac{1}{2}\times4=2$$

$$\overline{BE}=\frac{1}{2}\overline{BC}=\frac{1}{2}\times6=3$$

$$\therefore S_1=2\times3\times\sin60°=3\sqrt{3}$$

또한 R_n과 R_{n+1}은 닮은 도형이고 닮음비가 $2:1$이므로 넓이의 비는 $4:1$이다.

따라서 수열 $\{S_n\}$은 첫째항이 $3\sqrt{3}$, 공비가 $\frac{1}{4}$인 등비수열이므로

$$S_1+S_2+S_3+\cdots+S_8=\frac{3\sqrt{3}\times\left\{1-\left(\frac{1}{4}\right)^8\right\}}{1-\frac{1}{4}}$$

$$=4\sqrt{3}\left(1-\frac{1}{2^{16}}\right)$$ 답 $4\sqrt{3}\left(1-\frac{1}{2^{16}}\right)$

---

tip

오른쪽 그림과 같은 평행사변형의 넓이를
S라 하면

$$S=ab\sin\theta$$

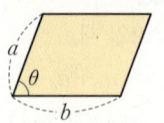

352

매년 8월 1일에 적립해야 하는 금액을 x만 원이라 하면

	2018년 8월 1일	2019년 8월 1일	2020년 8월 1일	2021년 8월 1일	2022년 7월 31일
1회	x	$x(1+0.1)$	$x(1+0.1)^2$	$x(1+0.1)^3$	$x(1+0.1)^4$
2회		x	$x(1+0.1)$	$x(1+0.1)^2$	$x(1+0.1)^3$
3회			x	$x(1+0.1)$	$x(1+0.1)^2$
4회				x	$x(1+0.1)$

따라서 연이율 10%로 2018년 8월 1일부터 매년 x만 원씩 적립하면 2022년 7월 31일의 적립금의 원리합계는

$$x(1+0.1)+x(1+0.1)^2+x(1+0.1)^3+x(1+0.1)^4$$
$$=1.1x+(1.1)^2x+(1.1)^3x+(1.1)^4x$$
$$=\frac{1.1x(1.1^4-1)}{1.1-1}=\frac{1.1x(1.5-1)}{0.1}$$
$$=5.5x\ (만\ 원)$$

이 원리합계가 220만 원이 되어야 하므로

$$5.5x=220 \quad \therefore x=40\ (만\ 원)$$

따라서 매년 8월 1일에 40만 원씩 적립해야 한다.

답 40만 원

---

3 수열의 합

25 수열의 합

체크 **353**

(1) $\displaystyle\sum_{k=1}^{8}\{(-1)^k\times 5k\}$

$$=-5+10-15+20-25+30-35+40$$
$$=5+5+5+5=20$$

(2) $\displaystyle\sum_{k=1}^{5}(k+3)^2-\sum_{k=0}^{5}k^2$

$$=(4^2+5^2+6^2+7^2+8^2)-(0^2+1^2+2^2+3^2+4^2+5^2)$$
$$=6^2+7^2+8^2-1^2-2^2-3^2=135$$

(3) $\displaystyle\sum_{k=1}^{5}(k^2+3)-\sum_{k=4}^{5}(k^2+3)$

$$=\{(1^2+3)+(2^2+3)+(3^2+3)+(4^2+3)+(5^2+3)\}$$
$$-\{(4^2+3)+(5^2+3)\}$$
$$=(1^2+3)+(2^2+3)+(3^2+3)$$
$$=4+7+12=23$$

답 (1) 20 (2) 135 (3) 23

체크 **354**

(1) $\displaystyle\sum_{k=1}^{15}f(k+1)-\sum_{k=2}^{16}f(k-1)$

$$=\{f(2)+f(3)+f(4)+\cdots+f(16)\}$$
$$-\{f(1)+f(2)+f(3)+\cdots+f(15)\}$$
$$=f(16)-f(1)$$
$$=20-5=15$$

(2) $\displaystyle\sum_{k=1}^{20}(a_{2k-1}+a_{2k})$

$$=(a_1+a_2)+(a_3+a_4)+(a_5+a_6)+\cdots+(a_{39}+a_{40})$$
$$=\sum_{k=1}^{40}a_k$$
$$=\frac{40\times(40+2)}{3}$$
$$=560$$

답 (1) 15 (2) 560

체크 **355**

ㄱ. $\displaystyle\sum_{k=5}^{12}(k+4)=9+10+11+\cdots+16$

$\displaystyle\sum_{m=1}^{8}(m+8)=9+10+11+\cdots+16$

$\therefore \displaystyle\sum_{k=5}^{12}(k+4)=\sum_{m=1}^{8}(m+8)$ (참)

ㄴ. $\sum_{k=1}^{8}\left(\dfrac{3}{2k}+\dfrac{3}{2k+1}\right)$

$=\left(\dfrac{3}{2}+\dfrac{3}{3}\right)+\left(\dfrac{3}{4}+\dfrac{3}{5}\right)+\cdots+\left(\dfrac{3}{16}+\dfrac{3}{17}\right)$

$\sum_{k=2}^{17}\dfrac{3}{k}=\dfrac{3}{2}+\dfrac{3}{3}+\dfrac{3}{4}+\dfrac{3}{5}+\cdots+\dfrac{3}{16}+\dfrac{3}{17}$

$\therefore \sum_{k=1}^{8}\left(\dfrac{3}{2k}+\dfrac{3}{2k+1}\right)=\sum_{k=2}^{17}\dfrac{3}{k}$ (참)

ㄷ. $\sum_{k=1}^{10}k^2=1^2+2^2+3^2+\cdots+10^2$

$\sum_{k=2}^{11}(k-2)^2=0^2+1^2+2^2+\cdots+9^2$

$\therefore \sum_{k=1}^{10}k^2\neq\sum_{k=2}^{11}(k-2)^2$ (거짓)

ㄹ. $\sum_{k=1}^{14}(a_{15-k}-a_k)$

$=(a_{14}-a_1)+(a_{13}-a_2)+(a_{12}-a_3)$
$\qquad\qquad +\cdots+(a_2-a_{13})+(a_1-a_{14})$

$=0$ (참)

따라서 옳은 것은 ㄱ, ㄴ, ㄹ이다.　　　　　**답** ㄱ, ㄴ, ㄹ

체크 356

(1) $\sum_{k=1}^{5}(a_k-1)^2-\sum_{k=1}^{5}(a_k+3)$

$=\sum_{k=1}^{5}\{(a_k^2-2a_k+1)-(a_k+3)\}$

$=\sum_{k=1}^{5}(a_k^2-3a_k-2)$

$=\sum_{k=1}^{5}a_k^2-3\sum_{k=1}^{5}a_k-\sum_{k=1}^{5}2$

$=220-3\times30-2\times5$

$=120$

(2) $\sum_{k=1}^{7}(a_k^2+b_k^2)=\sum_{k=1}^{7}\{(a_k+b_k)^2-2a_kb_k\}$

$=\sum_{k=1}^{7}(a_k+b_k)^2-2\sum_{k=1}^{7}a_kb_k$

$=36-2\times5$

$=26$

답 (1) 120　(2) 26

체크 357

(1) 주어진 수열의 제k항을 a_k라 하면

$a_k=1+2+2^2+\cdots+2^{k-1}$

$=\dfrac{1\times(2^k-1)}{2-1}=2^k-1$

따라서 주어진 수열의 첫째항부터 제8항까지의 합은

$\sum_{k=1}^{8}a_k=\sum_{k=1}^{8}(2^k-1)$

$=\sum_{k=1}^{8}2^k-\sum_{k=1}^{8}1$

$=\dfrac{2\times(2^8-1)}{2-1}-1\times8$

$=2\times255-8=502$

(2) $\sum_{k=1}^{6}\dfrac{2^k-(-1)^k}{3^k}=\sum_{k=1}^{6}\left(\dfrac{2}{3}\right)^k-\sum_{k=1}^{6}\left(-\dfrac{1}{3}\right)^k$

$=\dfrac{\dfrac{2}{3}\left\{1-\left(\dfrac{2}{3}\right)^6\right\}}{1-\dfrac{2}{3}}-\dfrac{-\dfrac{1}{3}\left\{1-\left(-\dfrac{1}{3}\right)^6\right\}}{1-\left(-\dfrac{1}{3}\right)}$

$=2\left\{1-\left(\dfrac{2}{3}\right)^6\right\}+\dfrac{1}{4}\left\{1-\left(-\dfrac{1}{3}\right)^6\right\}$

$=2-2\left(\dfrac{2}{3}\right)^6+\dfrac{1}{4}-\dfrac{1}{4}\left(-\dfrac{1}{3}\right)^6$

$=\dfrac{9}{4}-2\left(\dfrac{2}{3}\right)^6-\dfrac{1}{4}\left(\dfrac{1}{3}\right)^6$

$\therefore a=\dfrac{9}{4}$

답 (1) 502　(2) $\dfrac{9}{4}$

26 여러 가지 수열의 합

체크 358

(1) $\sum_{k=1}^{7}(2^k-3k+1)=\sum_{k=1}^{7}2^k-3\sum_{k=1}^{7}k+\sum_{k=1}^{7}1$

$=\dfrac{2\times(2^7-1)}{2-1}-3\times\dfrac{7\times8}{2}+1\times7$

$=254-84+7=177$

(2) $\sum_{i=5}^{14}\dfrac{1}{i-3}=\dfrac{1}{2}+\dfrac{1}{3}+\dfrac{1}{4}+\cdots+\dfrac{1}{11}=\sum_{k=1}^{10}\dfrac{1}{k+1}$

이므로

$\sum_{k=1}^{10}\dfrac{k^3}{k+1}+\sum_{i=5}^{14}\dfrac{1}{i-3}=\sum_{k=1}^{10}\dfrac{k^3}{k+1}+\sum_{k=1}^{10}\dfrac{1}{k+1}$

$=\sum_{k=1}^{10}\dfrac{k^3+1}{k+1}$

$=\sum_{k=1}^{10}\dfrac{(k+1)(k^2-k+1)}{k+1}$

$=\sum_{k=1}^{10}(k^2-k+1)$

$=\sum_{k=1}^{10}k^2-\sum_{k=1}^{10}k+\sum_{k=1}^{10}1$

$=\dfrac{10\times11\times21}{6}-\dfrac{10\times11}{2}+1\times10$

$=385-55+10=340$

답 (1) 177　(2) 340

$1 \times 20 + 2 \times 19 + 3 \times 18 + \cdots + 20 \times 1$

$= \sum\limits_{k=1}^{20} k(21-k) = \sum\limits_{k=1}^{20} (21k - k^2)$

$= 21 \sum\limits_{k=1}^{20} k - \sum\limits_{k=1}^{20} k^2$

$= 21 \times \dfrac{20 \times 21}{2} - \dfrac{20 \times 21 \times 41}{6}$

$= 4410 - 2870 = 1540$　　　　　　　　　답 1540

체크 360

수열 $\{a_n\}$의 첫째항부터 제n항까지의 합을 S_n이라 하면

$S_n = \sum\limits_{k=1}^{n} a_k = 2^{n+1} - 2$이므로

$a_n = S_n - S_{n-1} = 2^{n+1} - 2 - (2^n - 2) = 2^n \ (n \geq 2)$

$a_1 = S_1 = 2^{1+1} - 2 = 2$

$\therefore a_n = 2^n \ (단, n \geq 1)$

$\therefore \sum\limits_{k=1}^{5} a_{2k-1} = \sum\limits_{k=1}^{5} 2^{2k-1} = \dfrac{1}{2} \sum\limits_{k=1}^{5} 4^k$

$\qquad\qquad = \dfrac{1}{2} \times \dfrac{4 \times (4^5 - 1)}{4 - 1} = 682$　　답 682

[다른 풀이]

$a_n = 2^n \ (n \geq 1)$에서 수열 $\{a_n\}$은 첫째항이 2, 공비가 2인 등비수열이므로 수열 a_1, a_3, a_5, a_7, a_9는 첫째항이 2, 공비가 4인 등비수열이다.

$\therefore \sum\limits_{k=1}^{5} a_{2k-1} = a_1 + a_3 + a_5 + a_7 + a_9$

$\qquad\qquad = \dfrac{2 \times (4^5 - 1)}{4 - 1}$

$\qquad\qquad = \dfrac{2 \times 1023}{3} = 682$

체크 361

이차방정식 $x^2 - 9x + 20 = 0$의 두 근이 m, n이므로 근과 계수의 관계에 의하여

$m + n = 9, \ mn = 20$　　　　　　　　　…… ㉠

$\therefore \sum\limits_{i=1}^{m} \left\{ \sum\limits_{k=1}^{n} (k+i) \right\} = \sum\limits_{i=1}^{m} \left(\sum\limits_{k=1}^{n} k + \sum\limits_{k=1}^{n} i \right)$

$\qquad\qquad = \sum\limits_{i=1}^{m} \left\{ \dfrac{n(n+1)}{2} + ni \right\}$

$\qquad\qquad = \dfrac{n(n+1)}{2} \sum\limits_{i=1}^{m} 1 + n \sum\limits_{i=1}^{m} i$

$\qquad\qquad = \dfrac{n(n+1)}{2} \times m + n \times \dfrac{m(m+1)}{2}$

$\qquad\qquad = \dfrac{mn(n+1)}{2} + \dfrac{mn(m+1)}{2}$

$\qquad\qquad = \dfrac{mn(m+n+2)}{2}$　　　　　…… ㉡

㉠을 ㉡에 대입하면 구하는 합은

$\dfrac{20 \times (9+2)}{2} = 110$　　　　　　　　　답 110

tip

이차방정식의 근과 계수의 관계

이차방정식 $ax^2 + bx + c = 0$의 두 근을 α, β라 하면

(1) 두 근의 합 : $\alpha + \beta = -\dfrac{b}{a}$

(2) 두 근의 곱 : $\alpha\beta = \dfrac{c}{a}$

체크 362

(1) $\sum\limits_{k=1}^{8} \dfrac{1}{4k^2 - 1} = \sum\limits_{k=1}^{8} \dfrac{1}{(2k-1)(2k+1)}$

$\qquad = \dfrac{1}{2} \sum\limits_{k=1}^{8} \left(\dfrac{1}{2k-1} - \dfrac{1}{2k+1} \right)$

$\qquad = \dfrac{1}{2} \left\{ \left(1 - \dfrac{1}{3}\right) + \left(\dfrac{1}{3} - \dfrac{1}{5}\right) + \left(\dfrac{1}{5} - \dfrac{1}{7}\right) \right.$

$\qquad\qquad\qquad\qquad\qquad \left. + \cdots + \left(\dfrac{1}{15} - \dfrac{1}{17}\right) \right\}$

$\qquad = \dfrac{1}{2} \left(1 - \dfrac{1}{17} \right) = \dfrac{8}{17}$

(2) $1^2 + 2^2 + 3^2 + \cdots + k^2 = \dfrac{k(k+1)(2k+1)}{6}$이므로

(주어진 식) $= \sum\limits_{k=1}^{15} \dfrac{2k+1}{\dfrac{k(k+1)(2k+1)}{6}}$

$\qquad = \sum\limits_{k=1}^{15} \dfrac{6}{k(k+1)}$

$\qquad = 6 \sum\limits_{k=1}^{15} \dfrac{1}{k(k+1)}$

$\qquad = 6 \sum\limits_{k=1}^{15} \left(\dfrac{1}{k} - \dfrac{1}{k+1} \right)$

$\qquad = 6 \left\{ \left(1 - \dfrac{1}{2}\right) + \left(\dfrac{1}{2} - \dfrac{1}{3}\right) + \left(\dfrac{1}{3} - \dfrac{1}{4}\right) \right.$

$\qquad\qquad\qquad\qquad\qquad \left. + \cdots + \left(\dfrac{1}{15} - \dfrac{1}{16}\right) \right\}$

$\qquad = 6 \left(1 - \dfrac{1}{16} \right) = \dfrac{45}{8}$

답 (1) $\dfrac{8}{17}$　(2) $\dfrac{45}{8}$

체크 363

수열 $\{a_n\}$의 첫째항부터 제n항까지의 합을 S_n이라 하면

$S_n = \sum\limits_{k=1}^{n} a_k = n^2 + 3n$이므로

$a_n = S_n - S_{n-1}$

$\quad = n^2 + 3n - \{(n-1)^2 + 3(n-1)\}$

$\quad = 2n + 2 \ (단, n \geq 2)$

$a_1 = S_1 = 4$

$\therefore a_n = 2n+2$ (단, $n \geq 1$)

$\therefore \displaystyle\sum_{k=1}^{m} \frac{1}{a_k a_{k+1}} = \sum_{k=1}^{m} \frac{1}{(2k+2)(2k+4)}$

$\qquad = \dfrac{1}{4}\displaystyle\sum_{k=1}^{m}\left(\dfrac{1}{k+1}-\dfrac{1}{k+2}\right)$

$\qquad = \dfrac{1}{4}\left\{\left(\dfrac{1}{2}-\dfrac{1}{3}\right)+\left(\dfrac{1}{3}-\dfrac{1}{4}\right)+\left(\dfrac{1}{4}-\dfrac{1}{5}\right)\right.$

$\qquad\qquad\qquad\qquad \left. +\cdots+\left(\dfrac{1}{m+1}-\dfrac{1}{m+2}\right)\right\}$

$\qquad = \dfrac{1}{4}\left(\dfrac{1}{2}-\dfrac{1}{m+2}\right)$

즉, $\dfrac{1}{4}\left(\dfrac{1}{2}-\dfrac{1}{m+2}\right)=\dfrac{3}{32}$, $\dfrac{1}{2}-\dfrac{1}{m+2}=\dfrac{3}{8}$이므로

$\dfrac{1}{m+2}=\dfrac{1}{8}$

$\therefore m=6$

답 6

체크 364

$a_n = 3+(n-1)\times 2 = 2n+1$이므로

$\displaystyle\sum_{k=1}^{12} \frac{1}{\sqrt{a_{k+1}}+\sqrt{a_k}}$

$= \displaystyle\sum_{k=1}^{12} \frac{1}{\sqrt{2k+3}+\sqrt{2k+1}}$

$= \dfrac{1}{2}\displaystyle\sum_{k=1}^{12}\left(\sqrt{2k+3}-\sqrt{2k+1}\right)$

$= \dfrac{1}{2}\{(\sqrt{5}-\sqrt{3})+(\sqrt{7}-\sqrt{5})+(\sqrt{9}-\sqrt{7})$

$\qquad\qquad\qquad\qquad +\cdots+(\sqrt{27}-\sqrt{25})\}$

$= \dfrac{1}{2}(\sqrt{27}-\sqrt{3}) = \sqrt{3}$

답 $\sqrt{3}$

체크 365

$\displaystyle\sum_{k=2}^{n} \log\left(1-\frac{1}{k}\right)$

$= \displaystyle\sum_{k=2}^{n} \log\frac{k-1}{k}$

$= \log\dfrac{1}{2}+\log\dfrac{2}{3}+\log\dfrac{3}{4}+\cdots+\log\dfrac{n-1}{n}$

$= \log\left(\dfrac{1}{2}\times\dfrac{2}{3}\times\dfrac{3}{4}\times\cdots\times\dfrac{n-1}{n}\right)$

$= \log\dfrac{1}{n} = -\log n$

즉, $-\log n = -2$이므로

$n = 100$

답 100

체크 366

$S = \displaystyle\sum_{k=1}^{n} k\left(\frac{1}{2}\right)^{k-1}$라 하면

$S = 1\times 1 + 2\times\dfrac{1}{2}+3\times\left(\dfrac{1}{2}\right)^2$

$\qquad +\cdots+(n-1)\left(\dfrac{1}{2}\right)^{n-2}+n\left(\dfrac{1}{2}\right)^{n-1} \quad\cdots\cdots \, \text{㉠}$

㉠의 양변에 $\dfrac{1}{2}$을 곱하면

$\dfrac{1}{2}S = 1\times\dfrac{1}{2}+2\times\left(\dfrac{1}{2}\right)^2+3\times\left(\dfrac{1}{2}\right)^3$

$\qquad +\cdots+(n-1)\left(\dfrac{1}{2}\right)^{n-1}+n\left(\dfrac{1}{2}\right)^{n} \quad\cdots\cdots \, \text{㉡}$

㉠$-$㉡을 하면

$\dfrac{1}{2}S = 1+\dfrac{1}{2}+\left(\dfrac{1}{2}\right)^2+\cdots+\left(\dfrac{1}{2}\right)^{n-1}-n\left(\dfrac{1}{2}\right)^n$

$\qquad = \dfrac{1\times\left\{1-\left(\dfrac{1}{2}\right)^n\right\}}{1-\dfrac{1}{2}}-n\left(\dfrac{1}{2}\right)^n$

$\qquad = 2\left\{1-\left(\dfrac{1}{2}\right)^n\right\}-n\left(\dfrac{1}{2}\right)^n$

$\qquad = 2-\left(\dfrac{1}{2}\right)^{n-1}-n\left(\dfrac{1}{2}\right)^n$

$\therefore S = 4-2\left(\dfrac{1}{2}\right)^{n-1}-2n\left(\dfrac{1}{2}\right)^n$

따라서 $a=4$, $b=-2$, $c=-2$이므로

$abc = 4\times(-2)\times(-2) = 16$

답 16

체크 367

위에서 n번째 줄에는 n개의 자연수가 있으므로 첫 번째 줄에서 n번째 줄까지의 자연수의 개수는

$\displaystyle\sum_{k=1}^{n} k = \frac{n(n+1)}{2}$

이때 위에서 1번째 줄부터 14번째 줄까지의 자연수의 개수는

$\dfrac{14\times 15}{2}=105$, 1번째 줄부터 15번째 줄까지의 자연수의 개수

는 $\dfrac{15\times 16}{2}=120$이므로 108은 위에서 15번째 줄의 왼쪽에서

3번째에 있다.

따라서 $a=15$, $b=3$이므로

$a+b = 15+3 = 18$

답 18

연습 문제 12

368

①, ②, ③ $\displaystyle\sum_{k=11}^{20}(k-5) = 6+7+\cdots+15 = \sum_{k=6}^{15}k$이므로

$\displaystyle\sum_{k=11}^{20}(k-5)+\sum_{k=1}^{5}k = \sum_{k=6}^{15}k+\sum_{k=1}^{5}k = \sum_{k=1}^{15}k$

④, ⑤ $\displaystyle\sum_{k=1}^{5}k=1+2+\cdots+5=\sum_{k=6}^{10}(k-5)$이므로

$$\sum_{k=11}^{20}(k-5)+\sum_{k=1}^{5}k=\sum_{k=11}^{20}(k-5)+\sum_{k=6}^{10}(k-5)=\sum_{k=6}^{20}(k-5)$$

따라서 주어진 식과 그 값이 같은 것은 ②이다.　　　답 ②

369

$$\sum_{k=1}^{6}a_{2k-1}=a_1+a_3+a_5+\cdots+a_9+a_{11}$$
$$=3\times6^2-6$$
$$=102 \qquad\qquad\cdots\cdots ㉠$$
$$\sum_{k=1}^{5}a_{2k-1}=a_1+a_3+a_5+\cdots+a_9$$
$$=3\times5^2-5$$
$$=70 \qquad\qquad\cdots\cdots ㉡$$

㉠$-$㉡을 하면 $a_{11}=32$

등차수열 $\{a_n\}$에서 a_{11}은 a_{10}과 a_{12}의 등차중항이므로

$a_{10}+a_{12}=2a_{11}$

$\therefore a_{10}+a_{11}+a_{12}=3a_{11}=3\times32=96$　　　답 96

370

$$\sum_{k=1}^{30}(a_k-1)(b_k-1)$$
$$=\sum_{k=1}^{30}\{a_kb_k-(a_k+b_k)+1\}$$
$$=\sum_{k=1}^{30}a_kb_k-\sum_{k=1}^{30}(a_k+b_k)+\sum_{k=1}^{30}1$$
$$=17-20+30=27$$　　　답 27

371

$f(x)=x^{n+1}(x+2)$라 하면

$f(x)$를 $x-2$로 나누었을 때의 나머지는 $f(2)$이므로

$f(2)=2^{n+1}(2+2)=2^{n+3}$

따라서 $a_n=2^{n+3}=16\times2^{n-1}$이므로

$$\sum_{n=1}^{6}a_n=\sum_{n=1}^{6}16\times2^{n-1}$$
$$=\frac{16(2^6-1)}{2-1}$$
$$=2^{10}-16$$
$$=1024-16=1008$$　　　답 1008

372

$$\sum_{k=1}^{10}k^2+\sum_{k=2}^{10}k^2+\sum_{k=3}^{10}k^2+\cdots+\sum_{k=10}^{10}k^2$$
$$=(1^2+2^2+3^2+\cdots+10^2)+(2^2+3^2+\cdots+10^2)+\cdots+10^2$$
$$=1\times1^2+2\times2^2+3\times3^2+\cdots+10\times10^2$$
$$=1^3+2^3+3^3+\cdots+10^3$$
$$=\sum_{k=1}^{10}k^3=\left(\frac{10\times11}{2}\right)^2=55^2=3025$$　　　답 3025

373

수열 $1\times n$, $2\times(n-1)$, $3\times(n-2)$, $\cdots$의 제k항을 a_k라 하면

$$a_k=k\{n-(k-1)\}=-k^2+(n+1)k$$

따라서 주어진 식의 좌변은

$$\sum_{k=1}^{n}a_k=\sum_{k=1}^{n}\{-k^2+(n+1)k\}$$
$$=-\sum_{k=1}^{n}k^2+(n+1)\sum_{k=1}^{n}k$$
$$=-\frac{n(n+1)(2n+1)}{6}+(n+1)\times\frac{n(n+1)}{2}$$
$$=\frac{n(n+1)\{-(2n+1)+3(n+1)\}}{6}$$
$$=\frac{n(n+1)(n+2)}{6}$$
$$=\frac{n^3+3n^2+2n}{6}=\frac{1}{6}n^3+\frac{1}{2}n^2+\frac{1}{3}n$$

따라서 $a=\dfrac{1}{6}$, $b=\dfrac{1}{2}$, $c=\dfrac{1}{3}$이므로

$$abc=\frac{1}{6}\times\frac{1}{2}\times\frac{1}{3}=\frac{1}{36}$$　　　답 $\dfrac{1}{36}$

374

이차방정식의 근과 계수의 관계에 의하여

$\alpha_k+\beta_k=2k$, $\alpha_k\beta_k=-k$

이므로

$$\alpha_k^3+\beta_k^3=(\alpha_k+\beta_k)^3-3\alpha_k\beta_k(\alpha_k+\beta_k)$$
$$=(2k)^3-3\times(-k)\times2k=8k^3+6k^2$$

$$\therefore \sum_{k=1}^{4}(\alpha_k^3+\beta_k^3)=\sum_{k=1}^{4}(8k^3+6k^2)$$
$$=8\sum_{k=1}^{4}k^3+6\sum_{k=1}^{4}k^2$$
$$=8\times\left(\frac{4\times5}{2}\right)^2+6\times\frac{4\times5\times9}{6}$$
$$=800+180=980$$　　　답 980

375

$$\sum_{k=1}^{7}(2k+c)(k-c)=\sum_{k=1}^{7}(2k^2-ck-c^2)$$

$$=2\sum_{k=1}^{7}k^2-c\sum_{k=1}^{7}k-c^2\sum_{k=1}^{7}1$$

$$=2\times\frac{7\times8\times15}{6}-c\times\frac{7\times8}{2}-c^2\times7$$

$$=-7c^2-28c+280$$

$$=-7(c+2)^2+308$$

따라서 $\sum_{k=1}^{7}(2k+c)(k-c)$의 값이 최대가 되도록 하는 c의 값은 -2이다. **답** -2

376

수열 $\{a_n\}$의 첫째항부터 제n항까지의 합을 S_n이라 하면

$S_n=\sum_{k=1}^{n}a_k=n^2-n+1$이므로

$$a_n=S_n-S_{n-1}$$
$$=(n^2-n+1)-\{(n-1)^2-(n-1)+1\}$$
$$=2n-2\ (단,\ n\geq2)$$

$a_1=S_1=1$

$$\therefore \sum_{k=1}^{20}a_{3k-2}=a_1+\sum_{k=2}^{20}\{2(3k-2)-2\}$$

$$=1+\sum_{k=2}^{20}(6k-6)$$

$$=1+\sum_{k=1}^{20}(6k-6)$$

$$=1+6\sum_{k=1}^{20}k-6\sum_{k=1}^{20}1$$

$$=1+6\times\frac{20\times21}{2}-6\times20$$

$$=1+1260-120=1141$$ **답** 1141

[보충 설명]

$\sum_{k=2}^{20}(6k-6)$에서 $k=1$일 때, $6k-6=0$이므로

$$\sum_{k=2}^{20}(6k-6)=\sum_{k=1}^{20}(6k-6)$$

377

$$\sum_{k=1}^{n}\left\{\sum_{m=1}^{k}(4m-2k)\right\}=\sum_{k=1}^{n}\left(4\sum_{m=1}^{k}m-k\sum_{m=1}^{k}2\right)$$

$$=\sum_{k=1}^{n}\left\{4\times\frac{k(k+1)}{2}-k\times2k\right\}$$

$$=\sum_{k=1}^{n}2k=2\times\frac{n(n+1)}{2}$$

$$=n(n+1)$$

즉, $n(n+1)=110$이므로

$n(n+1)=10\times11$ $\therefore n=10$ **답** 10

378

이차방정식의 근과 계수의 관계에 의하여

$\alpha_n+\beta_n=28$, $\alpha_n\beta_n=-(4n^2-1)$

이므로

$$\frac{1}{\alpha_n}+\frac{1}{\beta_n}=\frac{\alpha_n+\beta_n}{\alpha_n\beta_n}$$

$$=\frac{28}{-(4n^2-1)}$$

$$=-\frac{28}{(2n-1)(2n+1)}$$

$$=-14\left(\frac{1}{2n-1}-\frac{1}{2n+1}\right)$$

$$\therefore \sum_{n=1}^{17}\left(\frac{1}{\alpha_n}+\frac{1}{\beta_n}\right)=-14\sum_{n=1}^{17}\left(\frac{1}{2n-1}-\frac{1}{2n+1}\right)$$

$$=-14\left\{\left(1-\frac{1}{3}\right)+\left(\frac{1}{3}-\frac{1}{5}\right)+\left(\frac{1}{5}-\frac{1}{7}\right)\right.$$

$$\left.+\cdots+\left(\frac{1}{33}-\frac{1}{35}\right)\right\}$$

$$=-14\left(1-\frac{1}{35}\right)=-\frac{68}{5}$$

답 $-\dfrac{68}{5}$

379

주어진 수열의 일반항을 a_n이라 하면

$$a_n=\frac{1}{n(n+1)(n+2)}$$

$$=\frac{1}{2}\left\{\frac{1}{n(n+1)}-\frac{1}{(n+1)(n+2)}\right\}$$

한편, $a_k=\dfrac{1}{8\times9\times10}$에서

$k=8$

따라서 주어진 식은

$$\sum_{k=1}^{8}a_k=\frac{1}{2}\sum_{k=1}^{8}\left\{\frac{1}{k(k+1)}-\frac{1}{(k+1)(k+2)}\right\}$$

$$=\frac{1}{2}\left\{\left(\frac{1}{1\times2}-\frac{1}{2\times3}\right)+\left(\frac{1}{2\times3}-\frac{1}{3\times4}\right)\right.$$

$$\left.+\cdots+\left(\frac{1}{8\times9}-\frac{1}{9\times10}\right)\right\}$$

$$=\frac{1}{2}\left(\frac{1}{2}-\frac{1}{90}\right)$$

$$=\frac{11}{45}$$ **답** $\dfrac{11}{45}$

> **tip**
>
> **부분분수로의 변형**
>
> 분모가 세 인수의 곱으로 되어 있을 때
>
> $$\frac{1}{ABC}=\frac{1}{C-A}\left(\frac{1}{AB}-\frac{1}{BC}\right)\ (단,\ A\neq C)$$

380

$$\sum_{k=1}^{24} \frac{5}{(k+1)\sqrt{k}+k\sqrt{k+1}}$$

$$=5\sum_{k=1}^{24} \frac{(k+1)\sqrt{k}-k\sqrt{k+1}}{(k+1)^2 k - k^2(k+1)}$$

$$=5\sum_{k=1}^{24} \frac{(k+1)\sqrt{k}-k\sqrt{k+1}}{k(k+1)}$$

$$=5\sum_{k=1}^{24} \left(\frac{1}{\sqrt{k}}-\frac{1}{\sqrt{k+1}}\right)$$

$$=5\left\{\left(1-\frac{1}{\sqrt{2}}\right)+\left(\frac{1}{\sqrt{2}}-\frac{1}{\sqrt{3}}\right)+\left(\frac{1}{\sqrt{3}}-\frac{1}{\sqrt{4}}\right)\right.$$
$$\left.+\cdots+\left(\frac{1}{\sqrt{24}}-\frac{1}{\sqrt{25}}\right)\right\}$$

$$=5\left(1-\frac{1}{\sqrt{25}}\right)=4 \qquad \text{답 } 4$$

381

수열 $\left\{\sin\dfrac{k}{4}\pi\right\}$의 k에 1, 2, 3, $\cdots$을 차례대로 대입하면

$\dfrac{\sqrt{2}}{2},\ 1,\ \dfrac{\sqrt{2}}{2},\ 0,\ -\dfrac{\sqrt{2}}{2},\ -1,\ -\dfrac{\sqrt{2}}{2},\ 0$이 이 순서대로 반복된다.

이때 $70=8\times8+6$이므로

$$\sum_{k=1}^{70} \sin\frac{k}{4}\pi = \left(\frac{\sqrt{2}}{2}+1+\frac{\sqrt{2}}{2}+0-\frac{\sqrt{2}}{2}-1-\frac{\sqrt{2}}{2}+0\right)\times8$$
$$+\left(\frac{\sqrt{2}}{2}+1+\frac{\sqrt{2}}{2}+0-\frac{\sqrt{2}}{2}-1\right)$$

$$=\frac{\sqrt{2}}{2} \qquad \text{답 } \frac{\sqrt{2}}{2}$$

> **tip**
>
> 사인함수의 주기는 2π이므로
>
> $\dfrac{k}{4}\pi=2\pi$에서 $k=8$
>
> 즉, 수열 $\left\{\sin\dfrac{k}{4}\pi\right\}$는 8개의 항이 순서대로 반복되는 수열이다.

382

$$a_1+3a_2+\cdots+(2n-1)a_n=(2n-1)(2n+1)(2n+3)$$
$$\cdots\cdots\ \text{㉠}$$

$n\geq2$일 때, ㉠의 양변에 n 대신 $n-1$을 대입하면

$$a_1+3a_2+\cdots+(2n-3)a_{n-1}=(2n-3)(2n-1)(2n+1)$$
$$\cdots\cdots\ \text{㉡}$$

㉠$-$㉡을 하면

$$(2n-1)a_n=6(2n-1)(2n+1)$$

$$\therefore a_n=12n+6 \ (\text{단, } n\geq2)$$

㉠의 양변에 $n=1$을 대입하면

$$a_1=1\times3\times5=15$$

$$\therefore \sum_{k=1}^{5} a_k = a_1 + \sum_{k=2}^{5}(12k+6)$$

$$=15+\sum_{k=1}^{5}(12k+6)-18$$

$$=12\times\frac{5\times6}{2}+6\times5-3=207 \qquad \text{답 } 207$$

383

주어진 수열을 1부터 n까지 1씩 커졌다가 다시 1까지 1씩 작아지는 규칙에 따라 군으로 묶으면

$(1),\ (1,\ 2,\ 1),\ (1,\ 2,\ 3,\ 2,\ 1),\ (1,\ 2,\ 3,\ 4,\ 3,\ 2,\ 1),\ \cdots,$
$(1,\ 2,\ 3,\ \cdots,\ n,\ \cdots,\ 3,\ 2,\ 1),\ \cdots$

제n군의 항의 개수는 $2n-1$이므로 제1군부터 제n군까지의 항의 개수는

$$\sum_{k=1}^{n}(2k-1)=2\times\frac{n(n+1)}{2}-n=n^2$$

제1군부터 제10군까지의 항의 개수는 $10^2=100$이므로

제100항은 제10군의 마지막 항이다.

이때 제n군의 항들의 합은

$$\sum_{k=1}^{n-1}2k+n=2\times\frac{(n-1)n}{2}+n=n^2$$

따라서 제1군부터 제10군까지의 항들의 합은

$$\sum_{k=1}^{10}k^2=\frac{10\times11\times21}{6}=385 \qquad \text{답 } 385$$

384

$$a_n=\frac{1}{2}\{(n+1)-(n-1)\}\times\frac{3}{n}=\frac{3}{n}$$

따라서

$$\frac{9}{a_n a_{n+1}}=\frac{9}{\dfrac{3}{n}\times\dfrac{3}{n+1}}$$

$$=n(n+1)=n^2+n$$

이므로

$$\sum_{n=1}^{10}\frac{9}{a_n a_{n+1}}=\sum_{n=1}^{10}(n^2+n)$$

$$=\sum_{n=1}^{10}n^2+\sum_{n=1}^{10}n$$

$$=\frac{10\times11\times21}{6}+\frac{10\times11}{2}$$

$$=385+55=440 \qquad \text{답 ④}$$

385

수열 $\{a_n\}$의 첫째항부터 제n항까지의 합을 S_n이라 하면

$$S_n=\sum_{k=1}^{n}a_k=\log\frac{(n+1)(n+2)}{2}\text{이므로}$$

$$a_n = S_n - S_{n-1}$$
$$= \log \frac{(n+1)(n+2)}{2} - \log \frac{n(n+1)}{2}$$
$$= \log \left\{ \frac{(n+1)(n+2)}{2} \times \frac{2}{n(n+1)} \right\}$$
$$= \log \frac{n+2}{n} \ (단, \ n \geq 2)$$

$$a_1 = S_1 = \log 3$$

$$\therefore a_n = \log \frac{n+2}{n} \ (단, \ n \geq 1)$$

$$\therefore \sum_{k=1}^{20} a_{2k} = \sum_{k=1}^{20} \log \frac{2k+2}{2k} = \sum_{k=1}^{20} \log \frac{k+1}{k}$$
$$= \log \frac{2}{1} + \log \frac{3}{2} + \log \frac{4}{3} + \cdots + \log \frac{20}{19} + \log \frac{21}{20}$$
$$= \log \left(2 \times \frac{3}{2} \times \frac{4}{3} \times \cdots \times \frac{20}{19} \times \frac{21}{20} \right)$$
$$= \log 21$$

따라서 $p = \log 21$이므로
$$10^p = 10^{\log 21} = 21$$

답 21

27 수열의 귀납적 정의

체크 386

(1) $a_{n+1} + 4 = a_n$에서 $a_{n+1} - a_n = -4$

즉, 수열 $\{a_n\}$은 공차가 -4인 등차수열이고, 첫째항이 -5이므로 일반항은
$$a_n = -5 + (n-1) \times (-4) = -4n - 1$$
$$\therefore a_5 + a_{10} = -21 + (-41) = -62$$

(2) $a_{n+2} - a_{n+1} = a_{n+1} - a_n$에서 수열 $\{a_n\}$은 등차수열이므로 수열 $\{a_n\}$의 첫째항을 a, 공차를 d라 하면
$$a_4 = 16에서 \ a_4 = a + 3d = 16 \quad \cdots\cdots \ ㉠$$
$$a_8 = 52에서 \ a_8 = a + 7d = 52 \quad \cdots\cdots \ ㉡$$
㉠, ㉡을 연립하여 풀면
$$a = -11, \ d = 9$$
따라서 수열 $\{a_n\}$의 일반항은
$$a_n = -11 + (n-1) \times 9 = 9n - 20$$
$$\therefore a_{10} = 9 \times 10 - 20 = 70$$

답 (1) -62 (2) 70

체크 387

(1) $a_n = 2a_{n+1}$에서 $\dfrac{a_{n+1}}{a_n} = \dfrac{1}{2}$

즉, 수열 $\{a_n\}$은 공비가 $\dfrac{1}{2}$인 등비수열이고, 첫째항이 $\dfrac{1}{2}$이므로 일반항은
$$a_n = \frac{1}{2} \times \left(\frac{1}{2} \right)^{n-1} = \left(\frac{1}{2} \right)^n$$
$$\therefore \sum_{k=1}^{5} \left(\frac{1}{2} \right)^k = \frac{\frac{1}{2} \left\{ 1 - \left(\frac{1}{2} \right)^5 \right\}}{1 - \frac{1}{2}} = 1 - \frac{1}{32} = \frac{31}{32}$$

(2) $\dfrac{a_{n+2}}{a_{n+1}} = \dfrac{a_{n+1}}{a_n}$에서 수열 $\{a_n\}$은 등비수열이므로 수열 $\{a_n\}$의 공비를 r라 하면
$$r = \frac{a_2}{a_1} = \frac{6}{3} = 2$$
$$\therefore \frac{a_{20}}{a_{15}} = r^5 = 2^5 = 32$$

답 (1) $\dfrac{31}{32}$ (2) 32

체크 388

$a_{n+1} = a_n + 2n - 1$의 n에 1, 2, 3, 4를 차례대로 대입하여 변끼리 더하면 다음과 같다.

$$\begin{aligned}a\!\!\!/_2&=a_1+1\\a\!\!\!/_3&=a\!\!\!/_2+3\\a\!\!\!/_4&=a\!\!\!/_3+5\\+)\ a_5&=a\!\!\!/_4+7\\\hline a_5&=a_1+1+3+5+7\end{aligned}$$

즉, $a_5=a_1+1+3+5+7=20$이므로

$a_1=4$　　　　　　　　　　　　　　　**답 4**

체크 389

$a_{n+1}=2^n a_n$의 n에 $1, 2, 3, \cdots, n-1$을 차례대로 대입하여 변끼리 곱하면 다음과 같다.

$$\begin{aligned}a\!\!\!/_2&=2^1 a_1\\a\!\!\!/_3&=2^2 a\!\!\!/_2\\a\!\!\!/_4&=2^3 a\!\!\!/_3\\&\vdots\\\times)\ a_n&=2^{n-1} a\!\!\!/_{n-1}\\\hline a_n&=2^1\times2^2\times2^3\times\cdots\times2^{n-1}\times a_1\end{aligned}$$

따라서 수열 $\{a_n\}$의 일반항은

$a_n=2^1\times2^2\times2^3\times\cdots\times2^{n-1}\times a_1$

$\quad=2^{1+2+3+\cdots+(n-1)}\times\dfrac{1}{8}=2^{\frac{n(n-1)}{2}-3}$

이때 $a_k=2^{150}$에서 $2^{\frac{k(k-1)}{2}-3}=2^{150}$

$\dfrac{k(k-1)}{2}-3=150,\ \dfrac{k(k-1)}{2}=153$

$k^2-k-306=0,\ (k+17)(k-18)=0$

$\therefore k=18\ (\because k$는 자연수$)$　　　　　　**답 18**

체크 390

$S_{n+1}=2S_n-1$이므로 수열의 합과 일반항 사이의 관계에 의하여

$$\begin{aligned}a_{n+1}&=S_{n+1}-S_n\\&=2S_n-1-2S_{n-1}+1\\&=2S_n-2S_{n-1}\\&=2(S_n-S_{n-1})\\&=2a_n\ (단,\ n=2, 3, 4, \cdots)\end{aligned}$$

이때 $S_2=2S_1-1$에서 $a_1+a_2=2a_1-1$이고, $a_1=3$이므로

$3+a_2=2\times3-1$　　$\therefore a_2=2$

따라서 수열 $\{a_n\}$은 첫째항이 3이고 제2항부터 공비가 2인 등비수열이므로

$a_1=3,\ a_n=2^{n-1}\ (단,\ n=2, 3, 4, \cdots)$

$\therefore a_5=2^4=16$　　　　　　　　　　**답 16**

체크 391

n번 시행 후 수진이네 자동차에 들어 있는 휘발유의 양을 a_n L라 하면

$a_1=32\times\dfrac{1}{2}+8=24,\ a_{n+1}=\dfrac{1}{2}a_n+8$

이 식의 n에 1, 2, 3, 4, 5를 차례대로 대입하면

$a_2=\dfrac{1}{2}a_1+8=\dfrac{1}{2}\times24+8=20$

$a_3=\dfrac{1}{2}a_2+8=\dfrac{1}{2}\times20+8=18$

$a_4=\dfrac{1}{2}a_3+8=\dfrac{1}{2}\times18+8=17$

$a_5=\dfrac{1}{2}a_4+8=\dfrac{1}{2}\times17+8=\dfrac{33}{2}$

$a_6=\dfrac{1}{2}a_5+8=\dfrac{1}{2}\times\dfrac{33}{2}+8=\dfrac{65}{4}$

따라서 6번 시행 후 자동차에 들어 있는 휘발유의 양은 $\dfrac{65}{4}$ L

이다.　　　　　　　　　　　　　**답 $\dfrac{65}{4}$ L**

[다른 풀이]

$a_1=24,\ a_{n+1}=\dfrac{1}{2}a_n+8$에서

$a_{n+1}-16=\dfrac{1}{2}(a_n-16)$

즉, 수열 $\{a_n-16\}$은 공비가 $\dfrac{1}{2}$인 등비수열이고, 첫째항은

$a_1-16=8$이므로 $a_n-16=8\times\left(\dfrac{1}{2}\right)^{n-1}$

$\therefore a_n=8\times\left(\dfrac{1}{2}\right)^{n-1}+16$

이때 $a_6=8\times\left(\dfrac{1}{2}\right)^5+16=\dfrac{65}{4}$이므로 6번 시행 후 자동차에

들어 있는 휘발유의 양은 $\dfrac{65}{4}$ L이다.

28 수학적 귀납법

체크 392

$n=5, 7, 9, 11, \cdots$일 때, 명제 $p(n)$이 참임을 보이려면

(i) $n=\boxed{5}$일 때, $p(n)$이 참임을 보인다.

(ii) $7=5+2,\ 9=7+2,\ 11=9+2,\ \cdots$이므로

　　$n=k\ (k\geq\boxed{5})$일 때, 명제 $p(n)$이 참이라고 가정하면

　　$n=\boxed{k+2}$일 때에도 명제 $p(n)$이 참임을 보인다.

따라서 $a=5,\ f(k)=k+2$이므로

$f(a)=5+2=7$　　　　　　　　　　　**답 7**

체크 393

두 조건 ㈎, ㈏에 의하여 $n=3^a\times4^b\ (a, b$는 음이 아닌 정수$)$

일 때, 명제 $p(n)$이 참이다.

① $p(15)=p(3\times5)$

② $p(21)=p(3\times7)$

③ $p(24)=p(3\times4\times2)$

④ $p(36)=p(3^2\times4)$

⑤ $p(40)=p(4\times2\times5)$

따라서 반드시 참인 명제는 ④ $p(36)$이다.　　　　답 ④

체크 394

(i) $n=1$일 때, (좌변)$=$(우변)$=\boxed{2}$이므로 주어진 등식이
성립한다.

(ii) $n=k$일 때, 주어진 등식이 성립한다고 가정하면

$$1\times2+2\times3+3\times4+\cdots+k(k+1)$$
$$=\frac{k(k+1)(k+2)}{3}$$

위의 등식의 양변에 $\boxed{(k+1)(k+2)}$를 더하면

$$1\times2+2\times3+3\times4+\cdots+k(k+1)+\boxed{(k+1)(k+2)}$$
$$=\frac{k(k+1)(k+2)}{3}+\boxed{(k+1)(k+2)}$$
$$=\boxed{\frac{(k+1)(k+2)(k+3)}{3}}$$

따라서 $n=k+1$일 때에도 주어진 등식이 성립한다.

(i), (ii)에 의하여 모든 자연수 n에 대하여 주어진 등식이 성립
한다.

이때 $a=2$, $f(k)=(k+1)(k+2)$,

$g(k)=\dfrac{(k+1)(k+2)(k+3)}{3}$이므로

$a+f(10)+g(10)=2+132+572=706$　　　　답 706

체크 395

(i) $n=5$일 때, $2^5=32>5^2=25$이므로 주어진 부등식이 성립
한다.

(ii) $n=k\ (k\geq5)$일 때, 주어진 부등식이 성립한다고 가정하면

$$2^k>k^2$$

위의 부등식의 양변에 $\boxed{2}$를 곱하면

$$\boxed{2}\times2^k>\boxed{2}\times k^2$$

$$2^{k+1}>2k^2 \qquad\cdots\cdots ㉠$$

한편, $k\geq5$이면

$$k^2-2k-1=\boxed{(k-1)^2}-2>0$$

이므로

$$k^2>2k+1$$

$$\therefore\ k^2+k^2=2k^2>k^2+2k+1=(k+1)^2 \qquad\cdots\cdots ㉡$$

㉠, ㉡에서

$$2^{k+1}>\boxed{2k^2}>(k+1)^2$$

따라서 $n=k+1$일 때에도 주어진 부등식이 성립한다.

(i), (ii)에 의하여 $n\geq5$인 모든 자연수 n에 대하여 주어진 부
등식이 성립한다.

이때 $a=2$, $f(k)=(k-1)^2$, $g(k)=2k^2$이므로

$f(a)\times g(a)=f(2)g(2)=1\times8=8$　　　　답 8

연습 문제 13

396

$a_{n+2}-2a_{n+1}+a_n=0$에서 $2a_{n+1}=a_{n+2}+a_n$

즉, 수열 $\{a_n\}$은 등차수열이므로 공차를 d라 하면

$$d=a_2-a_1=22-28=-6$$

따라서 수열 $\{a_n\}$은 첫째항이 28, 공차가 -6인 등차수열이
므로 일반항은

$$a_n=28+(n-1)\times(-6)=-6n+34$$

$$\therefore\ S_7=\sum_{k=1}^{7}(-6k+34)=-6\times\frac{7\times8}{2}+34\times7=70$$

답 70

397

이차방정식 $a_{n+2}x^2-2a_{n+1}x+a_n=0$이 중근을 가지므로 이
이차방정식의 판별식을 D라 하면

$$\frac{D}{4}={a_{n+1}}^2-a_na_{n+2}=0,\ 즉\ {a_{n+1}}^2=a_na_{n+2}$$

즉, 수열 $\{a_n\}$은 등비수열이므로 공비를 r라 하면

$$r=\frac{a_2}{a_1}=\frac{21}{3}=7$$

한편, 수열 $\{a_n\}$의 모든 항이 양수이므로 주어진 이차방정식
의 양변을 a_n으로 나누면

$$\frac{a_{n+2}}{a_n}x^2-2\times\frac{a_{n+1}}{a_n}x+\frac{a_n}{a_n}=0$$

$$r^2x^2-2rx+1=0$$

$$7^2x^2-2\times7\times x+1=0$$

$$(7x-1)^2=0 \qquad\therefore\ x=\frac{1}{7}\ (중근)$$

$$\therefore\ k=\frac{1}{7}$$　　　　답 $\dfrac{1}{7}$

[다른 풀이]

이차방정식 $a_{n+2}x^2-2a_{n+1}x+a_n=0$이 중근을 가지므로 이
이차방정식의 판별식을 D라 하면

$$\frac{D}{4}={a_{n+1}}^2-a_na_{n+2}=0,\ 즉\ {a_{n+1}}^2=a_na_{n+2}$$

즉, 수열 $\{a_n\}$은 등비수열이므로 공비를 r라 하면
$$r=\frac{a_2}{a_1}=\frac{21}{3}=7$$
이차방정식 $a_{n+2}x^2-2a_{n+1}x+a_n=0$에서
$$x=\frac{a_{n+1}\pm\sqrt{a_{n+1}^2-a_na_{n+2}}}{a_{n+2}}$$
$$=\frac{a_{n+1}}{a_{n+2}}=\frac{1}{r}=\frac{1}{7}\ (중근)$$
$$\therefore k=\frac{1}{7}$$

398
$a_{n+1}-a_n=f(n)$의 n에 $1,\ 2,\ 3,\ \cdots,\ n$을 차례대로 대입하여 변끼리 더하면 다음과 같다.
$$a_2-a_1=f(1)$$
$$a_3-a_2=f(2)$$
$$a_4-a_3=f(3)$$
$$\vdots$$
$$+)\ a_{n+1}-a_n=f(n)$$
$$\overline{a_{n+1}-a_1=f(1)+f(2)+f(3)+\cdots+f(n)}$$
$$\therefore a_{n+1}=a_1+\sum_{k=1}^{n}f(k)$$
$$=2+(2n-3)=2n-1$$
$$\therefore a_{18}=2\times17-1=33$$ 답 33

[다른 풀이]
$f(n)=a_{n+1}-a_n$이므로
$$\sum_{k=1}^{n}f(k)=\sum_{k=1}^{n}(a_{k+1}-a_k)$$
$$=(a_2-a_1)+(a_3-a_2)+(a_4-a_3)$$
$$+\cdots+(a_{n+1}-a_n)$$
$$=a_{n+1}-a_1$$
$$=a_{n+1}-2\ (\because a_1=2)$$
이때 $\displaystyle\sum_{k=1}^{n}f(k)=2n-3$이므로
$$a_{n+1}-2=2n-3$$
$$\therefore a_{n+1}=2n-1$$
$$\therefore a_{18}=2\times17-1=33$$

399
$\sqrt{2n+1}\,a_{n+1}=\sqrt{2n-1}\,a_n$에서
$$a_{n+1}=\frac{\sqrt{2n-1}}{\sqrt{2n+1}}a_n \qquad\cdots\cdots ㉠$$
㉠의 n에 $1,\ 2,\ 3,\ \cdots,\ 12$를 차례대로 대입하여 변끼리 곱하면 다음과 같다.

$$a_2=\frac{\sqrt{1}}{\sqrt{3}}a_1$$
$$a_3=\frac{\sqrt{3}}{\sqrt{5}}a_2$$
$$a_4=\frac{\sqrt{5}}{\sqrt{7}}a_3$$
$$\vdots$$
$$\times)\ a_{13}=\frac{\sqrt{23}}{\sqrt{25}}a_{12}$$
$$\overline{a_{13}=\frac{\sqrt{1}}{\sqrt{3}}\times\frac{\sqrt{3}}{\sqrt{5}}\times\frac{\sqrt{5}}{\sqrt{7}}\times\cdots\times\frac{\sqrt{23}}{\sqrt{25}}\times a_1}$$
$$\therefore a_{13}=\frac{1}{5}\times3=\frac{3}{5}$$ 답 $\dfrac{3}{5}$

400
$a_1=2$이고
$a_{n+1}=3a_n-2$의 n에 $1,\ 2,\ 3$을 차례대로 대입하면
$$a_2=3a_1-2=3\times2-2=4$$
$$a_3=3a_2-2=3\times4-2=10$$
$$a_4=3a_3-2=3\times10-2=28$$
$$\therefore a_1+a_2+a_3+a_4=2+4+10+28=44$$ 답 44

[다른 풀이]
$a_{n+1}=3a_n-2$를 $a_{n+1}-\alpha=3(a_n-\alpha)$라 하면
$$a_{n+1}=3a_n-2\alpha$$
이때 $-2\alpha=-2$이므로 $\alpha=1$
$$\therefore a_{n+1}-1=3(a_n-1)$$
즉, 수열 $\{a_n-1\}$은 첫째항이 $a_1-1=2-1=1$, 공비가 3인 등비수열이므로
$$a_n-1=3^{n-1} \qquad \therefore a_n=3^{n-1}+1$$
따라서 수열 $\{a_n\}$의 첫째항부터 제4항까지의 합은
$$\sum_{k=1}^{4}(3^{k-1}+1)=\frac{1\times(3^4-1)}{3-1}+1\times4=44$$

401
$a_1=3$이고
$a_n+a_{n+1}=n+1$의 n에 $1,\ 2,\ 3,\ 4$를 차례대로 대입하면
$$a_1+a_2=1+1에서\ a_2=-1$$
$$a_2+a_3=2+1에서\ a_3=4$$
$$a_3+a_4=3+1에서\ a_4=0$$
$$a_4+a_5=4+1에서\ a_5=5$$ 답 5

[다른 풀이]
$$a_n+a_{n+1}=n+1 \qquad\cdots\cdots ㉠$$
$$a_{n+1}+a_{n+2}=n+2 \qquad\cdots\cdots ㉡$$
㉡$-$㉠을 하면
$$a_{n+2}-a_n=1$$

$n=1$을 대입하면 $a_3-a_1=1$ ...... ㉢

$n=3$을 대입하면 $a_5-a_3=1$ ...... ㉣

㉢+㉣을 하면

$a_5-a_1=2$

$\therefore a_5=a_1+2=3+2=5$

> **tip**
> $a_{n+1}+a_n=$ (일차식) 꼴로 정의된 수열은 짝수항끼리, 홀수항끼리 등차수열을 이룬다.

402

$\log a_{n+1}=2+\log a_n$ $(n=1,\ 2,\ 3,\ \cdots)$에서

$\log a_{n+1}=\log 100+\log a_n=\log 100a_n$

$\therefore a_{n+1}=100a_n$

따라서 수열 $\{a_n\}$은 첫째항이 $a_1=10$, 공비가 100인 등비수열이므로 일반항은

$a_n=10\times 100^{n-1}=10^{2n-1}$

$\therefore \displaystyle\sum_{k=1}^{10}\log a_k=\log a_1+\log a_2+\log a_3+\cdots+\log a_{10}$

$\qquad =\log a_1 a_2 a_3\times\cdots\times a_{10}=\log 10^{1+3+5+\cdots+19}$

$\qquad =\log 10^{\frac{10\times(1+19)}{2}}=\log 10^{100}=100$ **답** 100

[다른 풀이]

$\log a_n=b_n$으로 놓으면

$b_{n+1}=2+b_n$

따라서 수열 $\{b_n\}$은 첫째항이 $b_1=\log a_1=\log 10=1$, 공차가 2인 등차수열이므로 일반항은

$b_n=1+(n-1)\times 2=2n-1$

$\therefore \displaystyle\sum_{k=1}^{10}b_k=\sum_{k=1}^{10}(2k-1)$

$\qquad =2\times\dfrac{10\times 11}{2}-1\times 10=100$

> **tip**
> (1) $\log a_n=b_n$에서 수열 $\{a_n\}$이 등비수열이면 수열 $\{b_n\}$은 등차수열이다.
> (2) $10^{a_n}=b_n$에서 수열 $\{a_n\}$이 등차수열이면 수열 $\{b_n\}$은 등비수열이다.

403

$a_1=3$이고

$a_{n+1}=(2a_n$의 일의 자리 숫자$)$ $(n=1,\ 2,\ 3,\ \cdots)$의 n에 1, 2, 3, $\cdots$을 차례대로 대입하면

$a_2=(2\times 3$의 일의 자리 숫자$)=6$

$a_3=(2\times 6$의 일의 자리 숫자$)=2$

$a_4=(2\times 2$의 일의 자리 숫자$)=4$

$a_5=(2\times 4$의 일의 자리 숫자$)=8$

$a_6=(2\times 8$의 일의 자리 숫자$)=6=a_2$

$\qquad \vdots$

즉, 수열 $\{a_n\}$은 $a_1=3$이고, a_2부터 6, 2, 4, 8이 이 순서대로 반복된다.

이때 $30=1+4\times 7+1$이므로

$a_{30}=a_2=6$ **답** 6

404

$a_1=5$이고

$a_{n+1}=\begin{cases} 3a_n+1 & (a_n\text{이 홀수}) \\ \dfrac{a_n}{2} & (a_n\text{이 짝수}) \end{cases}$의 n에 1, 2, 3, $\cdots$을 차례대로 대입하면

$a_2=3\times a_1+1=3\times 5+1=16$ $(\because a_1$이 홀수$)$

$a_3=\dfrac{a_2}{2}=\dfrac{16}{2}=8$ $(\because a_2$가 짝수$)$

$a_4=\dfrac{a_3}{2}=\dfrac{8}{2}=4$ $(\because a_3$이 짝수$)$

$a_5=\dfrac{a_4}{2}=\dfrac{4}{2}=2$ $(\because a_4$가 짝수$)$

$a_6=\dfrac{a_5}{2}=\dfrac{2}{2}=1$ $(\because a_5$가 짝수$)$

$a_7=3\times a_6+1=3\times 1+1=4=a_4$ $(\because a_6$이 홀수$)$

$\qquad \vdots$

즉, 수열 $\{a_n\}$은 a_4부터 4, 2, 1이 이 순서대로 반복된다.

이때 $60=3+3\times 19$이므로

$\displaystyle\sum_{n=1}^{60}a_n=5+16+8+(4+2+1)\times 19=29+133=162$

답 162

405

$-S_{n+2}+3S_{n+1}-2S_n=a_n$에서

$-(S_{n+2}-S_{n+1})+2(S_{n+1}-S_n)=a_n$

$-a_{n+2}+2a_{n+1}=a_n$

$\therefore 2a_{n+1}=a_n+a_{n+2}$

따라서 수열 $\{a_n\}$은 등차수열이므로 공차를 d라 하면

$a_7-a_3=4d$이므로

$13-5=4d$ $\therefore d=2$

$\therefore a_{10}-a_5=5d=10$ **답** 10

> **tip**
> $a_1+a_2+a_3+\cdots+a_n=S_n$이라 하면
> $S_{n+1}-S_n=a_{n+1}$, $S_{n+2}-S_{n+1}=a_{n+2}$

406

$$S_{n+1}=3S_n+1 \qquad \cdots\cdots \text{㉠}$$

㉠에 n 대신 $n-1$을 대입하면

$$S_n=3S_{n-1}+1 \qquad \cdots\cdots \text{㉡}$$

㉠$-$㉡을 하면

$$S_{n+1}-S_n=3S_n+1-(3S_{n-1}+1)$$

$$\therefore a_{n+1}=3a_n \ (\text{단, } n=2, 3, 4, \cdots)$$

이때 $S_2=3S_1+1$에서 $a_1+a_2=3a_1+1$이므로

$$a_2=3$$

따라서 수열 $\{a_n\}$은 첫째항이 $a_1=1$이고 공비가 3인 등비수열이므로 일반항은

$$a_n=3^{n-1}$$

$$\therefore a_4=3^3=27 \qquad \qquad \text{답 } 27$$

[다른 풀이]

$a_1=1$이므로 $S_1=a_1=1$

$S_{n+1}=3S_n+1$의 n에 1, 2, 3을 차례대로 대입하면

$$S_2=3S_1+1=3\times1+1=4$$

$$S_3=3S_2+1=3\times4+1=13$$

$$S_4=3S_3+1=3\times13+1=40$$

$$\therefore a_4=S_4-S_3=40-13=27$$

407

첫째 날에는 다섯 쪽을 풀고 둘째 날부터는 전날 푼 양보다 2쪽씩을 더 풀기로 계획하였으므로 n째날 푼 수학문제집의 양을 a_n이라 하면

$$a_1=5, \ a_{n+1}=a_n+2 \ (\text{단, } n=1, 2, 3, \cdots)$$

$$\therefore a_n=5+(n-1)\times2=2n+3$$

따라서 6일 동안 풀어야 하는 수학문제집의 양은

$$\sum_{n=1}^{6}(2n+3)=2\times\frac{6\times7}{2}+3\times6=60(\text{쪽}) \qquad \text{답 } 60쪽$$

408

조건 (나)에서 $P(n+1)$이 참이면 $P(2n+1)$이 참이므로 $p(n)$이 참이면 $P(2(n-1)+1)$, 즉 $P(2n-1)$이 참이다.

조건 (가)에서 $P(4)$가 참이므로 $P(4\times2-1)$, 즉 $P(7)$이 참이다.

같은 방법으로 $P(13), P(25), P(49), P(97)$이 참이므로 명제 $P(1), P(2), P(3), \cdots, P(100)$ 중 반드시 참인 명제는 6개이다.

답 6

409

n번째의 계단에 오르는 방법의 수를 a_n이라 하자.

첫 번째 계단에 오르는 방법이 1가지, 두 번째 계단에 오르는

방법이 2가지이므로

$$a_1=1, \ a_2=2$$

$(n+2)$번째 계단에 오르는 방법의 수는 $(n+1)$번째 계단에 오르고 한 계단을 오르는 방법과 n번째 계단에 오르고 두 계단을 오르는 방법의 합이므로

$$a_{n+2}=a_{n+1}+a_n \ (\text{단, } n=1, 2, 3, \cdots)$$

위의 식의 n에 1, 2, 3, $\cdots$, 6을 대입하면

$$a_1=1, a_2=2, a_3=3, a_4=5, a_5=8, a_6=13, a_7=21, a_8=34$$

따라서 주은이가 8개의 계단을 오르는 방법의 수는 34이다.

답 34

tip

$a_{n+2}=a_n+a_{n+1}$을 만족시키는 수열을 피보나치수열이라 한다.

410

1개의 직선을 그을 때에는 교점이 없으므로

$$a_1=0$$

n개의 직선에 1개의 직선을 추가하면 이 직선은 기존의 직선과 각각 한 번씩 만나므로 n개의 새로운 교점이 생긴다.

즉, $(n+1)$개의 직선들의 교점의 개수는 n개의 직선들의 교점의 개수보다 n개가 많다.

$$\therefore a_{n+1}=a_n+n$$

위의 식의 n에 1, 2, 3, $\cdots$, 6을 차례대로 대입하여 변끼리 더하면 다음과 같다.

$$a_2=a_1+1$$
$$a_3=a_2+2$$
$$a_4=a_3+3$$
$$a_5=a_4+4$$
$$a_6=a_5+5$$
$$+\ )\ a_7=a_6+6$$
$$\overline{\quad a_7=a_1+1+2+3+4+5+6\quad}$$

$$\therefore a_7=0+1+2+3+4+5+6$$

$$=\frac{7\times(0+6)}{2}=21 \qquad \text{답 } 21$$

411

좌변에서 $1+2+3+\cdots+n=\dfrac{n(n+1)}{2}$이므로 주어진 부등식의 양변을 $\dfrac{n(n+1)}{2}$로 나누면

$$1+\frac{1}{2}+\frac{1}{3}+\cdots+\frac{1}{n}>\frac{2n}{n+1} \qquad \cdots\cdots \text{㉠}$$

$n\geq2$인 자연수 n에 대하여

(i) $n=2$일 때, (좌변)$=\dfrac{3}{2}$, (우변)$=\dfrac{4}{3}$이고

$\dfrac{3}{2}>\dfrac{4}{3}$이므로 부등식 ㉠이 성립한다.

(ii) $n=k$ ($k \geq 2$)일 때, 부등식 ㉠이 성립한다고 가정하면

$$1+\frac{1}{2}+\frac{1}{3}+\cdots+\frac{1}{k} > \frac{2k}{k+1} \qquad \cdots\cdots ㉡$$

부등식 ㉡의 양변에 $\frac{1}{k+1}$ 을 더하면

$$1+\frac{1}{2}+\frac{1}{3}+\cdots+\frac{1}{k}+\frac{1}{k+1} > \frac{2k+1}{k+1}$$

한편,

$$\frac{2k+1}{k+1}-\frac{2(k+1)}{k+2}=\frac{k}{(k+1)(k+2)}>0$$

이므로

$$1+\frac{1}{2}+\frac{1}{3}+\cdots+\frac{1}{k}+\frac{1}{k+1} > \frac{2k+1}{k+1} > \frac{2(k+1)}{k+2}$$

따라서 $n=k+1$일 때에도 부등식 ㉠이 성립한다.

(i), (ii)에 의하여 $n \geq 2$인 모든 자연수 n에 대하여 부등식 ㉠이 성립하므로 주어진 부등식도 성립한다.

답 풀이 참조

412

(i) $n=1$일 때, (좌변)$=a_1=3$, (우변)$=2^1+\frac{1}{1}=3$이므로 (*)이 성립한다.

(ii) $n=k$일 때, (*)이 성립한다고 가정하면

$a_k=2^k+\frac{1}{k}$이므로

$ka_{k+1}-2ka_k+\frac{k+2}{k+1}=0$에서

$$\begin{aligned} ka_{k+1} &= 2ka_k-\frac{k+2}{k+1} \\ &= \boxed{2k\left(2^k+\frac{1}{k}\right)}-\frac{k+2}{k+1} \\ &= k2^{k+1}+2-\frac{k+2}{k+1} \\ &= k2^{k+1}+\boxed{\frac{k}{k+1}} \end{aligned}$$

따라서 $a_{k+1}=2^{k+1}+\frac{1}{k+1}$이므로 $n=k+1$일 때에도 (*)이 성립한다.

(i), (ii)에 의하여 모든 자연수 n에 대하여 $a_n=2^n+\frac{1}{n}$이다.

이때 $f(k)=2k\left(2^k+\frac{1}{k}\right)$, $g(k)=\frac{k}{k+1}$이므로

$$\begin{aligned} f(3) \times g(4) &= \left\{2\times 3 \times \left(2^3+\frac{1}{3}\right)\right\} \times \frac{4}{5} \\ &= 50 \times \frac{4}{5} = 40 \end{aligned}$$

답 ⑤

Memo

개념 PICK 유형 PICK

개념픽

수학 I